国家重点研究基地
中国人民大学刑事法律科学研究中心编译委员会
主 任／高铭暄
总编译／谢望原

外 国 刑 法 典 译 丛

马耳他
刑事法典

李凤梅 译
谢望原 审校

外 国 刑 法 典 译 丛

北京大学出版社
PEKING UNIVERSITY PRESS

图书在版编目(CIP)数据

马耳他刑事法典/李凤梅译;谢望原审校. —北京:北京大学出版社,2006.12
(外国刑法典译丛)
ISBN 978 – 7 – 301 – 11314 – 1

Ⅰ. 马… Ⅱ. ①李… ②谢… Ⅲ. 刑法 – 马耳他 – 汉、英 Ⅳ. D931.86

中国版本图书馆 CIP 数据核字(2006)第 136523 号

书　　　名：马耳他刑事法典
著作责任者：李凤梅　译　谢望原　审校
责 任 编 辑：竹莹莹　孙战营
标 准 书 号：ISBN 978 – 7 – 301 – 11314 – 1/D·1632
出 版 发 行：北京大学出版社
地　　　址：北京市海淀区成府路 205 号　100871
网　　　址：http://www.pup.cn　电子邮箱:law@ pup.pku.edu.cn
电　　　话：邮购部 62752015　发行部 62750672　编辑部 62752027
　　　　　　出版部 62754962
印 刷 者：北京汇林印务有限公司
经 销 者：新华书店
　　　　　　650 毫米 × 980 毫米　16 开本　44 印张　748 千字
　　　　　　2006 年 12 月第 1 版　2008 年 1 月第 2 次印刷
定　　　价：56.00 元

未经许可,不得以任何方式复制或抄袭本书之部分或全部内容。
版权所有,侵权必究
举报电话:010 – 62752024　电子邮箱:fd@ pup.pku.edu.cn

《外国刑法典译丛》编译委员会

编译委员会主任：国家重点研究基地中国人民大学刑事法律科学研究中心名誉主任、中国人民大学法学院高铭暄教授

总　　编　　译：中国人民大学法学院谢望原教授、法学博士，曾访学丹麦王国

编译委员会委员（排名不分先后）：

中国人民大学法学院冯军教授、法学博士，曾访学德国、日本，负责德文方面审译

清华大学法学院张明楷教授，曾访学日本、德国，负责日文方面审译

清华大学法学院黎宏教授，日本法学博士，负责日文方面审译

北京大学法学院王世洲教授，曾留学美国、德国，负责德文方面审译

北京师范大学刑事法律科学研究院卢建平教授、法国法学博士，负责法文方面审译

武汉大学法学院莫洪宪教授、法学博士，曾访学俄罗斯、前南斯拉夫，负责俄文方面审译

武汉大学法学院刘艳红教授、法学博士，曾访学德国，负责英文方面审译

西南政法大学陈忠林教授，意大利法学博士，负责意大利文方面审译

吉林大学法学院张旭教授、法学博士，曾访学德国、比利时，负责英文方面审译

中南财经政法大学齐文远教授、法学博士，曾访学丹麦王国，负责英文方面审译

北京师范大学刑事法律科学研究院大学李希慧教授、法学博士，曾访学英国，负责英文方面审译

华东政法学院郑伟教授、德国法学博士，负责德文方面审译

目　　录

译者序 …………………………………………………………………（1）
第九章　刑事法典 ……………………………………………………（1）
法典体例 ………………………………………………………………（3）
前言 ……………………………………………………………………（8）
第一篇　刑法 ………………………………………………………（11）
第一部分　刑罚及其一般适用规则、犯罪人的犯意
　　　　　　及年龄、未遂犯、共犯及累犯 ……………………（11）
　　标题一　刑罚及其一般适用规则 ………………………………（11）
　　标题二　犯罪人之犯意与年龄 …………………………………（27）
　　标题三　未遂犯 …………………………………………………（29）
　　标题四　从犯 ……………………………………………………（30）
　　标题四之二　共谋 ………………………………………………（31）
　　标题五　累犯 ……………………………………………………（31）
第二部分　重罪与刑罚 ……………………………………………（32）
　　标题一　种族灭绝、反人类罪及战争罪 ………………………（32）
　　标题一之二　危害政府安全罪 …………………………………（40）
　　标题二　危害公共安宁罪 ………………………………………（41）
　　标题三　违反司法管理及其他公共管理罪 ……………………（46）
　　标题四　伤害宗教感情罪 ………………………………………（63）
　　标题五　破坏公共信用罪 ………………………………………（64）
　　标题六　破坏公共贸易罪 ………………………………………（69）
　　标题七　有损于良好的家庭秩序的犯罪 ………………………（70）
　　标题八　针对人所实施的犯罪 …………………………………（76）
　　标题九　针对财产及公共安全所实施的犯罪 …………………（92）
第三部分　轻罪与刑罚 ……………………………………………（118）
　　标题一　轻罪 ……………………………………………………（118）

标题二　对轻罪适用的刑罚 …………………………………（123）

第二篇　刑事诉讼法 …………………………………………（125）
第一部分　具有刑事审判管辖权的机构 ………………………（125）
　　标题一　执行警察在公诉中的职权与职责 ……………………（125）
　　标题二　地方法院 ………………………………………………（147）
　　标题三　检察长 …………………………………………………（176）
　　标题四　刑事法院 ………………………………………………（181）
　　标题五　刑事上诉法院 …………………………………………（201）
第二部分　与一定的诉讼模式及审判相关的事宜 ……………（216）
　　标题一　报告、信息及告发 ……………………………………（216）
　　标题二　与"人身证据"、审理及"物品证据"相关的调查 …（219）
　　标题三　辩护人 …………………………………………………（227）
　　标题四　保释 ……………………………………………………（229）
　　标题五　起诉 ……………………………………………………（236）
　　标题六　陪审团 …………………………………………………（240）
　　标题七　向刑事法院对精神病及其他担保事项的指控 ………（248）
　　标题八　刑事领域的协助 ………………………………………（250）
第三部分　适用于所有刑事审判的事宜 ………………………（251）
　　标题一　证人及专家 ……………………………………………（251）
　　标题二　坦白 ……………………………………………………（261）
　　标题三　裁决及执行 ……………………………………………（262）
　　标题四　与刑事诉讼有关的属于被告人或其他人的财物 ……（264）
　　标题五　与法院有关的方面 ……………………………………（269）
　　标题六　时效 ……………………………………………………（270）
　　标题七　费用 ……………………………………………………（271）
　　标题八　一般规定 ………………………………………………（272）

明细表 ……………………………………………………………（273）
　　明细表 A …………………………………………………………（273）
　　明细表 B …………………………………………………………（274）
　　明细表 C …………………………………………………………（275）

CHAPTER 9　CRIMINAL CODE ……………………………（276）
ARRANGEMENT OF CODE ………………………………（278）
PRELIMINARY PROVISIONS ……………………………（285）

BOOK FIRST　PENAL LAWS ……………………（290）
PART I　OF PUNISHMENTS AND GENERAL RULES FOR THEIR APPLICATION, OF THE WILL AND AGE OF THE OFFENDER, OF ATTEMPTED OFFENCE, OF ACCOMPLICES AND OF RECIDIVISTS ……………………………（290）
Title I　OF PUNISHMENTS AND GENERAL RULES FOR THEIR APPLICATION ………………（290）
Title II　OF THE WILL AND AGE OF THE OFFENDER ………………………………………（314）
Title III　OF ATTEMPTED OFFENCE ………………（318）
Title IV　OF ACCOMPLICES ……………………………（319）
Title IV BIS　OF CONSPIRACY …………………………（320）
Title V　OF RECIDIVISTS ………………………………（321）
PART II　OF CRIMES AND PUNISHMENTS ………………（322）
Title I　OF GENOCIDE, CRIMES AGAINST HUMANITY AND WAR CRIMES ………………（322）
Title I Bis　OF CRIMES AGAINST THE SAFETY OF THE GOVERNMENT ……………………（335）
Title II　OF CRIMES AGAINST THE PUBLIC PEACE …………（337）
Title III　OF CRIMES AGAINST THE ADMINISTRATION OF JUSTICE AND OTHER PUBLIC ADMINISTRATIONS …（345）
Title IV　OF CRIMES AGAINST THE RELIGIOUS SENTIMENT ……………………………………（371）
Title V　OF CRIMES AFFECTING PUBLIC TRUST ……………（372）
Title VI　OF CRIMES AGAINST PUBLIC TRADE ………………（379）
Title VII　OF CRIMES AFFECTING THE GOOD ORDER OF FAMILIES ……………………………（381）
Title VIII　OF CRIMES AGAINST THE PERSON ………………（390）

Title IX OF CRIMES AGAINST PROPERTY AND PUBLIC SAFETY ……… (413)
PART III OF CONTRAVENTIONS AND PUNISHMENTS ……… (452)
Title I OF CONTRAVENTIONS ……… (452)
Title II OF THE PUNISHMENTS FOR CONTRAVENTIONS ……… (459)

BOOK SECOND LAWS OF CRIMINAL PROCEDURE ……… (461)

PART I OF THE AUTHORITIES TO WHICH THE ADMINISTRATION OF CRIMINAL JUSTICE IS ENTRUSTED ……… (461)
Title I OF THE POWERS AND DUTIES OF THE EXECUTIVE POLICE IN RESPECT OF CRIMINAL PROSECUTIONS GENERAL ……… (461)
Title II OF THE COURT OF MAGISTRATES ……… (494)
Title III OF THE ATTORNEY GENERAL ……… (535)
Title IV OF THE CRIMINAL COURT ……… (542)
Title V THE COURT OF CRIMINAL APPEAL ……… (571)

PART II OF MATTERS RELATING TO CERTAIN MODES OF PROCEDURE AND TO CERTAIN TRIALS ……… (594)
Title I OF REPORTS, INFORMATIONS AND COMPLAINTS ……… (594)
Title II OF INQUIRIES RELATING TO THE "IN GENERE", INQUESTS AND "REPERTI" ……… (598)
Title III OF COUNSEL FOR THE ACCUSED ……… (610)
Title IV OF BAIL ……… (613)
Title V OF THE INDICTMENT ……… (623)
Title VI OF JURORS ……… (629)
Title VII ALLEGATION OF INSANITY AND OTHER COLLATERAL ISSUES BEFORE THE CRIMINAL COURT ……… (640)

Title VIII   OF MUTUAL ASSISTANCE IN CRIMINAL
         MATTERS ……………………………………… (643)
**PART III   OF MATTERS APPLICABLE TO ALL
         CRIMINAL TRIALS** ……………………………… (644)
Title I   OF WITNESSES AND EXPERTS ……………… (644)
Title II   OF CONFESSIONS ……………………………… (660)
Title III   OF DECISIONS AND THEIR EXECUTION ………… (660)
Title IV   OF PROPERTY BELONGING TO THE
         PERSON CHARGED OR ACCUSED OR TO
         OTHER PERSONS AND CONNECTED WITH
         CRIMINAL PROCEEDINGS ……………………… (663)
Title V   OF THE RESPECT DUE TO THE COURT ………… (672)
Title VI   OF PRESCRIPTION ……………………………… (672)
Title VII   OF FEES ………………………………………… (675)
Title VIII   GENERAL PROVISIONS ……………………… (675)

SCHEDULES ………………………………………………… (676)
   SCHEDULE A ……………………………………………… (676)
   SCHEDULE B ……………………………………………… (677)
   SCHEDULE C ……………………………………………… (678)

后记 ………………………………………………………… (679)

译 者 序

一

被誉为地中海心脏的岛国马耳他以其悠久的历史和优越的地理位置而成为南欧的一颗璀璨的明珠,众多充满了丰厚文化底蕴和记载了沧桑巨变的古建筑与现代文明相映成辉,构成马耳他独特的自然风光,同时也成就了马耳他纯朴、宽厚的人文环境。温和的地中海式气候,孕育了虽经数千年异族侵略却愈显坚韧而豁达的胸襟,汲人所长,为我所用,智慧而善良的马耳他人以他族的文明成功地浇灌了自身并不繁茂的精神家园。公元前10世纪至公元前8世纪,腓尼基人在这片古老的土地上定居,开始了最初的统治,但在现今的马耳他法律中,并未留有腓尼基人的任何法律与习惯的痕迹。传统的观点认为,这是由于公元前218年因罗马人占领马耳他而导致的必然结果。在公元前218年至公元870年这一长达千年的历史演变中,罗马人以其务实的、淡于思辩的精神而创设的集实然法与应然法于一体的、恢弘的罗马法体系及相应的法律理念,遍及马耳他的各个角落,不仅如此,由于罗马法本身所具有的高度的理性特征、完善的逻辑系统以及顽强的适应力,在罗马人终结其占领后,罗马法依然在这一地中海岛国保持了其旺盛的生命力,它不仅渗透入1090年至1194年期间在马耳他适用的诺曼底法规中,也渗透进了1530年至1789年在该岛颁布的耶鲁撒冷圣·约翰骑士团的法律中。1789年,法国军队将骑士团逐出,其所具有的相应的法律理念及法律精神也徐徐渗入。但是,这一状况并未持续太久。1800年,英国人占领了马耳他,并最终于1814年使其沦为英国的殖民地。在英国统治期间,马耳他当时实行的法律制度仍然继续存在,但如同当时英国的诸多殖民地那样,马耳他原先适用的法律制度逐步为英国的普通法或制定法所取代,但在很大程度上,仍保留了原罗马法的影响,并在英国统治时期得到迅速发展。1942年12月31日起,由官方组织汇编的《马耳他法规汇编修订本》正式开始刊行,各种法规按年代顺序编排,每项法律为一"章",且连续编号。①从1943年起,每年出版一卷年鉴,以收录当年所颁布的法规,这些法规按使用编号与颁布年份引用。1964年9月21日,马耳他在经过艰苦卓绝的努力后,宣布独立,但仍为英联邦成员国,实行君主立宪政体,英国女王为最高元首,并向马耳他派驻总督。1974年12月13日,马耳他通过宪法修正案,改政体为共和国制,成立马耳他共和国。据此,马耳他完成了真正意义上的独立,其历史掀开了崭新的一页。相关的法律法规也日益健全,民主法制的理念得到了普遍推广。及至今日,《马耳他法规汇编修订本》已收录了四百八十余部法规,严密而轻缓的法网,向世人展示了历经沧桑的岛国马耳他在现代法治文明的建设中所取得的累累硕果。

二

自1854年的枢密院令以来,《马耳他刑事法典》在保持其基本体例稳定的情况下,历经百余次的修正。"刑事立法是将正义理念与将来可能发生的事实相对应,从而形成刑法规范。"②试图通过文字表述以体现其正义理念并最终实现正义的立法者们在制定刑法规范时,所虑及的无非是应然的刑事法律规范与实然的现实存在之间的最为完美的契合。然而,错综复杂的社会生活所体现出的多元化的、立体性的事实格局却使得这一理想化的追求在现实面前或多或少地出现折扣;对未然的事实的预知,即使穷立法者们之所有想象与逻辑思辨,也未必能如图索骥般地被完整地预测到;另外,体现法律思想与法律意志的外现化的语言,也因其丰富的内涵与解释者的不同价值取向而使得原本的立法意图出现歧义。为此,作为进一步完善刑事立法以使规范与事实实现更好对应的刑事法律的修正,就成为必然:通过对相关条文的修改、补充与更换的方式,最大限度地保证刑事法典内容的完整性和结构的稳定性;在维护刑事法典统一性的同时,最大限度地保持其社会适应性与长期稳定性;被修改条文与原条文的同一性,能够最大限度地维护刑事法典本身的权威性并体现其本身的可预测性特征,强化刑事法律的调控机能。这一明智的立法选择,使得《马耳他刑事法典》在经历了150年的风风雨雨后,形成了一个体系完整、结构严谨、内容翔实的、充分体现了人道

---

① 本译本所涉及刑事法典被编排在第九章,故在首页上端标注有"第九章"字样。
② 张明楷:《刑法分则的解释原理》,中国人民大学出版社2004年版,"序说"第1页。

主义的科学而严密的刑事法律体系。

（一）法典体系结构严谨

一部法典的完备与科学程度，首先取决于其所构建的框架是否能够最大限度地满足立法之所需,易言之,法典结构能否有效承载详备的立法内容并最大可能地体现立法原意、能否经受历史性的法制变迁而依旧卓然独立,甚至在政体巨变的情况下保持其悠远的影响力亦或成功地维持其自身体系而一枝独秀,是衡量法典自身价值的一项重要指标。

《马耳他刑事法典》的成功,很大程度上依赖于其在1854年颁布枢密院令时所构建的科学而严谨的法典体系结构:《马耳他刑事法典》共分为两篇,其中的第一篇为刑法的基本规定,第二篇则是有关刑事诉讼法的基本规定。在第一篇中,第7条至第54条分别对刑罚、犯罪人的犯意与年龄、未遂犯、从犯与累犯予以规定,形成了刑法的总则部分;刑法的分则部分,则包括了从第54条至第337条有关重罪及其法定刑的相关规定及从第338条至第345条有关轻罪及其法定刑的相关规定两个方面的内容。第二篇是有关刑事诉讼法的相关规定。该篇分为三个部分,第一部分为第346条至第534条中关于警察、法院（包括地方法院及刑事上诉法院）、检察长的相关规定;第二部分为第535条至第628条中有关证据的调查、辩护人、保释、起诉、陪审团以及在刑事法院对精神病人及其他担保事项所进行的指控的规定;第三部分所规定的内容,则主要包括了第629条至第696条中对证人、专家、坦白、裁决及其执行、与刑事诉讼有关的属于被告人或其他人的财物的处理、时效及费用的相关规定。

不难看出,《马耳他刑事法典》脉络清晰、层次分明、由实体及程序、由一般及特殊、由重及轻,其科学的法典结构构建,为法典内容的进一步修改与完善提供了指南。一个半世纪的实践证明,这一法典体例结构的科学设计,折射在世人面前的,是法的内容的时代性的科学与合理,是历经沧桑而经受住各种考验的完善的立法模式的选择！

（二）刑罚设置轻缓科学

作为一种剥夺犯罪人一定自由与权益的痛苦性手段,刑罚无疑具有最为严厉性的特征。基于对其所造成的严重性后果的充分认识与忧虑,关于刑罚正当性的考问从来就没有间断过。日本学者泉二新熊曾将其概括为:社会契约说、神授说、法律必要说、进化论的必要说。① 也有人认为,刑罚存

---

① 参见李海东主编：《日本刑事法学者》（上）,中国法律出版社,日本国成文堂1999年版,第58页。

在的正当性理由在于人权要求说（或称为"报复权利说"）、法律及进化的必要说、强力意志说等。① 事实上，在解释刑罚权的正当性根据这一法的渊源性问题时，无论提出何种观点，都不可避免地会存在一定的缺陷。问题的关键在于，我们所要关注的，并不应当仅仅限于殚精竭虑地去寻找自认为充足而适当的理由去自圆其说地为某一事物证存，恰恰相反，我们的目光应当更多地停留在基于某种原始而本能的需要的事物本身的存否上。一个极其简单的问题就是，对于犯罪，我们能否彻底地废除刑罚而另辟蹊径予以回应？答案是显而易见的。接下来的问题就是，应当如何确定刑罚、确定什么样的刑罚、如何确定刑罚的尺度？伟大的刑法学家贝卡里亚（Cesare Beccaria）在其经典性著作《论犯罪与刑罚》中指出："遭受侵害的福利愈重要，犯罪的动机愈强烈，阻止他们犯罪的阻力就应当愈强大。这就是说，刑罚与犯罪应当相均衡。"② 不仅如此，他还设计了一个罪刑均衡的阶梯，以期实现真正意义上的重罪重罚、轻罪轻罚。而对如何确定刑罚以及确定什么样的刑罚，贝卡里亚并未论及。但是，不可否认的是，无论是基于绝对的报应刑罚观，相对的报应刑罚观、还是功利主义的刑罚观，对犯罪的理性认识与容忍度的提升，最终将使刑罚的轻缓成为可能。事实证明，现代法制的发展及人文关怀的迅速提升，使得刑罚的轻缓化成为不可逆的历史趋势。

综观马耳他刑法中的刑罚设置，不难发现，其立法轻缓化的特征表现得尤为明显：在第一篇第一部分的标题一中，分三个次标题对刑罚的设置及其一般适用规则进行了规定，共涉及26个条文（第7条至第32条）。其中的第7条分别对在重罪与轻罪的情况下所可能判处的刑罚进行了规定，确立了犯罪时所可能适用的刑种。而在第31条，立法者设置了关于适用监禁刑时所可能适用的14个刑罚幅度及相应的适用规则。依据第31条的规定，在所规定的14个刑罚幅度内适用监禁刑的，最高刑期为30年，最低刑期为1个月；在第14个刑罚幅度之下再适用刑罚的，则为不超过20日的监禁、拘留或罚金（补偿性罚金）。

这一特征主要表现在：

第一，虽然在法律上废除死刑与实质上废除死刑（一般认为，10年内未执行过死刑的，应当认为在实质上废除了死刑）的国家与地区高达60％以

---

① 参见赵秉志主编：《外国刑法原理》（大陆法系），中国人民大学出版社2000年版，第272～273页。

② 〔意〕贝卡里亚：《论犯罪与刑罚》，黄风译，中国大百科全书出版社1993年版，第16～17页。

上,而是否废除死刑也已经成为一个国家或地区的法治文明与否的重要标识,但是,全球范围内每年通过合法的司法程序所剥夺的生命数,仍触目惊心。然而,作为一个长期受殖民统治的、总面积只有316平方公里的岛国,马耳他却在欧洲联盟的13个候选会员国中最早废除了死刑。其最后一次执行死刑是在1943年,但依据1964年的《宪法》规定,总统对死刑有赦免权。1971年的《刑法第二号修正案》中,马耳他对所有犯罪均废除了死刑,但其1970年的《武装部队法》对受军事法约束的资敌罪、向敌人提供情报及参加叛乱等犯罪,保留有死刑,由军事法院进行审判,在2000年进行修正时,对这一部分犯罪适用死刑的规定被予以彻底废除,从而在法律上与实践中彻底地实现了对死刑的废除。这一明智之举,实在值得拍手称道!

第二,除极少量地适用无期自由刑外,《马耳他刑事法典》中将自由刑的最高期限明确界定为30年,从而真正实现了轻刑化。为了实现形式意义上的罪刑均衡,许多废除了死刑的国家和地区将自由刑的刑期予以无限延长,甚至规定了绝对确定的终身监禁刑。① 相比较而言,马耳他较为轻缓的自由刑设置确为大多数的国家与地区所不如。究其原因,纯朴的民风所孕育的良好的人文环境功不可没,但更为重要的原因在于马耳他政府所具有的对刑罚功能的有限性的充分认识及其关于刑事政策理念的先瞻性。马耳他刑法中刑罚设置的科学性主要表现在以下几个方面:

一是严密的刑罚阶梯网络。马耳他刑法中有关重罪与轻罪的区分,为不同性质的犯罪行为适用刑种与幅度相异的刑罚奠定了立法基础。在马耳他刑法中,对作为具有严重社会危害性行为的重罪的处罚,更多地适用了剥夺或限制一定的人身自由(监禁或单独禁闭)或从事某一行业的资格(禁止)的刑罚,即便是罚金,也具有惩罚性;而对于具有一般违法性质的轻罪而言,对犯罪人所判处的最重刑为短期剥夺人身自由的拘留刑,所判处的罚金刑从性质上来讲,具有补偿性,从额度上来讲,也远远低于重罪中所判处的罚金额,这就使得重罪中所判处的罚金与轻罪中所判处的罚金明显地区别开来;此外,轻罪中的训诫与警告,更类似于一般的行政处罚,其作用也更多地表现为预防犯罪,体现了以预防为主、重视社会和谐稳定的刑罚理念。为此,法典设置了14个幅度相异、结构紧凑的刑罚阶梯,以严谨而务实的态度从立法上有效地限制了司法中因自由裁量而可能导致的司法

---

① 如在英国,犯谋杀罪将被判处终身监禁,虽然上议院的选举委员会中的绝大多数人认为,这种绝对确定的法定刑对于严重程度不同的谋杀罪而言并不合适,但政府并未就此表示赞同。

腐败。而禁止(第10条)、缓刑(第28条A至I)等规定,从横向上有效地联接了上述依重至轻而构建起来的纵向刑罚阶梯。据此,形成了一个经纬交织、结构严谨、有机结合的刑罚网络,为罪刑法定、罪刑均衡的实现提供了立法上的有效保障。

二是与上述所规定的刑罚阶梯相对应,在刑法分则关于个罪所应判处的刑罚中,针对不同的情况,法典明文规定"提高一至两个刑罚幅度"[①]、"降低一至两个刑罚幅度"[②]等,以区别犯罪所具有的不同的社会危害性及犯罪人由于其本身的身份、资格、地位等而具有的不同的人身危险性,实现罪刑均衡;同时,这种严格数量化的刑罚设置方式,有效地减少了相对确定的法定刑在实际适用中所可能带来的司法擅断与司法腐败,最大可能地保证了立法的科学性与司法的公正性。

(三) 对未成年人利益的充分保障

对未成年人利益的保障程度如何,在一定意义上已成为一个国家刑法人性化的重要标志;而加强对未成年人利益的保护,也已经成为世界各国刑事立法中所必不可少的一个重要组成部分。通常情况下,各国立法均有关于未成年人刑事责任年龄的规定(包括完全刑事责任年龄、限制刑事责任年龄与完全不负刑事责任年龄),并针对各不同年龄段所对应的刑事责任能力而规定不同的刑罚以及在针对未成年人所实施的犯罪中,对犯罪人处以较重的刑罚的规定。如拐卖未成年人、强迫未成年人卖淫或参加其他淫秽性活动、猥亵未成年人等犯罪。

《马耳他刑事法典》中关于未成年人利益的保障,主要表现在以下几个方面:

其一,关于刑事责任年龄及与之相对应的不同的刑事责任的规定。关于未成年人刑事责任年龄及其所应承担的刑事责任的规定,主要集中在第35条至第39条。根据规定,9周岁以下的儿童实施任何犯罪,不承担任何刑事责任;9周岁以上未满14周岁者非故意犯罪的,不承担任何刑事责任,故意犯罪的,处轻罪所对应的刑罚;14周岁以上未满18周岁者实施犯罪的,对其所判处的刑罚应降低一至二个刑罚幅度。

其二,注重对婴儿的保护。法典在第210条中规定,绑架、隐匿婴儿、扼制其出生或偷换婴儿、假称婴儿为某一并未进行生育的妇女所生的,处18

---

① 如第222条A、第226条A、第276条A等条款中对相关犯罪的刑罚的规定。
② 如第37条等条款中对相关犯罪的刑罚的规定。

个月至3年监禁;第240条规定,在婴儿出生后立即秘密将其予以掩埋或以其他方式处理掉孩子尸体以隐瞒其出生的,处4个月至1年监禁;第248条规定,未向发现的新出生婴儿立即提供安全保障,或者虽然提供了相应的照顾,但未在24小时内将婴儿交给相关部门或向相关部门提供有关信息的,构成犯罪,在第一种情况下,处4个月至6个月监禁,在第二种情况下,处1个月至3个月监禁。以上三条,为毫无自卫能力的婴儿提供了全方位的保护。于细微处见真谛,这一将婴儿区别于一般儿童而予以单列性规定的做法,是《马耳他刑事法典》人文主义关怀的典范性体现,是刑法有指向性地保护弱势群体以实现正义理念的真实写照。

其三,对强迫、引诱儿童从事色情活动者的重罚。法典在第197条、第203条及第203条A中分别对长辈以暴力、威胁、强迫、欺骗的方式诱使未达法定年龄的晚辈卖淫、以淫荡的行为腐蚀同性或异性的未成年人以及教唆、鼓励同性或异性的未成年人进行淫秽活动或为其进行淫秽活动提供便利条件者规定了监禁刑,以确保未成年人的身心健康。此外,法典还在第246条至第247条A中对虐待、遗弃儿童等进行了相应的规定。

(四)泛犯罪化的刑事政策

一般认为,最早提出"刑事政策"一词的,当属德国刑法学家费尔巴哈(Paul Johann Anselm Von Feuerbach)。费氏认为,"刑事政策是国家据以与犯罪作斗争的惩罚措施的总和",这一观点得到了众多学者的认同,甚至在相当长的时期内,刑事政策被认为是刑法在理论上与实践中的别称。但事实上,刑事政策并非刑法,它是社会对各种反社会性活动进行反向制约时所应用的各种措施与方法的集合。

从最广义上而言,刑事政策不仅包括刑事立法政策,还包括刑事司法政策、刑事执行政策与刑事社会政策;纳入刑事政策视野的,不仅仅是对犯罪的预防,还应当包括对犯罪的控制、惩罚以及对犯罪人、犯罪嫌疑人及犯罪被害人所采取的立场。刑事政策的价值取向反映了整个社会对于反社会性行为(包括一般的违法行为与犯罪行为)的态度,也决定着整个社会对于反社会性行为的容忍度及所采取的反向性制约措施的刚性程度。刑事政策的科学与否,事关整个社会的稳定与协调。

就刑事立法而言,紧缩犯罪圈的刑事政策无疑有利于集中优势资源进而有效地打击与预防犯罪、有利于违法者的重塑与回归、有利于节约社会资源,但是,过度的非犯罪化也会导致侥幸心理的产生并最终引发严重违法行为的激增;与此相反,泛犯罪化的刑事政策则能够最大限度地实现防卫社会的功能,但是,不可否认的是,这种扩张性的刑事政策与自由主义立场格格不入并有可能侵犯人权。问题在于,讲究自由与民主、谦和与衡平的马耳他,为什么要在其刑事法典中贯彻这一有悖于刑罚谦抑性原则的刑事政策?① 泛犯罪化的刑事政策认为,扩大刑罚圈除有利于进一步实现防卫社会的功能外,也有利于罪刑法定原则的实现、有利于预防司法不公、从而实现形式正义与实质正义的有机结合。这似乎从一定程度上对崇尚公平的马耳他人所选择的泛犯罪化的刑事政策作出了应答。

三

"他山之石,可以攻玉",借鉴他国先进的立法理念与完善的立法技术,可以事半功倍,当是不争的事实;国情虽有异而知识无国界,去伪存真的拿来主义对于正处于社会过渡时期的当代中国而言,其作用不可低估。通观《马耳他刑事法典》并进而反思我国现行刑法典,诸多感触! 自建国之初明令废除《六法全书》至1979年《刑法》及其间诸多的单行刑法与刑法修正案,为现行刑法典的制定奠定了良好的理论基础;而历经15年艰难修正的1997年《刑法》的最终颁布实施,在使得几近半个世纪的刑事法律的发展历程暂时告一段落的同时,也锻就了一部体系严谨、结构合理、蕴涵丰富的新型刑事法典。然而,短短的8年时间里,1997年《刑法》已被修正六次(包括五部刑法修正案、一部单行刑法)。过多的修正使得刑法典本身的体系结构发生了较大的变动,加之法典内容被不断修正,极大地损害了刑法的可预性机能的发挥。究其根源,刑法典本身的疏漏是致其被修订、修正的主要原因之所在。以《马耳他刑事法典》为参考,我国刑法典在以下方面尚需加强:

(一) 法治观念

法治是法律史上的一个经典概念,也是当代国人的一个法律理想;法治内涵丰厚,却从未有过一个被普遍认可的定义,即便在以法治自我标榜的西方社会,对法治的外延与内涵的界定,也往往大相径庭。最早对法治精神予以追寻的,当属亚里士多德(Aristotle)。他认为:"若要求由法律来统治,即是说要求由神袛和理智来统治;若要求由一个个人来统治,便无异于引狼入

---

① 法典中将诸多具有较轻社会危害性的行为规定为犯罪,主要体现于第一篇第三部分中有关轻罪的规定。其中,第338条至第340条规定了轻罪的类型,第341条至第344条规定了对轻罪应适用的刑罚,第345条是有关轻罪的一般性规定。

室。因为人类的情欲如同野兽,虽至圣大贤也会让强烈的情感引入歧途。惟法律拥有理智而免除情欲。"依据亚氏的理论,法治的本质在于避免因人治而不可避免地导致的任意性与不确定性,使已制定的法律获得普遍的服从,而公众所服从的,也应当是制定良好的法律。由此,法治的基本内涵应当包括两层:其一,具有制定良好的法律;其二,已制定的法律要获得普遍的服从。即便形式的正义宣扬"恶法亦法",但实质的正义所崇尚的是良法才应当被遵守的法治理念。一部制定良好的法律,是得到社会公众认可并加以遵守的前提要件。诚如前文所讨论的那样,泛犯罪化具有其自身不可避免的弊端,但是,这种将一般性反社会规范的行为规定为犯罪的做法,最大限度地保证了法律在适用上的平等性、确定性及公正性,从而实现对司法中自由裁量权的有效制约,防止司法腐败。

《马耳他刑事法典》中将犯罪分为重罪与轻罪,其所规定的重罪,相当于我国刑法中的具有严重社会危害性的犯罪行为,而其所谓的轻罪,在我国通常被作为违反了《治安管理处罚条例》并应当受到相应的行政处罚的一般性违法行为。这一划分方法,相对于我国因行政机关本身的执法素质、执法环境以及执法力度等因素影响而导致的任意执法而言,无论从哪个角度讲,都更具有科学性,两者所折射出来的,不只是立法方式上的差异,更是立法观念上的不同。以层级效力较高的、规范化的、确定的法律规范实现对社会的调控与治理,是法治观念的深入体现。在大力推进社会主义现代化法治建设的今天,在为实现依法治国的法律梦想而奋斗的今天,适度调整刑罚圈,是通往法治国途中的必然选择。

(二) 立法技术

一部好的刑事法典离不开完善的立法技术,立法技术的科学程度如何,直接影响着法典本身的质量。法律条文的简约规范、法律语言的准确精密以及法典本身与整个法律体系的协调统一,都有赖于成熟而完善的立法技术。立法技术的缺陷,往往会造成法典本身的瑕疵及司法中的无所适从。我国现行《刑法》在总则与分则中所过多使用的一些法律用语,就是明例。

如我国《刑法》第 65 条规定:"被判处有期徒刑以上刑罚的犯罪分子,刑罚执行完毕或被赦免以后,在 5 年以内再犯应当判处有期徒刑以上刑罚之罪的,是累犯,应当从重处罚,但是过失犯罪除外。"其中的"从重",是指在法定刑幅度内处以较一般犯罪而言更为严重的刑罚。以一般犯罪所判处的刑罚为基准的从重处罚,程度如何把握,法律并没有明确规定,完全有赖于法官在其自由裁量权范围内的良心把握。另外,在分则中,我国《刑法》较多地使用了"情节较轻"①、"情节严重"、"情节特别严重"②、"造成严重后果"③、"数额较大"、"数额巨大"、"数额特别巨大"④等具有较强的外延扩展性与内涵模糊性用语。这种模糊性立法导致了过多的司法解释的出现,并进而引发司法实践中司法解释的效力高于立法效力的错误观念的形成。

而在这方面,《马耳他刑事法典》显示出了其无可比拟的科学性。如《马耳他刑事法典》第50条规定:"被判处5年以上刑罚或在其他情况下、被判处5年以下刑罚的犯罪人,在刑罚执行完毕或者赦免之日起10年内再次犯罪的,处高于该后罪法定刑一个幅度的刑罚。"按照这一规定,对累犯应当判处高于一般犯罪一个刑罚幅度的刑罚。其科学性表现在,这种规定方式既体现了累犯更为严重的社会危害性与人身危险性,也有效地防止了过宽的刑罚裁量权被滥用。另外,该法典在第59条第2款规定:"煽动未产生危害后果的,其刑罚应降低一至三个幅度";第317条规定:"对上条中当时没有人在里面的建筑物、棚屋或其他地方放火的、或故意引燃易燃物、从而导致由于建筑物、棚屋或其他地方所处的位置而使得当时有人在里面的其他建筑物、棚屋或地方着火的,构成犯罪——(a)火已经实际扩散的,处终身监禁;未造成人员死亡的——(i)犯罪人已经预见到有人在火苗扩散到的建筑物、棚屋或地方内的,处5年至9年监禁;(ii)其他情况下,处3年至6年监禁;(b)火没有扩散到其他建筑物、棚屋或地方的,处3年至5年监禁";第318条规定:"故意对第316条中当时没有人在里面的建筑物、棚屋或其他地方放火,但由于建筑物、棚屋或其他地方所处的位置而未能导致当时有人在里面的其他建筑物、棚屋或地方着火的,构成犯罪,处2年至4年监禁"。上述规定,显然避免了我国《刑法》中所采用的模糊性用语,用词缜密、语意明确,很难出现歧义。马耳他刑事立法的科学性,在法典第51条也有所体现,该条规定:"被判处终身自由刑的犯罪人实施了另一应判处较轻刑罚的犯罪时,应当对其判处一次或多次单独禁闭。"而依照我国《刑法》第69条及第71条的规定,被判处无期徒刑的犯罪分子,在判决宣告以前一人犯数罪、或在判决宣告以后、刑罚执行完毕以前又犯新罪的,对其最终决定判处的刑罚只能是无期徒刑。易言之,依据我国《刑法》的规定,除死刑外,犯罪人所犯数罪中只要有一罪被判处无期徒刑,无论再犯什么罪,最终只能

---

① 如第151条、第152条、第395条等。
② 如第390条、第397条、第398条、第399条、第400条、第411条等。
③ 如第400条、第412条、第413条。
④ 如第276条、第270条、第384条、第394条、第395条等。

对其适用无期徒刑,而不能再提升刑罚。这一规定除导致罪刑不均衡外,也极易诱发更多犯罪的发生。借鉴马耳他刑法的规定,我国在刑罚的设置上,还应再作提高。

(三)刑罚轻化

刑罚轻缓化是人类社会文明发展的必然结果,也是人的价值实现的必然需要。从某种意义上来讲,刑法的发展史,即是刑罚从严酷走向宽和与人道的历史。在一个真正的法治社会中,法治的实现倚仗于公众对法律的信仰,对法律的遵守不再是因为法律本身的强制性,而是这种遵守已经成为善良公民的一种习惯、一种生活需要。这种习惯与需要存在的根基,在于法律本身的宽容及因此而取得的社会公众的认同。轻缓化的刑罚将使得刑法本身成为生活的终极目的和意义的一部分,人类本身与刑法将处于一种合作的亲密状态。而过于残酷的刑罚,则会使公众形成法律非正义的、非理性的印象,即使作为受害者,也可能会因过于严厉的刑罚而对犯罪人产生怜悯,"纵观历史,目睹由那些自命不凡、冷酷无情的智者所设计和实施的野蛮而无益的酷刑,谁能不怵目惊心呢?"① 于是,"刑场与其说是为罪犯开设的,不如说是为观众开设,当怜悯感开始在观众心中超越了其他情感时,立法者似乎就应当对刑罚的强度作出限制。"然而,长期以来形成的重刑主义与刑罚万能的思想,始终禁锢着国人的立法观念。我国《刑法》的四百三十多个罪名中,规定有死刑的罪名竟然高达68个!在大力推行死刑废除的当今社会,这不能不说是一件憾事!此外,我国刑罚存在的泛重化倾向,也一直困扰着学界。相比之下,马耳他刑法中除对谋杀及为实施其他犯罪② 而故意杀人者设置了终身监禁刑外,其他犯罪中几乎不存在有关终身监禁刑的规定。就个罪而言,《马耳他刑事法典》所规定的刑罚也较为轻缓,如在对于一般盗窃的刑罚设置中,我国《刑法》规定的最高刑为3年有期徒刑,而《马耳他刑事法典》为一般盗窃所设置的最高刑则为6个月监禁。另外,如本文前述,马耳他在其刑事法典中设置了科学严密的刑罚网络,其中,贯穿于刑法体系中的呈纵向结构的罪刑阶梯的设置,成为整个刑罚网络的脊柱,而其设置之精密,也为整部刑法的科学性奠定了坚实的基础。而我国《刑

---

① 〔意〕贝卡里亚著:《论犯罪与刑罚》,黄风译,中国法制出版社2005年版,第52页。
② 如第272条就规定,为实施盗窃而故意杀人的,处终身监禁。

法》在进行刑罚设置时,因缺乏系统性的设计而不可避免地造成的重罪轻罚[1]、轻罪重罚[2]的不合理刑罚配置的现象以及其他具有较大任意性的刑罚配置现象[3],确实值得我们反思。

---

[1] 如我国《刑法》第 239 条规定:"杀害被绑架人的,处死刑。"而第 232 条关于故意杀人罪的刑罚则设置为"死刑、无期徒刑或者 10 年以上有期徒刑;情节较轻的,处 3 年以上 10 年以下有期徒刑。"相比较而言,前者所规定的绝对确定的法定刑高于后者所规定的刑罚。但是,对于已满 14 周岁不满 16 周岁的未成年人而言,如果其实施了故意杀人罪,根据我国《刑法》第 17 条第 2 款的规定,应当负刑事责任;而如果行为人实施了绑架行为后,再杀害被害人的,则有可能不负任何刑事责任。

[2] 如我国《刑法》在第 232 条所规定的故意杀人罪,其法定刑为"死刑、无期徒刑或者 10 年以上有期徒刑;情节较轻的,处 3 年以上 10 年以下有期徒刑。"而第 234 条所设置的故意伤害罪则规定:"致人死亡的",处 10 年以上有期徒刑、无期徒刑或者死刑。从形式上看,故意杀人罪的法定刑高于故意伤害致人死亡,罪刑配置似乎并无不妥。但是,如果将二者结合起来予以考虑则会发现,在故意杀人的情况下,只要"情节较轻",犯罪人即有可能被判处"3 年以上 10 年以下有期徒刑",但在社会危害性相对较轻的、不存在故意杀人的故意伤害致人死亡中,其最低刑则为 10 年以上有期徒刑。这显然是一种立法的逻辑矛盾。

[3] 如在对传授犯罪方法罪所设置的刑罚中,最高刑为死刑、最低刑为管制的做法,就颇受学界质疑。

第九章
刑事法典

为修正与强化刑法及刑事诉讼法之目的
1854年6月10日

1854年1月30日之枢密院令,被下列法令所修正:1856年第4号条例,1857年第8及第9号条例,1858年第10号条例,1859年第9号条例,1868年第5号条例,1871年第6号条例,1874年第4号条例,1877年第3号条例,1879年第1号条例,1880年第3及第7号条例,1882年第4号条例,1885年第3号条例,1886年第2号条例,1888年第4及第16号条例,1889年第14号条例,1892年第2号条例,1893年第8号条例,1894年第4号条例,1896年第3及第10号条例,1897年第4号条例;1899年马耳他枢密院令(诉讼程序部分使用了英语);1899年第3、第6、第11及第13号条例,1900年第11、第12及第16号条例,1901年第6及第16号条例,1903年第1号条例,1904年第1及第12号条例,1905年第11号条例,1909年第8号条例,1910年第4号条例,1911年第9号条例,1913年第12号条例,1914年第2、第6及12号条例,1916年第4号条例,1918年第13及14号条例;1921年马耳他专利权书法规;1921年第16号条例;1922年第12号法案,1924年第1号法案,1927年第26号法案,1929年第16号法案;1930年第6及第8号条例,1931年第13及26号条例,1932年第16号条例,1933年第6号条例;1933年第28、第35及第41号条例;1934年第22、第30及第37号条例,1935年第9及第13号条例,1936年第14及第20号条例,1937年第3及第15号条例,1938年第1、第24、第27及第35号条例,1939年第1及第6号条例,1940年第29号条例;1941年政府公告第124及248条。以及1867年第2号条例第3条,1872年第4号条例,1880年第6号条例第30条及1934年第37号条例。

此法典接着被以下法令所修正:1944年第8、第12及第21号条例,

1946年第24号条例,1947年第6号条例;1949年第10号法案,1950年第9号法案,1951年第4号法案,1956年第5号法案,1957年第12号法案;1959年第20号印刷条例;1959年第15号条例,1960年第5号条例,1962年第25号条例;1963年第4号法律通告;1963年第16及第23号法案,1964年第13号法案,1965年第19及第32号法案;1965年46号法律通告;1966年之第31及第43号法案,1967年之第2、第25及第31号法案,1970年第27号法案,1971年第3及第21号法案,1972年第33号法案,1973年第2、第3、第11、第15、第38及第46号法案,1974年第4、第8、第35及第58号法案,1975年第24、第27及第37法案,1976年第3、第14、第18、第19及第22号法案,1977年第11号法案,1980年第13及第18号法案,1981年第159及第53号法案,1982年第9号法案,1983年第13及第14号法案,1984年第1号法案,1986年第32号法案,1987年第13号法案,1988年第22号法案,1989年第29号法案,1990年第8及第29号法案,1991年第12号法案,1992年第19号法案,1993年第21号法案,1994年第4及第24号法案,1995年第24号法案,1996年第16及第17号法案,1997年第32号法案,1998年第2及第10号法案,1999年第7号法案,2000年第10号法案,2001年第3及第6号法案,2002年第3、第13、第20号及第31号法案,2003年第9号法案。

法典体例

		条款
标题		1
前言		2—6

第一篇
刑　　法

第一部分
刑罚及其一般适用规则、犯罪人的犯意及年龄、未遂犯、共犯及累犯

标题一	刑罚及其一般适用规则	7—32
次标题一	适用于犯罪的刑罚	7—15
次标题二	有关刑罚的科处及执行的一般规定	16—30
次标题三	刑罚的加重与减轻	31—32
标题二	犯罪人的犯意与年龄	33—40
标题三	未遂犯	41
标题四	从犯	42—48
标题五	累犯	49—54

第二部分
重罪与刑罚

标题一	种族灭绝、反人类罪与战争罪	54A—54I
标题一　之二	危害政府安全罪	55—62
标题二	危害公共安宁罪	63—83

标题三	违反司法管理及其他公共管理罪	84—162
次标题一	冒用政府权威及其职权	84—90
	§ 冒用职能	84
	§ 非法使用政府机构权力	85—90
次标题二	施暴于国家公务人员	91—99
次标题三	诬告、伪证及伪誓	100—111
次标题四	滥用政府机构职权	112—141
	§ 非法勒索、敲诈及受贿	112—121
	§ 辩护人及检察官滥用职权	122—123
	§ 国家工作人员及公务员贪污受贿	124—127
	§ 滥用对监狱的管理职权	128—130
	§ 拒不履行职务	131—132
	§ 滥用职权、违背职责	133—140
	§ 适用于本次标题的一般规定	141
次标题五	破坏公共档案馆、国家机构、拘押场所及纪念碑	142—162
	§ 毁坏封印、盗窃国家档案馆或其他国家机构公文或储存物品	142—150
	§ 破坏拘押场所、使被拘押人、犯罪嫌疑人或罪犯脱逃及窝藏罪犯	151—160
	§ 破坏纪念碑	161—162
标题四	伤害宗教感情罪	163—165
标题五	破坏公共信用罪	166—190
次标题一	伪造证券、图章及印章	166—178
次标题二	伪造其他公共或私人书件	179—188
	§ 适用于本标题的一般规定	189—190
标题六	破坏公共贸易罪	191—195
	§ 破产罪	191—195
标题七	有损于良好的家庭秩序的犯罪	196—210
次标题一	家庭成员违背职责罪	196—197
次标题二	破坏家庭安宁、声誉及违背家庭道德罪	198—209
次标题三	企图妨碍或破坏有关孩子家庭地位的证据罪	210
标题八	针对人所实施的犯罪	211—260

次标题一	谋杀	211—213
次标题二	针对人所实施的故意犯罪	214—222A
次标题三	正当化的杀人或伤害	223—224
次标题四	非故意的杀人或伤害	225—226A
次标题五	适用于本标题上述各次标题所规定的犯罪的宽宥事由	227—238
次标题六	隐瞒杀人或伤害行为，或隐藏尸体	239—240
次标题七	堕胎、给予或提供毒害或损害健康的物品、传播疾病	241—244
次标题八	杀婴、弃婴及遗弃儿童	245—248
次标题九	威胁及私用暴力	249—251
次标题十	诽谤、揭露隐私	252—260
标题九	针对财产及公共安全所实施的犯罪	261—237
次标题一	盗窃	261—289
	§ 有加重情节的盗窃	261—283
	§ 一般盗窃	284—288
	适用于本次标题的一般规定	289
次标题二	其他非法获得与非法占有财产的犯罪	290—292
次标题三	欺诈	293—310
次标题四	破坏公共安全及损害财产的犯罪	311—328
	适用于本标题的一般规定	329—337A
次标题五	损坏计算机	337B—337G

第三部分
轻罪与刑罚

标题一	轻罪	338—340
次标题一	有损于公共秩序的轻罪	338
次标题二	有损于人本身的轻罪	339
次标题三	有损于财产的轻罪	340
标题二	对轻罪适用的刑罚	341—344
	§ 一般规定	345

第二篇
刑事诉讼法

第一部分
具有刑事审判管辖权的机构

		条款
标题一	执行警察在公诉中的职权与职责	346—366
标题二	地方法院	367—429
次标题一	作为刑事审判法院的地方法院	370—388
次标题二	作为刑事调查法院的地方法院	389—412
次标题三	对作为刑事审判法院的地方法院判决的上诉	413—429
标题三	检察长	430—435
标题四	刑事法院	436—496
标题五	刑事上诉法院	497—515
	适用于刑事审判法院的规定	516—534

第二部分
与一定的诉讼模式及审判相关的事宜

标题一	报告、信息及告发	535—545
标题二	与"人身证据"、审理及"物品证据"相关的调查	546—569
标题三	辩护人	570—573
标题四	保释	574—587
标题五	起诉	588—602
标题六	陪审团	603—619
标题七	在刑事法院对精神病及其他担保事项的指控	620—628
标题八	刑事领域的协助	628A—628B

第三部分
适用于所有刑事审判的事宜

标题一	证人及专家	629—657
次标题一	证人	629—649
次标题二	专家	650—657
标题二	坦白	658—661
标题三	裁决及执行	662—666
标题四	与刑事诉讼有关的属于被告人或其他人的财物	667—685
标题五	与法院有关的方面	686
标题六	时效	687—694
标题七	费用	695
标题八	一般规定	696

明 细 表

明细表 A	自诉案件中应支付给执行警察的费用
明细表 B	自诉案件中应支付给记录处的费用
明细表 C	应支付给在作为刑事审判法院的地方法院执业的律师的费用

(标题)
第一条 本法典的名称为刑事法典。

前 言

(犯罪的分类:为1900年第11号条例第1条所修正)
第二条 犯罪分为重罪与轻罪。
(因犯罪而提起的诉讼:为1871年第6号条例第1条所修正)
第三条 第一款 任何犯罪都将导致刑事诉讼与民事诉讼。
第二款 刑事诉讼在刑事审判法院进行,罪犯应当受到惩处。
第三款 民事诉讼在民事审判法院进行,因犯罪所受到的损害应当得到赔偿。
(刑事诉讼的性质:为1965年第46号法律通告、1947年第58号法案第68条、1975年第27号法案第2条、2002年第3号法案第2条所修正)
第四条 第一款 刑事诉讼本质上为授权于国家的公诉,根据情况,由执行警察或检察长以马耳他共和国的名义依法提起诉讼。
(起诉)
第二款 在私人之诉并不必然启动诉讼程序或法律并未明确赋予私人起诉权的情况下,所有的刑事诉讼均需依职权提起。
(起诉权人:为1899年第6号条例第1条、1899年第11号条例第107条、1903年第1号条例第1条、1966年第31号法案第2条、1972年第33号法案第377条、1975年第24号法案2条、1990年第29号法案第2条、1996年第17号法案第19条、2002年第3号法案第3条、2002年第13号法案第10条、2002年第24号法案第13条所修正)
第五条 第一款 除本法典或其他法律关于授予马耳他境内的法院行使审判管辖权的其他特殊规定外,可在马耳他对下列人员提起刑事诉讼——
(a)在马耳他境内、或马耳他具有司法管辖权的海域上实施犯罪的;

（b）在上述司法管辖权范围之外进行航行的马耳他船只上实施犯罪的；

（c）在马耳他具有司法管辖权的领空上航行的航空器中或属于马耳他的航空器中实施犯罪的；

本段中的"领空"是指马耳他的领地及领水上空的空间范围；

（d）为公正适用本款前述各规定，马耳他公民或马耳他永久性居民在马耳他的任何地方、任何船只或航空器中实施第54条A中所规定的犯罪、危害政府安全犯罪、第133条、第139条A中所规定的犯罪、针对国家或政府设施、基础设施、或在公共场所或接近于公共场所的地方、公共运输系统内实施第311条至第318条或第320条所规定的犯罪、或伪造第166条规定的政府债券或第167条中的文件、实施第196条所规定的犯罪、或对马耳他公民或永久性居民实施犯罪的；

在本段中：

（第217章）

"永久性居民"是指根据移民法案第7条规定而被许可在马耳他居住的人；

"针对人所实施的犯罪"包括第86条至第96条以及第198条至第205条所规定的犯罪；

"国家或政府设施"、"基础设施"及"公共运输系统"分别与第314条A第4款中所规定的含义相同；

（e）在马耳他境内者——

（i）针对受保护之人所实施的、对其造成伤害的或危及其生命、造成其财产、生命及健康的重大损害的或当受保护之人在相关房屋或车辆中时，攻击其房屋或通常使用的车辆而构成第87条第2款、第198条、第199条、第211条、第214条至第218条、第220条、第249条至第251条、第311条、第312条、第314条A、第314条B、第316条或第317条所规定的犯罪的；或

（ii）实施了马耳他认为构成犯罪的行为，并使用了炸弹、手榴弹、火箭、自动枪、书信炸弹或包裹炸弹的，

即使本段中所规定的犯罪是在马耳他境外实施的；

本段项下（i）中犯罪人是否知道犯罪对象为受保护之人，也无关紧要；

（f）任何——

（i）在马耳他境外被作为大使馆、驻在地或因其他与马耳他外交业务有关的目的而加以使用的具有外交豁免权的建筑物（及其周围的土地）内实施犯罪的；或

(ii) 在马耳他境外对因外交业务而享有外交豁免权者实施犯罪的；

(g) 在马耳他境内实施了具有本款(d)或(e)段所规定的情节的、第87条第2款、第139条A、第199条、第211条、第214条至第218条、第220条、第249条至第251条、第298条、第311条至第318条或第320规定的犯罪，或以本款(e)段(ii)中的行为而实施犯罪的主犯或从犯、或以实施上述犯罪为目的，与一人或数人同谋即使是在马耳他境外实施的犯罪；

(h) 即使在除马耳他现行法律规定应对其罪行予起诉外、并无任何规定的情况下，对被某国要求从马耳他予以引渡后、某机构将对其提起诉讼或命令其返回者，司法部长以其为马耳他公民为由或以该他国将对所引渡罪行适用死刑为由不予签发或获准其引渡的；

(i) 实施了法律所明文规定的、即使是在国外实施、也构成犯罪的人：

(例外)

对马耳他总统在履行其职务过程中所实施的任何行为均不得提起诉讼。

第二款 在第1款(b)及(c)中，任何在马耳他登记或虽然未进行登记，但完全由惯常居住在马耳他者所有或根据马耳他法律成立且其主要营业地在马耳他境内的法人所有的船只或航空器，将被认为归马耳他所有。

第三款 在第1款(e)中：

与所指控罪行有关的"受保护之人"是指：

(a) 在其任职国境外的、实施所指控罪行当时为国家元首、依据国家宪法行使国家元首职责的机构成员或者政府首脑或外交部长的；

(b) 国际法授权对其人身、自由和尊严予以特殊保护而使其免受侵害的、不受上段规定限制的、在实施所指控罪行当时为国家代表或政府官员、政府间国际组织官员或代理人的；

(c) 实施所指控罪行当时为上述各段中所列人员及下列人员的家庭成员的——

(i) 如果(a)段中所列的该他人与其在一起；

(ii) 如果(b)段中所列的该他人为其家庭成员之一；

"相关房屋"指受保护之人居住、停留或用以履行其职责的房屋；

"车辆"包括所有运输工具；

在任何诉讼中，对某人是否为或曾经为受保护之人所引起的争议，外交部长所签发或授权签发的证书中声明的相关内容具有决定性证据的作用。

(刑事诉讼和民事诉讼互相独立)

第六条 应当分别对刑事诉讼与民事诉讼提起诉讼。

第一篇 刑 法

第一部分 刑罚及其一般适用规则、犯罪人的犯意及年龄、未遂犯、共犯及累犯

标题一
刑罚及其一般适用规则

次标题一
适用于犯罪的刑罚

（重罪与轻罪所适用的刑罚：为1886年第2号条例第1条、1888年第16号条例第1条、1900年第16号条例第2条、1911年第9号条例第1条、1971年第21号法案第2条、1981年第49号法案第4条所修正）

第七条 **第一款** 除法律有特殊规定外，对重罪可能判处的刑罚包括——

(a) 监禁；

(b) 单独禁闭；

(c) 禁止；

(d) 罚金（惩罚性罚金）。

第二款 根据第53条或其他特别法的规定，对轻罪可能判处的刑罚包括——

(a) 拘留；

(b)罚金(补偿性罚金);

(c)训诫或警告。

(自由刑)

第三款 "限制自由刑"包括监禁和拘留。

(监禁)

第八条 第一款 被判处监禁者应当被羁押于监狱或依所判刑罚而被指定的相应的监狱,被监禁者应当遵守依法制定的监规。

第二款 监禁的期限由法律根据具体情况予以规定。

(单独禁闭:为 1981 年第 49 号法案第 4 条、2002 年第 3 号法案第 4 条所修正)

第九条 第一款 单独禁闭因被判处监禁者在刑罚执行过程中的某一期间或数个期间内连续禁闭于监狱某一指定地点而发挥作用,除因职责所需或监狱长特别授权外,任何人不得接近该被执行者。

(单独禁闭的期限)

第二款 单独禁闭期间不得连续超过 10 日。

(应遵守的规则)

第三款 多次适用单独禁闭时,每次间隔期间应为 2 个月。

第四款 然而,如果在间隔期间有违反监规或其他犯罪行为,只要期限较短且被禁闭的总和在每一间隔期间不超过 15 日,可以适用单独禁闭。

第五款 在法律规定了单独禁闭但对其适用次数并无具体规定的情况下,适用单独禁闭超过 12 次将被认为违法。

第六款 单独禁闭适用于法律明文规定的情况。

第七款 在判处单独禁闭之前,如果医学证据显示有需要,法院应对被宣判者进行医学检查,以确保其适合适用上述刑罚。

第八款 在单独禁闭执行期间,狱医以书面形式确认对犯罪人不再适合适用此刑罚的,应暂停其执行,直到犯罪人被再次确认从医学方面适合继续执行此刑罚时为止。

(禁止:为 1900 年第 11 号条例第 3 条、1909 年第 8 号条例第 1 条、1947 年第 6 号条例第 3 条所修正)

第十条 第一款 禁止或者为普遍禁止,或者为特别禁止。

(普通禁止)

第二款 一般来说,被适用普遍禁止者不再具有从事公务或公共职业的资格。

(特别禁止)

第三款 根据法律对每一具体情况的规定,被适用特别禁止者不再具有从事特殊公务或特殊职业的资格,或从事特殊职业、技能、行业、行使特殊权利的资格。

(禁止的期限)

第四款 每种禁止均可适用于终身或某一确定期间。

第五款 除法律规定了更长的期限外,临时禁止不得超过5年。

第六款 法院可基于被执行禁止者的申请或适当的理由,裁定解除终身禁止或定期监禁。

(禁止的公布)

第七款 法院应当将作出适用普遍禁止或特别禁止的判决、或解除上述禁止的决议在公报上予以公布,但是,在作出上述解除禁止的决议的裁定时,由被解除者支付费用。

(对违反义务者的处罚)

第八款 被判处禁止者违反了刑罚所规定的义务的,应当对其作出有罪认定、并判处不超过3个月的监禁或罚金(惩罚性罚金)。

(罚金(惩罚性罚金):为1900年第11号条例第4条、1914年第12号条例第1条、1934年第22号条例第2条、1938年第27号条例第2条、1965年第5号条例第2条、1976条第22号法案第4条所修正)

第十一条　第一款 除特殊规定外,最高罚金(惩罚性罚金)额为500里拉,最低罚金(惩罚性罚金)额为10里拉。

第二款 本法典或其他法律所规定的最高罚金(惩罚性罚金)额少于10里拉的,最高罚金(惩罚性罚金)额应为10里拉,最低罚金(惩罚性罚金)额应为5里拉。

(被1980年第13号法案第2条所代替;后经1983年第13号第5条、2002年第3号法案第5条所修正)

第三款 未能在第14条所规定的期限内缴付罚金(惩罚性罚金)的,应当按照每日5里拉的比例折抵为监禁:

罚金(惩罚性罚金)额不超过2,000里拉者,所折抵监禁不得超过6个月;罚金(惩罚性罚金)额不超过10,000里拉者,所折抵监禁不得超过1年;罚金(惩罚性罚金)额不超过30,000里拉的,所折抵监禁不得超过18个月;罚金(惩罚性罚金)额超过30,000里拉的,所折抵监禁不得超过2年(第17条(g)及第29条第1款除外)。

(拘留:为1874年第4号条例第1条、1886年第2号条例第2条、1888年第16号条例第2条、1962年第26号条例第3条、1963年第4号法律通告、1965年第46号法律通告、1966年第3号法案第2条所修正;后由2002年第3号法案第6条所代替)

第十二条 第一款 被判处拘留者应当被拘押于监狱或依所判刑罚而指定的监狱的某个部分。

第二款 除特殊规定外,任何拘留均不得超过2个月。

(罚金(补偿性罚金):为1886年第2号条例第3条、1888年第16号条例第3条、1900年第11号条例第5条、1914年第12号条例第2条及第3条、1934年第22号条例第3条、1956年第5号条例第3条、1971年第3号法案第3条、1980年第13号法案第3条、1983年第13号法案第5条所修正)

第十三条 第一款 除特殊规定外,最高罚金(补偿性罚金)额为25里拉,最低罚金(惩罚性罚金)额为3里拉。

(罚金(补偿性罚金)折算为拘留)

第二款 未能在第14条所规定的期限内缴付罚金(补偿性罚金)的,按每天5里拉的比例及其分数折抵为拘留:

折抵罚金(补偿性罚金)的拘留期限最长不得超过1个月(第29条第1款、第17条(g)及第53条除外)。

(罚金(惩罚性罚金)与罚金(补偿性罚金)的缴付期限:1934年第22号条例第4条对之进行了补充,并为1936年第14号条例第2条、1947年第6号条例第4条、1956年第5号条例第4条、2002年第3号法案第7条所修正)

第十四条 第一款 被判处罚金(惩罚性罚金)者应立即缴付同等数额的罚金(惩罚性罚金或补偿性罚金)。法院也可以在作出判决时以所记录的理由要求被判处罚金(惩罚性罚金)者在下列期限内向登记员缴付罚金(惩罚性罚金):

在罚金(补偿性罚金)不超过25里拉的情况下,上述期限不得超过10日,在罚金(补偿性罚金)不超过25里拉或为惩罚性罚金的情况下,上述期限不得超过1个月;

未能在法院判决所规定的期限内缴付罚金(惩罚性罚金)或罚金(补偿性罚金)的,或在判决未规定期限的情况下,未能自判决之日起一周内缴付罚金(惩罚性罚金)的,根据具体情况,所处罚金(惩罚性罚金)应当按照第

11条及第13条的规定立即折算为监禁或拘留,警察将依判决及此但书所赋予的职权对其实施逮捕,并将其押送至法律所规定的羁押因罚金(惩罚性罚金)转换为监禁或拘留而被关押的犯罪人的指定场所;

(法院对拘留与监禁确定其他期限的权力)

尽管第11条及第13条有规定,作出罚金(惩罚性罚金)或罚金(补偿性罚金)判决的法院仍可根据情况,对未能立即或在规定期限内缴付罚金(惩罚性罚金)者确定其他的监禁或拘留期限;但所确定的期限分别不得超过第11条及第13条所规定的期限。

第二款 法院可自行决定在宣判时或在其后任何时间指示所判处罚金(惩罚性罚金)或者可以以法院认为合适的数额及重复间隔分期缴付,但全部罚金(惩罚性罚金)缴付的期限不得超过3年,未能按期缴付任何一次罚金(惩罚性罚金)的,所有未到期的罚金(惩罚性罚金)将被视为立即到期并应予以缴付,如未能缴付,应当根据情况,适用本法典中适用于罚金(补偿性罚金)、罚金(惩罚性罚金)、拘留、监禁、逮捕的相应规定。

(训诫或警告:1886年第2号条例第4条将本条予以废除,1888年第16号条例第4条重新对本条进行了规定)

第十五条 第一款 训诫或警告应当由法官或审理此案的地方法官在公开法庭进行。

第二款 对训诫或警告公开予以轻视或缺乏尊重的,应当被判处拘留或罚金(补偿性罚金)。

次标题二
有关刑罚的科处及执行的一般规定

(刑罚的计算)

第十六条 刑罚以日计算的,每日以24小时计算;刑罚以月计算但不超过3个月的,每月以30日计算;刑罚超过3个月的,以日历为准计算月和年。

(数罪并罚:为1859年第9号条例第1条、1900年第11号条例第6条、1911年第9号条例第3条及第4条、1914年第12号条例第4条、1972年第33号法案第4条、1973年第38号法案第2条、1981年第49号法案第4条及第6条、1996年第16号法案第6条所修正)

第十七条 为使罪刑一致,应当适用下列规定:

(a)实施了数个重罪而应被判处包括终身自由刑在内的自由刑者,应

当判处终身自由刑,并附加单独禁闭;

（b）实施了数个重罪而应被判处有期自由刑者,只要所处刑罚不超过35年,应当判处较重之罪的刑罚,并加处其他应处刑罚总和的1/3至1/2;

（c）实施了数个轻罪的,应数罪并罚：

被判处拘留的,总和刑期不得超过3个月;

（d）实施了一个或数个重罪并触犯一个或数个轻罪的,如果重罪应被判处不少于3个月监禁的,应当按照前述各段的规定,对其所实施的一个或数个重罪判处刑罚。如果重罪应被判处少于3个月监禁的,其所实施的一个或数个轻罪也应依照上述各段的规定予以处罚;

（e）可在法律规定的临时禁止的最长期限上加处其他刑罚总和的1/3至1/2：

这个期间不超过20年;

（f）对实施数罪而被判处罚金(惩罚性罚金)者,应根据情况,处数罪中较高或最高罚金(惩罚性罚金)或罚金(补偿性罚金)额,并加处其他每一罚金(惩罚性罚金)或罚金(补偿性罚金)的1/2;

（g）由数个罚金(惩罚性罚金)刑所转换的自由刑,在判处罚金(惩罚性罚金)的情况下,其刑期不得超过3年,在判处罚金(补偿性罚金)的情况下,其刑期不得超过6个月;如果同时判处罚金(惩罚性罚金)与罚金(补偿性罚金),则依法院的指示转换为拘留或监禁;

（h）对不能构成加重犯而构成某一法定犯的数个罪行,无论该法定犯为加重犯还是普通犯,都应当对之适用较重罪行的法定刑。

（连续犯：为1900年第11号条例第6条所修正）

第十八条　犯罪人所实施的数个违反法律的同一规定且基于相同犯罪意图的行为的,即使犯罪实施的时间不同,也构成一个单一犯罪,称为连续犯,但对其所判处的刑罚可增加一个或两个幅度。

（刑罚规则）

第十九条　其他法律所规定的情节同时存在于犯罪中时,对该犯罪所规定的刑罚不得影响其他法律所规定的更高的刑罚。

（不得判处最低刑：为1900年第11号条例第7条、1911年第9号条例第5条、1981年第49号法案第6条所修正）

第二十条　法律明确规定不得适用最低刑时,所判处的刑罚通常应包括最低刑与最高刑之差的1/3。

（低于最低限度的刑罚：1944年第12号条例第2条增设了本条规定、

1971年第21号法案第4条对之进行了修正)

第二十一条 除第492条的规定外,基于判决书中所明确、详尽陈述的特殊或例外理由,法院可自行适用自认为适当的更低的刑罚,尽管除第7条的规定外,有关特殊犯罪的条文或第20条已规定了最低刑罚。

(监禁刑的计算:1947年第6号条例第6条增加了本条、并为2002年第3号第8条所代替)

第二十二条 除终身监禁及因未能缴付罚金(惩罚性罚金)或罚金(补偿性罚金)而被判处监禁或拘留外,犯罪人在非刑罚执行的判决宣告前任何时间内因所认定及宣判之罪而被关押于监狱的,被关押时间应当计入此罪的监禁或拘留刑期之内;但犯罪人先前因此罪而被裁定假释、缓刑的,在此裁定作出前经过的期间或缓刑所经过的期间并不具有此条规定的目的:

根据此条规定,前述定罪前任何被计入此判决所确定的监禁或拘留期间的时间,不得再计入其他宣判所确定的监禁或拘留的刑期之内。

(物证的没收:1947年第6号第7条增设了本条规定)

第二十三条 第一款 根据法律规定,除非未参加犯罪者对基于犯罪事实而留下的物证*、犯罪所使用的工具或准备使用的工具以及从犯罪中所获得的任何物品主张权利,否则,即使法律缺乏明确的规定,作为处罚犯罪的结果,应当对上述财物予以没收。

第二款 在轻罪的情况下,只有在法律有明确规定的情况下,才能对上述财物予以没收。

第三款 制造、使用、携带、保管或销售某物构成犯罪的,即使上述物品不属于被告人,法院仍可在尚未定罪的情况下,作出对上述物品予以没收的裁定。

(被告者财产的冻结:2002年第3号第9条增设了本条规定)

第二十三条A 第一款 在此条中,除非上下文有其他要求:

"相关犯罪"是指未规定在法令或决议中规定的、应当被判处1年以上监禁的非故意犯罪。

(第373章)

"法案"是指反洗钱法案;

(第101章、第31章)

"条例"是指危险药品条例及医学与血缘专业条例。

---

* 此物证是指犯罪留下的证据,如被焚毁的房屋、犯罪人的尸体等——译者。

第二款　对被指控实施了相关的犯罪者,应适用法案第5条的规定,对法院根据此条所作出的裁定,应如同法院根据上述法案第5条所作出的裁定一样,适用相同的规定。

(收益的没收:2002年第3号第9条增设了本条规定)

第二十三条 B　第一款　除犯罪人因相关犯罪而被判处承担刑罚及法人基于第121条 D 的规定而被判处承担相应的处罚外,法院应根据第23条的规定作出由政府没收犯罪收益或与收益价值相当的财物的裁定,而无论这些收益是由犯罪人获得、还是由第121条 D 中的法人获得。

第二款　犯罪所得收益已被消耗、因为其他原因而不可能得以确认或没收这些犯罪收益、或不可能作出没收价值与犯罪收益相当的财物的裁定的,法院应当根据情况,对犯罪人、法人或犯罪人与法人共同作出缴付与犯罪收益相等的罚金(惩罚性罚金)的判决。

第三款　在此条中:

"收益"是指因犯罪行为而直接或间接取得或获得的任何经济利益或财物,以及由这些财物所产生的任何收入或其他利益;

"财物"是指任何种类的财物,无论其为有形还是无形、可移动还是不可移动、可感知还是不可感知,以及证明财物所有权或代表财物权益的法律文件或凭证;

"相关犯罪"与第23条 A 第1款所指定的意思相同。

(在轻罪的情况下,控制他人者的责任:1909年第8号条例第2条增设了本条规定)

第二十四条　在实施轻罪者处于他人的权威、控制或受他人掌管的情况下,如果该犯罪违背了他人所必须遵照执行的规定、或者该他人只要尽其勤勉义务就可避免犯罪的发生的,不仅实施犯罪者应当受到处罚,该他人也应受到处罚。

(废除造成残疾的刑罚:为1871年第6号条例第2条、1971条第21号第5条所修正)

第二十五条　对任何法律所规定的可能造成残疾的刑罚,都应当予以废除。

(不得影响民事诉讼权利:为1909年第8号条例第3条所修正)

第二十六条　第一款　所宣判的法定刑不得影响民事诉讼权利。

第二款　不应为阻止民事诉讼而使用法律规定的减轻或免予处罚的宽宥事由。

(行为时的刑罚与审判时的刑罚不一致)

第二十七条 审判时法与行为时法不一致的,适用从轻原则。

(服刑规则:1914年第12号条例第5条增设了本条规定)

第二十八条 第一款 对同一犯罪人同时适用同种类的多个刑罚时,应逐个适用;对同一犯罪人同时适用不同种类刑罚时,应先适用较重的刑罚,犯罪人服刑期满后,立即对其适用较轻的刑罚。

第二款 正在服刑者被判处另一同种类或较轻种类的刑罚时,应继续对其适用第一种刑罚;第一种刑罚结束后,立即执行第二种刑罚。

第三款 第二种刑罚重于第一种刑罚的,对犯罪人应立即适用第二种刑罚,在第二种刑罚结束后,立即执行第一种刑罚的余刑。

第四款 禁止应当从判决之日起生效。

(缓刑:1990年第29号法案第3条增设了本条规定、2002年第3号法案第10条对之进行了修正)

第二十八条A 第一款 根据第2款至第7款以及第28条B至I的规定,作出2年以下监禁判决的法院可以裁定此判决在裁定所明确规定的、从裁定之日起1年以上4年以下的期间内暂不生效,犯罪人在此期间内实施了应被判处监禁的其他犯罪的,有关法院可根据第28条B的规定裁定原判决生效;此条以及第28条B至G、第28条I中与缓刑有关的"考验期间"是指所指定期间。

第二款 法院不得对犯罪人适用缓刑,除非对于法院而言,在不执行第1款有关缓刑裁定的情况下,监禁的判决不具有适当性。

(第446章)

第三款 根据缓刑法案的规定,对犯罪人作出缓刑判决的法院,不得再在该法院认定为有罪的案件中或由其审理的有关该犯罪人的其他案件中对其适用缓刑。

第四款 法院应在通过缓刑判决时以惯常语言向犯罪人说明在考验期间再犯应被判处监禁的犯罪时所应承担的第28条B所规定的义务。

第五款 除第1款规定外,尚未发生效力的缓刑判决应当被认为是符合法律的所有意图及目的的、已规定了刑罚的判决,下列情况下,本条中的任何内容都应当被认为不发生效力——

(a) 其他可能被判处的刑罚、可能被裁定的中止判决、废除、取消资格、没收、丧失或转移以及适用缓期的监禁的适用;

(b) 第383条、第384条、第385条、第386条、第387条及第533条的实施。

(5A) 在第 50 条中,应当根据第 28 条 F 的规定,被适用缓刑的尚未生效的刑罚在第 1 款所规定的考验期满或第 28 条第 2 款(b)所规定的替代考验期满的情况下被视为届满。

第六款　第 1 款的规定不适用于因未能缴付罚金(惩罚性罚金)或费用而被判处监禁的情况。

第七款　在下列情况下不应当作出第 1 款中所规定的裁定:

(a) 被判决者正在服监禁刑的;

(b) 被判决者属于第 50 条所规定期间内的累犯的;

(c) 在缓刑法案所规定的缓刑或假释期间犯罪的。

(第 446 章)

第八款　登记员应对适用缓刑的罪犯进行特殊登记。

(考验期内犯罪:1990 年第 29 号法案第 3 条增设了本条规定)

第二十八条 B　第一款　犯罪人在缓刑考验期内犯应被判处监禁的犯罪的,无论是被第 28 条 C 所规定的对与其适用缓刑有关的法院认定为有罪、还是随后在上述法院出庭或被带至上述法院,除非该判决已经生效,法院应当作出原被适用缓刑的刑罚开始生效的裁定。

第二款　犯罪人在缓刑考验期内再次非故意犯罪或实施了其他种类的罪行时,考虑到包括犯罪事实在内的所有犯罪情节,法院认为对犯罪人作出第 1 款中的裁定有失公平的,可采取下列措施之一:

(a) 不作出第 1 款所规定的裁定并使考验期继续生效;或

(b) 可以另一期间代替第 28 条 A 第 1 款规定的原考验期间,该期间从替代之日起算不应超过 4 年;

法院没有作出第 1 款中的裁定的,应当陈述理由。

第三款　在刑事法院对被适用缓刑的犯罪人进行审理期间,无论犯罪人是否在缓行期间实施了应被判处监禁的犯罪,即便第 436 条第 2 款及第 467 条有规定,也应由法院而非陪审团作出裁决。

第四款　法院在依本条规定审理其他法院所移交的被适用缓刑判决的犯罪人时,登记员应当以副本的方式立即通知移交法院本案所采用的方式。

第五款　法院在审理此条中的犯罪人时,登记员应当根据第 28 条 A 第 8 款的规定在特殊登记上进行注解。

(有权适用缓刑的部门:1990 年第 29 号法案第 3 条增设了本条规定、1990 年第 8 号第 3 条、2002 年第 3 号法案第 11 条对本条进行了修正)

第二十八条 C 第一款 刑事上诉法院、刑事法院可对被适用缓刑的犯罪人进行审理,或者在地方法院作出判决后,由刑事上诉法院、刑事法院对之进行审理。

第二款 地方法院确认犯罪人在刑事法院所作出的缓刑考验期间实施了应被判处监禁刑的罪行的,应在刑事法院对缓刑做出裁决前拘留犯罪人或对其予以保释;

地方法院认为再次犯罪应被判处监禁的,适用第 28 条 E 第 3 款的规定。

第三款 在本条及第 28 条 D 及 E 中——

(a)对上诉人适用缓刑的,应当认为缓刑决定是由原法院作出的;

(b)根据情况,青少年法院应被作为地方法院(马耳他)或地方法院(戈佐)。

(再犯者不得适用缓刑:1990 年第 29 号法案第 3 条增设了本条规定、1990 年第 8 号第 3 条、2002 年第 3 号法案第 11 条对本条进行了修正)

第二十八条 D 第一款 被适用缓刑的犯罪人在缓刑考验期间实施了应被判处监禁的犯罪且其缓刑效果尚未得以确定的,刑事上诉法院、刑事法院或者地方法院应当根据情况,依职权或依检察长、执行警察的申请,对犯罪人进行传唤,要求其在指定日期的特定时间出庭或对其签发拘捕令。

第二款 根据此条所签发的传唤或拘捕令应当命令犯罪人出庭或将其带到法院,以便法院对其缓刑作出审理。

(缓刑与数罪并罚:1990 年第 29 号法案第 3 条增设了本条规定、1990 年第 8 号第 3 条、2002 年第 3 号法案第 11 条对本条进行了修正)

第二十八条 E 第一款 根据第 17 条(b)的规定,对犯罪人判处数罪时,如果法院认为判处适用缓刑的 2 年以下的单一监禁期间具有合理性与确定性、适用缓刑的其他条件也都具备,应当依第 28 条 A 第 1 款的规定作出裁定。

第二款 为 2002 年第 3 号法案第 13 条所删除。

第三款 地方法院认为犯罪人在刑事法院裁定的缓刑考验期间实施了应被判处监禁的犯罪的,在宣布了犯罪人所犯的罪行并声明了法院据此所得出的结论后,认为应判处监禁的,应当在不宣布监禁期间的情况下,根据第 28 条 C 第 2 款的规定将犯罪人移交刑事法院,并将此案提交刑事法院以便作出最后裁决:

刑事法院未作出第 28 条 B 第 1 款所规定的裁决的,应当只对行为人在缓刑考验期间所实施的罪行应当被判处的监禁期间作出裁决。

第四款　为 2002 年第 3 号法案第 13 条所废除。

第五款　除因第 17 条（b）的规定需要外，任何法院不得以缩短刑期来对根据第 28 条 C 及本条所规定的被判处监禁的罪犯适用缓刑。

（累犯：1990 年第 29 号法案第 3 条增设了本条规定）

第二十八条 F　对在缓刑考验期间再犯应当被判处监禁的犯罪人，法院应当考虑其是否为第 49 条所规定的累犯，以确定其再犯时应当判处的刑罚，但根据第 50 条的规定，被适用缓刑的刑罚不应被考虑在内，除非此判决已生效并被执行完毕或赦免。

（缓刑的监督裁定：1990 年第 29 号法案第 3 条增设了本条规定条、2002 年第 3 号法案第 14 条对本条进行了修正）

第二十八条 G　第一款　根据第 28 条 A 第 1 款的规定，对判处 6 个月以上的监禁适用缓刑的，法院应另外作出缓刑监督裁定（以下称为"监督裁定"），在裁定所指定的不超过考验期的期间内将犯罪人置于裁定所指定的监督官的监督下。

（第 446 章）

第二款　监督裁定应列明犯罪人的姓名、住址以及其他识别细节，监督官员应当为缓刑法案所委派及监督裁定所指定的监护官；监督裁定应进一步要求犯罪人在整个被监视期间或监视期间的任何期间内按照法院要求遵守上述法案第 7 条的规定。

第三款　已生效的监督裁定所确定的犯罪人应当按照监督官时常给予的通知与其保持联系，变更住址时应报告监督官。

第四款　作出监督裁定的法院应当立即将裁定书副本交给监督官。

第五款　在监督裁定所指定的期间结束前，监督裁定应当终止其效力——

（a）法院裁定作出监督裁定的诉讼中，适用缓刑的判决应当生效的；或

（b）根据本条的下列规定，本裁定已被解除或代替的。

第六款　作出监督裁定的法院可依监督官或犯罪人的申请而解除其所作出的监督裁定。该裁定为上诉其间所作出的，应当认为原法院为作出裁定的法院。

第七款　作出监督裁定的法院可根据第 28 条 B 第 2 款所规定的缓刑考验期的变化，以另一对考验期进行了扩展的裁定代替原裁定。

第八款　作出或变更监督裁定时，法院应以惯常语言向犯罪人进行

解释。

第九款 在监督裁定的有效期间内,作出裁定的法院通过监督官的书面报告,认为犯罪人未遵守第 2 款及第 3 款的规定的,应当于指定日期的指定时间将犯罪人传唤至法院,在对犯罪人进行听审后,确信其未遵守上述规定的,对于重犯与再犯,法院可作出裁定,使在监督裁定过程中通过的缓刑裁定予以生效,或者在保证监督裁定继续履行的情况下,对犯罪人科处不超过 100 里拉的罚金(补偿性罚金)。

(法院关于财物返还与赔偿的裁定:1990 年第 29 号法案第 3 条增设了本条规定)

第二十八条 H 第一款 在根据第 28 条 A 第 1 款作出缓刑裁定时,法院可在裁定中强制要求犯罪人向受害方归还因与缓刑相关的犯罪而使受害方受到损失的所盗物品、故意接受的或诈骗的物品、其他非法所得或者以金钱的方式对法院确定的受害方因犯罪人所犯罪行而造成的前述损失、损害或身体与精神上的伤害进行赔偿;缓刑裁定应当包括归还受害人财物及在未履行时、应当以上述其他赔付方式的裁定。

第二款 在根据第 28 条 A 第 1 款而作出裁定的案件中规定了上述裁定的,法院应当在其指示中规定从指示之日起不超过 6 个月的期限,在此期限内,犯罪人应当对指示中所列明的事项进行归还或赔偿。

第三款 当事人各方以及包括专家在内的法院认为有希望获得其他相关证据的,法院应当在简要听取了各方意见后,对此条项下所指示的赔偿数额作出裁决,但是,从随后的民事诉讼或其他法律所允许的解决方式所达成的协议或裁决所确定的最终应赔偿的总额来看,如果有的话,法院所确定的赔偿数额对双方或其他利益相关者而言应当是公平的。

第四款 犯罪人在本条项下的指示所规定的时间内未遵守该指示的,根据应予归还或赔偿方的宣誓申请,法院应将此申请送达犯罪人并在从送达之日起不超过 7 日内,指定日期与具体时间听取双方意见。

第五款 法院在听审后认为犯罪人并未遵守此条项下所规定的指示的,应当作出适用缓刑的刑罚生效的裁定。然而,法院也可以基于合理的理由,再给予犯罪人不超过 1 个月的规定期限,使其遵守上述指示。

第六款 在法院所指示的时间结束 3 个月后提交第 4 款中的申请的,法院将拒绝受理。

第七款 犯罪人未遵守本条所规定的指示的,法院应以惯常语言向犯罪人说明其责任。

(上诉:1990 年第 29 号法案第 3 条增设了本条规定)

第二十八条 I　第一款　为上诉权之目的,法院根据第 28 条 B 第 1 款或第 28 条 H 第 5 款所作出的关于缓刑所适用的刑罚生效的裁定应当被作为法院因适用缓刑之罪而对犯罪人所作出的判决。

第二款　本条不应当影响任何人对本法典所规定的定罪及量刑所享有的上诉权,但是对下述事由不得提起上诉:

(a) 第 28 条 A 第 1 款所规定的考验期限;

(b) 第 28 条 B 第 2 款(b)所规定的考验期变更;

(c) 第 28 条 H 因归还或赔偿所作的指示、依本条第 2 款所规定的归还或赔偿期限以及对应赔偿数额进行规定的条文第 3 款所规定的赔偿数额。

(未缴付罚金(惩罚性罚金)或罚金(补偿性罚金)而引起的程序:为 1856 年第 4 号条例第 2 条、1886 年第 2 号条例第 5 条、1888 处第 16 号条例第 5 条、1914 年第 12 号条例第 6 条、1934 年第 22 号条例第 5 条、1939 年第 1 号条例第 2 条、2002 年第 3 号法案第 15 条所修正)

第二十九条　第一款　任何被判处罚金(惩罚性罚金)或罚金(补偿性罚金)并由法院根据第 14 条第 2 款的规定对其规定了缴付期限者以及未能按裁定所规定的条件缴付罚金(惩罚性罚金)者,应当被逮捕并被带至法院;法院在对其身份及未按裁定的规定缴付罚金(惩罚性罚金)的事实予以确认后,应根据具体情况,对其判处拘留或监禁以代替罚金(惩罚性罚金)或罚金(补偿性罚金)或尚未缴付的罚金(惩罚性罚金)余额。逮捕应有法院所签发的授权令。

第二款　应当在违反法院在其裁定中所规定的条件之日起的 4 日内或者第 14 条所规定的缴付期限终止之日起的 4 日内开具上述逮捕令:

逮捕令在上述 4 日之后延迟签发的,无论出于何种原因,都不得采纳任何有利于被判决者的抗辩。

第三款　法院可基于警察的申请或合理的理由,在对被判刑者进行听审后,在第 14 条所规定期间的任何时间内确定某一期间,使被判刑者承担替代罚金(惩罚性罚金)刑或罚金(补偿性罚金)刑的刑罚。

第四款　被判刑者可根据第 11 条和第 13 条所分别规定的比例扣除已经执行的替代刑所对应的罚金(惩罚性罚金)后,以缴付剩余罚金(惩罚性罚金)或罚金(补偿性罚金)的方式随时结束替代刑,也可以按照类似比例终结依第 1 款规定而被判处的尚未到期的拘留或监禁。

(轻罪情况下的取消资格:1938 年第 24 号条例第 2 条增设了本条规定、

并为1956年第5号条例第6条所代替、2002年第3号法案第16条对之进行了修正）

第三十条　第一款　对任何实施下列犯罪的罪犯,无论其为刑事犯罪的主犯还是从犯,在不影响其他法律有关中止、吊销或限定持有或获得任何保证书、执照、许可证或由政府或其他国家机构所开具的其他授权性文书的规定的情况下——

（a）在从事已经或需要由政府或其他国家机构出具授权书、执照、许可证或其他授权性文书的职业、技能、行业、信息或其他职业或与上述职业有关的活动中实施犯罪的;或

（b）使用或通过器械、车辆、财物或其他手段,携带、保存或使用已经或即将开具给他的执照、许可证或其他授权性文件,

法院除按照法律规定对其以上述犯罪予以认定外,可在法院本身认为合适的时候作出吊销该犯罪人持有或获得授权书、执照、许可证或其他授权性文件资格的裁定。

第二款　对根据本法典或其他法律关于定罪的规定而被暂停使用授权书、执照、许可证或其他授权性文书,或被吊销持有或获得任何授权书、执照、许可证或其他授权性文书者,法院可基于其申请,在合适的时候,根据申请人的品性、犯罪后的表现、犯罪本质及其他案件情节,在听取了在该申请案中的警察在地方法院或检察长在其他法院关于此案的意见后,从即日起取消此暂停或吊销裁定或驳回申请;

此款中的申请被驳回的,在被驳回之日起3个月内再提出申请的,法院将不予受理。

次标题三
刑罚的加重与减轻

（刑罚幅度:为1856年第4号条例第3条、第4条、第5条、1868年第5号条例第2条及第3条、1871年第6号条例第6条、1888年第16号条例第6条、1900年第11号条例第9条、1911年第9号条例第6条、1971年第21号法案第6条、1981年第49号法案第4条、1996年第16号法案第6条所修正）

第三十一条　第一款　应当按照下列规定将刑罚从一个幅度上升或下降至另一幅度:

（a）根据本法典的特别规定,应当从终身监禁开始,按照本段中(b)所

规定的幅度,对监禁刑进行减轻;

(b) 根据本法典的特别规定,以下为监禁刑幅度:

(i) 8 年以上 30 年以下,

(ii) 7 年以上 20 年以下,

(iii) 6 年以上 12 年以下,

(iv) 5 年以上 9 年以下,

(v) 4 年以上 6 年以下,

(vi) 3 年以上 5 年以下,

(vii) 2 年以上 4 年以下,

(viii) 18 个月以上 3 年以下,

(ix) 13 个月以上 2 年以下,

(x) 9 个月以上 18 个月以下,

(xi) 7 个月以上 1 年以下,

(xii) 5 个月以上 9 个月以下,

(xiii) 2 个月以上 6 个月以下,

(xiv) 1 个月以上 3 个月以下;

(c) 从第 14 个幅度开始降低刑罚的,应当为不超过 20 日的监禁、拘留或者罚金(补偿性罚金);

(d) 从一刑罚幅度上升为另一刑罚幅度时,顺序颠倒,从第 14 个刑罚幅度开始上升;

(e) 在未有明确的相反规定的情况下,应当通过对监禁刑增加不超过 12 次的单独禁闭或者其他由监狱规章所规定的更为严重的刑罚的方式从第一个幅度开始增加刑罚;

(f) 罚金(惩罚性罚金)刑加重后最高不得超过 3 个月监禁,减轻后最低为轻罪所对应的刑罚;

(g) 对轻罪的处罚予以加重时,最高为罚金(惩罚性罚金)刑或不超过 3 个月的监禁。

第二款 法律以惯常语言规定对刑罚予以降低时,不应当被认为包括了轻罪或适用轻罪处罚的重罪的情况。

(刑罚的降低:为 1900 年第 11 号条例第 9 条所修正)

第三十二条 第一款 刑罚包括了多个幅度时,应当通过分别将其最高刑或最低刑降低或提高至最相临近的刑罚幅度的方式予以加重或减轻。

第二款 单独禁闭被附加至另一刑罚时,应当依据该刑罚进行加重或

减轻:
降低刑罚时,法院应限制单独禁闭的次数或将之忽略。

标题二
犯罪人的犯意与年龄

(精神缺陷:为1900年第11号条例第10条、1956年第5号条例第7条、1976年第18号法案第52条所修正)

第三十三条 在被诉之作为或不作为时免于刑事责任的——

(a) 处于精神病状态;或

(b) 被不能抗拒的外力所强制。

(失去控制:1935年第13号条例第2条增设了本条规定、1956年第5号法案第8条对之进行了修正)

第三十四条 第一款 除本条规定外,失去控制不应作为对抗刑事诉讼的抗辩事由。

第二款 失去控制作为刑事诉讼抗辩事由的情况:

(a) 被诉者在被诉之作为或不作为时丧失辨认或控制能力,且这种失去控制的状态为他人未经被诉者同意的蓄意行为或疏忽行为所造成;

(b) 作为或不作为时,被诉者因失去控制而处于临时性或非临时性的精神错乱状态。

第三款 第2款规定的抗辩事由成立的,在属于(a)段的情况下,被诉者应当被释放,对属于(b)段所规定的情况,应当适用第620条至第623条、第625条至第628条的规定。

第四款 在对被诉者是否具有特定犯意或其他犯意作出裁决时,应当对失去控制的状态加以考虑,在缺少犯罪意图时,被诉者将被认为无罪。

第五款 本款中"失去控制"应当被认为包括了由毒品或药品而引起的状态。

(9周岁以下的未成年人:1899年第3号条例第10条、1900年第11号条例第11条、1913年第12号条例第1条对之进行了修正、1956年第5号法案第9条对其予以代替后、1980年第18号法案第15条、1983年第13号法案第5条、1990年第19号法案第4条对之进行了修正)

第三十五条 第一款 9周岁以下的未成年人实施任何作为或不作为的,都应当免于刑事责任。

（未满 14 周岁的未成年人在缺少判断力的情况下实施犯罪）

第二款 14 周岁以下的未成年人非故意实施任何作为或不作为的，也应当免于刑事责任。

（法院的权力）

第三款 然而，在第 1 款及第 2 款所规定的情况下，法院可基于警察的申请，要求未成年人的家长或其他监护人到庭，如果所指控案件被证实为未成年人所实施且法律将其明确规定为犯罪的，法院可要求家长或其他监护人具结保证，并根据具结保证者的财产状况和事实的严重程度，就其监管不力而科处 5 里拉以上 100 里拉以下的罚金（惩罚性罚金）。

第四款 如果根据法律规定，未成年人所实施的犯罪应当被判处罚金（补偿性罚金）的，在其父母或其他监护人只要尽其勤勉义务就可避免这一事实发生的情况下，法院应当对其父母或其他监护人科处刑罚，但不得适用第 3 款的规定。

第五款 为适用本条上述各款之规定，上述未成年人的父母或其他监护人应当根据本法典第二篇的规定，在收到传唤时出庭。

（9 周岁以上 14 周岁以下的未成年人在缺乏判断力的情况下实施犯罪：为 1856 年第 4 号条例第 6 条及第 7 条、1871 年第 6 号条例第 7 条、1886 年第 2 号条例第 7 条、1888 年第 16 号条例第 7 条、1900 年第 11 号条例第 12 条所修正，并为 1956 年第 5 号法案第 10 条所代替、1980 年第 18 号法案第 15 条对之进行了修正后、为 2002 年第 3 号法案第 17 条所代替）

第三十六条 除部长根据青少年法案（看管制度）行使权力外，9 周岁以上 14 周岁以下的未成年人实施故意犯罪的，应当处以轻罪之刑罚：

如果法院对未成年人未判处第 35 条第 3 款或第 4 款所规定的刑罚：

以及考虑到犯罪人的年龄、犯罪前的表现、犯罪事实的严重程度、由犯罪事实所表现出来的主观恶性以及其他犯罪情节，法院认为对其判处轻罪所规定的刑罚不适宜时，应当处不超过 4 年监禁的降低了三个幅度的本罪所应判处的刑罚。

（14 周岁以上 18 周岁以下的未成年人：1900 年第 11 号条例第 12 条增设了本条规定，1913 年第 12 号条例第 2 条对之进行了修正、并为 1956 年第 5 号法案第 11 条所代替后、1980 年第 18 号法案第 15 条对之进行了修正）

第三十七条 已满 14 周岁不满 18 周岁的人犯罪的，其刑罚应降低一至二个幅度。

（"经批准设立的机构"的定义：为 1913 年第 12 号条例第 3 条所修正、

1956 年第 5 号法案第 12 条所代替后、1963 年第 4 号法律通告及 1966 年第 31 号法案第 2 条对之进行了修正）

第三十八条　为 1980 年第 18 号法案 15 条所废除。

（与聋哑人相关的规则：1899 年第 3 号条例第 13 条增设了本条规定、并为 1900 年第 11 号条例第 13 条所修正）

*第三十九条　第一款　未满 14 周岁的聋哑人犯罪的，应当免于刑事处罚；

第 35 条第 3 款、第 4 款和第 5 款适用于本款中的聋哑人。

第二款　已满 14 周岁的聋哑人非故意犯罪的，同样也应当免于刑事处罚；

第 35 条第 3 款、第 4 款和第 5 款也适用于本款中的聋哑人。

（与聋哑人相关的其他规则：1899 年第 3 号条例第 13 条增设了本条规定后、1900 年第 11 号条例第 13 条、1971 年第 21 号法案第 7 条、1981 年第 49 号法案第 4 条对之进行了修正）

第四十条　聋哑人故意犯罪的，应当遵守以下规定：

（a）已满 14 周岁不满 18 周岁者犯罪的，适用第 36 条及第 37 条的规定；

（b）已满 18 周岁者犯罪的——

（i）实施了应被判处终身监禁刑的犯罪的，处不超过 20 年的监禁；

（ii）实施了其他犯罪的，处低于法定刑 1/3 的刑罚；

（iii）实施了轻罪的，适用轻罪所对应的刑罚。

标题三
未 遂 犯

（重罪的未遂）

第四十一条　第一款　有犯罪意图并已通过公开的已着手实施的犯罪行为表现出来的，除非有其他明文规定，否则，构成犯罪，处——

（a）由于犯罪人意志以外的偶然原因而致犯罪未完成的，对犯罪人应当处以低于既遂犯一至二个幅度的刑罚；

---

* 本条中，由于上述第 35 条第 6 款及第 38 条被 1980 年第 18 号法案 15 条所废除，关于第 35 条第 6 款、"工读学校"、"矫正院"的参考也被省略。

（b）犯罪人基于自愿而未完成犯罪的，如果其行为已依法构成犯罪，处对已实施的犯罪行为所规定的刑罚。

（轻罪的未遂）
第二款　除非法律有明确规定，否则，轻罪未遂的不受处罚。

标题四
从　　犯

（共犯：为 1909 年第 8 号条例第 4 条所修正）
第四十二条　在犯罪中有下列行为者将被认为是从犯——
（a）命令他人实施犯罪的；或
（b）以贿赂、允诺、威胁、操纵、阴谋、应受惩罚的技巧教唆犯罪或滥用权力或指示他人实施犯罪的；或
（c）努力获取明知将被用于犯罪的武器、器械或其他工具的；或
（d）不属于（a）、（b）及（c）段中的人员，以任何方式故意帮助或教唆犯罪人，从而使犯罪得以预备或完成的；或
（e）鼓动或强化他人的犯罪意志或允诺事后给予援助、帮助或报酬的。

（对共犯的处罚）
第四十三条　除非法律另有规定，对从犯应判处与主犯相同的刑罚。

（属于个人的犯罪情节）
第四十四条　两人或两人以上者参与了犯罪的，属于无论是作为主犯还是作为从犯的某个人的可能会排除刑罚适用或加重或减轻刑罚的犯罪情节，不应当对同案其他人产生任何有益的或不利的影响。

（有通谋时的现实情节）
第四十五条　两人或两人以上者参与了犯罪的，由无论是作为主犯还是作为从犯的其中某些人所实施的使犯罪得以加重的行为，只应当归咎于——
（a）此行为的实施者；
（b）依据其先前经验而使犯罪得以实施者；及
（c）明知犯罪正在实施且应当予以阻止而未阻止者。

（独立于主犯的应受处罚的从犯）
第四十六条　犯罪实际发生后，无论主犯是死亡、逃亡、还是在定罪前被宽恕或释放，也无论主犯是否已经明确，从犯都应当独立于主犯而受到

处罚。

（控制他人实施犯罪等：1956年第5号条例第13条增设了本条规定）

第四十七条 任何人——

（a）以他人不可抗拒之力强制他人去实施犯罪的；或

（b）参与依照法律免于刑事责任的人实施的第42条所规定的犯罪的，

应当以主犯论处。

（轻罪中的共谋）

第四十八条 本标题项下的规定也适用于轻罪。

（2002年第3号法案第18条增设了本标题规定）

标题四 之二
共　谋

（共谋：2002年第3号法案第18条增设了本条规定）（第248章）

第四十八条 A　第一款 马耳他境内者与马耳他境外的一人或多人共谋在马耳他境内实施犯罪的，应判处监禁，不属于紧急法案所规定的马耳他境内的犯罪的，应以共谋犯罪论处。

第二款 第1款中的共谋从共谋者计划或同意以任何方式实施犯罪时成立。

第三款 对此条项下被认为有罪的共谋者应处以低于所共谋的既遂犯罪两个或三个刑罚幅度的刑罚。

第四款 在第3款中，在对既遂的共谋犯罪应处的刑罚作出裁决时，应当对所有的加重情节予以考虑。

标题五
累　犯

（累犯的定义：为1856年第4号条例第8条、1900年第11号条例第14条所修正）

第四十九条 已被法官确定地宣判犯有某种罪行者再次实施犯罪的，应当认定为累犯。

（前罪对重罪的影响：为1900年第11号条例第14条所修正）

第五十条 被判处5年以上刑罚或在其他情况下、被判处5年以下刑罚的犯罪人,在刑罚执行完毕或者赦免之日起10年内再次犯罪的,处高于该后罪法定刑一个幅度的刑罚。

(对被判处终身自由刑者的单独禁闭:为1900年第11号条例第14条所修正)

第五十一条　被判处终身自由刑的犯罪人实施了另一应判处较轻刑罚的犯罪时,应当对其判处一次或多次单独禁闭。

(例外:为1900年第11号条例第14条所修正)

第五十二条　在本标题前述各条的规定中,对基于轻率或疏忽、在技能或职业中缺乏技巧,或未遵守规章而实施的罪行所作的判决,不应当影响到对其他犯罪的判决,反过来也是如此。

(前罪对轻罪的影响:为1900年第11号条例第14条、1911年第9号条例第7条、1981年第49号条例第4条所修正)

第五十三条　因犯轻罪而被判处刑罚、在刑罚执行完毕或赦免之日起的3个月内又犯轻罪的,应当被判处不超过2个月的拘留或罚金(惩罚性罚金)或不超过1个月的监禁。

(对累犯的宽宥:为1900年第11号条例第14条所修正)

第五十四条　尽管基于赦免而被减轻了依法判处的刑罚,对被判决者仍应适用关于累犯的规定。

第二部分
重罪与刑罚

标题一
种族灭绝、反人类罪及战争罪

(一般性规定:2002年第24号法案第13条增设了本条规定)

第五十四条A　第一款　实施种族灭绝、反人类罪或战争罪的,都是犯罪。

第二款　在本标题项下——

"国际刑事法院规约"指的是1988年7月17日在罗马签订的国际刑事法院法规;

"国际刑事法院"指的是依国际刑事法院规约而设立的国际刑事法院;

"种族灭绝"指的是第54条B所定义的种族灭绝行为；
"反人类罪"指的是第54条C所定义的反人类罪行；
"战争罪"指的是第54条D所定义的战争罪行；
"部长"指的是司法部长。

第三款 解释与适用本标题项下的各条款时,法院应考虑国际刑事法院规约的原文及国际刑事法院规约所涉及的其他条约及公约。

第四款 解释与适用本标题各条款中称为"相关条款"的第54条B、第54条C及第54条D时,法院应考虑——
（a）根据国际刑事法院规约第9条所采用的犯罪构成要素,及（b）根据国际刑事法院规约第9条采用犯罪构成要件时,所采纳的2000年6月30日国际刑事法院预备会报告中所含括的相关的犯罪构成要素。

第五款 由于需要不断地进行修正,部长可以通过条例的形式对第2款中有关构成要素的内容进行阐述。

第六款 马耳他在批准任何与本条中相关条款的解释相关的条约或协议时,应当根据相关的保留或声明对上述条款进行相应的解释。

第七款 部长可以通过条例的形式对第5款中的保留或声明中的术语进行解释,在该保留或声明被全部或部分地予以撤销时,上述包含了保留或声明中的术语的条例也应予以废除或修正。

第八款 在解释与适用相关条文的规定时,法院应当对国际刑事法院所做的相关判决与裁定以及其他相关的国际审判规程予以考虑。

（种族灭绝:2002年第24号法案第13条增设了本条规定）

第五十四条B 第一款 种族灭绝是以全部或部分地毁灭一个民族、种族、人种或宗教群体为目的而实施的下列行为——
（a）杀害这一群体中的成员；
（b）对这一群体中的成员进行肉体上或精神上的严重伤害；
（c）故意破坏其生活条件,蓄意对该群体造成整体性或部分性的毁灭；
（d）采取措施阻止该群体的繁殖；
（e）强行将该群体的儿童转移至另一群体。

第二款 直接公开地煽动他人进行种族灭绝的,构成犯罪。

（反人类罪:2002年第24号法案第13条增设了本条规定）

第五十四条C 第一款 反人类罪是指在明知下列行为为攻击行为的情况下而予以实施,并将其作为广泛地或系统地对文明社会予以攻击的一部分：

(a) 杀戮;

(b) 灭绝;

(c) 奴役;

(d) 放逐或强行迁徙;

(e) 违反国际法准则的监禁或其他严重的对人身自由的剥夺;

(f) 折磨;

(g) 强奸、性奴役、强迫卖淫、强制性怀孕、强迫生育或其他形式的相对严重的性暴力;

(h) 在政治、人种、民族、种族、文化、宗教、第 3 款所限定的性别、与本款所规定的行为或第 54 条 A 所规定的犯罪相关的、全球公认的国际法所不允许的其他方面对任何可予确认的群体或集体进行迫害;

(i) 强迫他人消失;

(j) 种族隔离犯罪;

(k) 其他具有与导致人身、精神或身体健康受到严重痛苦或损害相类似特征的非人道的行为。

第二款 在第 1 款中——

(a) "对文明社会予以攻击"是指对文明社会实施了第 1 款中的多种行为的行为过程,并使一个国家或组织的政策持续地或更进一步地对这些攻击予以推行;

(b) "灭绝"包括有意识地破坏生活条件、切断食物与医疗通道、蓄谋使部分人口毁灭;

(c) "奴役"是指行使与人身所有权相关联的全部或部分权力,包括利用这些权力进行人口交易,尤其是对妇女和儿童的交易;

(d) "放逐或强行迁徙"是指在缺乏国际法许可的情况下,通过驱逐或其他强制性行为强迫他人从其合法居住的地方迁走;

(e) "折磨"是指有意识地对被拘禁者或受控制的被告予以肉体上或精神上的残酷伤害或损害;这种折磨不包括合法制裁本身或偶然导致的伤害或损害;

(f) "强制性怀孕"是指非法拘禁被强制怀孕的妇女而意图影响人口的种族构成,或实施其他严重违反国际法的行为。这一定义不应被解释为影响与怀孕有关的国内法;

(g) "迫害"是指基于某一群体或集体的身份而实施地违背国际法的、故意地、严重地剥夺其根本权利的行为。

(h)"种族隔离犯罪"是指由一个种族通过制度化的政体对另一个或多个种族进行体系性的压迫,并意图为维持这种政体而实施的具有类似于第1款中的特征的非人道行为;

(i)"强迫他人消失"是指通过国家或政治组织的授权、支持或默许,对他人进行逮捕、拘留或绑架,并拒绝承认剥夺了其自由或拒绝就其命运或所在地方提供任何信息,意图在较长时间内使其脱离法律保护。

第三款 在本标题中,"性别"应当被理解为社会中的两性,包括男性和女性。"性别"不具有除上述之外的任何含义。

(战争罪:2002年第24号法案第13条增设了本条规定)

第五十四条 D 实施了下列犯罪行为的,为战争罪:

(a)严重违反1949年8月12日签订的日内瓦公约,即,对日内瓦公约所保护的人或财物实施下列行为:

(i)任意屠杀;

(ii)折磨或非人道的待遇,包括生物实验;

(iii)任意导致巨大痛苦的发生或对身体或健康造成严重伤害;

(iv)大量非法地、任意地破坏或占用非军事必需的财物;

(v)强迫战俘或其他受保护者在敌国军队服役;

(vi)任意剥夺战俘或其他受保护者受到公正的、程序化审判的权利;

(vii)非法驱逐、迁徙或拘禁;

(viii)扣留人质;

(b)其他严重违反国际法框架内关于国际武装冲突应适用的法律及惯例的行为,即下列各行为:

(i)故意袭击平民或未直接参加战争的单个平民;

(ii)故意袭击民用设施,即非军用设施;

(iii)故意袭击依联合国宪章而进行人道主义援助或维和任务的、依照国际武装冲突法享有平民或民用设施待遇的人员、设备、物资、部队或车辆;

(iv)故意发动明知可能会造成平民伤亡、民用设施损坏的、大范围的、长期严重损害的、与具体的、直接的整个预期军事利益密切相关的自然环境的袭击;

(v)以任何方式袭击或轰炸未受保护的非军用的城市、村庄、住所或建筑;

(vi)杀害或伤害已经投降并放下武器的或无任何防卫措施的战斗人员;

(vii) 非正常使用休战旗帜、敌方的或联合国的旗帜、徽记、军服、日内瓦公约的特殊徽记,导致人员死亡或严重伤亡的;

(viii) 占领国直接或间接地将其平民迁徙至所占领领土,或将所占领领土上的全部或部分平民在该领土内进行驱逐或迁徙或将其驱逐或迁徙至所占领领土之外;

(ix) 故意袭击不属于军事设施的,专用于宗教、教育、艺术、科学、慈善事业的建筑物,或者历史纪念碑、医院以及用于收治病人或伤员的其他地方;

(x) 使对方领导人接受将导致其死亡或严重危害其健康的、既不具有内科的、牙科的或其接受治疗所在医院认为具有正当性的、也不是基于其本人意愿的肢体切除、医学及科学试验;

(xi) 杀害或伤害敌国或敌军的叛变者;

(xii) 声明不给予投降者宽大处理;

(xiii) 在非为战争所必需的情况下,毁坏或掠夺敌方财产;

(xiv) 由法院宣布废止、暂停或不受理敌方国民的权利或诉讼;

(xv) 强迫敌方国民参加对其本国的战争行动,即使开战前他们在本国服役;

(xvi) 在遭遇袭击时,抢掠所在的城镇或地方;

(xvii) 使用毒药或毒化武器;

(xviii) 使用窒息性、毒害性气体或其他气体,以及类似的液体、材料或设备;

(xix) 使用易于在人体内扩散或变平的子弹,如使用未完全包住弹心或以切口刺穿其坚硬弹壳的子弹;

……省略……

(xxi) 践踏人格尊严,尤其是给予侮辱性的待遇或贬低人格的待遇;

(xxii) 实施第 54 条 C 第 2 款(f)定义项下的强奸、性奴役、强迫卖淫、强制性怀孕、强迫生育或其他形式的严重违反日内瓦公约的性暴力;

(xxiii) 利用平民或其他受保护者使某一地点、地区或武装部队免于军事行动;

(xxiv) 利用依据国际法而使用的有特色的日内瓦公约的标记,故意发动对建筑物、物资、医疗单位及交通、人员的袭击;

(xxv) 通过剥夺平民生存所必不可少的物资,将平民的饥饿状态作为战争的一种手段,包括恶意阻碍依照日内瓦公约而提供的救济;

（xxvi）征募或招募15岁以下的儿童参加国家的武装部队，或利用他们积极打入敌军；

（c）在非国际性的武装冲突中，严重违反日内瓦第四公约第3条，即对并未积极参加敌军的人员实施下列行为，包括已放下武器的敌军作战人员以及因生病、负伤、被拘留或其他原因而丧失战斗力的人员；

（i）对生命和身体实施暴力，尤其是对整个类族的谋杀、肢体残损、残酷的待遇及折磨；

（ii）践踏人格尊严，尤其是给予侮辱性的待遇或贬低人格的待遇；

（iii）扣留人质；

（iv）非经正规组成的、一般被认为是必不可少的司法保障的法庭的在先审判而予以宣判并执行刑罚；

（d）(c)段适用于非国际性的武装冲突，而非国内动乱及紧张局势，如暴乱、隔离、零星的暴力行动或其他类似的行为；

（e）在国际法框架下的其他严重违反了适用于非国际性武装冲突的法律及惯例的行为，即下列行为：

（i）故意袭击平民或未直接参加战争的单个平民；

（ii）利用依据国际法而使用的有特色的日内瓦公约的标记，故意发动对建筑物、物资、医疗单位及交通、人员的袭击；

（iii）故意袭击依联合国宪章而进行人道主义援助或维和的、依照国际武装冲突法享有平民或民用设施待遇的人员、设备、物资、部队或车辆；

（iv）故意袭击不属于军事设施的、专用于宗教、教育、艺术、科学、慈善事业的建筑物，或者历史纪念碑、医院以及用于收治病人或伤员的其他地方；

（v）在遭遇袭击时，抢掠所在的城镇或地方；

（vi）实施第54条C第2款(f)定义项下的强奸、性奴役、强迫卖淫、强制性怀孕、强迫生育或其他形式的严重违反第四日内瓦公约第3条的性暴力；

（vii）征募或招募15周岁以下的儿童参加国家的武装部队，或利用他们积极打入敌军；

（viii）除非基于平民安全或必需的军事考虑，因冲突原因而命令平民迁徙；

（ix）残忍杀死或伤害敌方作战人员；

（x）声明不给予投降者宽大处理；

（xi）使对方领导人接受将导致其死亡或严重危害其健康的、既不具有内科的、牙科的或其接受治疗所在医院认为具有正当性的、也不是基于其本人意愿的肢体切除、医学及科学试验；

（xii）在非为战争所必需的情况下，毁坏或掠夺敌方财产；

（f）（e）段适用于非国际性的武装冲突，因此不适用于国内动乱及紧张局势，如暴乱、隔离、零星的暴力行动或其他类似行为。它适用于一国境内的持续时间较长的武装冲突，包括政府当局与有组织的武装团伙之间的冲突，也包括武装团伙之间的冲突。

（指挥官及其他长官的责任：2002年第24号法案第13条增设了本条规定）

第五十四条E **第一款** 本条适用于本部分所规定的犯罪。

第二款 因未能正确地对部队进行控制，军事指控官或者实际作为军事指挥官的人员应对其实际指挥和控制的或（根据具体情况）其实际指挥或控制下的部队所犯的罪行负责——

（a）知道或在当时的情况下应当知道部队正在实施犯罪或将要实施犯罪的，而且

（b）未在其职权范围内采取所有必需的、合理的措施以阻止或压制犯罪的实施，或未将事件移交给有权部门进行调查或起诉。

第三款 就第2款所未涉及的上下级关系而言，上级应在其实际职权与控制范围内就未能对下级予以适当控制而导致下级所犯的罪行承担责任——

（a）知道下属正在实施犯罪或将要实施犯罪或有意识地对明确提示了下属正在实施犯罪或将要实施犯罪的信息不予理会，

（b）与犯罪有关的活动在其实际职责与控制范围内，而且

（c）未在其职权范围内采取所有必需的、合理的措施以阻止或压制犯罪的实施，或未将事件移交给有关部门进行调查及起诉。

第四款 本条项下对犯罪负有责任的人应当被认定为犯罪实施中的从犯。

第五款 法院在解释和适用本条的规定时（与国际刑事法院规约第28条相对应），应当考虑国际刑事法院的相关判决和裁定以及其他相关的国际审判规程。

第六款 本条中任何内容不应被理解为限制或排除——

（a）指挥官或上级除此条规定之外的任何责任，或

(b) 指挥官或上级之外的其他人的责任。

(精神因素:2002 年第 24 号法案第 13 条增设了本条规定)

第五十四条 F　第一款　本部分中涉及实施——

(a) 种族灭绝,

(b) 反人类罪行,

(c) 战争罪,

的,应当根据本条规定进行解释。

第二款　除非——

(a) 本条第 1 款(a)至(c)中所列举的第 54 条 A 第 1 款中关于犯罪概念的条款,或第 54 条 A 第 3 款中关于犯罪构成要件的相关条款,

(b) 第 54 条 E,

另有规定,行为人只有在具有故意与明知的情况下实施了犯罪的重要要素时,才能被认为实施了第 1 款所规定的犯罪。

第三款　为此——

(a) 行为人具有故意——

(i) 就行为而言,行为人意图实现犯罪,及

(ii) 就结果而言,行为人意图导致犯罪结果的发生或明知犯罪结果在通常情况下会发生,而且

(b) "明知"是指知道通常情况下犯罪情节或犯罪结果将会发生。

第四款　法院在解释与适用本条规定时(与国际刑事法院规约第 30 条相对应),应当考虑国际刑事法院的相关判决和裁定以及其他相关的国际判例。

(管辖权:2002 年第 24 号法案第 13 条增设了本条规定)

第五十四条 G　为公正适用第 5 条的规定,也可以在马耳他对本标题下的有关犯罪提起刑事诉讼——

(第 220 章)

(a) 对即使在马耳他境外实施犯罪、但根据马耳他武装部队法案第 178 条、第 179 条和第 180 条的规定而应当受到军事法律制裁者;或

(b) 对在境外的马耳他公民或永久性居民阴谋在马耳他境外实施本标题下的任何犯罪者。

(对受害者及证人的保护:2002 年第 24 号法案第 13 条增加了本条)

第五十四条 H　任何规定为犯罪中的受害者和证人提供保护的法律,都应当平等地适用于本标题所规定的犯罪中的受害者和证人。

（对本标题项下的犯罪的补充规定：2002 年第 24 号法案第 13 条增设了本条规定）

第五十四条 I 　第一款　下列规定适用于本标题项下的有关犯罪。

第二款　除非检察长同意，否则，不得启动诉讼程序。

第三款　被指控犯有包括谋杀罪在内的犯罪的，应当按照此情况下构成杀人罪的犯罪论处，如果是在马耳他境内实施的犯罪，构成恶意谋杀。

第四款　在其他情况下，应当对被指控犯罪者判处不超过 30 年的监禁。

第五款　不得对本法典第二篇第三部分标题六的规定予以适用。

标题一　之二
危害政府安全罪

（对马耳他总统实施犯罪：为 1971 年第 21 号法案第 9 条所修正后、1975 年第 27 号法案第 4 条对之进行了替代、1981 年第 49 号法案第 4 条对之进行了修正）

第五十五条　剥夺马耳他总统的生命或自由或通过身体伤害威胁其生命的，构成犯罪，处终身监禁。

（叛乱及政变：1971 年第 21 号法案第 9 条对之予以代替后、为 1975 年第 27 号法案第 3 条、1981 年第 49 号法案第 4 条所修正）

第五十六条　第一款　通过实施下列行为颠覆或试图颠覆马耳他政府的，构成犯罪，处终身监禁：

（a）为颠覆政府，以武力对抗的；

（b）为马耳他共和国的反对国敌对势力提供武器的；

（c）以其他方式帮助敌国反对马耳他共和国的；

（d）为颠覆之目的，篡夺或非法行使政府职权的；

（e）持械强迫马耳他政府改变其法令或方针或阻碍其行使合法权力的。

（减轻情节）

第二款　基于犯罪人本身不完成犯罪的自愿而未着手实施犯罪的，所处刑罚应减少一至二个幅度。

（共谋背叛国家：为 1868 年第 5 号条例第 4 条、1981 年第 49 号法案第 4 条所修正）

第五十七条 第一款 参与以上两条所规定的犯罪的共谋的,构成犯罪,处 3 至 6 年监禁。
(加重情节)
第二款 除共谋外,参加了犯罪预备活动的,处 5 年至 9 年监禁。
(共谋的开始)
第五十八条 共谋从两人或多人之间计划或同意实施某种犯罪行为时成立。
(煽动他人实施危害国家安全的犯罪)
第五十九条 第一款 在公共场所或公共聚会中直接煽动他人实施本标题项下的犯罪的,构成犯罪,处低于其所煽动的犯罪一个刑罚幅度的刑罚。
第二款 煽动未产生危害后果的,其刑罚应降低一至三个幅度。
(免于处罚)
第六十条 在本标题前述各条所规定的犯罪中,犯罪人在犯罪实施或试图实施之前或在诉讼程序启动之前,向政府或政府机构提供相关信息的,免于处罚。
(未揭发犯罪)
第六十一条 知道他人要实施本标题前述各条中的犯罪,在 24 小时之内未就其所知道的情况向政府或政府机构进行报告的,仅就其疏忽,应被判处 9 个月至 18 个月监禁。
(豁免)
第六十二条 上条中对于未揭露犯罪中的主犯或从犯的规定,不适用于夫妻之间、长辈与晚辈之间、兄弟姐妹之间、公婆与儿媳及岳父母与女婿之间、儿媳与公婆及女婿与岳父母之间、舅姨与外甥(女)及叔姑与侄子(女)之间、外甥(女)与舅姨及侄子(女)与叔姑之间、夫(妻)的兄弟与弟媳或嫂子(姐夫或妹夫)以及夫(妻)的姐妹与弟媳或嫂子(姐夫或妹夫)之间。

标题二
危害公共安宁罪

(伴有公共暴力的犯罪:为 1859 年第 9 号条例第 2 条所修正)
第六十三条 在 3 人或 3 人以上集结并意图实施的犯罪中,其中两人持有常规武器的,应当被认为伴有公共暴行。

("常规武器"与"非常规武器"的定义:为1900年第11号条例第15条所修正)

第六十四条 **第一款** 常规武器包括所有轻武器和其他主要用于防卫或进攻的武器、设备与用具。

第二款 除非在作为非常规武器的情况下被实际用于进攻或防卫,否则,其他武器、设备或用具不应当被作为武器。

(对伴有公共暴力的犯罪的处罚:为1859年第9号条例第3条所修正)

第六十五条 **第一款** 对伴有公共暴行的犯罪,应处高于不伴有公共暴行的同种犯罪一个刑罚幅度的刑罚。

第二款 任何情况下刑罚都不应当低于第66条的规定。

(有武装的集结:为1859年第9号条例第3条所修正)

第六十六条 对于第63条所规定的集结者,仅就集结这一事实,构成犯罪,处1个月至3个月拘禁。

(共谋)

第六十七条 为惩罚之目的,第63条中的任何犯罪人为实现共同谋划的犯罪而实施犯罪行为的,应当被认为伴有公共暴行。

(非法集结:为1859年第9号条例第3条、1909年第8号条例第5条所修正)

第六十八条 **第一款** 煽动10人或10人以上的团伙实施犯罪的,仅就煽动这一事实,即构成犯罪,处1个月至3个月监禁或罚金(惩罚性罚金)。

第二款 积极参加10人或10人以上的团伙实施犯罪的,即使上述团伙并未被任何人所特意煽动,也构成犯罪,处3天至3个月监禁或罚金(惩罚性罚金)。

第三款 上述团伙实施了其意图实施的犯罪的,如果该犯罪的法定刑低于上述刑罚,应适用增加了一个刑罚幅度后的上述刑罚;如果该犯罪的法定刑高于或等于上述刑罚,应当适用增加了一个刑罚幅度后的该犯罪的法定刑。

(教唆犯罪:为1981年第159号法案第4条所修正)

第六十九条 公开教唆他人实施犯罪的,仅就教唆这一事实,即构成犯罪——

(a)在所教唆的犯罪应当被判处高于3年监禁刑的情况下,处2年至5

年监禁;或

(b)在所教唆的犯罪应当被判处不超过3年监禁刑的情况下,处不超过2年的监禁;或

(c)其他情况下,处罚金(惩罚性罚金)或拘留。

(煽动他人违反法律)

第七十条 公开煽动他人违反法律的,构成犯罪,处不超过3个月的监禁或罚金(惩罚性罚金),情节较轻的,处拘留或罚金(惩罚性罚金)。

(非法强迫政府改变法令或方针:为1971年第21号法案第10条、1975年第27号法案第5条所修正)

第七十一条 以第56条所规定的非犯罪化的非法手段强迫马耳他总统或政府改变其法令或方针的,构成犯罪,处6个月至2年监禁。

(蔑视总统:为1975年第27号法案第6条所修正)

第七十二条 以诽谤性、侮辱性或贬低性的语言、动作或姿势侮辱马耳他总统或以语言、手势、可视的描述或与紧急法案相关的法律未加以规定的其他方式谴责或非礼貌地提及或描述马耳他总统的,构成犯罪,处1至3个月监禁或罚金(惩罚性罚金)。

(具有煽动意图的非法集结:为1971年第21号法案第11条、1975年第27号法案第7条、1981年第49号法案第4条所修正)

第七十三条 如果3人或3人以上非法集结在一起或被非法集结在一起,并继续故意以公开讲演、展示旗帜、题词或其他方式或技巧激起对马耳他总统本身或马耳他政府的憎恶或蔑视,或激起他人试图以非法方式改变法律规定的意念的,构成犯罪,处6个月至18个月监禁。

(煽动的共谋:为1975年第27号法案第8条、1981年第159号法案第4条所修正)

第七十四条 两人或两人以上共谋激起他人对马耳他总统本身或马耳他政府的憎恨或蔑视或煽动他人以非法方式改变法律规定的,处6个月至18个月监禁。

(对政府管理的错误进行归罪:为1975年第27号法案第9条所修正)

第七十五条 在公共场所或公共聚会上发表演讲,将马耳他政府的管理失职错误地归咎于某个在马耳他政府中行使管理职权者的,构成犯罪,处1至3个月监禁或罚金(惩罚性罚金)。

(非法领誓)

第七十六条 第一款 主持、被要求主持或参加旨在约束作了相同宣

誓或约定者进行叛变或叛乱性活动、扰乱公共安宁或结成以此为目的的群体、团体或联盟的宣誓或约定的,构成犯罪,处 7 个月至 2 年监禁。

第二款 试图通过宣誓或约定、以下列方式约束他人的,适用第一款规定的刑罚:

（a）服从非法成立的任何委员会或群体的命令、或服从依法并不享有该权力的领导者或他人的命令；

（b）对同伙或他人已完成的、未遂的或意图实施的非法行为不进行报告、不提供证据、不去揭露或揭发。

（非法宣誓:为 1982 年第 9 号法案第 2 条所修正）

第七十七条 除非出于强迫,对参加了上条所规定的宣誓或约定的,适用上条所规定的刑罚:

除非其在强迫停止后的 4 天内向政府机关进行报告,否则,这种强迫并不能使宣誓或约定具有正当性或被宽宥。

（引诱他人叛乱或发动兵变:为 1975 年第 27 号法案第 10 条、1981 年第 49 号法案第 4 条所修正）

第七十八条 试图引诱马耳他军队服役人员背离其职务、背叛对马耳他共和国的效忠,或者煽动或激起上述人员发动兵变、召开或试图召开兵变性集会、实施叛乱或兵变的,构成犯罪,处 9 个月至 3 年监禁。

（骚乱性集会:为 1975 年第 27 号法案第 10 条、1981 年第 49 号法案第 4 条所修正）

第七十九条 第一款 无论出于何种目的,3 人或 3 人以上集会或继续以这种形式聚集在一起,并伴有武力、威胁、骚乱、一定的人数、武器展示等情节的或者以其他任何方式旨在使马耳他民众产生恐怖及惊慌的,应当被认为是非法的,并对这种集会的每一个参加者判处 4 个月至 12 个月监禁。

（加重情节）

第二款 非法集会者已着手实施或打算实施其共同计划的,每一个参加者都应当被判处 6 个月至 18 个月监禁。

（不遵守遣散命令）

第八十条 12 人或 12 人以上者因非法集会而扰乱公共安宁、且被主管部门正式警告或要求解散并平静地返回居住地或合法的工作岗位的,在正式警告 1 小时后仍以 12 人或 12 个以上的人数进行滞留或继续进行非法聚集的,对每一个违反者,应当判处 9 个月至 3 年监禁。

（非法集会:为 1975 年第 27 号法案第 12 条所修正）

第八二一条 3 人或 3 人以上为保护其中一人对住宅或其他财产的所有，或为保护其中一人的人身而集结在一起的，即使已达到或试图达到这一目的，或实施了暴力行为或引起混乱的行为，或通过旨在引起马耳他民众的恐怖与惊慌的方式或具有使民众恐慌的情节的，不应当被认为是上述各条所规定的非法集会。

（散布虚假信息：为 1933 年第 6 号条例第 2 条所修正）

第八十二条 恶意散布可能会引起公众恐慌或扰乱良好的公共秩序或公共安宁，或在社会公众或某一阶层中造成骚乱的虚假信息的，构成犯罪，处 1 个月至 3 个月监禁。

（煽动种族仇恨：为 2002 年第 3 号法案第 19 条所修正）

第八十二条 A 第一款 使用威胁、诋毁或侮辱性的语言或行为，或展示具有威胁性、诋毁性或侮辱性的手写或印刷资料，或根据具体情况，以试图激起种族仇恨或使种族仇恨成为可能的方式实施其行为的，构成犯罪，处 6 个月至 18 个月监禁。

第二款 前款中的"种族仇恨"是指因肤色、人种、国籍（包括公民资格）、民族或籍贯而对马耳他境内的某一群体所产生的仇恨。

（以使用或展示实力来提高政治地位：为 1959 年第 15 号条例第 2 条所修正后、由 1973 年第 15 号法案第 2 条予以代替、1983 年第 13 号法案第 5 条对之进行了修正）

第八十三条 建立、维持或属于为能被雇佣作为武装力量使用或展示、以提高政治地位而被组织起来进行训练或被组织起来并被装配的集团的，应当被认定为犯罪并处不超过 100 里拉的罚金（惩罚性罚金）或不超过 6 个月的监禁，或两者并罚。

（为实施犯罪而创建两人或两人以上的组织：为 2002 年第 3 号法案第 20 条所修正）

第八十三条 A 第一款 创建、设立、组织或资助两人或两人以上的组织实施应当被判处 4 年或 4 年以上监禁的犯罪的，构成犯罪，处 3 年至 7 年监禁。

第二款 属于第 1 款所规定的组织的成员的，仅就这一事实而言，应当被判处 1 年至 5 年监禁。

第三款 组织成员为 10 人或 10 人以上的，上述各款所规定的刑罚应当被增加一至二个幅度。

第四款 本标题项下的犯罪人为法人的董事长、经理、秘书或其他主要官员的或有权代表法人、有权以法人的名义作出决策、有权控制法人的,如果其部分或全部地是为了法人本身的利益而实施犯罪,本标题项下的上述行为人应当被认为具有合法代表此法人的权利,并被判处下列刑罚:

(a) 行为人实施了第 1 款所规定的犯罪的,处 15,000 里拉以上 50,000 里拉以下罚金(惩罚性罚金);

(b) 行为人实施了第 2 款所规定的犯罪的,处 10,000 里拉以上 30,000 里拉以下罚金(惩罚性罚金);

(c) 行为人所实施的犯罪应当按本条第 3 款的规定予以处罚的——

(i) 为第 1 款所规定的犯罪的,处 20,000 里拉以上 500,000 里拉以下的罚金(惩罚性罚金);

(ii) 为第 1 款所规定的犯罪的,处 15,000 里拉以上 50000 里拉以下的罚金(惩罚性罚金)。

第五款 尽管犯罪组织以在国外实施犯罪为主并在国外实施了犯罪,对违反了本条规定的犯罪的刑事诉讼,仍可在马耳他进行。

标题三
违反司法管理及其他公共管理罪

次标题一
冒用政府权威及其职权

§ 冒 用 职 能

(非法利用公共职能)

第八十四条 担任未经授权的民事职务或军事职务、并实施了相应的行为的,构成犯罪,处 4 个月至 1 年监禁。

§ 非法使用政府机构权力

(随意使用虚假的权利)

第八十五条 并无盗窃或造成非法损害的意图,而仅仅依靠自己的职权行使了虚假的权利,强迫他人为其偿还债务、履行义务或侵犯他人的所有权、毁坏建筑物、使水道改道或享有对水道的所有权,或以其他非法的方式干涉他人的财产的,构成犯罪,处 1 个月至 3 个月监禁:

法院可行使自由裁量权,以罚金(惩罚性罚金)代替上述刑罚。

(非法逮捕、拘留、或关押:为 1981 年第 49 号法案第 4 条所修正)

第八十六条 除非法律授权私人可以拘捕犯罪人,否则,在不具有法定部门的合法命令的情况下,违背他人意志而对其进行逮捕、拘留、关押,或为逮捕、拘留或关押他人提供场所的,构成犯罪,处7个月至2年监禁:

情节较轻的,法院可对其判处1个月至3个月的监禁或罚金(惩罚性罚金)。

(加重情节:为1981年第49号法案第4条、1994年第4号法案第2条、1996年第17号法案第19条所修正)

第八十七条 第一款 下列情况下,上条所规定的犯罪的刑罚应当为13个月至3年监禁:

(a)拘留或关押持续超过20天的;

(b)擅自使用制服、假冒他人名义或使用假冒政府机构名义所开具的逮捕令实施逮捕的;

(c)被逮捕、拘留或关押者受到人身伤害或被以死亡相威胁的;

(d)尽管知道应当由法定部门开具释放或转移被拘留者或被关押者的令状,仍继续对其予以拘留或关押的;

(e)以勒索钱财或强迫他人同意转移其财产为目的而实施犯罪的;

(f)以强迫他人为或不为即使出于其自愿而为或不为也构成犯罪的行为为目的而实施犯罪的;

(g)以强迫他人实施某一行为或使其屈服于对其性的不可侵犯性造成损害的方式实施犯罪的。

第二款 实施了上条所规定的犯罪的行为人以杀害、伤害或继续对被逮捕者、被拘留者或被关押者进行拘留、关押相威胁,以强迫国家、国际政府组织或个人去实施或放弃实施一定行为的,构成犯罪,处终身监禁。

(对造成了人身伤害的非法逮捕的处罚:为1981年第49号法案第4条所修正)

第八十八条 造成上条(c)段中的身体伤害的,应当被判处2年以上监禁,被折磨或伴有任何种类的折磨的,处4年至6年监禁。

(减轻情节)

第八十九条 非法逮捕、拘留或关押他人的,如果没有第87条(b)、(c)、(d)、(e)、(f)、(g)及上条所规定的情节,且犯罪人在未达到其目的情况下,于逮捕、拘留或关押后的24小时内、任何法律程序开始之前,将被逮捕、拘留或关押者予以释放的,构成犯罪,处7个月至1年监禁。

(非法将他人转移至他国并非法拘禁:为1975年第27号法案第13条

所修正）

第九十条 非法强制性地将他人转移至其他国家、并在其他国家对马耳他公民予以非法拘留、逮捕或关押的，构成犯罪，处第 87 条所规定的刑罚。

次标题二
施暴于国家公务人员

（对国家公务人员使用暴力或威胁）

第九十一条 以暴力、威胁手段强迫国家公务人员履行或不履行其职务的，构成犯罪，处 4 个月至 3 年监禁。

（"国家公务人员"的定义）

第九十二条 通常意义上的"国家公务人员"不仅包括军方或非军方机构的组成人员，而且包括依法被委派行使政府管理权或者法律所授予的其他执行司法的、行政的或司法与行政相结合的公务的人员。

（辱骂或威胁法官、检察长、陪审员：为 1871 年第 6 号法案第 6 条、1900 年第 11 号法案第 16 条、1965 年第 46 号法律通告、1974 年第 58 号法案第 68 条所修正）

第九十三条 第一款 对正在行使职责或已经行使其职责的法官、检察长、地方法官或陪审员进行辱骂或威胁，试图威胁或非法影响其职责的行使的，构成犯罪，处 1 个月至 3 个月监禁，并处罚金（惩罚性罚金）。

（加重情节）

第二款 以损害或贬低他人名誉为目的而进行诬蔑的，构成犯罪，处 3 个月至 1 年监禁。

第三款 威胁构成犯罪的，处 7 个月至 18 个月监禁，以匿名、署真名或伪造的姓名的书面方式进行威胁的，对其处罚应提高一个刑罚幅度，无论在哪种情况下，也无论是否有保证人，犯罪人都应当根据具体情况缴纳第 383 条、第 384 条及第 385 条所规定的保证金。

（对法官、检察长、陪审员造成人身伤害：为 1859 年第 9 号条例第 6 条、1900 年第 11 号条例第 17 条、1981 年第 49 号法案第 4 条所修正）

第九十四条 第一款 对上条中行使职责或因为已经行使的职责或因意图威胁或不当影响他人履行其职责而对该他人造成身体伤害的，构成犯罪，处 2 年至 5 年监禁。

第二款 对上条中的人员以外的其他人员造成身体伤害的，应当对犯罪人判处较高的、提高了一个刑罚幅度的刑罚。

（辱骂、威胁其他国家公务人员、或对之造成人身伤害：为1856年第4号法案第10条、1900年第11号法案第18条及第19条、1981年第49号法案第4条所修正）

第九十五条　第一款　除上述2条所规定情形外，对负有合法公共职责的人在其履行职责时或因为所履行的职责而进行辱骂、威胁或身体伤害，或意图威胁或不当影响其履行职责的，构成犯罪，处所规定的关于诬蔑、威胁或身体伤害的法定刑，不具有本条所规定的情节的，法定刑应提高一个幅度。

第二款　基于轻罪而规定的法定刑，不应当再被提高。

第三款　法定刑为不超过3个月监禁的，不应当再提高刑罚；在这种情况下，法院可以附加判处罚金（惩罚性罚金）。

（攻击与抵制：为1981年第159号法案第4条所修正）

第九十六条　以暴力或非公共暴行的积极性的武力攻击或抵制依法正在执行法律或法定部门命令的负有公共职责的人员的，构成犯罪——

（a）由一人或两人进行攻击或予以抵制的，处4个月至1年监禁；

（b）由3人或3人以上进行攻击或予以抵制的，处7个月至2年监禁。

（加重情节：为1859年第9号法案第7条、1956年第5号法案第14条、1981年第49号法案第4条所修正）

第九十七条　上条中的犯罪人以常规武器进行攻击或抵制、或事前计划以常规武器进行攻击或抵制、在被逮捕后发现拥有此类武器的，处9个月至3年监禁。

（伴随有公共暴力的攻击与抵制：为1981年第49号法案第4条所修正）

第九十八条　实施第96条所规定的犯罪时伴有公共暴行的，处2年至5年监禁。

（放弃的予以豁免）

第九十九条　试图开始实施犯罪或实际已经着手实施犯罪，在被攻击者、被抵制者或有关部门给予第一次警告后放弃进一步实施犯罪的，不应当仅就第96条和第98条所规定的单纯的攻击或抵制行为予以刑罚处罚。

（为1856年第4号法案第11条所修正）

次标题三
诬告、伪证及伪誓

（解释：为 1971 年第 21 号法案第 13 条所修正后、被 2002 年第 3 号法案第 21 条所代替）（第 220 章）

第一百条 在本次标题中，"刑事诉讼"包括本法典第二篇第一部分中标题二的次标题二中的调查及马耳他武装法案中的任何诉讼。

（诽谤性告发：为 1859 年第 9 号条例第 8 条、1956 年第 5 号条例第 15 条、1981 年第 49 号法案第 4 条所修改）

第一百零一条 第一款 意图陷害他人，向法定部门控告明知是无罪的人犯罪的，仅就控告这一事实，即构成犯罪——

（a）被诬告的犯罪应被判处 2 年以上监禁的，处 13 个月至 18 个月监禁；

（b）被诬告的犯罪应被判处不高于 2 年监禁，但又不应当被判处轻罪的刑罚的，处 6 个月至 9 个月监禁；

（c）诬告其他犯罪的，处 3 天至 3 个月监禁。

（加重情节）

第二款 以敲诈钱款或其他财物为目的的，刑罚应提高一个幅度。

（唆使或试图唆使证人、鉴定人、翻译人员：为 1900 年第 11 号条例第 20 条、2002 年第 3 号法案第 22 条所修正）

第一百零二条 在民事或刑事诉讼中，唆使证人、鉴定人或翻译人作伪证、提供虚假的鉴定材料或作虚假翻译的，构成犯罪——

（a）在已经作了伪证、提供了虚假的鉴定材料或作了虚假翻译的情况下，处应当对提供虚假证据者所判处的刑罚；

（b）只具有唆使证人、鉴定人或翻译人员的意图的，处低于相同刑罚一至二个刑罚幅度的刑罚。

（准备或制造虚假文件）

第一百零三条 在民事或刑事诉讼中，准备虚假文件或故意制造虚假文件的，处与伪造者相同的刑罚。

（刑事审判中作伪证：为 1909 年第 8 号条例第 6 条、1971 年第 21 号法案第 12 条、1981 年第 49 号法案第 4 条、1983 年第 14 号法案第 2 条、2002 年第 3 号法案第 23 条所修正）

第一百零四条 第一款 在刑事诉讼中为刑罚为 2 年以上监禁的犯罪

提供虚假证据的,无论该证据是否对被告人有利,构成犯罪,处 2 年至 5 年监禁。

第二款 被告人被判处 5 年以上监禁,证人在审判中对其提供不利的证据或所提供证据对其产生不利影响的,该证人应当被判处更高的刑罚；

如果该更高的刑罚为死刑,提供虚假证据的证人应当被判处终身监禁。

(在其他刑事审判中作伪证:为 1859 年第 9 号条例第 9 条、1981 年第 49 号法案第 4 条、2002 年第 3 号法案第 24 条所修正)

第一百零五条 在刑事诉讼中为上条所规定的犯罪以外的其他犯罪提供虚假证据的,无论该证据是否对被告人有利,构成犯罪,处 9 个月至 2 年监禁。

(在民事审判中作伪证:为 1914 年第 12 号条例第 7 条、1981 年第 49 号法案第 4 条、2002 年第 3 号法案第 25 条所修正)

第一百零六条 第一款 在民事诉讼中提供虚假证据的,构成犯罪,处 7 个月至两年监禁；

第二款 第 1 款的规定适用于民事诉讼中进行了虚假宣誓的当事人。

第三款 在马耳他境内或境外提供了明知为马耳他境内所进行的民事诉讼所要求或需要的证词的虚假证的,构成犯罪,处第 1 款所规定的刑罚。

(鉴定人及翻译人员作伪证)

第一百零七条 第一款 在民事或刑事诉讼中,鉴定人故意对虚假事实予以确证,或恶意出具虚假意见的,构成犯罪,处本次标题项下前述各款中伪证者所应判处的刑罚。

第二款 在司法诉讼中进行了宣誓的翻译人员故意进行虚假翻译的,处相同的刑罚。

(虚假宣誓:为 1900 年第 11 号法案第 21 条及第 22 条、1981 年第 49 号法案第 4 条、2002 年第 3 号法案第 26 条所修正)

第一百零八条 第一款 在非本标题项下前述各条所规定的情况下,在法官、地方法官或其他依法领誓的官员面前进行虚假宣誓的,构成犯罪——

(a) 宣誓为法律所要求,或为马耳他境内法院的法官或决议所裁定要求的,处 4 个月至 1 年监禁；

(b) 未被要求或裁定进行宣誓的,处不超过 3 个月监禁。

第二款 本条规定不适用于预期宣誓。

(适用于诽谤性告发、伪证、虚假宣誓中的禁止)

第一百零九条　第一款　法院在对本次标题项下的犯罪进行宣判时,应当明确判处普遍禁止,包括禁止在除法庭以外担任证人及在任何案件中担任鉴定人。

第二款　在上条所规定的情况下,禁止期限为5年至10年,在本次标题前述各条所规定的其他情况下,禁止期限为10年至20年。

(捏造虚假证据:为1911年第9号条例第9条、1981年第49号法案第4条所修正)

第一百一十条　第一款　以诈骗性手段造成事实或情节的发生、或使事实或情节显得像存在一样,以便此后这种事实或情节被作为不利于他人的证据而被采纳,从而使他人受到不公正的控告或有罪判决的,构成犯罪,处本次标题项下的前述各条所规定的伪证罪的刑罚。

(捏造犯罪)

第二款　向执行警察提供明知不存在的犯罪信息,或伪造能够引起试图查明犯罪事实的刑事诉讼的犯罪痕迹的,构成犯罪,处不超过1年的监禁。

(妨碍他人提供必要的信息及证据:为1909年第8号条例第7条、1981年第49号法案第4条、1985年第13号法案第5条所修正)

第一百一十一条　第一款　在民事或刑事诉讼中,阻碍他人提供必要的信息及证据,或阻碍他人前往或出现在相关部门的,构成犯罪,处4个月至1年监禁,或处罚金(惩罚性罚金)。

(隐匿、破坏、改变犯罪痕迹)

第二款　除非本法典另有规定,否则,故意隐匿或以其他方式破坏或改变犯罪痕迹或其他间接证据的,构成犯罪——

(a)该犯罪应当被判处不少于1年监禁的,处第1款所规定的刑罚;

(b)其他情况下的犯罪,处不超过3个月监禁或拘留,或不少于1里拉的罚金(补偿性罚金)。

次标题四
滥用政府机构职权

§　非法勒索、敲诈及受贿

(非法勒索:为1981年第159号法案第4条所修正)

第一百一十二条　从事公务管理的官员或一般职员以及被政府雇佣或在政府部门工作的人员,无论是否被授权、而以公职的名义勒索法律未允许的、超过法律允许限度的,或根据法律规定尚未到期的钱财的,无论这种勒索是以获得个人服务报酬的方式实施、还是以政府或其他公共机构的名义实施,均构成犯罪,处3个月至1年监禁。

(敲诈:为1981年第159号法案第4条所修正)

第一百一十三条 以威胁或滥用职权的方式实施上条所规定的非法勒索的,应当认定为敲诈,构成犯罪的,犯罪人应当被判处13个月至3年监禁。

(加重情节)

第一百一十四条 上述两条所规定的犯罪同时具有应被判处刑罚的其他情节的,适用增加了一个刑罚幅度的更重的刑罚。

(贿赂:为1914年第12号条例第8条及第9条、1974年第4号法案第2条、1981年第49号法案第4条、2002年第3号法案第27条所修正)

第一百一十五条 国家工作人员及公务员为自己或他人索要或收受与其职务有关的、无权获取的报酬、承诺、以金钱的形式所表现的报答、其他有价值的报酬或其他利益的,构成犯罪,处以下刑罚:

(a)报酬、承诺或报答的目的在于引诱国家工作人员及公务员履行依照其职务应当履行的职责的,处3个月至13个月监禁;

(b)报酬、承诺或报答的目的在于引诱国家工作人员及公务员不去履行依照其职务应当履行的职责的,仅就接受报酬、承诺或报答这一事实,处4个月至18个月监禁;

(c)除接受报酬、承诺或报答外,国家工作人员及公务员实际未履行其职责的,处6个月至3年监禁。

(对被告进行宣判时未履行职责:为1971年第21号法案第14条、1974年第4号法案第3条、1981年第49号法案第4条、2000年第10号法案第11条所修正)

第一百一十六条 第一款 上条(c)段中的犯罪存在于对被告人的宣判中的,处1年至4年监禁:

无论在什么情况下,对犯罪人所处的刑罚都不应当低于对被告人所宣判的刑罚。

第二款 被告人被判处4年以上监禁的,适用对被告人所判处的刑罚。

(释放被指控者或被告时未履行职责:为1974年第4号法案第4条、1981年第159号法案第4条所修正)

第一百一十七条 第115条(c)所规定的犯罪存在于对被判处有罪者

的释放或对被告人的释放中的，处以下刑罚：

（a）被指控、起诉的犯罪应被判处 2 年以上监禁的，处 18 个月至 3 年监禁；

（b）所牵涉的犯罪应被判处 2 年以下监禁、但不属于轻罪的，处 9 个月至 2 年监禁；

（c）在轻罪的情况下，处 4 个月至 12 个月监禁。

（贿赂众议院议员：1974 年第 4 号法案第 5 条增加本条后、1981 年第 49 号法案第 4 条及 2002 年第 13 号法案第 10 条对之进行了修正）

第一百一十八条 众议院议员为自己或他人索要或收受以影响其作为议员而实施的行为为目的而给予或提供的报酬、承诺、以金钱的形式所表现的报答、其他有价值的报酬或其他利益的，构成犯罪，处 6 个月至 3 年监禁。

（适用禁止的情况：为 1981 年第 49 号法案第 4 条所修正）

第一百一十九条 本次标题项下的前述各条中所规定的最高刑罚为两年以上监禁的，应当附加永久性普遍禁止；上述刑罚的最高刑未超过 2 年监禁的，附加临时性普遍禁止。

（对国家工作人员、公务员行贿者的处罚：1903 年第 1 号条例第 3 条增设了本条规定，后为 1974 年第 4 号法案第 6 条所代替、1981 年第 49 号法案第 4 条对之进行了修正）

第一百二十条 第一款 在第 115 条、第 116 条、第 117 条及第 118 条所规定的情况下，对国家工作人员、公务员或众议院议员行贿的，根据具体情况，以从犯论处。

第二款 国家工作人员及公务员没有实施他人试图引诱其实施的犯罪的，该他人的行为构成犯罪，处 3 个月至 18 个月监禁。

第三款 众议院议员没有实施他人试图引诱其实施的犯罪的，该他人的行为构成犯罪，处 3 个月至 2 年监禁。

（向其他人行贿：为 1871 年第 6 号条例第 7 条所修正、后被 1974 年第 4 号法案第 7 条所代替、2002 年第 3 号法案第 28 条及 2002 年第 13 号法案第 10 条对之进行了修正）

第一百二十一条 第一款 如同第 112 条所适用的官员或普通人员或第 115 条所涉及到的国家工作人员及公务员一样，本次标题的规定也适用于法人所委托的人、对其具有管理职责的人或该法人所雇佣的人。

第二款 如同适用于第 115 条所规定的国家工作人员及公务员一样，第 115 条至第 117 条、第 119 条、第 120 条第 1 款和第 2 款适用于陪审员。

第三款 本次标题项下关于第112条所规定的工作人员或普通人员或第115条所规定的国家工作人员及公务员的规定,同样适用于为自然人或法人或代表自然人或法人进行管理或工作的、故意在履行其职责过程中直接或通过中间人违背其职责,以下列条款所列举的方式进行活动的雇员或其他人:

本次标题项下的"违背职责"包括违背法定职责的不忠实行为,或者,根据具体情况,在履行职务过程中的对职业规章或操作指南的违背。

第四款 本次标题的规定也适用于其解释所描述范围内的任何行为,包括:

(a) 包括外国在本国行使立法或行政管理权的机构成员在内的外国国家官员或公务员;或

(b) 国际、超国家组织或其机构或组织的官员或工作人员、其他合同制雇员以及其他行使上述官员、工作人员或合同制雇员的相应的职责者;或

(c) 国际或超国家组织的议会议员;或

(d) 司法机关成员或国际法院官员;或

(e) 地方议会的议员、官员或工作人员;或

(f) 上述各段所规定的在马耳他境外实施犯罪的马耳他公民或马耳他永久性居民;

本段中的"永久性居民"与第5条第1款(d)所确定的含义相同;或

(g) 实施犯罪的个人为(b)段中所规定的个人或总部设在马耳他境内的组织、机构或实体中的个人。

(利用个人的影响力进行交易:为2002年第3号法案第29条所修正)

第一百二十一条A 第一款 直接或间接地向声称或宣称能对本次标题项下前述各条款中的有关决策者施加不正当影响的人承诺、给予或提供不正当利益,以诱使其施加这种不正当影响的,无论该不正当利益是给予该他人还是其他人,都构成犯罪,处3个月至1年监禁。

第二款 以施加第1款中的不正当影响为目的,收受所提供或承诺的给予自己或他人的不正当利益的,构成犯罪,处前款所规定的刑罚。

第三款 无论是否具有所宣称的施加不正当影响的能力,也无论是否施加了影响,或者所预想的影响是否导致了预期的结果,都应认为第1款和第2款中的有关犯罪已构成既遂。

(会计犯罪:为2002年第3号法案第29条所修正)

第一百二十一条B 试图实施、隐匿或伪装本次标题项下的前述各条

中的犯罪,制造或使用包含了虚假的、不完整信息的发票、其他会计凭证、记录,或非法不制作支付凭证的,构成犯罪,处 3 个月至 1 年监禁,并处本法典及其他法律所规定的其他处罚。

(管辖权:2002 年第 3 号法案第 29 条增加了本条、后为 2002 年第 13 号法案第 10 条所修正)

第一百二十一条 C 除第 5 条的规定外,马耳他法院对本次标题项下的犯罪具有管辖权:

(a) 对发生在马耳他境内的犯罪予以部分加功的;或

(b) 犯罪人为马耳他侨民或永久性居民、国家官员或公务员、众议院议员或地方议会议员的;或

(c) 马耳他国家官员或公务员、众议院议员或地方议会议员参与了犯罪;或

(d) 第 121 条(b)、(c)及(d)中的有关人员参与了犯罪、且其同时为第 5 条第 1 款(d)所规定意义范围内的公民或永久性居民的。

(实施了本标题所规定的犯罪的公司责任:为 2002 年第 3 号法案第 29 条所修正)

第一百二十一条 D 本标题项下的犯罪人为法人的董事长、经理、秘书或其他主要官员的或有权代表法人、有权以法人的名义作出决策或有权控制法人的,如果其实施犯罪部分或全部地是为了法人本身的利益,本标题项下的上述行为人应当被认为能够作为应被判处 500 里拉以上 500,000 里拉以下罚金(惩罚性罚金)的法人的合法代表。

§ 辩护人及检察官滥用职权

(律师或法定代理人的推诿)

第一百二十二条 律师或法定代理人已经代表一方当事人进行诉讼的,在同一诉讼或涉及相同事件或利益的其他诉讼中,未经当事人同意,代表当事人的对方或对当事人有请求权的其他人参加诉讼的,构成犯罪,处罚金(惩罚性罚金),并处从其履行职务开始 4 个月至 1 年的临时性禁止。

(违背当事人利益:为 1981 年第 49 号法案第 4 条所修正)

第一百二十三条 律师或法定代理人违背当事人的利益,致使当事人因其背叛或欺骗性不作为而败诉或丧失公正行使某项权利的,构成犯罪,处 7 个月至 18 个月监禁,并处永久性禁止履行该职务。

§ 国家工作人员及公务员贪污受贿

（裁决时谋取个人私利）

第一百二十四条 国家工作人员及公务员公开或非公开地,或通过他人在裁决、立约或行使管理权的过程中谋取个人私利的,无论其是进行了全部的或部分的管理或监督,还是在裁决、立约或管理开始时即进行管理或监督的,构成犯罪,处1个月至6个月监禁,并处永久性禁止履行公职或被雇佣。

（签发命令时谋取个人私利）

第一百二十五条 国家工作人员及公务员在受委托签署命令、结清账目、签订任何种类的协议或决定支付款项时谋取个人私利的,构成犯罪,处前条所规定的刑罚。

（加重情节：为1981年第49号法案第4款所修正）

第一百二十六条 在前两款所规定的情况下,因诈骗而造成管理上的损失的,处18个月至3年监禁,并处上述条款所规定的监禁。

（贪污：为1981年第49号法案第4条所修正）

第一百二十七条 国家工作人员及公务员为追求个人利益,滥用或盗窃基于职务或工作关系而受委托管理的政府或私人钱财、信用票据、公债、债券或动产的,构成犯罪,处2年至6年监禁,并处永久性普遍禁止。

§ 滥用对监狱的管理职权

（狱吏或看守在不具有逮捕令的情况下关押他人）

第一百二十八条 狱吏或看守在缺乏依法享有签发逮捕令或作出裁定者所签发的逮捕令或作出的裁定的情况下,将犯人予以关押的,构成犯罪,处1个月至3个月监禁。

（狱吏或看守的任意性行为或限制）

第一百二十九条 第一款 狱吏或看守强制其监管下的犯人服从任何未经监管制度许可的任意性行为或限制的,构成犯罪,处上条所规定的刑罚。

（加重情节）

第二款 上述限制或任意性行为本身构成应被判处相同或更高刑罚的犯罪的,对其处罚应增加一个刑罚幅度。

（在监狱以外的地方对被逮捕者进行拘押）

第一百三十条 国家工作人员及公务员在缺少根据和必要的情况下,将被逮捕人员拘留在或导致其被拘留在被指定的监狱以外的其他场所的,构成犯罪,处 1 个月至 3 个月监禁或罚金(惩罚性罚金)。

§ 拒不履行职务

(拒绝依法履行职责)

第一百三十一条 在法定部门依法提出请求后,国家工作人员及公务员未命令其指挥下的维持治安的警察提供援助的,构成犯罪,处 4 个月至 6 个月监禁。

(陪审员、证人、鉴定人的虚假声称)

第一百三十二条 陪审员、证人或鉴定人以不提供有关部门依法所要求的援助或不对法定部门解释其未出现的原因为目的,以虚假理由进行辩解的,构成犯罪,除对其缺席予以处罚外,另处 1 个月至 3 个月监禁。

(为 1899 年第 6 号法案第 3 条所修正)

§ 滥用职权、违背职责

(泄露国家秘密:1899 年第 6 号法案第 3 条增设本条后、1903 年第 1 号条例第 4 条对之进行了修正)

第一百三十三条 国家工作人员及公务员将基于其职务而被委托或知悉的秘密性文件或事实予以传播或公开的、或者以其他方式使这些文件或事实易于被知悉的,构成犯罪,在其行为不构成其他更为严重的犯罪的情况下,处不超过 1 年的监禁或罚金(惩罚性罚金)。

(非法滞留原职位或原职业)

第一百三十四条 已通知被开除、禁止或暂停职务的国家工作人员及公务员,仍继续其原有职务或职业的,构成犯罪,处 1 个月至 6 个月监禁。

(利用职权非法阻挠法律的执行:为 1981 年第 49 号法案第 4 条所修正)

第一百三十五条 掌握职权者与他人相勾结,以非法手段阻挠法律执行的,构成犯罪,处 18 个月至 3 年监禁。

(国家工作人员非法侵入住宅:为 1871 年第 6 号条例第 8 条所修正)

第一百三十六条 第一款 国家工作人员及公务员以公务的名义,在法律未许可或不具有合法手续的情况下,侵入他人的房屋其他建筑物,或封闭领域的,构成犯罪,处不超过 3 个月监禁或罚金(惩罚性罚金)或罚金(补偿性罚金)。

(加重情节)

第二款 被证实因非法目的或为个人私利而侵入的,构成犯罪,处 1 个月至 12 个月监禁。

（地方法官或警察未履行或拒绝履行特定职责）

第一百三十七条　对其职权范围内因非法拘留而提起的合法诉讼、地方法官不予出庭或拒绝出庭的，以及对其本身所提起的相似的诉讼，执行警官未能证明其已在 24 小时内向上级进行了报告的，构成犯罪，处 1 个月至 6 个月监禁。

（恶意违反公共职责：为 1868 年第 5 号条例第 5 条、1871 年第 6 号条例第 9 条、1903 年第 1 号条例第 5 条所修正）

第一百三十八条　国家工作人员及公务员违背自身职责，恶意为或不为本标题项下前述各条所规定的行为，以压制或伤害他人的，构成犯罪，处不超过 3 个月监禁或罚金（惩罚性罚金）。

（加重情节）

第一百三十九条　伤害性或压制性行为为第 86 条、第 87 条、第 88 条及第 89 条所规定的行为的，构成犯罪，处上述各条所分别规定的刑罚，并提高一个刑罚幅度。

（折磨或其他残酷的、非人道的、有辱人格的待遇或处罚：1990 年第 29 号法案第 5 条增设了本条规定）

第一百三十九条 A　国家工作人员、公务员或其他担任公职者故意对他人造成严重的身体伤害或精神伤害的——

（a）以从该他人或第三者获得信息或供述为目的；或

（b）以处罚该他人或第三者所实施的行为或被怀疑实施的行为为目的；或

（c）以威胁或强迫该他人或第三者为或不为一定行为为目的；或

（d）基于各种歧视的，

构成犯罪，处 5 年至 9 年监禁：

伤害仅仅是由合法的处罚或措施而引起的，或者是合法的处罚或措施所固有的或偶然造成的，而并无犯罪发生的：

本条并不能影响本法典或其他法律中规定了更高刑罚的法律的适用。

（附加的禁止刑）

第一百四十条　对于第 133 条至第 139 条所规定的所有情况，法院可在判处所规定的刑罚之外，另处临时性或永久性禁止。

（为 2002 年第 3 号法案第 30 条所代替）

§ 适用于公共职务的一般规定*

（一般性规定：为 1859 年第 9 号条例第 10 条所修正）

第一百四十一条　除法律对国家工作人员及公务员犯罪所特别规定的刑罚外，国家官员或公务员对依其职责应予以监管或依其公务应予以压制的犯罪有责任的，构成犯罪，处对这些犯罪所规定的刑罚，并提高一个刑罚幅度。

次标题五
破坏公共档案馆、国家机构、拘押场所及纪念碑

§ 毁坏封印、盗窃国家档案馆或其他国家机构公文或储存物品

（破坏封印）

第一百四十二条　第一款　破坏依政府机构命令而加盖的封印的，构成犯罪，处 1 个月至 3 个月监禁。

（管理者的疏忽）

第二款　管理者基于疏忽的，仅就其疏忽，处第 1 款所规定的刑罚。

第三款　无论哪种情况，法院都可以罚金（惩罚性罚金）代替所规定的刑罚。

（因"破坏"而加重的盗窃）

第一百四十三条　以破坏依政府机构命令而加盖的封印的手段实施盗窃的，应当被认为是具有毁坏加重情节的盗窃。

（侵吞……公共保管处的文件等：为 1981 年第 49 号法案第 4 条所修正）

第一百四十四条　第一款　侵吞、破坏、损坏或盗窃文件、记录或其他存在于国家档案馆、国家机构，或移交给国家保管处或具有职责的国家工作人员的书件、登记簿、决议或财产的，构成犯罪，处 13 个月至 3 年监禁。

（玩忽职守）

第二款　档案管理员、登记员、记录员、公证人员或其他国家工作人员基于疏忽的，仅就其疏忽，构成犯罪，处 4 个月至 6 个月监禁或罚金（惩罚性罚金）。

（"暴力"加重情节：为 1981 年第 49 号法案第 4 条所修正）

第一百四十五条　以武力实施本次标题项下前述各条所规定的犯罪

---

* 此标题与目录中所列标题有所不符，为遵原文意旨，译文与原文保持了一致——译者。

的,构成犯罪,处 2 年至 6 年监禁。

（以欺骗性手段取走信件或包裹：为 1981 年第 159 号法案第 4 条所修正）

第一百四十六条　为 1996 年第 17 号法案第 19 条所废除。

（以诈骗性手段留存邮政包裹：为 1868 年第 5 号条例第 6 条、1900 年第 16 号条例第 136 条、1981 年第 49 号法案第 4 条所修正）

第一百四十七条　为 1996 年第 17 号法案第 19 条所废除。

（邮政工作人员非法打开信件等：为 1981 年第 49 号法案第 4 条所修正）

第一百四十八条　为 1996 年第 17 号法案第 19 条所废除。

（邮政工作人员非法查禁信件等：为 1981 年第 49 号法案第 4 条所修正）

第一百四十九条　为 1996 年第 17 号法案第 19 条所废除。

（对国家工作人员的加重处罚）

第一百五十条　除第 142 条、第 144 条中有关疏忽的规定外,国家工作人员及公务员在履行其公务的过程中,实施或与他人共谋实施本次标题项下前述各条所规定的犯罪的,构成犯罪,处对所实施犯罪提高了一个刑罚幅度的刑罚,并处永久性普遍禁止。

§　破坏拘押场所、使被拘押人、犯罪嫌疑人
或罪犯脱逃及窝藏罪犯

（被判刑者的单纯脱逃：为 1999 年第 7 号法案第 6 条所代替）

第一百五十一条　被判刑者或其他犯人单纯脱逃或逃离负责对其进行监管的人员的,构成犯罪,处 6 个月以上 1 年以下监禁。

本条中的"罪犯"指被关押在监狱内的任何人,包括正在被押往或押出监狱、从一个监狱转押至另一个监狱的犯人以及正在医院接受治疗或观察的罪犯。

（破坏监管设施：为 1999 年第 7 号法案第 6 条所代替）

第一百五十二条　从羁押或刑罚执行场所脱逃的罪犯、从正在接受治疗或观察的医院脱逃的罪犯以及逃离监管人的罪犯,如果其脱逃是以对人实施暴力或者以破坏上述场所而实现的,构成犯罪,除按本法典或其他法律的规定判处其他刑罚外,处 2 年至 4 年监禁。

本条中的"罪犯"与第 151 条所规定的含义相同。

（对脱逃人员进行监管者的疏忽与轻率：为 1971 年第 21 号法案第 15

条、1981 年第 49 号法案第 4 条所修正）

第一百五十三条 由于监管、看护或押送人员的疏忽或轻率而使被逮捕者或被判刑者脱逃的,前者构成犯罪——

（a）脱逃者被指控或宣判不超过两年监禁,或并非因为犯罪而被合法关押的,对监管人员、看护人员或押送人员处 1 个月至 3 个月监禁；

（b）脱逃者被指控或宣判 2 年以上 5 年以下监禁的,对监管人员、看护人员或押送人员处 4 个月至 6 个月监禁；

（c）脱逃者被指控或被宣判 5 年以上监禁的,对监管人员、看护人员或押送人员处 7 个月至 1 年监禁。

（脱逃人员与负责其监管者的共谋：为 1971 年第 21 号法案第 15 条、1981 年第 49 号法案第 4 条所修正）

第一百五十四条 被逮捕者或被判刑者通过勾结或贿赂对其实行监管、看护或押送的人而脱逃的,在上条(a)、(b)、(c)段所规定的情况下,后者构成犯罪,根据具体情况,分别处上述各段所规定的刑罚并提高一个刑罚幅度,并处永久性普遍禁止。

（加重情节）

第一百五十五条 以第 152 条中的方法或通过向羁押或执行场所传递有利于脱逃的器械或武器的方法脱逃的,处上述两条所规定的刑罚并提高一个刑罚幅度。

（未负监管职责者的帮助与教唆：为 1982 年第 9 号法案第 2 条所修正）

第一百五十六条 对被逮捕者或被判刑者并不负有监管、看护或押送职责者,在被逮捕者或被审判者的脱逃中给予便利或作为从犯的,构成犯罪,处低于负有上述职责者或共谋者所应判处刑罚一个刑罚幅度的刑罚：

在上条所规定的情况下,对犯罪人应当判处与负有职责者和共谋者相同的刑罚。

（帮助罪犯逃离马耳他：为 1971 年第 21 号法案第 17 条、1973 年第 2 号法案第 2 条、1981 年第 49 号法案第 4 条所修正）

第一百五十七条 故意为逃离马耳他者提供条件,无论该他人已被起诉或因犯罪而被逮捕或审判,因犯罪已被签发逮捕令,或虽然已犯罪但既没有被审判,也没有被逮捕或批准逮捕的,构成犯罪——

（a）上述犯罪中脱逃者所应判处的刑罚不超过 2 年监禁的,处 1 个月至 3 个月监禁；

（b）上述犯罪中脱逃者所应判处的刑罚为 2 年以上 5 年以下监禁的,

处4个月至6个月监禁；

（c）上述犯罪中脱逃者所应判处的刑罚为5年以上监禁的，处7个月至1年监禁。

（窝藏罪犯：为1857年第8号条例第1条、1971年第21号法案第18条、1981年第49号法案第4条所修正）

第一百五十八条 故意窝藏应被判处超过3个月监禁并已被签发逮捕令者、执行警察为逮捕之目的而进行搜查者、因上述犯罪而被逮捕但逃脱者的或导致其被窝藏的，构成犯罪，处3天至3个月监禁。

（豁免）

第一百五十九条 夫妻之间、长辈与晚辈之间、兄弟姐妹之间、公婆与儿媳及岳父母与女婿之间、儿媳与公婆及女婿与岳父母之间、舅姨与外甥（女）及叔姑与侄子（女）之间、外甥（女）与舅姨及侄子（女）与叔姑之间、夫（妻）的兄弟与弟媳或嫂子（姐夫或妹夫）以及夫（妻）的姐妹与弟媳或嫂子（姐夫或妹夫）之间互相窝藏脱逃者的，免于上述两条所规定的刑罚。

（从被关押地逃脱：1903年第1号条例第6条增设了本条规定）

第一百六十条 第151条至第159条的规定适用于逃离依法指定的羁押场所者。

§ 破坏纪念碑

（破坏纪念碑等：为2002年第3号法案第31条所修正）

第一百六十一条 破坏、推翻、涂污或以其他方式损坏作为公共设施或公共装饰的、经过政府部门许可而建立的纪念碑、雕塑或其他艺术作品的，构成犯罪，处1个月至1年监禁，或处不超过1000里拉的罚金（惩罚性罚金）：

情节较轻的，法院可适用轻罪的法定刑。

（破坏墓葬：为2002年第3号法案第32条所修正）

第一百六十二条 破坏公认的墓葬或墓地的，构成犯罪，处1个月至18个月监禁，或处不超过500里拉的罚金（惩罚性罚金）。

（1933年第28号条例第1条增加了本标题）

标题四
伤害宗教感情罪

（侮辱天主教：1933年第28号法案第2条增设了本条规定）

第一百六十三条 以语言、姿势、打印或非打印的书面资料、图片或其他可以看见的方法,公开侮辱作为马耳他国教的罗马天主教,或者以侮辱信仰者或牧师、罗马天主教的信仰物、被奉为神圣的东西,或必然注定为罗马天主教的信仰物的方式冒犯罗马天主教的,构成犯罪,处1个月至6个月监禁。

(侮辱其他法律许可范围内的崇拜物:1933年第28号法案第2条增设了本条规定)

第一百六十四条 以上条所规定的行为反对法律许可范围内的崇拜的,构成犯罪,处1至3个月监禁。

(妨碍宗教仪式:1933年第28号法案第2条增设了本条规定)

第一百六十五条 第一款 妨碍或扰乱罗马天主教或其他法律许可范围内的宗教在牧师主持下所进行的在礼拜地、公共场所或其他对公众开放的场所举行的活动、仪式或礼拜的,构成犯罪,处不超过1年的监禁。

第二款 以威胁或暴力的方式实施的,处6个月至2年监禁。

标题五
破坏公共信用罪

次标题一
伪造证券、图章及印章

(伪造政府债券:为1913年第12号条例第4条、1981年第49号法案第4条所修正)

第一百六十六条 第一款 伪造政府债券的,构成犯罪,处3年至5年监禁,并处或非并处单独禁闭。

第二款 以开具与记载在国库记录簿中的上述贷款相关的信用单据的方式进行伪造的,处相同的刑罚。

第三款 以对真实的政府债券予以背书的方式进行伪造的,构成犯罪,处13个月至4年监禁,并处或非并处单独禁闭。

(伪造文件:为1913年第12号条例第5条、1981年第49号法案第4条所修正)

第一百六十七条 第一款 伪造价目表、货签、订单或其他可获得支付款项、使得货物转移、可从国家机构、银行或其他政府组建或被政府通过公共行为而予以承认的机构提取存款或抵押金的文件的,构成犯罪,处13个月至 4 年监禁,并处或非并处单独禁闭。

第二款 以伪造上述国家机构、银行或其他机构关于支付款项、货物、存款或抵押金的账簿账目的,处相同的刑罚。

第三款 只以对真实的价目表、货签、订单或文件背书的方式进行伪造的,构成犯罪,处 9 个月至 3 年监禁,并处或非并处单独禁闭。

(国家工作人员伪造政府债券及文件:为 1882 年第 4 号条例第 1 条所修正)

第一百六十八条 第一款 国家工作人员及公务员滥用职权或工作关系,对上述两条所规定的犯罪负有责任的,构成犯罪,处所涉及犯罪规定的刑罚,并提高一个刑罚幅度。

第二款 国家工作人员及公务员故意重复出具支付款项的命令或上条所规定的文件的,因这些命令或文件的出示而使得货物款项得以支付或货物得以转移的,处相同的刑罚。

(使用伪造的债券与文件)

第一百六十九条 故意使用第 166 条、第 167 条、第 168 条所列举的文件的,构成犯罪,处与主犯相同的刑罚。

(伪造政府的、司法机关的、及其他的正式法案:为 1975 年第 27 号法案第 14 条、1981 年第 49 号法案第 4 条所修正)

第一百七十条 第一款 伪造包括马耳他政府的命令或法案在内的决议、伪造法院、法官、地方法官或国家官员的裁决、判决或裁定,而使得义务被强加或终止、要求被许可或驳回、刑事案件中的被告被释放或被判有罪的,构成犯罪,处 2 年至 4 年监禁,并处或非并处单独禁闭。

(使用伪造的法案)

第二款 故意使用伪造的决议、裁判、判决或裁定的,构成犯罪,处与主犯相同的刑罚。

(国家工作人员及公务员伪造或使用伪造的法案)

第三款 国家工作人员及公务员因被指控起草、登记、或监管上述决议、裁判、判决或裁定而犯有本条所规定的犯罪的,对其所处刑罚应提高一个刑罚幅度。

(伪造马耳他印章:为 1937 年第 15 号法案第 3 条、1975 年第 27 号法案第 15 条、1981 年第 49 号法案第 4 条所修正)

第一百七十一条 伪造马耳他共和国印章或者故意使用这些印章的,构成犯罪,处 3 年至 5 年监禁,并处或非并处单独禁闭。

（伪造印章、图章、邮票、或其他政府标记：为 1981 年第 49 号法案第 4 条、2002 年第 3 号法案第 33 条所修正）

第一百七十二条　第一款　除上条所规定的情况外，以政府或其他机构的名义伪造用于对作为公共或私人财产的文件、所有物或由政府提供担保的上述文件、所有物加盖印章、图章、作出标记、进行鉴定的印章、图章或其他标记的，构成犯罪，处 13 个月至 3 年监禁，并处或非并处单独禁闭。

第二款　故意使用上述印章、图章或标记，或者未经合法授权而故意持有上述物品的，处相同的刑罚。

（伪造邮票或使用伪造的邮票：1900 年第 16 号法案第 137 条增设了本条规定后、1981 年第 49 号法案第 4 条对之进行了修正）

第一百七十三条　伪造邮票或故意使用伪造的邮票的，构成犯罪，处不超过 2 年的监禁，并处或非并处单独禁闭。

（持有伪造的邮票及印模等：1900 年第 16 号法案第 137 条增设了了本条规定后、1975 年第 27 号法案第 16 条对之进行了修正）

第一百七十四条　第一款　未经政府的特别授权，故意非法持有伪造的邮票或准备用来制造邮票的压模、机器及设备的，构成犯罪，处上条所规定的刑罚。

第二款　本条和上条的规定也适用于表示邮资费率的外国邮票。

（在纸制品被邮寄或发行之前而购买或持有：1900 年第 16 号法案第 137 条增设了本条、后为 1909 年第 8 号条例第 9 条所修正）

第一百七十五条　未经合法授权或不具有合法的理由（有关的证据取决于被告），故意购买、接受、取走、保管或持有只能由马耳他政府制造或提供、掌管的用以作为信封、包装或邮票的纸制品，或者在被加盖印迹并发行以作公共之用之前，用来接受政府为邮政之目的而制造、使用或掌管的邮票模具、印模或其他设备进行印迹加盖的纸制品的，处第 173 条所规定的刑罚。

（伪造马耳他印章、邮票等的定义）

第一百七十六条　第 171 条和第 172 条关于伪造的含义，不只包括制造或附加虚假物，而且包括以诈骗性方式附加使用真实物。

（对国家工作人员实施伪造马耳他印章、邮票等犯罪的处罚）

第一百七十七条　国家工作人员及公务员被指控因管理、监督或完全使用印章、图章或其他物品而实施第 171 条、第 172 条及第 176 条所规定的犯罪的，对其处罚应提高一个刑罚幅度。

（免于处罚：为 1982 年第 9 号法案第 2 条所代替）

第一百七十八条　实施第 166 条和第 177 条所规定的犯罪，在犯罪未完成且任何诉讼程序尚未开始前，首先向有关部门提供相关信息并揭露其他犯罪人的，免于刑事处罚。

次标题二
伪造其他公共或私人书件

（国家工作人员的虚假行为：为 1981 年第 49 号法案第 4 条所修正）

第一百七十九条　除上述次标题所规定的情况外，国家工作人员及公务员运用职权，通过虚假签名、对已形成的决议、笔迹或签名进行变造，添加虚构的他人姓名，或通过对已形成的登记册上或其他公共决议中所编入的书件或登记进行伪造的，构成犯罪，处 2 年至 4 年监禁，并处或非并处单独禁闭。

（国家工作人员的欺骗性变造行为：为 1981 年第 49 号法案第 4 条所修正）

第一百八十条　国家工作人员及公务员在其职责范围内起草决议时，通过欺骗性的手段添加不同于各方所限定或起草的规定的方式，或者将虚构的东西称为真实存在的、将不被承认的东西声称为已获得承认的方式，从而改变决议的内容及所适用的情况的，构成犯罪，处上条所规定的刑罚或 18 个月至 3 年监禁，并处或非并处单独禁闭。

（虚假公布并不存在的书件的复印件：为 1981 年第 49 号法案第 4 条所修正）

第一百八十一条　国家工作人员及公务员以合法的形式公布书件，并将其描述为并不存在的决议的复制件的，构成犯罪，处 13 个月至 2 年监禁，并处或非并处单独禁闭。

（复印件的公布方式与原始方式不同）

第一百八十二条　第一款　国家工作人员及公务员通过其职权，以与原始方式相反的或不同的方式，对未经变造或禁止的合法的、真实的复制件予以公布的，处上条所规定的刑罚。

（基于疏忽而应受的处罚）

第二款　国家工作人员及公务员因为疏忽而将复制件以上述方式公开的，构成犯罪，处罚金（惩罚性罚金）。

（非国家工作人员伪造公共的、商业的或私人的文件：为 1871 年第 6 号条例第 10 条、1981 年第 49 号法案第 4 条所修正）

第一百八十三条　其他人员通过伪造或变造笔迹或签名、伪造虚假协议、处置权、义务或义务免除内容,或在上述文书或文件形成后插入前述协议、处置权、义务或义务免除内容、增加或变造这些文书或文件中所意图包含或证明的条款、声明或事实的方式,对真实的、公共性的文书或商业文件、私人银行存单进行伪造的,构成犯罪,处13个月至4年监禁,并处或非并处单独禁闭。

(恶意使用伪造的文件)

第一百八十四条 恶意使用本次标题项下前述各条中所规定的虚构的决议、信件、文书或文件的,构成犯罪,处前述各条所规定的刑罚。

(开具虚假的声明或凭证:为1871年第6号条例第11条、1981年第49号法案第4条所修正)

第一百八十五条 第一款 除本标题前述各条的规定外,国家工作人员及公务员因其职权而制作或开具声明或凭证时,进行虚假的制作或开具的,构成犯罪,处9个月至3年监禁。

第二款 非国家工作人员及公务员的其他人员滥用职权进行伪造的,处7个月至2年监禁。

(恶意使用虚假的声明或凭证)

第一百八十六条 故意使用上条所规定的文件的,构成犯罪,处与伪造者相同的刑罚。

(伪造私人信件:为1981年第49号法案第4条所修正)

第一百八十七条 第一款 以第179条所列举的方法对私人性信件进行伪造,意图伤害他人或获取利益的,构成犯罪,处7个月至3年监禁,并处或非并处单独禁闭。

(恶意使用伪造的私人信件)

第二款 故意使用的,处相同的刑罚。

(为国家机构提供虚假的声明或陈述:为1980年第13号第4条所修正)

第一百八十八条 以为自己或他人获得优势或利益为目的,在为国家机构准备的文件中故意制作虚假的声明或陈述,或提供虚假信息的,构成犯罪,处不超过2年监禁或罚金(惩罚性罚金):

如果本条的规定不影响规定了更高刑罚的其他法律的适用。

§ 适用于本标题的一般规定

(以其他形式伪造或使用伪造的文件:1911年第9号条例第10条对之进行了修正、后为1956年第5号法案第16条所代替)

第一百八十九条 除本标题项下前述各条款的规定外,故意进行其他形式的伪造或者故意使用利用其他形式伪造的文件的,处不超过6个月监禁,对国家官员或公务员滥用职权或工作关系而实施的,处7个月至1年监禁。

(文件的定义:2002年第3号法案第34条增加了本条)

第一百八十九条A 本标题项下的"文件"、"文书"、"书件"或"账簿"包括卡、光盘、磁带、录音带或其他记录或储存信息的机械的、光电的或其他方式的设备。

(附加性普遍禁止)

第一百九十条 国家工作人员及公务员实施伪造犯罪的,除判处该犯罪的法定刑外,并处永久性普遍禁止。

(为1900年第11号条例第23条所修正)

标题六
破坏公共贸易罪

§ 破 产 罪

(诈骗性破产:为1859年第9号条例第12条、1871年第6号条例第12条、1900年第11号条例第23条、1981年第49号法案第4条所修正)

第一百九十一条 在下列情况下,破产商应当被认为是诈骗性破产并被判处18个月至3年监禁:

(a) 隐匿或篡改账簿;

(b) 滥用、隐匿或掩盖其财产;

(c) 伪造虚假债务;

(d) 在其账簿或其他公开的或秘密的书件中,欺骗性地承认自己是尚未到期的债务的债务人。

(导致破产的情节:为1859年第9号条例第13条、1871年第6号条例第12条、1900年第11号条例第23条所修正)

第一百九十二条 在下列情况下,破产商应当被认为是单纯破产并被判处7个月至1年监禁:

(a) 个人支出或家庭成员支出明显超过其收入的;

(b) 在具有完全风险性的交易中或明显轻率的交易中支出相当大部分的财产的;

(c) 为延缓破产,购买货物、试图以低于市场的价格进行销售的,或者

求助于贷款、商业性的票据背书的,或为获得资金而使用了其他毁灭性的方法的;

(d) 在已经停止付款的情况下,继续进行交易的;

(e) 在已经停止付款的情况下,向某一债权人进行支付或给予其不当利益而损害了其他债权人的利益:

法院可根据具体情况,对其所处刑罚降低一至三个幅度。

(经纪人破产:为1900年第11号条例第23条所修正)

第一百九十三条 经纪人在其日常执业活动中破产的,处上条所规定的刑罚。

(导致破产的情节:为1900年第11号条例第23条所修正)

第一百九十四条 在下列情况下,应当对破产商作有罪宣告,并对其判处第192条所规定的刑罚:

(a) 未保留法律规定应予保留的账簿、对账簿的保留不规范,或所保留的账簿并未反映其真实的财政状况(包括借贷两方面)的;

(b) 被有关部门依法传唤进行审查的,在无法定障碍的情况下,未能在规定的期限内出席。

(破产的共谋:为1900年第11号条例第23条所修正)

第一百九十五条 破产的共谋只应当严格限定于与破产者勾结欺骗债权人者:

不应当以共谋而被起诉的——

(a) 曾经对破产者进行过虚假的权利要求,但在破产诉讼中并未以自己的名义或通过中间人要求权利;

(b) 曾经与破产者勾结滥用、隐匿、掩盖部分财产,但首先向有关部门揭露事实或提供、指出发现滥用、隐匿、掩盖的手段。

标题七
有损于良好的家庭秩序的犯罪

次标题一
家庭成员违背职责罪

(重婚:为1981年第159号法案第4条所修正)

第一百九十六条 在婚姻关系持续期间,丈夫或妻子一方再次结婚的,构成犯罪,处 13 个月至 4 年监禁。

(长辈迫使未达法定年龄的晚辈卖淫:为 1909 年第 8 号条例第 2 条、1918 年第 14 号条例第 2 条、1973 年第 156 号法案第 108 条、1981 年第 159 号法案第 4 条、1994 年第 4 号法案第 3 条所修正)

第一百九十七条 第一款 具有血缘或其他近似关系的长辈以暴力、威胁、强迫、欺骗的方式、诱使未达法定年龄的晚辈卖淫的,构成犯罪,处 3 年至 6 年监禁,并处或非并处单独禁闭。

(使未达法定年龄的夫妻一方卖淫或使被监护的未成年人卖淫)

第二款 丈夫、妻子或监护人以暴力、威胁、强迫、欺骗方式,诱使其未达法定年龄的伴侣或监护下的未成年人卖淫的,处以相同的刑罚。

(长辈使成年的晚辈卖淫、或夫妻一方使另一方卖淫)

第三款 长辈、丈夫或妻子以暴力、威胁、强迫、欺骗方式,诱使其已达法定年龄的晚辈或伴侣卖淫的,构成犯罪,处 1 年至 4 年监禁,并处或非并处单独禁闭。

(犯罪的后果)

第四款 本条项下的犯罪将导致犯罪人对其所损害的丈夫、妻子或晚辈的人身及财产权力或权利的丧失,对于监护人而言,将导致其监护关系的丧失及监护资格的永久丧失。

(为 1900 年第 11 号条例第 24 条所修正)

次标题二
破坏家庭安宁、声誉及违背家庭道德罪

(以暴力实施强奸或满足性欲:为 1900 年第 11 号条例第 24 条、1981 年第 49 号法案第 4 条所修正)

第一百九十八条 以暴力手段通过同性或异性满足性欲的,构成犯罪,处 3 年至 9 年监禁,并处或非并处单独禁闭。

(诱拐:为 1981 年第 49 号法案第 4 条所修正)

第一百九十九条 第一款 以虐待或结婚为目的,以暴力诱拐他人的,构成犯罪,对于首次实施本罪的,处 18 个月至 3 年监禁,并处或非并处单独禁闭,再次实施本罪的,处 9 个月至 18 个月监禁。

第二款 以欺骗或引诱的方式,诱拐处在父母、监护人监管下、他人或教育机构看护下的未满 18 周岁的人的,处第 1 款所规定的刑罚。

(犯罪人返还被诱拐者:为 1909 年第 8 号条例第 15 条、1994 年第 4 号法案第 4 条所修正)

第二百条　第一款　上条所规定的犯罪人在未对犯罪人进行虐待的情况下,于 24 小时内主动将被诱拐者予以释放并将其交还家庭或被监管场所,或将其送至安全地点的,处 1 个月至 3 个月监禁。

(犯罪人与被诱拐者结婚)

第二款　犯罪人与被诱拐者结婚的,除非根据民事法律的规定而应当征得其本人同意的被诱拐者进行起诉,否则,不得对犯罪人提起诉讼;犯罪后结婚的,相应的刑事法律后果终止,经被认定为有罪一方的申请,法院应当立即作出裁定,对其予以释放。

(在满足性欲或强暴时推定使用暴力:为 1900 年第 11 号条例第 27 条所修正)

第二百零一条　非法的性欲满足或者其他强暴,应当被推定为伴随有暴力——

（a）对于 12 周岁以下者实施的;

（b）被虐待者基于身体或精神缺陷、犯罪人以外的其他原因或犯罪人的欺骗而不能进行反抗的。

(加重情节:为 1900 年第 11 号条例第 28 条所修正)

第二百零二条　应当在以下情况下将本次标题项下前述各条所规定的刑罚提高一个刑罚幅度:

（a）犯罪人利用了其作为国家官员的权力,或犯罪人是受害方支付薪水或其他报酬的雇员;

（b）长辈、监护人或牧师对未满 18 周岁的人实施犯罪的;

（c）押送人员或监管人员对犯人实施犯罪的;

（d）在一个或多个人帮助下实施犯罪的;

（e）实施犯罪时使用了常规武器的;

（f）受害人或受害人的救助者受到了持续的人身伤害的;

（g）感觉上受害人未满 9 周岁的。

(腐蚀未成年人:为 1885 年第 3 号条例第 1 条、1900 年第 8 号条例第 16 条、1918 年第 14 号条例第 3 条、1973 年第 2 号法案第 4 条、1981 年第 159 号法案第 4 条、1994 年第 4 号法案第 5 条所修正)

第二百零三条　第一款　以淫荡的行为腐蚀同性或异性的未成年人的,构成犯罪,处不超过 3 年监禁,并处或非并处单独禁闭:

第一篇 刑 法

（加重情节）

下列情况下,处 3 年至 6 年监禁：

（a）受害人未满 12 周岁的或者以暴力实施犯罪的；

（b）以威胁或欺骗手段实施犯罪的；

（c）具有血缘或近似关系的长辈、养父母、未成年人的监护人以及其他即使是暂时负有责任者,利用照顾、教育、指导、控制或监管关系对未成年人犯罪的。

（第 197 条第 4 款的适用）

第二款　犯罪者为长辈或监护人时,第 197 条第 4 款的规定也适用于本条规定的犯罪。

（无资格的原告）

第三款　在本条项下,除受害方外,其他人不得提起诉讼：

犯罪不具有第 1 款（a）、（b）、（c）段所规定的事实或主体的,从犯罪实施之日或非受害方的有权提起诉讼者知悉之日起的 1 年后提起诉讼的,法院将不予受理：

（依职权提起诉讼）

依职权提起诉讼的——

（a）第 544 条所规定的例外情况；

（b）滥用父母亲权力或监护权实施犯罪的。

（以教唆或其他方式腐蚀未成年人：为 2002 年第 3 号法案第 35 条所修正）

第二百零三条 A　除第 203 条第 1 款所规定的方法外,教唆、鼓励同性或异性的未成年人进行淫秽活动或为其进行淫秽活动提供便利条件的,构成犯罪,处不超过 2 年监禁,第 203 条第 2 款及第 3 款的规定也同样适用于本条所规定的犯罪：

对于第 203 条第 1 款所规定的例外情况,应判处不超过 4 年的监禁。

（引诱未达法定年龄者卖淫：1918 年第 14 号条例第 4 条增设了本条规定后,1935 年第 9 号法案第 2 条、1981 年第 49 号法案第 4 条、1990 年第 24 号法案第 6 条、1994 年第 4 号法案第 6 条对之进行了修正）

第二百零四条　第一款　为满足他人的淫欲而引诱低于法定年龄者卖淫,或者挑起其情欲、鼓励或促成其卖淫或者进行淫秽活动的,构成犯罪,处 18 个月至 4 年监禁,并处或非并处单独禁闭。

（加重情节）

在下列情况下，处 2 年至 6 年监禁，并处或非并处单独禁闭：

(a) 犯罪的实施对未满 12 周岁者造成了损害的；

(b) 以欺骗方式实施犯罪的；

(c) 具有血缘或近似关系的长辈、养父母、丈夫或妻子、未成年人的监护人以及其他即使是暂时负有责任者，利用其照顾、教育、指导、控制或监管关系实施犯罪的；

(d) 惯常性的犯罪或以获利为目的而实施犯罪的。

第二款 丈夫、妻子、长辈或监护人实施犯罪的，第 197 条第 4 款也适用于本条所规定的犯罪。

（强迫或引诱成年人卖淫：1918 年第 14 号条例第 4 条增设了本条规定后、1981 年第 49 号法案第 4 条对之进行了修正、后为 1994 年第 4 号法案第 6 条所代替）

第二百零五条 为满足他人的淫欲而以暴力、强迫或欺骗手段引诱已达法定年龄者卖淫的，构成犯罪，在其行为不构成更为严重的犯罪的情况下，处不超过 2 年监禁，并处或非并处单独禁闭：

以下列方式实施犯罪的，处 1 年至 4 年监禁——

(a) 滥用职权、信任或家庭关系的；或

(b) 惯常性的犯罪或以获利为目的而实施犯罪的。

（性接触的证明：为 1973 年第 2 号法案第 6 条所代替）

第二百零六条 本标题项下的犯罪要求有性接触的，应当从有性接触的开始即认为犯罪已经既遂，而不需要其他进一步的事实证明。

（使用了暴力的强暴：为 1871 年第 6 号条例第 13 条、1900 年第 11 号条例第 30 条、1909 年第 8 号条例第 17 条、1981 年第 49 号法案第 4 条所修正）

第二百零七条 以强暴的方式实施了本身并不能构成本次标题项下前述各条中所规定的犯罪的既遂或未遂的，构成犯罪，处 3 个月至 1 年监禁：

在第 202 条所规定的情况下，对其处罚应提高一个刑罚幅度。

（与色情淫秽物品有关的犯罪：1975 年第 27 号法案第 17 条增设了本条规定后、1983 年第 13 号法案第 5 条对之进行了修正）

第二百零八条 第一款 以获得利益、传播或在公共场所或易于接近公共场所的地方展示为目的，制造、印制或以其他方式生产、引入或获得、保留、流通或出口色情的或猥亵的照片、印刷品、图片、胶片、书籍、卡片或书件以及其他无论是否与上述物品相类似的色情或猥亵物品的，都构成犯罪，处不超过6个月监禁或不超过200里拉罚金(惩罚性罚金),或两者并处。

第二款 即使是在私下交易第1款所规定的物品,或者在公共场所或易于接近公共场所的地方分发或展示此类物品的,也构成犯罪,处第1款所规定的刑罚。

第三款 在本条中,符合第4款所描述或定义的,或符合前述各规定的物品将被认为是色情的或猥亵的。

第四款 司法部长在征求第5款所规定的委员会的意见后,应当在本条项下制定关于描述、定义或规定关于色情或猥亵的认定规则,并通过这些规则制定在不同情形或目的下的认定标准。

第五款 应当有一个为司法部长提供建议的委员会。此委员会应当包括上述的司法部长及四个由总理在征求反对党领导者意见后所指定的众议院议员,由司法部长担任委员会主席。

第六款 委员会成员可以请求众议院对本条中本人所不同意的规定进行讨论而不损害其本身的其他正当权利;在接到其书面请求后,司法部长应确保众议院尽可能早地对问题加以讨论。

(未达法定年龄者的猥亵性图片、胶片等:2002年第3号法案第36条增设了本条规定)

第二百零八条A 第一款 境内或境外的任何马耳他公民或永久性居民以及在马耳他境内的任何人,携带或许可他人携带有猥亵性的未成年人的图片、胶片、录影、电子影像,传播或展示此类猥亵性的图片、胶片、录影、电子影像以及持有猥亵性的图片、胶片、录影、电子影象的,构成犯罪,处不超过6个月监禁或不超过200里拉罚金(惩罚性罚金),或两者并处:

本条中的"永久性居民"与第5条第1款(d)段的规定具有相同的含义。

第二款 显示有未达法定年龄者的不体面的图片、胶片、录影、电子影像的,在本条中都将被作为猥亵性的图片、胶片、录影、电子影像处理。

第三款 具有血缘或近似关系的长辈、养父母、未成年人的监护人以及其他即使是暂时负有责任者利用照顾、教育、指导、控制或监管关系对图片、胶片、录影、电子影像中所显示的未达法定年龄者实施了第1款所规定的犯罪的,或这些未达法定年龄者未满9周岁的,处7个月至1年监禁,并处或非并处单独禁闭,同时,适用第197条第4款的规定。

第四款 被指控传播、展示或持有第1款所规定的图片、胶片、录影、电子影像的,可以通过证明其传播或展示、持有这些图片、胶片、录影、电子影像具有合法理由,或并未看见、不知道、也没有理由怀疑这些图片、胶片、录影、电子影像是猥亵的来为自己辩护。

第五款 在第635条第1款(a)中,被在图片、胶片、录影、电子影像中所展示的未达法定年龄者应当被认为是犯罪对象。

第六款 在此条中,图片包括消极的与积极的两种。

(在公共场合所实施的有悖于礼节及道德的犯罪)

第二百零九条 除本次标题项下前述各条的规定及其他规定外,在公共场所或公众面前实施违背礼节或道德的行为的,构成犯罪,处不超过3个月监禁或罚金(惩罚性罚金)。

次标题三
企图妨碍或破坏有关孩子家庭地位的证据罪

(绑架、隐匿婴儿:为1981年第49号法案第4条所修正)

第二百一十条 绑架、隐匿婴儿、扼制其出生,或偷换婴儿、假称婴儿为某一并未进行生育的妇女所生的,构成犯罪,处18个月至3年监禁。

标题八
针对人所实施的犯罪

次标题一
谋　杀

(谋杀:为1867年第5号条例第7条、1971年第21号法案第19条、1981年第49号法案第4条所修正)

第二百一十一条 **第一款** 故意谋杀者,处终身监禁。

("谋杀"的定义)

第二款 意图杀害他人或使其生命处于明显的危险中,从而恶意导致了其死亡的,为故意谋杀。

(在管辖权范围外所发生的源于管辖权范围内所实施的行为的死亡)

第三款 在马耳他司法管辖范围内实施了导致他人死亡的原因行为的,即使死亡发生在管辖范围之外,也应当认为整个谋杀是在上述管辖范围内实施的。

（犯罪人并不具有导致他人死亡的意图或犯罪人杀害了非预谋的犯罪对象）

第二百一十二条　即使犯罪人并未试图引起某一特定的人的死亡，或者由于错误或偶然而导致了非预谋中的他人死亡的，也适用上条的规定。

（劝说或帮助他人自杀：1900 年第 11 号条例第 31 条增加了本条后、1981 年第 49 号法案第 4 条对之进行了修正）

第二百一十三条　劝说他人自杀或为自杀者提供帮助的，在自杀成功的情况下，构成犯罪，处不超过 12 年监禁。

次标题二
针对人所实施的故意犯罪

（人身伤害：为 1900 年第 11 号条例第 32 条所修正）

第二百一十四条　并无杀人或使他人的生命处于明显危险中的意图，但造成了人身伤害或损害了健康、造成精神错乱的，应当认定为人身伤害。

（重伤害及轻微伤害）

第二百一十五条　人身伤害包括重伤与轻微伤。

（重伤害：为 1868 年第 5 号条例第 8 条、1871 年第 6 号条例第 14 条、1900 年第 11 号条例第 32 条、1981 年第 49 号法案第 4 条所修正）

第二百一十六条　第一款　被认为是重伤并应处 3 个月至 3 年监禁的人身伤害——

（a）将导致的危险——

（i）失去生命；或

（ii）健康或身体某器官机能的永久性衰竭；或

（iii）身体结构中某部分的永久性缺陷；或

（iv）永久性的精神衰弱；

（b）造成受害人的脸部、脖子、手的畸形或损毁的；

（c）由穿过身体某一洞穴部位的外伤所引起，但并没有产生第 218 条所规定的后果；

（d）导致持续 30 天或 30 天以上的身体或精神伤害；或者受害方在类似的期间内因失去劳动能力而不能工作；

（e）导致怀孕妇女早产的。

第二款　受害方在卧病期间并无实际的生命危险或第 1 款（a）所规定的危险且能够康复的，应当认为基于伤害本身的性质或结果而有导致危险的可能。

（以常规性武器造成的重伤害：为1857年第8号条例第2条、1871年第6号条例第14条、1900年第11号条例第32条、1981年第159号法案第4条、1983年第14号法案第3条所修正）（第446章）

第二百一十七条　因使用常规武器、切割工具或者尖状工具、爆炸性装备、燃烧性或腐蚀性溶液或物质而造成重伤害的，处5个月至4年监禁：

使用爆炸性液体或物质实施犯罪的，应处最少2年以上监禁且不适用缓刑法案。

（其他情况的重伤害：为1859年第9号条例第14条、1868年第5号条例第9条、1900年第11号条例第32条、1981年第49号法案第4条、1983年第14号法案第4条所修正）

第二百一十八条　第一款　应被判处9个月至9年监禁的重伤害——

（a）导致健康或身体某器官机能的永久性衰弱、身体结构中某部分的永久性缺陷或永久性精神衰弱的；

（b）造成受害人脸部、脖子或手的严重性、永久性畸形或损毁的；

（c）造成怀孕妇女流产的；

第二款　即使只具有造成永久性的健康或身体某器官机能的衰弱、身体结构中某部分的缺陷、精神衰弱、严重的变形或缺陷的可能，也应当认为具有永久性。

第三款　因使用爆炸性液体或物质的手段而导致人身伤害的，对第1款所规定的犯罪应适用第312条第2款所规定的刑罚。

（在意外事故的情况下，刑罚降低：为1868年第5号条例第10条、1900年第11号条例第32条所修正）

第二百一十九条　因意外原因而导致上述结果发生的，第216条和第217条所规定的刑罚应当降低一至两个刑罚幅度。

（重伤害致死：为1868年第5号条例第10条、1900年第11号条例第32条、1981年第49号法案第4条所修正）

第二百二十条　第一款　在不具有任何意外原因的情况下，实施了按照其性质或自然结果只能导致死亡发生的重伤害的——

（a）在从上述犯罪的午夜起算40天内发生死亡的，处6年至20年监禁；

（b）在从上述时间起算的40天后、但不超过1年的时间内发生死亡的，处4年至12年监禁。

第二款 因意外原因而导致死亡、且死亡并非为依伤害的性质或自然结果所能导致的唯一结果的,犯罪人的行为构成犯罪,处 3 年至 9 年监禁。

第三款 在马耳他司法管辖范围内实施人身伤害的,即使受害人在管辖范围之外死亡,也应当认为犯罪在本管辖范围内已经构成既遂。

(轻微伤:为 1857 年第 8 号条例第 3 条及第 5 条、1871 年第 6 号条例第 15 条、1886 年第 2 号条例第 8 条、1900 年第 11 号条例第 32 条、1903 年第 1 号条例第 7 条、1909 年第 8 号条例第 19 条、1911 年第 9 号条例第 12 条所修正)

第二百二十一条 第一款 人身伤害并未引起本次标题项下前述各条所规定的结果发生的,应当被认为是轻微伤害,处不超过 3 个月监禁,或并处罚金(惩罚性罚金)。

第二款 以第 217 条所规定的方式实施犯罪的,处 2 个月至 1 年监禁。

(造成较小后果的人身伤害)

第三款 给受害方的身体或声誉造成较小损害的,构成犯罪——

(a)以第 217 条所规定的方式实施犯罪的,或对第 222 条第 1 款(a)和(b)所规定的人实施犯罪的,处不超过 3 个月的监禁或罚金(惩罚性罚金);

(b)在其他情况下,处轻罪之刑罚。

(受害方提起诉讼)

第四款 在第 1 款及第 3 款所规定的情况下,除非是对第 222 条第 1 款(b)所规定的人实施犯罪,否则,在受害方未提起诉讼的情况下,其他人不得提起诉讼。

(加重情节:为 1857 年第 8 号条例第 4 条、1986 年第 32 号法案第 2 条、2002 年第 3 号法案第 37 条所修正)

第二百二十二条 第一款 第 216 条、第 217 条、第 218 条、第 220 条以及上条第 1 款及第 2 款所规定的刑罚应当提高一个刑罚幅度——

(a)伤害父母、其他法定的或自然的长辈、兄弟姐妹、丈夫或妻子以及生身父母的;

(b)因证人、鉴定人将要在诉讼中提供证据或出具意见而对其予以伤害的,或者对不满 9 周岁的儿童实施伤害的;

(c)对因为曾经作为国家公务员、依法负有公共职责者以及曾经作为或现在作为依法成立的法人的管理者或雇员而履行了其本身职责者进行伤害的。

(基于错误与意外时,不加重刑罚)

第二款 然而,缺乏具体的犯罪对象或意图对他人实施犯罪,但基于错误或意外,而对第1款(a)和(b)中所规定的人实施了伤害的,不应当提高其刑罚。

(在特定情节下,加重刑罚:1990年第24号条例第7条增设了本条后、2002年第3号法案第38条对之进行了修正)

第二百二十二条A 对60岁以上者或者由于身体或精神缺陷而缺乏自卫能力者进行伤害的,本次标题项下前述各条所规定的刑罚应提高一至二个刑罚幅度。

次标题三
正当化的杀人或伤害

(正当的杀人或人身伤害)

第二百二十三条 基于法律的规定或许可、法律部门的命令或许可,合法自卫或保卫他人的实际需要而实施的杀人或伤害,不是犯罪。

(正当防卫)

第二百二十四条 合法防卫的实际需要包括下列情况:

(a)在对夜间攀爬或闯入封闭地域、围墙、房屋或正在居住的套房的入口或与这些房屋或套房直接或间接联系的附属物者进行击退的过程中所导致的杀人或伤害;

(b)对以暴力实施盗窃、抢劫,或意图以暴力实施盗窃或抢劫者所进行的杀人或伤害;

(c)基于保护自己或他人贞操的实际需要而进行的杀人或伤害。

次标题四
非故意的杀人或伤害

(非故意杀人:为1859年第9号条例第15条、1871年第6号条例第16条、1900年第11号条例第33条、1971年第3号法案第4条、1980年第13号法案第5条、1983年第13号法案第5条、2002年第3号法案第39条所修正)

第二百二十五条 因为技术或专业方面的疏忽或缺乏技巧,或是由于对规章的不予遵守而导致他人死亡的,构成犯罪,处不超过4年的监禁或不超过5000里拉的罚金(惩罚性罚金)。

(非故意伤害:1871年第6号条例第17条、1900年第11号条例第33

条、1909 年第 8 号条例第 20 条、1971 年第 3 号法案第 5 条、1980 年第 13 号法案第 6 条、1983 年第 13 号法案第 5 条、2002 年第 3 号法案第 40 条所修正）

第二百二十六条　第一款　基于上条所规定的原因而造成他人伤害的,构成犯罪——

（a）属于重伤害并导致了第 218 条所规定的结果的,处不超过 1 年监禁或不超过 2000 里拉罚金（惩罚性罚金）;

（b）属于重伤害,但并未产生第 218 条所规定的结果的,处不超过 6 个月监禁或不超过 1000 里拉罚金（惩罚性罚金）;

（c）属于轻伤害的,处轻罪之刑罚。

第二款　在第 1 款（C）所规定的情况下,只能由受害方提起诉讼。

（在盗窃或盗窃未遂过程中发生的非故意杀人或非故意伤害：为 1990 年第 29 号条例第 8 条所修正）

第二百二十六条 A　盗窃犯在实行盗窃或盗窃未遂的过程中,或在盗窃或未遂刚刚发生后、逃离现场的过程中,造成了本次标题前述所规定的死亡或伤害的,除第 17 条的规定外,在不影响因盗窃或盗窃未遂而引起的责任的情况下——

（a）造成死亡的,处 4 年至 9 年监禁;

（b）造成伤害的,处第 226 条所规定的刑罚,并提高一至二个刑罚幅度。

次标题五
适用于本标题上述各次标题所规定的犯罪的宽宥事由

（可予宽宥的杀人：为 1868 年第 5 号条例第 12 条、1909 年第 8 号条例第 21 条、1981 年第 159 号法案第 4 条、2002 年第 3 号法案第 41 条所修正）

第二百二十七条　故意杀人的宽宥事由——

（a）由重伤害或对其所实施的应判处 1 年以上监禁的犯罪所导致的;

（b）在对白天攀爬或闯入封闭地域、围墙、房屋或正在居住的套房的入口或与这些房屋或套房直接或间接联系的附属物者进行击退的过程中而导致的杀人或伤害;

（c）因冲动或精神激动而导致在实施犯罪时不能进行思考的:

犯罪人应当被认为是因激情而实施的杀人,而并非故意实施杀人或造成他人伤害,根据通常人的性格,在上述情况下不可能对犯罪结果作出正确的考虑；

（d）在第 223 条所规定的情况下所实施的犯罪超过了法律、法律部门所规定的限制性条件及需要性限制的：

犯罪人由于受惊、害怕或受到恐吓而实施犯罪的，即使超过上述限制，也不应当受到处罚。

（对可予宽宥的杀人的处罚：为 1868 年第 5 号条例第 13 条、1909 年第 8 号条例第 22 条、1981 年第 159 号法案第 4 条、2002 年第 3 号法案第 42 条所修正）

第二百二十八条　第一款　故意杀人具有上条（a）和（b）所规定的宽宥事由时，构成犯罪，处不超过 2 年监禁。

第二款　故意杀人具有上条（c）所规定的宽宥事由时，构成犯罪，处 5 年至 20 年监禁。

第三款　故意杀人具有上条（d）所规定的宽宥事由时，构成犯罪，处不超过 12 年监禁。

（不予采纳的事由）

第二百二十九条　对第 227 条（c）所规定的宽宥事由不应当予以采纳——

（a）因对被指控者的合法矫正而引起犯罪冲动的；

（b）因国家官员依法履行职责而引起犯罪冲动的；

（c）进行挑拨并将之作为杀人或伤害的前提，或者在挑拨发生前致力于杀死或伤害他人的。

（可予宽宥的人身伤害：为 1868 年第 5 号条例第 14 条、1909 年第 8 号条例第 23 条所修正）

第二百三十条　应当予以宽宥的——

（a）在第 227 条（a）和（b）规定的可予宽宥的故意杀人的情况下实施的故意伤害犯罪；

（b）在第 227 条（c）规定的可予宽宥的故意杀人的情况下实施的故意伤害犯罪；

（c）由对犯罪人所实施犯罪而引起的故意伤害犯罪；

（d）在第 227 条（d）规定的可予宽宥的故意杀人的情况下实施的故意伤害犯罪。

（对第 230 条（a）段中可予宽宥的人身伤害的处罚：为 1868 年第 5 号条例第 14 条、1900 年第 11 号条例第 34 条、1980 年第 13 号法案第 7 条所修

正)

第二百三十一条　第一款　在上条(a)段所规定的情况下,构成犯罪——

(a)引起死亡的——

(i)在不具有意外原因介入的情况下,作为伤害的性质或自然结果而所能导致的唯一结果的,处不超过1年监禁;

(ii)在并非根据伤害的性质或自然结果所能导致的唯一结果的情况下,因意外原因的介入而导致的,处不超过6个月监禁;

(b)如果属于重伤害并导致了第218条所规定的结果产生的,处不超过6个月监禁;

(c)如果属于重伤害但并没有产生第218条所规定的结果的,处不超过3个月监禁;

(d)由于意外原因的介入而使得伤害变成了重伤害的——

(i)在(b)段所规定的情况下,处不超过3个月监禁;

(ii)在(c)段所规定的情况下,处轻罪之刑罚。

第二款　在第1款所规定的情况下,如果属轻伤害,不予提起诉讼。

(在第230条(b)与(c)中:为1857年第8号条例第6条及第7条、1868年第5号条例第15条、1900年第11号条例第34条、1903年第1号条例第8条、1983年第13号法案第5条、1990年第29号法案第9条所修正)

第二百三十二条　在第230条(b)和(c)所规定的情况下,构成犯罪——

(a)属于重伤害的,处不超过犯罪未予宽宥时所规定刑罚的2/3;

(b)属于轻伤害的、且以第217条所规定的方式、或对第222条(a)和(b)、第222条A所规定的人实施犯罪的,处不超过3个月监禁;

(c)如果是轻伤害,且不具有上段所规定的加重情节的,处不超过1个月监禁或罚金(惩罚性罚金),或处轻罪之刑罚:

对未予宽宥的犯罪所规定的刑罚为轻罪之刑罚的,拘留的时间不应超过20天,罚金(补偿性罚金)数额不应超过3里拉。

(在第230条(d)中:1909年第8号条例第24条增设了本条规定)

第二百三十三条　第一款　在第230条(d)所规定的情况下,构成犯罪——

(a)在重伤害的情况下,处不超过犯罪未予宽宥时所规定刑罚的2/3;

(b)如果是轻伤害,且以第217条所规定的方式实施的,处不超过2个月监禁。

第二款 在第1款所规定的情况下,如果属于轻伤害且未以第217条所规定的方式实施的,不应判处刑罚。

(在杀死或伤害非预谋的受害人的情况下,可予采纳的宽宥:为1900年第11号条例第34条所修正)

第二百三十四条 在由于错误或意外而杀害或伤害意图杀害或伤害的人以外的其他人的情况下,如果犯罪旨在损害原行为对象的利益,可降低其刑罚。

(可予以抗辩的挑拨:为1868年第5号条例第14条所修正)

第二百三十五条 除非挑拨在作为抗辩事由的可宽宥行为实施时发生,否则,第227条及第230条中所规定的挑拨对犯罪人而言是不利的。

(丈夫对与他人通奸的妻子及妻子的情夫实施的杀人或伤害)

第二百三十六条 为1990年第29号法案第10条所废除。

(斗殴中的杀人或伤害:为1857年第8号条例第8条、1871年第6号条例第18条、1885年第3号条例第2条、1900年第11号条例第35条、1981年第49号法案第4条所修正)

第二百三十七条 在不知道发起人的斗殴中发生杀人或伤害的,死者或伤者的相对方中发挥积极作用的每个人都构成犯罪——

(a)在造成死亡的情况下,处不超过3年监禁;

(b)在因重伤害而造成第218条所规定的结果的情况下,处不超过1年监禁;

(c)在重伤害但未造成第218条所规定的结果的情况下,处不超过3个月监禁;

(d)在轻伤害的情况下,处轻罪之刑罚:

在杀人的情况下,对被杀者实施了伤害从而导致了死亡结果的,构成犯罪,处5年至12年监禁。

(为实施杀人或伤害而故意引起骚乱或斗殴:为1900年第11号条例第35条所修正)

第二百三十八条 引起骚乱或斗殴从而实施杀人或伤害的,构成犯罪——

(a)造成他人死亡的,处故意杀人的刑罚;

(b)造成他人伤害的,处故意伤害的刑罚,并提高一个刑罚幅度。

次标题六
隐瞒杀人或伤害行为,或隐藏尸体

(隐匿尸体)
第二百三十九条　故意隐匿因犯罪而导致的死亡者的尸体的,构成犯罪,处 4 个月至 6 个月监禁。

(隐瞒孩子的出生:为 1994 年第 4 号法案第 8 条所修正)
第二百四十条　在婴儿出生后立即秘密将其掩埋或以其他方式处理掉孩子尸体,以隐瞒其出生的,构成犯罪,处 4 个月至 1 年监禁。

(为 2002 年第 3 号法案第 43 条所代替)

次标题七
堕胎、给予或提供毒害或损害健康的物品、传播疾病

(导致流产:为 1981 年第 49 号法案第 4 条所修正)
第二百四十一条　第一款　无论怀孕妇女是否愿意,以食物、饮料、药物、暴力或者其他方式使其流产的,构成犯罪,处 18 个月至 3 年监禁。

第二款　对自行流产或同意使用造成流产的方法而使自己流产的,处相同的刑罚。

(因流产所使用的方法而导致死亡或伤害:为 2002 年第 3 号法案第 44 条所修正)
第二百四十二条　所使用的方法导致妇女死亡或重伤害的,无论流产是否实现,都构成犯罪,处故意杀人或故意伤害的刑罚,并降低一至三个刑罚幅度。

(内科医生等指示或采用导致流产的方法:为 1981 年第 49 号法案第 4 条所修正)
第二百四十三条　内科医生、外科医生、产科医生、药剂师故意开具或提供造成流产的药物或方式而导致流产的,构成犯罪,处 18 个月至 4 年监禁,并处永久性执业禁止。

(应受到处罚的流产:为 2002 年第 3 号法案第 45 条所修正)
第二百四十三条 A　由于在技能或专业中的疏忽、缺乏技巧或不遵守规定,导致怀孕妇女流产的,构成犯罪,处不超过 6 个月监禁或不超过 1000 里拉罚金(惩罚性罚金)。

(采用或使他人服用有害于健康的药物:为 1981 年第 49 号法案第 4 条

所修正)

第二百四十四条 以任何方式恶意给予他人有害健康的有毒性、有害性物质,或使得他人取走上述药物的,在犯罪本身并不构成既遂或未遂的杀人犯罪或重伤害犯罪的情况下,构成应处13个月至2年监禁的犯罪。

(疾病的传播与传染:2002年第3号法案第46条增设了本条规定)

第二百四十四条A 第一款 明知自己正在遭受第3款所规定的疾病,而以任何方式故意将疾病或状况传播、传染给其他未被感染者的,构成犯罪,处4年至9年监禁:

其他人因上述疾病而死亡的,对犯罪人判处第211条第1款所规定的刑罚。

第二款 知道或应当知道自己患有疾病,因疏忽或未遵守规定而将第1款中的疾病传播或传染给他人的,构成犯罪,处不超过6个月监禁或不超过1000里拉罚金(惩罚性罚金):

他人因上述疾病而死亡的,对犯罪人判处第225条所规定的刑罚。

第三款 司法部长应当在公报中列明本条所适用的疾病。

(1974年第6号法案第8条予以修正后、被2002年第3号法案第47条所代替)

次标题八
杀婴、弃婴及遗弃儿童

(杀婴:1947年第6号法案第9条增设了本条规定)

第二百四十五条 妇女以故意的作为或不作为而致其不满12个月的孩子死亡的,即使具有在作为或不作为时因尚未完全从生产或哺乳的后遗症中恢复而心智失衡这一情节,也应当认定为故意杀人,构成杀婴罪,处不超过12年监禁。

(遗弃未满七岁的儿童:为1981年第49号法案第4条所修正)

第二百四十六条 遗弃未满7周岁的儿童的,处7个月至1年监禁。

(儿童死亡或遭受持续的伤害:为1859年第9号法案第16条、1868年第5号法案第16条、1947年第6号条例第10条、2002年第3号法案第48条所修正)

第二百四十七条 第一款 除第245条的规定外,遗弃儿童而至其死亡或受到人身伤害的,在第一种情况下,犯罪人应被认为构成杀人罪,在第二种情况下,犯罪人应被认为构成伤害罪,并处相应的刑罚;但应降低一个刑罚幅度。

（被遗弃的儿童不具有生命或身体危险）

第二款 本条中所规定的被遗弃儿童不具有明显的生命或身体的危险的，对犯罪人的处罚应降低两个刑罚幅度：

上条所规定的刑罚重于第1款及第2款所规定的刑罚的，处上条所规定的刑罚，并提高一个刑罚幅度。

（虐待未满十二周岁的儿童或对之置之不理：2002年第3号法案第49条增设了本条规定）

第二百四十七条A　第一款 以持续的作为或不作为虐待其本身负有照顾义务的12周岁以下的儿童的，或使得他人以类似的方法虐待该儿童，或许可他人进行虐待的，如果事实本身没有构成本法典其他条款所规定的更为严重的犯罪，处不超过2年监禁。

第二款 在第1款中，虐待包括无视儿童对足够的营养、衣物、庇护场所及免受伤害的保护的需要，严重持续侵犯儿童的尊严、自尊，或持续地要求儿童完成与其年龄不相符的任务或从事重体力劳动。

第三款 在长辈或监护人实施犯罪的情况下，第197条第4款的规定同样适用于本条所规定的犯罪。

（未照顾被遗弃的儿童或未予以报告）

第二百四十八条 未向发现的新出生婴儿立即提供安全保障，或者虽然提供了相应的照顾，但未在24小时内将婴儿交给相关部门或向相关部门提供有关信息的，构成犯罪，在第一种情况下，处4个月至6个月监禁，在第二种情况下，处1个月至3个月监禁：

无论在哪种情况下，法院均可行使自由裁量权，对犯罪人判处罚金（惩罚性罚金）或罚金（补偿性罚金），以代替监禁。

（2002年第3号法案第50条增设了本标题规定）

次标题八　之二
贩　卖　人　口

（为生产货物或提供服务而贩卖成年人：2002年第3号法案第50条增设了本条规定）

第二百四十八条A　第一款 以第2款所规定的方式贩卖成年人，以利用其进行货物生产或提供服务的，构成犯罪，处2年至9年监禁。

在本款中，利用包括要求他人在违反了关于劳动条件、劳动报酬、健康及劳动安全的标准的条件下及环境中,进行货物生产或服务提供。

第二款 第1款所规定的方式包括:
（a）暴力、威胁及诱拐;
（b）欺骗或欺诈;
（c）滥用职权、影响及权力;
（d）提供或收受报酬或好处,以取得控制他人者的同意。

（贩卖成年人以使其卖淫等:2002年第3号法案第50条增设了本条规定）

第二百四十八条 B　以第248条A第2款所规定的方式贩卖成年人,以利用其卖淫、进行色情表演、或制作色情资料的,构成犯罪,处第248条A第1款规定的刑罚。

（贩卖成年人以移植其器官:2002年第3号法案第50条增设了本条规定）

第二百四十八条 C　以第248条A第2款所规定的方式贩卖成年人,以移植其器官的,构成犯罪,处4年至12年监禁。

（为第248条A至第248条B之目的而贩卖未成年人:2002年第3号法案第50条增设了本条规定）

第二百四十八条 D　为第248条A至第248条C所规定的目的而贩卖未成年人的,根据情况,即使未利用第248条A第2款所规定的方式,也构成犯罪,处上述各条所规定的刑罚:

在实施本条所规定的犯罪的过程中,使用了第248条A第2款规定的方式的,对其处罚应提高一个刑罚幅度。

（适用于本次标题的一般性规定:2002年第3号法案第50条增设了本条规定）

第二百四十八条 E　第一款　在本次标题项下,"贩卖人口"及"贩卖未成年人"是指招募、运送、转移一个成年人或未成年人,根据具体情况,包括窝藏、随后的接收及控制成年人与未成年人的交换,也包括为上述各条所规定的目的而为进入、经过、居留及离开某国边境而提供便利。

第二款　第248条A至第248条D所规定的犯罪包括——
（a）伴随有重伤害的;或
（b）产生了5000里拉收益的;或
（c）有第83条A第1款所规定意义上的犯罪组织参与实施的,
对其处罚应提高一个刑罚幅度。

第三款 第121条D的规定同样适用于本次标题项下的犯罪,因而实际上本次标题中对法人的处罚应当为缴付5000里拉以上800,000里拉以下的罚金(惩罚性罚金)。

第四款 本次标题项下的犯罪人——

(a)犯罪的实施者为法人的雇员或其他服务人员的,而且

(b)实施犯罪全部或部分地是为了法人的利益的,而且

(c)犯罪得以实施是因为缺少第121条D所规定的监督者或控制者的监督或控制的,前述犯罪人应当是被合法授予应缴付2000里拉以上500,000里拉以下罚金(惩罚性罚金)的法人的合法代表。

第五款 在不影响第5条的规定的情况下,马耳他法院应对本次标题所规定的犯罪在下列情况下适用第5条的规定:

(a)犯罪的部分行为发生在马耳他的;或

(b)犯罪人为马耳他侨民或永久性居民的。

(为1909年第8号条例第25条所修正)

次标题九
威胁及私用暴力

(以书面形式进行威胁:为1859年第9号条例第17条、1983年第14号法案第5条、2002年第3号法案第51条所修正)

第二百四十九条 第一款 以匿名的、签署了真名或虚构的名义的书面形式威胁实施犯罪的,构成犯罪,处1个月至6个月监禁:

以使用核材料并进而造成人员死亡或严重伤害、导致大量财产受到损失相威胁的,或者为强迫自然人、法人、国际组织或国家为或不为某一行为而以盗窃核材料相威胁的,对其处罚应提高三个刑罚幅度;"核材料"与第314条B第4款所规定的含义相同。

第二款 以命令或所强加的条件相威胁的,即使该威胁是口头的,也构成犯罪,处第1款所规定的刑罚或罚金(惩罚性罚金)。

第三款 犯罪人应当提供保证人为其作保、或交付第383条、第384条及第385条所规定的保证金。

(勒索:为1859年第9号条例第18条、1909年第8号法案第26条、1981年第49号法案第4条、2002年第3号法案第52条所修正)

第二百五十条 第一款 意图勒索钱财或其他物品,取得某种收益,引诱他人设立、毁坏、变造或变更遗嘱、书面债权、产权证书或证券,为或不为

一定的行为以及威胁他人去控告或诽谤他人的,构成犯罪,处5个月至18个月监禁。

第二款　通过上述威胁而达到犯罪目的的,处7个月至3年监禁。

（私用暴力）

第二百五十一条　第一款　以暴力强迫他人为或不为某种行为,或忍受某种行为的,构成犯罪,处上条第1款所规定的刑罚。

第二款　犯罪人达到犯罪目的的,处上条第2款所规定的刑罚。

次标题十
诽谤、揭露隐私

（诽谤:为1900年第11号条例第36条、1916年第4号条例第2条所修正）

第二百五十二条　第一款　以语言、姿势、书件、图画或其他方式破坏或损毁他人名誉的,构成犯罪,处不超过3个月监禁或罚金（惩罚性罚金）。

第二款　以模糊的表达或非确定的指责以及具有猥亵意义的语言或行为进行诽谤的,处轻罪之刑罚。

第三款　以书件、模拟像、图画、透露或展示给公众等方式进行诽谤的,处不超过1年的监禁。

第四款　因诽谤长辈而应当被判处监禁刑的,应并处罚金（惩罚性罚金）。

（不得采纳的关于真相的证据:为1900年第11号条例第36条、1916年第4号条例第3条所修正）

第二百五十三条　第一款　被指控实施了上条所规定的犯罪的被告方不得在辩护中出示与受害方有关的事实真相及其恶劣行径的证据。

（例外）

第二款　被允许出示的有关真相的证据——

（a）受害方是国家官员或国家工作人员、且受诽谤的事实与其职务的履行有关,被告方在诉讼的初始阶段即承担了诽谤的责任且声称希望能证实其所提出的有关受害方的事实的:

本规定不适用于第93条及第95条所规定的犯罪。

（b）原告方正式提出应在诉讼过程中对与其有关的诽谤事实的真相或谬误进行调查的。

第三款　如果事实的真相得以证实,法院认为关于真相的证实涉及公众利益,且在对时间、地点及人员等因素予以考虑后,认为所运用的方式本身并不构成诽谤或其他独立于原告方所指控的有关事实真相所证实的犯罪的,被告方免于处罚。

第四款 被告方被允许对原告方所指控的事实真相进行证实、但却未能予以证实的,诽谤成立,法院可根据案件情节对其处罚提高一至二个刑罚幅度。

(减轻情节及法院的自由裁量权:为1900年第11号条例第36条所修正)

第二百五十四条 有减轻情节的,法院可根据案件情节判处较轻的刑罚或适用第378条的规定。

(除受害方外,他人不得提起诉讼。在起诉之前受害方死亡或有关死亡名誉的犯罪:为1900年第11号条例第36条所修正)

第二百五十五条 除受害方外,任何人不得提起关于诽谤的诉讼:

受害人在提起诉讼之前已经死亡或者是在针对死者的声誉而实施了犯罪的情况下,其丈夫或妻子、长辈、晚辈、兄弟姐妹及直系继承人可依法提起诉讼。

(诽谤罪:为1889年第14号条例第44条、1900年第11号条例第36条、1976年第22号法案第4条所修正)(第238章)

第二百五十六条 第一款 以印刷品的方式实施诽谤的,适用印刷法案的相关规定。

第二款 根据上述法案,诉讼只能由受害方提起,并同时适用上条所规定的限制性条件。

(泄露职业秘密:为1994年第24号法案第15条所代替后、1998年第2号法案第7条对之进行了修正)

第二百五十七条 由于职业、专业或职务而成为他人吐露秘密的对象者,除依法向有关部门提供信息外,泄露秘密的,构成犯罪,处不超过20,000里拉的罚金(惩罚性罚金)或不超过2年监禁,或两者并罚:

除其他法律另有规定外,对在马耳他境内实施的、构成下列犯罪的作为或不作为进行调查的马耳他境内或境外的有关部门泄露秘密的,或在马耳他境外实施的、在具有相应情节的情况下构成下列犯罪的——

(第101章)

(a)危险药物条例第22条第2款(a)(i)所规定的犯罪;或

(第 31 章)

(b) 医学及血缘专业条例第 120 条第 2 款(a)(i)所规定的犯罪;或

(第 373 章)

(c) 反洗钱法案所规定的洗钱犯罪:

本条第一个限制性规定不适用于法律或医学专业的人员。

(为 1901 年第 16 号条例第 1 条、1903 年第 1 号条例第 11 条所修正)

标题九
针对财产及公共安全所实施的犯罪

次标题一
盗　窃

§ 有加重情节的盗窃

(盗窃,加重情节)

*第二百六十一条　盗窃罪的加重情节——

(a)"暴力";

(b)"手段";

(c)"数量";

(d)"人员";

(e)"地点";

(f)"时间";

(g)"盗窃物的性质"。

(因"暴力"而加重的盗窃)

第二百六十二条　第一款　因"暴力"而加重的盗窃——

(a) 伴随有杀害、伤害或拘禁的,或以书面或口头形式威胁要实施杀害、伤害的,或对财产造成损失的;

(b) 盗窃者显示自己带有武器的,或虽未携带武器、但显示其人数在两个或两个以上的;

(c) 在乡下巡逻并配有武器者或第 63 条所规定的集结者以书面或口头方式直接或间接地要求他人将其财产交给自己的,尽管在要求时并未进

---

*　原法条中第 258 条至第 260 条缺失,译文严格遵循了原法条的序号安排——译者。

行威胁。

第二款　某一暴力行为必须充足地具备了有利于犯罪的完成、避免犯罪人受到惩罚或被逮捕、阻止受害人或其他人大声喊叫、阻止被盗财产的返还或对盗窃中他人所设置或试图设置的障碍进行报复、因被盗物品或盗窃者被发现而进行的报复的目的,且先于犯罪、在犯罪时或犯罪结束后立即实施等条件时,才能成为盗窃罪的加重情节。

(因"手段"而加重的盗窃)

第二百六十三条　因"手段"而加重的盗窃——

(a) 以从内部或外部进行破坏、使用伪造的钥匙或通过攀爬的方式实施犯罪的;

(b) 盗窃者使用了涂抹物、面罩、其他脸部的遮盖物、外衣或外貌的伪装物,或为了实施犯罪而使用民事官员或军事官员的称号或服装、虚设命令并宣称该命令是国家机构所发布的,即使这些手段最终并未促进犯罪的完成或有利于罪犯的隐藏。

("破坏"的定义:为1859年第9号条例第19条、1921年第16号条例第3条及第4条、1986年第32号法案第3条所修正)

第二百六十四条　第一款　"破坏"包括推翻、损坏、摧毁、焚烧、扳折、扭曲或撞开非橡胶的用以围住田地、屋顶、门闩、挂锁、门以及类似的用以阻止他人进入住宅或其他地方以及封闭地域的装置、锁藏、保存小物品或其他物件的盒子、衣柜、壁橱或其他容器的墙壁,即使在犯罪现场并未造成上述破坏。

除第326条的规定外,任何对公共水气设施、电力设备所用的电线或光缆、计量表、计量表的印签进行破坏、扭曲、扳折或撞裂,并意图用这些管道、电线、光缆或第2款所规定的人为的办法进行非法通讯时,也应当被认为是"破坏"。

(推定的破坏管道等的证据)

第二款　破坏公共水气设施、电力设备所用的电线或光缆、计量表、计量表的印签的,或运用人为的方法非法使用或消费水、气、电能,或阻止、改变计量表上对所使用或消费数量的计量登记的,在有相反的证据之前,应当根据实际情况,作为占用或控制公寓者被发现破坏或使用人为的方法使用或消费水、气、电能的证据。

("假钥匙"的定义)

第二百六十五条　吊钩、用于拨锁的尖状物、万能钥匙或其他仿制的、伪造的、被变造的或以窃取、诈骗或其他伎俩获得的真实的钥匙以及其他用于打开或移动内在或外在的栓扣等物的物品,应当被认定为是假钥匙。

("攀爬"的定义)

第二百六十六条 第一款 以通常通过门而进入的方法以外的其他方法,如通过梯子、绳子或类似的其他方法,或者通过他人的人身帮助、通过爬行而上升或下降或通过非作为进口的地下孔穴而进入第 264 条所规定的地方的,均应当被认定为"攀爬"。

第二款 为惩罚之目的,即使犯罪人以通常的方法进入上述任何地方,又以上述的任何方法出来的,也应当认定为"攀爬"。

(因"数量"而加重的盗窃:为 1900 年第 11 号条例第 37 条、1971 年第 3 号法案第 6 条、1980 年第 13 号法案第 8 条、1983 年第 13 号法案第 5 条所修正)

第二百六十七条 盗窃物的价值超过 100 里拉时,盗窃罪因"数量"而加重。

(因"人"而加重的盗窃)

第二百六十八条 因"人"而加重的盗窃——

(a)佣人在实施损害雇主或第三者利益的盗窃中,通过其真实身份或虚构的身份为盗窃的实施提供了便利的;

("佣人"的定义)

"佣人"包括无论是否与雇主同住、而以薪金或其他报酬被雇佣而为他人服务的人;

(b)客人或其家庭成员在招待者家中进行盗窃的或在类似的情形下,由主人或其家庭成员对客人或其家庭成员实施盗窃的;

(c)旅馆管理员、酒店管理员、车辆司机、船员或其代理人在其进行交易或开展业务或提供服务的旅馆、酒店、车辆、船只上实施犯罪的;暂住于上述地方或将其财物保管于上述地方的个人实施犯罪的;

(d)在家里、商店、车间、街区、轮船或其他地方工作的学徒、一般工作人员、临时工、教授、艺术家、士兵、海员或其他雇员利用其交易、职业或工作关系所提供的便利条件实施犯罪的。

(因"地点"而加重的盗窃)

第二百六十九条 因"地点"而加重的盗窃——

(a)在祭祀所用的指定的公共地点实施的;

(b)在法院或开庭过程中实施的;

(c) 在居住区以外的乡间公共道路上实施的;

(d) 在政府的军火库或仓库、其他用于储存货物或抵押品的为方便公众而指定的地点实施的;

(e) 在停泊的轮船或船只上实施的;

(f) 在监狱、其他的羁押或刑罚执行场所实施的;

(g) 在住宅或其附属设施中实施的。

(因"时间"而加重的盗窃)

第二百七十条 盗窃在晚上实施的,即在日落与日出间实施的,因"时间"而加重。

(因"盗窃物的性质"而加重的盗窃:为 1983 年第 13 号法案第 5 条、1986 年第 32 号法案第 4 条、2002 年第 3 号法案第 53 条所修正)

第二百七十一条 因"盗窃物的性质"而加重的盗窃——

(a) 盗窃出于安全考虑而被抛弃或移走的,因火灾、建筑物倒塌、船只失事、水灾、敌人侵犯或其他严重灾害而造成的因具有急迫的人身危险性而被抛弃的、裸露于外的东西的;

(b) 盗窃蜂窝的;

(c) 在草场、农场或马厩盗窃价值不少于 1 里拉的大牛或小牛的;

(d) 盗窃绳索或其他对于航海或轮船、船只的安全而言至关重要的东西的;

(e) 盗窃撒在海里用以捕鱼的渔网或其他器具的;

(f) 盗窃 9 周岁以下的儿童身上的装饰物或衣服的;

(g) 盗窃公共场所的车辆、车辆附件或内部装置,或在接近公共场所的地方盗窃上述物品的;

(h) 盗窃第 314 条 B 第 4 款所限定的核材料的。

(对伴有故意杀害的盗窃罪的处罚:为 1971 年第 21 号法案第 20 条、1981 年第 49 号第 4 条所修正)

第二百七十二条 为实施盗窃而故意杀害他人的,处终身监禁。

(对伴有杀害未遂的盗窃罪的处罚:为 1986 年第 4 号条例第 13 条、1871 年第 6 号条例第 19 条、1900 年第 11 号条例第 38 条、1981 年第 49 号法案第 4 条所修正)

第二百七十三条 为实施盗窃而故意杀人未遂的,处 6 年至 20 年监禁。

(对伴有人身伤害的盗窃罪的处罚:为 1900 年第 11 号条例第 38 条、

1981 年第 49 号法案第 4 条所修正）

第二百七十四条　为实施盗窃而造成人身伤害的——

（a）属于重伤害的,且造成了第 218 条所规定的后果的,处 4 年至 12 年监禁；

（b）属于重伤害的,但未造成第 218 条所规定的后果的,处 3 年至 9 年监禁；

（c）属于轻伤害的,处 2 年至 5 年监禁；

（d）伤害轻微、造成的后果较小、且未以第 217 条所规定的任何方式实施的,处 18 个月至 3 年监禁。

（对伴有非法拘禁的盗窃罪的处罚：为 1868 年第 5 号条例第 17 条、1981 年第 49 号法案第 4 条所修正）

第二百七十五条　为实施盗窃而监禁他人的,处 1 年至 4 年监禁。

（对伴有非故意杀人、杀人未遂、人身伤害及非法拘禁的、因"暴力"而加重的盗窃罪的处罚：为 1868 年第 5 号条例第 17 条、1981 年第 49 号法案第 4 条所修正）

第二百七十六条　盗窃中使用了"暴力",但不具有第 272 条、第 273 条、第 274 条及第 275 条所规定的情节的,处 9 个月至 3 年监禁。

（针对特定人使用"暴力"时的处罚：1990 年第 29 号法案第 12 条增设了本条规定、2002 年第 3 号法案第 54 条对之进行了修正）

第二百七十六条 A　对 12 周岁以下 60 周岁以上者、因患有一定程度的身体或精神疾病而不能作有效抵抗者实施上述"暴力"的,第 273 条、第 274 条及第 275 条所规定的刑罚应提高一至二个刑罚幅度。

（对伴有其他加重情节的、因"暴力"而加重的盗窃罪的处罚）

第二百七十七条　第 274 条、第 275 条及第 276 条所规定的因"暴力"而加重的盗窃伴随有第 261 条所列举的其他加重情节时——

（a）盗窃具有除"手段"以外的上述其他一个或多个加重情节时,处第 274 条、第 275 条、第 276 条及第 276 条 A 所规定的刑罚,且不得判处最低刑；

（b）盗窃具有"手段"这一加重情节时,无论是否具有其他加重情节,处第 274 条、第 275 条、第 276 条及第 276 条 A 所规定的刑罚,并提高一至二个刑罚幅度。

（对仅仅因"手段"而加重、或因"手段"及其他加重情节而加重的盗窃罪的处罚：为 1871 年第 6 号条例第 20 条、1900 年第 11 号条例第 39 条、

1903 年第 1 号条例第 12 条、1913 年第 12 号条例第 6 条、1971 年第 3 号法案第 7 条、1980 年第 13 号法案第 9 条、1981 年第 49 号法案第 4 条、1983 年第 13 号法案第 5 条所修正)

第二百七十八条　第一款　只具有"手段"这一加重情节的,处 5 个月至 3 年监禁。

第二款　除具有"手段"这一加重情节外,还具有除"暴力"以外的其他任何一个加重情节的,不得判处上述刑罚的最低刑。

第三款　除具有"手段"这一加重情节外,还具有除"暴力"以外的其他加重情节中的两个或两个以上情节的,上述刑罚应当增加一个刑罚幅度且不得适用其最低刑。

(法院的权力)

第四款　盗窃物的价值未超过 10 里拉的,法院可在不影响第 371 条第 2 款(c)的适用的情况下,对每一案件判处 5 个月至 9 个月监禁。

(对因"数量"而加重的盗窃罪的处罚:为 1900 年第 11 号条例第 39 条、1913 年第 12 号条例第 7 条、1971 年第 3 号法案第 8 条、1980 年第 13 号法案第 10 条、1981 年第 49 号法案第 4 条、1983 年第 13 号法案第 5 条所修正)

第二百七十九条　只因"数量"而加重的盗窃——

(a) 盗窃物价值不超过 1000 里拉的,处 5 个月至 3 年监禁;

(b) 盗窃物价值超过 1000 里拉的,处 13 个月至 7 年监禁。

(对具有其他加重情节的因"数量"而加重的盗窃罪的处罚:为 1900 年第 11 号条例第 39 条、1913 年第 12 号条例第 8 条、1990 年第 29 号法案第 14 条所修正)

第二百八十条　第一款　盗窃因"数量"而加重外,还具有除"暴力"和"手段"以外的其他一个或多个加重情节的,根据具体情况,处上条所规定的刑罚,并不得判处最低刑。

第二款　盗窃除具有"数量"这一加重情节外,还具有"暴力"、"手段"或"暴力"与"手段"的,处对具有这些加重情节的盗窃罪所规定的刑罚:

如果这些刑罚低于上条所规定的刑罚,适用对后者增加了一个刑罚幅度后的刑罚。

第三款　对于上款的规定而言,如果"暴力"是针对第 276 条 A 所规定的人员实施的,处该条所规定的刑罚予以提高后的刑罚。

(对因"人"、"地点"、"时间"、"盗窃物的性质"而加重的盗窃罪的处罚:为 1981 年第 49 号法案第 4 条所修正)

第二百八十一条　只具有"人员"、"地点"、"时间"或"盗窃物性质"等加重情节时——

（a）只具有上述四个加重情节之一的,处 7 个月至 2 年监禁；

（b）具有其中的两个加重情节的,处相同的刑罚,但不得判处最低刑；

（c）具有其中的两个以上的加重情节的,处相同的刑罚,并增加不超过 3 年的刑期。

（对因盗窃物价值超过 10 马磅而被加重的盗窃罪的处罚：为 1856 年第 4 号条例第 14 条、1868 年第 5 号条例第 18 条、1871 年第 6 号条例第 21 条、1900 年第 11 号条例第 40 条、1903 年第 1 号条例第 14 条、1971 年第 3 号法案第 9 条、1981 年第 49 号法案第 4 条、1983 年第 13 号法案第 5 条所修正）

第二百八十二条　在盗窃具有除"暴力"和"手段"以外的第 261 条所规定的一个或多个加重情节的情况下,如果盗窃物的价值不超过 10 里拉,处不超过 3 个月的监禁。

（盗窃水、气、电：1921 年第 16 号条例第 5 条增设了本条规定后、1983 年第 13 号法案第 5 条对之进行了修正。犯罪既遂。水等的价值不超过 10 马磅时的处罚）

第二百八十三条　在第 264 条第 1 款第二段所规定的情况下,当通讯已经发生作用时,因"手段"而加重的盗窃应当被认为已经既遂,被盗的水、气、电的价值不超过 10 里拉的,对犯罪人判处第 278 条第 4 款所规定的刑罚。

§　一般盗窃

（一般盗窃）

第二百八十四条　一般盗窃是指不具有第 261 条所规定的加重情节的盗窃。

（处罚：为 1971 年第 3 号法案第 10 条、1981 年第 49 号法案第 4 条、1983 年第 13 号法案第 5 条所修正）

第二百八十五条　一般盗窃的,处 1 个月至 6 个月监禁：盗窃物的价值不超过 10 里拉的,处不超过 3 个月的监禁。

（犯罪人持有盗窃物品、接收所盗窃物品：为 1900 年第 11 号条例第 41 条、1903 年第 1 号条例第 15 条所修正）

第二百八十六条　根据盗窃物的价值而对一般盗窃所规定的刑罚,也应当适用于在马耳他境内实施盗窃或接受盗窃物品、并被发现持有其并不具有合法占有权的盗窃物品者。

（盗窃者等人非法持有钱款、物品等：为1900年第11号条例第41条所修正）

第二百八十七条　在马耳他犯盗窃罪或接受盗窃物品者，被发现持有与其本身条件并不相符的、不具有合法占有权的果实、植物、田地或果园的其他农产品或其他物品，或者被发现持有不能对其最终来源作出合法解释的、变造过的或伪造的钥匙、其他能够打开或促成锁子被打开的装置或锁子的压模的，处不超过3个月监禁。

（仅仅为使用而盗窃：为1856年第4号条例第15条、1871年第6号条例第22条、1900年第11号条例第42条所修正）

第二百八十八条　在一般犯罪中，犯罪人只是打算使用盗窃物并立即将之予以归还的，处轻罪之刑罚。

适用于本次标题的一般规定

（对两次或两次以上实施盗窃者的处罚）

第二百八十九条　第一款　第二次或更多次地实施本次标题所规定的犯罪的，应提高刑罚，在第二次犯罪的情况下，提高一至二个刑罚幅度，在第三次或其后的犯罪中，提高一至三个刑罚幅度。

第二款　除适用单独禁闭外，不能再对刑罚予以提高的，可在18个刑罚幅度内判处刑罚。

次标题二
其他非法获得与非法占有财产的犯罪

（非法持有马耳他共和国的物品：为1856年第4号条例第16条、1931年第26号法案第3条、1975年第27号法案第19条所修正）

第二百九十条　从他人处购买或接受，或被发现持有带有指示该物品为马耳他共和国所有的标记或符号的物品，或持有者知道物品为马耳他共和国的财物，而有关部门并未对其处理出具过任何书面许可、持有者也不能对其如何获得该持有物品作出满意的解释的，构成犯罪，处罚金（惩罚性罚金）或不超过1个月监禁。

（破坏或擦掉马耳他共和国财物的指示标记：为1931年第22号法案第3条、1975年第27号法案第20条、1981年第159号法案第4条所修正）

第二百九十一条　为隐匿马耳他共和国财物而破坏或擦掉前两条所规定的有关部门未就其处理出具过任何书面许可的物品上的、指示了该物品为马耳他共和国财物的标记或符号的，构成犯罪，处1个月至6个月监禁。

（非法处理或持有海军或船只上的储备）

第二百九十二条 出售或经营不具有政府许可证的、通常情况下属于海军或由船只储备的物品，且对其所持有的不具有许可证的该物品不能就其来源进行合理解释的，构成犯罪，处罚金（惩罚性罚金）或没收上述物品。

次标题三
欺 诈

（挪用：为 1874 年第 4 号条例第 3 条、1909 年第 8 号条例第 28 条、1981 年第 49 号法案第 4 条、2002 年第 3 号法案第 55 条所修正）

第二百九十三条 为自己或他人的利益，挪用委托物或者挪用以一定名义交给其的、暗示了归还义务或特定用途的物品的，构成犯罪，处 3 个月至 18 个月监禁；

除受害方外，任何人不得对此类案件提起刑事诉讼。

（加重情节：为 1909 年第 8 号条例第 29 条、1981 年第 49 号法案第 4 条、2002 年第 3 号法案第 56 条所修正）

第二百九十四条 上条所规定的犯罪是针对因犯罪人的职业、交易、事务、管理、职务、服务或能产生必要储蓄而委托或递交给其的物品而实施的，应对其进行公诉，处 7 个月至 2 年监禁。

（保险诈骗：为 1857 年第 8 号条例第 9 条、1874 年第 4 号条例第 4 条、1909 年第 8 号条例第 30 条、1981 年第 49 号法案第 4 条、2002 年第 3 号法案第 57 条所修正）

第二百九十五条 为了使自己或他人获得到期的风险保险金额或者其他未到期的利益，以任何方式破坏、转移自己的物品或使之腐烂的，构成犯罪，处 7 个月至两年监禁，实现了犯罪意图的，处 9 个月至 3 年监禁。

（组罪：为 1874 年第 4 号条例第 5 条、1981 年第 159 号法案第 4 条、2002 年第 3 号法案第 58 条所修正）

第二百九十六条 第一款 船长、大副、船员或受托支配、使用或保管驳船、小船、小艇、小帆船或其他船只的人员，即使只试图在马耳他境内航行一次，为谋取利益而——

（a）抛弃或损坏船只或导致船沉没的；

（b）盗窃或损坏船上的货物或其他物品的；

（c）对船只、货物或其他物品的损失进行虚假描述的；

（d）违背船主意志而销售或处理船只并因此损害了船主的利益的，构成犯罪,处5个月至2年监禁。

第二款 犯罪人为船只的合伙人的,也适用上述刑罚。

(以诈骗性手段破坏已签名的空白票据或其他票据的信用:为1981年第49号法案第4条、2002年第3号法案第59条所修正)

第二百九十七条 为获得利益,以在空白票据上书写有损于他人的内容的方式不正当地使用所委托的空白票据的或出于类似的目的,在受委托的非空白票据上添加内容的,构成犯罪,处9个月至3年监禁。

(商业或工业欺诈:为1899年第15号条例第106条、1981年第49号法案第4条所修正)

第二百九十八条 **第一款** 任何人——

(a)未经著作权人的同意,伪造、变造智力成果或其他工业产品的名称、符号或其他显著性标记的,或未经著作权人的同意,故意使用这些伪造或变造的名称、符号或标记的,即使上述伪造、变造或使用是通过他人进行的;

(b)未经著作权人的同意,即使是通过他人伪造、变造产品的设计或模型或未经著作权人的同意,故意使用这些伪造的或变造的设计或模型的;

(c)故意使用能够对商品性质进行欺骗性指示的、用以使购买者对商品性质产生误解的符号、设计、标记牌或标志的,或销售有这些符号、标记或标志的商品的;

(d)未经商标所有权人的同意,在撕掉具有显著性标志的注册商标以后,将其商品在市场上予以销售的;

(e)使用虚假性的商品说明,也就是说,使用伪造的或变造的符合一般性交易惯例的数字、词语或符号,用以表示——

(i)商品的数量、质量、容量或重量,

(ii)商品的原产地,

(iii)商品的制造或生产方式,

(iv)商品的专利权、优先权或工业产权;

(f)为交易的目的,故意将仿造的、具有欺骗性的符号、设计、或标志的商品投入市场、销售、待售或为交易的目的而进口上述商品的;

(g)为伪造商标或使商标被伪造而故意制造、保存、转让给他人压模、印版、机器或其他设备的,

构成犯罪,处4个月至1年监禁。

第二款 在第1款(e)中,任何根据交易惯例所使用的、用来表示有关

事物的数字、词语、符号，都应当被认为是关于交易的描述。

（采用诈骗性手段进行通讯系统：为1991年第12号法案第41条所修正）

第二百九十八条 A 构建、变造、制造、持有、出售、购买能够与通讯系统非法联系的装置的，构成犯罪——

（a）为获取利益或通过交易的方式实现的，处不超过1年监禁或不超过2,000里拉罚金（惩罚性罚金），或两者并罚；

（b）其他情况下，处不超过1,000里拉罚金（惩罚性罚金）。

（侵犯产权：1991年第12号法案第41条增设了本条规定后、1992年第19号法案第2条对之进行了修正）

第二百九十八条 B 第一款 以获利为目的，通过商业性的印刷、制造、复制、再生产或仿制、出售、分配违反了马耳他法律所保护的、他人享有产权的物品或其他东西，或为出售或分配而提供上述物品的，构成犯罪，处不超过1年监禁或不超过5,000里拉罚金（惩罚性罚金），或处两者并罚。

第二款 本条所涉及的诉讼只能由受害方提起。

（高利贷：为2002年第3号法案第60条所修正）

第二百九十八条 C 第一款 接受或得到他人承诺给予自己或他人超过法律规定的贷款、利息或其他形式的收益的，构成犯罪，处不超过18个月监禁或1,000里拉至15,000里拉罚金（惩罚性罚金）。

第二款 接受或得到他人承诺给予自己或他人超过法律规定的、整体上与所提供服务不成比例的、存在于其他任何种类的利益、股息或其他形式的收益中的服务的，处第1款所规定的刑罚。

第三款 非作为第1款所规定的从犯者，通过介入而使他人给予或承诺给予自己或他人非比例性的一定数量的金钱或其他利益作为赔偿，并因此而为该他人获得这些金钱或利益的，处第1款所规定的刑罚。

第四款 在第1款、第2款及第3款中，在决定股息、收益或赔偿是否在整体上不成比例时，应考虑事实的情节及通常在考虑到类似问题时所适用的比例。

第五款 在因本条所规定的犯罪而提起的刑事诉讼中，法院证明被告人收受了他人超过法律规定的或与所提供服务整体上不成比例的一定数量的股息或相当数量的金钱的，可作出由被告将法院认为超收的部分返还给该他人的裁定。法院的裁定应无损于该他人以其他方式获得属于其本身的多支付的部分，而且该裁定应当如同民事诉讼中的终局裁决一样，对于犯罪人和裁定中所指定的收款人具有可执行力。

第六款 被告在终局裁决作出前向多收了钱款者返还了多收的部分的,应当将本条所规定的犯罪的法定刑降低一个刑罚幅度。

(篡改、删除底座、发动机上的号码:为2002年第3号法案第61条所修正)

第二百九十八条D 事前未经警察局长的书面同意,擅自篡改、删除、变造或制作底座、发动机或引擎的编号的,构成犯罪,处不超过1年的监禁或300里拉以上1,000里拉以下的罚金(惩罚性罚金),或两者并处。

(犯罪意图的推定:1899年第11号条例第106条增设了本条后、1991年第12号法案第41条对之进行了修正)

第二百九十九条 在第298条第1款(a)、(b)、(c)及(d)所规定的情况下,应当推定被告具有犯罪意图,即便被告证明其在实施犯罪时并不具有该犯罪意图。

(举证责任:1899年第11号条例第106条增设了本条)

第三百条 在第298条第1款(a)、(b)及(d)的后半部分所规定的情况下,被告应当承担证明所有人同意的义务。

(虚假的商品说明:1899年第11号条例第106条增设了本条)

第三百零一条 在第298条第1款(e)所规定的情况下,商品说明为商标或部分商标的,并不妨碍该说明成为前段所规定意义范围内的虚假的商品说明。

(特定情况下对推定的犯罪意图的驳斥:1899年第11号条例第106条增设了本条)

第三百零二条 在第298条第1款(f)所规定的情况下,应当推定被告具有犯罪意图,除非其证明——

(a)在实施所指控的犯罪时,已经采取了一切必要的预防措施以防止上述犯罪的发生,因而缺乏怀疑符号或标记真实性的理由;

(b)应警察的要求,已经在职权范围内提供了其所获得的相关商品的提供者的所有信息;

(c)另外,其行为是无意的。

(免于处罚:1899年第11号条例第106条增设了本条)

第三百零三条 在第298条第1款(g)所规定的情况下,如果被告对下列情况进行了证实,就不应当对其判处刑罚——

(a)被告在日常工作中,被雇佣代表他人制造用以制作商标或在商标

制作过程中被使用的压模、印模、机器或其他设备,或者根据具体情况,在商品上使用上述符号、标记或标志;

(b) 被告在所指控的案件中,受雇于在马耳他居住者、且其本身对应用了这些符号、标记或标志的商品所产生的销售利润没有任何兴趣。

(被认为适用于商标、标志、说明的情况:1899 年第 11 号条例第 106 条增设了本条)

第三百零四条 在上述各条中,应当被认定为使用了商标、显著性标志或商品说明的情况——

(a) 在商品中实际予以使用的;或

(b) 在出售或裸露的商品上、为出售、交易或制造而持有的商品的封闭物、标签、卷轴上使用的;或

(c) 在出售或裸露的商品上、为出售而持有的商品上放置、装入或附加封闭物、标签、卷轴或其他东西,并在其上使用注册商标或商品说明的;或

(d) 使用商标、标记或商品说明,以使人们确认为使用了这些商标、标记或商品说明的商品为其所标明的商品的。

("封闭物"与"标签"的定义:1899 年第 11 号条例第 106 条增设了本条)

第三百零五条 在上述各条中,"封闭物"包括塞子、小桶、瓶子、壶、盒子、封皮、胶囊、箱子或包裹;"标签"包括表明其所适用的东西的带子或签条。

(钟表上的文字及标志:1899 年第 11 号条例第 106 条增设了本条)

第三百零六条 在第 298 条第 1 款(d)中,钟表上有组成或者通常被认为是组成钟表的原产国说明的文字或符号的,如果钟表的各部分没有其他关于原产国的说明,在有相反的证明之前,这些文字或符号应当被认为是关于原产国的说明。

(使用虚假的重量及质量:1900 年第 11 号条例第 43 条增设了本条规定后、1981 年第 49 号法案第 4 条对之进行了修正)

第三百零七条 在他人对商品的量进行考虑时,以虚假的重量或质量对其进行欺骗的,构成犯罪,处不超过 1 年监禁。

(以虚假的吹嘘获得钱款及财物:为 1981 年第 49 号法案第 4 条、2002 年第 3 号法案第 62 条所修正)

第三百零八条 以非法活动、虚构的名称、虚假的表示或其他欺骗、诡计或伪饰,使他人确信其所虚构的企业或想像的权力、影响、信誉确实存在,

或引起他人对其所幻想的事件的期盼或理解,从而通过损害他人而获得利益的,构成犯罪,处7个月至2年监禁。

(其他诈骗性收益:为1981年第49号法案第4条、2002年第3号法案第63条所修正)

第三百零九条 通过损害他人利益而获得本次标题项下前述各条所没有标明的通过诈骗而获得的利益的,构成犯罪,处1个月至6个月监禁或罚金(惩罚性罚金)。

(根据损害程序予以确定的刑罚幅度:为1871年第6号条例第23条、1874年第4号条例第6条、1900年第11号条例第44条、1971年第3号法案第3条、1981年第159号法案第4条、1983年第13号法案第5条、2002年第3号法案第64条所修正)

第三百一十条 第一款 在本次标题所规定的情况下——

(a)犯罪人所造成的损失超过1,000里拉的,处13个月至7年监禁;

(b)犯罪人所造成的损失在100里拉以上1,000里拉以下的,处5个月至3年监禁;

本标题项下前述各条中相关犯罪的法定刑超过本段所规定的刑罚的,适用前者所规定的刑罚并提高一个刑罚幅度,在对第294条所规定的犯罪判处刑罚时,不得适用被提高后的刑罚的最低刑;

(c)犯罪人所造成的损失不超过10里拉的,处不超过3个月监禁;

(d)犯罪人所造成的损失不超过5里拉的,处不超过20天监禁或罚金(惩罚性罚金),或处轻罪之刑罚。

第二款 第1款中(c)、(d)的规定不适用于第296条及第298条所规定的犯罪。

(本标题下的公司责任:为1981年第49号法案第4条、2002年第3号法案第65条所修正)

第三百一十条A 第121条D的规定适用于本次标题项下的犯罪。

(管辖权:为1981年第49号法案第4条、2002年第3号法案第65条所修正)

第三百一十条B 在不影响第5条的规定的情况下,即使是在马耳他境外实施了本次标题项下的犯罪,也应当认定为犯罪,并根据本法典对犯罪的实行者与参加者的法律规定而在马耳他提起相应的刑事诉讼——

(a)犯罪在马耳他境内或海上任何具有司法管辖权的地方发生的,即使是部分发生的;或

(b) 在马耳他境内取得因损害他人而获得的利益的;或

(c) 在马耳他境内者故意帮助或引诱他人实施犯罪的;或

(d) 犯罪人为马耳他公民或永久性居民,而且根据犯罪发生地国的法律构成犯罪的:

在本段中,"永久性居民"与第5条第1款(d)所规定的意思相同。

(为1901年第16号条例第2条所修正)

次标题四

破坏公共安全及损害财产的犯罪

(导致威胁到生命与财产的爆炸:1901年第16号条例第3条增设了本条规定、后为1981年第49号法案第4条、1983年第14号法案第6条所修正)

第三百一十一条 利用爆炸性物质恶意引起依性质可能危及他人生命或严重损害他人财产的爆炸的,构成犯罪,处3年至14年监禁,即使实际上并未造成人或财产的损害。

(爆炸所导致的死亡与重伤害:1901年第16号条例第3条增设了本条规定、后为1971年第21号法案第3条、1981年第49号法案第4条、1983年第14号法案第7条所修正)

第三百一十二条 第一款 上条所规定的犯罪造成了死亡的结果的,处终身监禁。

第二款 上条所规定的犯罪造成了重伤的结果的,处4年至20年监禁。

第三款 上条所规定的犯罪造成了他人的动产或不动产被严重损毁或破坏的,不应当适用所规定刑罚的最低刑。

(非法制造或持有爆炸物:1901年第16号条例第3条增设了本条规定后、1981年第159号法案第9条对之进行了修正,并为1983年第14号法案第8条所代替、2002年第3号法案第66条对之进行了修正)(第446章)

第三百一十三条 制造、故意持有或控制爆炸性物质者被合理怀疑具有非法目的的,构成犯罪,处18个月至9年监禁,并不得适用缓刑法案及本法典第21条的规定。

("爆炸物"的定义:1901年第16号条例第3条增设了本条规定)

第三百一十四条 在前三条中,"爆炸性物质"应当包括制造爆炸性物质的原料;所使用或准备使用的、被改造过的用以引起、帮助引起爆炸性质或与爆炸性物质在一起的其他物质的爆炸的仪器、机器、设备或原料;以及这些仪器、机器、设备的任何部分。

(发射致命性装置:2002年第3号法案第67条增设了本条规定)

第三百一十四条 A **第一款** 恶意运送、放置、发射或引爆可能危及生命或严重损害他人财产的致命性装置的,即使实际上并未造成人员或财产的损害,也构成犯罪,处第311条所规定的刑罚。

第二款 如果第1款所规定的犯罪造成了死亡、重伤或使他人的动产或不动产被严重损毁或破坏的结果的,根据具体情况,处第312条所规定的刑罚。

第三款 犯罪发生在公共场所、国家或政府的设施、基础设施、公共运输系统,或者是针对以上各项实施了犯罪的,对其所判处的刑罚应提高一个刑罚幅度。

第四款 在本条中:

"致命性装置"包括被设计或有能力通过有毒性化学物质、生物性物质、毒素及类似的物质、放射物或放射性材料的释放、散布或冲击力造成死亡、严重的人身伤害或大量的物质损失的任何物质。

"国家或政府的设施"包括被国家代表、政府成员、立法机关、司法部门、国家的、政府机构的及实体的官员或工作人员、政府间机构工作人员或官员在行使与其职务相关的活动中使用或占用的永久性和临时性的设施及运输工具。

"基础设施"指公共或私人所有的、提供公共服务,如水、排污系统、能源、燃料或通讯等的设施。

"公共运输系统"指所有公共或私人所有的、为公共利益而用于运输人员或货物的装置、运输工具或设备。

(持有,使用核材料:2002年第3号法案第67条增加了本条规定)

第三百一十四条 B **第一款** 恶意持有、使用、运送、变造、处理或散布可能导致死亡、严重的人身伤害或大量的财产损失的核材料的,即使实际上并未造成人或财产的损害,也构成犯罪,处第311条所规定的犯罪。

第二款 第314条A第2款的规定适用于本条中规定的所有犯罪。

第三款 在第313条所规定的情节下保留、占有、控制核材料的,适用该条的规定。

第四款 在本条中:

"核材料"是指除钚-238中同位素浓度超过80%以上的钚;同位素

235 与 233 中含量丰富的铀；包含了自然界中以非矿石或矿石残渣形式存在的作为同位素混合物的铀；包含了前述一种或多种物质的材料；

"同位素 235 与 233 中含量丰富的铀"是指包含了一定数量的同位素 235 或 233 的铀中、或同时包括了 235 与 233 的铀中，所含同位数与同位素 238 之间的充足量的比率高于自然界存在的同位素 235 与 238 之间的比率。

（对军工厂放火：为 1971 年第 21 号法案第 22 条、1981 年第 49 号法案第 4 条所修正）

第三百一十五条　故意放火烧毁军工厂、漂浮着或建造中的战船、弹药库、公共船坞、炮场的，构成犯罪，处终身监禁。

（危及生命的放火罪：为 1971 年第 21 号法案第 22 条、1981 年第 49 号法案第 4 条所修正）

第三百一十六条　对里面有人的房屋、仓库、商店、住宅、船只、船坞或建筑物、棚屋或其他地方放火的，构成犯罪，处终身监禁：

未造成人员死亡的——

（a）犯罪人预先知道有人在里面的，处 9 年至 12 年监禁；

（b）其他情况下，处 5 年至 9 年监禁。

（具有普通危险的放火罪：为 1971 年第 21 号法案第 24 条、1981 年第 49 号法案第 4 条所修正）

第三百一十七条　对上条中当时没有人在里面的建筑物、棚屋或其他地方放火的，或故意引燃易燃物、从而导致由于建筑物、棚屋或其他地方所处的位置而使得当时有人在里面的其他建筑物、棚屋或地方着火的，构成犯罪——

（a）火已经实际扩散的，处终身监禁：

未造成人员死亡的——

（i）犯罪人已经预见到有人在火苗扩散到的建筑物、棚屋或地方内的，处 5 年至 9 年监禁；

（ii）其他情况下，处 3 年至 6 年监禁；

（b）火没有扩散到其他建筑物、棚屋或地方的，处 3 年至 5 年监禁。

（不会对生命造成危险的放火罪：为 1981 年第 49 9 号法案第 4 条所修正）

第三百一十八条　故意对第 316 条中当时没有人在里面的建筑物、棚屋或其他地方放火，但由于建筑物、棚屋或其他地方所处的位置而未能导致当时有人在里面的其他建筑物、棚屋或地方着火的，构成犯罪，处 2 年至 4

年监禁。

（对葡萄园放火：为1981年第49号法案第4条所修正）

第三百一十九条　故意对连根拔起的、割倒的或正在生长的葡萄园、林场中的树木、谷堆、棉花堆、其他有用的农产品或其他东西放火，但由于其所处的位置而未能导致当时人在里面的第316条中所规定的建筑物、棚屋或其他地方被引燃的，构成犯罪，处2年至4年监禁。

（喷井所造成的破坏）

第三百二十条　为惩罚之目的，对利用矿井喷发而造成上述五条中的物质或事物遭到破坏的，应当认为构成上述所规定的犯罪。

（因显示错误的信号灯等而对航行造成损害：为1874年第4号条例第7条、1900年第11号条例第45条、1971年第3号法案第12条、1971年第21号法案第25条、1981年第49号法案第4条、1983年第13号法案第5条所修正）

第三百二十一条　第一款　为了造成损失或使船只搁浅，显示错误的信号灯或其他用以召唤与指挥轮船、船舰、小船航行的标志，或者出于类似的目的，熄灭或移走信号灯、标志或政府用来指导海员的其他东西的，即使没有造成事故发生，也构成犯罪，处3年至5年监禁。

第二款　造成事故发生的，构成犯罪——

（a）造成轮船、渔船、小船或船上的传动装置及附属物、货物或其他东西损害的，损失超过50里拉的，处5年至9年监禁，没有超过50里拉的，处4年至6年监禁；

（b）无论是否具有上述损失，如果造成他人重伤害并具有第218条所规定的结果的，处5年至20年监禁，造成重伤害但没有第218条所规定的结果的，处4年至12年监禁，造成轻伤害的，处2年至6年监禁；

（c）造成人员死亡的，处终身监禁。

（割断缆绳等：为1874年第4号条例第7条所修正）

第三百二十二条　第一款　割断、松开或挪走用以系住航行所用的公用浮标的链锁、钢缆、其他绳子的，构成犯罪，处3个月至9个月监禁。

第二款　割断、松开、挪走轮船或渔船得以停泊、抛锚或被系住而使用的链锁、钢缆、其他绳子、或用以系住抛锚轮船的浮标的绳子的，构成犯罪，处1款所规定的刑罚。

（加重情节：为1874年第4号条例第7条所修正）

第三百二十三条　在上条所规定的任何犯罪中，如果轮船受到损害或有人受到人身伤害,根据损害的范围或伤害的性质,并处上条所规定的刑罚与本法典关于故意损害或故意伤害所规定的刑罚;如果同时造成了轮船损害与人身伤害,适用对损害或伤害所规定的刑罚中的较高刑,并适用上条所规定的刑罚。

(对自己的财产放火:为 1874 年第 4 号条例第 7 条所修正)

第三百二十四条 在第 316 条、第 317 条及第 318 条所规定的情况下,即使犯罪人本身是其犯罪所侵害的财产的所有者,也应当受到所规定的刑罚处罚。

(毁损或破坏的一般规定:为 1859 年第 9 号条例第 20 条、1868 年第 5 号条例第 19 条、1871 年第 6 号条例第 24 条、1900 年第 11 号条例第 47 条、1956 年第 5 号法案第 17 条、1981 年第 49 号法案第 4 条、1983 年第 13 号法案第 5 条、1983 年第 14 号法案第 9 条、2002 年第 3 号法案第 68 条所修正)

第三百二十五条 第一款 以本次标题前述各条以外的方法故意损毁或破坏他人的动产或不动产的,构成犯罪——

(a)损失额超过 500 里拉的,处 13 个月至 4 年监禁;

(b)损害额在 50 里拉以上 500 里拉以下的,处 5 个月至 1 年监禁;

(c)损害额在 10 里拉以上 50 里拉以下的,处不超过 6 个月监禁;

(d)损害额没有超过 10 里拉的,处不超过 3 个月监禁或轻罪之刑罚:

由于非正义的挑拨而导致的可予宽宥的犯罪,在(a)、(b)及(c)段所规定的情况下,处不超过所规定刑罚 2/3 的刑罚;在(d)段所规定的情况下,处轻罪之刑罚。

在考虑宽宥事由时,应当考虑第 235 条所规定的规则:

在(c)段及(d)段所规定的情况下,除公共财产受损害外,应当由受害人提起诉讼:

在公共财产受到损害的情况下,刑罚应当提高一至二个幅度,犯罪人也应当被裁定以罚金(惩罚性罚金)的方式对受到损害的财产进行赔付。

第二款 由于被损毁或破坏的财产的地理的、古生物的、考古的、建筑的、艺术的或历史的特性或重要性,不可能根据第 335 条所规定的规则估计损失的,应当认为损失在 500 里拉以上。

(破坏水利管道等:为 1901 年第 16 号条例第 4 条、1904 年第 1 号条例第 51 条、1963 年法律通告第 4 条、1975 年第 27 号法案第 21 条、1991 年第 12 号法案第 41 条所修正)

第三百二十六条 第一款 故意——

（a）破坏或堵塞公共高架渠的管道或导管、以其他方式阻塞水道或使其改道,或部分地损害这些渠道的;

（b）破坏公共的贮水设备、水井、高架渠,或使其中的水被污染的;

（c）损害电力机械、电缆,或造成电能流失的;

（d）损害贮水槽或破坏公共排污系统的;

（e）割断、破坏、抛弃、毁坏、损害,或挪走有线的、无线的、正在使用中的、被部分地在以电力或磁力进行发报的电报中加以利用的电池、机械、电线、电缆、电线杆或其他物质,或以其他方式阻止或妨碍信息的传送的;

（f）损害或破坏能量计量器或其封印以及用于电力供应的部分仪器、电缆或其封印的;

（g）割断、破坏、抛弃、毁坏、损害、挪走、擅自改动或连接作为有线电视系统的一部分的、被部分地加以利用的、正在工作中的或为有线电视系统提供服务的部分仪器、导管、电线杆、电柜、电线、电缆或其他物质的,

构成犯罪,除非犯罪人应受到上条所规定的刑罚处罚,否则,处不超过2年监禁。

第二款 即使没有恶意——

（a）触摸电报线、在第1款（e）中所规定的电池、机械、电线、电缆或其他物质上安置他物或朝投掷他物的、以可能破坏电报线的方式在电报线附近工作,或阻止或妨碍信息的传送的;或

（b）在电力部长为防止对海底电缆造成损害而绝对禁止捕鱼的地方捕鱼,或者以电力部长基于同样的目的而禁止使用的网或其他设备捕鱼的;或

（c）实施第1款（g）中描述的行为的,构成犯罪,处轻罪之刑罚。

（非法进入公用地下通道:为1901年第16号条例第4条所修正）

第三百二十七条 无正当理由而进入具有电缆或主要公共污水槽的地下通道的,构成犯罪,并由被告方举证——

（a）犯罪情节表明犯罪人的目的在于损坏上述电缆或污水槽的,处1个月至3个月监禁;

（b）在其他情况下,处不超过1个月监禁。

（失火与损害:为1856年第4号条例第17条、1900年第15号条例第48条、1956年第5号法案第18条、1980年第13号法案第11条、1983年第13号法案第5条所修正）

第三百二十八条 因在职业或专业中的轻率、疏忽、不熟练,或未遵守有关规章,导致本次标题所规定的火灾、损害、损毁或破坏的,构成犯罪——

(a)造成人员死亡的,处第225条所规定的刑罚;

(b)造成重伤且具有第218条所规定的结果的,处不超过6个月监禁或不超过1,000里拉罚金(惩罚性罚金);

(c)造成重伤但不具有上述结果的,处不超过3个月监禁或不超过500里拉罚金(惩罚性罚金);

(d)在其他情况下,处不超过3个月监禁或罚金(惩罚性罚金),或处轻罪之刑罚;

在(d)段所规定的情况下,除对公共财产造成损失外,只能由受害方诉讼提起。

适用于本标题的一般规定

(对伴有人身犯罪的财产犯罪的处罚)

第三百二十九条 如果暴力行为已经完成,即使侵害财产的犯罪未遂,也应当适用本标题项下对伴有谋杀、伤害、拘禁的财产犯罪的刑罚所作的规定。

(非法进入房屋等:1859年第9号条例第21条增设了本条规定后、1871年第6号条例第25条、1981年第159号法案第4条、2002年第3号法案第69条对之进行了修正)

第三百三十条 以第264条、第265条及第266条所规定的方式进入房屋、其他地方或封闭地域的,即使没有证据显示有实施另一种犯罪意图,但仅就上述的进入行为而言,已经构成犯罪——

(a)犯罪情节显示犯罪人的目的在于实施盗窃罪、损害财产的犯罪,或对第5条第1款(d)中所限定的人员实施犯罪的,或被证实以前曾实施过此类犯罪或第338条(i)、(w)中所规定的犯罪的,处5个月至18个月监禁;

(b)在其他情况下,处不超过3个月监禁或罚金(惩罚性罚金)。

(对晚辈等的财产所实施的犯罪不得提起刑事诉讼:为1900年第11号条例第49条所修正)

第三百三十一条 除非伴有对人身的杀害、伤害或拘禁,否则,除第316条、第317条及第318条所规定的情况外,对基于亲密关系而对晚辈或辈分较低的亲戚的财产实施的犯罪,或对丈夫或妻子的财产实施的犯罪,不得提起刑事诉讼。

(基于受害方所提起的对长辈的财产所实施的犯罪的刑事诉讼:为1900年第11号条例第49条所修正)

第三百三十二条 除第316条、第317条及第318条所规定的情况、以及受害方对基于亲密关系而对长辈或辈分较高的亲戚的财产实施的犯罪,或对兄弟及同辈的亲戚的财产实施的犯罪提起刑事诉讼以外,除非犯罪伴有除具有较小后果的轻伤外的谋杀、伤害或拘禁,否则,不得提起刑事诉讼。

(外人例外:1900 年第 11 号条例第 49 条所修正)

第三百三十三条 前述两条中的限制性规定不适用于参与了犯罪的实施者。

(接受盗窃物:为 1900 年第 11 号条例第 50 条、1900 年第 29 号条例第 16 条所修正)

第三百三十四条 在马耳他境内故意接受或购买通过在马耳他境内或境外实施犯罪而窃取、滥用或获得的财物的,或以任何方式故意参与了上述物品的销售与处理的,构成犯罪——

(a) 财物为盗窃所得的,根据财物的价值,处盗窃罪所规定的刑罚;

(b) 以实施与非法取得或持有财产相关的犯罪而获得财物的,处非法取得或持有所规定的刑罚;

(c) 以诈骗的方式获得财物的,处取得财物的特定诈骗罪所规定的刑罚:

(免于处罚)

在前述接受、购买、参与购买、销售或处理后 3 日内、对其提起刑事诉讼之前,将所接受、购买、销售或处理的财物交给有关部门并向其告知犯罪人的,应当免受本条所规定犯罪的刑罚处罚:

在本条中,如果在马耳他境内以作为或不作为的方式实施犯罪将构成(a)、(b)及(c)中所规定的犯罪的,应当认定为是通过作为或不作为的方式在国外实施犯罪而盗窃、滥用或获得上述财物。

(未报告盗窃物等:2002 年第 3 号法案第 70 条增设了本条规定)

第三百三十四条 A 知道所持有的财物为盗窃物、被滥用的财物或通过犯罪所获得的财物,而未在知道后的一个星期之内向执行警察报告的,构成犯罪,处不超过 3 个月监禁或罚金(惩罚性罚金)。

(危险的评估规则)

第三百三十五条 在因受损害财产的数额不同而导致刑罚不同的犯罪中,不应以犯罪人的收益来估算受损害的财产数额,也不应将因此而取得的利息包括在损害的财产数额之内,而只能以犯罪实施当时对受害方所造成的实际损失来计算。

(对亲属或外人所造成的损害的)

第三百三十六条 在同一犯罪中,犯罪人同时损害了第331条所涉及到的人及其他人的财物、且刑罚因损害的数额不同而不同的,只能以其他人的财物的损害额来计算损害数额。

(降低刑罚:为2002年第3号法案第71条所代替)

第三百三十七条 第一款 在诈骗罪中,如果在对犯罪人提起刑事诉讼之前,因犯罪而导致的损害已得到充分赔偿的,法定刑应降低一至二个幅度。

第二款 在一般盗窃罪或加重盗窃罪中以及在盗窃过程中所发生的引起财物损害的其他犯罪中,法定刑应降低两个幅度,如果在对盗窃者进行传讯之前:

(a)犯罪人向有关部门揭露其所收受或购买的财物的来源者,或参与了盗窃物的销售或处理的人的;

(b)(i)将其所盗窃的财物交给有关部门,或对受害方可能遭受的财产损害进行了赔偿的;或

(ii)在财物不能恢复的情况下,向受害方赔付了相当于被盗的财物的价值的;

(c)对盗窃所导致的或在盗窃过程中给受害方的其他动产或不动产所造成的损害进行了赔偿。

第三款 犯罪人在前述传讯后遵守了第2款的规定的,第2款中所规定的犯罪的法定刑应降低一个幅度。

第四款 第2款及第3款的规定不得适用于——

(a)因存在故意杀人、杀人未遂、故意伤害或拘禁等暴力而加重的盗窃罪;

(b)因对第276条A中所提及的人员实施了暴力而加重的盗窃罪;

(c)在实施盗窃的过程中发生了第226条A所规定的死亡或伤害。

第五款 第1款及第2款中的情节不应当被认为是第21条所规定的特殊事由或例外事由。

(贩卖人口以非法进入或离开马耳他:2002年第3号法案第72条增设了本条规定)

第三百三十七条A 以获利为目的,违反法律规定,援助、帮助、建议或介绍他人进入或试图进入、离开或试图离开马耳他的,或马耳他境内或境外人员与他人一起阴谋达到上述结果的,在不影响本法典及其他法律所规定

的其他处罚的情况下,处 6 个月至 5 年监禁或 10,000 里拉罚金(惩罚性罚金),或两者并罚,第 21 条、第 28 条及缓刑法案的相关规定不应当予以适用:

(第 446 章)

前述被援助、帮助、建议或介绍的人数或阴谋达到的标的数为三人以上的,刑罚应当增加一个至三个幅度。

(2001 年第 3 号法案第 27 条增设了本标题规定)

次标题五
损坏计算机

(解释:2001 年第 3 号法案第 27 条增设了本条规定)

第三百三十七条 B　第一款　除非上下文有其他要求,本次标题项下的下列概念应当是指:

"计算机"是指通过对电子振动或磁力振动的操控而行使逻辑、算术及记忆功能的电子装置,包括所有与计算机系统或网络相联系的输入、输出、处理、储存、软件及交换设备;

"计算机网络"是指通过遥控装置及两个或两个以上内部相联系的计算机综合体而与计算机相联系的内部交换线及线路。

"计算机输出"或"输出"是指计算机所产生的书面的、打印的、图片的、屏幕显示的、光电的或其他胶片的、绘图的、声学的或其他形式的状态或数据表示;

"计算机软件"或"软件"是指在计算机系统运行时所使用的程序及文件包。

"计算机设备"是指电子的或其他形式的、包括纸、缩微资料、及其他的存储介质在内的穿孔卡、纸带、磁带、磁盘组、软盘、只读光盘存储器和计算机输出设备;

"计算机系统"是指一系列相关的计算机设备、硬件与软件;

"功能"包括逻辑、控制、算术、删除、保存、恢复、数据交换及计算机内部及其与外部所进行的通信;

"支持文件"指计算机系统内部在对软件或数据进行建立、清除、补充、运用及修改时所使用的文件。

第二款　本次标题下的软件包括部分软件。

第三款　本次标题下的计算机包括计算机网络。

第四款 本次标题下安装在计算机或计算机系统内的数据、软件、支持文件,包括通过计算机网络所传送的数据、软件及支持文件。

第五款 在本次标题下,使计算机得以运行时所使用的软件:

(a) 能够使软件得以被执行;或

(b) 或者,本身具有软件的功能。

第六款 本次标题下,计算机内部的软件或数据包括当时计算机内部可移动的存储设备中的软件或数据。

(非法获得或利用信息:2001年第3号法案第27条增设了本条规定)

第三百三十七条 C 第一款 未经批准而实施下列行为者,将被认为违反本条规定而构成犯罪——

(a) 运用计算机或其他装置、设备对本计算机内部或其他计算机中的数据、软件、支持文件进行存取、运用、复制或修改这些数据、软件或支持文件;

(b) 通过显示或其他方式输出存储于计算机内部的数据、软件或支持文件;

(c) 将数据、软件或支持文件复制到其他存储器或本存储器的其他地址;

(d) 阻止或妨碍对数据、软件或支持文件的存取;

(e) 损害系统运行、软件或数据的完整性与可靠性;

(f) 占有或使用数据、软件或支持文件;

(g) 安装、移动、变更、删除、破坏、改变或添加数据、软件或支持文件;

(h) 向未经授权者透露口令或其他存取方式、存取代码或其他存取信息;

(i) 使用他人的计算机存取代码、口令、使用者名称、电子信箱地址、其他存取方式或认证信息;

(j) 并非履行职务或依其他法律的要求而透露数据、软件或支持文件。

第二款 在本次标题下:

(a) 未得到有权者及时批准的,将被认为未被批准;

(b) 被授权控制第1款(a)至(j)及本次标题下第4条(a)至(b)所限制的行为的,将被认为是有权者。

第三款 在第1款中:

(a) 无论是意图进行永久性的修改,还是进行暂时性的修改,都应当被认定为犯罪;

(b) 软件或数据输出的形式,尤其是其是否能够代表软件被执行或数据被处理的形式,并不重要。

第四款 在第1款(f)中,管理或控制并未得到批准的数据、计算机软件、支持文件的,应当被认定为持有。

(不当使用硬件:2001年第3号法案第27条增设了本条规定)

第三百三十七条 D 未经批准而实施下列行为者,应当被认为违反了本条规定而构成犯罪——

(a) 变更在计算机、计算机系统或计算机网络中使用的或准备使用的设备或部件的;

(b) 持有或损害、破坏计算机、计算机系统、计算机网络、正在被计算机、计算机系统、计算机网络使用或准备使用的计算机设备,或对上述各项造成损害的。

(在马耳他境外实施犯罪:2001年第3号法案第27条增设了本条规定)

第三百三十七条 E 如果在马耳他境外实施了曾经在马耳他境内实施的犯罪行为,且该行为构成本次标题所规定的犯罪的,在该行为的实施影响到马耳他境内的计算机、软件、数据、支持文件,或与马耳他境内的计算机连接的计算机的情况下,应当认定为是在马耳他境内实施了该犯罪。

(犯罪与处罚:2001年第3号法案第27条增设了本条规定)

第三百三十七条 F **第一款** 在不影响本次标题所规定的刑罚的情况下,凡违背了本次标题规定者应当被认定为犯罪,并处不超过10,000里拉罚金(惩罚性罚金)或不超过4年的监禁,或两者并处。

第二款 犯罪行为对政府的职能或活动造成损害,或以任何方式妨碍、损害或扰乱了公共服务或公用事业的规定的,无论这些公共服务或公用事业是否为政府部门所提供,刑罚都应当增至为100里拉以上50,000里拉以下罚金(惩罚性罚金)或3个月至10年监禁,或两者并罚:

两次或两次以上实施本款所规定的犯罪的,罚金(惩罚性罚金)的最低额不应当少于500里拉。

第三款 第2款所规定的刑罚也适用于违反本次标题所规定的下列犯罪——

(a) 雇员在实施损害其雇主或第三者的利益的犯罪时,其真实的或虚构的雇员身份提供了便利条件的;以及

(b) 除第2款的规定外,所实施的犯罪为违反本次标题所规定的再

犯的。

第四款 为实施本次标题所规定的犯罪提供物质、实施其他犯罪预备行为或更进一步的行为的,构成上述所规定的犯罪并处相应的刑罚。

第五款 在本次标题所规定的犯罪中为从犯,或帮助、教唆他人实施犯罪的,处该犯罪所规定的刑罚。

第六款 控方无需对本次标题中所要求的批准予以反证,举证责任由声称获得此批准者承担:

被告提供的证据未被证实的,不得视为已经履行了举证责任。

(搜查与获取:2001年第3号法案第27条增设了本条规定)

第三百三十七条 G 在本次标题下,部长可以通过规章规定:

(a) 警察搜查计算机、计算机系统、计算机设备及获取其中所存储的数据及软件的方式;

(b) 处理电子证据的程序与方式。

第三部分
轻罪与刑罚

标题一
轻　　罪

次标题一
有损于公共秩序的轻罪

(影响公共秩序的轻罪)

第三百三十八条 有损于公共秩序者,构成轻罪——

(a) 未经许可,切割防御工事内部或周围的草的;

(b) 向防御工事的沟渠或邻近地区扔建筑材料或垃圾的;

(为1856年第4号条例第18条、1904年第12号条例第48条、1913年第12号条例第9条所修正)

(c) 非第62条所规定的人员,在骚乱或其他灾害性事件、严重的犯罪、抗议活动中,在缺乏合理理由的情况下拒绝提供帮助,或在被委托执行公务者依其实际执行的公务而要求提供信息时予以拒绝或给予虚假的信息或细节的;

(d) 允许其监管下的精神病患者在发病时或其他情况下不受控制地活动的;

(e) 在意图对他人的生命或财产实施犯罪的现场的非第 62 条所规定的人员,拒绝向执行警察提供信息的;

(f) 未经许可开办公立学校的;

(为 1856 年第 4 号条例第 19 条、1913 年第 12 号条例第 9 条所修正)

(g) 拒绝向国家官员或其他依委托实际执行公务者提供其姓名、地址或其他细节的;

(为 1914 年第 12 号条例第 10 条、1986 年第 32 号法案第 5 条所修正)

(h) 为 1998 年第 5 号法案第 52 条所废除。

(为 1909 年第 8 号条例第 31 条所修正)

(i) 不持有任何财产、缺乏其他赖以生存的方式,也未显示出惯常性地致力于练习一些技巧或从事一些行业或其他职业的;

(j) 未得到及时批准而将某些地方作为朝圣地或使其继续作为朝圣地的;

(k) 拒绝按既定的价值接受依法流通的货币的;

(l) 利用他人的轻信,假装成教士、占卜者或解梦者,牟取利益的;

(m) 以粗暴的方式、大声叫嚷或其他方式,在深夜打扰他人的安宁的;

(n) 除在法律规定的时间、以法律规定的方式外,在公共场所戴面具或把自己伪装起来的;

(为 1937 年第 15 号法案第 5 条所修正)

(o) 未经允许或违背个别部门的禁止性规定,穿着非军事制服、海军服、陆军服、空军服、宗教法衣或礼仪服的;

(p) 将梯子、铁棍、武器或其他工具裸露在街上、公共空间、田地或其他公共场所,可能导致上述工具被盗窃者或其他不法者予以不当利用或引起伤害的;

(为 1933 年第 41 号法案第 1 条所修正)

(q) 在港口、岸边或其他公共场所裸露自己或不体面着装的;

(r) 即便是出于玩笑而在街道、公共空间争吵或打架而引起路人恼怒或伤害路人的;

(为 1856 年第 4 号条例第 20 条、1905 年第 11 号条例第 15 条所修正)

(s) 在吊桥上快速驱赶驾车或非驾车的动物(用于驮重或骑人)的;

(t) 与同专业或行业的人合谋提高或降低某种商品的价格、工人的工

资,或强迫接受与本专业或行业有关的、有损于公共利益的条件的;

(为 1927 年第 26 号法案第 1 条所修正)

(u) 非法撕毁或撕掉有关部门张贴的公告,或在选举期间,非法撕毁或撕掉由政党或个人所张贴的包括了选举人名称及呼吁市民为这些候选人选票的、张贴在事前已经其所有人明示或暗示同意的私人财产上的海报或告示,或全部或部分地以其他海报或告示遮盖上述海报或告示以及以其他方式遮盖上述海报或告示的印痕的;

在上述公共场所,考虑到可利用空间及利用这些空间的党派及独立的候选人的数量,任何党派或独立候选人所占用的空间都不应大于其他党派或独立候选人所占用的空间,为此,警察应当按照公报上公布的规则,对各党派及独立候选人所应占用的空间作出安排,并除去违背上述规则而占用了分配给其他人的空间的海报或告示;

(v) 使内科医生、外科医生、产科医生或神职人员照顾或探访其所虚假声称的患者的;

(为 1899 年第 13 号条例第 1 条、1918 年第 13 号条例第 11 条所修正)

(w) 过着懒散而流浪式的生活的;

(为 1966 年第 43 号法案第 86 条所修正)

(x) 在公共场所纠缠着他人索要施舍物的;

(y) 父母或配偶使孩子或配偶处于贫穷中,并因此而过着无规律的或懒散的生活的;

(1983 年第 14 号法案第 10 条增设了规定后、1986 年第 32 号法案第 5 条、2002 年第 3 号法案第 73 条对之进行了修正)

(z) 法院裁定或合同约定应给予配偶或孩子生活费的,根据裁定或合同的规定,在裁定或约定之日起 15 日内未如数予以支付的;

(1859 年第 9 号条例第 22 条增设了本条规定)

(aa) 使父母处于贫穷中,并因此而过着无规律的或懒散的生活的;

(1911 年第 9 号条例第 13 条进行了修正后、为 1975 年第 27 号法案第 22 条所代替)

(bb) 公开说出一些淫秽的或不体面的话语,做出淫秽的动作或姿势,或以其他本法典未规定的方式侵犯公共风俗、规矩或礼节,即使上述行为是在失去控制的状态中所作出的;

(cc) 在街道或公共空间粗暴跑动,有猛撞或伤害他人的危险的;

(dd) 以本法典未规定的方式,故意扰乱良好的公共秩序或公共安宁的；

（1856年第4号条例第21条增设了规定后、1913年第12号条例第9条对之进行了修正）

（ee）阻止他人实施被合法裁定或许可予以实施的行为，使他人依法所实施的行为被阻挠或未产生法律效果，或以其他方式不遵守有关部门或被授予公职者的合法命令、阻碍或妨害这些人履行职责或过度干涉其职责的，除非这种不遵守或阻碍符合本法典的其他规定或其他法律的规定；

（1885年第3号条例第5条增设了本条规定后、1888年第4号条例第1条、1905年第40号条例第15条、1909年第8号条例第31条对之进行了修正）

（ff）在公共场所或向公众公开的场所被发现失去控制而无法照顾自己；在公共场所或向公众公开的场所照顾7岁以下的小孩、马、骡、牛、蒸汽机或其他车辆，但明显处于失去控制的状态或引起他人的恼怒或骚乱的状态，或拥有小型枪支，拒绝离开销售烈酒的商店、酒馆、酒吧、公寓，或试图进入客船、船舰或其他车辆，或无视这些船只或车辆的管理者不许进入或要求退出的警告而拒绝退出的；

（1903年第1号条例第17条增设了本条规定后、1909年第8号条例第31条、1963年法律通告4对之进行了修正）

（gg）除本法典或其他法律的特殊规定外，在未从有关部门取得法律所要求的或有关部门依规定而要求的许可证的情况下实施某种行为的；

（1913年第12号条例第9条增设了本条规定）

（hh）除本法典或其他法律另有规定外，向有关部门展示真实存在的，但本身是对自己或他人进行了虚假陈述的行为、书面证词或证件，试图对该有关部门进行误导的；

（1913年第12号条例第9条增设了本条规定）

（ii）除法律许可以及其他法律未规定更高刑罚的情况外，与他人就包括在马耳他境内发生的某些游戏、体育活动或事件在内的内容打赌、试图打赌或以其他方式进行打赌或试图打赌的，或在这些打赌发生时出现在现场的；

（1986年第32号法案第5条增设了本条规定）

（jj）在任何地方纠缠他人进行广告，或要求该他人接受服务、产品、财物或财产权的；

（1967年第2号法案第2条增设了本条规定）

(kk) 15 岁以上者使用向公众开放的儿童体育场的娱乐设施或类似的设施的；

(1993 年第 21 号法案第 83 条增设了本条规定后、2002 年第 3 号法案第 73 条对之进行了修正)

(ll) 在缺乏正当理由的情况下,拒绝他人探望依照法律规定或合同约定而应当许可他人探望其所监管的儿童的。

次标题二
有损于人本身的轻罪

(对人实施的轻罪)

第三百三十九条　第一款　对人实施下列行为者,构成轻罪——

(a) 以石头向他人挑战者；

(b) 以石头或其他坚硬物威胁他人、砸掷他人或以其他武器抵抗他人,但未造成任何伤害或未击中的；

(c) 向他人房屋的阳台、屋顶、窗户、门、院子、灯、墙或其他建筑物砸掷石头或其他坚硬物的,或敲击他人的住宅或其他房屋的门或按门铃的；

(d) 试图以武力去侮辱、惹怒或伤害他人或其余人,但事实本身并未构成本法典所规定的其他犯罪的；

(e) 以语言对他人进行本法典未予另行规定的侮辱或威胁,或在被激怒的情况下,侮辱超过了被激怒的范围的；

(f) 由于不谨慎或缺乏注意而向他人泼水、其他液体或污秽物的；

(g) 使狗扑向他人,或在狗对他人进行骚扰时,未尽力阻止的；

(h) 被授权去矫正他人,但超过了适当性程度的；

(i) 以可能对他人造成伤害的方式进行即使是出于玩笑的吓唬或恐吓的；

(j) 有义务去照顾小孩或其他不能够照顾自己者,而未给予应有的照顾的；

(k) 在街上遇到被抛弃的或迷路的小孩而未将其移交给执行警察或向执行警察予以及时报告的,或未向小孩提供其他安全的；

(l) 以伤害或侮辱他人为目的而在街上对其予以推搡的；

(m) 向他人房屋的门或墙扔垃圾或污物的；

(n) 骚扰、折磨、嘲弄弱智者、老年人、残疾人、体弱者或畸形者的；

(1856年第4号条例第22条增设了本条规定)

(o) 即使没有实施其他犯罪的意图,或在无知、伪装不知道或受他人欺骗的情况下,无视主人的明确警告而进入他人的住宅的。

(1900年第11号条例第51条增设了本条规定后、1903年第1号条例第18条、1909年第8号条例第32条及第33条对之进行了修正)

第二款　在第1款(d)、(e)、(f)及(o)所规定的情况下,除受害人外,其他人不得提起诉讼。

次标题三
有损于财产的轻罪

(对财物所实施的轻罪)

第三百四十条　对财物实施下列行为者,构成犯罪——

(a) 射击非野生的、他人所有的鸽子的;

(b) 采摘或吃掉他人田里的果实或其他农产品的;

(c) 发现他人误放或丢失的财物,而未在3日内向执行警察提供该信息的;

(d) 本条前述各段未列明的以及本法典中的其他条款也未予以另行规定的、对他人财物实施了有损于所有者或持有者利益的侵害的。

(为1900年第11号条例第52条所修正)

标题二
对轻罪适用的刑罚

(对轻罪适用刑罚时法院的自由裁量权:为1900年第11号条例第58条、1911年第9号条例第14条所修正)

第三百四十一条　法院可根据具体情节对所规定的轻罪的法定刑予以分别适用或并用。

(对亵渎性言语的最低处罚:1949年第10号法案第2条增设了本条规定后、1983年第13号法案第5条对之进行了修正)

第三百四十二条　在第338条(bb)所规定的轻罪中,所实施的行为包括了亵渎性的言语或表示的,对其所判处的最低刑不应低于5里拉罚金(补偿性罚金),最高刑可处3个月监禁——第一篇第二部分第四标题项下的规定除外。

(实施了第三百四十条(a)中的犯罪的资格剥夺:1963 年第 16 号法案第 2 条增设了本条规定)

第三百四十三条　实施了第 340 条(a)所规定的犯罪的,法院除对其判处刑罚外,应当作出犯罪人不得在 12 个月内持有或取得依其种类或说明可用于实施轻罪的小型枪支(包括任何气枪)的携带许可证的裁定。

(特定轻罪中的没收物品:为 1857 年第 8 号条例第 10 条、1885 年第 3 号条例第 6 条、1888 年第 4 号条例第 3 条、1944 年第 21 号法案第 2 条、1982 年第 9 号法案第 2 条、1986 年第 32 号法案第 6 条、1998 年第 10 号法案第 52 条所修正)

第三百四十四条　应依法对下列物品予以扣押或没收——

(a)为 1998 年第 5 号法案第 52 条所废除;

(b)第 338 条(p)所规定的梯子、铁棍、武器及工具;

(b)第 338 条(ii)所规定的犯罪者身上发现的钱款。

§ 一 般 规 定

(特别的法律与规则)

第三百四十五条　本法典未予规定但符合其他特别法律或条例的规定的,适用该特别法律或条例的规定。

第二篇 刑事诉讼法

第一部分 具有刑事审判管辖权的机构

标题一
执行警察在公诉中的职权与职责

一般规定

（警察的职责：1856 年第 4 号条例第 23 条、1990 年第 8 号法案第 3 条进行修正后，为 2002 年第 3 号法案第 74 条所代替）

第三百四十六条 第一款 警察的职责在于维持公众秩序与安宁、预防与侦查犯罪、收集无论是否有利于犯罪嫌疑人的证据，以及将主犯与从犯交至司法部门。

第二款 尽管第 1 款有一般性规定，但为了防止犯罪的实施，警察可以依照法律所授权的方式延迟其直接介入的时间。

（受害方提起诉讼：1889 年第 14 号条例第 45 条、1934 年第 30 号法案第 2 条、1971 年第 21 号法案第 26 条、1976 年第 22 号法案第 4 条、1981 年第 49 号法案第 4 条进行修正后，为 2002 年第 3 号法案第 74 条所代替）

第三百四十七条 法律规定非受害方不得提起刑事诉讼的情况下，除受害方提起诉讼外，警察不得提起刑事诉讼。

（为有需要的户主提供帮助：1976 年第 22 号法案第 4 进行修正后、为 2002 年第 3 号法案第 74 号所代替）

第三百四十八条 房主要求警察对在其房屋所实施的犯罪进行调查取得相关证据的，警察应以尽可能快的速度找到可行的证人。

(法定权力:2002 年第 3 号法案第 74 条所代替)

第三百四十九条　第一款　警察只具有法律所授予其的限度内的权力,在本规定中,字面意义上的法律具有与宪法第 124 条的规定相同的含义。

(对预防、手续、要求的不作为不得妨碍证据的采纳)

第二款　对本标题项下的预防、手续或要求的不作为,并不妨碍在审判中以法律许可的方式对这些相关的预防、正式手续及要求进行证明。

(定义:1900 年第 11 号条例第 54 条进行了修正后、为 2002 年第 3 号法案第 74 条所修正)

第三百五十条　第一款　在本标题中,根据第 2 款的规定:

"适当的同意"是指——

(a) 已满 18 周岁者所作出的同意;

(b) 已满 14 周岁未满 18 周岁者及其父母或监护人所作出的同意;

(c) 未满 14 周岁者的父母或其监护人所作出的同意;

"指定的警察局"是指由警察长所公布的公报上指定的警察局;

"排除性资料"是指:

(a) 由个人秘密所有的、在从事某一行业、交易、专业、或其他职业的过程中所拥有的,或因某一无偿或有偿的职务而获得或制作的个人记录;

(b) 是指个人秘密所有的、为诊断或治疗目的而提取的人体组织或体液;

(c) 个人秘密所有的新闻性资料;

"私密性样品"是指血样、精液或其他体液、阴毛以及从除嘴巴以外的身体的其他孔穴所提取的化验性样品;

"私密性检查"是指对除嘴巴以外的身体的其他孔穴的检查;

"与法律特定权利相关的文献"是指专业法律顾问与其当事人或当事人的代理人之间的交流、附加于或关于这些交流的文件或记录以及与法律建议、法律程序有关的、为进行上述程序而制作的文件或记录,但以上表述不包括以进一步实施犯罪为目的而制作的文献;

"新闻性资料"是指以新闻为目的而取得或制作的,或从他人处所取得的、提供者希望接收者以新闻为目的而使用的、由个人所持有的、为上述目的而取得的资料;

"非私密性样品"是指——

(a) 阴毛外的毛发样品;

(b) 从指甲或指甲下面提取的样品;

(c) 从包括嘴巴在内的人体的某一部分提取的化验样品,但身体的其他孔穴除外;

(d) 尿样及唾液;

(e) 脚印及除手之外的人体其他部分的类似的印迹;

"个人记录"是指能够借以对个人(无论是活人还是死者)予以确认的,或——

(a) 与其身体或心理健康相关的;或

(b) 与已经给予或将要给予其的精神辅导或帮助相关的;或

(c) 与以个人福祉为目的、由某一自愿性组织或基于公务或职业而对其福祉负责任的,或基于法院的裁定而有责任对其进行监督的个人给予或将要给予的精神辅导或帮助相关的文献或其他记录。

第二款 在本条中:

(a) 一个人应被认为秘密持有新闻性资料,如果其——

(i) 基于承诺、限制性规定或义务而持有;及

(ii) 基于上述承诺、限制性规定或义务,从该资料以新闻为目的而被首次取得或产生时起即持续持有;

(b) 应被认为持有非新闻性资料的,如果是基于——

(i) 明确的或暗示的承诺而秘密持有;或

(ii) 本法典或其他法律规定了限制泄露或保守秘密的义务。

次标题一
拦截及搜查的权力

(拦截及搜查的权力:1937 年第 3 号法案第 2 条、1959 年第 20 号法案第 4 条、1975 年第 27 号法案第 23 条进行修正后、为 2002 年第 3 号法案第 74 条所代替)

第三百五十一条 第一款 如果合理怀疑通过搜查将发现被禁止、盗窃、其他犯罪所得物品、可能用于犯罪或被用于犯罪的物品、或对搜查有利的物品,警察可在不交入场费的情况下,进入公共场所或公众被允许进入的场所、对人身及车辆进行搜查。

第二款 在第 1 款中,警察可对任何人员及车辆进行拦截,直至搜查完成,也可扣押搜查中发现的被禁止持有的或可能与犯罪有关的物品。

(搜查令:为 1994 年第 4 号法案第 9 条、2002 年第 3 号法案第 74 条所代替)

第三百五十二条　警察对未在场的车辆进行搜查或者在对车辆进行搜查时、其所有者不可能在场的,只能在得到警衔不低于督察的上级官员所签发的搜查令后才能进行。

(对搜查的限制:1900 年第 11 号条例第 55 条、1965 年第 46 号法律通告、1990 年第 8 号法案第 3 条进行修正后,为 2002 年第 3 号法案第 74 条所代替)

第三百五十三条　除紧急情况或因臭名昭彰的犯罪而被逮捕的情况外,本标题项下的搜查,不包括警察对异性进行的搜查以及在未着警服的情况下进行的搜查,除非警察明确出示了警察证。

(搜查的报告:为 2002 年第 3 号法案第 74 条所代替)

第三百五十四条　应当对本标题项下前述各条所规定的因搜查而被扣押的物品予以保存。进行搜查的警察应当起草一份陈述搜查细节的报告,报告中应当包括被扣押物品的清单。

次标题二
道 路 检 查

(道路检查的条件:1857 年第 8 号条例第 11 条进行修正后、为 2002 年第 3 号法案第 74 条所代替)

第三百五十五条　警察在有合理理由相信对某一地区的车辆或经过这一地区的车辆进行检查将会导致下列结果时,可组织道路检查——

(a)逮捕罪犯、犯罪嫌疑人或有实施非紧急法案中具有可罚性的严重犯罪嫌疑的人员的;或

(第 248 章)

(b)发现法律禁止或限制持有的物品、与严重犯罪的实施有关联的物品或上述犯罪的证据的;或

(c)逮捕法院或其他司法机关裁定应予逮捕的人员或非法逃窜人员的;或

(d)对法院依法要求某人应予遵守的义务予以查明的;或

(e)查明违反相应的机动车管理法规及交通管理条例的:

本条中的"严重犯罪"是指应处监禁刑的犯罪。

(道路检查的实施:2002年第3号法案第74条增设了本条规定)

第三百五十五条A　第一款　在道路检查中,警察有权拦截所有经过组织检查的地区的车辆,或该地区本身的车辆。

第二款　对本次标题中因执行任务而被拦截的车辆,只能由警察进行搜查。

(授权:2002年第3号法案第74条增设了本条规定)

第三百五十五条B　只能依警衔不低于督察的警官的书面授权而组织本次标题项下的道路检查,如果情况不允许任何延误,可由警衔不低于警佐的警官以口头形式授权组织检查,并将授权内容尽可能快地整理成书面材料。

(其他犯罪的证据:2002年第3号法案第74条增设了本条规定)

第三百五十五条C　除本次标题中的前述各条外,在道路检查中发现与所组织的道路检查并无关联的犯罪证据的,警察有权对此进行调查并提起相关的诉讼。

(其他法律除外:2002年第3号法案第74条增设了本条规定)

第三百五十五条D　本次标题项下的规定不影响其他法律以非本次标题的规定为目的而授予警察的拦截车辆的权力的行使。

次标题三
依搜查令进入、搜查及扣押的权力

(搜查房屋的条件:2002年第3号法案第74条增设了本条规定)

第三百五十五条E　第一款　除法律另有规定外,任何警察在未得到地方法官所签发的搜查令的情况下,不得以搜查、逮捕罪犯或犯罪嫌疑人、将要实施犯罪的嫌疑人为目的而进入任何建筑物(及其周围的土地)、房屋或封闭地域,除非——

(第248章)

(a)犯罪本身为除紧急法案所规定的可罚性犯罪以外的其他犯罪,且具有上述犯罪人可能逃跑、证明犯罪的方言及其意思将会受到禁止的紧迫危险的;或

(第248章)

(b)在实施除紧急法案所规定的可罚性犯罪以外的其他犯罪时被发现的;或

(第 248 章)

(c) 为阻止除紧急法案所规定的可罚性犯罪以外的犯罪的实施,警察确有必要介入的;或

(d) 在有法律规定的情况下,为执行其他有关部门的搜查令或裁定,确有必要进入的;或

(e) 为逮捕在被合法逮捕或拘禁后而非法脱逃者的。

第二款 "封闭性地域"不包括以橡胶墙围起来的小块土地。

(警察在执行搜查令时的附属权力:2002 年第 3 号法案第 74 条增设了本条规定)

第三百五十五条 F 警察在被授权进入上条所规定的任何地方后,就其所执行的公务及目的进行了通知而仍不能进入的,为进入打开或打坏门窗的行为,应当被认为是合法的。

(搜查及搜查令的范围:2002 年第 3 号法案第 74 条增设了本条规定)

第三百五十五条 G 第一款 本次标题项下所签发的进入令或搜查令及根据本次标题的规定而进行的搜查及扣押,不应当涉及法律的特有权利及排除性资料。

第二款 本次标题项下所签发的进入令或搜查令应当被认为是委托给了执行该令的警察。

第三款 为了不影响签发具有相同目的的新的进入令或搜查令,原进入令或搜查令自开具之日起 1 个月内未予执行的,不得再执行。

(执行搜查令的时间:2002 年第 3 号法案第 74 条增设了本条规定)

第三百五十五条 H 任何进入令或搜查令在日落后不得再予执行,除非地方法官在该令中有另外授权,或者执行该令的警察有合理的理由相信如果迟延执行,将会导致该令在执行中受挫。

(递交搜查令副本:2002 年第 3 号法案第 74 条增设了本条规定)

第三百五十五条 I 执行搜查令的警察应当向进行搜查的地方的占有者、当时在现场者、其他在警察看来应当是该地方的管理者或当时碰巧出现在现场者递交一份搜查令副本。如果没有在警察看来应当作为该地方的管理者在场的,应当将该副本放在建筑物(及其周围)任何易于发现的地方。

(限制:2002 年第 3 号法案第 74 条增设了本条规定)

第三百五十五条 J 按照搜查令所进行的搜查应限于搜查令中所要求的目的:

在搜查中发现搜查令中所提及的犯罪以外的犯罪的,搜查范围应扩大

至其他犯罪。

次标题四
无搜查令的进入与搜查

（不得延误的情况:2002年第3号法案第74条增设了本条规定）

第三百五十五条 K 具有第355条 E 第1款（a）至（e）所规定的情节时,警察可在无搜查令的情况下进入任何建筑物（及其周围的土地）、房屋或封闭地域。

（逮捕后所进行的进入与搜查:2002年第3号法案第74条增设了本条规定）

第三百五十五条 L 第一款 如果警察有合理理由怀疑被逮捕者即使是暂时使用、占有或控制的任何建筑物（及其周围的土地）、房屋或封闭地域内存在并不具有法律特定权利的物品及与犯罪相关的证据的,可进入并搜查,但必须限于发现这些证据的合理需要的范围内：

在搜查过程中发现与犯罪人被逮捕无关的其他犯罪的,搜查范围应扩大至这些其他犯罪所要求的范畴。

第二款 在不影响次标题五的规定的情况下,警察可在依第1款规定而正在进行的搜查中扣押并保留不具有法律的特定权利的、构成上款中所规定的犯罪的证据的任何东西。

（限制:2002年第3号法案第74条增设了本条规定）

第三百五十五条 M 第一款 第355条 L 所规定的权力可由警衔不低于督察的警官或受警衔不低于督察的警官的书面授权的较低警衔的警察来行使。

第二款 在现场的警察的警衔都低于督察、而情况又不允许任何延误以及占有或控制建筑物（及其周围土地）的人出现在现场且其出现对于犯罪的有效侦察又是必要的情况下,上述警察可在不具有第1款关于书面授权的情况下进入建筑物（及其周围周围的土地）并进行搜查。

（警官的报告:2002年第3号法案第74条增设了本条规定）

第三百五十五条 N 行使第355条 K 及第355条 L 中的权力的警察应在尽可能短的时间内起草一份关于在没有搜查令的情况下进入并进行搜查的报告,陈述其理由并描述搜查的结果。

（犯罪间的联系:2002年第3号法案第74条增设了本条规定）

第三百五十五条 O 本次标题下的犯罪之间存在联系,当——

（a）犯罪事实基本相同时；或

（b）某一犯罪是实现另一犯罪的手段时；或

（c）有关某一犯罪或该犯罪的一个情节的证据与另一犯罪或该犯罪的一个情节的证据有关系时。

次标题五

扣押及留存

（扣押的一般性规定：2002 年第 3 号法案第 74 条增设了本条规定）

第三百五十五条 P　警察有合理理由相信其依法所在的建筑物（及其周围的土地）上的物品为犯罪所得或与犯罪相关的证据的，且对其进行扣押将会阻止这些物品被隐匿、丢失、损坏、变造或破坏的，可以对其进行扣押。

（计算机数据：2002 年第 3 号法案第 74 条增设了本条规定）

第三百五十五条 Q　警察除具有没收电脑的权力外，还可以要求对电脑中所储存的信息以某种可以带走的、可视的、可辨认的形式进行传输。

（对扣押物的接收：2002 年第 3 号法案第 74 条增设了本条规定）

第三百五十五条 R　警察应当向在建筑物（及其周围的土地）上的人员或对被扣押物品进行控制的人员就所扣押的物品开具收据，并应其要求，在合理的时间内免费为其提供所扣押物品的照片、胶片、录影记录、电子图像或复印件，除非进行侦察的警察有合理的理由认为这样做将有损于侦察或可能提起的刑事诉讼。

（留存：2002 年第 3 号法案第 74 条增设了本条规定）

第三百五十五条 S　第一款　只要有必要，被警察依法扣押的物品在任何情况下都可以被留存。

第二款　在不影响前述一般性规定的情况下，本法典中被警察依法扣押的物品可因审判时作为证据、法医检查或用于侦察的其他方面以及确定其合法所有者而被留存。

第三款　署长应适当保管所扣押物品。

（归还给所有人：2002 年第 3 号法案第 74 条增设了本条规定）

第三百五十五条 T　除非在将要进行的刑事诉讼中，被扣押并留存的物品被在法院展示或将要被展示，该物品的合法所有者可以向地方法官提出归还所扣押物品的申请，地方法官在听取了警察的意见后，可作出无条件归还或以需要作为证据而留存为条件进行归还的裁决。

（照片：2002 年第 3 号法案第 74 条增设了本条规定）

第三百五十五条 U　除非某物品将要被没收,在其照片、胶片、录影记录、电子图像或复印件已经足够的情况下,不应当再对其予以保留:

在归还之前,警察在认为必要的情况下,应请求地方法官签发归还令并适用本法典第二篇第二部分标题二的规定。

次标题六
逮捕与拘留的权力

(有逮捕令的逮捕:2002年第3号法案第74条增设了本条规定)

第三百五十五条 V　在有合法理由对某人予以逮捕时,警察可请求地方法官签发逮捕证,除非依照法律规定不需要逮捕证。

(私人所进行的逮捕:2002年第3号法案第74条增设了本条规定)

第三百五十五条 W　第一款　对正在实施或刚实施完侵害家庭与道德的安宁与诚实的犯罪、故意杀人或伤害的犯罪、盗窃或故意非法进入并破坏财产的犯罪的,任何非警察人员都可在没有逮捕证的情况下对其予以逮捕。

第二款　实施了第1款所规定的逮捕者应当无延误地告知警察逮捕的事实,并应当将这种权力的行使限定在警察有对被逮捕者进行接管的严格必要之前。

(警察在无逮捕令的情况下所进行的逮捕:2002年第3号法案第74条增设了本条规定)

第三百五十五条 X　第一款　对正在实施或刚实施完应处监禁刑的犯罪的、或有合理怀疑其将要实施或已经实施完上述犯罪的,警察可在无逮捕证的情况下对其予以逮捕。

第二款　对明知或已经给予及时警告后仍阻碍或扰乱执行公务或违背命令者,警察有权对其予以搜捕。

第三款　第1款及第2款中的权力只应当在警察有将被逮捕者交送警察局或警衔不低于警佐的上级官员的严格必要之前行使。

(第248章)

第四款　本条的规定不适用于紧急法案所规定的犯罪。

(对犯轻罪者的逮捕:2002年第3号法案第74条增设了本条规定)(第248章)

第三百五十五条 Y　第一款　对于轻罪或不应被判处监禁的犯罪而言,除紧急法案所规定的犯罪外,警察有权在没有逮捕证的情况下实施逮捕,如果——

(a) 某人被发现正在实施犯罪;或

(b) 对于阻止警察在缺少受害者起诉的情况下提起刑事诉讼的犯罪的实施而言,逮捕是必要的;

(c) 对于(a)段及(b)段而言,只要满足第 355 条 Z 所规定的条件之一即可。

第二款　正在实施犯罪行为或被受害者或公众在追捕时抓住的,应当被认为是在实施犯罪行为时被发现。

(逮捕的一般条件:2002 年第 3 号法案第 74 条增设了本条规定)

第三百五十五条 Z　逮捕的一般条件——

(a) 警察尚不知道或不能确认其身份;或

(b) 对其所提供的细节尚存怀疑;或

(c) 尚未提供满意的送达地址、所提供的地址值得怀疑或至少其他人可代表其在所提供的地址接受送达;或

(d) 逮捕对阻止下列事项是必要的——

(i) 对自己或他人造成人身伤害;或

(ii) 受到身体伤害;或

(iii) 造成财产丢失或损害;或

(iv) 有损于公共礼节的犯罪的实施;或

(v) 造成公共道路的非法阻塞;或

(e) 警察有理由相信逮捕对保护儿童或其他弱者而言是必要的。

(对被逮捕者的行为:2002 年第 3 号法案第 74 条增设了本条规定)

第三百五十五条 AB　警察或其他法律授权者实施逮捕时,不得使用任何严厉的手段、镣铐或其他管束性手段,除非为抓捕所必不可少或由被抓捕者的不驯服所致。

(逮捕时应告知的信息:2002 年第 3 号法案第 74 条增设了本条规定)

第三百五十五条 AC　第一款　如果未告知被逮捕者将要对其实施逮捕,即使这种逮捕是显而易见的,也不合法。

第二款　被逮捕者在被逮捕或拘留时被以其所不能理解的语言告知逮捕或拘留理由的,逮捕不合法;

如果需要翻译人员却不可得,或在逮捕或拘留时不可能遵守本款的规定的,这些规定应当在尽可能短的时间内被遵守;

在任何情况下,如果逮捕是由第 355 条 V 所规定的个人实施的,可在警

察接管之后再进行告知。

（出现在警察局或警察办公室：2002年第3号法案第74条增设了本条规定）

第三百五十五条 AD 第一款 在侦查过程中，除非被告知将要对其实施逮捕，否则，自愿或随警察一起到警察局或警察办公室者可随时自由离开。

第二款 督察有合理理由怀疑自愿出现在警察局或警察办公室者可能实施了应处监禁刑的犯罪的，可在无逮捕证的情况下立刻对其实施逮捕并进行相应的告知。应立即将逮捕时间记录下来并立即通知地方法官。

第三款 警察可通过口头或书面通知的方式要求某人到警察局或其他指定的地点提供警察所要求的信息或文件，后者出现在警察局或指定的地点的，应当被认为是自愿的。本款中的通知应当包括第5款所规定的不遵守相关规定的法律后果。

第四款 被警察认为持有与调查有关的信息或文件的人员，有按照警察的要求到警察局提供所要求的信息或文件的法定义务：

任何人不具有提供证明其本身有罪的信息或文件的义务。

第五款 不遵守第3款中的书面通知或未按照要求，即使是口头要求，为第3款所规定的目的而随警察一起到警察局或指定地点的，应当被认为触犯了应被判处拘留的轻罪，并在具有逮捕证的情况下被立即逮捕。

第六款 如果基于正义要求，可立即执行第3款中的通知。

第七款 应当将依第3款规定自愿到警察局或其他指定地点者与其他人分开，但不应当将其留在通常用来拘押被逮捕者的地方。

（在警察局或警察办公室外的逮捕：2002年第3号法案第74条增设了本条规定）

第三百五十五条 AE 第一款 警察在非警察局以外的地点逮捕他人的，应当将被逮捕者带到最近的警察局，执行逮捕者的警衔低于督察的，应当立即将逮捕情况报告给警衔不低于督察者。管理该警察局的警察或督察也应当被告知。

第二款 有理由认为逮捕需要继续一段时间的，应当自逮捕时起的6个小时内将被逮捕者尽快带到指定的警察局。

第三款 如果基于必要的侦查需要，可推迟将被逮捕者按前述各款规定带到警察局的时间。

第四款 对被逮捕者予以释放的，命令进行释放的警察应当记录该事实并陈述理由。

(对被逮捕者的搜查:2002年第3号法案第74条增设了本条规定)

第三百五十五条 AF　第一款　警察应立即搜查被逮捕者:

(a) 如果警察有合理的理由相信被逮捕者可能会给自己或他人带来危险的;或

(b) 有被逮捕者可能会用来逃离监管场所的其他物品;或

(c) 有与案件相关的证据。

第二款　本法典中第353条的规定适用于本条中的搜查。

次标题七
逮　捕　证

(警察执行逮捕令及搜查令:2002年第3号法案第74条增设了本条规定)

第三百五十五条 AG　第一款　除第666条的规定外,警察有责任执行有关部门依法签发的逮捕令或所作的裁定。

第二款　逮捕令或裁定应当陈述犯罪的性质、如果知道的话,被指控实施了犯罪的人员的姓名,在搜查令中,应当指时要进行搜查的地点。

第三款　逮捕证或搜查令一旦签发,警察就应当加以执行。

(逮捕令的程序:2002年第3号法案第74条增设了本条规定)

第三百五十五条 AH　第一款　依照法律规定,警察执行任务时需要地方法官签发逮捕令的,可请求地方法官签发陈述了所请求理由的逮捕令,并向后者提供能够使其对此请求作出决定的信息。在决定是否签发逮捕令之前,地方法官可要求警察进行宣誓,对其所提供的信息予以证实,并在认为有足够充分的理由存在的情况下,签发逮捕令。

第二款　情况紧急时,签发逮捕令的请求或逮捕令本身可以复件的形式被进行传送:

原逮捕令应当在尽可能短的时间内送达,以便记录之用。

第三款　地方法官所签发的逮捕证应当交给警察长并由警察执行。

第四款　警察按照本法典的规定请求地方法官签发逮捕令或搜查令而被拒绝的,可就相同的逮捕令或搜查令向刑事法院的法官提出签发请求。

(逮捕令复件:2002年第3号法案第74条增设了本条规定)

第三百五十五条 AI　除以复件传送逮捕令外,逮捕令应在一式三份并有签名的情况下予以签发,其中一份由地方法官保留,另外的两份中,一份

由警察保管,以做记录之用,另一份在逮捕逮捕令上所注明之人时用:

警察偶遇已经签发的逮捕令上注明的被逮捕者时,即使并未持有逮捕令,但知道逮捕令已经签发的,可对其实施逮捕并在首次有机会时出示逮捕令。

(报告逮捕:2002年第3号法案第74条增设了本条规定)

第三百五十五条AJ　第一款　无论是否具有逮捕令,除非被逮捕者在被逮捕之时起6小时内被释放,否则,实施逮捕的警察或其上级都应当在尽可能短的时间内将逮捕时间及地点等细节告知地方法官。

第二款　地方法官可作出将被逮捕者立即转移至其他地方的裁定。

第三款　未将依照本法典规定而被逮捕的人员在逮捕后48小时内带至法院的,应当将其予以释放。

(即时裁定:2002年第3号法案第74条增设了本条规定)

第三百五十五条AK　有关部门关于依照本次标题关于个人权利的规定而作出的裁定应当被无延误地予以执行,为此,可使用复件或电话进行联系,以保证其真实性。

次标题八
拘　　留

(释放的权利:2002年第3号法案第74条增设了本条规定)

第三百五十五条AL　第一款　在第355条AJ第3款所规定的情况下或监管人员知道实施拘留的理由已经不再适用、而又无合法的理由使继续拘留具有合理性的,监管人员有义务命令立即对被拘留者予以释放。

第二款　在对第1款所规定的人员进行释放前,监管人员应当告知地方法官并由后者作出最终决定。

第三款　第1款所规定的被释放人员应当被无条件地予以释放,除非对于监管人员而言——

(a) 在前者被拘留期间,还需要对与被拘留的事由有关的一些问题进行进一步调查;或

(b) 因为上述问题,被拘留者可能被提起诉讼,

果真如此,被拘留者应当按照其签名的书面材料而被有条件地予以释放且未经对其进行逮捕的侦查人员的准许,不得试图离开马耳他或为离开马耳他而作准备,并应当按照监管人员指定的时间在法院出庭,或者按照法院指定的时间及地点在地方法院出庭。

第四款 监管人员要求交纳保释金,以保证其未经准许不得试图离开马耳他或为离开马耳他而作准备或者保证其出庭的,监管人员可以以书面形式通知未经准许不得试图离开马耳他或为离开马耳他而作准备的条件不再适用,或其将不再被要求去到警察局。

第五款 未遵守第3款所规定的被要求释放后应遵守的条件的,犯轻罪。

第六款 对按照第3款关于未经准许不得试图离开马耳他或为离开马耳他而作准备、出现在警察局或地方法院的规定而予以有条件释放的,如果未经准许而试图离开马耳他或为离开马耳他而作准备、未在指定的时间出现在警察局或地方法院的,警察可在无逮捕证的情况下对其实施逮捕。

第七款 在本次标题下,返回警察局进行保释或按照第6款规定而被逮捕的,应当按因第5款所规定的犯罪及与保释相关的犯罪而被逮捕的对待,本条的规定适用于这些人。

第八款 除非地方法官依照警察的请求再一次或多次地延长3个月,以对被适用该条件者作出回应,否则,第3款所规定的条件从其被实施之日起3个月后失效。

第九款 在第3款所规定的条件的有效期间内,被适用该条件者可以通过请求警察作出回复的方式请求地方法官消除或更正这些条件。

第十款 地方法官可以对监管人员自行实施第3款所规定的条件作出指示。

(监管人员的要求:2002年第3号法案第74条增设了本条规定)

第三百五十五条 AM 第一款 在每一指定的拘留地点,警察长应当指派一个或多个警衔不低于警佐的监管人员依照地方法官的命令负责拘留事宜。

第二款 如果尚没有合适的监管人员对监管事宜进行负责,任何级别的警察都可以在指定的拘留地点发挥监管功能。

第三款 被要求对在拘留地的被关押者行使监管职责的警察,因与被关押者所犯罪行的侦查有关联而不能行使此职责的,由另外的监管人员行使其职责,如果没有适当的监管人员,由当时在场的职位最高者来行使此职责。

第四款 在本条及本次标题项下的其他法条中,"指定的拘留地"是指由部长所指定的拘留时间在6小时以上的地方。

(监管人员的职责:2002年第3号法案第74条增设了本条规定)

第三百五十五条 AN 监管人员行使由本法典及其他法律所规定的职责。

（监管人员在非指定拘留地点的职责：2002年第3号法案第74条增设了本条规定）

第三百五十五条 AO 被逮捕者被押往非指定拘留地点的警察局的,应当由他人履行的监管人员所不能履行的相关职责为：

（a）如果有与对被逮捕者进行侦查的案件无关的、警衔不低于警佐者的,由其来行使；

（b）如果没有上述人员的,由将被逮捕者押到警察局者或当时警察局中职位最高者来行使。

（对被关押者的私密性搜查：2002年第3号法案第74条增设了本条规定）

第三百五十五条 AP 实施逮捕的人员或监管人员有合理理由怀疑被逮捕者在其身体内藏有药品、且对该药品的非法持有构成刑事犯罪的,或藏有其他由本法典或其他法律授权监管人员应对之予以扣押的被逮捕者所持有的物品的,上述人员可请求地方法官裁定对被逮捕者进行私密性搜查。

（专家的指定：2002年第3号法案第74条增设了本条规定）

第三百五十五条 AQ 第一款 对第355条AP中所请求的裁定,地方法官可在设置了其认为需要的正当的保障措施后,指定一名专家进行搜查并由该专家向其报告搜查结果。根据具体情况,报告的复印件应无延误地交给实施逮捕或监管的人员。

第二款 除非该专家是执业医生或经被搜查者的书面同意,否则,不得指定异性专家进行私密性的人身搜查。

（扣押：2002年第3号法案第74条增设了本条规定）

第三百五十五条 AR 前述条款下私密性搜查的所得物可由专家暂时保管并依地方法官的命令而予以扣押,但应当将收据交给被拘押者。地方法官可授权将未开具收据的被扣押物品交给实施了私密性搜查的侦查人员。

次标题九
被拘留者的权利

（告知朋友及寻求医疗帮助的权利：2002年第3号法案第74条增设了本条规定）

第三百五十五条 AS 第一款 警察有义务尽可能早地告知被逮捕者

或被拘留者其具有要求将被逮捕的事实及关押地点告知亲戚朋友的权利,除非这些亲戚朋友有与被调查案件有关联的嫌疑。被逮捕者行使这些权利的,其亲戚朋友应当被尽早告知,同时依照第2款及第3款的规定,警察履行本款职责的,应当被记录。

第二款　在任何情况下,被拘留者的拘留信息中都应当包括下列信息:
(a) 被拘留者被告知其具有本条所规定的权利的日期及具体时间;
(b) 被拘留者是否选择行使其权利;
(c) 被拘留者选择行使其权利的,应当向其亲戚朋友告知的有关被告拘留的事实及拘留地点、以及被告知的日期及时间;亲戚朋友没有被告知的理由。

第三款　被逮捕者或被拘留者应当在第2款所规定的记录上签名,拒绝签名的,应当对之进行记录。

第四款　除第1款的规定外,如果侦查人员有合理理由认为告知被拘留者的亲戚朋友相关事实将不利于侦查或对事实的恢复,或惊动其他尚未被警方拘押的其他与犯罪有关联者的,可通过申请请求地方法官授权推迟告知。但该告知不能被推迟到自逮捕时起的6个小时之后。

第五款　依被逮捕者的请求,如果可行,应当允许其对自己所作出的选择进行医疗咨询。

第六款　第4款中的申请书可以复印件的形式交给地方法官:原申请书应当尽可能早地予以提交,以备记录。

(法律建议的权利:2002年第3号法案第74条增设了本条规定)

第三百五十五条 AT* 第一款　根据第3款的规定,被逮捕并被关押在警察局或其他指定地点者提出请求的,应当在尽可能短的时间内被许可亲自或通过电话向法官或检察官进行不超过1小时的咨询。在被提问之前,警察应当尽可能早地告知被拘留者其所享有的本款规定的权利。

第二款　第1款中的请求应当与请求时间一起被记录在拘留记录中,除非被指控犯有某种罪行者在法庭上提出请求,在这种情况下,可不予记录。

第三款　因犯某罪而被拘留在警察局者依照第1款规定提出请求的,或由警衔不低于警司者授权的,可根据第7款的规定对该请求予以推迟。

第四款　第3款中的授权可以口头形式作出,也可以书面形式作出,但

---

* 本条尚未生效。

如果以口头形式作出,则应当尽快以书面形式予以确认。

第五款 被拘留者希望行使第 1 款所授予的权利时,只有在有合理理由认为行使该权利将导致下列结果的,方可批准推迟其行使——

(a)将扰乱或有害于与所侦查案件有关的证据、打扰他人或对他人造成人身伤害的;或

(b)将使有本罪的犯罪嫌疑但尚未被逮捕者产生警觉的;或

(c)将妨碍对因犯罪而取得的财物的恢复;或

(d)在因贩卖毒品、贿赂、洗钱而被拘留的情况下,将妨碍对犯罪人因之而产生的收益的恢复。

第六款 依第 5 款规定的授权而予以推迟后,警察应立即对被拘留者进行讯问。

第七款 第 3 款中的推迟不应超过自逮捕时起 36 小时。

第八款 警察试图为被拘留者指定拘留期间的律师或代理人的,构成犯罪,在不影响对其所进行的惩戒性诉讼的前提下,判处罚金(补偿性罚金)。

第九款 被拘留者未选择寻求法律帮助的,侦查人员应在两名证人在场的情况下对这一事实予以书面记录,并立即进行讯问。

(从未提及的事实中得出推断:2002 年第 3 号法案第 74 条增设了本条规定)

第三百五十五条* AU 第一款 在对犯罪人进行的诉讼中,有关被告人的证据——

(a)在被指控犯罪之前被警察讯问是否实施了犯罪或对谁实施了犯罪,在其辩护中未提及任何事实的;或

(b)在被指控犯有某种罪行或被正式告知可能会因某种罪行而被起诉时,未提及的任何有关事实的,

为在当时被讯问、起诉或被告知的情况下,希望被告人能够适度提及的事实。根据具体情况,如果被告在被讯问、起诉或被告知之前接到过上述的法律建议,适用第 2 款的规定。

第二款 此款适用于——

(a)作为刑事法院的地方法院依第 401 条第 2 款规定为判决而进行调查时;

---

* 本条尚未生效。

(b) 法院或陪审团确定被告是否构成所指控的犯罪时，

可能从被告完全未提及的事实中得出结论，虽然结论本身并不能作为有罪的证据，但可以被作为被告犯罪的佐证。

第三款 在对某人所进行的刑事诉讼中，在法院因出于公正而未予准许的情况下，控方不得就诉讼前的侦查阶段被告人未请求律师或代理人的帮助这一事实进行评论。

次标题十
提取样品、指纹及其他侦查手续

（经授权所提取的样品：2002 年第 3 号法案第 74 条增设了本条规定）

第三百五十五条 AV 侦查人员可以亲自、通过申请书或复印件的形式请求地方法官许可进行必要的程序——

(a) 有合理理由请求提取被逮捕者的私密性样品；或

(b) 通过照片、胶片、录影或电子影像在被逮捕者身体的私密部分提取记录样品；或

(c) 侦查人员可依法执行的经被逮捕者同意并坚持要求履行的手续：

如果请求符合(a)段的规定，适用第 355 条 AW 的规定，如果符合(b)段的规定，则适用第 355 条 AP 的规定。

（经同意提取的私密性的样品：2002 年第 3 号法案第 74 条增设了本条规定）

第三百五十五条 AW 根据第 355 条 AV 及第 355 条 AW 的规定，只有在经过被逮捕者同意的情况下，才能提取私密性样品。

（被拒绝提取私密性样品：2002 年第 3 号法案第 74 条增设了本条规定）

第三百五十五条 AX 第一款 在收到第 355 条 AV(a) 所规定的请求后，地方法官应当从侦查人员处获取所有能够使其对该请求作出合理性决定的信息。

第二款 地方法官认为请求具有合理性的，应当对被逮捕者进行巡查并征求其意见，在询问其是否同意之前，应当向其解释：

(a) 请求的性质及相应的原因；

(b)* 第 355 条 AZ 所规定的同意或拒绝的后果；及

---

* 本段尚未生效。

（c）*在决定是否同意之前有权向律师或代理人进行咨询。

第三款** 第2款所规定的被逮捕者请求向律师或代理人进行咨询的，地方法官应当记录该事实、请求的日期及时间，并按照第4款的规定允许被逮捕者在其根据具体情况认为适当的时间内向律师或代理人进行咨询。

第四款*** 基于警察的合理反对，如果立即与律师或代理人进行接触可能导致所请求的公正性利益或第355条AT第5款所提及的事件发生的，地方法官可以推迟该交流：

被逮捕者请求向律师或代理人进行咨询的，只有在该咨询结束后，才能向该被逮捕人提出同意的要求。

（提取样品应适用的程序：2002年第3号法案第74条增设了本条规定）

第三百五十五条 AY 在提取私密性样品时，适用第355条AP的规定。

（由拒绝所得出的推断：2002年第3号法案第74条增设了本条规定）

第三百五十五条 AZ**** 无合理理由而拒绝同意提取私密性样品的，在对该人的犯罪提起的诉讼中，那些对事实必须予以审判的人可从已作出的拒绝中得出结论，根据这些结论，拒绝应当被作为、或能够被用来作为更加不利于犯罪人的证据，对这些证据而言，其拒绝至关重要。

（经被逮捕者同意或根据其要求提取样品：2002年第3号法案第74条增设了本条规定）

第三百五十五条 BA **第一款** 侦察人员经过被逮捕者的书面同意，可提取：

（a）被逮捕者的指纹、掌纹；

（b）被逮捕者或其身体的非私密性部分的照片；

（c）从被逮捕者身上提取的非私密性样品。

第二款 被逮捕者可以书面请求由侦查人员在必要的相关人员的帮助下按照其要求提取：

（a）其指纹、掌纹或其他痕迹；

（b）其本身或身体的非私密性部分的照片；

---

* 本段尚未生效。
** 本款尚未生效。
*** 本款尚未生效。
**** 本条尚未生效。

(c) 从其身上提取的非私密性样品。

第三款 被逮捕者也可以以书面形式请求侦查人员执行第 355 条 AV (a)和(b)所规定的手续,这些请求应当被无延误地交给地方法官。在对被逮捕者的请求进行确认后,地方法官可授权适用所请求的手续,并在适当的时候适用第 355 条 AP 的规定。

(从非被逮捕者处提取样品:2002 年第 3 号法案第 74 条增设了本条规定)

第三百五十五条 BB 从非被逮捕者的其他人员身上提取样品必须经得其事前的书面同意:

如果是从非被逮捕者的其他人员身上提取私密性样品的,必须获得地方法官的授权。

(依非被逮捕者要求提取样品:2002 年第 3 号法案第 74 条增设了本条规定)

第三百五十五条 BC 第 355 条 BA 的规定也同样适用于被逮捕者之外的任何请求对其自己履行该条款所规定的相关手续者,如果该请求以书面形式作出并包含了请求者有理由相信不履行相关手续有可能导致其被逮捕或拘留的后果声明的。

(2002 年第 3 号法案第 75 条增设了本标题规定)

次标题十一
警察在审判程序中的权力及职责

(在法庭出示证据:为 1965 年第 46 号法律通告、1974 年第 58 号法案第 68 条、1990 年第 8 号法案第 3 条、2002 年第 3 号法案第 76 条所修正)

第三百五十六条 第一款 执行警察有义务在尽可能早地、尽可行的时间内将犯罪人及所有可能收集到的与犯罪相关的证据交给法院。

第二款 提起控诉的警察有义务向辩方公开看起来可能有利于被控诉者的证据,而且无论出于何种原因,警察也不应当具有将其作为起诉的证据而向法院予以出示的意图。

(进一步收集证据并在法庭予以出示)

第三款 即使被告人已经被带至法院,执行警察也应当继续为地方法院收集并提供与犯罪有关的证据,在被告人已以交付审判后,应当向检察长进一步收集并提供所取得的与犯罪有关的证据。

(与犯罪有关的物品的保存:为 1990 年第 8 号法案第 3 条所修正)

第三百五十七条　执行警察发现与犯罪有关的武器、文件、痕迹或其他东西的,应当采取措施予以查证并确保其存在,并在将此报告给地方法院前保持其在被发现时的状态,如果未能查证并确保其存在、或未能使其保持原状的,也应当遵守相同的程序以供拟定"备忘录"之用。

（警察在刑事诉讼中的职责：为2002年第3号法案第77条所代替）

第三百五十八条　第一款　警察有签发并送达传唤他人至具有司法管辖权的地方法院的传票的义务。

第二款　在具有刑事司法管辖权的法院的简易诉讼中,警察不具有向被诉者送达不属于一审开庭的听审日期的义务。

（执行警察执行逮捕令或搜查令：为1994年第4号法案第10条所修正）

第三百五十九条　第一款　除第666条的规定外,执行警察有执行由有关部门依法律规定而签发的逮捕证或搜查令的义务。

（逮捕令的内容）

第二款　逮捕证或搜查令应注明犯罪的性质、在知道的情况下,注明被指控实施犯罪者的姓名。

（对未被逮捕的被告的传唤：为1911年第9号条例第15条、1990年第8号法案第3条所修正）

第三百六十条　第一款　因缺乏足够的法定理由而不能对被指控犯有某种罪行者实施逮捕的,执行警察应当依书面裁定传唤其至地方法院。

（传唤的内容）

第二款　传唤应当包含明确的被传唤者、被指控事实的简要说明以及在可行的情况下,必要的关于时间及地点的细节说明。传唤也应当暗示被传唤者未能出庭时,将根据法院的逮捕证而对其实施逮捕或在逮捕证上所注明的日期进行传讯。

（书面证词及传唤的送达：2002年第3号法案第78条增设了本条规定）

第三百六十条A　第一款　在第370条第1款所规定的具有司法管辖权的地方法院的刑事法院所进行的简易诉讼中,警察可以在其后的任何时间内将传票及由将在已提起的诉讼中作为证人的国家公务人员、依法成立的法人的雇员或官员所出具的书面证词、在同一诉讼中作为证据出现的文件送达被告,被告希望对出具了所送达的书面证词的对方证人进行询问的,在收到送达的书面证词后、第一次开庭前的15天之前,以挂号信的方式告

知警察长,将要接受诘问者应当在诉讼中被传唤并提供证据;

在本条中,"文件"的含义与第558条第2款所指定的含义相同;

被告不可能在上述规定的时间内告知警察长的,可以在书面证词送达后即时进行的第一次开庭期间告知其希望进行诘问,接受诘问者应当在下一次开庭时受到传唤并提供证据。

第二款 被告未按规定告知其诘问意图的,对其书面证词已经按照第1款规定而被送达被告的证人,在诉讼过程中不应当再以对事实进行确认为目的而进行传唤,上述书面证据也应当被认为已经经过被告的确认,其内容应当被作为证据而予以采纳。

(传唤的期限:为1871年第6号条例第26条、1886年第2号条例第9条、1911年第9号条例第16条所修正)

第三百六十一条 除紧急情况外,应当至少在所规定的出庭日期之前的2个工作日之前送达传唤。

(送达的方式:2002年第3号法案第79条增设了本条规定)

第三百六十二条 第一款 传唤应当送达至被要求出庭者,未能遇见其本人的,应送至其通常住所。无论在哪种情况下,送达者应向法院进行汇报。

第二款 司法部长在征求了警察长的意见后,可以制定规章,规定在第360条A第1款所规定的简易诉讼中,按规定以邮件或其他方式送达传唤及附随文件、或者实施诉讼中的其他行为。

第三款 拒绝接收按照第2款中所规定的规章的规定而向其送达的传唤或对其所实施的诉讼中的其他行为的,法院可依警察的申请,在审查完回执后,以判决的形式宣布已向该送达者送达了传唤或实施了其他行为,并裁定对其实施逮捕。

第四款 被送达传唤或实施了其他法律行为者以外的其他人拒绝亲自接收传唤或其他法律行为的,法院可依警察的申请,在审查完回执后,认为该人应当接收传唤或其他法律行为的,对其判处罚金(补偿性罚金):

法院可在任何时间内,因正当理由而免除其罚金(补偿性罚金)。

(传唤送达的时间及地点:为1934年第30号法案第3条、1965年第19号法案第18条所修正)

第三百六十三条 除非因情况紧急而不能有任何延误,否则,传唤不能在晚7点至早7点之间送达,也不能在星期日、公休日或正在举行宗教仪式的教堂送达。

(紧急情况)

第三百六十四条 在不允许有任何延误的紧急情况下,可以要求被传唤者立即出庭或在当天某个特定的时间出庭。未出庭的,可依照法院的逮捕令而将之押送至法庭。

(传唤证人出庭:为1874年第4号条例第8条、1900年第11号条例第56条、1913年第12号条例第10条、1986年第32号法案第7条、1990年第8号法案第3条所修正)

第三百六十五条 第一款 执行警察应当以书面传唤为控方利益或为被告方利益而必须在地方法院出庭的证人。

第二款 在以传票传唤证人的情况下,适用上述三条的规定。

第三款 本条中的传票及第360条中的传唤应当由警衔不低于副督察的执行警察签名或在具有签名的复印件上盖章。

(执行警察执行判决、记录员收取罚金(惩罚性罚金):为1990年第8号法案第3条所修正)

第三百六十六条 执行警察有义务执行除第359条中的逮捕令或搜查令以外的地方法院所作的任何判决及裁定:

罚金(惩罚性罚金或补偿性罚金)由法院的记录员收取。

(为1990年第8号法案第3条所修正)

标题二
地 方 法 院

(地方法院法官的组成、管辖权:为1900年第11号法案第57条、1990年第8号法案3条、2002年第3号法案第80条所修正)

第三百六十七条 第一款 每一个地方法院都应当有一名地方法官、并享有双重的司法管辖权,即,对其司法管辖范围内的案件进行审判的刑事管辖权与对属于其上级司法部门管辖范围内的案件进行调查的权利。

(地方法院的数目)

第二款 地方法院分为两个,一个为马耳他岛所设立,一个为戈佐岛及科米诺岛所设立,分别称为(马耳他)地方法院和(戈佐)地方法院。

(地方法官可能放弃或被质疑:为1871年第6号条例第27条、1903年第1号条例第19条、1924条第1号法案第2条、1934年第30号法案4条、1965年第46号法律通告、1973年第49号法案第108条、1974年第58号法

案第 68 条所修正)(第 12 章)

第三百六十八条　第一款　除在收到报告或起诉后立即被质疑或主动放弃的、由于组织与民事诉讼法典第 734 条(a)、(b)、(c)、(e)及生效后的(d)段所陈述的理由,或因为其作为或将作为证人而在案件中提供证据或与犯罪有关的诉讼将有损于其本身、配偶或与其有第 734 条(a)段及(b)段所规定的程度不同的血缘或类似关系的他人的利益以外,任何地方法官不得被质疑或主动放弃某一案件。

第二款　在第 403 条及第 433 条第 5 款所规定的情况下,任何地方法官不得被质疑或主动放弃案件,即使在调查阶段其曾经与警察或相关人员进行过协商,或在收集证据时与检察长进行过协商。

第三款　在听取了报告或起诉后,地方法官认为存在上述与其有关的事由的,应当在对案件进一步进行诉讼前予以声明。

第四款　上述任何理由不得造成对地方法官签发逮捕令或实施与对依本法典的规定而进行的人身证据、审问及物品证据所进行的调查有关的任何行为的限制。

(地方法官的职责:1871 年第 6 号条例第 28 条增设了本条规定后、1900 年第 11 号条例第 58 条、1990 年第 8 号法案第 3 条对之进行了修正、并为 1995 年第 24 号法案第 360 条所代替)(第 12 章)

第三百六十九条　在地方法院,可由记录官指定组织与民事诉讼法典第 57 条第 2 款(a)中的人员担任记录员并发挥记录员的作用。

(为 1990 年第 8 号法案第 3 条所修正)

次标题一
作为刑事审判法院的地方法院

(作为刑事审判法院的地方法院所管辖的犯罪:为 1856 年第 4 号条例第 24 条、1871 年第 6 号条例第 29 条、1889 年第 14 号条例 46 条、1900 年第 11 号条例第 59 条、1940 年第 29 号法案第 59 条、1963 年第 23 号法案第 2 条、1965 年第 46 号法律通告、1974 年第 58 号法案第 68 条、1981 年第 49 号法案第 4 条、1987 年第 13 号法案第 2 条、1990 年第 8 号法案第 3 条、1990 年第 29 号法案第 17 条、2002 年第 3 号法案第 81 条、2003 年第 9 号法案第 128 条所修正)

第三百七十条　第一款　地方法院有权审理——

(a)本法典中的所有轻罪;

第二篇　刑事诉讼法

（b）本法典中所有应被判处轻罪之刑罚、罚金（惩罚性罚金）、并处或非并处罚金（惩罚性罚金）或禁止的不超过6个月监禁的犯罪；

（c）其他法律中应被判处上段所规定的刑罚的犯罪，除非法律另有规定。

第二款　考虑到并发的数罪或同时适用的刑罚、先前的定罪以及第18条的适用，第1款中的犯罪仍然应当由上述法院进行审理，即便是对其适用比上款更高的刑罚。

第三款　（a）即使第1款（b）有规定，但如果被指控犯有某种应被判处6个月以上10年以下监禁的犯罪者不反对，检察长也可以下令由上述法院进行审理；

（b）犯罪记录被返回法院进行审理时，法院应当询问被告是否反对以简易程序审理其案件；法院可自行对被告回答此问题所需要的时间作出合理的裁定；

（c）如果被告在上述时间内作出回答，不反对以简易程序审理其案件的，法院应当在案件记录中对其回答进行记录、对被告行使审判管辖权并立即按照第377条的规定作出判决；

（d）如果被告反对以简易程序进行审理的，法院应裁定在第401条第3款所规定的时间内将案件记录转交检察长依法处理。在这种情况下，第432条所规定的提起诉讼的期间应当从检察长收到案件记录时起算；

（e）（a）段中检察长裁定由法院审理的被告人数为两人或两人以上的，上段的规定只有在被告中的一人或多人反对以简易程序进行审理时才能适用，在这种情况下，第432条所规定的提起诉讼的期间应当从作出每一适用简易程序审理的案件都应当成为既判案件的裁定后、检察长收到案件记录时起算；

（f）在根据（b）段的规定询问被告是否反对以简易程序审理其案件之前，法院应当对检察长按照（a）段的规定而在将被告交付上述法院审理的通知上所指示的证据进行审理。

第四款　（a）即使第1款（b）有规定，如果被告被指控犯有应被判处6个月以上4年以下监禁的罪行的，法院应当在对被告进行第392条第1款（b）段所规定的审查之前的该条所规定的其他审查期间，询问被告是否反对以简易程序审理其案件；并应当给予被告合理的时间以回答此问题；

（b）如果被告在上述时间作出回答，不反对以简易程序审理其案件的，法院应当询问起诉人员检察长是否书面同意以简易程序审理该案件，检察长不反对的,法院应当在诉讼记录中记录该事实、对被告行使审判管辖权、并开始进行相应的诉讼程序：

本款不得被解释为如果从证据上来看,所实施的犯罪为法院不具有审判管辖权的更为严重的犯罪的,该法院便不得进行必要的讯问。

第五款　第2款的规定应当同样适用于第3款及第4款所规定的犯罪。

第六款　法院也应当能够对在这种情况下及第392条A所规定情况下的被告方进行宣判。

（如何确定管辖权：为1856年第4号条例第25条、1990年第11号法案第60条、1913年第12号条例第11条、1963年第23号法案第3条、1965年第46号法案、1971年第3号法案第14条、1974年第58号法案第68条、1981年第49号法案第4条、1983年第13号法案第5条、1990年第8号法案第3条所修正）

第三百七十一条　第一款　即使由于一些减轻情节,被告不应当被判处刑罚或可能由较高的刑罚降为较低的刑罚,但在确定管辖权时,也应当只考虑所指控的犯罪,而对减轻情节则不予以考虑。在这种情况下,应当适用第389条及以下各条的规定。

第二款　而且,地方法院有权审理——

（a）18周岁以下者或聋哑人实施的、依照法律规定应当被判处不超过本法院具有管辖权的刑罚的犯罪；

（b）在检察长看来,讯问记录已显示出宽宥理由,而且根据法律规定,所应判处的刑罚不超过本法院具有的管辖权的、根据法律可予宽宥的犯罪：无论在哪种情况下,其他人都不能被作为主犯或从犯而受到同时指控、也不能因其犯罪与该法院管辖权范围内的犯罪有联系而受到同时指控；

（c）不具有"暴力"、"人员"及"犯罪性质"的、因"手段"而加重的盗窃罪,如果盗窃物的价值不超过5里拉的,根据检察长的意见,对犯罪可适当判处不超过6个月监禁,并处或不并处罚金（惩罚性罚金）。

（地方法院之间如何划分管辖权：1900年第11号条例第61条增设了本条规定后、1913年第12号条例第12条、1990年第8法案第3条对之进行了修正）

第三百七十二条　第一款　地方法院之间的管辖权的确定——

（a）按照犯罪的实施地确定；或

（b）如果有一个被告或两个或两个以上的被告,都居住在马耳他或都居住在戈佐或科米诺,按照其居住地确定。

第二款 如果被指控在不同的岛上实施了两个或两个以上的犯罪的,应当由较重罪行所在地的具有司法管辖权的法院管辖,如果罪行的严重程度相同,由具有较多数量的犯罪的实施地的法院管辖。

第三款 如果不能确定犯罪实施地,而犯罪人为一人、或居住在同一法院管辖范围内的两人或多人时,只能按照其居住地确定管辖权;如果被告居住在不同的岛屿,法院之间的管辖权应当按照大多数被告的居住地来确定;如果居住在马耳他的被告人的数量与居住在戈佐及科米诺的被告的数量相同,则两个法院都具有管辖权。

(对管辖权抗辩的放弃)

第四款 犯罪事实被予以声明之后,未立即对犯罪实施地或被告居住地的管辖权提出抗辩的,应当视为放弃,取消其抗辩权。

(受害方所提起的诉讼:为1900年第11号条例第62条、1903年第1号条例第20条及第21条、1909年第8号条例第35条、1990年第8号法案第3条、2002年第3号法案第82条所修正)

第三百七十三条 对于第370条第1款中的犯罪,由受害方及第542条中所规定的代表了受害方的利益者决定是否提起诉讼,除受害方外,任何人不得提起诉讼:

(例外)

如果除受害方之外不得提起诉讼的犯罪因公共暴力或伴有其他影响了公共秩序的犯罪而被加重、或虽然没有这些情节,但被害方在犯罪实施之日起的四日内未能提起诉讼、或未明确宣布放弃起诉权的,由执行警察依职权提起诉讼。

(审理:为1856年第4号条例第26条、1900年第11号条例第62条所修正)

第三百七十四条 在由受害方提起的诉讼中,应当适用下列规定:

(双方亲自出庭)

(a)在指定的诉讼审理日,原告方和被告方都应当亲自出庭,也可以在其律师或代理人的帮助下出庭;

(豁免)

(b)在轻罪的情况下,基于良好的理由,法院可以免除任何一方亲自出庭的义务,并允许其丈夫、妻子或基于血缘或类似关系的近亲属、委托人或通过书面方式而被授予权限者代替其出庭;

（双方均未出庭）

（c）如果双方都没有出庭，此案件应从清单上予以消除；

（原告方未出庭）

（d）原告方未出庭而只有被告方出庭的，后者可要求解除其义务；

（法院可指定他日进行审理）

（e）无论如何，原告方在案件被从清单上取消或被告方被解除义务之日起的4日内提出申请，并在记录员面前发誓、声明是因为申请书中所明确陈述的疾病或其他意志以外的因素而阻止了其出庭的，法院应当另行指定日期，以对其案件进行审理；

（向各方及证人通知审理的日期）

（f）指定了审理日期的书面通知应当在第361条及第441条第1款所规定的时间内送达双方及证人；

（诉讼终止）

（g）缺少前述申请的，诉讼权利失效；

（被告方未出庭）

（h）被告方未出庭的，应适用第364条第二部分的规定；

（案件审理）

（i）双方都出庭的，应当适用简易程序并遵守下列程序：

（i）原告方及其律师或代理人陈述组成犯罪的事实、并出示证据；

（ii）被告方及其律师或代理人递交辩护词并出示证据；

（iii）原告方及其律师或代理人可以进行答辩，被告方及其律师或代理人有权对之进行反驳；

法院可基于令人信服的理由而改变诉讼程序；

（原告通过宣誓进行确定）

（j）法院有权要求原告方进行宣誓并以宣誓的方式进一步予以确认。

（执行警察依职权提起诉讼：为1871年第6号条例第30条、1880年第3号条例第2条、1900年第11号条例第62条所修正）

第三百七十五条　对执行警察提起的诉讼应当适用下列规定：

（被告亲自出庭）

（a）被告应当亲自出庭，也可以在其律师或代理人的帮助下出庭；

（豁免）

（b）在轻罪的情况下，上条（b）段的规定应当适用于被告；

（案件审理）

（c）应当按照上条（i）段所规定的程序对提起诉讼的执行警察、被告及其律师或代理人进行审理；

（通过宣誓对报告进行确认）

（d）法院有权要求执行警察对其报告以宣誓的方式予以确认；

（被告对提起诉讼的警察提问）

（e）被告可以对上述执行警察进行提问。

（对被告的抗辩及证人所提供的证据进行记录：1900 年第 11 号条例第 62 条增设了本条规定后、1913 年第 12 号条例第 13 条对之进行了修正）

第三百七十六条　第一款　地方法官应当记录或要求记录员记录——

（a）有关法院对管辖权的抗辩、诉讼未予受理或被取消的抗辩、证据未予采纳及对未予采纳的裁定的抗辩；

（b）法院的应急之策或在任何一方提出请求的情况下，法院认为应当允许的请求以及证人所提供的记录了案件的直接法律依据的证据。

（向证人宣读证言记录）

第二款　前述对证言所作的记录，如果有的话，应当在双方都在场的情况下向证人进行宣读，并在记录上对这一事实进行陈述。

（未遵守第 1 款及第 2 款的规定不影响诉讼的有效性、出示其他证据、召回证人）

第三款　未遵守第 1 款及第 2 款规定的，不影响诉讼的有效性；也不能在诉讼的任何部分或阶段阻止，如果必要的话，以法律规定的方式对上述有关犯罪进行证实的证据的出示或者对上述证据的召回。

（判决：为 1900 年第 11 号条例第 62 条、1903 年第 1 号条例第 22 条、1909 年第 12 号条例第 36 条、1913 年第 12 号条例第 14 条、1972 年第 33 号法案第 5 条、1983 年第 13 号法案第 5 条、2002 年第 3 号法案第 83 条所修正）

第三百七十七条　第一款　如果可能的话，法院应当在审理结束后的当天宣布对被告予以释放或判处其刑罚的判决。

（第 403 条第 2 款的适用）

第二款　证据证实属于应当由受害方提起诉讼的犯罪的，适用第 403 条第 2 款的规定。

（法院可命令犯罪人中止无理行为）

第三款　即使犯罪人可能被判处刑罚，法院也应当裁定由犯罪人消除因其犯罪而导致的妨害公共利益的行为或所带来的不便,或者根据具体情况,裁定犯罪人在由法院所确定的充分的时间内遵守法律的有关规定,但该期间应当限定在自判决之日起的 3 个月内;如果犯罪人未能在规定的时间内遵守上述裁定的,构成犯罪,在上述时间终止后而犯罪人继续违反裁定的期间,处每日 2 里拉以上 10 里拉以下的罚金(补偿性罚金)。

(延长时间)

第四款 如果上款所确定的时间及延长的时间总计超过了 3 个月且警察反对继续予以延长的,法院对延长上述时间的申请不应当予以许可。

(警察要求犯罪人中止无理行为并由后者支付费用)

第五款 法院许可的第 3 款及第 4 款的时间终止后,在由于后发原因而引起的事件或其他情况下,警察在犯罪人被发现犯罪的任何时间内提出申请的,法院应当授权警察消除与犯罪有关的妨害公共利益的行为或不便并由犯罪人支付费用,犯罪人可依上述法院所开具的付款清单而返还费用。

(法院可许可犯罪人收回其话语或进行道歉)

第三百七十八条 在轻罪的情况下,犯罪与侮辱、诽谤或威胁有关的,法院在进行宣判时,为使犯罪人免除全部或部分刑罚,可根据犯罪的性质裁定其收回相关言论并在公开法庭向原告道歉。

(推定的游戏证据:1913 年第 12 号条例第 15 条增设了本条规定后、1914 年第 12 号条例第 11 条、1977 年第 11 号法案第 2 条对之进行了修正)

第三百七十九条 第一款 在第 338 条(h)意欲规定的轻罪中,警察在对被怀疑用来实施第 338 条(h)所规定的轻罪的地方进行搜查时发现并予以扣押的钱、私人财产、乐器以及第 344 条(a)中的其他娱乐手段,在有相反证据前,可以作为这些地方实际是被用于博取钱款或具有钱款价值的东西的充足的证据,在搜查时被发现当时在现场者,即使在警察出现时并没有实际进行博取钱款或具有钱款价值的东西的游戏,也应当认定为其正在进行该游戏。

第二款 被依法授权的警察在进入任何被怀疑用来实施第 338 条(h)意欲规定的轻罪的地方时被故意阻挡、妨碍、或延迟进入该地方或其部分区域的、或发现进入这些地方的大门或里边的门或其他途径是以安装门栓、闩或其他用以阻止、延误或妨碍上述被授权的警察进入该地方或其部分区域的方式、或对警察的进入给予警报的方式来实现的,如果这些地方被发现配备有非法游戏的手段或装置或用于隐藏、转移或破坏游戏的设备的,在有相反的证据出现之前,应当认为这些地方被用于博取钱款或具有钱款价值的东西,当时在现场者应当被认为正在进行博取钱款或具有钱款价值的东西的游戏。

(受害方提起的诉讼中的费用判决:为 1900 年第 11 号条例第 63 条、1909 年第 8 号条例第 37 条及第 38 条所修正)

第三百八十条　第一款　在由受害方提起诉讼的情况下,包括在第 374 条(b)和(c)所规定的情况下,法院应当在被判刑者为两人或两人以上的时候对费用作出裁决,并对该费用应当由各方共同承担还是单独承担作出裁定。

(律师或代理人的费用)

第二款　法院应当在其判决中直接以每次开庭 25 分至 60 分的幅度对双方支付给律师或代理人的费用进行征收。

第三款　第 2 款的规定也适用于第 374 条(c)及(d)所规定的情况,以及原告撤诉时,律师及代理人出庭的情况。

(胜诉方只能收取一位律师或代理人的费用)

第四款　如果一个以上的律师或代理人为一方进行代理的,该方只能从败诉方取得一个律师或代理人的费用。

(不严肃的或令人厌烦的诉讼)

第五款　如果原告明显的不严肃或令人厌烦,法院可依被告的请求对原告判处罚金(补偿性罚金),原告未支付罚金(补偿性罚金)的,适用第 13 条第 2 款的规定。

(记录费的征收与交税)

第六款　应当按照附加于本法典的明细表 A 及 B 中的标准征收记录费并交税。

(如何对费用予以执行:为 1900 年第 11 号条例第 63 条、1909 年第 8 号条例第 39 条所修正)

第三百八十一条　上条所规定的包括律师及代理人的费用在内的费用的支付,可以在债权人的请求下由同一法院以与执行下级法院民事诉讼判决相同的方式予以执行。

(判决必须包括的内容)

第三百八十二条　法院在向被告送达判决时,应当陈述犯罪事实、所处的刑罚以及所引用的本法典及其他法律的条款。

(法院要求各方提供保证的权力:为 1900 年第 11 号条例第 64 条、1913 年第 12 号条例第 16 条、1976 年第 22 号法案第 4 条、1983 年第 13 号法案第

5条、1990年第29号法案第18条所修正）

第三百八十三条　第一款　法院在认为适当的时候，为保证个人安全及公共安宁，可要求犯罪人交付由法院所确定的一定数量的保证金，以代替适用于犯罪的刑罚。

（保证金的数额与保证的期限）

第二款　根据交纳保证金者的收入情况，保证金的数额应在5里拉以上100里拉以下，且具结保证的期限不得超过12个月。

（保证期限的起算）

第三款　犯罪人缴纳保证金后，又因同一犯罪而被判处自由刑的，保证期限应当从上述刑罚执行完毕或被赦免之日起计算。

（保证人提供的保证金：为1856年第4号条例第27条、1868年第5号条例第21条所修正）

第三百八十四条　为保证个人安全及公共安宁，法院有合理理由认为上条中的保证金不足的，可另外要求犯罪人提供充足的保证金，并要求其在某一不确定期限内缴纳上述保证金，而无论是否具有保证人作保，也就是说，直到法院认为有良好的理由认为应当终结上述保证金时为止。

（对未缴付保证金者的拘留：为1857年第8号条例第12条、1868年第5号条例第21条、1874年第4号条例第9条、1913年第12号条例第17条、1957年第12号法案第17条、2002年第3号法案第84条所修正）

第三百八十五条　第一款　在第35条、第36条及第383条所规定的情况下，如果拒绝交纳保证金，或者在上条所规定的情况下，拒绝上述要求或未能符合上述要求的，法院可要求对其进行拘留，直至该要求被履行；在法院命令其提供保证人的情况下，依被拘留者的申请，直至法院声明命令其提供保证人的理由已不再存在时止。

（拘留的期限）

第二款　拘留期限不应当超过12个月。

（被拘留者的维持）

第三款　第12条第1款的规定同样适用于本条中的被拘留者。

（释放被拘留者）

第四款　在满足了所要求的条件后，被拘留者可在任何时候被予以释放。

（保证金的方式，可以一定数额的款项与抵押进行保证：为1857年第8号条例第13条、1899年第3号条例第11条、1913年第12号条例第18条、

1957 年第 12 号法案第 17 条所修正）

第三百八十六条　第 35 条、第 36 条及第 383 条中的当事人及保证人，如果有的话，应当按照法院的指示共同地、几个人一起或以其他方式进行书面保证。保证人应当交付法院认为合适的保证金或提供与之相当的抵押。

（未遵守保证所规定的条件：为 1857 年第 8 号条例第 13 条、1900 年第 11 号条例第 65 条、1975 年第 27 号法案第 24 条所修正）

第三百八十七条　第一款　有关法院发现上述各条中的被具结者未遵守所保证的条件而构成犯罪的，所交纳的保证金由马耳他政府予以没收。

第二款　可依第 585 条的规定要求上述犯罪者及其保证人执行缴付义务。

第三款　第 586 条的规定也应予以适用。

第四款　上述保证金的返还、缴付或第 586 条第 1 款中的拘留，都不能使犯罪人免于因未遵守有关保证义务而受到的处罚。

（探望被拘留者）

第三百八十八条　可在适当的时间内探望被拘留者。

（为 1990 年第 8 号法案第 3 条所修正）

次标题二
作为刑事调查法院的地方法院

（作为刑事调查法院的地方法院：为 1990 年第 8 号法案第 3 条所修正）

第三百八十九条　应当由地方法院对应被判处超过作为刑事审判法院的地方法院管辖范围外的刑罚的犯罪进行必要的审理。

（准备调查的程序模式：为 1871 年第 6 号条例第 31 条、1980 年第 13 号法案第 31 条所修正）

第三百九十条　第一款　法院应当对执行警察经宣誓后所作的报告进行审理、对未经宣誓的被告方进行审查并对有利于上述报告的证据进行审理。所有的东西都应当形成书面材料。

（对被告的证据进行记录）

第二款　法院应当对被告所提出的证据进行审查并形成书面材料，该书面材料将作为被告提出的证据。

（被告可要求出示原告的证据）

第三款　在除受害方外其他人不得提起诉讼的案件中，如果起诉是以书面形式进行的，被告方可在被审查前要求出示起诉书，如果起诉是以口头形式进行的,被告方可在被审查前要求出示其提起诉讼的其他证据。

第四款　法院认为其他证据已经满足起诉要求的,就不应当要求起诉者对其起诉进行证实。

(推定的原告证据)

第五款　在调查的过程中,不应当对被告方提出出示起诉证据的要求,法院也不应当依职权裁定由被告方出示起诉证据,起诉应当被视为是依法进行的。

第六款　法院可根据案件的具体情况,依职权命令对证人的回答或提供的证据以指定的电磁速记法记录下来。速记记录应当使用不褪色的墨水并由速记员在每页签名,连同手抄本一起夹在原始记录中。电磁记录应当按照记录员的指示制作手抄本,手抄本应当夹在记录中。无论在何种情况下,手抄本都既可以是手写的、也可以是打印出来的,并应当向证人进行宣读,在开庭期间或开庭后,由记录员在手抄本的末尾对宣读情况进行说明。

(对证人的调查:为 1868 年第 5 号条例第 22 条、1903 年第 1 号条例第 23 条、1934 年第 30 号法案第 5 条、1944 年第 8 号法案第 2 条、1965 年第 32 号法案第 8 条、1994 年第 4 号法案第 11 条所修正)(第 258 章)

第三百九十一条　第一款　法院应当对证人进行审查。证人的姓名、其父亲的名称、如果证人属于身份证法案的适用对象的,其身份证号、如果证人知道的话,依照上述法案所颁发的身份证、证人的出生地及住所以及将要进行的宣誓所使用的语言,都应当在证词的上方予以说明:

法院可在例外的情况下及为保证证人安全的情况下,忽略除证人姓名及所要进行的宣誓所使用的语言外的上述细节,并在诉讼记录中对之加以说明。

(雇佣翻译人员)

第二款　地方法官精通证人所使用的语言的,可以自己将证词翻译为记录诉讼时所使用的语言;或者根据被告的要求,聘用经过宣誓的翻译人员。

(对被告的调查:为 1856 年第 4 号条例第 28 条、1874 年第 4 号条例第 10 条、1980 年第 13 号法案第 14 条、1994 年第 4 号法案第 12 条所修正)

第三百九十二条　第一款　对第 390 条第 1 款中的被告的审查应当在没有威胁、允诺、及宣誓的情况下,以下列方式进行:

(a) 法院应当询问被告的姓名、年龄、出生地及住所、职业以及其父亲的姓名,而无论其父亲是否还活着;

(b)法院应当询问被告是否要对指控进行答辩,并对答辩的内容进行讯问。

(对被告的提醒)

第二款 在对上述问题进行讯问时,法院应当向被告解释对其所进行的指控的犯罪的性质,并告知其不具有对任何问题都进行回答的义务、也不具有证明自己有罪的义务;并告知被告如果其愿意的话,可以请求律师或代理人的帮助,另外,其所说的任何话都将被作为证据。

第三款 法院应当在审查的上方注明遵守了上款的要求。

(对回答的记录)

第四款 地方法官应当以第391条所规定的方式对答辩进行记录,并说明所使用的语言。

(被告为哑人)

第五款 被告为哑人的,法院应当对此情况进行记录、并以被告提出无罪抗辩作为前提而进行诉讼程序。

(被告在调查期间承认犯罪:2002年第3号法案第85条增设了本条后、2003年第9号法案第128条对之进行了修正)

第三百九十二条A 第一款 被告在回答第392条第1款(b)所提出的问题时,认为其触犯了所指控的、应被判处不超过10年监禁的罪行的,根据本条的下列规定适用第453条第1款的规定。

第二款 除第3款的规定及本法典或其他法律中的其他规定外,如果被告坚持其触犯了所指控犯罪的供述的,作为刑事调查法院的地方法院应当对其判处依照法律规定所应判处的刑罚,并裁定在6个工作日内将审判的记录及复印本交给检察长。

第三款 无论如何,如果基于良好的理由而不能确定犯罪是否确实发生、或者被告是否有罪的,法院应当在被告的供述之外,裁定对其进行调查,诚如被告并没有对有罪进行过抗辩一样。

第四款 第370条第2款及第371条的规定同样应当适用于对本条第1款中所规定的犯罪进行的诉讼。

第五款 检察长出席诉讼的,在被告对第392条第1款(b)所提出的问题作出答辩以前,适用第453条A的规定,并由检察长与被指控者共同对包括了按照上述第453条A的规定而达成的协议进行说明。

(被告对原告方证人的询问:为1880年第3号条例第3条所修正)

第三百九十三条 被告可询问对方证人,其问题及对方证人所作的答辩都应当记录在主要询问记录的下方。

（对被告所提出的事实要点予以记录）

第三百九十四条　对证人所进行的询问以及审查过程中的事实要点，都应当由法院在记录的相应部分中予以记录。

（地方法官在证人证言及对被告的审查上签名：为1899年枢密院令第1条所修正）

第三百九十五条　地方法官应当在证人证言及对被告的审查上签名。

（在所展示文件上连签）

第三百九十六条　调查过程中的每一个文件都应当由地方法官进行反签名，并由记录员或代表其履行职责的官员在文件中对上述文件的记录予以说明。

（调查期间地方法官的权力：为1859年第9号条例第23条、1868年第5号条例第23条、1931年第13号法案第2条、1963年第4号法律通告、1966年第31号法案第2条所修正）

第三百九十七条　第一款　法院可以裁定要求证人出庭、必要时出示证据、签发传唤令以及对法院发现的其他主犯或从犯签发逮捕令。也可以裁定进行调查、搜查、实验或其他为满足侦查而需要进行的事情。

（人身检查）

第二款　法院认为对被告或宣称被告对其实施了犯罪的人员的身体的某一部分进行检查将提供不利于或有利于被告的证据的，可以在有正当的保障措施的情况下，对被告及上述人员进行检查或裁定由专家对其进行检查。

（照相、测试、指纹）

第三款　在警察的请求下，法院也可以作出对被告进一步进行照相、测试或提取其指纹的裁定：

如果被告人以前未被判处过有罪且现在被无罪释放的，所有照片（包括底片和照片）、指纹印以及所作的测试记录，都应当被毁掉或交给被释放者。

第四款　上款中照片、指纹印及测试的提取与进行都应当符合司法部长适时制定的规章。

（逮捕未被关押的被告）

第五款　法院也可以作出对未被关押的被告实施逮捕的裁定。

（变更、纠正、添加的方式及地点）

第三百九十八条　第一款　在决议签署之前，有必要对其进行变更、纠正、或添加的,可以在决议的末尾以注明的方式进行。任何在决议签署后所作的更改、纠正或添加都应当在页边上进行。

(不得擦除)

第二款 决议中不允许有任何擦除,除划线部分外,不应留有任何空白之处,有必要进行涂抹的,被删除的文字应当能够被清晰地辨认出来。

(地方法官在说明上签名)

第三款 地方法官应当在这些说明及删改上签名。

(证据的审查:1900 年第 11 号条例第 66 条增设了本条规定)(第 12 章)

第三百九十九条 第一款 马耳他境外的部门有对证据进行审查或其他调查的绝对必要的,应当按照地方法官的命令、以组织与民事诉讼法典中第 618 条及第 619 条中所规定的方式提出申请。

(被告可指定由他人代表自己)

第二款 在上述裁定之日起的 4 个工作日内,被告可指定他人代表其参加审查或调查过程。上述期限可基于良好的理由而被延长。

(被告可得到律师或代理人的帮助)

第四百条 在调查过程中,被告可得到律师或代理人的帮助。

(调查终结的期限:为 1857 年第 8 号条例第 14 条、1900 年第 11 号条例第 67 条、1965 年第 46 号法律通告、1973 年第 3 号法案第 2 条、1974 年第 58 号法案第 68 条、1975 年第 27 号法案第 40 条、1980 年第 13 号法案第 15 条、2002 年第 3 号法案第 86 条所修正)

第四百零一条 第一款 调查应当在 1 个月内完成,具有良好理由的,经法院书面请求,由马耳他总统将调查期限进行每次一个月的延长:

上述期限的总和最长不得超过 3 个月;

除非被许可予以保释,否则,被告应当至少每 15 天到法院一次,以便法院决定是否应当对其进行关押。

(将被告收监或释放)

第二款 调查结束后,法院应当决定是否有足够的理由对被告进行审判。如果有,由刑事法院对被告进行审判,否则,应当释放被告。

(向检察长提交记录)

第三款 无论在哪种情况下,法院都应当将调查的内容及证物在 3 个工作日内交给检察长。

第四款 在决定是否有足够的理由对被告进行审判时,法院应当对第

449 条第 3 款(d)中所规定的抗辩及时效予以考虑。

(调查期限的中止:1856 年第 4 号条例第 29 条增设了本条规定、1900 年第 11 号条例第 67 条、1965 年第 46 号法律通告、1967 年第 25 号法案第 7 条及第 2 条、1974 年第 58 号法案 68 条、1975 年第 27 号第 40 条、1990 年第 29 号法案第 19 条对之进行了修正)

第四百零二条　第一款　上条中的期限在第 407 条及第 432 条第 3 款中应当中止——

(被告为精神病人)

(a) 被指称或有理由认为被告在犯罪或接受调查时患有精神病的;

(被告患病)

(b) 被告因患病或其他原因而不能出庭的;

(由委员会提取证据)

(c) 存在第 399 条所规定的对证人进行审查的裁定或进行其他调查的裁定的。

第二款　下列期限也可以被中止——

(证人患病)

(a) 证人因身体虚弱,以至于不能在其住所提供证言的;

(未找到被告)

(b) 未找到被告或有理由认为其已潜逃或离开马耳他的。

(指定专家)

第三款　在第 1 款(a)所规定的情况下,法院应当指定一名或多名专家对被告及所指称的有关精神病的事实进行审查。

(检察长对精神病的抗辩)

第四款　如果专家的报告显示被告在实施犯罪时患有精神病的,法院应当作出裁定,将调查记录在上条第 3 款所规定的期限内移交给检察长,并作出第 623 条所规定的裁定。

第五款　检察长在收到记录后,决定对专家关于被告患有精神病的发现进行争讼的,可以在第 432 条第 1 款所规定的期限内,或者将记录送还刑事调查法院并书面要求对事实进行调查,或者正式请求刑事法院将案件交给法庭,以便诉讼能按照第 620 条、第 627 条及第 629 条的规定进行:

在依照上款规定将记录交给检察长之前,被告通过向刑事调查法院提交申请的方式,要求将记录交给检察长的,检察长应当将该申请存档。

(调查时患精神病)

第六款 如果专家的报告显示被告在被调查时患有精神病的,法院应当对所进行的指控进行调查。

（被告缺席时可继续调查）

第七款 在第5款及第6款所规定的情况下,调查可以在被告缺席的情况下进行,被告没有律师或代理人的,适用第519条的规定。

（法院认为应由作为刑事审判法院的地方法院进行审理:1900年第11号条例第76条增设了本条规定、1903年第1号条例第24条、1909年第8号条例第40条、1965年第46号法律通告、1974年第58号法案第68条、1975年第27号法案第40条、1990年第8号法案第3条对之进行了修正）

第四百零三条 第一款 如果调查的结果显示案件本身属于作为刑事审判法院的地方法院的管辖范围而非刑事法院的管辖范围、且未要求必须由受害方提起诉讼的,进行调查的法院应当按照第377条的规定进行判决,并根据第401条第3款的规定,将记录及判决书副本移交给检察长。

第二款 第1款的规定也同样适用于由受害方提起诉讼且不准备撤诉的案件。

（在因缺乏证据而释放被告后、执行警察的职责:为1990年第8号法案第3条所修正）

第四百零四条 在地方法院因缺少证据而释放被告的情况下,执行警察有义务继续对案件进行进一步地、更充分的调查。

（询问对方证人及检察长对新证人进行的调查:为1856年第4号条例第30条、1880年第3号条例第4条、1909年第8号条例第41条、1965年第46号法律通告、1974年第58号法案第68条所修正）

第四百零五条 第一款 在被告被羁押而未提起诉讼之前,法院应当应检察长的书面要求,进一步对以前曾审理过的证据及新证据进行调查。

（检察长提出调查记录及要求）

第二款 为上述之目的,检察长应当将调查记录及要求书提交法院,并陈述调查或再调查的主题。

（被告在庭时对证人的审查）

第三款 对证据的调查或再调查应当有被告人在场,以便其有机会对对方的证据进行提问,如果被告在押的,法院应当裁定将其带至法庭,如果被告未在押的,裁定传唤其出庭。

（被告经传唤未到庭）

第四款 被告经传唤而未出庭的,应当对证人进行调查,证人证言将被视为是在被告出庭的情况下提取的。

（被告要求询问对方证人及对新证人进行审查、检察长将记录移交给法院、通知警察长）

第五款　本条上述各款中的规定也同样适用于被告想进行调查的己方证人及对方证人。在这种情况下,应当将这一要求告知检察长,检察官应当在第二天之前将调查记录移交给法院。法院应当将对证人进行听审的日期告知警察长,以便警察长或其他警察在愿意的时候出庭或对证人进行审查。

（将记录返还给检察长）

第六款　本条项下所提取的证人证言应当被无延误地移交给检察长。

（被告要求对对方证人进行审查或审查新证人时起诉期限的起算：为1880年第3号条例第5条、1965年第46号法律通告、1974年第58号法案第68条、1975年第32号法案第40条、1982年第9号法案第2条、1990年第8号法案第3条所修正）

第七款　被告提出要对证人进行审查的要求的,起诉期限应当从调查记录、包括被调查的证人证言送还给检察长的当天起算。

第四百零六条　第一款　已经提起诉讼的,上条中检察长及被告的要求应当以申请书的方式向刑事法院提出。申请书应当包括预定的证人名单以及明确的调查主题。法院同意该申请的,应当裁定对证人进行听审,并将申请书提交给作为刑事调查法院的地方法院,后者应当按照上条的规定进行诉讼。

第二款　调查记录已经存放在刑事法院登记处的,登记员应当将该记录及上述申请书移交给地方法院；记录仍在检察长处的,应当由检察长在不迟于前述法院告知其刑事法院对其或被告所要求的对证人进行听审的裁定之日移交给地方法院。

第三款　上述记录已经由法院或他人移交给检察长的,地方法院应当将记录及所提取的证人证言送还刑事法院。

（在特定情况下予以许可的申请、为列举证人名单而规定的期限终止后,在审理中经法院同意所提取的可予采纳的证据）

第四款　除非法院对证人将因离开马耳他、具有生命危险或其他情况而在指定的审判日不能出庭表示了认可,否则,在本条所规定的情况下,不得对证人进行听审；如果听审日期是在第438条所规定的提交审理时出庭的证人名单的日期之后进行的,除非上述法院在考虑具体情况后,认为从证人处所获得的证据与案情有关并且经过刑事法院的同意,否则,该证人证言不得被采纳。

（在检察长对被告提出精神病抗辩及具有新证据的情况下的调查期限：为1900年第11号条例第68条所修正）

第四百零七条 在第402条第5款的第一部分及前两条所规定的情况下，应当在第401条第1款所规定的从法院接到记录之日起的期限内对调查作出结论。

（调查期间与被告接触：为1900年第11号条例第68条、1965年第46号法律通告、1974年第58号法案第68条所修正）

第四百零八条 第一款 在记录移交给检察长之前的调查期间，被告人在押的，除经负责调查的地方法官的许可外，任何人不得与被告接触。

第二款 地方法官认为与被告接触将有损于最终的公正的，不得同意任何人与被告进行接触。

（不公正进行调查：1900年第11号条例第69条增设了本条规定）

第四百零九条 第一款 如果公开审理可能有损于最终的公正的，法院有权作出以不公开审理的方式进行诉讼的裁定。

第二款 法院参加调查的法官不得公布相应的诉讼内容，否则，处第257条所规定的刑罚。

（宣称被非法拘留者的申请：2002年第3号法案第87条增设了本条规定）

第四百零九条A 第一款 任何宣称自己被警察机关或其他国家机构以与所指控犯罪无关的理由而被予以错误拘留者，均可以在任何时间向与刑事调查法院有同等权力的地方法院提出申请，要求对其予以释放。此类申请应当被指定予以紧急听审，申请书及听审日期应当在申请当天送达申请人、警察长及被指称对申请人非法拘留的有关部门。警察长或国家机构可根据具体情况最迟在当天进行答辩。

第二款 在指定对申请人进行听审的当天，法院应当简要听取申请人及答辩人的意见、由申请人及答辩人所提供的支持其论点的相关证据以及有利于或不利于对申请人继续进行拘留的理由及情节。

第三款 法院在听取了申请人及相关部门所提供的证据及其观点外，发现在授权对申请人予以逮捕或拘留的本法典及其他法律中，并不存在对申请人予以继续拘留的规定的，应当作出同意申请的决定。反之，法院应当拒绝该申请。

第四款 法院作出同意申请的决定的，包括法庭裁决的记录副本在内的诉讼记录应当在第 2 个工作日之前移交给检察长,检察长在收到记录后,认为本法典或其他法律中存在关于对被释放者予以逮捕或继续拘留的规定的,可以请求刑事法院对被释放者重新实施逮捕或继续进行拘留。本款项下移交给检察长的诉讼记录及法院裁决应当与检察长的申请书一起移交给刑事法院。

(为 1990 年第 8 号法案第 3 条所修正)

适用于作为刑事审判法院及刑事调查法院的地方法院的一般规定

(原告及其律师及代理人要求出庭的权利:1909 年第 8 号条例第 42 条增设了本条规定后、1930 年第 6 号法案第 2 条、2002 年第 3 号法案第 88 条对之进行了修正)

第四百一十条 第一款 在执行警察为受害方提起的诉讼中,原告可依法出庭、聘用律师或代理人、对己方证人及对方证人进行调查,以及为支持诉讼而提供法院可能采纳的证据。

(原告通过宣誓进行的审查)

第二款 原告在宣誓后被审理的,除法院认为原告的证据即使是在诉讼后期也是必要的、被告在整个诉讼阶段请求这些证据的或者法院认为在不同阶段提取证据更合适的以外,其证据应当先于诉讼中其他证人的证据而予以提取。

(律师或代理人可为警察及受害者提供帮助)

第三款 在执行警察依职权提起的诉讼中,警察及受害方有权依法聘用律师或代理人;被聘用的律师或代理人应当对双方证人进行调查、出示证据或为支持诉讼而提出法院可能采纳的意见。

(受害人可在庭审时出庭)

第四款 在不影响第 3 款规定的情况下,根据第 6 款的规定,任何有兴趣出席由执行警察所提起的诉讼的受害方,都有权与警察联系并提供其详细情况及住址,以便于向其送达有关诉讼中第一次听审的日期、地址及时间的通知,同时,即使作为证人,也有权出席全部诉讼。

第五款 在不影响第 3 款规定的情况下,根据第 6 款的规定,没有收到第 4 款中的通知并要求作为受害者的,可向法院提出准许其作为受害方而进入诉讼的申请,获得法院许可的,即使作为证人,也有权出席全部诉讼。

第六款 试图为受害方送达第一次听审日期而未成功或因为某种原因而导致受害方在开庭时未能出席的,不影响法院在结案前所进行的审理及调查。

第二篇　刑事诉讼法

（警察提起的诉讼中向律师及代理人收取费用）

第四百一十一条　第一款　在由执行警察提起诉讼的情况下，应当按照附属于本法典的明细表 C 的标准收取律师费或代理费。对收费单存疑的，按照组织与民事诉讼法典第 253 条（c）中所规定的审判费的收取方式执行。

第二款　在与费用征收有关的问题上，记录员可以就所指控犯罪的重要性、诉讼期间及其他情节向审理案件的地方法官进行咨询。律师或代理人也可以请求上述地方法官在附属于本法典的明细表 C 的标准内重新收取费用。

（地方法院的开庭日：为 1922 年第 12 号法案第 2 条、1934 年第 30 号法案第 6 条、1963 年第 4 号法律通告、1966 年第 31 号法案第 2 条、1975 年第 27 号法案第 25 条、1990 年第 8 号法案第 3 条、2002 年第 3 号法案第 89 条所修正）（第 252 章）

第四百一十二条　第一款　除星期六、国庆日及其他公休法案中所规定的公休日、星期天及复活节前周的星期三及星期四外，地方法院每天可进行日常开庭。

（例外）

第二款　无论如何，对犯罪人按照第 383 条及第 384 条的规定而具结的保证、与调查有关的任何法案的实施以及本法典中有关的其他调查、保释、重要的传唤事宜、对将要离开马耳他或具有生命危险的证人的审查事宜，地方法官可依法在第 1 款中所规定的日期及必要的场所予以紧急处理。

（开庭地点）

第三款　地方法院（马耳他）应当在瓦莱塔开庭，地方法院（戈佐）应当在维多利亚开庭；

司法部长可以通过通知的方式，指定其他地方作为上述作为刑事审判法院的法院的开庭地；

（1867 年有限责任条例 2 第 3 节）

如果被告正在实施检疫，而地方法院，即使是作为刑事审判法院的地方法院，认为不适宜在疫期结束后再进行延迟审理的，可以在拉巴特或其他认为合适的地方开庭。

（适用于未被关押的被告的条件：2002 年第 3 号法案第 90 条增设了本条规定）

第四百一十二条 A　第一款　被带至作为刑事审判法院或刑事调查法

院的地方法院的被告未在押的,警察可随后或在诉讼的任何阶段要求法院对其施加一定条件,以确保被告能在指定的时间及地点出庭,或确保被告不以任何方式非法干涉诉讼过程中正常的司法活动。

第二款 法院要求只提供了保证金的被告提供具有保证能力的保证人、以保证被告遵守法院施加于其的条件及第576条与第587条的规定的,应当对所提供的保证人适用本款规定。

第三款 未遵守法院依本条规定及第579条中的其他情节而施加于其的条件的,应当由马耳他政府对保证人所提供的保证金予以没收,法院认为对所施加的条件的违背未产生严重后果的,不适用本款规定。

(刑事诉讼中的被关押者对声称的非法关押提出申请)

第四百一十二条 B 第一款 任何因犯罪而被起诉至马耳他法院的在押人员,在除第574条A中所规定的适用阶段外,宣称对其继续拘留不符合法律规定的,可以在任何时候向法院提出对其予以释放的要求。此类申请应当被指定予以紧急听审,申请书及听审日期应当在申请当天送达警察长,或者根据具体情况,送达最迟应在听审当天进行答辩的警察长或检察长。

第二款 第574条A第2款及第3款的规定也同样适用于本条的申请。

第三款 在提交刑事起诉书之前曾向作为刑事调查法院的地方法院提出过与未决的诉讼有关的申请、且保留在检察长处的调查档案与诉讼行为有关的,该申请应当提交至刑事法院,并同样适用本条的前述规定。

第四款 第355条A第4款应当适用于本条项下的地方法院所作的裁判。

(1900年第11号条例第70条增设了本标题规定、1990年第8号法案第3条对之进行了修正)

次标题三
对作为刑事审判法院的地方法院判决的上诉

(对作为刑事审判法院的地方法院所作判决的上诉:1900年第11号条例第70条增设了本条规定、后为1903年第1号条例第25条、1909年第8号条例第43条、1916年第4号条例第4条、1921年第16号条例第7条、1965年第46号法律通告、1974年第58号法案第68条、1986年第32号法案第8条、1990年第8号法案第3条、2002年第3号法案第91条、2003年第9号法案第127条所修正)

第四百一十三条 **第一款** 对地方法院的判决可以提出上诉的——

（a）由被判处有罪者提出；

（b）在与第 370 条第 1 款项下作为刑事审判法院的地方法院管辖范畴内的犯罪有关的简易程序中，由检察长提出，在第 373 条所规定的情况下，由原告提出：

（i）下级法院的裁定中认为其本身对该犯罪不具有审判管辖权的；

（ii）已被定罪的被告方应被判处超过作为刑事审判法院的该法院管辖权的刑罚的；

（iii）下级法院所判处的刑罚的性质及数量有别于法律所规定的被判决有罪的已决犯的犯罪所规定的刑罚的；

（iv）被告被宣判无罪——

（i）不存在具有犯罪的构成要素的事实，

（ii）诉讼无效，

（iii）先前的定罪及开释；

（v）被告被允许按照第 253 条的规定而对应归因于原告的事实真相予以证实、并被宣布免于刑罚的；

（vi）警察或者具体情况下的被告被允许在审判中出示支持诉讼的一些必不可少的、被依法采纳的证据的；

（第 10 章）

（vii）被告方被解除警察法法典第 321 条或本法典第 377 条所规定的义务及禁止性规定，或不遵守或执行由警察或其他政府部门依照警察法法典或其他法律所规定或赋加于其的禁止性规定或命令的；

（c）由检察长提出的其他情况。

第二款 在依照警察法法典第 81 条作出判决的情况下，汽车的所有人或司机可以提起上诉。

第三款 被告因第 1 款（b）（iv）、（v）及（vi）所规定的任何理由而被宣告无罪的，法院应当在判决书中明确说明理由，否则，判决无效，检察长可因无效的判决而提起上诉，在第 373 条所规定的情况下，由原告提起上诉。

（警察要求提交给检察长的诉讼记录：1900 年第 11 号条例第 70 条增设了本条规定、1909 年第 8 号条例 44 条、1913 年第 12 号条例第 19 条、1947 年第 6 号法案第 11 条、1965 年第 46 号法律通告、1974 年第 58 号法案第 68 条、2002 年第 3 号法案第 92 条对之进行了修正）

第四百一十四条 **第一款** 在由警察提起诉讼的情况下，作出判决的法院应当依警察或被送达了第一次听审通知或被许可依照第 410 条第 4 款及第 5 款的规定而进入诉讼的受害方在判决作出后的 4 个工作日内提出的书面申请,在申请之日起的 3 个工作日内通过记录员将判决书、诉讼记录以及证言记录,如果有的话,移交给检察长。

第二款 在由地方法院(戈佐)作出判决的情况下,判决书的副本、诉讼记录以及证言,如果有的话,可通过邮寄的方式进行送达。

(对中间裁决的上诉:1900 年第 11 号条例第 70 条增设了本条规定)

第四百一十五条 第一款 只有在确定的判决及因此判决而提起上诉的情况下,才能对并未影响诉讼的继续进行的中间裁决正式提起上诉。

第二款 没有对确定的判决提出上诉的,不得允许其对中间性裁决提出上诉。

第三款 对中间裁决的自愿履行不能阻止因此而提起的上诉。

第四款 依法提起的上诉应当包括因中间裁决而提起的上诉,即使这些裁决并未被具体指明。

(未被关押的罪犯所提起的上诉的中止:1900 年第 11 号条例第 70 条增设了本条规定、1914 年第 12 号条例第 12 条、1934 年第 30 号条例第 7 条、1965 年第 46 号法律通告、1974 年第 58 号法案第 68 条、2002 年第 3 号法案第 93 条对之进行了修正)

第四百一十六条 第一款 非因所判罪行而被拘押的罪犯,即使通过口头形式宣称希望参加对判决所提起的上诉,如果其在下级法院传讯时根据第 577 条第 1 款的规定,在诉讼中提供了有能力进行保证的保证人的,可中止下级法院对判决的执行并出庭;在此情况下,适用包括第 579 条、第 581 条、第 583 条、第 585 条、第 586 条及第 587 条在内的规定。

(1A)非因所判罪行而被保证的罪犯被判处监禁或拘留的,在定罪前刚按照本法典第二篇第二部分标题四所规定的保释条件,包括保证人保证书中列明的保证方式及抵押数额,如果有的话,而被保释的,在上诉期限终结前或上诉终结后,为使第 1 款中所规定的判决中止执行,对其应继续适用该款中所规定的保证。

(保证金)

第二款 保证数额应当由下级法院按照第 576 条及第 584 条所规定的规则予以确定:

只判处了财产刑的,保证金的数额应当等于所判处的数额,在这种情况下,法院可要求以相当于上述数额的押金的形式或以法院同意的银行担保的形式提供保证;除基于诉讼要求或经法院同意的良好理由外,不得要求提供保证人。在上述任何情况下,下级法院可在被许可的上诉期间内要求提供保证人,上级法院也可以在上诉提起后要求提供保证人。

(被关押的罪犯提起上诉)

第三款 提起上诉的声明应当中止对被关押的罪犯的判决的执行,罪犯在被许可参加上诉及对上诉进行审理的期间,可因被同意适用本法典第二篇第二部分标题四所包含的保释规定而被临时释放。

(检察长或原告提起的上诉不得中止判决的执行)

第四款 由检察长或原告提起的上诉不能中止对判决的执行。

(上诉方未提供保证金)

第五款 罪犯在声明希望参加上诉后,未能按本条上述各款的规定提供保证金的,应当在提供保证金之前或上诉终结之前被关押在羁押场所。

(上诉的形式及时间:1900 年第 11 号条例第 70 条增设了本条规定、1903 年第 1 号条例第 26 条、1909 年第 8 号条例第 45 条、1947 年第 6 号法案第 12 条、1957 年第 12 号法案第 17 条、1965 年第 46 号法律通告、1967 年第 25 号法案第 3 条、1974 年第 58 号法案第 68 条、1975 年第 27 号法案第 40 条、1990 年第 8 号法案第 3 条、2001 年第 6 号法案第 2 条对之进行了修正)

第四百一十七条 第一款 上诉应当由申请人在确定的判决作出后的 8 个工作日内向刑事上诉法院提出,对地方法院(戈佐)所作的判决提起上诉的,应当由罪犯或原告在确定的判决作出后的 12 个工作日内提起上诉,对于检察长而言,应当从其收到记录之日起计算:

对地方法院(戈佐)所作判决提起上诉的,上诉书可保存在该法院的记录处并通过记录员,连同判决书、诉讼记录及证言记录,如果有的话,一起交至刑事上诉法院,除非这些已经按照第 414 条第 2 款的规定被移交给上诉法院;在对前述判决的上诉中,无论这些申请已如前所述被移交、还是被保存在上诉刑事法院的记录处,申请后的所有行为都应当由地方法院(戈佐)予以记录并如前所述交至刑事上诉法院记录处。

第二款 被绝对释放、有条件释放或因地方法院的缓刑令而被释放者,可在其释放令或缓刑令作出之日起的第 1 款所规定的时间内对其定罪提起上诉。对于这些上诉,刑事上诉法院在本次标题所规定的权力的基础上,有权对释放令或缓刑令中所规定的条件或要求作出修改、变更或予以取消。

(对地方法院的上诉判决进行审理的上诉法院的组成:1900 年第 11 号

条例第 70 条增设了本条规定、后为 1967 年第 25 号法案第 4 条所代替、1975 年第 27 号条例第 40 条、1990 年第 8 号法案第 3 条、1997 年第 32 号法案第 3 条对之进行了修正）

第四百一十八条　第一款　通常在刑事上诉法院或刑事法院开庭的法官，应当在没有陪审团对在刑事上诉法院进行审理的因地方法院的判决而提起的上诉中进行听审或裁决的情况下开庭。

第二款　刑事上诉法院应当在戈佐开庭，对因作为刑事审判法院的地方法院（戈佐）所作出的裁定而提起的上诉进行审理。

（上诉申请的内容：1900 年第 11 号条例第 70 条增设了本条规定、后为 1913 年第 12 号条例第 20 条、1965 年第 46 号法律通告、1974 年第 58 号法案第 68 条、1984 年第 1 号法案第 2 条、1995 年第 24 号法案第 362 条、2002 年第 3 号法案第 94 条所修正）

第四百一十九条　第一款　为不使其失效，包括作为一般司法行为的起诉在内的申请书应当包括——

（a）事实的简要说明；

（b）上诉的理由；

（c）对下级法院所作的判决进行撤销或变更的要求。

第二款　如果上诉是由检察长提起的，为保证上诉有效，申请书应当由检察长签名，并直接与诉讼记录一起保存在上级法院：

如果记录员没有被要求对诉讼记录的保存进行记录。

第三款　由检察长之外的其他人提起上诉的，为不使上诉失效，申请书应当由律师签字，并被保存在因之而提起上诉的、已被宣布的判决的来源法院的记录处。记录员在收到申请书之日起的 2 个工作日内，连同判决书副本、证言记录，如果有的话，以及诉讼记录一起移交给上级法院。

第四款　在对地方法院（戈佐）的上诉中，判决书副本、证言记录，如果有的话，以及诉讼记录，可以通过邮寄的方式送达。

（无偿法律援助：1900 年第 11 号条例第 70 条增设了本条规定、后为 1971 年第 21 号法案第 27 条、1995 年第 24 号条例第 362 条所修正，并被 2002 年第 3 号法案第 95 条所修正）

第四百二十条　上诉人及答辩人可取得法律援助律师的帮助，并适用第 570 条的规定。

（上诉审日期：1900 年第 11 号条例第 70 条增设了本条规定、后为 1965 年第 46 号法律通告、1974 年第 58 号法案第 68 条、1995 年第 24 号法案第

362 条、2002 年第 3 号法案第 96 条所修正）

第四百二十一条　第一款　应当将上级法院所指定的对上诉进行听审的日期的通知送达控辩双方,被送达了第一次听审通知的受害人,或按照第 410 条第 4 款及第 5 款的规定、通过法院记录员签署书面命令的方式而被许可进入诉讼的受害人：

试图为受害方送达第一次听审的日期而没有成功的,或者受害方因某种原因而未能出庭的,在终局判决前,不影响法院对上诉的审理。

第二款　在检察长以外的其他人提起上诉、且由警察向上级法院提起上诉的情况下,上述通知应当交给检察长,并由其交给答辩人。

第三款　按照第 410 条第 4 款及第 5 款的规定而被送达第一次听审通知或被许可进入诉讼的受害人出席上诉审的听审的,即使在未被送达第 1 款中的通知的情况下或者在诉讼中作为证人出现的情况下,也可以聘请律师以求得其帮助；受害方聘请的律师可以对双方证人进行调查,并提出法庭可能采纳的意见。

第四款　第 1 款中所规定的书面通知也应当送达因其缺席而使上诉被推迟者。

（上诉人未出庭：1900 年第 11 号条例第 70 条增设了本条规定、后为 2002 年第 3 号法案第 97 条、2002 年第 13 号法案第 9 条所修正）

第四百二十二条　第一款　在被指定对上诉进行听审的当天,如果上诉人未能出庭,其上诉将被取消,相应的判决生效；但是,上诉人在上述之日起的 4 日内提交了申请书的,该申请书连同上诉人在记录员面前的宣誓声明一起对申请书中所明确陈述的上诉人因为患病或其他意志之外的原因而未能在上述指定的日期予以出庭进行了说明的,法院应当另外指定对上诉进行听审的日期,并适用上条第 1 款及第 2 款的规定。

（答辩人未出庭）

第二款　答辩人未出庭的,法院应当对上诉人进行听审,并依法作出判决。

第三款　上诉人在上诉撤销前依照第 416 条(1A)及第 3 款的规定而被保释的,其关于临时予以释放的请求可在第 1 款中的申请书中同时提出。

（在押的上诉人出庭：1900 年第 11 号条例第 70 条增设了本条规定）

第四百二十三条　在指定对上诉进行听审的当天,上诉人被关押的,适用第 443 条第 1 款的规定。

（允许采纳新证据：1900 年第 11 号条例第 70 条增设了本条规定）

第四百二十四条　在上级法院不得出示新的证据,除非——

(a) 其所作的宣誓及其他证据证明,要求出示新证据的一方对证据本身并不了解,或者未能根据法律规定的方式在下级法院出示这些证据的;

(b) 在下级法院所出示的证据被错误地予以否决的。

(因证人未出庭而使案件延期:1900 年第 11 号条例第 70 条增设了本条规定后、1909 年第 8 号条例第 46 条、2002 年第 3 号法案第 98 条对之进行了修正)

第四百二十五条　如果法院认为确有必要对被正式传唤但未能出庭的证人进行听审的,可以延期对上诉所进行的审理,并尽可能地适用第 441 条的规定。除非法院另有裁决,否则,可由警察以第 365 条所规定的方式传唤其他证人。

(为接受免费法律援助方传唤证人的费用:1900 年第 11 号条例第 70 条增设了本条规定后、1971 年第 21 号法案第 27 条对之进行了修正)

第四百二十六条　在第 420 条所规定的情况下,由法律援助律师或法院指定的其他律师提供帮助的,对证人的传唤费用应当按规定由警察支付。

(听审的顺序:1900 年第 11 号条例第 70 条增设了本条规定)

第四百二十七条　除第 422 条第 2 款的规定外,法院应当根据具体情况,以其认为最为便利的顺序对上诉人及答辩人进行听审。

(上诉审法院的权力:1900 年第 11 号条例第 70 条增设了本条规定后、1913 年第 12 号条例第 21 条、1938 年第 1 号法案第 2 条、1990 年第 8 号法案第 3 条、1995 年第 24 号法案第 362 条、2002 年第 3 号法案第 99 条对之进行了修正)

第四百二十八条　第一款　上级法院发现可归罪于犯罪人的事实构成应被判处超过作为刑事审判法院的地方法院管辖范围的刑罚的犯罪的,应当撤销判决,并将记录移交给地方法院,以使其依法进行诉讼程序。

第二款　上级法院发现可归罪于犯罪人的犯罪属于另一下级法院的管辖范围、而非对此案件进行审理的下级法院的管辖范围的,应当撤销判决,并将案件移交给有管辖权的法院。但在此情况下,不得允许对法院的管辖权提出抗辩——

(a) 如果不是向下级法院提出的;

(b) 如果,曾经被提起,但被明示或暗示地予以撤回的。

第三款　上级法院发现有权对案件进行审理的下级法院声明其并没有对此案进行审理的权限的,应当撤销判决,并对案件重新作出裁决。上级法院发现有违反法定程序或其他重要内容的、或对法定程序或其他重要内容不作为的,为使其有效,应当适用相同的程序。

第四款 上级法院发现仅以缺少管辖权或违反了相关程序,或对相关程序的不作为为根据而提起的上诉的根据不能成立的,应当予以宣布并将案件移交给下级法院。

第五款 如果上诉是因为缺少管辖权或对程序的违反或不作为、错误的判决而引起的,上级法院在上诉被提起后,发现因缺少管辖权或是对程序的违反或不作为而提起的上诉的根据不能成立的,应当予以宣布,并按下款的规定对其作出裁决。

第六款 上诉只关系到案件本身的,上级法院应当宣布其对原判决所进行的确认、变更或撤销。

第七款 只由犯罪方提起上诉的,不得加重其处罚。

(记录员将上诉审法院的判决书副本移交给下级法院)

第八款 法院的记录员应当在 12 个工作日内将对原判决予以确认、变更或撤销的判决书移交至下级法院。

第九款 下级法院为地方法院(戈佐)的,判决书副本可通过邮寄的方式送达。

(上诉审法院关于费用的裁决:1900 年第 11 号条例第 70 条增设了本条规定后,为 1900 年第 8 号条例第 47 条、1995 年第 24 号法案第 362 条、2002 年第 3 号法案第 100 条的修正)

第四百二十九条 第一款 对根据第 380 条的规定而作出的关于费用的裁决,上级法院应当说明费用的承担者,并确定在上诉审中双方以第 380 条第 2 款中所规定的方式以每次开庭 25 分至 60 分的数额所应支付给律师的费用。上述费用的支付应当由下级法院按照第 381 条所规定的方式予以执行。

(无意义的上诉)

第二款 在任何情况下,下级法院认为上诉毫无意义的,都有权对上诉人作出除支付费用外,还应当被判处不超过 100 里拉罚金(补偿性罚金)的判决。

第三款 未支付上款中的罚金(补偿性罚金)的,适用第 13 条第 2 款的规定。

第四款 在因受害方或第 542 条所规定的人提起诉讼而引起的上诉中的应予支付的费用,如第 373 条所规定,应当依照附属于本法典的明细表 A

及 B 所规定的标准而支付，且无论在什么情况下都应当由法院的记录员予以征收。

标题三
检 察 长

（检察长的职责：为 1965 年第 46 号法律通告、1974 年第 58 号法案第 68 条、1975 年第 27 号法案第 26 条及第 40 条所修正）

第四百三十条　第一款　检察长应当为刑事法院的检察官。

第二款　除法律规定不能在缺少原告的情况下提起诉讼的情况外，检察长应当依职权独立于任何作为原告的受害方以马耳他共和国的名义提起诉讼。

（检察长开始发挥功能：为 1913 年第 12 号条例第 32 条、1965 年第 46 号法律通告、1974 年第 58 号法案第 68 条、1990 年第 8 号法案第 3 条、2002 年第 3 号法案第 101 条所修正）

第四百三十一条　第一款　除非本法典或其他法律另有规定，否则，检察长应当在收到地方法院的调查记录的当天开始发挥其功能。

（与被告接触）

第二款　在第 1 款所规定之日起，至提交诉讼时止，如果被告在押，没有检察长的许可，任何人不得与被告进行接触。关于许可，应当适用第 408 条第 2 款的规定。

（起诉的期限：为 1856 年第 4 号条例第 31 条、1900 年第 11 号条例第 71 条、1965 年第 46 号法案、1974 年第 58 号法案第 68 条、1980 年第 13 号法案第 16 条、1990 年第 29 号条例第 20 条所修正。期限的延长）

第四百三十二条　第一款　检察长应当自收到上条中的记录之日起 1 个月的时间内提交起诉书。应检察长的要求，上述期限可由法院另外延长 15 日，期限终了，可由马耳他总统再延长 15 日，查明案件真相需要更长期限的，对于这一更长的期限：

如果该期限超过 40 日的，被告有权取得保释并获释放。

（检察长送还调查记录的权力）

第二款　调查记录被发现因未遵守本法典或其他法律有关调查的规定而具有缺陷的，检察长可将案卷、连同要求法院重新进行调查的书面材料、以及要求对案卷予以修正的书面材料交还给原法院，并根据具体情况，指出调查中所存在的缺陷及本法典及其他法律的相关规定。

（完成新调查或修正调查记录的期限）

第三款 法院应当在上述案卷、包括重新调查及需要予以修正的案卷返回之日起的5个工作日内（基于法院的书面要求或为追求公平起见，此期限可由马耳他总统再延长5个工作日），完成新的调查及对记录所进行的修正，并将上述材料移交给检察长；在这种情况下，提交诉讼的时间应当从检察长收到新的调查记录或修正后的案卷后开始起算。

（检察长释放被告的权力：为1856年第4号条例第32条、1965年第46号法律通告、1967年第25号法案第5条、1974年第58号法案第68条、1975年第27号法案第40条、1980年第13号法案第17条、1990年第8号法案第3条所修正）

第四百三十三条 第一款 检察长认为对被告提起诉讼并不存在充足的理由的，可以在规定的期限内，以自己进行了签名的批准令对被告予以释放，并向刑事法院提交相应的声明。

（撤销起诉）

第二款 检察长也可以通过在法院发表相应声明的方式，撤销已经提起的诉讼。

（地方法官对已释放者实施逮捕）

第三款 最后，如果检察长及除通常在刑事上诉法院或刑事法院开庭的法官以外的其他任何一名法官认为有足够的证据对该人提起诉讼的，可以自调查案卷交给检察长之日起的1个月内，签发具有检察长签名的逮捕令，对被地方法院释放的人员实施逮捕；在这种情况下，起诉的日期应当从逮捕之日起算。

第四款 在本条上述各款所规定的情况下，检察长应当向马耳他总统进行报告，陈述其作出上述各种行为的理由。

（检察长认为地方法官应当审理案件时的权力）

第五款 无论如何，如果由于缺少刑事法院管辖权内的构成犯罪的情节，检察长虽然决定对被告不予起诉、但认为从调查中可能发现具有地方法院管辖权范围内的犯罪的，不得释放被告，并应当将调查案卷送还给地方法院，由地方法院决定是否在不受其他所有情节影响的情况下审理此案。

（法院进一步审理证据的权力）

第六款 在对被告进行定罪或宣告无罪之前、或者刑事审判法院在其管辖权范围内作出其他指示的，法院有权对犯罪进行审理，并对更多的有利于或不利于被告的证据进行审查。

（有出现新证据时进一步继续诉讼的义务：为 1956 年第 46 号法律通告、1974 年第 58 号法案第 68 条、1990 年第 8 号法案第 3 条所修正）

第四百三十四条 每一个非由检察长根据上条第 3 款规定而命令予以逮捕的被告或由于缺少控告证据而被释放的被告，在有新的有效证据出现时，将面临在地方法院定期开始进行的新的诉讼。

（"新的证据"的定义）

"新的证据"是指在被告被释放时并不存在的证据、或被授权提起诉讼者所不知道的证据。

（检察长进一步收集证据的权力：为 1856 年第 4 号条例第 33 条、1965 年第 46 号法律通告、1974 年第 58 号法案第 68 条、1990 年第 8 号法案第 3 条所修正）

第四百三十五条 第一款 检察长有权收集并出示包括调查所得来的证据在内的进一步的证据：

对于在上述调查中未发现的犯罪，检察长不得在其起诉书中提出起诉。

第二款 检察长通过上述进一步所收集的证据，发现一些未被包括在调查中的犯罪的，应当将整个案卷送还给地方法院，地方法院应当继续进行调查，并对检察长所发现的其他犯罪进行审理。在此情况下，调查的期限、案卷的移交以及提起诉讼，都应当重新开始，其中第一个期限从档案返还至地方法院之日起算。

第三款 应当将前述未被包括在调查中的其他犯罪与正在调查中的犯罪分开，并依检察长的要求，对这些被发现的其他犯罪进行新的、独立的调查。

第四款 检察长在本条项下的任何要求都应采用书面形式。

（侦查的特殊权力：2002 年第 3 号法案第 102 条增设了本条规定）

第四百三十五条 A 第一款 检察长有合理理由怀疑某人犯有相关犯罪的，适用法案第四条的规定，上述第 4 款的规定也适用于依照本款规定而适用或签发的侦查令或拘捕令，诚如该调查令或拘捕令是依照上述法案第 4 条所适用或签发的那样，而且，上述第 4 条第 12 款及第 13 款的规定也适用于对与本款规定相关的犯罪所进行的侦查。

第二款 法案第 5 条的规定也同样适用于被指控犯有相关犯罪者，而且，法案第 6 条的规定应当适用于依照本款规定而作出的裁定，诚如依照上述第 5 条所作出的裁定一样。

第三款 在本条中,"法案"及"相关犯罪"与第23条A第1款中所指定的含义相同。

(对马耳他以外的法院所认识到的犯罪进行侦查的权力:2002年第3号法案第102条增设了本条规定)(第101章)

第四百三十五条B 第一款 检察长在收到由马耳他以外的其他地方的司法部门或检察部门所提出的、要求对该部门怀疑实施了相关犯罪的人(本条中的"嫌疑人")在马耳他境内进行调查的要求后,可以向刑事法院提出签发调查令、拘捕令或调查令及拘捕令的申请,危险药品条例第24条A及本标题中所规定的"条例",也同样适用于上述申请、嫌疑人以及上述法院因申请而签发的调查令或拘捕令。

第二款 条例中第24条A第2款及第5款中的"调查令"应当被解读为包括了依照本条规定而签发的调查令在内的调查令。

第三款 条例中第24条A(6A)中的"逮捕令"应当被解读为包括了依照本条规定而签发的逮捕令在内的逮捕令。

(冻结马耳他以外的法院进行审理的犯罪中被告的财产:2002年第3号法案第102条增设了本条规定)

第四百三十五条C 第一款 检察长在收到马耳他以外的其他地方的司法部门或检察部门所提出的、要求对该地方法院所审理的实施了相关犯罪的人(本条中的"被告")的所有的或部分的钱款、动产或不动产予以临时扣押的要求的,可以向刑事法院提出签发与条例第22条A第1款具有相同效果的裁定(本标题以下各条款中称为"冻结令"),上述第22条A的规定也因本条第2款的规定而同样适用于该裁定。

第二款 条例中第24条C第2款至第5款的规定也适用于依照本条规定而作出的裁定,诚如根据上述第24条C所作的裁定一样。

第三款 条例第22条B也适用于那些触犯了本条项下的冻结令者。

(对马耳他以外的法院所作出的没收令的执行:2002年第3号法案第102条增设了本条规定)

第四百三十五条D 第一款 对于由马耳他境外的法院签发的、规定或旨在规定对触犯某一相关犯罪者所拥有或控制的财产予以没收的没收令,应当按照条例第24条D第2款至第11款的规定在马耳他执行。

第二款 本条中的"没收令"包括由具有刑事或民事管辖权的法院所作出的、规定或旨在规定对第1款所描述的财产予以没收的判决、裁决、声明或其他裁定。

第三款 本条、第 435 条 B 及第 435 条 C 中：

"法案"及"条例"与第 23 条 A 第 1 款所规定的含义分别相同；

"相关犯罪"是指包括了在这些岛屿上因作为或不作为而构成的犯罪，或在相应的条件下，构成条例或法案所规定的犯罪以外的、应当被判处超过 1 年监禁的重罪。

（与其他国家的相关部门控制运输并联合进行侦查：2003 年第 9 号法案第 128 条增设了本条规定）

第四百三十五条 E 第一款 即使其他法律有规定，在适当的条件下，检察长也有权批准执行警察及海关部门许可他人进行受到控制的运输，以便对触犯马耳他或其他国家法律而实施了犯罪的犯罪者进行确认。

（第 101 章）

在本款中，"受控制的运输"与危险药品条例第 30 条 B 第 2 款所规定的含义相同，就本款规定而言，非法的或有嫌疑的托运可以包括任何托运物，也可以包括对上述托运进行拦截、许可继续保持原来所托运的货物、将原货物全部或部分地予以转移或以其他东西予以代替。

第二款 为对实施了触犯马耳他法律或其他国家法律的犯罪者进行确认，检察长有权授予执行警察或在执行警察监督或指控下的其他人在任何地方取得任何人所进行的非法的或有嫌疑的托运物的权利。

第三款 依据马耳他所参加的或对马耳他适用的任何协议，包括条约、公约、合约或谅解录，如果检察长明确了官员的真实身份及官职，并被充分告知了声称要对这些官员采用虚假身份进行担保、确认或鉴别的文件的性质的，可批准其他国家的有关部门与执行警察共同地或在执行警察的监督或指挥下，在马耳他境内、以变更了的或虚假的身份对刑事犯罪进行调查。其他法律对上述有关部门或官员以进行上述被批准的调查为目的，或在调查过程中制作或使用这些文件的规定应当被认为具有合法性，并且不应当对这些部门或官员设定任何民事的、刑事的义务或其他义务。

第四款 参与了第 1 款至第 3 款中的任一行为的他国官员，因其本身或其他人对其实施的行为而导致了本法典或其他法律中的刑事义务的，应当被认为是国家工作人员。

（为 1975 年第 28 号法案第 40 条所修正）

标题四
刑事法院

(刑事法院的组成:为 1857 年第 9 号条例第 1 条、1868 年第 5 号条例第 24 条、1899 年枢密院令第 3 条、1900 年第 11 号条例第 72 条及第 73 条、1903 年第 1 号条例第 27 条、1914 年第 2 号条例第 3 条、1929 年第 16 号法案第 3 条、1932 年第 16 号法案第 2 条、1937 年第 15 号法案第 6 条、1967 年第 25 号法案第 6 条、1975 年第 27 号法案第 40 条、1987 年第 13 号法案第 4 条所修正)

第四百三十六条 第一款 刑事法院应当由对除第 370 条的规定外、其他依法可在马耳他提起诉讼的犯罪进行审理时具有陪审团的任何一个法官组成。

(陪审团及法院的性质)
第二款 陪审团应当对关于被告是否构成犯罪这一议题有关的任何问题、以及本法典第二篇第二部分标题七中的附属性问题作出裁决;刑事法院也应当对陪审团所宣布的事实如何适用法律、以及对法律的其他要点及与诉讼有关的事实作出裁决。

(法院的其他权力)
第三款 与法院相联系的——
(a)在开庭期间保持良好秩序;
(b)进行审理;
(c)为使未被禁止的事项或法律规定的事项有效,应在自由裁量权范围内发现事实真相。

第四款 法院也应当对本属于下级法院管辖、但因与所起诉的较为严重的犯罪有关的,或由被起诉的犯罪的实施者实施的、而被在本法院提起诉讼的犯罪予以审理与裁判。

第五款 法院也应当对属于下级法院管辖权的犯罪进行审理与裁判,在审理时,被告被认定为犯有被提起诉讼的、或包括在起诉中的较轻的犯罪的、或有必要以其适用第 377 条、第 378 条、第 383 条、第 384 条及第 385 条所规定的措施的,应当适用这些措施。

第六款 除本法典的其他规定及本条下款的规定外,被告可在第 438 条第 6 款中的通知或第 620 条第 4 款中的裁决送达后不晚于 10 天的时间内,向法院的记录处提交选择不召集陪审团进行审理或对本法典第二篇第二部分标题七项下的附带诉讼进行裁决的说明,这种说明的正式副本应当送达检察长:

本款不适用于对起诉书中要求判处终身监禁的犯罪的审理。

第七款 第6款的规定不适用于第370条第3款(d)中所规定的提出反对意见的被告。

第八款 同一起诉中包括两个或两个以上的被告、且并非所有的被告都提交了第6款中的说明的,对选择不召集陪审团审理其案件的被告的审理应当在对未提交同样记录的被告的审理终结后进行。

第九款 作出了第6款所规定的选择的,法院应当由其中一个不需要陪审团的法官组成,并适用本标题的规定、标题二项下次标题一的规定及本法典中第二篇第一部分标题五的规定。

(与被告接触:为1868年第5号条例第25条、1965年第46号法律通告、1974年第58号法案第68条、1982年第9号法案第2条所修正)

第四百三十七条 **第一款** 提起诉讼后,除法院许可或检察长同意外,任何人不得与被告接触。

第二款 法院在对所提出的申请予以许可前,应当在被告缺席的情况下、非公开地听取检察长的意见。除非这种接触不影响最终的公正,否则,法院不应当对之予以许可。

(向被告送达起诉书:经1965年第46号法律通告、1974年第58号法案第68条、1976年第3号法案第2条修正后,为1981年第53号法案第12条所代替,后为1982年第9号法案第2条、1987年第13号法案第5条、2002年第3号法案第103条所修正)

第四百三十八条 **第一款** 起诉书的正式副本及第590条第2款中所列的清单应当送达被告。

第二款 被告应当在该送达后不晚于15日的时间内,以向法院记录处提交说明的方式——

(i)告知其意欲提起的对第449条及有关证据的可采纳性的抗辩,

(ii)指明其意欲在审理时提供的证人、出示的文件及其他物品,

这些说明的正式副本应当送达检察长。

第三款 检察长应当以法院记录处提交说明的方式,自被告所提交的说明送达之日起不晚于5日的时间内,通知法院其意欲对有关证据的可采纳性进行抗辩。

第四款 上款所规定的时间终结后,法院应当指定日期对所有的抗辩进行听审,并要求记录员在当日对起诉书进行宣读,然后在被告作出有罪或无罪的一般性抗辩之前对这些抗辩作出裁决:

法院可依职权或根据检察长或被告的申请,就将要进行确认的证据、文件及物证向证人进行说明。

第五款 在不存在第2款及第3款所规定的抗辩的情况下或者对这些抗辩作出裁决之后,法院应当指定听审日期。

第六款 应当向被告送达至少允许其进行20天辩护准备的通知。法院在听取了检察长的意见后,认为其理由成立的,可将此期限延长至其认为合适的时候。

第七款 在第5款所指定的进行听审的日期或者为相同目的而指定的其他日期,由于被告在收到依法通知的指定日期的情况下,无正当理由而未出庭,或虽然出庭,却因可归咎于其本身的、法院认为并非正当的原因而使审理无法进行的,由此而引起的所有费用应当由被告承担,法院也可以依检察长的要求而对被告予以强制执行。

第八款 被告可在上述期限内放弃自己的权利。

(对案件的审理作出裁定)

第四百三十九条 根据提起诉讼的日期,审理可交替进行:

法院认为有合理理由时,有权推迟对依次序应当进行审理的某一案件的审理、而对另一案件进行审理。

(调查记录等的可采纳性:为1857年第9号条例第2条、1880年第3号条例第6条、1900年第11号条例第74条、1965年第46号法律通告、1974年第58号法案第68条、1981年第53号法案第3条所修正)

第四百四十条 第一款 应当允许检察长、被告、被告的律师或代理人查阅由检察长或被告移交给法院记录处的调查档案、文件及物证。

(记录员对文件等的保存)

第二款 为了使所有的文件、物证及档案保持提交时的状态,记录员应当采取必要的预防措施。

(未经法院同意、证据等不具有可采纳性)

第三款 所有未在清单中列明的或未依第438条的规定而提交的书面证据、文件及物证,未经法院的特别同意,不得在审理时出示。

(授权同意)

第四款 只有在证据被认为是相关的、且不会因为对上述清单的不作为或怠于在第 438 条所规定的期限内提交上述证据而使检察长及被告方受到损失的情况下,才能作出同意的决定。

（法院的权力）

第五款 无论如何,如果在审理过程中,有对证人进行审查或对双方均未在清单中列出的文件或物证进行实际检查的必要性及实效性的,法院有权传唤这些证人并对其进行审查或对未在清单中列出的文件或物证予以出示。

（传唤证人:为 1859 年第 9 号条例第 24 条、1868 年第 5 号条例第 26 条、1900 年第 11 号条例第 75 条、1974 年第 58 号法案第 68 条、190 年第 8 号法案第 3 条、1995 年第 24 号法案第 362 条、2002 年第 3 号法案第 104 条所修正）

第四百四十一条 第一款 应当以传票的方式对证人进行传唤,传票应当在审理日之前送达每一个证人:

在上条第 5 款所规定的情况下,应当传唤证人立即出庭或在当日的某一特定时间出庭。

（传唤的送达）

第二款 传票应当以副本的形式送达证人,未能见到证人的,应当将传票留置在其惯常住所。

第三款 证人的惯常住所在戈佐岛或科米诺岛的,法院的记录员即便是通过邮寄的方式,也应当将传票副本送至管理地方法院（戈佐）的官员处,以便其送达证人;收到该传票副本的官员应当通过及时宣誓,将回执送达管理地方法院（戈佐）的官员,后者即便是通过邮寄的方式,也应当再将回执送至法院的记录员处。

（证人等未出庭）

第四款 被以传票传唤至法院提供证据或给出其意见的专家,未能在传票所指定的时间出庭的,或者虽然出庭,在被许可退庭前而离开的,法院应当对其判处罚金（补偿性罚金）,并通过押送令或逮捕令的形式而强制其出庭提供证据。

第五款 因证人未出庭而使审理延至他日的,由此而导致的所有费用由证人承担,法院可依检察长或被告的要求,对证人予以强制执行:

基于良好的理由,法院有权在任何时候免除罚金（补偿性罚金）及费用。

（法院解散陪审团的权力）

第六款 法院认为证人在被遣前所提供的证据对终局的公正具有重要

作用的,有权解散陪审团并延期审理。

（无偿提供法律援助的被告的证人的津贴）

第四百四十二条　由法律援助律师为被告提供辩护的,如果法律援助律师以宣誓的形式认为,为被告利益而出庭的证人所提供的证据与辩护有关、且被告因贫困而无力支付这些津贴的,证人的津贴应当由政府以与原告证人相同的比率给予支付。

（审理：被告在法庭上的位置：为1856年第4号条例第34条、1894年第4号条例第1条及第2条、1934年第30号法案第8条、1937年第15号法案第7条所修正）

第四百四十三条　第一款　在为听审案件或其他相关问题而指定的日期及具体时间,被告应当在不受任何限制的情况下,被带至指定的地点。

（传唤未在押的被告）

第二款　被告未在押的,应当以传唤的方式要求其到庭,未出庭的,应当对其适用逮捕令；被告在押的,应当以能够阻止其逃跑的必要方式将其带至上述地点。

（被告的不适当行为）

第三款　被告试图使用暴力的,应当采取一切必要的措施予以制止。

（审理中证人的位置：为1868年第5号条例第27条、1965年第46号法律通告、1974年第58号法案第68条、2002年第3号法案第105条所修正）

第四百四十四条　在审理中,证人应当被留在不能听到讨论的单独的地方。在对证人进行审查后,不应当再允许其返回至原地方；但在特殊情况下可能对证人进行再次审查时,应当将其与其他尚未接受审查的证人分开：

（法院的权力）

经检察长与被告的同意,法院可以允许证人在审理期间留在法院；

法院认为对最终的公正而言,证人必须听取其他证人的证言的,可在任何一方反对的情况下,准许这些证人提供专业性的证据。

（被告在没有律师的情况下出庭）

第四百四十五条　法院应当告知在没有律师的情况下出庭的被告,其具有获得律师帮助的权利。

（对法官的质疑、在起诉书宣读前提出抗辩及作出裁决：为1856年第4号条例第35条、1857年第9号条例第3条、1899年枢密院令第4部分、1929年第16号法案第3条、1932年第26号法案第3条、1965年第46号法律通告、1967年第25号法案第7条、1974年第58号法案第68条、1981年第53

号法案第4条、1982年第9号法案第2条、2002年第3号法案第106条所修正）

第四百四十六条　第一款　在对初步抗辩进行听审的指定日，以及在没有抗辩的情况下，在被指定进行审理的当日的起诉书宣读之前，被告被关押在法庭围栏内的，应当允许其对法官提出反对意见，法院也应当就此作出裁决。

（对法官提出反对或法官放弃开庭的理由）（第12章）

第二款　除第734条中的原因以及犯罪是针对法官本身、配偶或组织与民事诉讼法典第734条中（a）段及（b）所规定的在一定程度上与其有亲密关系者实施的以外，检察长及被告不能对法官提出反对，法官在任何情况下也不能放弃开庭。

（宣布放弃开庭的方式）

第三款　法官在起诉书宣读之前，知道存在可能被提出反对或放弃开庭的事由的，应当宣布回避并陈述理由。

（在庭审前以书面形式进行宣布）

第四款　上述宣布应当在指定的案件审理日期之前以书面的形式作出，在此情况下，应当将法官所宣布的内容通知检察长及被告，检察长及被告在接到通知后的2日内，均未以告知的方式对此提出反对的，应当认为其接受了法官的回避。

（或者在庭审当天以口头形式作出）

第五款　上述宣布也可以在指定的听审日以口头形式提出，在此情况下，任何反对都应当在该宣布被提出后立即作出。

（在宣读起诉书前作出裁决）

第六款　对于回避的质疑与反对，法院应如前所述，在起诉书宣读之前作出裁决。

（宣读起诉书后不得提出质疑或放弃开庭）

第七款　除在起诉书宣读后知道反对或质疑事由的以外，起诉书宣读后，就不应当再对法官提出质疑，法官也不能再对开庭予以回避。

（尽管存在质疑或放弃开庭、法官仍具有的权力）

第八款　即便存在对其进行反对或质疑的事由，法官在起诉书宣读之前或判决下达之后，也应当与代理法官一样，具有签发传票、作出所要求的判决或裁定的权力。

（指定法官：为1856年第4号条例第36条、1964年第13号法案第26

条、1965年第46号法律通告、1974年第58号法案第68条、1975年第27号法案第40条所修正)

第四百四十七条　第一款　法官被反对或退庭的,马耳他总统应当指派其他法官予以代替。

第二款　出于上条所规定的原因,所有的法官均被拒绝开庭的,马耳他总统应当依法代替法官开庭。

(代理法官上任前的宣誓)

第三款　代理法官应当按照组织与民事诉讼法典第10条的规定进行宣誓。

(对代理法官进行质疑的理由)

第四款　代理法官也可能因为上述原因而被反对。

(向被告宣读起诉书:为1981年第53号法案第5条所代替)

第四百四十八条　没有提出第438条中的抗辩的,法院应当命令记录员宣读起诉书。

(宣读起诉书后所提起的抗辩及裁决的作出:为1856年第4号条例第37条、1857年第9号裁定第4条、1868年第5号条例第28条、1871年第6号条例第32条及第33条、1900年第11号条例第76条、1965年第46号法律通告、1967年第25号法案第8条、1975年第27号法案第40条、1976年第3号法案第2条、1981年第53号法案第6条、2002年第3号法案第107所修正)

第四百四十九条　第一款　下列抗辩是指:

(a)对法院管辖权的抗辩;

(b)对起诉书中的缺陷或起诉书本身的无效性的抗辩;

(c)对撤销诉讼的抗辩;

(d)对"前经定罪"或"前经开释"的抗辩;

(e)对被告在审理时处于精神病状态的抗辩;

(f)对犯罪时处于精神病状态的抗辩或对与排除了可归罪于被告的事由、其结果将导致审理不能在当时或将来进行的事实的其他要点有关的抗辩;

(g)除第446条第1款的规定外,其他的预先抗辩;

只有按照第438条第2款的规定进行说明的,才能提起抗辩;

对根据第438条第2款规定的说明提交至法院的记录处上提出抗辩的,法院应当予以准许。

第二款　为2002年第3号法案第107条所废除。

第三款　然而,如果有对陪审团所明确查明的事实或情节提出抗辩需要的,第1款所规定的抗辩,除对法官质疑的抗辩及对有缺陷的起诉书所提出的抗辩外,均可在陪审团定罪之后、判决作出之前提出。

第四款　不能根据没有排除可归罪于被告的事由及被告提出抗辩的事实要点而对其进行处罚,否则,即便是在陪审团定罪之后,也可以提出抗辩。

（不具有管辖权、法院可依职权提出起诉无效）

第五款　法院不具有管辖权或起诉无效的,可以由法院在被告对诉讼进行答辩之前或者陪审团定罪之后依职权提出抗辩：

实际上,在陪审团定罪之后,只有在下列情况下,才能撤销起诉：

（a）起诉书实质上并未包括法律所规定的对犯罪的陈述或描述的；

（b）起诉书中所描述的事实实质上并不构成起诉书中所陈述或描述的犯罪的。

第六款　法院不具有管辖权或起诉无效的,被告应当具有其在被提起诉讼之前的地位。但是,撤销诉讼及同意了"前经定罪"或"前经开释"的抗辩的,应当释放被告。

（对被告进行一般性讯问）

第四百五十条　已对预先抗辩作出裁决或者未提起过预先抗辩的,应当讯问被告是否犯有起诉书中所指控的罪行。

（适用于聋哑人等的规则：为1857年第8号条例第15条、1934年第30号法案第9条所修正）

第四百五十一条　第一款　被告为聋哑人但能书写的,应当向其解释起诉书中的内容,并以书面形式就上条所规定的问题向被告进行提问,被告应以书面形式进行答辩；在这种情况下,所进行的解释、讯问及答辩,都应当由记录员予以公开宣读、并向法院及陪审团进行展示,然后保存在法院的档案中。

第二款　被告为聋哑人且不能书写的,法院应依职权指定与其熟识者或能够了解其意思者作为翻译人员。

第三款　被告哑而不聋的,应当以与他人相同的方式对其进行解释及讯问。如果被告能够书写的,应当以书面形式进行答辩；不能进行书写的,应当为其指定翻译人员。

第四款　法院在认为适当时,可对作为被告的哑人适用上述关于聋哑人的规定。

(指定翻译人员:为 1868 年第 5 号条例第 29 条、1932 年第 16 号法案第 5 条、1965 年第 46 号法律通告、1974 年第 53 号法案第 68 条所修正)

第四百五十二条 第一款 除非有其他明确规定,否则,除法定的翻译人员外,不能从陪审员、被告律师、证人、裁判员、其他参与法庭诉讼的人员及检察长中挑选翻译人员。实际上,任何一方都有权在法定翻译人员或其他被指定作为翻译人员者履行其职责前,提出反对,法庭应当对这种反对作出裁决。

第二款 然而,法院认为已经进行了足够充分的讯问但没有发现其他适合作为翻译人员的,可依法指定参与法院诉讼的人员担任翻译人员。

第三款 担任翻译的人员未在正在开庭的法院中的,应当以传票对其进行传唤。

第四款 居住在马耳他并被指定担任翻译人员的,在没有正当理由的情况下未在指定的时间及地点出庭的,或者拒绝担任翻译人员、在被要求退庭之前离开的,应当被作为未出庭作证、虽然出庭但拒绝作证,或在被要求退庭之前离开的证人而予以处理。

第五款 如果翻译人员是被告的丈夫或妻子或与被告有有关条款所规定的一定程度上的亲密关系或有特殊情节的,适用第 633 条第 2 款的有关规定。

第六款 法院应当按情况给予由法院指定的非政府工作人员的翻译人员一定的报酬。

(被告承认有罪:为 1909 年第 8 号法案第 48 条所修正)

第四百五十三条 第一款 被告在对第 450 条所规定的问题进行答辩时,声称其犯有罪行的,法院应当以最严肃的态度告知其这种声明的法律后果,并许可被告在较短的时间内对之予以收回;但是如果被告坚持这种声明的,应当对其声明进行记录,并对其判处该犯罪所应依法判处的刑罚。

(法院的职责)

第二款 然而,如果有良好的理由对该罪是否实际发生或被告是否真的实施过该犯罪进行怀疑,尽管有被告的坦白,法院也应当裁定对案件进行审理,诚如被告没有承认过犯罪一样。

(在双方要求下进行的宣判:2002 年第 3 号法案第 108 条增设了本条规定后、2002 年第 13 号法案第 9 条对之进行了修正)

第四百五十三条 A 第一款 在被告对第 453 条所规定的一般性问题提出抗辩之前,被告及检察长可要求法院在对有罪抗辩的最终裁决中,适用法律所规定的、双方对其种类及数量均予以同意的、被告因其犯罪而应被判处的罚金（补偿性罚金）、制裁措施或罚金（补偿性罚金）及制裁措施。

第二款　法院认为第1款中所规定的要求判处的罚金（补偿性罚金）、制裁措施及罚金（补偿性罚金）与制裁措施可依法适用于被告提出了抗辩的犯罪，并且对基于第453条第2款或其他反对该要求的理由而提起的诉讼而言，没有必要进行审理的，在向被告清楚地解释了其要求的后果后，法院可在被告提出有罪抗辩的基础上，作出双方向法院所提出的宣判，并在判决中阐明判决是在双方的要求下作出的。

第三款　即使检察长及被告都对作出包括第28条A所规定的适用缓刑的监禁的判决表示同意，并且法院未按照第2款的规定对之进行反对的，这种协议也不能影响法院作出第28条G、第28条H、第28条G或第28条H中所规定的裁定。

（第446章）
第四款　即使检察长同意适用缓刑法案所规定的制裁，并且法院未按照第2款的规定对之提出反对，这种协议也不能影响法院作出上述法案第11条项下的裁定。

（第446章）
第五款　本条中依双方要求所作出的判决不应当影响缓刑法案第25条第3款（a）至（h）的适用。

（"无罪记录"：为1857年第9号条例第5条、1880年第3号条例第7条、1899年枢密院令第7部分、1932年第16号法案第6条、1934年第30号法案第10条、1936年第20号法案第2条、1965年第32号法案第8条、1965年第46号法律通告、1967年第25号法案第9条、1974年第58号法案第68条、1981年第53号法案第7条、1982年第9号法案第2条所修正）

第四百五十四条　第一款　应当对被告提出的无罪抗辩进行记录。

（用英语进行诉讼）（第189章）
第二款　按照司法诉讼（英语）法案，诉讼中应当使用英语的，如果没有第438条所规定的抗辩或在对这些抗辩作出裁决后，法院应当指定日期，按照第605条的规定，由特殊陪审员组成的陪审团对英语使用者进行审理。

（陪审团的组成）
第三款　在法院指定的审理日，应当组成陪审团并开始进行审理。

（被告进行除"有罪"外的其他答辩及保持沉默）
第四款　被告不仅仅是对有罪进行答辩的，其所作的其他答辩及沉默，都应当被作为无罪抗辩。

（不得被告就所指挥的事实进行提问）

第五款　法院、检察长及陪审团在审理期间，无权就与指控的事实相关的其他问题向被告进行讯问。

（向陪审团宣读起诉书：为1868年第5号法案第30条所修正）

第四百五十五条　第一款　陪审团一经宣誓，记录员就应当宣读起诉书，并将一份起诉书交与陪审团；记录员也应当就将要进行记录的与第450条的规定相关的问题向陪审团予以宣读。

（在同一天对两个或两个以上案件进行审理）

第二款　法院认为应当在同一天对两个或两个以上由同一陪审团进行审理的案件予以逐次审理的，在审理第一个案件之前，陪审团应当在上述将要受审的所有被告面前进行宣誓。

（控方进行控诉：为1965年第46号法律通告、1974年第53号法案第68条所修正）

第四百五十六条　然后应当由检察长向陪审团宣读起诉书中构成犯罪的事实；陈述其所出示的有关上述事实的证据；在发表完上述意见后，检察长可以要求对被告作出有罪判决，以澄清事实。

（出示控诉证据：为1965年第46号法律通告、1974年第53号法案第68条所修正）

第四百五十七条　发表完上条的意见后，检察长应当要求其所提供的证人出庭，并对之进行口头询问，而后，检察长应当出示其所提供的其他证据。

（被告进行辩护：为1859年第9号条例第25条所修正）

第四百五十八条　第一款　审理结束后，应当询问被告是否要为自己辩护。被告有权亲自或通过律师为其辩护，并以上条所规定的方式召唤、询问其证人，并出示其能提供的其他证据。

（一个或多个律师为被告进行辩护）

第二款　被告具有一个以上的律师的，这些律师应当划分职责，在被许可的情况下，由其中一个人负责进行首轮辩护，其他人负责接下来的辩护，或者由一个人进行所有的辩护，而由其他人对证人进行询问；但任何人不得在其他人进行完首轮辩护或其他辩护后，将其分工告知法院及陪审团；本款适用于被告具有一个以上律师时所进行的诉讼的所有阶段。

（被告可自行辩护）

第三款 在被许可的情况下,被告有权自行进行首轮辩护,而由律师进行接下来的辩护,或由律师进行首轮辩护,而由被告自己进行接下来的辩护。

(第 458 条的适用)

第四百五十八条 A 第 458 条第 2 款的规定也同样适用于由检察长向一个或多个律师进行的控诉。

(对证人进行审查时的顺序)

第四百五十九条 对证人的询问应当遵循下列次序:

由首先传唤证人的一方对其进行询问;如果另一方愿意,可由其对证人进行反询问;陪审员提出其认为必要的问题;除认为应在询问或反询问中提出的问题外,可提出其认为必要的其他问题。

(被告证实犯罪:2002 年第 3 号法案第 110 条增设了本条规定后、2002 年第 13 号法案第 10 条对之进行了修正)

第四百五十九条 A 第一款 对承认自己罪行的罪犯,不应当再就倾向于其实施了某一与本罪无关的犯罪或曾经被认定、被指控犯有某一与本罪无关的犯罪等问题进行讯问,如果进行了上述讯问,被告也可以不予回答,除非——

(a)被告所实施的或被认定为有罪的该其他犯罪的证据对于现在被指控的犯罪而言,是具有可采纳性的证据;或

(b)被告为树立良好的品格形象,为进行诉讼而亲自或通过律师提出过证据方面的问题,或为证明其具有良好的品格而提供过证据,或辩护及其进行包括了可归因于起诉者或证人的品格、已死的受害人或被指控的犯罪的内容;或

(c)被告提供了包括被指控犯罪实施过程中的同一诉讼中的其他被告人的证据。

第二款 在(a)段至(c)段所规定的情况下,任何显示了被告曾在以前犯过罪的记录都可作为证据而予以出示。

(在法院向对方证人进行审查后所进行的进一步提问)

第四百六十条 在询问对方证人后,各方都无权直接向己方证人进行提问。然而,他们可将准备向己方证人提问的其他问题提交法院,法院认为该问题对于案件具有重要作用的,应当直接向证人进行提问。

(采纳证据的规则:为 1857 年第 9 号条例第 6 条、1965 年第 46 号法律通告、1974 年第 58 号法案第 68 条所修正)

第四百六十一条　第一款　检察长及被告希望对法院依据第 440 条的规定而许可出示的证据的采纳具有决定作用的事实的存否予以证实的,可在被许可的庭审阶段提供有关这些事实的证据。

第二款　庭审时要求出示第 646 条所规定的证人证言的,对有关证明该证言具有可采纳性的情节存在的证据,适用相同的规定。

(简要记录法院提取的证人证言:为 1857 年第 9 号条例第 7 条所修正)

第四百六十二条　法院应当对证人所提供的证据作以简要记录。

(审理过程中的速记:1947 年第 6 号法案第 13 条增设了本条规定后、1947 年第 6 号法案第 13 条、1967 年第 25 号法案第 10 条、1974 年第 58 号法案第 68 条、1975 年第 27 号法案第 40 条对之进行了修正)

*第四百六十三条　第一款　对被在刑事法院起诉的任何人的审理程序,都应当作速记记录。在刑事法院或刑事上诉法院进行审理的,应当对该记录或其某一部分制作副本:

按照第 518 条的规定,该副本应当提供给任何对按价目表的规定收取费用的诉讼有兴趣的各方。

第二款　检察长在认为适当的任何情况下,都可以要求为其制作一本速记记录副本,以备使用。

第三款　法院或检察长要求制作这些速记记录及其副本的,其费用应当按照当时的支付标准、以政府所提供的资金支付。由第 516 条第 3 款所指定的委员会对所要制作的记录的准确性及副本的确实性制定规则。

(答辩及再一轮的答辩:为 1965 年第 46 号法律通告、1974 年第 58 号法案第 68 条所修正)

第四百六十四条　辩护结束,如果检察长希望对之进行答辩的,应当予以许可;但是,在这种情况下,被告有权利进行进一步答辩:

没有出示新证据的,未经法院的特殊许可,任何一方不得予以答复或答辩。

(法官的总结:为 1857 年第 9 号条例第 8 条、1859 后第 9 号条例第 26 条、1868 年第 5 号条例第 31 条、1967 年第 25 号法案第 11 条所修正)

第四百六十五条　控诉及辩护结束后,法官应当向陪审团解释起诉书中的案件的性质及其构成要素,以及特殊情况下与陪审团的功能有关的法律的其他细目,以其认为必要的方式整合的证人所提供的证据及其他证据,

---

* 第 463 条尚未生效;参见 1947 年第 6 号条例第 13 条第 2 款。

以使得上述内容与陪审团在特殊情况下所要行使的权力结合起来,指导陪审团正确履行其职责。

(陪审团的商议)

第四百六十六条 法庭宣布闭庭后,陪审团应当考虑其所要作出的裁决。

(陪审团的功能及应遵守的规则:为1856年第4号条例第38条、2002年第3号法案第111条所修正)

第四百六十七条 **第一款** 陪审团首先应当认真考虑被告是否犯有被起诉的罪行以及加重情节,如果有的话;陪审团认为确实有上述罪行的,应当以第468条及第469条所规定的方式发现被告"有罪"。

第二款 没有证据证明被告是起诉书中所指控犯罪的主犯或主犯之一,但有证据证明其是从犯或对所实施的犯罪进行了共谋的,陪审团应当查明其阴谋实施该犯罪或与之有共谋关系的罪行;相反,起诉书中指控某人在犯罪中为从犯的,陪审团应当查明其共谋实施该罪或在犯罪中作为主犯或主犯之一的罪行,如果其被指控阴谋实施了犯罪的,且有证据证明的,将被认为在该既遂或未遂之罪中是从犯或主犯、主犯之一;

在起诉书中被指控在犯罪的实施过程中与他人共谋、且如前规定被查明在既遂或未遂的犯罪中是主犯或主犯之一的,对其处罚不应重于起诉书中所要求的刑罚。

第三款 两人或两人以上者被指控为犯罪的主犯、且已证实犯罪是由其中的一人或一人以上者实施、但没有关于具体是由谁实施的证据的,如果已经证实他们都参加了犯罪、而犯罪的一部分也已足以使他们成为从犯的,陪审团有权查明犯罪中所有应以从犯定罪的被告。

第四款 虽然起诉书中所列明的犯罪未经证实,但是如果起诉书中包括了具有较低加重情节的相同的犯罪、较轻的犯罪或者是未遂的犯罪的,陪审团可根据具体情况,排除加重情节或增加那些使犯罪具有较低严重性的情节或对被告所实施的这些较轻犯罪、未遂罪或实施了构成这些较轻犯罪或未遂罪的行为予以查明。陪审团可在其正式裁决中写道:"有罪,但是不具有……的情节",列明其所要排除的情节;或者,"有罪,同时具有……的情节",同时列明使犯罪具有较轻严重性的情节;或者,"有罪,但只有……",列明陪审团所查明的被告所犯有的前述的既遂或未遂的罪行(或构成这些既遂或未遂的罪行的行为)。

第五款 如果陪审团认为被告不具有上述罪行的,对被告的意见应当为"无罪"。

（合法的裁决所需要的票数）

第四百六十八条　陪审团所作出的每一份有利于或不利于被告的裁决,至少应当有6人同时表示同意。

（陪审团主席的作用）

第四百六十九条　陪审团团长应当将每一份裁决中其他陪审员的选票集中起来,并对每一位陪审员的选票及其姓名进行记录,然后加上自己的选票;在对选票进行计算后确认同时至少有6张选票的,陪审团团长应当写下将要返回的裁决,并将自己列在其他陪审员的前边。

（法院需要向陪审团进行的解释）

第四百七十条　第一款　陪审团可基于任何理由或解释而请求法院解除其职责,而且应当在公开法庭对其作出请求的理由进行陈述或作出解释。

（商议的地点）

第二款　为使裁决公正,陪审团可在指定的地点进行裁决。

（陪审团与法院沟通的方式）

第三款　陪审团退庭讨论案件时,记录员应当在陪审团与法院之间进行沟通。

（陪审员不得缺席、也不得与示被授权的他人进行交流:为1975年第27号法案第27条所修正）

第四百七十一条　第一款　一旦被确定为陪审员,在陪审裁决作出之前,除特殊情况下经法院同意外,不得缺席,也不得与法院、其他陪审员以及被批准与陪审员进行沟通的官员以外的其他人进行交流。

第二款　审理不能在陪审员名单确定的同一天结束的,如果在延期审理的当日及当时,陪审员出庭的、且法官认为允许陪审员返回各自家中有利于司法利益的,应当允许其各自返回家中,除非法院认为这样做有损于司法利益。

（陪审员进行商议及至作出裁决前、未经法院同意、不得向其提供食物及饮用水）

第四百七十二条　陪审团退庭对案件进行讨论后、相应的裁决作出之前,未经法院同意,不得进食或喝水。

（陪审团一旦准备进行裁决、应当告知法院）

第四百七十三条　陪审团一旦准备进行裁决,应当告知法院,以便于法院在公开法庭听取其所作的裁决。

（陪审团宣读裁决）

第四百七十四条 法院应当通过记录员对陪审团进行询问："被告是否犯有起诉书中所指控的罪行"，陪审团团长应当在其他陪审员面前，在公开法庭宣读由陪审团所作出的裁决，这些裁决应当交给记录员进行记录。

（陪审团对与事实相关的宽宥事由所作的进一步声明）

第四百七十五条 被告被查明有罪后，法院认为根据辩护意见及对事实进行审理后所证实的结果，陪审团应当进一步对法律明确规定为宽宥事由或起诉书中未提及的事实是否被证实发表声明的，应当将这些问题提交陪审团进行裁决，在作出宣判时，由其作出肯定或否定回答：

陪审团以第467条所规定的任何形式查明被告有罪、且有充分的证据对之予以证明的，不得以本条规定阻止陪审团按照自己的意愿发表声明，对于已经证实的、法律明确规定为宽宥事由的特定事实，陪审团也无须再等待法院的提问；在这种情况下，陪审团应当对被告有罪及法律列明为宽宥事由并已被证实的事实予以查明。

（陪审团就杀婴所作的裁决：为1947年第6号法案第14条、2002年第3号法案第112条所修正）

第四百七十六条 第一款 因被指控谋杀其孩子或婴儿而受审的妇女被无罪释放的，对该妇女作出无罪释放裁决的陪审团有权查明事实真相，以防止有充分的证据显示该妇女曾生育过孩子、为了掩盖孩子出生的事实而秘密将孩子的尸体进行了掩埋或以其他方式处理掉孩子的尸体。

（对盗窃、滥用及接收盗窃物所作的裁决）

第二款 因被指控犯有单纯的盗窃罪或者加重的盗窃罪而受审者，被证实并没有对所指控的犯罪对象实施犯罪的，陪审团应当通过证据，查明其是否盗用了该犯罪对象或实施了与上述犯罪对象有关的、第334条所规定的犯罪；相反，如果有相应的证据证明，盗用或实施了第334条所规定的犯罪而被审理者，应当被认为对上述犯罪对象实施了单纯的或加重的盗窃罪：

无论在何种情况下，对其处罚都不得重于起诉书中所要求的刑罚。

（法院对未决的或模糊的裁决所具有的权力）

第四百七十七条 法院有权要求陪审团依据第467条的规定对其被授权进行裁决的问题以及一些被证实或尚未被证实的具体情节是否可用于完成或解释首次裁决等问题进行考虑。

（对补充性问题的附加）

第四百七十八条 对于首次裁决中的其他问题，法院认为有必要的，应当向陪审团提出,陪审团应当按照第 474 条的规定进行相应的回答。

(不得在裁决未作出之前进行记录)

第四百七十九条 在陪审团为使其裁决完善而进一步进行考虑的情况下,法院可在裁决完善之前,先不对所作出的裁决进行记录。

(向陪审团提问:为 1856 年第 4 号条例第 39 条、1857 年第 9 号条例第 9 条、1965 年第 46 号法律通告、1967 年第 25 号法案第 12 条、1974 年第 58 号法案第 68 条所修正)

第四百八十条 第一款 为帮助陪审团履行其职责,法院有权通过记录员以书面形式向陪审团提供一个或更多的问题,记录员应当在上述问题上签名并在公开法庭上进行宣读,在对上述问题进行了考虑后,在第 467 条、第 475 条、第 477 条及第 488 条所规定的不同的情况下,陪审团有权或应当作出裁决。

第二款 必要时,即使是在陪审团查明被告并没有实施犯罪,或实施了起诉书中所指控的犯罪以外的其他犯罪之后,法院也有权以口头形式或书面形式提出上述问题,以对被告是否犯有起诉书中所指控的罪行这一问题作出回答。

(陪审团向法院提交对法律要点问题的意见的权力)

第三款 对一些其裁决有赖于陪审团关于被告是否犯有起诉书中所指控的罪行或者第 467 条中所规定的罪行、或辩护中所提出的事实是否构成法定的宽宥事由等法律问题的疑虑,陪审团如果愿意的话,有权只对法院以书面方式提出的、有关所提出的对被告有利或不利于被告的犯罪事实是否被证实等问题予以查明,而对被告是否有罪、宽宥事由是否存在等问题,则不予查证,并由法院对由陪审团所查明的事实是否构成起诉书中所指控的犯罪或上述第 467 条所规定的犯罪或法定的宽宥是由作出裁决。

第四款 在根据第 490 条所规定的方式听取了检察长、被告及被告律师的意见后,法院应当在当天或其他日期宣布由陪审团针对某问题而作出的判决。

(对每一犯罪及每一被告单独作出裁决)

第四百八十一条 在同一起诉书中对多项罪行进行指控、或审理中的被告为两人或两人以上者的,陪审团应当分别对每一个罪行及每一位被告作出裁决。

(在每一裁中说明票数)

第四百八十二条 陪审团应当在其所作出的每一个裁决中说明同意此

裁决的票数。

（在缺乏合法票数时进一步进行考虑）

第四百八十三条　在法庭上宣读陪审团的裁决时,支持该裁决的选票低于 6 票的,如果法院认为陪审员的人数足以说明上述选票不符合规定的,应当要求陪审团在团长或由法院指定的其他陪审员的指导下,退庭作进一步的考虑,以期交给法院一个合法的裁决;在未达到合法裁决所要求的法定人数之前,不得对所作出的裁决进行记录。

（向法院作出有关被告的建议:为 1965 年第 46 号法律通告、1974 年第 58 号法案第 68 条所修正）

第四百八十四条　陪审员在向法院作出被告被查明有罪的建议时,应当陈述有罪的理由;法院应当在适用法律时、在向马耳他总统就此问题所作的报告中或在第 493 条及第 494 条所规定的报告中对上述建议进行考虑。

（在不受打扰的情况下继续进行审理:为 1934 年第 30 号法案第 11 条、1976 年第 3 号法案第 4 条所修正）

第四百八十五条　陪审团一旦组建,在其裁决记录作出之前,对案件的审理应当连续进行;除法院认为其本身、陪审员、证人或被告方有必要进行休息之外以及除星期六、星期天及其他公假日外,审理不得暂停:

法院认为有必要的,可在星期六、星期天及其他公假日继续对案件进行审理。

（陪审团死亡或出现其他障碍:为 1896 年第 10 号法案第 1 条所修正）

第四百八十六条　在陪审团将裁决交给法院之前,其中的一名陪审员死亡或不能履行其职责,且没有指定第 610 条第 2 款所规定的候补陪审员的,如果可能的话,应当在当天指定一名新的陪审员;否则,案件将推迟至他日,由新的陪审团进行审理;无论在何种情况下,所有应该有陪审团参加的程序,都应当重新进行。

（宣布无罪时对被告进行无罪宣告或予以释放:为 1900 年第 11 号条例第 77 条所修正）

第四百八十七条　陪审团依照第 467 条第 5 款的规定查明被告无罪的,法院应当释放被告,并裁定其获得自由,除非被告因为其他原因而应当被予以关押。

（裁决中陈述的无罪理由为被告处于精神病状态并缺乏判断力:为 1900 年第 11 号法案第 78 条、1903 年第 1 号条例第 28 条及第 29 条）

第四百八十八条　第一款　被告被查明因在犯罪当时处于精神病状态

而无罪,或者因未满14周岁或为聋哑人而缺乏判断力、并因之而被查明无罪的,陪审团应当在其裁决中对上述原因予以陈述。

第二款 未在裁决中就上述原因进行陈述的,法院应当就此问题向陪审员予以明确提出,陪审员应当在裁决时,对此作出肯定或否定回答。

第三款 大多数陪审员作了肯定回答的,根据情况,适用第35条第3款及第4款、第39条第2款或第623条第1款的规定。

(不得向陪审团透露前罪:为1965年第46号法律通告、1974年第58号法案第68条所修正)

第四百八十九条 法律因行为人所实施的前罪而提高了后罪的刑罚的,法院应当在不受前罪及其刑罚影响的情况下进行审理,诚如起诉书中并未对该前罪及其刑罚进行指控一样;在陪审团宣布被告犯有后罪之前,法院不得将有关前罪及其刑罚的情况提交给陪审团:

(例外)

然而,在对该后罪及其后的再次犯罪进行审理时,证据证明被告具有良好人格的,即使是在陪审团查明被告有罪之前,检察长为对上述证据进行答辩,有权宣读起诉书并证实被告所犯有的前罪及对前罪所适用的刑罚。

(法院向被告就有关刑罚适用进行询问:为1857年第9号条例第11条、1965年第46号法律通告、1967年第25号法案第14条、1974年第58号法案第68条、2002年第3号法案第113条所修正)

第四百九十条 第一款 被告的犯罪事实一经证实,法院应当询问被告对检察长所要求适用的刑罚的意见。被告未表示反对的,如果法院认为检察长所要求适用的刑罚符合法律规定,应当宣布该刑罚;但是,被告提出反对的或法院自身作出怀有疑虑的表示的,法院应当听取检察长的意见、以及被告及其律师的答辩意见。之后,检察长可以进行答辩,检察长答辩后,被告及其律师可以进行再一轮的答辩。

(法院就有关问题作出裁决)

第二款 在检察长、被告及其律师发表完意见后,法院应当就检察长所要求适用的刑罚是否为依法应当适用的刑罚作出决定,如果法院认为检察长所要求适用的刑罚并非依法应当适用的刑罚的,应当就本案所应适用的刑罚作出裁决,并陈述理由。

(受害方对宣判提出意见)

第三款 受害方可通过申请,要求刑事法院允许自己或其法律顾问就对被告所应适用的适当的刑罚提出其观点,法院批准了其申请的,应当在询问被告对检察长所要求适用的刑罚有何意见之前的第 1 款所规定的阶段，给予该受害方或其法律顾问发表观点的机会：

因为某种原因，受害方未能就上述所应宣判的刑罚发表其观点的，不得影响法院继续进行审理及按照第 491 条的规定宣读判决。

（判决：为 1857 年第 9 号条例第 12 条所修正后、被 1967 年第 25 号法案第 15 条代替）

第四百九十一条　法院应当尽可能早地宣读其判决。

（陪审团意见不一致时法院可判处较轻的刑罚：为 1971 年第 21 号法案第 28 条所代替后、1981 年第 49 号法案第 4 条、2002 年第 3 号法案第 114 条对之进行了修正）

第四百九十二条　**第一款**　陪审团组成之前，被告宣称自己有罪、且其承认的事实应当被判处终身监禁的，法院应当对被告判处 18 个月至 30 年监禁，而非上述刑罚。

第二款　陪审团在对包含了应被判处终身监禁的事实进行证实时意见不一致的，法院有权判处不少于 12 年的监禁，而非终身监禁。

（法院在宣判终身监禁刑时的建议：1971 年第 21 号法案第 29 条增设了本条规定后、1981 年第 49 号法案第 4 条对之进行了修正）

第四百九十三条　对某人宣判了终身监禁后，法院应当在 24 小时内、以书面形式向总理提出其认为该犯罪人在被释放前应被关押的最短期限。该建议应当能够让被宣判者看到，记录员也应当保留一份该建议的副本。

（法官在宽宥或判刑时的建议：为 1857 年第 9 号条例第 14 条、1965 年第 46 号法律通告、1974 年第 58 号法案第 68 条所修正）

第四百九十四条　审理法官有权以书面形式向马耳他总统提出对某一被判刑者予以宽宥或减轻其刑罚的建议，并陈述该建议的理由。

（法官、检察长、被告及其律师死亡或患病：为 1856 年第 4 号条例第 40 条、1857 年第 9 号条例第 15 条及第 16 条、1965 年第 46 号法律通告、1967 年第 25 号法案第 17 条、1974 年第 58 号法案第 68 条、2002 年第 3 号法案第 115 条所修正）

第四百九十五条　**第一款**　在审理期间或陪审团向法院提交有罪裁决后，负责开庭的法官死亡或患病的，应当由另一名法官依法进行替代，在法院认为合适的情况下，被告答辩记录后的所有程序，都应当重新进行。

第二款　无论陪审团在程序重新进行后作出何种裁决，对被告所判处的刑罚都不得高于对陪审团原先所证实的犯罪应当适用的刑罚。

第三款 被告被证实无罪的,已经进行的程序不得再重新开始。

第四款 检察长或控方律师在履行第456条、第457条、及第464条职责前死亡或患病的或者在第458条所规定的辩护终结前,辩方律师死亡或患病或者被告患病的,所有程序应当重新开始。

(记录员在刑事法案的作用。1980年有限责任第6条例第30节第2部分:为1975年第27号法案第40条所修正后、为1995年第24号法案第360条所修正)(第12章)

第四百九十六条 第一款 组织与民事诉讼法典第57条第2款中所规定的官员可履行刑事法院中记录员的职责。

第二款 组织与民事诉讼法典第57条第1款中所规定的执行官员可履行刑事法院中执法官的职责。

(1967年第25号法案第18条增设了本标题规定后、1975年第27号法案第40条对之进行了修正)

标题五
刑事上诉法院

(解释:1967年第25号法案第18条增设了本标题规定)

第四百九十七条 除上下文另有规定外,在本标题项下——

"上诉人"包括被认定为有罪的、希望根据本标题规定而提起上诉的人;

"宣判"包括法院对被认定为有罪者所作出的关于定罪的任何裁定以及刑事上诉法院的、包括作出这些裁定的权力在内的进行宣判的权力。

(刑事上诉法院:1967年第25号法案第18条增设了本标题规定后、为1971年第21号法案第30条、1974年第58号法案第68条、1975年第27号法案第28条及第40条、1990年第8号法案第3条所修正)

第四百九十八条 第一款 刑事上诉法院具有对本标题项下的上诉及对地方法院的判决所提起的上诉进行审理及裁决的司法管辖权、以及对本标题项下的其他程序进行处理的司法管辖权。

第二款 除第418条有关对地方法院的判决所提起的上诉进行审理的上述法院的组成的规定以外,刑事上诉法院应当由大法官及马耳他总统指定的其他两名法官组成,其中大法官由马耳他总统担任;

在存在法庭成员缺席或法定障碍的情况下,马耳他总统应当指定其他法官替代原法官开庭。

第三款 刑事上诉法院应当根据参与案件审理的大多数法院成员的意见,对某一问题作出裁决,所作的判决为代表整个法院的唯一判决。

第四款 根据本标题的规定,刑事上诉法院应当全权对要求在法院作出公正裁决的所有问题,作出符合本标题规定的裁决。

第五款 本标题项下的规定不适用于对地方法院所作出的判决提起的上诉。

(检察长或被告进行的上诉:1967 年第 25 号法案第 18 条增设了本条规定后、1974 年第 58 号法案第 68 条、1981 年第 53 号法案第 8 条对之进行了修正)

第四百九十九条 **第一款** 检察长或被告在起诉书宣读之后、被告就第 449 条第 1 款中(a)、(b)、(g)中的抗辩事由及有关证据的可采纳性的裁决所涉及的有罪或无罪的一般事由提出抗辩之前,对所作裁决提起上诉的,其管辖权归属于刑事上诉法院。

第二款 在宣读起诉书后、被告对第 449 条第 1 款(c)、(d)、(e)、(f)中所涉及的有罪或无罪的一般事由提出抗辩之前,被告也可以对由检察长申请、按照第 402 条第 5 款所作的裁决或其他裁决提起上诉。

第三款 检察长以及具体情况下的被告希望参与第 1 款或第 2 款中的上诉的,应当在法庭宣读完裁决之后,立即以便条的方式予以告知,对此,法院可根据案情需要,在上诉期限终止之前暂停其他诉讼程序,或者在已经提起上诉的情况下,在刑事上诉法院作出裁决前,暂停其他程序。

第四款 应当自原判决作出之日起的 3 个工作日内,以申请书的形式向刑事上诉法院提起第 1 款及第 2 款中的上诉。

第五款 本条项下由检察长提起的上诉不影响原判决的执行。

第六款 刑事上诉法院对上诉予以许可的,就应当在不考虑原判决的前提下,对本条项下的上诉作出释放被告、继续执行原判决或包括重新逮捕或关押被告的裁决,或根据具体情况,作出其他指示。

第七款 被告未提起本条项下的上诉的,不影响其在下条所规定的上诉中提出问题。

(对定罪或量刑提出的上诉:1967 年第 25 号法案第 18 条增设了本条规定后、2002 年第 3 号法案第 116 条对之进行了修正)

第五百条 **第一款** 上诉书中所指控的犯罪人可在任何情况下向刑事上诉法院提起关于其定罪或量刑的上诉,除非该量刑为法律所规定。

(检察长就量刑提起的上诉)(第 446 章)

第二款 即便第281条第2款及缓刑法案有规定,检察长认为量刑过分宽松的,可就适用了缓刑法案的相关规定及第21条、第28条A至第H的、宣判了2年以上监禁的判决提起上诉。

(受害方向刑事上诉法院就量刑提出意见:2002年第3号法案第117条增设了本条规定)

第五百条A 对因量刑而提起的上诉,受害方可亲自或通过律师,提出对被告所应判处的相应刑罚,并以申请书的形式要求刑事上诉法院予以准许。法院准许了该申请并在法庭上听取了上诉人支持上诉的意见后,给予受害方或其律师提出意见的机会;并应当给予犯罪人及检察长对这些意见进行答辩的机会:

由于某种原因,受害方或其律师未能在指定日期就所宣判的量刑提出意见的,不影响法院的进一步审理及对判决的宣布。

(检察长的意见:2002年第3号法案第117条增设了本条规定)

第五百条B **第一款** 在受审者被无罪释放的情况下(无论是就整个指控而言,还是就部分指控而言),检察长希望刑事上诉法院在第五百零四条所规定的时间内给出关于此案件应适用的某一法律问题的意见的,可将该问题提交给法院,法院根据本条的规定,在对该问题进行考虑后,给出意见。

第二款 刑事上诉法院为了对本条项下所提交的法律问题进行考虑,应当听取各方意见——

(a) 检察长的意见;

(b) 如果被无罪释放者希望向法院表明其观点的话,有关律师的辩护意见或法律援助律师的意见。

第三款 本条中的参考意见不应当对该意见所涉及的审理及审理中所作出的无罪释放的裁定产生影响。

第四款 第516条第3款中的委员会可制定规则,以规范本条中由检察长所给出的参考意见的形式及内容,并对其他所有与之有关的或辅助性的意见予以规定。

(对普通案件的上诉作出的裁决:1967年第25号法案第18条增设了本条规定后、1975年第27号法案第29条、2002年第3号法案第118条对之进行了修正)

第五百零一条 **第一款** 在对犯罪人的定罪所提起的上诉中,刑事上诉法院应当允许犯罪人提出上诉——

（a）如果其认为根据案情，上诉人被错误定罪的；或者

（b）如果其认为程序不规范、法律的解释或适用不正确，并因此而影响了定罪的：

即便(b)段项下的上诉中关于某一法律问题的意见可能有利于上诉人，但如果法院认为实际上并没有发生审判错误的，可以驳回上诉。

第二款　根据下条及第 508 条第 1 款的规定，如果刑事上诉法院对定罪所提出的上诉予以承认的，应当撤销定罪，并作出无罪释放的判决。

第三款　在犯罪人针对量刑所提出的上诉中，刑事上诉法院认为应当作出不同的量刑判决的，应当在审理中撤销原量刑判决，并以裁决的方式作出其认为应当判处的其他合法的刑罚判决（不应当重于原量刑），在其他情况下，应当撤销上诉。

第四款　在检察长就量刑而提出的上诉中，刑事上诉法院认为应当判处更为严厉的刑罚的，应当在审理上撤销原量刑判决，并作出其所认为合法的、更为严厉的量刑判决，在其他情况下，应当撤销上诉。

（在特殊案件中刑事上诉法院的权力：1967 年第 25 号法案第 18 条增设了本条规定后、1975 年第 27 号法案第 30 条对之进行了修正）

第五百零二条　第一款　刑事上诉法院认为虽然在某一罪状或某部分指控中未对上诉人恰当定罪、但在另一罪状或某部分指控中正确定罪的，可对上诉人在审理中被判处的刑罚予以确认，或者以其认为适当的、法律对某一罪状或起诉书中所指控的某部分定罪所规定的刑罚代替原刑罚：

无论起诉书中最后是否要求对该部分判处刑罚，法院所作出的其他量刑在整体上都不应当重于原审理中所确定的刑罚。

第二款　上诉人被认定犯有某罪且陪审团在上诉书中发现了其他犯罪的，对于陪审团所发现的新罪，刑事上诉法院认为陪审团已经具有查明该犯罪的充分事实的，可判处上诉人犯有陪审团所发现的其他犯罪，并对其判处法律所规定的、不高于原判刑罚的刑罚、以代替原审理中所宣判的刑罚，而非准许或驳回上诉。

第三款　在对上诉人进行定罪时，陪审团发现了第 480 条第 3 款所规定的刑罚、且刑事上诉法院认为刑事法院在对犯罪的认定上有错误的，可裁定作出其所认为符合法律规定的判决，并对上诉人判处相应的刑罚（不得重于原判刑罚）、以代替原审理中所宣判的刑罚，而非对上诉予以承认。

第四款　在因定罪而提起的上诉中，刑事上诉法院认为上诉人虽然实施了犯罪行为或对其所指控的不作为，但在实施犯罪作为或不作为时处于

精神病状态、依法不应当承担责任的,可撤销原审理中所宣判的刑罚,并依据第 623 条第 1 款、第 2 款及第 3 款的规定,作出将上诉人关押于最高矫正院的裁定。

(对基于精神病而作出的无罪裁决的上诉:1967 年第 25 号法案第 18 条增设了本条规定)

第五百零三条 第一款 行为人因在实施犯罪的作为或不作为时处于精神病状态而被作出无罪判决的,行为人可就此判决提起上诉,并如下规定,对于这些上诉适用第 501 条第 1 款的规定。

第二款 除本条外——

(a)对第 1 款的上诉应当予以承认的,

(b)没有理由承认被告患有精神病的,

刑事上诉法院认为由于被告患有精神病而对其应当判处非所指控的其他犯罪的,应当驳回上诉。

第三款 在第 1 款所规定的上诉中,可在上诉人缺席的情况下对其上诉进行听审并作出裁决,如果上诉人没有律师的,适用第 519 条的规定。

第四款 根据第 1 款的规定,应当承认下列上诉——

(a)承认上诉的理由在于陪审团关于被告患有精神病的裁决不应当成立,刑事上诉法院认为被告构成犯罪(无论是被指控的犯罪还是陪审团所裁决的其他犯罪)的,法院应当对被告作出有罪判决,而非基于精神病作出无罪判决,并对其判处刑罚或者如同在陪审团作出裁决之前法院所进行的审理那样审理被告。

(b)在其他情况下,刑事上诉法院应当作出无罪释放的判决,以代替有罪判决:

如果法律已经对(a)段中的犯罪确定了刑罚的,该刑罚(无论犯罪情节)应当为终身监禁或 12 年以上监禁。

第五款 除非有其他规定,刑事上诉法院在第 4 款(a)中所宣判的刑罚期限应当从刑事法院所作的宣判应当开始时起算。

(提起上诉的形式及时间:1967 年第 25 号法案第 18 条增设了本条规定)

第五百零四条 除非有其他规定,本标题项下的上诉应当从原判决作出之日起的 15 日内以申请书的形式提交刑事上诉法院。

(上诉申请书的内容:1967 年第 25 号法案第 18 条增设了本条规定后、1974 年第 58 号法案第 68 条、1995 年第 24 号法案第 362 条对之进行了修

正)

第五百零五条 第一款 除司法行为中的一般起诉外,申请书应当包括一个关于案件事实的简要的、但很明确的陈述、上诉理由及上诉人所要求的救济。

第二款 为不使其无效,申请书应当由律师或上诉人自己签名。

第三款 刑事法院的诉讼记录应当在申请书上交之日起的2个工作日内,由法院的记录处提交给刑事上诉法院。

第四款 根据具体情况,申请书副本最晚应当在指定的上诉审理日之前的8个工作日以前送达检察长及被告,除非法院在紧急情况下以短通知的形式送达。

(刑事上法院的附加性权力:1967年第25号法案第18条增设了本条规定)

第五百零六条 刑事上诉法院认为基于正义而需要或应当的——

(a)可裁定出示为对案件作出裁决而需要的文件、物证、其他与诉讼相关的东西;

(b)如果认为需要,裁定被强制作证的证人在审理中参与审查或被审查,而无论其是否在审理中被传唤,或者裁定以法律所规定的其他方式对这些证人进行审查;

(c)如果认为需要,接收合法的但非强制性证人(包括上诉人)所提供的证据,并在上诉人为此目的而提出申请的情况下,接收其丈夫或妻子在除这些申请外,根据第635条的规定,未能在审理中所提供的证据。

(承认证据的职责:1967年第25号法案第18条增设了本条规定)

第五百零七条 在不影响上条的一般性规定的情况下,对根据上条规定提供给法院的证据,除非认为这些证据的接收不会为上诉提供任何根据,否则,法院应当根据上条关于接收的规定行使其权力,如果——

(a)对于法院而言,证据可能是可靠的、并有可能在对上诉的审理中被予以采信;

(b)虽然该证据在审理中未被援引,但对于未援引却有着合理的解释。

(刑事上诉法院裁定重新进行审理的权力:1967年第25号法案第18条增设了本条规定后、1975年第27号法案第30条及第31条对之进行了修正)

第五百零八条 第一款 只根据所收到的证据或刑事上诉法院根据第506条及第507条的规定而收到的证据,或者根据第501条第1款(b)的论点而对因定罪而提起的上诉予以承认的,在任何一种情况下,法院都可基于正义的需要,裁定对上诉人进行重新审理,而非根据第 501 条第 2 款或第 503 条第 4 款(b)的规定作出判决或无罪释放的裁定。

第二款 除下列犯罪外,上诉人不应当因本条所规定的犯罪而被重新审理——

(a)原判决中已被定罪且因之而提起的上诉已经被承认的罪行;

(b)起诉书中第一次提及的、原审判中应当被定罪的罪行;或

(c)以可替换的罪项被指控的、陪审团在对其以第一项罪名予以定罪后,放弃作出其他裁决的罪行。

第三款 在履行第 1 款所规定的裁定时,需要对上诉人进行重新审理的,应当重新提起诉讼。

第四款 刑事上诉法院可在依第 1 款规定而作出的重新进行审理的裁定的基础上,在重审的过程中,作出其认为必要的、对上诉人予以关押或要求其进行保释的裁定。

第五款 根据第 1 款的规定而对上诉者作出重新审理的裁定的,如果该上诉人在决定提起上诉前应当因履行刑事法院的裁定而被拘押于最高矫正院的,在重审期间,应当继续履行该裁定,诚如该上诉没有被承认一样,由刑事上诉法院依照本条上款所作出的对其予以拘押或保释的裁定因上述裁定而生效。

第六款 在第 1 款所规定的重审裁定中,经法官同意,以速记法或其他方式对证人在原审中提供的证据所作的记录,可以作为证据进行宣读——

(a)经控辩双方同意的;或

(b)法官认为证人已经死亡、不适宜提供证据或为提供证据而出庭,或曾为找到该证人或使其出庭的所有合理的努力都无徒劳无益的。

第七款 在第 1 款所规定的重审裁定中被认为有罪的,刑事法院依法对其犯罪所作的判决不得重于原审判决。

第八款 重审被判处监禁或拘留的,应当从原审所作的类似的宣判开始之时起起算,但在对其刑罚或拘押期间进行折算时,根据具体情况,在第 4 款规定的情况下被保释而未受控制的期间不应被计算在内。

(判决的中止执行:1967 年第 25 号法案第 18 条增设了本条规定后、1989 年第 29 号法案第 4 条、2002 年第 3 号法案第 119 条对之进行了修正)

第五百零九条 第一款 刑事上诉法院在认为合适时,可应上诉人的申请,许可其在根据第 499 条及第 500 条的规定而决定上诉的期间被保释。

第二款 刑事上诉法院根据第 1 款的规定而许可上诉人被保释的权力,可由法院的任何法官以与法院按照相同规定行使该权力的相同的方式予以行使;但是,如果法官驳回了上诉人的申请的,上诉人有权要求刑事上诉法院对其申请作出裁定。

第三款 本法典第二篇第二部分标题四的规定也同样适用。

第四款 上诉人在上诉期间被许可进行保释的时间不应被计入对其所判处的监禁或拘留期间。

(法官受到质疑或退出法庭:1967 年第 25 号法案第 18 条增设了本条规定后、2002 年第 3 号法案第 120 条对之进行了修正)

第五百一十条　第一款 应当允许对正在刑事上诉法院开庭的法官提出反对,在上诉人提出其辩护词之前,法院应当对此作出裁决。

第二款 第 446 条第 2 款、第 3 款、第 4 款、第 5 款、第 6 款、第 7 款、第 8 款及第 447 条的规定适用于刑事上诉法院之前的任何程序,因此,实际上,在这些程序中,上述规定中有关宣读起诉书的任何规定都应当被解释为上诉人进行辩护的开始,第 2 款及第 4 款中有关被告的规定应当被解释为包括起诉书中认为有罪并提起上诉者、及根据第 503 条第 1 款而提起上诉者,上述第 4 款中对案件进行审理的规定应当被解释为对上诉的审理。

(法官、检察长、被告及其律师死亡或患病:1967 年第 25 号法案第 18 条增设了本条规定后、1974 年第 58 号法案第 68 条、2002 年第 3 号法案第 121 条对之进行了修正)

第五百一十一条　第一款 如果在上诉审期间,负责开庭的法官死亡或患病的,按照第 498 条的规定,由另一名法官继任,如果法院出于公正考虑而认为比较合适的,或被告提出要求的,所有的程序应当重新开始:

在程序重新开始的情况下,继任法官为两人或两人以上的;

不得对已经决定的正在开庭的法官或在法官继任开始前已经作出判决的问题提出反对。

第二款 如果在上诉审期间,检察长或其授权者死亡或患病、上诉人的律师死亡或者患病或上诉人本人死亡或患病的,法院可出于公正的考虑,行使自由裁量权,作出所有程序重新开始的裁定:

在上诉人的律师死亡或患病而由他人予以代理的情况下,如果上诉人有要求的,通常情况下,所有程序都应当重新开始。

(刑事上诉法院的程序规定:1967 年第 25 号法案第 18 条增设了本条规定后、1971 年第 21 号法案第 27 条、1975 年第 27 号法案第 32 条、1983 年第

13 号法案第 5 条、2002 年第 3 号法案第 122 条对之进行了修正）

第五百一十二条　第一款　在刑事上诉法院的所有程序中,应当适用第 420 条、第 421 条第 1 款、第 422 条、第 423 条、第 425 条、第 427 条、第 441 条、第 442 条、第 444 条、第 452 条的规定：

在这些程序中,针对上级法院或下级法院的任何规定应当被分别解释为是针对刑事上诉法院及刑事法院的规定。

第二款　尽管第 420 条有规定,以宣誓的方式发表了该条声明的上诉人,因该条(a)段所陈述的原因而未能得到法律援助律师的帮助,但在刑事法院得到根据第 571 条而指定的律师的帮助的,刑事上诉法院应当尽可能地在上诉程序中为上诉人指定相同的律师,指定时适用第 571 条、572 条及第 573 条的规定。

第三款　刑事上诉法院认为上诉无根据的,判处上诉人不超过 100 里拉的罚金(惩罚性罚金)。

（刑事上诉法院的开庭法官的建议：1967 年第 25 号法案第 18 条增设了本条规定）

第五百一十三条　在关于其开庭期间与由刑事上诉法院所处理的问题有关的问题上,任何法官可以以在刑事法院开庭的法官行使这一权利的类似方式行使第 494 条所提及的建议权。

（记录员在刑事上诉法院中的作用：1967 年第 25 号法案第 18 条增设了本条规定后、为 1995 年第 24 号法案第 360 条所代替）（第 12 章）

第五百一十四条　第一款　组织与民事诉讼法典第 57 条第 2 款(a)中所提及的任何官员均可履行刑事上诉法院记录员的职责。

第二款　组织与民事诉讼法典第 67 条第 1 款所提及的法院的任何执行官均可行使刑事上诉法院执行官的功能。

（基于怜悯的特权：1967 年第 25 号法案第 18 条增设了本条规定）

第五百一十五条　第一款　本标题的任何规定都不得影响法院的赦免权,但总理可基于起诉书中认为有罪者向其提出的申请或者在没有申请的情况下,如果其认为适当的,在任何时候——

(a)将整个案件提交刑事上诉法院,且案件应当被作为犯罪人向刑事上诉法院所提起的案件对待；或

(b)如果想在案件的某一问题上得到刑事上诉法院的帮助,应当将该问题提交给刑事上诉法院、以获得其意见,刑事上诉法院应当对所提交的问题加以考虑并将其意见提供给总理。

第二款 即使相关人员因某种原因未出庭，刑事上诉法院仍可行使本条所规定的权力。

（为1967年第25号法案第19条所代替）

适用于刑事审判法院的规定

（法院所使用的语言：1932年第16号法案第7条增设了本条规定后、1934年第30号法案第12条、1936年第20号法案第3条、1964年第13号法案第26条对之进行了修正、后为1965年第32号法案第8条所代替、1974年第58号法案第68条、1975年第27号法案第33条及第40条、1994年第4号法案第13条对之进行了修正）（第189章）

第五百一十六条 第一款 法院应当使用马耳他语，依照司法诉讼法案（英语），所有诉讼都应当使用该语言。

第二款 被指控者不能理解诉讼中所使用的语言或所提出的证据的，应当由法院或经过宣誓的翻译人员向其提供关于诉讼或证据的解释。

（第12章）

第三款 应当由大法官、由马耳他总统所指定的通常在刑事法院开庭的法官、检察长、由司法部长所指定的地方法官以及律师会议主席组成一个委员会，该委员会有权制定为组织与民事诉讼法典第29条所规定的目的的、被称作法庭纪律的规则，组织与民事诉讼法典第29条应当被尽可能地解释为本法典的内容：

上述规则所包括的内容不应当与本法典或其他法律的规定不一致或相违背。

第四款 即便有成员缺席，上述委员会也可以发挥其职能，但如果大法官及另外两名成员未出席，则不能发挥职能。

第五款 委员会所制定的规则应当经过马耳他总统的同意并通过公告予以公布。

（禁止公开程序：为1859年第9号条例第27条、1880年第3号条例第8条及第9条、1965年第46号法律通告、1967年第25号法案第20条、1974年第58号法案第68条、1975年第27号法案第40条、1990年第8号法案第3条、2002年第3号法案第123条所修正。刑罚）

第五百一十七条 第一款 每一个刑事审判法院都可以通过在法院所在的建筑物的门上张贴由记录员所签发的裁定的方式，在程序结束之前，禁止以打印或其他的书面形式所作的、与正在诉讼中的犯罪及被告有关的公告；未遵守此裁定者，除因上述书面形式及其公告而应当依法被判处其他刑

罚外,就其错误而言,应当被认为藐视法庭,处第 686 条所规定的刑罚:

上述其他犯罪应依法单独提起诉讼。

(禁止的期间)

第二款 如果由作为刑事调查法院的地方法院作出裁定、且裁定未在调查终结之前被撤销的,在刑事法院予以撤销之前,该裁定依然有效,在允许检察长提起诉讼的期限终结之后,另一由记录员所签发的、与第一个裁定张贴在同一地方的裁定开始发挥作用。

(警察的职责)

第三款 警察知道有违本条规定的书面公告的,应当通知作出禁止裁定的法院,并在法院对犯罪人进行诉讼程序之前,以口头或书面形式,通过传唤或逮捕的方式进行法院应当进行的管理。

(对裁定的违背加以考虑的法院)

第四款 刑事法院或刑事上诉法院可将其权限委托给地方法院(马耳他)或地方法院(戈佐),作为刑事审判法院,在此情况下,后者应如同与罪行相关的裁定是由其自身所作出的一样,对案件进行审理。

(不得对作出裁定的法官或地方法官提出反对)

第五款 在与犯罪相关的裁定作出后,不得以法官或审判官为现任法官或现任审判官为由,对其提出反对。

(公开某些允许的细节)

第六款 然而,如果无其他暗示了对上述案件的总罪行或实施了犯罪的个人的意见的内容、而只包括了一份关于指控书或起诉书的正式抄本或指定了案件审理日的宣告书的书面公告的,不应当受到处罚。

(刑事法院的决议与文件的取得:为 1909 年第 8 号条例第 49 条、1980 年第 13 号法案第 18 条、1990 年第 29 号法案第 21 条、1994 年第 4 号法案第 14 条、2002 年第 3 号法案第 124 条所修正)

第五百一十八条 除检察长、有关当事人、有关各方授权的律师及代理人外,未经法院的特殊许可,不得对刑事法院的决议和文件进行公开调查,也不得对其进行复制;但应当允许对在公开法庭宣读的决议进行调查,在支付了通常费用的情况下,也可以对其进行复制:

只有经检察长同意并支付了第 695 条所规定的由司法部长所规定的费用后,才能对所提交的案件笔录、证词、及文件进行公开调查,也才能对其进行复制。

(法院为被告提供充足的辩护条件的职责)

第五百一十九条 刑事审判法院有义务对被控诉方是否具有充分的辩护予以注意;在被控诉方没有获得多数选票的情况下,不具有为其指定保证人的必要。

(刑事法院关于组织与民事诉讼法典有关规定的适用:为1856年第4号条例第41条、1857年第8号条例第16条、1859年第9号条例第28条、1964年第13号法案第26条、1965年第46号法律通告、1974年第58号法案第68条、1976年第3号法案第5条、1990年第8号法案第3条、1995年第24号法案第360条、2002年第31号法案第203条所修正)(第12章)

第五百二十条 第一款 除本法典的其他规定及本法典对组织与民事诉讼法典中的相关内容所作的其他规定外,组织与民事诉讼法典的其他规定适用于刑事审判法院:

(a)有关法院组织的第8条、第10条至第12条、第16条及第17条、第23条至第30条、第57条至第61条、第65条至第76条;

(b)有关审判时间的第98条至第106条、第108条至第110条、第113条及第114条、第119条A及第123条;

(c)第205条;

(d)有关一般性证据的第558条至第662条;

(e)有关书证及为他人所掌握的文件的出示的第627条至第633条、第635条至第637条。

(法院对不必要的证据的权力)

第二款 上述法院有权排除可能引起不必要的延误的证据、抗辩、辩护、法院意见以及与案件本质无关的其他所有事物。

(记录处与记录员:1880年有限责任条例6第30节第1部分)(第12章)

第五百二十一条 本法典中的记录处及记录员与组织与民事诉讼法典中有关民事管辖法院所规定或指定的记录处及记录员相同。

(法院对进行搪塞的证人的权力:2002年第3号法案第125条增设了本条规定)

第五百二十二条 第一款 证人对证据予以搪塞的,法院可通过警告、使证人与他人相分离、甚至命令对其予以逮捕等方式,自行决定对证人进行引导以查明真相。

第二款 证人在法院要求其进行宣誓时予以拒绝的,构成犯罪,处不超过3个月监禁。

第三款 要求证人进行宣誓而被拒绝的法院,应当裁定对该证人实施逮捕,并命令警察在因第 2 款所规定犯罪而被要求实施逮捕之时起的 48 小时内将证人带至法庭。

第四款 第 3 款中所提及的被指控的证人,在最终判决前以宣誓的方式为要求其提供证据的法院提供证据并被法院接受的,不应当被判处监禁,而应被判处不超过 500 里拉的罚金(惩罚性罚金)。

第五款 在履行第 3 款所规定的法院命令的过程中,任何刑事程序都应当得到紧急执行。

(对虚假证据的怀疑:为 1967 年第 25 号法案第 21 条、1975 年第 27 号法案第 40 条、1990 年第 8 号法案第 3 条所修正)

第五百二十三条 对证据的虚假性有合理怀疑时,法院可以作出裁定,对被怀疑者实施逮捕;如果发生在刑事法院或刑事上诉法院,法院应裁定将其带至地方法院,以进行必要的调查;如果发生在地方法院,该法院应当依职权进行调查。

(被告的不适当的行为:1937 年第 15 号法案第 8 条增设了本条规定后、1975 年第 27 号法案第 34 条对之进行了修正)

第五百二十四条 被告在刑事审判法院扰乱法庭良好秩序的,如果在法院劝诫后仍坚持或重复其行为,法院可作出要求被告离开案件审理地的裁定,被告已经在押的,法院可裁定将其带回被关押地,只在其律师或代理人在场的情况下,案件的审理才能开始或继续进行,没有律师或代理人的,由法律援助律师或法院指定的其他律师或代理人为其提供帮助。

(其他刑事法院可予适用的规定:为 1856 年第 4 号条例第 42 条、1868 年第 5 号条例第 32 条、1900 年第 11 号条例第 79 条、1909 年第 8 号条例第 59 条、1934 年第 30 号法案第 14 条、1937 年第 15 号法案第 9 条、1944 年第 8 号法案第 3 条及第 4 条、1965 年第 32 号法案第 8 条、1967 年第 25 号法案第 22 条、1975 年第 27 号法案第 40 条、1990 年第 8 号法案第 3 条、2002 年第 3 号法案第 126 条所修正)

第五百二十五条 **第一款** 下列规定也适用于地方法院:

(a) 第 441 条:
法院可在任何一方均未提出请求的情况下依职权进行审理;

(b) 第 443 条、第 444 条、及第 445 条;

(c) 第 451 条,与聋哑人、哑而不聋者及只聋者进行交流的方式有关的规定;及第 452 条。

第二款　第362条、第363条、第364条、第383条至第387条、第397条第5款也适用于刑事法院及刑事上诉法院；第452条的规定也适用于对因地方法院的判决而提起的上诉进行审理时的刑事上诉法院。

　　第二款 A　第412条 B 第1款及第2款也同样适用于刑事法院在对因犯罪而被提起诉讼的在押者所进行的审理、以及刑事上诉法院对对该法院提起上诉的在押者进行的审理：

　　刑事法院进行审理时，应当由不具有陪审团的法庭作出相关裁决。

　　第三款　地方法院在对其具有管辖权的案件进行审理时，也应当同刑事审判法院一样，适用第397条第5款及第623条的规定。

　　（向证人送达传唤：1971年第3号法案第15条增设了本条规定）

　　第五百二十六条　应当由执行警察送达用于传唤证人在刑事审判法院出庭的传票，并对被传唤者适用第441条及第442条的规定。

　　（一事不二罚）

　　第五百二十七条　在审理中，作出对被告予以无罪释放的判决后，不能再因同一事实而将该人移交另一审判。

　　（在被告绝对无辜的情况下，法院对诽谤等进行裁定的权力）

　　第五百二十八条　被告被确认绝对无罪的，法院应当在有根据的情况下，按照第523条的规定，裁定继续对通告者、投诉人、证人及其他有责任者所进行的诬告及所提供的虚假证据追究责任。

　　（保存记录使用的语言、作为诉讼证据的价值：1937年第15号法案第10条增设了本条规定）

　　第五百二十九条　记录员应当以诉讼程序所使用的语言对该诉讼作一份记录，这些记录将构成该诉讼程序的可靠证据。

　　（被告及证人在大厅中的位置：为1994年第4号法案第15条所修正）

　　第五百三十条　**第一款**　被告应当被安置在法庭开庭时所在的大厅内的围栏中。

　　第二款　在接受审查期间，证人应当被安置在证人席上：

　　在下列情况下不适用上述规定——

　　（a）年龄较小的证人，如果被安置在证人席上后，可能因害羞或其他原因而在提供证据时思维混乱或害怕，从而有损于最终审判的；

　　（b）证人因年龄过大、身体虚弱或其他身体方面的原因，如果被安置在证人席上，会导致其极大不便的。

　　（公开开庭、例外：为1967年第25号法案第23条、1975年第27号法案

第 40 条、2002 年第 3 号法案第 127 条所修正）

第五百三十一条　第一款　法院应当公开开庭。然而，如果法院认为在公开场合开庭有损风俗或可能导致丑闻的，可以不公开开庭；在这种情况下，法院应当事先作出裁定，并陈述不公开开庭的原因。

第二款　不公开开庭时，不得公开对因藐视法院尊严而被判刑者所作的诉讼报告。

（法院对案件的进行与终结进行规范的权力：为 1994 年第 4 号法案第 16 条所修正）

第五百三十二条　根据第 516 条第 3 款、第 4 款及第 5 款的规定，在不违反法律的情况下，法院有权对案件的进行及终结以及开庭期间所有的良好秩序及其维持作出指示。

（法院判处被告支付因雇佣专家而导致的费用的权力：1934 年第 30 号法案第 15 条增设了本条规定后、1990 年第 29 号法案第 22 条对之进行了修正）

第五百三十三条　第一款　在警察依职权提起诉讼或检察官提出诉讼要求的情况下，法院应当在判决或其他接下来的裁定中，共同或分别判处犯罪人向记录员缴付因在诉讼中聘请专家或鉴定人而导致的全部或部分的、由法官或裁定所确定的费用。

（未缴付费用导致的程序）

第二款　未缴付法院所确定的费用的，应记录员的申请，法院应当对被宣判者出具逮捕令，要求其出庭，在确认身份后，以每日 5 里拉及剩余小数的比率将应当缴付的费用折算为监禁，并对之实施相应的监禁：

因未缴付上述费用而被实施监禁者，可以以本条所规定的比率缴付由法院所确定的、正在执行的刑罚的剩余刑期所对应的费用，以替代其剩余刑期。

（控方收取作为民事债务的费用的权力）

第三款　然而，在上述费用被折算成监禁之前，记录员应当通过声明的方式在记录中将其作为民事债务进行追缴；在作此声明时，停止适用第 2 款的规定。

（收取的方式）（第 12 章）

第四款　为执行判决或裁定，应当以组织与民事诉讼法典所规定的方式向同一法院提出对作为民事债务的费用进行追缴的申请。

（在车主并非被告的情况下向其收取费用：1934 年第 30 号法案第 15 条

增设了本条规定后、1990 年第 29 号法案第 23 条对之进行了修正）

第五百三十四条 **第一款** 在违反有关汽车管理条例或其他违反车辆管理的交通法律或条例的情况下，在上条第 3 款所针对的声明中，即便车辆的所有人并未被认定为有罪，也应当向其追缴费用：

在犯罪人并非车辆的所有人的情况下，后者所应负担的费用不得超过车辆的价值。

（程序）（免除所有人责任）

第二款 车辆所有人并非诉讼参与方的，法院应当依记录员的申请，裁定车辆所有人出庭并说明其不应当被判处上述费用的理由；除非后者向法院证明了在犯罪当时，犯罪人在其不知情或以明示或暗示的方式表示不同意的情况下，驾驶该车辆或使车辆处于其掌管之中，否则，法院应当裁定由车辆所有人缴付费用。

（"车辆"及"所有人"的定义）（第 10 章）

第三款 在本条中——

"车辆"与警察法法典中第 2 条的规定具有相同的含义；

"所有人"是指以其名义而被颁发车辆执照者。

第二部分
与一定的诉讼模式及审判相关的事宜

标题一
报告、信息及告发

（信息、报告：为 1911 年第 9 号法案第 17 条所修正）

第五百三十五条 **第一款** 任何人均可以以任何方式向执行警官提供其所知道的、警察依其职权应当对之提起诉讼的有关犯罪的信息。

（警察的职责）

第二款 然而，警察不应对匿名的报告或信息采取行动，除非是公然犯罪或有关持久性特征的事件的报告或信息。在上述情况下，警察在确认其为公然性犯罪或持久性事件后，应依法对该报告或信息提起诉讼。

（信息的内容：为 1911 年第 9 号法案第 17 条所修正）

第五百三十六条 通告者应当明确地陈述有关事实的所有情节，并尽可能地提供对犯罪进行确认时所需要的所有细节,以确定其本质并明确主犯与从犯。

(信息的形式:为 1911 年第 9 号法案第 17 条所修正)

第五百三十七条　应当以口头或书面的形式提供信息:

以口头形式提供信息的,除非不允许任何延误,否则,应当立即对其进行书面记录并由通告者签名,如果通告者不能书写的,由进行书面记录的警察签名。

(告发:为 1871 年第 6 号法案第 34 条、1880 年第 3 号法案第 10 条、1911 年第 9 号法案第 18 条所修正)

第五百三十八条　认为自己为犯罪所伤害而希望对犯罪者提起诉讼以使犯罪人受到处罚的,在已经知道或尚不知道犯罪人的情况下,为不使自己被发现,甚至可以采用书信的形式向警察进行告发。

(第 536 条及第 537 条适用于告发:1911 年第 9 号条例第 19 条增设了本条规定)

第五百三十九条　第 536 条及第 537 条也适用于告发。

(警察在收到报信、信息、告发后的职责:为 1990 年第 8 号法案第 3 条、2002 年第 3 号法案第 128 条所修正)

第五百四十条　在接到要求开始诉讼程序的报告、信息及告发后,执行警察应尽快告知地方法院(马耳他),以得到具体的关于诉讼的指示:

当事人因上述报告、信息及告发而被传唤的或执行警察被许可立即对该当事人实施逮捕的,如果该当事人已经实际被逮捕,警察应在被传唤者或被逮捕者被带至法院时,向法院进行报告。

(执行警察拒绝就报告、信息、告发提起诉讼时的程序:1909 年第 8 号条例第 51 条增设了本条规定后、1990 年第 8 号法案第 3 条、2002 年第 3 号法案第 129 条对之进行了修正)

第五百四十一条　第一款　在刑事诉讼已经授权给执行警察的情况下,执行警察就与犯罪的实施有关的信息、报告及告发拒绝提起诉讼的,信息提供者、进行报告或告发者可依法向地方法院提出申请,请求其命令警察提起诉讼;在需要的情况下,如果对申请人所提供的证据进行听审后,法院认为该信息、报告或告发初步合法的,应当许可该申请并通过记录员将所作出的裁定通知警察长:

在对上述申请采取措施之前,申请人应当通过宣誓的方式对其所提供的信息、报告及告发予以确认,并通过缴纳一定的、由法院确定的保证金的

方式,在审理中提供所要求的证据,并自行决定提供可能导致被告方被定罪的证据;

检察长以通知书的方式声明已经与他国的法定部门达成协议,该他国的法定部门将对犯罪行使司法管辖权的,地方法院应当认为这一声明具有终局性并驳回申请。

第二款 第383条第2款、第386条、及第387条应尽可能地适用于第1款项下的保证金。

第三款 地方法院所作出的全部或部分许可第1款项下的申请的裁决,应当在作出后的2个工作日内送达检察长,检察长可以在送达后的7个工作日内向刑事法院提出申请,要求否定或变更该裁决。申请人也可以在地方法院作出全部或部分地否决其申请之日起的7个工作日内,向刑事法院提出类似的申请。本款中向刑事法院提出的申请应当中止地方法院所作出的裁决的执行。

(可提起诉讼者:1900年第11号条例第81条、1973年第46号法案第108条对之进行了修正)

第五百四十二条 诉讼可以由夫妻一方代表另一方提起,也可以由长辈代表晚辈、晚辈代表长辈、兄弟姐妹之间互相代表及一人经他人授权而代表他人提起,或由一些宗教机构或其他法律认可的法人的管理者或代表对侵犯了该机构或法人的利益的犯罪提起诉讼以及由直接继承人提起诉讼。

(警察依职权提起诉讼的情况:为1856年第4号条例第43条、1868年第5号条例第33条所修正)

第五百四十三条 在下列情况下,即使没有私人的告发,警察也有权提起诉讼:

(a) 法律未明确规定私人告发为必备条件的犯罪;

(b) 因携带所禁止的武器而构成犯罪,或因捕鱼、车辆、船只或其他职业或行业而构成相关犯罪的情况下;

(c) 即使是必须由私人提起诉讼的犯罪,在犯罪对象因身体或精神虚弱而不能提起刑事诉讼的情况下;

(d) 对公共秩序或整个社会造成影响的犯罪。

(必须由私人提起诉讼的情况:为1886年第2号条例第10条、1909年第8号条例第52条、1937年第2号法案第7条所修正)

第五百四十四条 除由私人通过告发而刑事诉讼外,在下列情况下,他人不得提起刑事诉讼:

（a）伴有暴力的性交；
（b）诱拐；
（c）暴力猥亵：

（例外）

这些犯罪公然使用暴力或伴随有影响公共秩序的其他犯罪的，其刑事诉讼应当独立于私人所进行的告发而提起。

（撤销诉讼：为1886年第2号法案第11条、1889年第14号条例第47条、1900年第11号条例第82条、1909的第8号条例第53条所修正）

第五百四十五条　第一款　除私人外，他人不得提起诉讼的，原告可以在终局裁决前撤销其起诉。

（撤诉未被接受）

第二款　被诉方对上述撤销提出反对的，审理应当继续进行，如同起诉没有被撤销一样。

（无意义或无根据的诉讼）

第三款　如果在公开审理后撤销起诉、且起诉本身无意义或无根据的，或以敲诈钱财或其他财物为目的，或以其他获利为目的的，即使诉讼已被撤销，法院也可以继续作出判决，将被告予以无罪释放，并根据第528条的规定，对原告提起诉讼：

起诉不构成上条所列举的犯罪的，根据案件的严重程度，法院可依法对原告判处拘留或罚金（惩罚性罚金）或罚金（补偿性罚金）。

标题二
与"人身证据"、审理及"物品证据"相关的调查

（与"人身证据"相关的侦查：为1971年第3号法案第16条予以代替后、1980年第13号法案第19条、1983年第13号法案第5条、1990年第29号法案第24条、2002年第3号法案第130条对之进行了修正）

第五百四十六条　第一款　除下列各款的规定外，收到对应被判处3年以上监禁的犯罪的报告、信息及告发的，如果犯罪标的物依然存在，应当对每一细节进行描述，并指出文据及其载体。为进行侦查，应当对现场进行勘察：

未对本款项下构成应被判处本款所规定的刑罚的犯罪进行调查的，不应当影响对该犯罪提起诉讼或诉讼的进行，以及相关证据的采信。

第二款 可由收到上款中的报告、信息及告发的地方法官进行审理,如果是以第 264 条第 1 款一段所描述的方式而进行的第 263 条(a)中的闯入住宅的,且这种闯入住宅盗窃的数额不超过 10 里拉的,即使可能因第 261 条(a)、(b)、(c)、(d)、(e)、(f)、(g)而加重、或所构成的犯罪应被判处 3 年以上监禁:

与犯罪的本质、所涉及的数额或者其他原因无关,地方法官决定不展开本款项下的调查的,并不能排除对与此裁决相关的事实构成更为严重的犯罪时提起刑事诉讼或继续该诉讼。

第三款 所要侦查的犯罪为不具有暴力的一般盗窃的,地方法官可指示职位不低于督察的警官对相关事实予以确认,被指定的警官、摄影人员及其他为其提供帮助的专家应当在调查时为所调查及确认的事实提供证据、与调查相关的照片、其他物品及文件。

第四款 第 1 款及第 551 条第 1 款中的报告、信息及告发可以以口头的形式提供给地方法官,但在同一案例中,应当将相同的报告、信息及告发在被口头提起后起的 2 个工作日内以书面形式提供给地方法官:

尽管报告、信息及告发没有在上述期限内被予以展示,地方法官仍可在认为适当时,按照本标题项下的规定继续诉讼。

第五款 第 1 款及第 551 条第 1 款中的报告、信息及告发的复印件可由地方法官在收到书面形式的报告、信息及告发之日起的 3 个工作日内移交给检察长。

第六款 第 2 款中的裁决作出不予调查的决定的,也应当在作出裁定之日起 3 个工作日内通知检察长。

(由地方法官所进行的调查:为 1859 年第 9 号条例第 29 条、1880 年第 7 号条例第 6 条、1939 年第 6 号法案第 2 条、1963 年第 4 号法律通告、1965 年第 46 号法律通告、1966 年第 31 号法案第 2 条、1974 年第 58 号法案第 68 条、1990 年第 8 号法案第 3 条、2002 年第 3 号法案第 131 条所修正)

第五百四十七条 第一款 应当由地方法官进行调查。

(或者,在特殊情况下,由地方法院(戈佐)或该法院的记录员进行的调查)

第二款 被派往地方法院(戈佐)的地方法官经司法部长同意而暂时离开戈佐、或由于法定原因而不能履行其职责的,经检察长同意,记录员可享有本标题项下授予地方法官的所有权力及职责、并进行调查及与之相关的所有程序。

（调查记录：为 1980 年第 8 号法案第 20 条、1986 年第 32 号法案第 9 条、1990 年第 29 号法案第 25 条所修正）

第五百四十八条　在调查时，可聘请必要的专家，并进行相应的笔录：

地方法官认为紧急的，可适用第 650 条第 5 款及第 653 条第 3 款的规定，授权专家接收文件、对宣过誓的证人进行调查并以书面形式记录其证言；

出于礼仪需要，只能由相关的专业人员对"人身证据"进行审查；

在不影响第 552 条第 2 款的规定的情况下，不应当单独指定专家对宣誓的证人进行审查、以书面记录其证言、并确认相关事实。

（在笔录上签字：为 1858 年第 10 号条例第 1 条、1990 年第 13 号法案第 21 条所修正）

第五百四十九条　第一款　应当由地方法官或进行调查的警官对笔录进行签字。

（附加于笔录的专家的报告及证人证言）

第二款　被聘请的专家以经过宣誓的书面报告的形式表达其观点的，这些报告应当被作为组成相关笔录的一部分。

第三款　调查所得的证人证言也应当作为笔录的一部分。

（记录证人证言的方式）

第四款　以刑事调查法院所规定的对证人进行调查的方式对上述证人证言进行的笔录，具有与其他证人证言相同的效果。

（笔录的缓刑力：为 1858 年第 10 号条例第 2 条、1965 年第 46 号法律通告、1974 年第 58 号法案第 68 条、1975 年第 37 号法案第 40 条、1980 年第 13 号法案第 22 条所修正）

第五百五十条　第一款　应当在案件的审理过程中将按规定所作的笔录作为证据使用，并不再需要对证人、专家或其他参与调查的人员进行调查。

第二款　任何一方都可要求笔录中所提及的人员出庭，以当面听取其证言。

（检察长对其名单中所包括的证人、专家、及被审查的证人的职责）

第三款　为达到相同的效果，法院也有权要求对在笔录中出现的专家或其他证人进行调查；上述专家及证人应当在刑事法院具有管辖权的所有案件中，被列入检察长的证人的名单中，在需要的时候，接受调查。

（在审理中出示调查时的文件及物品）

第四款 与所作成的笔录有关的所有可被保存并被随时予以展示的文件及其他有形物,应当在庭审时与笔录一起被展示。

第五款 如果笔录包括了一个关于报告、信息、告发、被听审的证人名单及所收集的证据名单,以及关于调查法官的裁决的结尾段的总结,就应当被认为是正式的。

(地方法官将延误告知检察长:1990 年第 29 号法案第 26 条增设了本条规定)

第五百五十条 A 第一款 未在第 546 条第 1 款或第 551 条第 1 款所规定的进行报告、提供信息或告发之日起的 60 日内作成笔录的,或在发现文件之日起的 60 日内未提取到第 558 条第 1 款中的"物品证据"的,地方法官应当制作一份报告,陈述延误的原因,此报告应当由地方法官在 60 日期满后的 3 个工作日内交给检察长。

第二款 在应当完成第一份报告之后的每个月末,地方法官应当制作一份报告,陈述延误的原因,且每一份这样的报告应当由地方法官在月末之日起的 3 个工作日内交给检察长。

(发生突然死亡时等的尸检:为 1934 年第 30 号法案第 16 条、1939 年第 6 号法案第 3 条、1960 年第 10 号法案第 2 条、1963 年第 4 号法律通告、1965 年第 46 号法律通告、1966 年第 31 号法案第 2 条、1971 年第 3 号法案第 17 条、1974 年第 58 号法案第 68 条、1976 年第 22 号法案第 4 条、1980 年第 13 号法案第 23 条、1990 年第 8 号法案第 3 条、2002 年第 3 号法案第 132 条所修正)(第 260 章)

第五百五十一条 第一款 在突然死亡、暴力死亡或可疑死亡、死亡原因不明的情况下,应当由执行警察向地方法官提交相应的报告;地方法官应当对尸体进行调查、以确认死亡原因,并尽可能获得证据;在提取证据后,地方法官应当制作笔录并签名,陈述其所查明的死亡原因。

第二款 因被监禁或拘留而在监狱法案所规定的关押地死亡的或被警察关押时,应当按照第 1 款的规定进行调查并制作相应的笔录。

第三款 由法院按照第 525 条第 2 款或第 623 条第 1 款的规定或为使其接受由法院所指定的专家的检查、以对其提出抗辩的精神病进行报告而被关押于最高矫正院并死亡的,适用上款的规定。

第四款 尽管有第 1 款的规定,在发生突然死亡或不明原因的死亡时,地方法官可在不影响第 552 条所规定的权力的情况下,按照第 546 条第 3 款的规定履行其职责,而不亲自对尸体进行检查。

第五款 第547条第2款的规定适用于本条项下的调查。
(尸检:为1980年第13号法案第24条所代替)
第五百五十二条 第一款 在需要的时候,地方法官可裁定对尸体进行尸检。
第二款 在本条及第551条第1款中,地方法官可指定医疗专家并授权其听取宣誓后的证据,以对尸体及死亡的原因进行确认。
(掘尸)
第五百五十三条 尸体被掩埋的,在无损于公共健康的情况下,地方法官可作出裁定,通过采取相应的措施而将其掘出。
(负责调查的地方法官的权力为1990年第29号法案第27条、2002年第3号法案第133条所修正)
第五百五十四条 第一款 在调查时,地方法官可依法裁定对其认为有罪者或有足够的情节证据予以证明的有罪者实施逮捕,或没收其认为查明真相所必需的文件、财产或其他物品。通过所收集的证据,地方法官认为上述物品可能藏于他人的房屋、建筑物或封闭地域的,有权作出裁定,对上述地方进行搜查。
第二款 地方法官有权裁定对嫌疑犯进行拍照、采取措施或提取其指纹、派指定的专家对其身体或衣服进行搜查:
地方法官认为上述照片(底片或相片)、指纹、采取措施的记录、从上述身体或衣物中获得的其他东西,不再为与"人身证据"有关的调查所需要的,应当裁定对之予以销毁或裁定将其交还给被提取者。
第三款 在本标题项下的任何程序中,地方法官享有与负责作为刑事调查法院的地方法院的地方法官同样的权力与特权。
(犯罪的标的物等不存在时的程序)
第五百五十五条 如果犯罪的标的物已经不存在、或因为某种原因而不能被查验或由犯罪的本质所决定,不可能留下任何持久性痕迹或痕迹被以某种方式破坏的,在调查中应当对标的物的状态进行确认,并尽可能地对该标的物作为犯罪标的物前的状态进行确认;对所提取的证据应当以书面形式进行记录、并构成调查的一部分:
痕迹被破坏的,也应当对之予以确认,并尽可能地对消失的方式及原因进行确认,对用以证明确实实施过犯罪的证据,也应当予以收集。
(对伪造的书件进行调查应遵守的程序:为1971年第3号法案第18条所修正)

第五百五十六条　第一款　在对伪造书信案件的调查中，文件被证明为虚假的，应当在其被出示时，在每页标明页码，并对这些文件及其出示时的实际状态进行笔录。

第二款　笔录应当对这些文件中的每一个删除、添加、中间的书写部分，或指出文件变更的其他情节予以描述。

第三款　应当在被证明是虚假的文件上及制作的笔录上签名，并由负责调查的地方法官及记录员在每页上会签，在可能的情况下，由证人及在调查中聘请的专家签名。

第四款　负责调查的地方法官可裁定由其指定的人对被确认为虚拟的文件制作影印件，并将之保存于记录员处，而不制作本条中的笔录。记录员可在刑事审判法院要求时出示该影印件。

（对被确认的虚假文件予以出示时应遵守的程序）

第五百五十七条　第一款　被确认的虚假文件保存在办公室或为私人所保存的，负责调查的地方法官应当及时作出将上述文件在法庭上予以出示的裁定。

第二款　为免于被逮捕，保存上述文件者必须出示该文件，未予出示者，在其出示该文件之前或在文件被没收之前或法院认为适当时，根据其不顺从的程度及案件的重要性，相关人员有权对文件进行搜查或对保存者予以拘留。

第三款　然而，保存有虚假的私人性书件的个人，不能被强制出示其书件，除非其在此前曾被传唤要求在法庭上出示该书件或陈述了拒绝出示的原因。

第四款　拒绝的原因不能被接受的，法院可裁定在其出示书件之前或在文件被没收之前或法院认为适当时，根据其不顺从的程度及案件的重要性，即便是采取逮捕、搜查或者是拘留的方式，也应强制上述个人出示其私人性书件。

（"物品证据"）

第五百五十八条　第一款　发现与某一犯罪有关的文件的，应当采取措施以使其存在并对之进行保存，并制作被称作"物品证据"的笔录。

第二款　"文件"包括能够提供有关犯罪的或被告人有罪或无罪的信息、说明或其他证据的纸张或物品。

（在对"人身证据"进行调查时或在对"物品证据"进行记录时的程序）

第五百五十九条　在与"人身证据"有关的调查中或在"物品证据"的

情况下,应当将有关职业或行业中具备一定资格的人员带至或传唤至现场,以确认犯罪所留下的痕迹、具有持久性的事实所需的要件及细节、实施犯罪所可能使用的实质性手段、犯罪后果、犯罪所可能导致的更进一步的后果及其持续时间。

(雇佣专家)

第五百六十条 在与被用于实施犯罪、意图用于实施犯罪或作为犯罪结果的武器或其他东西有关的,或与有助于发现事实真相的纸张或其他文件有关的"物品证据"的情况下,应当将有关职业或行业中具备一定资格的人员带至或传唤至现场,以确定组成"物品证据"的标的物的性质、要件及用途。

(专家的意见)

第五百六十一条 专家应当对与组成"物品证据"的标的物有关的东西进行其职业或专业所要求的观察或实验。应当说明其观察的事实基础并就前两条的规定给出意见。

(许可专家进行意见准备的时间:为1903年第1号法案第31条所修正)

第五百六十二条 专家未能在现场给出意见的或案件需要化学实验或其他科学程序的,应当允许其在较短的时间内准备陈述与报告,并留意获取对某一事实予以确认的证据。

(对与永久性事实有关的情节的确认:为1871年第6号条例第35条所修正)

第五百六十三条 在具有持久性事实的情况下,应当由一个或多个专家对包括了"人身证据"的每一个情节进行确认。如果对其他证人的审查足以查明与确立需要获得的持久性事实的证据的,应当由其对这些情节予以确认。

(通过宣誓对专家意见进行确认:为1857年第8号条例第17条、1934年第30号法案第17条所修正)

第五百六十四条 第一款 每一个专家的陈述都应当在负责调查的地方法官面前以宣誓的方式进行或被证实。

(指定专家)

第二款 根据第650条的规定,在任何情况下,都应当由负责调查的地方法官指定专家。

(与"物品证据"有关的规则:为1990年第29号法案第28条所修正)

第五百六十五条 **第一款** 除与专家陈述有关的规定外,下列与"物品证据"有关的规则应当被遵守:

(a) 对于根据其性质易于变化或腐化的物品,应当根据本标题项下的前述各条规定对其进行必要的鉴定及最精确的说明;这些物品能够被保存的部分应当被予以保存;

(b) 如果能够在被保存的上述物品或该物品的一部分上进行书写的,应当由负责的官员及其他所有参与该程序的人员在上面签名,并以纸张或布进行包裹;

(c) 不能在上述物品上进行书写的,应当将其放置在适当的容器或房间内,并当着所有参与该程序的人的面将之封闭;

(d) 包裹物、容器或房间的门,应当以纸条或布封好,并由负责的官员及所有参与该程序的人签名并加盖封印;

(e) 审判终结时需要对包裹物、容器或房间重新启封的,在可能的情况下,应当当着先前所有参与该程序的人的面对之进行启封并重新封闭,如果因条件限制而需要当着其他人的面启封并重新封闭的,应当采取措施,尽可能地在前一次的条件下进行封闭。

第二款 在任何情况下,都应当制作笔录。

(地方法官在收集与"人身证据"与"物品证据"有关的证据时的权力)

第五百六十六条 在收集与"人身证据"或"物品证据"有关的调查证据时,地方法官认为情况紧急的,有权作出任何人不得离开调查地的裁定。

(法院可强行将门打开)

第五百六十七条 与"人身证据"或"物品证据"有关的调查所在地的门被关、且没有人开门的,地方法官可命令强行将门打开。

(在某些案件中侦查官员的自行裁量权)

第五百六十八条 **第一款** 不能采取或奉行本标题为确认或查证事实而规定的预防措施或手续的,负责的官员可自行决定采取其所认为的在当时条件下可能采取的其他最好的措施。

第二款 然而,在审理时,对上述预防措施及手续的不作为不应当成为以法律允许的任何方式证明与这些措施及手续相关的事实的障碍。

(将侦查记录移交给检察长:为 1880 年第 7 号条例第 6 条、1896 年第 3 号条例第 5 条、1900 年第 11 号条例第 83 条、1965 年第 46 号法律通告、1974 年第 58 号法案第 68 条、1990 年第 8 号法案第 3 条、1990 年第 29 号法案第 29 条、2002 年第 3 号法案第 134 条所修正)

第五百六十九条 第一款 在没有刑事调查的情况下,本标题项下的所有程序的记录都应当由地方法官在 3 个工作日内移交给检察长。

第二款 需要进一步进行调查的,检察长应当将上述记录返还给地方法官或负责调查的地方法官。

第三款 上述记录返还给地方法官时,同样适用第 550 条 A 的规定。

第四款 在第 2 款中,记录应当以向地方法院提交借据的形式予以返还,除本法典的其他规定外,检察长不应当被传唤出示这些记录。

第五款 对地方法官裁定将被指控犯有一罪或数罪之人传唤至法院进行笔录的,地方法官应当裁定由记录员将同一笔录的副本移交给,除第 6 款的规定外,应当继续进行相应的诉讼程序的警察长。

第六款 尽管有第 5 款的规定,警察长仍可以在有疑问的情况下向检察长进行咨询,在出现了新的有效证据时,检察长可以在不影响其进行其他指示的权利时,作出不进行任何程序或采取不同于笔录中地方法官所列明的诉讼程序:

检察长作出不进行任何程序的指示的,应当向马耳他总统进行报告,陈述其中的原因。

标题三
辩护人

(法律援助律师的职责:1971 年第 21 号法案第 27 条予以修正后、为 2002 年第 3 号法案第 135 条所代替)

第五百七十条·第一款 法律援助律师应当无偿为没有聘请其他辩护人或在本法典所规定的其他法院中依靠法律援助而进行诉讼或辩护的被告进行辩护。

第二款 应当通过申请书或口头形式向法律援助律师提出获得法律援助律师或法律援助的帮助的要求。

(第 12 章)

第三款 组织与民事诉讼法典第 911 条第 4 款、第 5 款及第 6 款的规定也同样适用于法律援助律师。

第四款 被告告知法院其不能聘请律师或希望获得法律援助的,法院应当在案卷记录中登记被告所作的声明,并裁定将这一声明连同被告的详细情况送达法律援助律师,法律援助律师应当在 2 个工作日内作出是否同

意被告要求的答复,如果同意,应当告知被告进行法律援助的律师的姓名:

在地方法院作为刑事审判法院进行简易程序的情况下,法院应当按照组织与民事诉讼法典第 91 条所规定的专门小组中轮流的次序指定律师在诉讼程序以及因此而提起的上诉中对被告进行帮助,在提起上诉前的任何时间内,被告人向法律援助律师进行咨询的,后者必须作出接管上诉的决定。

(第 12 章)

第五款 法律援助律师只能在法院初步认为其拒绝援助合法的情况下,拒绝提供援助。在上述情况下,法院应当另行为被告指定由法律援助律师处从组织与民事诉讼法典第 91 条所规定的专门小组中推荐的、其本身不能进行推辞的其他律师,法院在例外情况下可在其法令中作出为被告进行辩护的其他律师的指令。

第六款 第 5 款中由法院在例外情况下指定的律师应当无偿提供帮助。

(多个被告间的不相协调:为 1971 年第 21 号法案第 27 条、2002 年第 3 号法案第 136 条所修正)

第五百七十一条 **第一款** 为一个以上的被告进行辩护的律师发现为多个被告进行辩护不利于维护被告的利益的,应当立即放弃为除打算继续提供援助的被告以外的其他不利于前述被告利益的被告进行辩护。

第二款 法律援助律师因法定的紧急情况而不能提供援助或只能提供必要的援助的,适用第 1 款的规定。

(与相关律师就指定问题进行沟通:为 2002 年第 3 号法案第 137 条所修正)

第五百七十二条 根据第 570 条第 4 款进行指定时,应当由记录员与律师进行沟通。对上述指定的接受或拒绝,必须通过书面形式作出;在后一种情况下,必须陈述拒绝的原因。

(律师拒绝指定)

第五百七十三条 **第一款** 法院指定的律师拒绝接受指定的,法院应当对其拒绝的原因进行审查,理由充足的,应当指定其他律师;否则,应当声明拒绝的理由不成立。

(处分)

第二款 律师坚持拒绝的,法院应当根据情况,对其进行不公开训诫、公开训诫或处以不超过 1 个月的吊销其执业资格的纪律处分。在进行一种处分后,法院也可以对其再适用其他处分。

标题四
保　　释

(保释:为1897年第4号条例第1条、1921年第16号条例第8条、1965年第46号法律通告、1974年第58号法案第68条、2002年第3号法案第138条所修正)

第五百七十四条　**第一款**　因犯罪而被关押的被告可依第574条A的规定或通过提出申请的方式,保证在指定的时间及地点出庭、并符合法院认为在其判决中应当作出的、在每一案例中应当送达被告的保释的情况的,可被许可暂时予以释放。

(马耳他总统在特殊情况下的权力)
第二款　在特殊情况下,马耳他总统可在要求因犯罪而被关押的被告遵守其认为应当予以遵守的一定条件的情况下,准予将其暂时释放。被告未遵守上述条件的,应当立即对其予以重新逮捕。

(对被第一次带至地方法院者适用的程序:2002年第3号法案第139条增设了本条规定)
第五百七十四条A*　第一款　被关押的被告第一次被带至作为刑事审判法院或作为刑事调查法院的地方法院的,法院应当向被告宣读对其所进行的指控,在按照第392条所要求的程序对被告进行审查后,应当简要听取起诉官或负责审查的官员的意见及其所提供的支持指控或反对释放被告的证据。

第二款　在听取了起诉官或负责审查的官员的意见及其所提供的第1款中的证据后,法院应当将可以以保释的方式对其予以暂时释放的裁决告知被告,并询问被告对其被逮捕及继续予以拘留以及对妨碍其释放的原因及情节的看法。

第三款　被指控的犯罪中包括第570条第2款中的犯罪的,法院应当在对本条第2款中的被告进行审理后,询问起诉官或负责审查的法官对于以保释的方式将被告暂时予以释放的看法,并许可被告对此作出答复。

第四款　被指控的犯罪中未包括第575条第2款中的犯罪的,法院应

---

* 本条2004年1月1日开始生效。

当在对本条第 2 款中的被告进行听审后,询问起诉官或负责审查的法官其与检察长是否将以书面形式或其他形式对以保释的方式将被告暂时予以释放提出意见,并许可被告对此进行答复。

第五款 在本条上款规定的意见被提交后,法院应当对妨碍或反对拘留的情节进行复审。

第六款 法院发现未能在本法典或其他法律有关授权对被关押者进行逮捕或拘留的规定中找到对被告继续予以拘留的规定的,应当对被告予以无条件的释放。

第七款 法院在第 6 款中未能发现对被告予以无条件释放的理由的,除第 575 条第 1 款的规定外,如果法律并未对释放予以禁止,法院可在其认为适当的条件下,以保释的方式释放被告。

第八款 法院在第 6 款中未能发现对被告予以无条件释放的理由并拒绝对其予以保释的,应当适用第 575 条第 1 款的规定将其重新进行关押。

第九款 法院依据本条规定作出的对被告予以无条件释放或有条件的保释的裁决,应当在第 2 个工作日之前送达检察长,检察长可向刑事法院提出申请,要求其重新对被释放者实施逮捕并予以继续拘留或申请对包括保释金额在内的、由地方法院所裁决的假释条件予以修正。

(不得许可予以保释的犯罪:为 1897 年第 4 号条例第 1 条、1903 年第 1 号条例第 32 条、1921 年第 16 号条例第 9 条、1947 年第 6 号法案第 15 条、1965 年第 46 号法律通告、1971 年第 21 号法案第 32 条、1974 年第 58 号法案第 68 条、1981 年第 49 号法案第 4 条、1989 处第 29 号法案第 2 条、1990 年第 8 号法案第 3 条、2002 年第 3 号法案第 140 条所修正)

第五百七十五条 **第一款** 除第 574 条第 2 款的规定外,在下列情况下——

(i) 被指控犯有危害国家安全罪的,或

(ii) 被指控犯有应被判处终身监禁的罪行的,

法院只有在对案件的所有情节、罪行的性质及严重程度、犯罪人的性格、犯罪前的表现、社会关系以及其他有关的事项都加以考虑后,认为保释无任何危险的,才能许可对其予以保释——

(a) 在保证书上列明的有关当局传唤时不出现;或

(b) 将潜逃或离开马耳他;或

(c) 不遵守法院在考虑对其进行保释时所下达的裁决书上规定的条件;或

(d) 对证人进行骚扰或试图对证人进行骚扰,阻碍或试图阻碍对其本身或他人所进行的审判;或

(e) 实施其他犯罪。

(保释的适用)

第二款 除第 574 条 A 所规定的阶段外,要求进行保释或在被许可保释后要求变更保释条件的,应当以申请书的形式提出,其副本应当在当天交给检察长,如果该要求是由下列人员提出的——

(a) 欺诈性破产的被告;

(b) 因实施本法典第二篇第二部分标题三中次标题三项下的犯罪而应当被判处 1 年以上监禁的被告;

(c) 应当被判处 3 年以上监禁的被告。

(检察长的反对)

第三款 检察长可以以便条的形式在第 2 个工作日对申请提出反对,并陈述其反对的理由。

(保释不得被拒绝)

第四款 保释通常在第 432 条第 1 款但书所规定的情况下被许可。

第四款 A 无论是作为刑事审判法院还是作为刑事调查法院,地方法院准许对被关押者予以保释或对保释条件予以修正的,其裁决应当在第 2 个工作日之前送达检察长,检察长可向刑事法院提出对被释放者重新实施逮捕或予以继续拘留、修正由地方法院所裁决的包括保释金额在内的保释条件的申请。

第五款 地方法院对被告所犯的罪行进行必要的调查的,检察长尚未在自被告被带至上述法院之日起或第 397 条第 5 款所规定的被逮捕之日起的第 6 款所规定的期限内——

(a) 提交起诉书,或

(b) 或根据第 370 条第 3 款(a)段的规定、第 433 条第 5 款的规定、或其他法律中的类似规定将被告提交给地方法院进行审理的,应当准许对被告适用保释。

第六款 (a) 上款所规定的期限为:

(i) 在犯应被判处 4 年以下监禁的犯罪的情况下,为 12 个月;

(ii) 在犯应被判处 4 年以上 9 年以下监禁的犯罪的情况下,为 16 个月;

(iii) 在犯应被判处 9 年以上监禁的犯罪的情况下,为 20 个月。

(b)(a)段所规定的期限应在第 401 条、第 407 条、第 432 条第 3 款所规定的相应的期限因第 402 条第 1 款及第 2 款中所提及的原因而中止的情况下相应地被中止,除非其他法院对争端作出裁决,否则,在此期限内,法院不得对之进行审查。

(c)(a)段所规定的期限也应在审查记录为地方法院根据第 405 条第 5 款的规定对证人进行审查的相应期限内中止。

第七款 除非在从第 8 款所规定的日期开始的第 9 款所列明的期限内对被告作出无罪释放、有罪及判处刑罚的最终判决,否则,应准许对被告适用保释。

第八款 第 9 款所列明的日期应当开始于:

(a)在没有进行审查的情况下,为被告被带至地方法院之日或被告被按照第 397 条第 5 款的规定而被逮捕之日;

(b)在有审查的情况下,为检察长按照第 370 条第 3 款(a)、第 433 条第 5 款或其他法律中的类似规定,将被告交由地方法院审理之日,或为提交起诉书之日:

被告反对按照第 370 条第 3 款(d)的规定适用简易程序审理的,应当从提交起诉书之日起开始。

第九款 (a)第 7 款及第 8 款中的期限为:

(i)在轻罪、应被判处轻罪之刑罚或不超过 6 个月监禁的情况下,为 4 个月;

(ii)在应被判处 6 个月以上 4 年以下监禁的情况下,为 8 个月;

(iii)在应被判处 4 年以上 10 年以下监禁的情况下,为 12 个月;

(iv)在应被判处 10 年以上 15 年以下监禁的情况下,为 24 个月;

(v)在应被判处 15 年以上监禁的情况下,为 30 个月。

(b)(a)段中的期限在下列期限内应当被中止——

(i)除在其他法院因第 401 条第 1 款及第 2 款所规定的原因而对争端作出裁决后,法院不能对案件继续进行审理的期间内;

(ii)地方法院依照被告的要求、根据第 406 条对证人进行审查时,所作的审查记录所对应的期间内;

(iii)被告因中间裁决而向刑事上诉法院提起上诉之前的期间,或由被告或检察长根据第 499 条的规定而向刑事上诉法院提起上诉之前的期间内;

(iv)应被告或其律师的要求而使诉讼延期的,从要求提出之日起至下一次听审之日止的期间内。

第十款 要求保释时、在起诉书提交后的一周内、以及按照第579条的规定而要求对被告予以逮捕的逮捕令签发后、刑事审判法院尚未在同一诉讼或其他诉讼中对之进行审理的,不适用第5款及第7款的规定。

(法院陈述理由)

第十一款 法院拒绝准许保释的,应当在其作出拒绝准许保释的裁决中陈述拒绝的理由,该裁决应当送达被告。

(保证金的数额:为1897年第4号条例第2条所修正)

第五百七十六条 应当根据被告人的条件、犯罪的性质以及应当被判处的刑罚的期限,在法律规定的限度内确定保证金的数额。

(保证的不同模式:为1897年第4号条例第3条、1965年第46号法律通告、1974年第58号法案第68条、1990年第8号法案第3条、2002年第3号法案第141条所修正)

第五百七十七条 第一款 应当由一位以书面形式对所规定数额进行保证的可靠的保证人提供用于保释的保证金。

第二款 法院认为适当时,也可以只缴纳规定数额的保证金、相等数额的抵押,或由被告提供保证金。

第三款 然而,在轻罪或根据第370条第1款及第371条第2款的规定而属于作为刑事审判法院的地方法院的管辖范围内的犯罪的情况下,法院认为必要时,可在案件的审理期间,免除被告本条所规定的任何形式的保证金。

第四款 不属于作为刑事审判法院的地方法院管辖权范围的犯罪的被告,在警察长出示了关于其贫穷程度及具有良好的道德品质的证明、而检察长也未提出反对意见的情况下,可被免除本条所规定的任何形式的保证金。

(保释金的效果:为1914年第12号条例第13条、1965年第46号法案、1974年第58号法案第68条所修正)

第五百七十八条 保释金应当产生使被告暂时被释放的效果:

法院在随后进行的诉讼中,可依警察或检察长的要求,根据具体情况,在具有良好理由并对被告进行了听审的情况下,剥夺其被暂时释放的权益,并裁定重新对其实施逮捕。

(被许可保释者等未出庭的后果:1976年第22号法案第4条予以修正后、为1989年第29号法案第3条所代替、后为1990年第29号法案第30条、2002年第3号法案第142条所修正)

第五百七十九条 被告人未按保释保证书中所列明的相关部门的命令出庭、未遵守法院在其准予保释的裁决书中所规定的条件、潜逃或离开马耳他、在保释期间实施非过失犯罪、骚扰或试图对证人进行骚扰、阻碍或试图阻碍对其本身或其他人所进行的法庭审理的,应当由马耳他政府对保证书中所声明的数额予以没收,并对其签发逮捕令;

法院认为对准予保释的裁决书中所规定的条件的违反并未造成严重后果的,不适用本条规定。

(许可保释的法院:为1871年第6号条例第36条、1965年第46号法律通告、1967年第25号法案第24条、1974年第58号法案第68条、1975年第27号法案第40条、1990年第8号法案第3条、2002年第3号法案第143条所修正)

第五百八十条 **第一款** 地方法院或刑事法院可在其权限范围内,根据具体情况,允许对已经被拘留或即将被拘留的被告进行保释。

(保释申请)

第二款 在以书面形式对第390条中的起诉书、报告及审查进行记录后的任何阶段,被告均可提出保释要求,而且这些要求不仅能在审查期间提出,还可以在其被审理后或相应的诉讼被提起之后向现任的法官提出,即使地方法院先前并未准许对其进行保释。

(向刑事法院提出保释的方式)

第三款 应当以申请书的形式向刑事法院提出保释要求,如果检察长对该要求提出反对的,法院应指定专门的日期对申请人及检察长进行听审,并向其送达裁决书副本。

(向地方法院提出保释的方式)

第四款 除第575条第2款的规定外,应当以口头形式向地方法院提出保释要求。

(未遵守有关规定而被逮捕的被保释者,不得再次被保释)

第五百八十一条 在第579条所规定的情况下,不应当允许对同一诉讼中的被告进行两次保释。

(法院不得依职权予以许可的保释)

第五百八十二条 **第一款** 对非经被告人提出的保释申请,法院不得依职权予以准许。

(法院可要求提前告知提议的保证人)

第二款 法院可以提出在24小时之前被预先告知拟定的保证人的

要求。

（法院对被告的出庭时间予以延长的权力）

第三款 法院有权基于合法理由对原先规定的被告的出庭时间予以延长。

（保证人摆脱在某一案件中的保释义务的权利）

第五百八十三条 保证人怀疑被告要逃跑的，可向执行法官提出其怀疑的充分理由并使得被告再次被逮捕，以使其本身免于保证义务：

如果被告提出新的保证人的，应当再次对其予以保释。

（确定保证金的方式：为 1897 年第 4 号条例第 4 条、1973 年第 2 号法案第 8 条、1973 年第 38 号法案第 4 条、1981 年第 29 号法案第 4 条、1983 年第 13 号法案第 5 条所修正）

第五百八十四条 应当按下列规定确定保证金数额：

在除第 338 条(t)的规定之外的轻罪的情况下，保证金的数额应当为 2 里拉至 4 里拉；在第 338 条(t)所规定的轻罪及应被判处拘留或 1 年以下监禁的重罪的情况下，保证金的数额应当为 20 至 10,000 里拉；其他情况下，保证金的数额应当为不少于 50 里拉的、法院根据具体情况，认为足以保证被告按照法律规定出庭的数额。

（没收保证金：为 1857 年第 8 号条例第 18 条所修正）

第五百八十五条 第一款 为获得第 579 条中的保证书所确定的数额，被告出庭所应在的法院应当根据具体情况，在保证金被缴付之前，签发或执行没收保证金或逮捕保证人的命令，并宣布由马耳他政府对保证金予以没收，有抵押的，对抵押物品进行拍卖。

第二款 如果被告方有义务与其保证人共同地、几个人一起地或单独地承担保证金，无论其是因为被保释之罪而被逮捕、判刑，还是被无罪释放，都应当适用第 1 款的规定。

（对未缴付保证金者的拘留：为 1874 年第 4 号条例第 11 条、1990 年第 29 号法案第 31 条所修正）

第五百八十六条 第一款 未缴付保证金的，应当按每天 5 里拉的比率对其进行拘留，而无论该人是被告还是保证人。

第二款 被拘留者自身无法完成拘留的，应当由政府对其予以资助，在此情况下，被拘留者应当像其他被要求进行工作者那样被强制工作，并被关押在监狱。

（某些情况下保证人的替代：为 2002 年第 3 号法案第 144 条所修正）

第五百八十七条　保证人死亡、暂时离开马耳他或破产的,被告必须找到新的、有能力的保证人。否则,将被逮捕。

标题五
起　　诉

(起诉的方式:为1899年枢密院令第7条、1932年第16号法案第9条、1965年第46号法律通告、1974年第58号法案第68条、1975年第28号法案第40条所修正)

第五百八十八条　对刑事法院具有管辖权的犯罪提起诉讼的,应当采用书面形式并由检察长签名。

(起诉书的内容:为1889年第14号条例第48条、1900年第11号条例第84条及第85条、1934年第30号法案第18条、1965年第46号法律通告、1974年第58号法案第68条、1975年第27号法案第35条、1976年第22号法案第4条所修正)

第五百八十九条　应当以马耳他共和国的名义提起诉讼:

(a) 列明所选择的法院;

(b) 有明确的被告;

(c) 陈述构成犯罪的事实、及关于犯罪时间、地点、犯罪对象以及根据法律或检察长的意见而需要的可以加重或减轻处罚的详细说明;

(d) 结尾的总结应当包括法律所描述或列明的对被告应宣判的罪行、依法提起的诉讼中对被告的要求以及法律所规定的对其应宣判的刑罚(应引用规定该犯罪的法律条文)或法律对有罪的被告所规定的其他可行性刑罚:

(第248章)

在违反了包括对滥用印刷物的出版在内的印刷法案的犯罪中,检察长可以对构成犯罪的印刷物或该印刷物的一部分予以考虑,而不在起诉书中提及该印刷物,但是,在上述情况下,应当在起诉书中附加印刷物的副本,除非审查记录中不存在该副本。

(提交起诉书:为1981年第53号法案第9条所修正)

第五百九十条　第一款　起诉书应当提交给记录员,由记录员在页末注明上交日期。

第二款　在提交起诉书时,检察长也应当提交其意欲在审理中提交的连同证人名单、文件及其他证据在内的审查记录。

（同一起诉中的多个指控）

第五百九十一条 对同一犯罪中作为主犯或从犯的、或相互有联系的多种犯罪中的两名或两名犯罪人，可合并起诉并合并审理，即使上述犯罪中的某一犯罪应由下级法院行使管辖权。

（有联系的犯罪）

第五百九十二条 有联系的犯罪——

（a）数人在同一时间一起实施的犯罪；

（b）为实现事前商定的计划而在不同的时间、不同的地点、由不同的人实施的犯罪；

（c）作为其他犯罪的手段而实施的犯罪；

（d）为推进或完成其他犯罪或为确保其他犯罪逃脱处罚而实施的犯罪。

（在同一诉讼中对一人提起的多个并无联系的犯罪指控：为1900年第11号条例第86条、1965年第46号法律通告、1974年第58号法案第68条所修正）

第五百九十三条 第一款 对同一个人实施的彼此并不具有联系的数个犯罪，即使其中的某一个犯罪应当由下级法院行使管辖权，也可以对该数个犯罪予以合并起诉、合并审理；在此情况下，起诉书应当分为数个罪状，每一罪状都应当遵守第589条的规定。

（法院可裁定分别进行审理）

第二款 应检察长的要求，法院可以对上述数罪分别进行审理。

（其他法院可裁定分别进行审理的案件：为1900年第11号条例第86条、1965年第46号法律通告、1974年第58号法案第68条、1976年第3号法案第6条所修正）

第五百九十四条 应检察长的要求，法院也可以对同一起诉书中的两个或两个以上的被告予以分别审理。

（法院或裁定对起诉进行合并审理：为1900年第11号裁定第86条、1965年第46号法律通告、1974年第58号法案第68条所修正）

第五百九十五条 在第591条及第593条所规定的情况下，对在同一时间或不同时间提起的两个或两个以上的诉讼，法院可应检察长的要求，以其被同时提交至法院为由进行合并审理。

（检察长可在起诉书中包括宽宥事由：为1965年第46号法律通告、

1974 年第 58 号法案第 68 条所修正)

第五百九十六条 基于宽宥事由而使刑罚降低了两个或两个以上刑罚幅度的,检察长可根据所掌握的证据,在起诉书中要求在此范围内判处更低的刑罚;在此情况下,检察长应当在起诉书中列明宽宥事由,法院所宣判的刑罚也不应当高于起诉书中所要求判处的刑罚。

(法院依职权或依被告的请求而对起诉作出修正:为 1868 年第 5 号条例第 34 条、1871 年第 6 号条例第 37 条、1896 年第 3 号条例第 6 条、1913 年第 12 号条例第 23 条、1965 年第 46 号法律通告、1974 年第 58 号法案第 68 条、2002 年第 3 号法案第 145 条所修正)

第五百九十七条 **第一款** 法院可依职权或应被告的请求,在被告提出有罪或无罪抗辩之前作出对起诉书进行修正的裁定;但所增加的内容不应当使罪行更为严重。

(依检察长的要求对起诉进行修正)

第二款 起诉书中存在错误或缺陷的,即使被告对上述错误或缺陷提出抗辩或法院依职权对之提出疑问,为不使其无效,法院可应检察长的要求作出上述裁定。

(被告可要求延期审理)

第三款 法院依职权或应检察长的要求而对起诉书作出修正裁定的,被告可要求延迟审理,以便为其辩护作准备。

(调查中的缺陷构成对起诉书进行怀疑的理由)

第四款 除被告及检察长通常所具有的在审理中对证据所提供的不符合法律规定的行为进行反对的权利外,除非起诉书中完全缺少警察的报告、对被告的审查、要求对被告进行审理的裁定,或刑事调查法院在没有合理理由的情况下拒绝对被告所出示的证据进行听审,否则,不得因审查记录存在缺陷而被对起诉书予以驳斥,被告也不能因上述缺陷而要求撤销起诉书中所要求进行的诉讼。

(调查法院不具有管辖权不构成对起诉进行怀疑的理由)

第五款 在应当由地方法院(马耳他)而非地方法院(戈佐)或由地方法院(戈佐)而非地方法院(马耳他)进行调查的情况下,不能因起诉书中缺少进行调查的具有管辖权的法院而被驳回。

(对被告名称的矫正)

第五百九十八条 **第一款** 经法院同意,可纠正被告的名称或其他详细情况。

第二款 被告作出有罪或无罪抗辩之前,未对上述错误提出异议的,审理中应当认为起诉书中有关被告的名称及其他细节为真实情况:

法院有权在知道被告的真实名称及其他情况后,在随后的程序中,增加其所知道的被告的真实名称及其他情况;这一事实可在诉讼中不予记录。

(审理中出示的证据导致对起诉书中的错误的矫正:为1856年第4号条例第44条、1857年第9号条例第17条、1868年第5号条例第35条、1965年第46号法律通告、1974年第58号法案第68条所修正)

第五百九十九条　第一款 审理中出示的证据显示出起诉书中存在关于犯罪实施的时间、地点、犯罪对象以及对犯罪的标的物的指示或描述的错误的,在陪审团作出裁决之前的任何诉讼阶段,法院都可以作出裁定、对之予以纠正:

(不考虑矫正错误导致犯罪加重、法院的权力)

在此情况下,不应当考虑因这种纠正而可能引起的对犯罪的加重,除非起诉书中已经明确地对这种加重进行了陈述;法院认为这种加重可能损害被告的辩护的,如果被告在第465条所规定的总结之前的任何阶段、或者上述总结之后、陪审团作出裁决之前提出要求的,法院可应被告的要求,为使其准备对修正过的起诉书进行答辩而解散陪审团并延迟对案件的审理。

(引用法律错误)

第二款 引用规定了起诉书中所要求适用的刑罚的本法典中的条文或其他法律的条文时出现错误的,可在判决下达之前的任何阶段进行改正。

(缺陷或错误的指出者)

第三款 检察长、被告及被告律师可以指出本条中的缺陷或错误,法院也可依职权指出上述缺陷或错误。

(撤销起诉:为1965年第46号法律通告、1974年第58号法案第68条所修正)

第六百条　第一款 在被告提出有罪或无罪抗辩之前,检察长有权撤销其所提起的诉讼,在此情况下,应当中止诉讼并释放被告;但被告已经作了有罪或无罪抗辩的,非经被告同意,检察长不得撤销诉讼。

(不进行诉讼以阻止新证据的适用)

第二款 无论在哪种情况下,发现新的证据时,不得以撤销诉讼的方式来阻止对被告适用新的程序。

(不得对被告判处起诉书中未予指控的犯罪)

第六百零一条 任何人不得被判处起诉书中未明确指出的罪行或根据

第 467 条的规定而提起的诉讼中未包括的罪行。

（在规定的时间内未提交起诉书：为 1868 年第 5 号条例第 36 条、1965 年第 46 号法律通告、1974 年第 58 号法案第 68 条、2002 年第 3 号法案第 146 条所修正）

第六百零二条　未在规定时间内提交起诉书的，法院可依被告的要求，在听取了检察长的意见后，裁定对被告予以释放，并适用第 434 条的规定：

在提出要求时起诉书已经提交的，不得适用该条规定。

标题六
陪　审　团

（陪审员的资格：为 1858 年第 10 号条例第 3 条、1896 年第 10 号条例第 2 条、1934 年第 30 号法案第 19 条、1965 年第 46 号法律通告、1972 年第 33 号法案第 6 条、1981 年第 49 号法案第 4 条所修正）

第六百零三条　第一款　任何年满 21 周岁、居住在马耳他境内的马耳他公民，如果通晓马耳他语、具有良好的品性并能够胜任陪审员工作的，都有资格成为陪审员。

（不具有资格）

第二款　被马耳他境内的相关法院查明曾犯有被判处死刑或超过 1 年监禁的犯罪，或本法典第二篇第二部分标题七次标题二中所规定的影响家庭的安宁与声誉的犯罪的，不具有担任陪审员的资格：

本条规定不适用于被赦免者以及根据第 227 条及第 230 条（a）、（b）的规定而被宽宥的非故意杀人或其他犯罪者。

第三款　第 2 款的规定适用于被他国相关法院发现犯有上款所规定的犯罪及该他国法律所规定的、属于上述犯罪的犯罪者。

（残疾者）

第四款　下列人员不能担任陪审员：

（a）被禁止参加宗教仪式者或丧失能力者；

（b）尚未被进行清算的破产者；

（c）因众所周知的身体或精神上的缺陷而被公认为不能胜任陪审员者；

（d）因犯罪而受审者，该审理尚未终结的。

（排除：为 1858 年第 10 号条例第 4 条、1896 年第 10 号条例第 3 条、1909 年第 8 号条例第 54 条、1960 年第 10 号法案第 3 条、1962 年第 25 号法案第 5 条、1965 年第 46 号法律通告、1970 年第 27 号法案第 36 条及第 40 条、1994 年第 4 号法案第 17 条、1995 年第 24 号法案第 360 条及第 362 条、2002 年第 3 号法案第 147 条所修正）

第六百零四条　第一款　下列人员不能担任陪审员：

众议院议员、法官、名誉律师、神职人员、马耳他武装部队人员、在政府首脑部门及其代理机构担任职务者、地方法官、法院记录员、警官、大学教授及专职教师、中学、小学及技术教师、社区医疗机构官员、健康督察员、主缓刑官及缓刑官员。

第二款　法院也可依申请免除正在执业的乡村药剂师、内科医生、外科医生、妇产科医生担任陪审员的资格，而且，一般情况下，除非存在法院认为有利于最终公正的特殊情况，否则，任何 60 岁以上者均不能担任陪审员。

第三款　正在照顾身体或精神虚弱的家庭或个人者不能担任陪审员。

（陪审员名单的修订：为 1858 年第 10 号条例第 5 条、1896 年第 10 号条例第 4 条、第 5 条、第 6 条、及第 7 条、1899 年枢密院令第 8 条（a）、（b）、（c）、1909 年第 8 号条例第 55 条、1932 年第 16 号法案第 10 条、1934 年第 30 号法案第 20 条、1936 年第 20 号法案第 5 条、1972 年第 32 号法案第 7 条、1973 年第 46 号法案第 108 条、1975 年第 27 号法案第 40 条、1994 年第 4 号法案第 18 条、1995 年第 24 号法案第 362 条所修正）

第六百零五条　第一款　警察长、两名地方法官以及法院记录员，应当在每年 8 月份尽可能地列出——

（a）有充分的资格与能力担任对使用马耳他语者进行审讯的陪审员的名单；

（b）除马耳他语外、在所有方面都具有担任陪审员的充分的资格、精通英语、因而也能够理解及领悟以英语所进行的诉讼的人员的名单。

第二款　上述名单应当被分别称作"对使用马耳他语者进行审讯的陪审员名单"及"对使用英语者进行审讯的特殊陪审员名单"。名单应当按照姓氏字母顺序排序，并包括每一个陪审员的名称、姓氏、职业及居住地。

第三款　应当从上述名单所显示的全体人员中进一步列出有能力担任陪审团主席的人员名单。陪审团主席的人数不得超过每一份名单中所列的整个人数的 1/6。

第四款　陪审团主席应当具有进一步在刑事法院实际担任陪审团成员

的资格。

　　第五款　上述名单应当在每年 8 月份的公报上予以公布。

　　第六款　从上述名单公布之日起的 15 日内,任何具有法律所要求的担任陪审员或特殊陪审员的资格者希望被登记的,或不具有法律所要求的担任陪审员或特殊陪审员的资格者希望被从名单上删除的,应当向刑事法院提出申请。

　　第七款　法院应当即时对申请作出处理。

　　第八款　记录员应当在名单上注明依法院裁定而可能进行的修正。

　　第九款　在每年 11 月份的前 15 天,应当在公报上将经过修正的在下一年度担任陪审员及特殊陪审员的名单予以公布:

　　第 1 款所规定的官员有权在任何时候将其他有资格担任陪审员及特殊陪审员者添加在上述名单中,在这种情况下,被添加的名称应当在公报上予以公布,并适用第 6 款、第 7 款及第 8 款的规定。

　　第十款　因法院裁定而被补充过的有关陪审员及特殊陪审员的修正名单,应当在公报上公布。

　　第十一款　第 9 款及第 10 款中公布的名单中,名单上所列举的名称应当写在尽可能具有相同形状与尺寸的用于选票的正式文件或纸上。陪审员及陪审团主席的名称应当分别被放在两个盒子里,特殊陪审员及特殊陪审团主席的名称应当被分别放在另外两个盒子里。

　　第十二款　盒子应当由记录员保存在被加锁的地方,并在法庭上当着法官的面打开。

　　第十三款　两个或两个以上的刑事法院的法官有权将其认为不能担任陪审员者的名称从名单上删除。

　　(每月制取选票:为 1856 年第 4 号条例第 45 条、1896 年第 10 号条例第 8 条、1976 年第 3 号法案第 7 条、1976 年第 14 号法案第 3 条所修正)

　　第六百零六条　**第一款**　记录员应当每个月从装有陪审团主席名称的盒子中抽取 10 张选票、从装有普通陪审员名称的盒子中抽取 40 张选票。

　　第二款　所抽取的选票应当由记录员保存,盒子应当被再次加锁并加盖封印。

　　第三款　与已登记的审判员 1/6 的比例相对应、年底前任何盒子里都不再有选票的,记录员应当将当年所抽取过的、写有并未在当年供过职的陪审员名称的选票重新放置在盒子里。

　　第四款　在抽取选票时,对第 603 条第 2 款、第 3 款及第 4 款中的已经死亡者、不具有资格者或不具有相应的能力者或第604条中所规定的被排除担任陪审员者,都不应当加以考虑,并认为其并未被抽取。关于上述人员的选票应当从盒子里拿掉。

(在公报上公布名称)
第五款 记录员应当公布所去掉的上述名称的名单。
第六款 两名或两名以上的法官被指定分别开庭的或记录员因其他某种原因而被法院授予相应的权利的,应当分别抽取并公布两份或两份以上的陪审员名单,所抽取并公布的每份名单都应当符合本款的前述规定,所有的法律规定都分别适用于名单中的每一个人。
第七款 法院认为每月所抽取的或用于特殊审理的(包括第613条所规定的因任何原因而被推迟的审理)陪审团主席及普通陪审员的数额应当大于第1款或第618条所规定的数额的,可在认为合适时作出从装有陪审团主席或普通陪审员名称的盒子里抽取上述数额选票的裁定。

(申请被免除担任陪审员:为1856年第4号条例第46条、1994年第4号法案第19条所修正)
第六百零七条 第一款 任何不适合担任陪审员者或因特殊原因而被排除在担任陪审员之外者,可在下条所规定的文书送达后的4天内,以提交申请书的方式提请法院对此作出裁定。

(对申请进行审查的法院)
第二款 法院对申请进行审查后认为其所宣称的理由成立的,应当裁定记录员删除其名称,并以其他人的名称予以替换。

(陪审员的替代)
第三款 任何不能出庭者或因其他原因而不能被传唤者应当由其他人予以替代。

(张贴替代陪审员名单)
第四款 包含有陪审团主席或普通陪审员名称的替代人员的名单应当在上述人员受传唤的审判开始前的24小时之前张贴在审判大厅的门上。

(申请被免除担任替代陪审员)
第五款 在听审的当天,法院应当在起诉书宣读之前,对不适合担任陪审员或具有被排除于担任陪审员之外的良好理由的替代人员所提出的申请作出裁决。

第六款 在第604条所规定的情况下,可通过向记录员邮寄信件的方式提出不担任陪审员的要求,这些信件应当被认为是本条中所规定的申请。

第七款 在根据第2款、第5款、及第611条第5款的规定而排除某人担任陪审员之前,法院应当作出对提出此要求者以宣誓的方式进行听审的裁定。

(传唤陪审员:为1856年第4号条例第47条、1868年第5号条例第37条、1913年第12号条例第24条、2002年第3号法案第148条所修正)

第六百零八条 第一款 应当以文书的形式对依照第606条所规定的方式而被抽取到名称者进行传唤、并将文书送达至本人,不易于碰到本人的,应当在审理的4天之前将文书留在其通常居住地。

第二款 应当以第1款所规定的方式在审理的两天之前对上条所规定的替代者进行传唤。

第三款 第441条第3款的规定适用于对陪审员的传唤。

第四款 第362条第2款所规定的以邮寄的方式进行送达的规则也同样适用于本条第1款所规定的文书的送达,该条第3款及第4款的规定适用于本条中所规定的文书的送达。对按照上述规则或本款规定而被送达上述文书者,应当认为已经按本条所规定的方式对其进行了传唤。

(陪审员未出庭:为1976年第14号法案第4条所代替。处罚)

第六百零九条 被以上条所规定的方式进行传唤者,在不具有法院所认为的良好理由的情况下,未按照文书上要求的时间出庭的,或虽然出庭,但在被准许之前离开的,法院应当立即对其判处罚金(惩罚性罚金),并以押解令或逮捕令的方式强迫其以陪审员的身份出庭:

(法院免除处罚的权力)

法院认为未出庭或离开具有良好理由的,可依申请免除其罚金(惩罚性罚金)。

(陪审团的组成:为1896年第10号条例第9条、1976年第14号法案第5条的修正)

第六百一十条 第一款 陪审团应当由一个主席及八个普通陪审员组成。

(候补陪审员)

第二款 然而,诉讼需要长时间进行审理的,法院应当在抽取陪审员时,裁定抽取不超过6个名额的其他名称,在对8个普通陪审员的名称进行抽取后,被抽取到的其他陪审员应当作为候补陪审员并参加庭审。

第三款 所有关于陪审团及组成陪审团的陪审员的法律规定,都应当适用于候补陪审员,但是,除其他陪审员死亡或有其他障碍外,候补陪审员不得参与合议。

第四款 法院应当对障碍的合法性作出裁决,在同一裁定中,应当从所抽取的候补陪审员中确定替代者的名称。

(陪审团主席死亡或有其他障碍)

第五款 陪审团主席死亡或有障碍的,应当由法院指定其他一名陪审员履行其职责。

(陪审团的组成:为 1856 年第 4 号条例第 48 条、1859 年第 9 号条例第 30 条、1868 年第 5 号条例第 38 条、1896 年第 10 号条例第 9 条及第 10 条、1909 年第 8 号条例第 56 条、1965 年第 46 号法律通告、1974 年第 58 号法案第 68 条、1976 年第 14 号法案第 6 条所修正)

第六百一十一条 **第一款** 陪审团应当以下列方式组成:

被传唤作为陪审员的人员名单应当被写在形状及尺寸尽可能相同的用于选票的正式文件或纸上。记录员应当首先在法庭宣读写有陪审团主席名称的选票并将之放在一个盒子里,然后宣读写有普通陪审员名称的选票,将之放在另外一个盒子里。然后,摇晃装有陪审团主席名称的选票的盒子,抽取其中的一张选票并宣读该选票上的名称。被抽取到名称者应当走上前去,由记录员首先询问检察长是否要对其进行质疑,然后再询问被告是否要对其进行质疑。

(对陪审员的质疑、绝对的或有理由的)

第二款 质疑既可以是绝对的,也可以是有理由的。在不具有所指定的理由时,质疑是绝对的,其结果是受质疑者应当被排除而不能担任陪审员。因所指定原因而提出的质疑为有理由的质疑,其结果为,法庭认可该理由的,质疑将被通过、受质疑者被排除;理由未被认可的,法院不同意其质疑,受质疑者被采用。

(被许可的绝对质疑的次数)

第三款 检察长及每一个被告将被准许进行三次绝对性质疑;但是,同一诉讼中的被告为三人以上者,每一被告只应当有权进行两次绝对性质疑。

(一个被告的质疑对其他被告的影响)

第四款 由一个被告所进行的质疑对由同一陪审团同时或依次进行审理的其他被告也发生作用,尽管其他被告可能不愿意提出质疑。

(法院免除陪审员的权力)

第五款 在有合理理由时,任何人都可能在其名称被抽取之前或之后,因被法院排除而不能担任陪审员。

(被抽取到者未出庭的、制取其他名称)

第六款 被抽取到名称者未出庭、或虽然出庭而被质疑并排除的,应当在陪审团主席产生之前,以相同的顺序抽取其他名称。

(抽取普通陪审员)

第七款 应当按照所规定的抽取陪审团主席的方式从装有普通陪审员名称的选票的盒子中抽取 8 个普通陪审员,法院对此作出裁定的,也应当以此方式抽取候补陪审员。

(陪审团的组成)

第八款 由按以上述方式抽取并通过的 9 个陪审员组成陪审团。

(陪审员宣誓的方式:为 1975 年第 27 号法案第 37 条所修正)

第六百一十二条 陪审团宣誓就职时,应遵循下列方式:

记录员向陪审团宣读:

你在上帝和人类面前发誓,你将以最虔诚的态度对指控 A.B. 的案件进行审查;你不会背叛被告的利益,也不会背叛以其名义对被告提起诉讼的马耳他共和国的利益;非经法庭同意,在裁决作出之前,不会同任何人交流;你不会向仇恨与邪恶低头,也不会屈服于恐惧与情感;在听取了控辩后,你将凭着自己的良心与信仰,以公正、坚定的态度,作出诚实、自由的裁决。上帝保佑你。每一陪审员都应进行宣誓。

(陪审团主席或普通陪审员无法正常工作:为 1909 年第 8 号条例第 57 条、1976 年第 14 号法案第 7 条所修正)

第六百一十三条 第一款 因陪审团主席未出庭或基于其他原因而被质疑并排除、导致整个陪审团无法正常工作的,法院应当延迟审理,或裁定从装有普通陪审员名单的箱子中另外抽取一张选票,以符合第 610 条第 1 款及第 2 款所规定的人数,并授权被抽取者履行陪审团主席的职责。

第二款 因第 1 款中所陈述的原因,普通陪审员无法工作的,法院应当延迟审理或指定审判厅中的其他具有陪审员资格者担任陪审员;被指定担任陪审员者只能因具有某种理由而被质疑。如果有需要的话,陪审团主席的职责也可以委托给受指定者。

(法院允许撤销绝对性质疑的权力)

第三款 在第 1 款及第 2 款所规定的情况下,法院为完善陪审团或避免延迟审理,可许可当事各方撤销其所提出的一个或多个绝对性质疑。

(对陪审员缺乏资格的反对:为 1965 年第 46 号法律通告、1974 年第 58 号法案第 68 条所修正)

第六百一十四条 对缺乏担任陪审员的必要资格者,应当由检察长或被告向法院提出。如果经法院宣布后而导致其声名受损的，也可以允许本人进行申辩。然而，缺乏上述资格而未被提出、申辩或宣布、其本人又被认为具有上述资格而被许可进行宣誓的，此后不得以其缺少相应的资格而提出反对。

（在被批准成为陪审员前未声明的不得要求被排除的利益）

第六百一十五条 被依法排除担任陪审员者，在传唤时未声明愿意在被许可作为合适人选进行宣誓前被排除的，在被许可后，不得要求因这些排除而带来的利益。

（陪审团的维持：为1896年第10号条例第11条、1975年第27号法案第38条所修正）

第六百一十六条 **第一款** 陪审员在履行其职责期间及被允许吃饭及喝水的费用期间，应当由政府支付。

（旅行费用的支付）

第二款 在同一案件中，陪审员有权以与证人相同的方式得到全部的旅行费用。

第三款 司法部长可以通过条例的方式规定应当支付给陪审员的费用。

（不得因债务而对陪审员实施逮捕：为1859年第9号条例第31条、2002年第3号法案第149条所修正）

第六百一十七条 **第一款** 不得因债务而对从其住处前往法院途中或从法院返回其住处途中的被传唤作为陪审员的人员实施逮捕。

（与陪审员交流）

第二款 以任何方式故意与依照第606条第5款及第607条第4款而被抽取并宣布作为陪审员的人员进行交流或试图与其进行交流者，无论是否有利于被告，都应当被认为有罪并被判处3个月至9个月监禁；

负责阻止这种交流的国家官员实施此罪的，对其所判处的刑罚应当增加一个刑罚幅度。

第三款 本款中的前述规定，在适用于被传唤或依照第2款规定而被公布作为陪审员者时，也同样适用于陪审团成员。

（抽取特殊陪审员：1899年枢密院讼第9条增设了本条规定后、1934年第30号法案第21条、1936年第20号法案第6条对之进行了修正）

第六百一十八条 根据第516条的规定，在以英语进行的任何诉讼程序中，记录员应当无延误地打开装有特殊陪审员名单的箱子并从装有陪审团主席名单的盒子中抽取 10 张选票,从装有普通陪审员名单的盒子中抽取 40 张选票,以供对此案件进行审理时使用。

(与陪审团有关的规定适用于特殊陪审团:1899 年枢密院讼第 9 条增设了本条规定)

第六百一十九条 所有关于陪审团的规定都适用于特殊陪审团。

标题七
向刑事法院对精神病及其他担保事项的指控

(对精神病或其他事实要点进行指称:为 1856 年第 4 号条例第 49 条、1965 年第 46 号法律通告、1974 年第 58 号法案第 68 条、1975 年第 27 号法案第 40 条所修正)

第六百二十条 第一款 所指称的精神病或其他事实要点属实的,应当首先由陪审团作出裁决,而不能在当时或将来的任何时间要求被告对起诉书进行抗辩、将被告交由法院审理,或者由法院对被告判处刑罚。

(违背宽宥条件)

第二款 为使其开始服刑或继续服刑,对于被有条件地予以减刑的人违反减刑条件而再次被执行警察收监或恢复到减刑前的状态的,陪审团应当对被减刑者因此而指称的事实作出裁决,如果事实属实,就不应当认为被减刑者违背了宽宥书上所明确列举的上述条件。

(程序)

第三款 应当以申请书的形式向刑事法院提出本条中的指称。

第四款 对于上述申请书,法院应当指定日期对申请人及检察长进行听审并作出裁决,此裁决的副本应当送达申请人及检察长。

(检察长以书面形式予以反驳:为 1965 年第 46 号法律通告、1974 年第 58 号法案第 68 条所修正)

第六百二十一条 检察长意欲对上条中的指称予以反驳的,应当通过书面形式进行。

(法院将裁决移交给进行审理的陪审团的权力)

第六百二十二条 法院应当将对上述指称所作的裁决交给已经组成的陪审团,以供其对案件进行审理。

(关押精神病患者的地方:为 1909 年第 8 号条例第 58 条、1914 年第 12 号条例第 14 条、1975 年第 27 号法案第 30 条、1976 年第 18 号法案第 52 条、

1990年第8号法案第3条所修正)(第262章)

第六百二十三条　第一款　被告被查明患有第620条第1款中所指称的精神病的,法院应当作出裁定,将其关押在最高矫正院,并根据精神卫生法案第四部分或其他应当适用于此案例的法律或法则的规定,或相应地适用于被告的规定而对其进行监督或拘留。

(维持费用)

第二款　上述精神病患者的生活费及护理费由政府支付,而政府则有权从属于该精神病患者的财产中扣除该部分费用,未能扣除的,从其扶养者处扣除。

(如何收取)

第三款　应当从上述费用生效时按照适用于最高矫正院的条例中所规定的比率交付。

(地方法院如何适用第3款及第4款)

第四款　第2款及第3款的规定也同样适用于第402条及第525条所规定的、根据地方法院的裁决而将被告移交给最高矫正院的情况。

(法院关于宽宥条件的权力:1856年第4号条例第50条增设了本条规定)

第六百二十四条　陪审团对不应当被认为是违反了宽宥条件的事实进行了查实的,为防止此后出现违反上述条件的事实,法院应当对此作出指示;并裁定将被许可予以宽宥者关押在任何便于对其进行拘留的公共监狱。

(检察长未对指称予以反驳:为1965年第46号法律通告、1974年第58号法案第68条所修正)

第六百二十五条　检察长未对本条中的指称予以反驳的,法院应当如同被指称的事实已经被证实那样继续诉讼程序。

(因障碍而中止后的继续审理)

第六百二十六条　在本标题项下的指称被证实的情况下,审理未能进行或被打断,或刑罚的执行被中断的,一经障碍消除,审理应当继续进行、判决应当生效。

(根据一般规则组建的陪审团)

第六百二十七条　在有必要组成新的陪审团对本标题中前述各条所规定的指称进行裁决的情况下,陪审团的组建及诉讼程序的进行应当遵守本法典中关于陪审团的规定。

(陪审团依大多数选票作出裁决:1934年第37号条例第3条第3款规

定陪审团的裁决依大多数选票而作出。有限责任)

第六百二十八条 在本标题前述各条所规定的情况下,应当由陪审团以多数选票对指称作出裁决。

(2003年第9号法案第128条增设了本标题规定)

标题八
刑事领域的协助

(规则:2003年第9号法案第128条增设了本条规定)

第六百二十八条A 第一款 司法部长可以通过制定规则使马耳他成为规定了刑事领域协助的、包括条约、公约、协议及非正式协议在内的协定的一部分,或使该协定适用于马耳他。

第二款 部长可根据本法典及其他法律的具体情况,对本条中的规则进行适当的修正。

(执行所要求的协助的条件及程序:2003年第9号法案第128条增设了本标题规定)

第六百二十八条B 第一款 在不影响第628条A授予部长的一般性权力的情况下,部长可通过条例指定专门的相关人员、法人、非法人社团、事业单位或代理机构,提供第628条A第1款中有关协定项下所要求的协助,并为实现下列目的的全部或一部分而要求对所提供的协助条例及程序作出规定——

(a) 对因刑事犯罪而被调查或起诉者的讯问;
(b) 证据的提取及出示;
(c) 文件及决议的送达;
(d) 书信的截获;
(e) 为确认、获取证言或其他协助而暂时移交罪犯;
(f) 进入并搜查建筑物或扣押物品;
(g) 提取指纹、私密性或非私密性样品;
(h) 尸体的挖掘;
(i) 记录及文件的提供;
(j) 对犯罪收益的调查;
(k) 对包括银行账户在内的各种财产的监控、冻结及扣押;
(l) 对证据及其他物品的确认。

第二款 本条及第 628 条 A 项下的条例应当包括各协定中的有关实施参考的内容。

第三部分
适用于所有刑事审判的事宜

（为 1900 年第 11 号条例第 87 条所修正）

标题一
证人及专家

次标题一
证　　人

（证人的资格：为 1859 年第 9 号条例第 32 条、1880 年第 3 号条例第 11 条所修正）

第六百二十九条 **第一款** 任何理智健全者均可作为证人，除非其出庭资格受到反对。

（就宣誓义务向证人进行解释）

第二款 对证人因年龄或其他原因而能否理解誓约的义务存有疑虑时，法院应当向其进行解释；尽管进行了上述解释，法院在认为上述证人的证言对审理结果具有重要作用、因而仍有必要在证人作证之前对其进一步解释有关伪证的后果的，可延期审理，并在认为需要将案件移交给刑事法院时，解散陪审团。

（证人资格无特殊的年龄要求）

第六百三十条 任何人不得因缺少特定年龄而不被允许提供证言；未达特定年龄的，应当以法院认为证人能够理解提供虚假证言的错误性为足。

（证人宣誓：为 1868 年第 5 号条例第 39 条所修正）

第六百三十一条 **第一款** 信仰罗马天主教的证人应当根据其宗教惯例进行宣誓；不信仰上述宗教的应当以其所认为的最能体现其良心的方式进行宣誓。

第二款 本条的规定应当适用于所有进行宣誓的情况。

（宣誓的形式）

第六百三十二条 应当以下列方式使证人进行宣誓：

你 A. B. 发誓（或郑重声明），所提供的证据是真实的、完全真实、除此而外，别无其他。上帝保佑你。

（证人的利益：为 1909 年第 8 号条例第 59 条所修正）

第六百三十三条 第一款 证人为信息的提供者或提起诉讼者的、或其所提供的报告或申请引起诉讼的，或因血亲或姻亲关系、合同关系、雇佣关系或其他关系而与上述各方或被告有关系或联系的，不得对其出庭资格进行反对；但是在上述各种情况下，应当对证人进行听审，那些被说服相信证言的真实性并必须对事实予以审理者，应当采取与对待与上述人员无关的其他人员对事实所进行的证实完全相同的方式使证言生效。

（因血缘等关系而勉强提供证据）

第二款 然而，考虑到其可信度，对勉强提供不利于他方证据的夫妻之间、长辈与晚辈之间、兄弟姐妹之间、叔侄之间及其他特殊情况下，如果证人不愿意对与其有上述关系者提供证词，法院可作出不得强迫其提供证据的裁决。

（被告方可以提供证据：1909 年第 8 号条例第 60 条增设了本条规定后、1911 年第 9 号条例第 20 条对之进行了修正）

第六百三十四条 第一款 除了被告应当在接下来的阶段提出证据、或法院认为应当改变证据顺序的，被告方可在诉讼结束后，提出被允许以宣誓的方式立即提供证据的要求；即使向反方证人进行审查将使被指控的犯罪归咎于被告，控方也应当对被告方所提供的证人进行审查：

（与证人有关的规定适用于被告）

被告方未能提供证据的，控方不得提出相反的论点。

第二款 与证人有关的规定适用于以宣誓方式提供证据的被告。

（例外）

第三款 第 1 款的规定不适用于上诉。

（被告的丈夫或妻子可以提供证据：为 1886 年第 2 号条例第 12 条、1909 年第 8 号条例第 61 条、1973 年第 38 号法案第 5 条所修正）

第六百三十五条 第一款 除下列情况外，尽管第 633 条有规定，也不得允许被告的妻子或丈夫提供有利或不利于被告的证据——

(a) 在对证人、长辈或晚辈实施犯罪的情况下；

（第 63 章）

(b) 在违反白人奴隶交易（镇压）条例而实施的犯罪中，被告的配偶为犯罪对象或其性交易所得为被告的生活来源的；

（c）在被告要求其妻子提供证据的情况下，如果根据上条规定，后者被许可提供证据的。

第二款 本条规定也适用于被告的妻子或丈夫作为有利或不利于被告共犯者的证人的情况。

（不得以前罪等为理由而对证人资格提出反对）

第六百三十六条 不得因下列理由而允许对证人的资格提出反对——

（a）其供述或其他迹象显示曾经犯过罪或曾被以某种方式认定为有罪、被宣判、谴责或被法院或其他机关进行过处罚；或

（b）曾被指控犯有与政府要求其提供证言并许诺或允许不对其进行处罚的犯罪相同的犯罪；或

（c）对要求其提供证言的事项或被起诉事项感兴趣。

（影响到证人可信度的反对）

第六百三十七条 对第 630 条、第 633 条、及第 636 条中的案件予以反对的，只影响到证人的可信度，而对于证人的可信度，则应当由案件的审理者根据其态度、行为、性格、所处状态的可能性、持续性及其他特征，即将从其他证言所得出的佐证及案件的整体情节而作出裁决。

（出示详尽的、最为充分的有效证据）

第六百三十八条 **第一款** 总之，应当注意出示详尽的、最为充分的有效证据，并不得忽略重要的证人。

（单个证人已经充足）

第二款 然而，在任何情况下，案件的审理者认为由某一证人所提供的证言足以形成证据的，由两个或两个以上的证人所提供的证言，就应当足以证实事实。

（单个证人不充足：为 1946 年第 24 号法案第 2 条、1950 年第 9 号法案第 2 条、1988 年第 22 号法案第 20 条所修正）

第六百三十九条 **第一款** 即使有上条的规定，也不能仅仅因为某一个证人所提供的证据与被告先前以宣誓的方式所陈述的事实相抵触而认定其犯有诬告罪或伪证、伪誓罪；但在一个证人所提供的证据存在其他及时提出的、对确定被指称的犯罪而言非常重要的证据佐证的情况下，可对被告进行犯罪认定。

第二款 在只有一个证人提供证据的情况下，不得认定某人犯有除第 55 条所规定的犯罪外的危害政府安全的犯罪；但如果一个证人证实某一事

实、另一证人证实另外一个事实,而上述两个事实对确定犯罪而言至关重要的,应当认定为证据已经充足。

(从犯的证据)

第三款 只有一个证人在除第121条至第118条、第120条、第121条、第124条至第126条、第138条所规定的犯罪之外的犯罪诉讼中提出不利于被告的证据的,如果被告是从犯,其证据未被其他事实予以充分佐证的,这种由单个证人所提供的证据不足以形成对被告进行定罪所需要的证据。

(对聋哑证人、或聋或哑的证人的审查)

第六百四十条 对聋哑证人、或聋或哑的证人进行审查时,应当遵守第451条对与聋哑的被告、或聋或哑的被告进行交流的规定。

(出庭者不得作为证人)

第六百四十一条 总之,案件听审中的出庭者不得在诉讼中作为证人出现;

(法院的自由裁量权)

如果具有充分理由,法院可在特殊情况下自行决定排除对该规定的适用。

(职业秘密)

第六百四十二条 第一款 不得强迫律师或法定代理人对基于职业确信而产生的、有关各方将之作为对其的帮助或建议的有关案情的认识而进行宣誓作证。

第二款 对依法应对需要证据的情节保守秘密者,适用相同的规定。

(可能导致其有罪的问题:为1913年第12号条例第23条所修正)

第六百四十三条 不得强迫证人回答任何有可能导致其被提起刑事诉讼的问题;

(例外)

在第338条(h)所规定的诉讼中,在对为博彩或教唆进行博彩而提供地方的所进行的指控中,任何要求参加或曾经参加过这种游戏者提供支持指控的证据的,应当被强制回答任何与诉讼相关的问题,即使回答有可能导致其被提起刑事诉讼;但在这种情况下,任何为这种指控提供证据者以及对该指控进行真实的、忠实的陈述者,应当获得法院出具的证明,并免于因参加其作为证人而为之提供证据的、被指控的犯罪而受到处罚。

(屈辱性的问题)

第六百四十四条 在特殊情况下,对于证人的回答可能暴露其自身的屈辱的一些特殊问题,法院可自行决定证人是否应当回答。

(组织与民事诉讼法典中某些规定的适用:为1856年第4号条例第51条、2002年第3号法案第150条所修正)(第12章)

第六百四十五条 组织与民事诉讼法典第570条、第574条、第578条、第579条、第580条、第583条、第584条、第585条、第586条、第590条、第592条、第398条、第599条、第602条第1款、及第605条的规定也适用于刑事审判法院,同时,上述第570条、第574条、第583条、第590条、第570条、及第592条的规定适用于本法典第二篇第二部分标题二项下的诉讼。

(应当在法院以口头形式对证人审查进行:为1856年第4号条例第52条、1868年第5号条例第40条、1871年第6号条例第38条、1900年第11号条例第88条、1913年第12号条例第26条、1965年第46号法律通告、1974年第58号法案第68条、1997年第32号法案第3条所修正)

第六百四十六条 第一款 根据本条的下列规定,通常应当在法院对证人以口头形式进行审查。

(例外)

第二款 无论是否有利于被告,依法在审查中以宣誓的方式所提供的证人证言,都应当被作为证据而予以采纳:

除非证人已经死亡、离开马耳他、未能被找到,或除第8款所规定的情况之外,仍应当在法院按照第1款的规定对证人以口头形式进行审查。

第三款 除声明者因依法被判处刑罚而死亡的以外,对声明者所作的与将死之人或其意识濒临死亡之人相一致的声明,应当作为证据而予以采纳。

第四款 根据第550条所作的笔录应当作为证据而予以出示。

第五款 教区牧师、行使其职责的其他神职人员、以及在审查中接受审查的证人,对于其关于出生、婚姻状况、死亡所作的教区行为与保存的记录的真实性,或对于上述行为与记录副本、摘录的真实性以及有关被告是上述行为、记录、副本、摘录中所提及之人的事实的证词,也可以作为证据予以出示。

第六款 马耳他境内的公证员或其他在审查中被审查的证人所作的关于其行为或所保存的记录的真实性、这些行为、记录以及相关摘录的真实性或有关被告实施上述行为、记录、副本或摘录中所提及之人的事实的证词,也应当被作为证据而予以采纳。

第七款 尽管本法典或其他法律有规定,如果由已注册的执业医师或牙医所出具的对某人活着或死亡的检查证明,或与人身伤害、身体或精神虚弱有关的证明上有出具该证明的已注册的执业医师或牙医清晰可辨的关于其姓名、职业资格、专业及地址的印章,且该证明已经该执业医师或牙医经宣誓而确认的,应当作为证据而被予以采纳,在有相反的证据予以证实之前,其内容应当作为证据:根据情况,各方有要求上述医师或牙医为其在法庭上进行口头检查的权利,法院也可依职权要求进行这种检查。

第八款 对注册的执业医师或牙医所提供的证词,或在审查过程中对其进行审查时所作的关于对某人存活或死亡、遭受身体伤害或身体或精神虚弱的笔录,应当被作为证据予以采纳,而不需要根据第2款中的例外规定要求上述医师或牙医出庭;除非证人已经死亡、离开马耳他或不能被找到,否则,任何一方均有提出上述证人再次在法庭上被审查的权利,法院也可依职权提出此要求。

第九款 如果以其他方式证实进行了宣誓或遵守了法律规定的程序的,就不应当因上述行为本身未显示出其是通过宣誓或其他法律规定的程序而作出或收到的而否认其有效性。

第十款 检察长及被告有权要求法院在开始对案件进行听审之前,给出是否根据第2款的例外规定而对证人证词予以采纳的规则。

第十一款 无论证人是否被指称已经死亡、缺席或未能被找到,法院均有权认为该指称已被首席执行官或其他执行官通过宣誓的方式在其关于证人已经死亡或缺席,或该证人已被进行过必要的审查而现在不能被找到的报告中被证实。

(在虚弱或年老的证人的住所对其进行审查:1900年第11号条例第89条增设了本条规定后,1939年第6号法案第4条、1963年第4号法律通告、1964年第31号法案第26条、1965年第46号法律通告、1966年第31号法案第2条、1967年第25号法案第26条、1974年第58号法案第68条、1975年第27号法案第40条、1976年第3号法案第8条、1990年第8号法案第3条、2002年第3号法案第151条、2002年第31号法案第205条对之进行了修正)(第12章)

第六百四十七条 **第一款** 需要对因虚弱或年老而不能出庭者进行审查的,应当由法院对其进行审查,或者,如果法院作出审查裁定的,可由法院的成员之一在其住处对其进行审查:

法院也可以委托证人所居住的岛上的某个地方法官或司法助理员对上

述证人进行证据提取。

第二款 如果需要对非居住在进行诉讼的岛上的人提取证据、且法院认为该人将离开马耳他的,法院可委托第 1 款所规定的可受委托提取证据者提取证据;接受审查的证人在戈佐或科米诺的,如果条件允许且检察长未提出反对的,法院可允许由记录员提取上述证据并指引证人进行宣誓。

(被告出庭的权利)
第三款 被告方有权在审查时出庭。
(在法庭上宣读证据)
第四款 应当在法庭上宣读根据本条规定而提取的证据,并在记录中注明。

(对证据进行声频或视频记录:2002 年第 31 号法案第 206 条增设了本条规定)
第六百四十七条 A 在不影响第 646 条及第 647 条的规定的情况下,法院在认为适当时,可考虑按照司法部长以条例形式所规定的实施准则,并以声频或视频对所要求的前述证人的证据进行记录。

(对人或物品的确认)
第六百四十八条 为对被要求证实其身份者进行确认、或对被作为证据的物品进行确认,作为规定,并不需要证人从其他人中认出该人或从类似的物品中挑出该物品的,除非法院在特殊情况下,为最终的公正而认为有必要采取上述做法。

(对与马耳他境外的法院注意的犯罪有关的证人进行审查:1872 年有限责任第 4 号条例第 1 条及第 2 条。为 1963 年第 4 号法律通告、1990 年第 8 号法案第 3 条所修正后、为 2002 年第 3 号法案第 152 条所代替、后为 2002 年第 13 号法案第 9 条、2003 年第 9 号法案第 127 条所修正)
第六百四十九条 第一款 检察长向地方法官传达马耳他境外的司法部门、诉讼部门、行政部门所提出的对出现在马耳他境内的证人进行审查、调查、搜寻或/及扣押的要求的,地方法官应当以宣誓的方式,对上述部门或其他部门所提出的上述证人进行讯问,并以书面方式记录其证言、或根据具体情况进行所要求的调查、根据要求作出进行搜寻或/及扣押的裁定。搜寻或/及扣押的裁定应当由执行警察来执行。地方法官应当遵守国外相关部门在要求中所提出的手续及程序,除非这些手续或程序有违马耳他的政策或国内法。

第二款 仅仅在境外的司法部门、诉讼部门、行政部门为执行或符合马耳他与提出此要求的国家、或向上述两国、或上述两国作为一方当事人时提出此要求的国家之间的条约、公约、协议或谅解录而提出要求的,适用第1款的规定。由检察长或其授权者进行声明,确认为符合在刑事领域互相予以协助的上述条约、公约、协议或谅解录而提出的要求的,该声明应当作为最终证据。缺少上述条约、公约、协议或谅解录的,适用第3款的规定。

第三款 司法部长向地方法官传达了马耳他境外的司法部门所提出的对出现在马耳他境内的证人进行审查的要求的,如果犯罪在该地方法院所管辖的范围内,地方法官应当通过宣誓的方式,对上述部门或其他部门所提出的要求进行讯问的上述证人进行审查,并对其证言进行书面记录。

第四款 地方法官应当将提取的证言、调查结果或在执行要求进行搜寻或/及扣押的裁定中找到或扣押的文件或物品交给检察长。

第五款 在第1款及第3款中,地方法官应当遵守由提出要求的国外相关部门所提出的手续或程序,除非这些手续或程序有违马耳他法律的基本原则,并享有与法律授予作为刑事调查法院的地方法院的权力相同或极相近似的权力,或享有法律授予其在进行与"人身证据"相关的调查时所享有的权力相同或极相近似的权力;地方法官为实现根据第554条第2款所作的裁定,或基于对该人犯有某种罪行的合理怀疑,可以不对其实施逮捕,除非构成该人被逮捕或怀疑的犯罪的事实构成某一可以在马耳他起诉的犯罪。

第六款 国外相关部门要求通过视频会议听取证人或专家的证词或意见的,适用第7款至第12款的规定。

第七款 地方法官应传唤某人在其所指定的安装有视频设备的时间及地点出庭,以对其进行审理。地方法官应对检察长所声明的已经要求国同意的被审理者采取保护措施。

第八款 地方法官主持审理时有需要的,可在其审理中指定翻译人员予以帮助。出庭的地方法院应当保证被审理者已被确认了身份、所进行的诉讼在任何时候都符合马耳他法律的基本原则。

第九款 被审理者有提出不根据马耳他法律或提出要求的部门所在国的法律作证的权利。

第十款 对第七款所规定的对被听审者进行保护的措施,地方法官应当在审理结束后作出备忘录,指明审理的日期及地点、被审理者的身份、参加审理的其他人员的身份及职务、所进行的宣誓、以及审理所采用的技术条件。包括有备忘录的记录应当移交给检察长,再由检察长移交给提出要求的国外的相关部门。

第十一款 下列规定也同样适用于第 6 款项下的审理者：

（a）地方法官要求被审理者作证时，后者拒绝了该要求的，适用第 522 条的规定；

（b）在第 104 条、第 105 条、第 107 条、第 108 条、及第 109 条所规定情况下，被审理者不对事实的真相予以证实的，国外相关部门所要求进行的诉讼应当被作为是在马耳他境内进行的诉讼、被审理者应当被作为上述诉讼中的作证者。为对在此款中因伪证而提起的诉讼确定相应的刑罚，被上述国外相关部门要求进行调查或予以裁决的犯罪行为应当被判处与发生在马耳他境内的或与马耳他刑事法院具有管辖权的相同罪行同样的刑罚。

第十二款 被审理者在提出要求的国外相关部门的所在国被指控、且审理只有经过被审理者同意才能进行的，有关马耳他境内进行的刑事诉讼中适用于被告证词的证据规则及程序也适用于本条中对被告进行的审理的，适用第 6 款至第 11 款的规定。

第十三条 本条规定也同样适用于在征得证人或专家同意的情况下，国外相关部门所提出的以电话会议的方式听取证人或专家意见的情况。

（1900 年第 11 号条例第 90 条增设了本次标题规定）

次标题二
专　　家

（专家意见：1900 年第 11 号条例第 90 条增设了本条规定后、1934 年第 30 号法案第 22 条、1963 年第 4 号法律通告、1966 年第 31 号法案第 2 条、1971 年第 3 号法案第 19 条、1990 年第 8 号法案第 3 条、1997 年第 32 号法案第 3 条对之进行了修正）

第六百五十条　第一款 在需要特殊知识或技能对人员或物品进行检查的情况下，应当在参考专家意见的前提下，作出裁决。

（挑选专家）

第二款 应当由法院挑选专家：

（指定正式专家）

司法部长可以指定一人或多人作为正式专家，以对需要特殊专业知识的案件进行汇报，存在这种指定时，法院应当从指定人员中挑选专家；但是，正式专家被排除或因为其他特殊原因而在裁定中预先指定了正式专家的，法院有权另外指定其他专家、或以其他专家代替上述由司法部长所指定的专家。

（收取正式专家费用）

第三款 在第533条中，对正式专家在特殊案件中的服务费，应当由记录员按照对其他专家所规定的相同的方式进行收取。

（专家人数）

第四款 作为一种规则，被指定的专家应当为奇数。

（对专家的指示）

第五款 情况紧急时，法院可对专家进行必要的指示，并要求其在一定时间内进行汇报。

在指定了两名或两名以上的专家时，无论是作为刑事审判法院的地方法院还是作为刑事调查法院的地方法院都可以授予专家接受文件的权利、或在被告面前对证人以宣誓的方式进行审查的权利，在这种情况下，法院不应当再要求与所出示的文件有关的证据，或再对证人进行审查，除非法院认为有必要这样做或者被告要求这样做。在指定了两名或两名以上的专家时，法院应当指定领誓的专家。

第六款 法院关于指定专家的决定应当形成书面形式并送达被指定的专家。

（质疑专家：1900年第11号条例第90条增设了本条规定）（第12章）

第六百五十一条 第一款 只能以对法官进行质疑的理由对专家提出质疑。

第二款 应当以组织与民事诉讼法典中有关规定在民事诉讼中质疑专家的条文所规定的方式进行质疑。

（传唤专家及其宣誓：1900年第11号条例第90条增设了本条规定）

第六百五十二条 应当以传唤证人的方式传唤专家。专家应当宣誓将忠实地、正直地履行指派给其的职责。

（报告：1900年第11号条例第90条增设了本条规定后、1971年第3号法案第20条、1990年第8号法案第3条对之进行了修正）

第六百五十三条 第一款 在终结了根据其专业所进行的工作或实验后，专家应当根据法院的指示，以书面方式或口头方式进行汇报。

（内容）

第二款 在对任何案件的汇报中，应当对专家结论所依据的事实及情节予以陈述。

（专家在法庭对证人进行审查）

第三款 专家在工作过程中,应当从任何人处收集有关事实情况的信息,并在汇报中提及信息的提供者,后者将在法院被以与其他证人相同的方式进行审查:

本款上述规定不适用于第 650 条第 5 款项下专家以宣誓方式进行审查的人员,但是,上款所规定的由法院对上述人员进行重新审查的情况除外。

第四款 对地方法院管辖范围内的案件,即使在专家工作期间,也必须由法院以宣誓的方式对上述人员进行审查。

(口头报告应形成书面材料)

第五款 以口头形式进行汇报的,应当由记录员或其替代者将所作的汇报形成书面材料。

(正式专家可在开庭期间向法院提出建议:1934 年第 30 号第 23 条增设了本条规定后、为 1971 年第 3 号法案第 21 条所代替、1990 年第 8 号法案第 3 条对之进行了修正)

第六百五十四条 在作为刑事审判法院的地方法院具有管辖权的案件中,法院应当要求专家在案件审理时出庭,以便在需要时,当着被告的面向法院提出建议。

(专家的进一步解释:1900 年第 11 号条例第 90 条增设了本条规定后、1975 年第 27 号第 40 条对之进行了修正)

第六百五十五条 当事各方、法院以及在刑事法院具有管辖权的案件中的陪审团,可以要求专家进一步对其汇报予以解释或者为进一步理解专家意见,要求专家对其认为有用的要点进一步予以解释。

(审理法官并不需要受专家所作结论的约束:1900 年第 11 号条例第 90 条增设了本条规定)

第六百五十六条 案件的判决者并不一定要遵循专家所作出的有关定罪的结论。

(适用于专家的某些规定:1900 年第 11 号条例第 90 条增设了本条规定)

第六百五十七条 第 452 条第 4 款及第 5 款的规定适用于专家。

标题二

坦 白

(被告的坦白)

第六百五十八条 被告不是基于酷刑或其他威胁或恐吓、许诺或暗示给予某种利益的方式、而是出于自愿的、以书面方式或口头方式所作的坦白,可以作为不利于坦白者的证据。

(出示书面坦白材料)

第六百五十九条　第一款　以书面形式进行坦白的,应当出示该书面材料;在证实书面材料被破坏或丢失的情况下,应当允许以代替书面材料的口头证据证明坦白事实的存在。

第二款　本条中的任何规定都不得妨碍将在此前或此后以口头形式进行的坦白作为证据而予以接收。

(被告取得所宣读或给予的证据中的书面或口头陈述的权利)

第六百六十条　当只有书面陈述或口头陈述的一部分被宣读或被作为不利于被告的证据时,被告有权坚持要求宣读全部的书面陈述或口头陈述,或将全部的书面陈述或口头陈述作为证据;但应当使人相信只有这种书面陈述或口头陈述值得被宣读或作为证据。

(无损于第三方的坦白)

第六百六十一条　坦白不应当被作为除进行相同坦白的坦白者外的不利于其他人的证据,也不应当损害其他人的利益。

标题三
裁决及执行

("裁决"的定义:为1857年第9号条例第18条、1934年第30号法案第24条、1967年第25号法案第27条、2002年第3号法案第153条所修正)

第六百六十二条　第一款　"裁决"包括陪审团对事实所作的裁决、法院对被告所作的无罪判决、有罪判决、量刑判决、根据本法典规定所作的讯问及调查笔录(而非与"人身证据"有关的为调查而进行的讯问),以及在通常情况下法院所作的决议及其他确定的裁定。

(原因)

第二款　导致法院作出裁决的原因应当先于对法律争端作出裁决的刑事上诉法院及刑事法院的裁决而存在:

对刑事上诉法院而言,如果上诉人被关押且上诉应当被采纳、上诉人应当被释放的,即使相关人员均缺席,法院也可以立即宣布其所作出的有关释放上诉人的裁决,并在其后的某一日给出上述裁决的理由。

(公开宣布裁决:为1857年第9号条例第19条、1913年第12号条例第

27条、1934年第30号法案第25条、1990年第8号法案第3条、2002年第3号第154条所修正)

第六百六十三条 **第一款** 法官或地方法官应当在公开法庭宣布法院所作的每一个裁决:许可或拒绝予以保释的裁决可不予公开。

(陪审团就有关事实作出裁决时适用第474条及第478条的规定)

第二款 对陪审团所作的有罪判决,应当适用第474条及第478条的规定。

(刑事法院的裁决记录)

第三款 记录员应当对刑事法院的每一个裁决进行记录,这些记录将构成裁决的可靠证据。

(对原因的记录)

第四款 应当对上条第2款中的原因与裁决一起进行记录。

(地方法院的裁决、对特殊记录的总结、相同的缓刑力、总结的内容)

第五款 对于由开庭的地方法官以书面形式形成的地方法院的裁决,应当保持其原样,并对之适用第518条的规定。应当对每一案例中的裁决总结进行特定的记录,这些总结将以与证明文件相同的方式构成上述裁决的可靠证据。这些总结应当指出作出裁决的法院、当事各方的名称、裁决日期、第382条中所规定的细节以及在有决议的情况下所包括的裁定的实质内容。

(不公开宣布裁决)

*第六百六十四条 只有在第409条及第531条所规定的情况下,可不公开地对裁决予以宣布:

(例外)

第531条中的裁定、第620条中的裁决、有罪判决、无罪判决、对被告的定罪与量刑以及关于是否有足够的证据对被告进行审讯的裁决,都应当以公开的方式进行宣布。

(裁决的执行:为1914年第12号条例第15条、1934年第30号法案第26条、1951年第4号法案第2条、1967年第25号法案第28条、1971年第21号法案第34条、1990年第29号法案第32条所修正)

第六百六十五条 根据第28条A及本法典中关于罚金(惩罚性罚金)缴付的规定,任何裁决一经宣布,都应当被立即执行。

---

* 参见公共秘密决议(第50章)第24条。

(刑事法院的裁决由法警执行:为1939年第1号法案第3条、1963年第4号法律通告、1966年第31号法案第2条、1967年第25号法案第29条、1990年第8号法案第3条所修正)

第六百六十六条　第一款　应当由法警或司法部长授权的其他人员执行刑事法院及刑事上诉法院的裁决。

第二款　在本条中,对地方法院或刑事法院的裁决提出上诉且依据第422条的规定,该上诉被宣布取消或无效或被中止的,应当认为该裁决为刑事上诉法院所作出的裁决。

标题四
与刑事诉讼有关的属于被告人或其他人的财物

(记录员应控制的财物:1967年第25号法案第30条对之进行修正后、为2002年第3号法案第155条所代替)

第六百六十七条　根据本标题的下列规定,任何与刑事诉讼有关的财物,都应当在包括上诉程序的所有程序结束之前由记录员进行控制。

(对财物的记录:为2002年第3号法案第155条所代替)

第六百六十八条　第一款　法院应当将与刑事诉讼有关的财物交给记录员,根据本标题的下列规定,除法院要求对之进行审查的以外,由记录员对这些财物进行保管。

第二款　司法部长可对与刑事诉讼有关的财物的记录、保存及移动的记录方法制定相应的条例。

(财物的保管:为2002年第3号法案第155条所代替)

第六百六十九条　第一款　记录员应当保证转交给其的财物被合理分类、贮存、维护,并被保存在由其所决定的安全的地方。

第二款　在本条中,记录员在征得司法部长同意后,可指派他人以其名义、在司法部长认为合适的条件下对财物进行控制或分类,这些人的名称应当在公报上予以公布。

(归还财物时应作笔录:为2002年第3号法案第155条所代替)

第六百七十条　第一款　对将要由记录员转交给他人的财物、被破坏的财物,或者根据本标题规定予以处理的财物的转让、破坏、处理,必须进行笔录,该笔录应当包括地方法官或记录员认为应当予以记录的被转让财物的详细说明、数量、质量、照片、视频记录或电脑图像。

第二款 记录员应当在笔录上签名,需要在提取人身证据的程序中或审查过程中对上述财物进行转让、破坏或处理的,也应当由地方法官签名。在尚未结束的刑事诉讼中,只有在受让者以书面形式保证在法院裁定需要时再次出示已被转让的财物的情况下,才能将财物转让给他人。

第三款 尽管本法典及其他法律有其他规定,依据本条规定而作的包括照片、视频记录及电脑图像在内的笔录,应当如同笔录中所描述的财物一样,在刑事诉讼中被作为证据而予以采纳。

第四款 本标题的规定也同样适用于本法典第二篇第二部分标题二项下的诉讼中所展示的财物,即使在这一期间,相关的笔录是由检察长作出的。

第五款 本条规定也同样适用于根据第 671 条、第 672 条及第 673 条的规定而予以处理的财物。

(被禁止的财物:为 2002 年第 3 号法案第 155 条所代替)

第六百七十一条 **第一款** 除第 2 款的规定外,海关审计员确认记录员所保管的财物属于不能被进口至马耳他的产品的,记录员应当向相关的刑事法院提出申请,要求对上述财物进行处理。法院认为现存在于马耳他境内的相关财物违反了法律规定的,应当批准该申请。

第二款 第 1 款中由海关审计员所确认的财物在尚未终结的刑事诉讼中已被作为证据予以出示的,可根据被告、检察长、及海关审计员的意见,将记录员的申请送达被告,除非认为上述财物在诉讼中不能作为证据或不再被需要作为证据,否则,法院不得批准上述申请。

第三款 法院裁定依据本条规定对上述财物予以处理的,如果司法部长作出在特殊情况下可以以裁定所明确规定的方法之外的其他方法对财物进行处理的裁定的,记录员应当以破坏的方式进行处理。

(在某些程序中展示的财物:为 2002 年第 3 号法案第 155 条所代替)
(第 37 章、第 233 章)

第六百七十二条 尽管本法典及其他法律有规定,因违反海关条例或外汇管理法案的犯罪而被在法庭上展示过的、因本法典或其他法律的规定被政府予以没收的财物,应当转交给海关审计员。其他情况下,除因相关的民事法院执行最终判决外,如果海关审计员反对对其进行转交的,上述被展示的财物不应当被转交。

(处理与刑事诉讼有关的财物:为 2002 年第 3 号法案第 155 条所代替)

第六百七十三条 **第一款** 尽管存在本标题的前述规定,根据第 671

条的规定,法院应当依照检察长在诉讼中提出的申请或在犯罪的发起者缺席或未知的情况下,在任何程序开始之前,裁定由记录员对与刑事诉讼或犯罪有关的财物进行处理,而无论这些财物是否被没收:

（a）根据财物的性质、数量及尺寸,考虑保存这些财物所需的空间；

（b）财物容易腐烂、贬值或维护费用高于其价值的；

（c）因其他原因,保管上述财物不现实或不方便的；

（d）因被告缺席,在自上述财物被带到法院之日起的 2 年之内审理不能终结的；

（e）法院认为适当的其他情况。

第二款 在由记录员提出第 1 款中的裁定申请及该款所规定的其他情况下,应当将申请送达检察长、并要求其在法院所规定的不少于 2 个工作日的时间内予以答复的,在检察长对该申请提出了反对的情况下,法院不得批准该申请。

第三款 第 1 款及第 2 款的规定也适用于扣押令所查封的财物。

第四款 法院根据本条规定对申请予以批准的,其裁定应当送达由记录员所确认的、与财物有利害关系的、其住址为法院所知的所有人员,除依检察长的要求外,不得对法院的裁定进行废除或修正。

第五款 财物被变卖的,其收益由法院保管,并在诉讼终结时以与原财物相同的方式被加以处置。

第六款 财物未被出售的,可由记录员在认为对其补偿与该财物的所有人对财物进行处理时所得到的款项相当的情况下予以处理。

（在诉讼中归还财物：为 2002 年第 3 号法案第 155 条所代替）

第六百七十四条 第一款 尽管存在本标题的前述规定,根据第 671 条的规定,法院仍可在刑事诉讼中裁定将在法庭上进行展示的财物转交给其原所有人。

第二款 法院可依其自身的决议或要求该财物者的申请,作出第 1 款中的裁定。法院依自身决议作出上述裁定的,应当公布其以决议形式通过该裁定的意图。上述决议或由要求财产者根据本款规定所提出的申请应当送达检察长及警察长,并根据具体情况,送达被告,另外,应当允许上述被送达者在 5 个工作日内提出答复意见。

第三款 根据第四款的规定,财物属于被告所有且与犯罪的收益无关的,在听取了检察长及警察长的意见后,法院应当根据情况,将财物返还给被告、由被告所指定的以被告的名义接收财物者或被告的法定代理人。

第四款 尽管有第 3 款的规定,法院也可以作出不向被告返还财物的裁定——

（a）财物的价值可观、而被告很穷或被怀疑使用了不正当手段的；或

（b）被告因使用虚假手段意图侵占他人财物、盗窃或实施有关财产的其他犯罪而被审理的:

在被告提供了充分担保的情况下,不适用本款规定。

（诉讼终结时处理财物：为 2002 年第 3 号法案第 155 条所代替）

第六百七十五条 第一款 除第 671 条的规定及本条下列各款的规定外,法院在刑事诉讼终结时未就如何对诉讼期间被展示过的物品进行处理作出规定的,应当由记录员对所有被展示的物品予以保存。

第二款 作为刑事调查法院的地方法院依照第 401 条第 2 款释放了被告且对如何处理在法院展示过的财物作出裁定的,这些裁决不应当在第 433 条第 3 款所规定的 1 个月终结前生效,检察长在上述期限内对被告签发逮捕令的,上述裁定应当一直不予生效。

第三款 作为刑事调查法院的地方法院释放被告、但没有对如何处理在诉讼中展示过的财物作出裁定、且检察长未对被告签发逮捕令的,应当由记录员对上述财物予以保存。在释放之日起 1 年内没有发生第 434 条所规定的新的诉讼、且财物未按照本标题的规定被转交的,如果记录员知道该财物的所有人,可向法院提出将财物返还给其所有人的申请,不知道财物所有人的,则应当宣布由马耳他政府对该财物予以没收。

第四款 刑事审判法院的终局判决未对在诉讼中进行过展示的财物的处理作出规定、且在判决之日起的 1 个月内,没有人提出对该该财物进行转交的要求的,法院除按照第 18 条的规定、本法典的其他规定、以及其他法律的规定对财物予以没收外,应当依照记录员的申请,根据第五款的规定,作出将该财物转交给马耳他政府的裁定。

第五款 在上述财物被没收前不久成为该财物的法定所有人或法定继承人的,在该财物已经被变卖的情况下,享有对该被没收财物要求赔偿的权利,但赔偿数额不应当超过政府变卖财物的所得,且申请人应当在第 2 款所规定的裁定作出之日起的 6 个月内向相关部门提出赔偿申请。

（没收财物：为 2002 年第 3 号法案第 155 条所代替）

第六百七十六条 根据本法典规定而被政府没收的财物,除非已经在刑事诉讼中被展示且不得在终局判决前被处理,或事前已经得到警察长或检察长的同意,否则,可由记录员予以即时处理。

（法院在其终局判决中裁定归还财物：为 2002 年第 3 号法案第 155 条所代替）

第六百七十七条　第一款　应当由记录员对法院判决中所裁定的被返还财物保留 6 个月，在此期限内，被返还财物者或其继承人有权向记录员提出认领上述财物的要求。在上述期限内，记录员有义务查证并通知法院裁定中的被返还财产者。

第二款　被返还财物者或其法定继承人在第 1 款所规定的期限内，主动放弃认领财物，或经法院裁定通知后放弃认领的，或记录员在上述期限内未能查明被返还财物者或其法定继承人，也无人如上所述主动要求认领财物的，应当由政府对该财物予以没收。

第三款　在财物所有人为共同所有人的情况下，记录员将财物交给其中任何一个所有人的，应当被视为依法履行了其义务。

第四款　记录员应当通过申请，向作出判决的法院提交有关财物所有权的纠纷。申请书应当送达给有关各方，并允许其在 5 个工作日内进行答复，上述期限终止后，法院应当作出对该申请进行审理的决定，有关各方则应当在审理终结后对财物的处理作出决定。不得对法院的裁定进行上诉。

第五款　被返还财物者或其法定继承人在第 1 款所规定的期限内要求认领财物的，在无法律障碍的情况下，记录员应当无偿地返还财物。

第六款　财物已经被依据本条规定而予以没收且在公开进行广告后被拍卖的，自财物被处理之后的两年内，法院裁定中所规定的被返还财物者或其法定继承人有权要求记录员返还扣除成本与费用后的、拍卖所得的收益。

（所有人未知，法院在其终局判决中裁定归还财物：为 2002 年第 3 号法案第 155 条所代替）

第六百七十八条　第一款　法院在其终局判决中裁定对财物予以返还、但未指明被返还者的名称、且不知道其身份的，由记录员对财物保存 6 个月，在此期间内，任何宣称对该财物享有法定所有权者都可以要求认领。

第二款　财物所有权人在第 1 款所规定的期限内未要求认领的或在上述期限内所提出的要求被法院驳回的，应当由政府对该财物予以没收。

第三款　应当通过向法院提交申请书的方式要求对所展示的财物进行第 1 款中的认领，该申请也应当送达给记录员、警察长及检察长，根据情况，上述人员应当在 10 个工作日内予以答复。在上述答复期限终止后，法院应当对申请作出裁定，任何人不得就该裁定提起上诉。

第四款　法院对申请予以批准的，应当将财物无偿地转交给申请人。

(在处理没收的财物时应遵守的规则、法院在其终局判决中裁定归还财物:1967 年第 25 号法案第 31 条进行修正后、为 2002 年第 3 号法案第 155 条所代替)

第六百七十九条 在对政府根据本法典规定予以没收的财物进行处理时,记录员应当遵守下列规则:

(a)对于无价值或价值极低的财物,可自行予以处理并保留处理记录;

(b)应当委托司法部长所指定的相关部门对武器、弹药、爆炸物或其他危险物品进行处理;

(c)在日报上至少进行了 3 次广告后,拍卖其他具有价值的财物,所得钱款上交政府。

(审理终结时向被告归还财物:为 1967 年第 25 号第 32 条所修正)

第六百八十条 为 2002 年第 3 号法案第 155 条所废除。

(被告缺席或犯罪人未知时所有人取得财物:为 1856 年第 4 号条例第 53 条所修正)

第六百八十一条 为 2002 年第 3 号法案第 155 条所废除。

(所有人取得财物的程序:为 1990 年第 29 号法案第 33 条所修正)

第六百八十二条 为 2002 年第 3 号法案第 155 条所废除。

(对与刑事诉讼有关的财物所进行的拍卖:1971 年第 21 号法案第 35 条增设了本条规定后、为 1974 年第 58 号法案第 68 条所修正)

第六百八十三条 为 2002 年第 3 号法案第 155 条所废除。

(对未提出权利要求的所有人的财物的拍卖:1990 年第 29 号法案第 34 条增设了本条规定)

第六百八十三条 A 为 2002 年第 3 号法案第 155 条所废除。

(法院的裁定对出卖、公布及取得的影响)

第六百八十四条 为 2002 年第 3 号法案第 155 条所废除。

(宣布出卖的收益归政府所有:为 1975 年第 27 号法案第 39 条所修正)

第六百八十五条 为 2002 年第 3 号法案第 155 条所废除。

标题五
与法院有关的方面

(与法院有关的组织与民事诉讼法典的有关规定的适用:为 1900 年第 11 号条例第 91 条所修正)(第 12 章)

第六百八十六条 组织与民事诉讼法典中有关法院方面的规定,适用于刑事审判法院。

标题六
时　效

(不受时效妨碍的判决:为 1900 年第 11 号条例第 92 条、2002 年第 3 号第 156 条所修正)

第六百八十七条　第一款　即使时效已经经过,但所判处的刑罚不应因此而停止。

第二款　所有刑事犯罪的时效期限应当从起诉书送达被告之时起中止、直至作为上述起诉终结的终局的、明确的判决下达时为止。

(妨碍刑事诉讼的时效:为 1900 年第 11 号条例第 92 条、1909 年第 8 号条例第 62 条、1971 年第 21 号法案第 36 条、1981 年第 49 号法案第 4 条所修正)

第六百八十八条　除非法律有其他规定,否则,应当停止进行刑事诉讼——

(a) 犯应被判处不低于 20 年监禁而经过 20 年的;

(b) 犯应被判处 9 年以上 20 年以下监禁而经过 15 年的;

(c) 犯应被判处 4 年以上 9 年以下监禁而经过 10 年的;

(d) 犯应被判处 1 年以上 4 年以下监禁而经过 5 年的;

(e) 犯应被判处 1 年以下监禁、罚金(惩罚性罚金)或轻罪之刑罚而经过 2 年的;

(f) 犯轻罪、应被判处轻罪之刑罚的口头侮辱而经过 3 个月的。

(计算时效时不应对减刑情节及前罪加以考虑:为 1900 年第 11 号法案第 92 条所修正)

第六百八十九条　确定时效时,不应当考虑包括宽宥或其他依法应当降低刑罚的特殊情节在内的、对犯罪通常所应判处的刑罚;因先前犯罪而增加刑罚的情节也不应当被考虑在内。

(根据日历计算时间:为 1900 年第 11 号法案第 92 条所修正)

第六百九十条　在折算时效期间时,应当依通常的日历计算月和年。

(时效的开始)

第六百九十一条　第一款　对既遂犯罪,其时效应当从犯罪完成之日起计算;对未遂犯罪而言,应当从最后一个行为完成之日起计算;对持续犯而言,应当从侵害的最后结果发生之日起计算;对连续犯而言,则应当从连续行为停止之日起计算。

（时效的中止）

第二款　除特殊授权外,刑事诉讼不能被提起或继续进行的,或在单独的诉讼争议终结后,时效期间应当中止,并从授权被许可或争议被解决之日起连续计算。

（犯罪人未知时不得开始计算时效期间:为1900年第11号法案第92条所修正）

第六百九十二条　在犯罪人未知的情况下,不应当开始起算犯罪的时效期间。

（时效的中断:为1900年第11号法案第92条所修正）

第六百九十三条　第一款　时效期间因向被告进行送达行为而中断。

第二款　时效期间也因逮捕令或无理由的传唤而中断,即使逮捕令或传唤因被告方潜逃或离开马耳他而没有发生作用。

第三款　时效期间被中断的,从中断之日起重新开始计算。

第四款　即使中断行为是因为某一个人而发生的,时效中断也应当适用于所有的犯罪参与者。

（依规定适用时效:为1900年第11号法案第92条所修正）

第六百九十四条　时效应当依规定而适用,被告无权放弃时效。

（1934年第30号法案第27条增设了本标题规定）

标题七
费　　用

（司法部长确定费用的权力:1934年第30号法案第27条增设了本条规定后、1963年第4号法律通告、1966年第31号法案第2条对之进行了修正）

第六百九十五条　第一款　司法部长有权对附属于本法典的明细表中的费用标准予以修正或提高,有权对代替上述明细表中所规定的费用的其他费用作出规定。

第二款　上述修正、增加或替代应当从公报公布之日起生效。

（1974年第8号法案第2条增设了本标题后、2002年第31号法案第

207 条对之进行了修正）

标题八
一 般 规 定

（说明：1974 年第 8 号法案第 2 条增设了本标题）

第六百九十六条　本法典中的"工作日"不包括星期六。

（规则：2002 年第 31 号法案第 208 条增设了本条）

第六百九十七条　司法部长可以规定本法典的实施规则，以使本法典的规定得到执行。

(1900年第11号条例第93条增设了本明细表的规定后、1941年第124号政府公告、1983年第13号法案第4条对之进行了修正)

明 细 表

明 细 表 A

[第380条第6款、第429条第4款及第695条]

自诉案件中应支付给执行警察的费用

	马磅	分	米尔
1. 每次为被告送达传唤……	0	5	0
2. 每次通知原告……	0	5	0
3. 每次为证人送达传票……	0	5	0
4. 每次送达完税的费用账单……	0	8	8
5. 每次通知案件审理……	0	5	0
对上述费用应附加下列交通费：			
被送达者的住所与送达的警察分局在同一地方的……	0	3	7
在其他地方、但在该分局的管辖范围之内的……	0	7	5
在该分局的管辖范围之外、或在马耳他具有司法管辖权的地域内的海上的 ……	0	15	0

(1900年第11号条例第93条增设了本明细表的规定后、1941年第248号政府公告、1983年第13号法案第4条对之进行了修正)

明 细 表 B

[第380条第6款、第429条第4款及第695条]

自诉案件中应支付给记录处的费用

		马磅	分	米尔
1.	每份决议或判决……	0	25	0
2.	提交申请书或记录……	0	10	0
3.	复印件,每百字或一部分……	0	3	3
4.	每出具一份完税的费用账单……	0	2	5

*刑事法院在诉讼中征收的下列费用

		马磅	分	米尔
1.	每份裁决……	0	21	2
2.	决议复印件,每百字一页的……	0	2	9
3.	征收费用时,每页的账簿费用……	0	1	7
4.	每份诉状或记录……	0	5	0
5.	每份马耳他武装部队法案第174条所规定的证明……	0	15	0

***注释**:第1条及第2条中的费用依据1825年10月11日公告21中表12的规定进行征收;第3条在的费用依据上述公告中表13的第13条进行征收;第3条中所规定的费用比照明细表B中的条款(条款2)征收。

(1921年第16号条例第10条增设了本明细表规定后、1983年第13号法案第4条、1990年第8号法案第3条对之进行了修正)

明细表 C

[第411条及第695条]

应支付给在作为刑事审判法院的地方法院执业的律师的费用

	马磅	分	米尔
1. 警察起草对某人提起刑事诉讼的起诉书……	0	20	0
2. 提交起诉书……	0	20	0
3. 专业援助:			
对作为刑事审判法院的地方法院的案件,每次开庭……	0250 至 0750		
刑事审查,每次开庭……	0250 至 0600		

注释:参加与指控有关的任何开庭的,上述费用应当增加25分。

4. 差旅费应当单独缴纳。

CHAPTER 9
CRIMINAL CODE

To amend and consolidate the Penal
Laws and the Laws of Criminal
Procedure.
10th June, 1854

ORDER-IN-COUNCIL of the 30th of January, 1854, as amended by Ordinances: IV of 1856, VIII and IX of 1857, X of 1858, IX of 1859, V of 1868, VI of 1871, IV of 1874, III of 1877, I of 1879, III and VII of 1880, IV of 1882, III of 1885, II of 1886, IV and XVI of 1888, XIV of 1889, II of 1892, VIII of 1893, IV of 1894, III and X of 1896, IV of 1897; the Malta (Use of English Language in legal proceedings) Order-in-Council, 1899; Ordinances: III, VI, XI and XIII of 1899, XI, XII and XVI of 1900, VI and XVI of 1901, I of 1903, I and XII of 1904, XI of 1905, VIII of 1909, IV of 1910, IX of 1911, XII of 1913, II, VI and XII of 1914, IV of 1916, XIII and XIV of 1918; the Malta Constitution Letters Patent, 1921; Ordinance XVI of 1921; Acts: XII of 1922, I of 1924, XXVI of 1927, XVI of 1929; Ordinances: VI and VIII of 1930, XIII and XXVI of 1931, XVI of 1932, VI of 1933; Acts: XXVIII, XXXV and XLI of 1933; Ordinances: XXII, XXX and XXXVII of 1934, IX and XIII of 1935, XIV and XX of 1936, III and XV of 1937, I, XXIV, XXVII and XXXV of 1938, I and VI of 1939, XXIX of 1940; Government Notices Nos. 124 and 248 of 1941. Incorporating also Article 3 of Ordinance II of 1867, Ordinance IV of 1872, Article 30 of Ordinance VI of 1880 and Ordinance XXXVII of 1934.

This Code was subsequently amended by Ordinances: VIII, XII and XXI of 1944, XXIV of 1946, VI of 1947; Acts: X of 1949, IX of 1950, IV of 1951, V of 1956, XII of 1957; Emergency Ordinance XX of 1959; Ordinances: XV of 1959, X of 1960, XXV of 1962; Legal Notice 4 of 1963; Acts: XVI and XXIII of

1963, XIII of 1964, XIX and XXXII of 1965; Legal Notice 46 of 1965; Acts: XXXI and XLIII of 1966, II, XXV and XXXI of 1967, XXVII of 1970, III and XXI of 1971, XXXIII of 1972, II, III, XI, XV, XXXVIII and XLVI of 1973, IV, VIII, XXXV and LVIII of 1974, XXIV, XXVII and XXXVII of 1975, III, XIV, XVIII, XIX and XXII of 1976, XI of 1977, XIII and XVIII of 1980, XLIX and LIII of 1981, IX of 1982, XIII and XIV of 1983, I of 1984, XXXII of 1986, XIII of 1987, XXII of 1988, XXIX of 1989, VIII and XXIX of 1990, XII of 1991, XIX of 1992, XXI of 1993, IV and XXIV of 1994, XXIV of 1995, XVI and XVII of 1996, XXXII of 1997, II and X of 1998, VII of 1999, X of 2000, III and VI of 2001, III, XIII, XXIV and XXXI of 2002, and IX of 2003.

ARRANGEMENT OF CODE

	Articles
Title	1
Preliminary Provisions	2—6

BOOK FIRST
PENAL LAWS

PART I
OF PUNISHMENTS AND GENERAL RULES FOR THEIR APPLICATION, OF THE WILL AND AGE OF THE OFFENDER, OF ATTEMPTED OFFENCE, OF ACCOMPLICES AND OF RECIDIVISTS

Title I	Of Punishments and General Rules for their application	7—32
Sub-title I	Of Punishments to which Offences are subject	7-15
Sub-title II	General Provisions respecting the Infliction and Execution of Punishments	16—30
Sub-title III	Of the Ascent and Descent from one Punishment to another	31—32
Title II	Of the Will and Age of the Offender	33—40
Title III	Of Attempted Offence	41
Title IV	Of Accomplices	42—48
Title V	Of Recidivists	49—54

ARRANGEMENT OF CODE

PART II
OF CRIMES AND PUNISHMENTS

Title I		Of Genocide, Crimes against Humanity and War Crimes	54A—54I
Title I Bis		Of Crimes against the Safety of the Government	55—62
Title II		Of Crimes against the Public Peace	63—83
Title III		Of Crimes against the Administration of Justice and other Public Administrations	84—162
	Sub-title I	Of the Usurpation of Public Authority and of the Powers thereof	84—90
		§ Of the Usurpation of Functions	84
		§ Of the Unlawful Assumption by Private Persons of Powers belonging to Public Authority	85—90
	Sub-title II	Of Outrage and Violence against Public Officers	91—99
	Sub-title III	Of Calumnious Accusations, of Perjury and of False swearing	100—111
	Sub-title IV	Of Abuse of Public Authority	112—141
		§ Of Unlawful Exaction, of Extortion and of Bribery	112—121
		§ Of Abuses committed by Advocates and Legal Procurators	122—123
		§ Of Malversation by Public Officers and Servants	124—127
		§ Of Abuses relating to Prisons	128—130
		§ Of the Refusal of a Service lawfully due	131—132
		§ Of Abuse of Authority, and of Breach of Duties pertaining to a Public Office	133—140

	§ General Provision applicable to this Sub-title	141
Sub-title V	Of the Violation of Public Archives, Public Offices, Public Places of Confinement, and Public Monuments	142—162
	§ Of the Breaking of Seals, and of the Purloining of Documents or Deposits from the Public Archives or other Public Offices	142—150
	§ Of the Violation of Public Places of Confinement, of the Escape of Persons in Custody or Suspected or Sentenced, and of the Harbouring of Offenders	151—160
	§ Of the Violation of Public Monuments	161—162
Title IV	Of Crimes against the Religious Sentiment	163—165
Title V	Of Crimes affecting Public Trust	166—190
Sub-title I	Of Forgery of Papers, Stamps and Seals	166—178
Sub-title II	Of Forgery of other Public or Private Writings	179—188
	§ General Provisions applicable to this Title	189—190
Title VI	Of Crimes against Public Trade	191—195
	§ Of Bankruptcy Offences	191—195
Title VII	Of Crimes affecting the Good Order of Families	196—210
Sub-title I	Of Crimes relating to the Reciprocal Duties of the Members of a Family	196—197
Sub-title II	Of Crimes against the Peace and Honour of Families and against Morals	198—209
Sub-title III	Of Crimes tending to Prevent or Destroy the Proof of the Status of a Child	210
Title VIII	Of Crimes against the Person	211—260
Sub-title I	Of' Wilful Homicide	211—213
Sub-title II	Of Wilful Offences against the Person	214—222A
Sub-title III	Of Justifiable Homicide or Bodily Harm	223—224

Sub-title IV	Of Involuntary Homicide or Bodily Harm	225—226A
Sub-title V	Of Excuses for the Crimes referred to in the foregoing Sub-titles of this Title	227—238
Sub-title VI	Of the Concealment of Homicide or Bodily Harm, and of the Concealment of Dead Bodies	239—240
Sub-title VII	Of Abortion, and of the Administering or Supplying of Substances Poisonous or Injurious to Health	241—244
Sub-title VIII	Of Infanticide and of the Abandonment and Exposure of Children	245—248
Sub-title IX	Of Threats and of Private Violence	249—251
Sub-title X	Of Defamation, and of the Disclosing of Secret Matters	252—260
Title IX	Of Crimes against Property and Public Safety	261—337
Sub-title I	Of Theft	261—289
	§ Of Aggravated Theft	261—283
	§ Of Simple Theft	284—288
	General Provision applicable to this Sub-title	289
Sub-title II	Of other Offences relating to Unlawful Acquisition and Possession of Property	290—292
Sub-title III	Of Fraud	293—310
Sub-title IV	Of Crimes against Public Safety, and of Injury to Property	311—328
	General Provisions applicable to this Title	329—337

PART III
OF CONTRAVENTIONS AND PUNISHMENTS

Title I	Of Contraventions	338—340
Sub-title I	Of Contraventions affecting Public Order	338
Sub-title II	Of Contraventions against the Person	339
Sub-title III	*Of Contraventions against Property*	340

Title II	Of the Punishments for Contraventions	341—344
	General Provision	345

BOOK SECOND
LAWS OF CRIMINAL PROCEDURE

PART I
OF THE AUTHORITIES TO WHICH THE ADMINISTRATION OF CRIMINAL JUSTICE IS ENTRUSTED

		Articles
Title I	Of the Powers and Duties of the Executive Police in respect of Criminal Prosecutions	346—366
Title II	Of the Court of Magistrates	367—429
Sub-title I	Of the Court of Magistrates as Court of Criminal Judicature	370—388
Sub-title II	Of the Court of Magistrates as Court of Criminal Inquiry	389—409
	General Provisions applicable to the Court of Magistrates, whether as Court of Criminal Judicature or as Court of Criminal Inquiry	410—412
Sub-title III	Of Appeals from Judgments of the Court of Magistrates as Court of Criminal Judicature	413—429
Title III	Of the Attorney General	430—435
Title IV	Of the Criminal Court	436—496
Title V	Of the Court of Criminal Appeal	497—515
	Provisions applicable to the Courts of Criminal Justice	516—534

ARRANGEMENT OF CODE

PART II
OF MATTERS RELATING TO CERTAIN MODES OF PROCEDURE AND TO CERTAIN TRIALS

Title I	Of Reports, Informations and Complaints	535—545
Title II	Of Inquiries relating to the "In genere", Inquests and "Reperti"	546—569
Title III	Of Counsel for the Accused	570—573
Title IV	Of Bail	574—587
Title V	Of the Indictment	588—602
Title VI	Of Jurors	603—619
Title VII	Allegation of Insanity and other Collateral Issues before the Criminal Court	620—628

PART III
OF MATTERS APPLICABLE TO ALL CRIMINAL TRIALS

Title I	Of Witnesses and Experts	629—657
Sub-title I	Of Witnesses	629—649
Sub-title II	Of Experts	650—657
Title II	Of Confessions	658—661
Title III	Of Decisions and their Execution	662—666
Title IV	Of Property belonging to the Person Charged or Accused or to other Persons and connected with Criminal Proceedings	667—685
Title V	Of the Respect due to the Court	686
Title VI	Of Prescription	687—694
Title VII	Of Fees	695
Title VIII	General Provisions	696

SCHEDULES

Schedule A — Fees payable to the Executive Police in Cases instituted on the Complaint of the Injured Party.

Schedule B — Fees payable in the Registry in Cases instituted on the Complaint of the Injured Party.

Schedule C — Fees payable to Legal Practitioners before the Court of Magistrates — Criminal Jurisdiction.

Title.

1. The title of this Code is Criminal Code.

PRELIMINARY PROVISIONS

Classification of offences.
Amended by:
XI. 1900.1.

2. Offences are divided into crimes and contraventions.

Actions arising from an offence.
Amended by:
VI. 1871.1.

3. (1) Every offence gives rise to a criminal action and a civil action.

(2) The criminal action is prosecuted before the courts of criminal jurisdiction, and the punishment of the offender is thereby demanded.

(3) The civil action is prosecuted before the courts of civil jurisdiction, and compensation for the damage caused by the offence is thereby demanded.

Nature of criminal action.
Amended by:
L. N. 46 of 1965;
LVIII. 1974. 68;
XXVII. 1975. 2;
III. 2002. 2.

4. (1) The criminal action is essentially a public action and is vested in the State and is prosecuted in the name of the Republic of Malta, through the Executive Police or the Attorney General, as the case may be, according to law.

(2) A criminal action is prosecuted *ex officio* in all cases where the complaint of the private party is not requisite to set the action in motion or where the law does not expressly leave the prosecution of the action to a private party.

Prosecution.
Persons subject to prosecution.
Amended by:
VI. 1899.1;
XI. 1899.107;
I. 1903.1;
XXXI. 1966.2;
XXXIII. 1972.2;
XI. 1973.377;
XXIV. 1975.2;
XXIX. 1990.2;
XVII. 1996.19;
III. 2002.3;
XIII. 2002.10;
XXIV. 2002.13.

5. (1) Saving any other special provision of this Code or of any other law conferring jurisdiction upon the courts in Malta to try offences, a criminal action may be prosecuted in Malta —

(a) against any person who commits an offence in Malta, or on the sea in any place within the territorial jurisdiction of Malta;

(b) against any person who commits an offence on the sea beyond such limits on board any ship or vessel belonging to Malta;

(c) against any person who commits an offence on board any aircraft while it is within the air space of Malta or on board any aircraft belonging to Malta wherever it may be;

For the purposes of this paragraph the expression "air space" means the air space above the land areas and territorial waters of Malta;

(d) without prejudice to the preceding paragraphs of this subarticle, against any citizen of Malta or permanent resident in Malta who in any place or on board any ship or vessel or on board any aircraft wherever it may be shall have become guilty of the offences mentioned in article 54A or of an offence against the safety of the Government or of the offences mentioned in articles 133, 139A, or of the offences mentioned in articles 311 to 318 and in article 320 when these are committed or are directed against or on a state or government facility, an infrastructure facility, a public place or a place accessible to the public, a public transportation system, or of forgery of any of the Government debentures referred to in article 166 or of any of the documents referred to in article 167, or of the offence mentioned in article 196, or of any other offence against the person of a citizen of Malta or of any permanent resident in Malta;

For the purposes of this paragraph:

"permanent resident" means a person in favour of whom a permit of residence has been issued in accordance with the provisions contained in article 7 of the Immigration Act;

"offence against the person" includes the offences mentioned in articles 86 to 90 and in articles 198 to 205;

the expressions "state or government facility", "infrastructure facility" and "public transportation system" shall have the same meaning assigned to them respectively by article 314A(4);

(e) against any person who being in Malta —

(i) shall have become guilty of any offence under article 87(2) or articles 198, 199, 211, 214 to 218, 220, 249 to 251, 311, 312, 314A, 314B, 316 or 317 when committed or directed on or against the person of a protected person or to the prejudice or injury of such person or likely to endanger the life or to cause serious injury to the property, life or health of such a person, or in connection with an attack on any relevant premises or on any vehicle ordinarily used by a protected person or when a protected person is on or in the premises or vehicle; or

(ii) shall have committed any act which if committed in Malta would constitute an offence and such act involved the use of a bomb, grenade, rocket, automatic firearm, letter bomb or parcel bomb which endangered persons,

although the offences referred to in this paragraph shall have been committed outside Malta:

Provided that for the purposes of sub-paragraph (i) of this paragraph it shall be immaterial whether the offender knew that the person was a protected person;

(f) against any person who —

(i) commits any offence in premises or in a building outside Malta having diplomatic immunity due to the fact that it is being used as an embassy, a residence or for such other purpose connected with the diplomatic service of Malta; or

(ii) commits an offence in a place outside Malta when such person enjoys diplomatic immunity by virtue of such service;

(g) against any person who being in Malta, shall be a principal or an accomplice in any of the crimes referred to in article 87(2), or in articles 139A, 198, 199, 211, 214 to 218, 220, 249 to 251, 298, or in articles 311 to 318 or in article 320 when these are committed in the circumstances mentioned in paragrapg (d) or (e) of this subarticle, or in a crime which is committed by any act as is mentioned in paragraph (e)(ii) of this subarticle, or conspires with one or more persons for the purpose of committing any of the said crimes, although the crimes shall have been committed outside Malta;

(h) against any person in respect of whom an authority to proceed, or an order for his return, following a request by a country for his extradition from Malta, is not issued or made by the Minister responsible for justice on the ground that the said person is a Maltese citizen or that the offence for which his return was requested is subject to the death penalty in the country which made the request, even if there is no provision according to the laws of Malta other than the present provision in virtue of which the criminal action may be prosecuted in Malta against that person;

(i) against any person who commits an offence which, by express provision of law, constitutes an offence even when committed outside Malta:

Exception.

Provided that no criminal action shall be prosecuted against the President of Malta in respect of acts done in the exercise of the functions of his office.

(2) For the purposes of subarticle (1)(b) and (c), a ship or vessel or an aircraft shall be deemed to belong to Malta if it is registered in Malta or, if it is not registered anywhere, is owned wholly by persons habitually resident in Malta or by bodies corporate established under and subject to the laws of Malta and having their principal place of business in Malta.

(3) For the purposes of subarticle (1)(e):

PRELIMINARY PROVISIONS

"a protected person" means, in relation to an alleged offence, any of the following:

(a) a person who at the time of the alleged offence is a Head of State, a member of a body which performs the functions of Head of State under the constitution of the State, a Head of Government or a Minister for Foreign Affairs and is outside the territory of the State in which he holds office;

(b) a person who at the time of the alleged offence is a representative or an official of a State or an official or agent of an international organisation of an inter-governmental character, is entitled under international law to special protection from attack on his person, freedom or dignity and does not fall within the preceding paragraph;

(c) a person who at the time of the alleged offence is a member of the family of another person mentioned in either of the preceding paragraphs and —

(i) if the other person is mentioned in paragraph (a) above, is accompanying him,

(ii) if the other person is mentioned in paragraph (b) above, is a member of his household;

"relevant premises" means premises at which a protected person resides or is staying or which a protected person uses for the purpose of carrying out his functions as such a person; and

"vehicle" includes any means of conveyance;

and if in any proceedings a question arises as to whether a person is or was a protected person, a certificate issued by or under the authority of the Minister responsible for foreign affairs and stating any fact relating to the question shall be conclusive evidence of that fact.

6. The criminal action and the civil action are prosecuted independently of one another.

Criminal and civil actions are independent of each other.

BOOK FIRST
PENAL LAWS

PART I
OF PUNISHMENTS AND GENERAL RULES FOR THEIR APPLICATION, OF THE WILL AND AGE OF THE OFFENDER, OF ATTEMPTED OFFENCE, OF ACCOMPLICES AND OF RECIDIVISTS

Title I
OF PUNISHMENTS AND GENERAL RULES FOR THEIR APPLICATION

Sub-title I
OF PUNISHMENTS TO WHICH OFFENCES ARE SUBJECT

Punishments to which crimes and contraventions are subject.
Amended by:
II. 1886.1;
XVI. 1888.1;
XI. 1900.2;
IX. 1911.1;
XXI. 1971.2;
XLIX. 1981.4.

7. (1) Saving the exceptions laid down in the law, the punishments that may be awarded for crimes are —

(a) imprisonment;

(b) solitary confinement;

(c) interdiction;

BOOK FIRST   PENAL LAWS

(d) fine (*multa*).

(2) Subject to the provisions of article 53 or of any other special law, the punishments that may be awarded for contraventions are—

(a) detention;

(b) fine (*ammenda*);

(c) reprimand or admonition.

(3) The expression "punishments restrictive of personal liberty" includes the punishments of imprisonment and detention.

<small>Punishment restrictive of personal liberty.</small>

8. (1) Persons sentenced to imprisonment shall be confined in the prison or in that part of the prison appointed for persons sentenced to that punishment, and they shall be subject to the restrictions prescribed in the prison regulations lawfully made.

<small>Imprisonment.</small>

(2) The duration of the punishment of imprisonment is established by law in each particular case.

9. (1) The punishment of solitary confinement is carried into effect by keeping the person sentenced to imprisonment, during one or more terms in the course of any such punishment, continuously shut up in the appointed place within the prison, without permitting any other person, not employed on duty nor specially authorized by the Minister responsible for the prisons, to have access to him.

<small>Solitary confinement.
Amended by:
XLIX. 1981.4.;
III. 2002.4</small>

(2) No term of solitary confinement shall exceed ten continuous days.

<small>Duration of each term of solitary confinement.</small>

(3) More terms of solitary confinement may only be applied with an interval of two months between one term and another.

<small>Rules to be observed.</small>

(4) Nevertheless, solitary confinement may be applied during those intervals in case of any infringement of the prison regulations, or for any other offence committed during the said intervals, provided that the terms be of short duration

and that they shall not together exceed fifteen days in any one interval.

(5) Where the law prescribes the punishment of solitary confinement and does not specify the particular number of terms, it shall not be lawful to inflict more than twelve terms of solitary confinement.

(6) The punishment of solitary confinement is applied in the cases prescribed by law.

(7) Before awarding the punishment of solitary confinement the court shall satisfy itself, if necessary by medical evidence, which may include a medical examination of the person convicted, that the person convicted is fit to undergo the said punishment.

(8) Where, in the course of the execution of the punishment of solitary confinement, the medical officer of the prison certifies in writing that the prisoner is no longer fit to undergo such punishment, the execution of that punishment shall be suspended until such time as the prisoner is again certified to be medically fit to undergo such punishment.

Interdiction.
Amended by:
XI. 1900. 3;
VIII. 1909. 1;
VI. 1947. 3.
General interdiction.

Special interdiction.

Duration of interdiction.

10. (1) Interdiction is either general or special.

(2) General interdiction disqualifies the person sentenced for any public office or employment, generally.

(3) Special interdiction disqualifies the person sentenced from holding some particular public office or employment, or from the exercise of a particular profession, art, trade, or right, according to the law in each particular case.

(4) Either kind of interdiction may be for life or for a stated time.

(5) Temporary interdiction shall be for a time not exceeding five years, except where the law especially prescribes a longer time.

(6) Interdiction, whether for life or for a stated time, may, upon the application of the person sentenced to such

BOOK FIRST   PENAL LAWS

punishment and on good grounds being shown to the satisfaction of the court by which the sentence was awarded, be discontinued at any time by order of the said court.

Publication of sentence of interdiction.

(7) The court shall order a sentence awarding general or special interdiction or a decree ordering the discontinuance thereof to be published in the Gazette, but, in respect of a decree ordering discontinuance as aforesaid, at the expense of the person concerned.

Penalty for non-fulfilment of obligations.

(8) If any person sentenced to interdiction, shall infringe any of the obligations arising from that punishment, he shall, on conviction, be liable to imprisonment for a term not exceeding three months and to a fine (*multa*).

11. (1) Where it is not otherwise specifically provided, the maximum of a fine (*multa*) is five hundred liri and the minimum is ten liri.

Fine (*multa*).
Amended by:
XI. 1900. 4;
XII. 1914. 1;
XXII. 1934. 2;
XXVII. 1938. 2;
V. 1956. 2;
III. 1971. 2;
XXXIII. 1972. 3;
XXII. 1976. 4.

Substituted by:
XIII. 1980. 2.
Amended by:
XIII. 1983. 5;
III. 2002. 5.

(2) Where the maximum of a fine (*multa*) prescribed in this Code or in any other law is less than ten liri, the maximum shall be ten liri and the minimum shall be five liri.

(3) In default of payment of a fine (*multa*) within the period prescribed in article 14, such fine (*multa*) shall be converted into imprisonment at the rate of one day for every five liri:

Provided that in no case (save as provided in article 17 (g) and in article 29(1)) shall imprisonment in substitution of a fine (*multa*) exceed six months if the fine is not higher than two thousand liri, one year if the fine is not higher than ten thousand liri, eighteen months if the fine is not higher than thirty thousand liri and two years if it is higher than thirty thousand liri.

Detention.
Amended by:
IV. 1874. 1;
II. 1886. 2;
XVI. 1888. 2;
XXV. 1962. 3;
L. N. 4 of 1963;
L. N. 46 of 1965;
XXXI. 1966. 2.
Substituted by:
III. 2002. 6.

12. (1) Persons sentenced to detention shall be detained in the prison or in that part of the prison appointed for persons sentenced to that punishment.

(2) Where it is not otherwise specifically provided, no

term of detention shall exceed two months.

Fine (ammenda).
Amended by:
II. 1886.3;
XVI. 1888.3;
XI. 1900.5;
IX. 1911.2;
XII. 1914.2,3;
XXII. 1934.3;
V. 1956.3;
III. 1971.3;
XIII. 1980.3;
XIII. 1983.5.
Conversion of fine (*ammenda*) into detention.

13. (1) Where it is not otherwise specifically provided, the maximum of a fine (*ammenda*) is twenty-five liri and the minimum is three liri.

(2) In default of payment of a fine (*ammenda*) within the period prescribed in article 14, the fine (*ammenda*) shall be converted into detention at the rate of one day for every five liri or fraction thereof:

Provided that in no case (save as provided in article 29 (1), in article 17(g) and in article 53) shall detention in substitution for a fine (*ammenda*) exceed one month.

Time for payment of fine (*multa* or *ammenda*).
Added by:
XXII. 1934.4.
Amended by:
XIV. 1936.2;
VI. 1947.4;
V. 1956.4;
III. 2002.7.

14. (1) A person sentenced to a fine (*ammenda* or *multa*) shall pay the same forthwith. Nevertheless the court may, for a reason to be recorded, order that the person sentenced shall pay the fine to the registrar within such period as the court in passing sentence shall direct:

Provided that, in the case of a fine (*ammenda*) of twenty-five liri or less, the said period shall not be more than ten days, and, in the case of a fine (*ammenda*) of more than twenty-five liri, or in the case of a fine (*multa*), the said period shall not be more than one month;

Provided that in default of payment of the fine (*multa* or *ammenda*) within the time laid down by the court in its sentence or, failing a time-limit in the sentence, within the time of one week from the date of the sentence, the said fine shall be convertedforthwith into imprisonment or detention as provided in articles 11 and 13 as the case may be, and the police shall, by virtue of the authority conferred upon them by the sentence and by this proviso, arrest the person sentenced and shall escort him to the place designated according to law for the confinement of persons sentenced to a fine convertible into imprisonment or detention according to law;

Provided further that the court may, notwithstanding the

BOOK FIRST PENAL LAWS

Power of court to fix other period of detention or imprisonment.

provisions of articles 11 and 13, in passing sentence of a fine (*ammenda* or *multa*) determine any other period of detention or imprisonment which the offender shall undergo in default of payment thereof forthwith or within the prescribed time, as the case may be; but the period of detention or imprisonment so determined shall in no case exceed the period laid down in articles 11 and 13, respectively.

(2) The court may also in its discretion in passing sentence or at any time thereafter direct that any fine (*ammenda* or *multa*) to which any person is sentenced, may be paid by instalments in such amounts and in relation to such recurrent intervals as the court may deem fit, but so nevertheless that the period over which the whole amount shall be paid shall in no case exceed three years, and that in default of payment of any one such instalment the whole of the amount outstanding shall become and be immediately due and payable, and all the provisions of this Code applicable to a sentence of fine (*ammenda*) or of fine (*multa*) and to arrest and detention or imprisonment, as the case may be, in default of payment thereof, shall apply to the same accordingly.

Reprimand or admonition.
Repealed by:
II. 1886. 4.
and
re-enacted by:
XVI. 1888. 4.

15. (1) The reprimand or admonition shall be made in open court by the judge or magistrate who tried the offence.

(2) Whosoever shall receive the reprimand or admonition with overt acts of contempt or want of respect, shall be liable to detention or to a fine (*ammenda*).

Sub-title II
GENERAL PROVISIONS RESPECTING THE INFLICTION AND EXECUTION OF PUNISHMENTS

Reckoning of punishment.

16. Where the punishment is for a term of days, a day of punishment shall be reckoned at twenty-four hours; where the punishment is for a term of months, but not more than

Concurrent offences and punishments.
Amended by:
IX. 1859.1;
XI. 1900.6;
IX. 1911.3,4;
XII. 1914.4;
XXXIII. 1972.4;
XXXVIII. 1973.2;
XLIX. 1981.4,6;
XVI. 1996.6.

three months, each month shall be reckoned at thirty days; where the punishment is of longer duration, the months and years shall be reckoned according to the calendar.

17. In the case of concurrent offences and punishments, the following provisions shall apply:

(a) a person guilty of more than one crime liable to punishments restrictive of personal liberty, one of which is for life, shall be sentenced to this punishment with the addition of solitary confinement;

(b) a person guilty of more than one crime liable to temporary punishments restrictive of personal liberty, shall be sentenced to the punishment for the graver crime with an increase varying from one-third to one-half of the aggregate duration of the other punishments, provided the period to be awarded shall not exceed thirty-five years;

(c) a person guilty of more than one contravention shall be sentenced to the punishment established for each contravention:

Provided that if the accused is sentenced to detention, the aggregate duration of the punishment to be awarded shall in no case exceed the period of three months;

(d) a person guilty of one or more crimes and of one or more contraventions, shall only be sentenced to the punishment established for the crime or to the punishment to which the offender may be liable for the commission of more crimes according to the rules laid down in the preceding paragraphs, if the punishment to be inflicted for the crimes is not less than three months' imprisonment. Where the punishment to be inflicted for the crimes is less than three months' imprisonment, the punishment established for the contravention or the punishment to which the offender may be liable for the commission of more contraventions according to the rules laid down in the preceding paragraph, shall also be applied;

BOOK FIRST PENAL LAWS

(e) where the law prescribes the punishment of temporary interdiction, that which is of the longest duration shall be applied with an increase varying from one-third to one-half of the aggregate duration of the others:

Provided that the term awarded shall in no case exceed twenty years;

(f) a person found guilty of more than one offence liable to pecuniary punishments shall be sentenced to the punishment of the higher or highest fine (*multa* or *ammenda*), as the case may be, in addition to one-half of each of the other fines (*multa* or *ammenda*);

(g) in the case of conversion of more than one pecuniary punishment into a punishment restrictive of personal liberty, the duration of this punishment shall not exceed three years, in the case of a fine (*multa*), or six months in the case of a fine (*ammenda*); and if both fines (*multa* and *ammenda*) have been awarded, the conversion shall be made into detention or imprisonment as the court shall direct;

(h) when several offences, which taken together do not constitute an aggravated crime, are designed for the commission of another offence, whether aggravated or simple, the punishment for the graver offence shall be applied.

Continuous offence.
Amended by:
XI. 1900. 6.

18. Where the several acts committed by the offender, even if at different times, constitute violations of the same provision of the law, and are committed in pursuance of the same design, such acts shall be deemed to be a single offence, called a continuous offence, but the punishment may be increased by one or two degrees.

Rules respecting the award of punishments.

19. Every punishment established for any offence shall be deemed to be so established without prejudice to any higher punishment prescribed for the offence in any other law, whenever the circumstances mentioned in such other law concur in the offence.

Punishment not awardable in its minimum.
Amended by:
XI. 1900. 7;
IX. 1911. 5;
XLIX. 1981. 6.

Punishment below prescribed minimum.
Added by:
XII. 1944. 2.
Amended by:
XXI. 1971. 4.

Computation of sentences of imprisonment.
Added by:
VI. 1947. 6.
Substituted by:
III. 2002. 8.

Forfeiture of corpus delicti.
Amended by:
VI. 1947. 7.

20. When the law expressly provides that a punishment shall not be awarded in its minimum, the punishment to be awarded shall always include at least one-third of the difference between the minimum and the maximum.

21. Saving the provisions of article 492, the court may, for special and exceptional reasons to be expressly stated in detail in the decision, apply in its discretion any lesser punishment which it deems adequate, notwithstanding that a minimum punishment is prescribed in the article contemplating the particular offence or under the provisions of article 20, saving the provisions of article 7.

22. Except in the case of a sentence of imprisonment for life or of imprisonment or detention in default of payment of a fine (*multa* or *ammenda*), any time prior to conviction and sentence during which the person sentenced is in prison for the offence or offences for which he has been so convicted and sentenced, not being time in prison in execution of a sentence, shall count as part of the term of imprisonment or detention under his sentence; but where he was previously subject to a probation order, an order for conditional discharge or to a suspended sentence in respect of such offence or offences, any such period falling before that order was made or suspended sentence passed shall be disregarded for the purposes of this article:

Provided that where any time prior to conviction as aforesaid has, by virtue of this article, been counted as part of the term of imprisonment or detention under the sentence in respect of that conviction, such time shall not be counted as part of the term of imprisonment or detention under any other sentence.

23. (1) The forfeiture of the *corpus delicti*, of the instruments used or intended to be used in the commission of any crime, and of anything obtained by such crime, is a consequence of the punishment for the crime as established by law, even though such forfeiture be not expressly stated in the law, unless some person who has not participated in the crime, has a claim to such property.

(2) In case of contraventions, such forfeiture shall only take place in cases in which it is expressly stated in the law.

(3) In the case of things the manufacture, use, carrying, keeping or sale whereof constitutes an offence, the forfeiture thereof may be ordered by the court even though there has not been a conviction and although such things do not belong to the accused.

Freezing of property of person accused.
Added by:
III. 2002. 9.

23A. (1) In this article, unless the context otherwise requires:

"relevant offence" means any crime not being one of an involuntary nature other than a crime under the Ordinances or under the Act, liable to the punishment of imprisonment for a term of more than one year;

"the Act" means the Prevention of Money Laundering Act;

Cap. 373.
Cap. 101.
Cap. 31.

"the Ordinances" means the Dangerous Drugs Ordinance and the Medical and Kindred Professions Ordinance.

(2) Where a person is charged with a relevant offence the provisions of article 5 of the Act shall apply *mutatis mutandis* and the same provisions shall apply to any order made by the Court by virtue of this article as if it were an order made by the Court under the said article 5 of the Act.

Forfeiture of proceeds.
Added by:
III. 2002. 9.

23B. (1) Without prejudice to the provisions of article 23 thecourt shall, in addition to any punishment to which the person convicted of a relevant offence may be sentenced and in addition to any penalty to which a body corporate may become liable under the provisions of article 121D, order the forfeiture in favour of the Government of the proceeds of the offence or of such property the value of which corresponds to the value of such proceeds whether such proceeds have been received by the person found guilty or by the body corporate referred to in the said article 121D.

(2) Where the proceeds of the offence have been dissipated or for any other reason whatsoever it is not possible to identify and forfeit those proceeds or to order the forfeiture of such property the value of which corresponds to the value of those proceeds the court shall sentence the person convicted or the body corporate, or the person convicted and the body corporate *in solidum*, as the case may be, to the payment of a fine (*multa*) which is the equivalent of the amount of the proceeds of the offence.

(3) For the purposes of this article:

"proceeds" means any economic advantage and any property derived from or obtained, directly or indirectly, through the commission of the offence and includes any income or other benefits derived from such property;

"property" means assets of every kind, whether corporeal or incorporeal, movable or immovable, tangible or intangible, and legal documents or instruments evidencing title to, or interest in, such assets;

"relevant offence" has the same meaning assigned to it by article 23A(1).

Liability of person having the charge of another, in case of contravention.
Added by:
VIII. 1909. 2.

24. In the case of any contravention committed by a person who is under the authority, control or charge of another person, not only the person committing the contravention but also such other person shall be liable to punishment, if the contravention is against some provision the observance of which such other person was bound to enforce, and if the contravention could have been prevented by the exercise of diligence on the part of such other person.

Abolition of disabilities arising out of punishments.
Amended by:
VI. 1871. 2;
XXI. 1971. 5.

25. All disabilities arising, under the provisions of any law whatsoever, out of any punishment, are abolished.

BOOK FIRST   PENAL LAWS

Right of civil action unaffected.
Amended by:
VIII. 1909. 3.

26. (1) Any sentence to a punishment established by law shall always be deemed to have been awarded without prejudice to the right of civil action.

(2) A pardon commuting or remitting a punishment lawfully awarded shall not operate so as to bar the civil action.

Difference between punishment at the time of the offence and that at the time of trial.

27. If the punishment provided by the law in force at the time of the trial is different from that provided by the law in force at the time when the offence was committed, the less severe kind of punishment shall be awarded.

Rules as to the serving of punishments.
Amended by:
XII. 1914. 5.

28. (1) When more punishments of the same kind are awarded at the same time against the same offender, they shall be undergone one after the termination of the other; if they are of different kinds, the heavier punishment shall be undergone first, and immediately on its termination, the less severe punishment shall commence.

(2) If any person, while actually undergoing one punishment, shall be sentenced to another punishment either of the same or of a less severe kind, he shall continue to undergo the first punishment, and immediately on its termination, he shall undergo the second punishment.

(3) If the second punishment be heavier than the first, the person sentenced shall at once be subjected to the second punishment, and on its termination, he shall immediately revert to the first punishment and undergo the remainder thereof.

(4) The punishment of interdiction shall take effect from the date of the sentence awarding such punishment.

Suspended sentence of imprisonment.
Added by:
XXIX. 1990. 3.
Amended by:
III. 2002. 10.

28A. (1) Subject to subarticles (2) to (7) and to articles 28B to 28I, a court which passes a sentence of imprisonment for a term of not more than two years for an offence may order that the sentence shall not take effect unless, during a period specified in the order, being not less than one year or more than four years from the date of the order, the offender commits another offence punishable with imprisonment and thereafter a court competent to do so orders under article 28B that the original sentence shall take effect; and in this article and whenever it occurs in articles 28B to 28G and in article 28I "operational period", in relation to a suspended sentence, means the period so specified.

(2) A court shall not deal with an offender by means of a suspended sentence unless the case appears to the court to be one in which a sentence of imprisonment would have been appropriate in the absence of any power to suspend such a sentence by an order under subarticle (1).

Cap. 446.

(3) A court which passes a suspended sentence on any person for an offence shall not make in his case a probation order, as provided in the Probation Act, in respect of another offence of which he is convicted by or before the court or for which he is dealt with by the court.

(4) On passing a suspended sentence the court shall explain to the offender in ordinary language his liability under article 28B if during the operational period he commits an offence punishable with imprisonment.

(5) A suspended sentence which has not taken effect shall for all intents and purposes of law be deemed, except as provided in subarticle (1), to be a sentence awarding punishment and nothing in this article shall be deemed to effect—

(a) the applicability of any other punishment which may be awarded, or any suspension, cancellation, disqualification, forfeiture, loss or removal which may be ordered, together with the punishment of imprisonment so suspended; and

(b) the operation of articles 383, 384, 385, 386, 387 and 533.

(5A) Without prejudice to the provisions of article 28F, the punishment awarded under a suspended sentence when that sentence has not taken effect shall, for the purposes of article 50, be deemed to have expired on the expiration of the original operational period referred to in subarticle (1) or of the operational period substituted therefore as provided in article 28B(2)(b).

(6) The provisions of subarticle (1) shall not apply to any imprisonment awarded in default of payment of a fine (*multa*) or of costs.

(7) An order under subarticle (1) shall not be made in any of the following cases—

(a) where the person sentenced is already serving a sentence of imprisonment;

(b) where the person sentenced is a recidivist within the terms of article 50;

(c) where the offence has been committed during a period of probation or of conditional discharge under the Probation Act.

Cap. 446.

(8) The registrar shall keep a special register of offenders dealt with by means of a suspended sentence.

Commission of an offence during the operational period.
Added by:
XXIX. 1990. 3.

28B. (1) Where an offender is convicted of an offence punishable with imprisonment committed during the operational period of a suspended sentence and either he is so convicted by or before a court competent under article 28C to deal with him in respect of the suspended sentence or he subsequently appears or is brought before such a court, then, unless the sentence has already taken effect, that court shall order that the suspended sentence shall take effect.

(2) If the further offence committed during the operational period is of an involuntary nature or if, in the case of any other kind of offence, the court is of opinion, in view of all the circumstances including the facts of such further of-

fence, that it would be unjust to make an order under subarticle (1), it may deal with the offender by one of the following methods—

(a) it may abstain from making an order under subarticle (1) and the operational period shall then remain in force; or

(b) it may by order vary the original order under article 28A(1) by substituting for the operational period specified therein a period expiring not later than four years from the date of the variation:

Provided that if it does not make an order under subarticle (1) the court shall state its reasons.

(3) In proceedings for dealing with an offender in respect of a suspended sentence which take place before the Criminal Court any question whether the offender has been convicted of an offence punishable with imprisonment committed during the operational period of the suspended sentence shall, notwithstanding the provisions of article 436(2) and of article 467, be determined by the court and not by the verdict of a jury.

(4) Where a court deals with an offender under this article in respect of a suspended sentence passed by another court the registrar shall, by means of a copy, notify forthwith the court which passed the sentence of the method adopted.

(5) Where a court deals with an offender under this article the registrar shall make the necessary annotations in the special register mentioned in article 28A(8).

Competent court for dealing with suspended sentence.
Added by:
XXIX. 1990. 3.
Amended by:
VIII. 1990. 3;
III. 2002. 11.

28C. (1) An offender may be dealt with in respect of a suspended sentence by the Court of Criminal Appeal, by the Criminal Court or, where the sentence was passed by the Court of Magistrates, by such court.

(2) Where an offender is convicted by the Court of Magistrates of an offence punishable with imprisonment and

BOOK FIRST   PENAL LAWS

the court is satisfied that the offence was committed during the operational period of a suspended sentence passed by the Criminal Court, that court shall commit the offender in custody or on bail before the Criminal Court for the purpose of being dealt with in respect of the suspended sentence:

Provided that where the Court of Magistrates is of the opinion that the appropriate punishment for the further offence is imprisonment, the provisions of article 28E(3) shall apply.

(3) For the purposes of this article and of articles 28D and 28E-

(a) a suspended sentence passed on an offender on appeal shall be deemed to have been passed by the court from which the appeal was made;

(b) the Juvenile Court shall be deemed to be a Court of Magistrates (Malta) or a Court of Magistrates (Gozo), as the case may be.

Suspended sentence not dealt with on conviction of further offence.
Added by:
XXIX. 1990. 3.
Amended by:
VIII. 1990. 3;
III. 2002. 12.

28D. (1) If it appears to the Court of Criminal Appeal, to the Criminal Court or to the Court of Magistrates that an offender has been convicted of an offence punishable with imprisonment committed during the operational period of a suspended sentence and that he has not been dealt with in respect of the suspended sentence, that court shall, either *ex officio* or on the application of the Attorney General or of the Executive Police, as the case may require, issue a summons ordering the offender to appear before it on a date and at a time specified therein, or a warrant for his arrest.

Concurrent offences and punishments in relation to suspended sentence.
Added by:
XXIX. 1990. 3.
Amended by:
VIII. 1990. 3;
III. 2002. 13.

(2) A summons or warrant issued under this article shall direct the offender to appear or to be brought before the court in order to be dealt with in respect of the suspended sentence.

28E. (1) Where an offender is sentenced for more than one crime in accordance with the provisions of article 17 (b), an order under article 28A(1) may be made if the single term of imprisonment deemed appropriate and fixed by the court in the sentence so suspended does not exceed two years and if the other conditions for a suspended sentence to be passed apply.

(2) *Deleted by*: III. 2002. 13.

(3) Where the Court of Magistrates convicts an offender of an offence punishable with imprisonment committed during the operational period of a suspended sentence passed by the Criminal Court, it shall, after making the declaration of guilt of the offender in respect of such offence and stating its conclusion, where it is so satisfied, that the appropriate punishment for that offence is imprisonment, refer the case for the determination of the punishment to the Criminal Court by committing the offender to that court as provided in article 28C(2) without pronouncing the term of imprisonment for the further offence:

Provided that if the Criminal Court does not make an order under article 28B(1), it shall determine the term of imprisonment for the further offence only.

(4) *Deleted by*: III. 2002. 13.

(5) No court dealing with an offender as provided in article 28C and in this article may vary the term of imprisonment awarded in the suspended sentence by reducing such term, except in so far as may be necessary for the purpose of compliance with the provisions of article 17(b).

Recidivists.
Added by:
XXIX. 1990. 3.

28F. In dealing with an offender for an offence punishable with imprisonment committed during the operational period of a suspended sentence the court shall consider him a recidivist within the meaning of article 49 for the purpose of assessing any punishment to which he is liable for such further offence, but the punishment awarded under the suspended sentence shall not be taken into account for the purposes of

BOOK FIRST   PENAL LAWS

article 50 unless such sentence has taken effect and until the expiration or remission of such punishment.

Suspended sentence supervision order.
Added by:
XXIX. 1990. 3.
Amended by:
III. 2002. 14.

28G. (1) Where a sentence of more than six months imprisonment is suspended in accordance with the provisions of article 28A(1), the court may in addition make a suspended sentence supervision order (hereinafter referred to as "a supervision order") placing the offender under the supervision of a supervising officer for a period specified in the order, being a period not exceeding the operational period.

(2) A supervision order shall specify the name, address and other identification particulars of the offender, and the supervising officer shall be a probation officer appointed under the Probation Act and named in the supervision order; and the supervision order may moreover require the offender to comply, during the whole or any part of the period of supervision, with such requirements as may be imposed by the court under the provisions of article 7 of the said Act.

Cap. 446.

(3) An offender in respect of whom a supervision order is in force shall keep in touch with the supervising officer in accordance with such instructions as he may from time to time be given by that officer and shall notify him of any change of address.

(4) The court by which a supervision order is made shall cause a copy of the order to be served forthwith on the supervising officer.

(5) A supervision order shall cease to have effect if before the end of a period specified in it—

(a) a court orders that the suspended sentence passed in the proceedings in which the supervision order was made shall have effect; or

(b) the order is discharged or replaced in accordance with the following provisions of this article.

(6) A supervision order may be discharged on the ap-

plication of the supervising officer or the offender by the court which made the order. If such order was made on appeal, the court from which the appeal was made shall be deemed to be the court which made the order.

(7) The court which made the supervision order may replace it by an order extending its duration in accordance with any variation of the operational period of the suspended sentence made under article 28B(2).

(8) On making or replacing a supervision order the court shall explain its effect in ordinary language to the offender.

(9) If at any time while the supervision order is in force it appears to the court that made the order, on the written report of the supervising officer, that the offender has failed to comply with any of the requirements of subarticles (2) and (3), the court shall cause the offender to be brought before it on an appointed day and at an appointed time, and if the court, after hearing the offender, is satisfied that such failure has occurred, it may either in serious or repeated cases order that the suspended sentence passed in the proceedings in which the supervision order was made shall have effect or, without prejudice to the continuation of the order, impose on him a fine (*ammenda*) not exceeding one hundred liri.

Court direction for restitution or compensation.
Added by:
XXIX. 1990. 3.

28H. (1) When making an order for suspended sentence under subarticle (1) of article 28A, the court may enter in such order a direction obliging the offender to make restitution to the injured party of anything stolen or knowingly received or obtained by fraud or other unlawful gain by the offender to the detriment of such party by or through the offence to which the suspended sentence relates, or to pay to such party such sum of money as may be determined by the court in that direction as compensation for any such loss as aforesaid or for any damages or other injury or harm caused to such party by or through the offence; and any such order may include both a direction to make restitution and, in default, to pay as aforesaid.

(2) In any case in which it enters such a direction in its order under article 28A(1) the court shall, in that direction, fix the time-limit, not being longer than six months from the date of the direction, within which the restitution or payment of compensation specified in the direction shall be made by the offender.

(3) The court shall determine the amount of any compensation directed to be paid under this article after summarily hearing the parties, if they so wish, and any other evidence, including that of experts, it may deem relevant, but the amount of compensation so determined shall be without prejudice to the rights of either of the parties, or any other person interested, ensuing from the final liquidation of the amount due, if any, as may be subsequently agreed or adjudicated upon in a civil action or in any other manner permitted by law.

(4) If the offender fails to comply with a direction entered under this article within the time fixed by the court in that direction, the court shall on the sworn application of the party to whom such restitution or compensation is due, to be served on the offender, appoint a date and time not later than seven days from the date of service of the application, for hearing the parties.

(5) If the court, after such hearing, is satisfied that the offender has failed to comply with its direction under this article, it shall order that the suspended sentence shall take effect. The court may, however, for reasonable cause, grant to the offender a further peremptory period not exceeding one month, for complying with the direction.

(6) The court shall abstain from taking cognizance of

an application as is mentioned in subarticle (4) if such application is filed after the lapse of three months from the expiration of the time-limit fixed by the court for compliance with such direction.

(7) On entering a direction under this article the court shall explain to the offender in ordinary language his liability under this article if he fails to comply with that direction.

Appeals.
Added by:
XXIX. 1990. 3.

28I. (1) For the purposes of any right of appeal an order made by a court under article 28B(1) or article 28H(5) that a suspended sentence shall take effect shall be treated as a sentence passed on the offender by that court for the offence for which the suspended sentence was passed.

(2) Nothing in this article shall affect the right of appeal of any person against conviction or sentence provided for in this Code but no appeal shall be permitted on any of the following matters:

(a) the length of the operational period fixed under article 28A(1);

(b) any variation of the operational period made under article 28B(2)(b);

(c) any direction entered under article 28H for the making of restitution or the payment of compensation, the length of the time-limit fixed for the making of such restitution or the payment of such compensation under subarticle (2) of that article, or the determination of the amount of compensation payable under subarticle (3) of that article.

Procedure in default of payment of fine (ammenda or multa).
Amended by:
IV. 1856. 2;
II. 1886. 5;
XVI. 1888. 5;
XII. 1914. 6;
XXII. 1934. 5;
I. 1939. 2;
III. 2002. 15.

29. (1) Any person sentenced to the payment of a fine (*ammenda* or *multa*) and who is granted the benefit of time by order of the court according to the provisions of article 14 (2), and who does not pay such fine in accordance with the conditions laid down in the same order, shall be liable to be arrested and brought before the court; and the court, upon ascertaining the identity of the person sentenced and that

BOOK FIRST   PENAL LAWS

payment has not been paid according to the conditons of the order, shall commit such person to undergo the detention or imprisonment prescribed in substitution for the fine (*ammenda* or *multa*), or in substitution of the balance of the fine (*ammenda* or *multa*) still unpaid, as the case may be. The arrest shall take place upon a warrant to be issued by the court.

(2) The aforesaid warrant shall be issued within four days from the date of any breach of the conditions laid down by the court in its order or from the date of the expiration of the period prescribed for payment under article 14:

Provided that no plea in favour of the person sentenced shall be admissible by reason of the fact that the issue of such warrant was, for any reason whatsoever, delayed beyond the said period of four days.

(3) The court may, on the application of the Police and on reasonable cause being shown, upon hearing the person sentenced, determine the period prescribed under article 14 at any time during the course of such period and commit the person sentenced to undergo the punishment prescribed in substitution for the fine (*ammenda* or *multa*).

(4) A person sentenced may at any time obtain his release from the substituted punishment by paying the fine (*ammenda* or *multa*) with the deduction of such amount thereof as corresponds to the portion of the punishment undergone at the rates laid down in articles 11 and 13 respectively, and also at similar rates may obtain his release from any unexpired period of detention or imprisonment awarded to him under the provisions of subarticle (1).

Disqualifications in case of convictions.
Added by:
XXIV. 1938. 2.
Substituted by:
V. 1956. 6.
Amended by:
III. 2002. 16.

30. (1) Without prejudice to the provisions of any other law imposing or authorising the suspension or cancellation of, or disqualification from holding or obtaining, any warrant, licence, permit or other authority held from the Government or any other public authority, where any person is convicted, whether as a principal or an accomplice, of a criminal offence which has been committed—

(a) in or in connection with the exercise of any profession, art, trade, calling or other occupation for which a warrant, licence, permit or authority has been or may be issued to him by the Government or any other public authority; or

(b) in the use or by means of any instrument, vehicle, substance or other thing whatsoever for the carrying, keeping or using of which a licence, permit or authority has been or may be issued to him,

the court may, in addition to sentencing the person convicted as aforesaid to any punishment provided by law for the offence, order such person to be disqualified from holding or obtaining, for such time as the court deems fit, such warrant, licence, permit or authority.

(2) Where, by virtue of a conviction under this Code or any other law, any person has a warrant, licence, permit or authority suspended, or is disqualified from holding or obtaining any warrant, licence, permit or authority, the court may, on the application of such person, as it thinks expedient, having regard to his character, to his conduct subsequent to the conviction, to the nature of the offence and to any other circumstances of the case, and after hearing the Police in the case of an application before the Court of Magistrates or the Attorney General in the case of an application before any other court, either remove the suspension or disqualification as from such date as it may specify or refuse the application:

Provided that, where an application under this subarticle is refused, a further application thereunder shall not be entertained if made within three months after the date of the refusal.

BOOK FIRST   PENAL LAWS

Sub-title III
OF THE A SCENT AND DESCENT FROM ONE PUNISHMENT TO ANOTHER

Scale of punishments.
Amended by:
IV. 1856.3,4,5;
V. 1868.2, 3;
VI. 1871.3;
II. 1886.6;
XVI. 1888.6;
XI. 1900.9;
IX. 1911.6;
XXI. 1971.6;
XLIX. 1981.4;
XVI. 1996.6.

31. (1) The ascent or descent from one degree of punishment to another shall be as follows:

(a) subject to any special provision contained in this Code, from the punishment of imprisonment for life the descent shall be in accordance with the scale of punishments of imprisonment as specified in paragraph (b);

(b) subject to any special provision contained in this Code, the following shall be the scale of punishments of imprisonment:

(i) from eight years to thirty years,

(ii) from seven to twenty years,

(iii) from six to twelve years,

(iv) from five to nine years,

(v) from four to six years,

(vi) from three to five years,

(vii) from two to four years,

(viii) from eighteen months to three years,

(ix) from thirteen months to two years,

(x) from nine to eighteen months,

(xi) from seven months to one year,

(xii) from five to nine months,

(xiii) from two to six months,

(xiv) from one to three months;

(c) the descent from the fourteenth degree shall be to imprisonment for a term not exceeding twenty days, or to detention or to a fine (*ammenda*);

(d) in the ascent from one degree to another, the order shall be inverted, commencing from the fourteenth degree;

(e) in default of an express provision to the contrary, the ascent from the first degree shall be made by adding to the punishment of imprisonment the punishment of solitary confinement for not more than twelve terms, or by adding other aggravations of punishment established by the prison regulations;

(f) the ascent from the punishment of a fine (*multa*) shall be to imprisonment for a term not exceeding three months, and the descent shall be to the punishments established for contraventions;

(g) the ascent from the punishments established for contraventions shall be to the punishment of a fine (*multa*) or imprisonment for a term not exceeding three months.

(2) The law establishing in general terms a descent from one punishment to another, shall not be deemed to include cases of contraventions or of crimes liable to the punishments for contraventions.

Gradation in the scale of punishments.
Amended by:
XI. 1900. 9.

32. (1) Where the punishment includes a latitude of more degrees, the ascent or descent shall be made by raising or lowering the maximum and the minimum to the nearest degree respectively.

(2) When the punishment of solitary confinement is added to another punishment, the ascent or descent shall be reckoned on such other punishment:

Provided that in cases of descent, the court may restrict the punishment of solitary confinement to any smaller number of terms or omit such punishment altogether.

Title II
OF THE WILL AND AGE OF THE OFFENDER

33. Every person is exempt from criminal responsibility

BOOK FIRST   PENAL LAWS

Defect of will.
Amended by:
XI. 1900. 10;
V. 1956. 7;
XVIII. 1976. 52.

if at the time of the act or omission complained of, such person—

(a) was in a state of insanity; or

(b) was constrained thereto by an external force which he could not resist.

Intoxication.
Added by:
XIII. 1935. 2.
Amended by:
V. 1956. 8.

34. (1) Save as provided in this article, intoxication shall not constitute a defence to any criminal charge.

(2) Intoxication shall be a defence to any criminal charge if—

(a) by reason thereof the person charged at the time of the act or omission complained of was incapable of understanding or volition and the state of intoxication was caused without his consent by the malicious or negligent act of another person; or

(b) the person charged was by reason of the intoxication insane, temporarily or otherwise, at the time of such act or omission.

(3) Where the defence under subarticle (2) is established, then, in a case falling under paragraph (a) thereof, the person charged shall be discharged, and, in a case falling under paragraph (b), the provisions of articles 620 to 623 and 625 to 628 shall apply.

(4) Intoxication shall be taken into account for the purpose of determining whether the person charged had formed any intention specific or otherwise, in the absence of which he would not be guilty of the offence.

Minors under nine years.
Amended by:
III. 1899. 10;
XI. 1900. 11;
XII. 1913. 1.
Substituted by:
V. 1956. 9.
Amended by:
XVIII. 1980. 15;
XIII. 1983. 5;
XXIX. 1990. 4.
Minors under fourteen years acting without discretion.
Powers of court.

(5) For the purposes of this article "intoxication" shall be deemed to include a state produced by narcotics or drugs.

35. (1) Minors under nine years of age shall be exempt from criminal responsibility for any act or omission.

(2) Minors under fourteen years of age shall likewise be exempt from criminal responsibility for any act or omission done without mischievous discretion.

(3) Nevertheless, in any of the cases referred to in subarticles (1) and (2), the court may, on the application of the Police, require the parent or other person charged with the upbringing of the minor to appear before it, and, if the fact alleged to have been committed by the minor is proved and is contemplated by the law as an offence, the court may bind over the parent or other person to watch over the conduct of the minor under penalty for non-compliance of a sum of not less than five and not exceeding one hundred liri, regard being had to the means of the person bound over and to the gravity of the fact.

(4) If the fact committed by the minor is contemplated by the law as an offence punishable with a fine (*ammenda*), the court may, in lieu of applying the provisions of subarticle (3), award the punishment against the parent or other person charged with the upbringing of the minor, if the fact could have been avoided by his diligence.

(5) For the purpose of the application of the provisions of the preceding subarticles of this article, the parent or other person charged with the upbringing of the minor as aforesaid, shall be required to appear, by summons, in accordance with the provisions contained in Book Second of this Code.

Minors under fourteen but over nine years acting with discretion.
Amended by:
IV. 1856. 6,7;
VI. 1871. 4;
II. 1886. 7;
XVI. 1888. 7;
XI. 1900. 12.
Substituted by:
V. 1956. 10.
Amended by:
XVIII. 1980. 15.
Substituted by:
III. 2002. 17.

36. Saving the powers of the Minister under the Children and Young Persons (Care Orders) Act, minors under the age of fourteen but over nine who, acting with a mischievous discretion, shall commit an offence, shall be liable on conviction to the punishments established for contraventions:

Provided that the court may instead of sentencing the minor to a punishment apply the provisions of article 35(3) or (4):

Provided also that where the court is of the opinion that, when it takes into account the age of the offender, his previous conduct, the gravity of the fact of which he has been

BOOK FIRST   PENAL LAWS

convicted and the degree of mischievous discretion shown by the offender as it appears from his conduct by which the offence was committed and from all the other circumstances of the offence, the punishments established for contraventions would not be appropriate, the court may sentence the person convicted to the punishment laid down for the offence decreased by three degrees provided that in no case may the punishment exceed four years imprisonment.

Minors under eighteen but over fourteen years.
Added by:
XI. 1900. 12.
Amended by:
XII. 1913. 2.
Substituted by:
V. 1956. 11.
Amended by:
XVIII. 1980. 15.
Definition of "Approved Institution".
Amended by:
XII. 1913. 3.
Substituted by:
V. 1956. 12.
Amended by:
L. N. 4 of 1963;
XXXI. 1966. 2.
Rules concerning deaf-mutes.
Added by:
III. 1899. 13.
Amended by:
XI. 1900. 13.

Other rules concerning deaf-mutes.
Added by:
III. 1899. 13.
Amended by:
XI. 1900. 13.
XXI. 1971. 7;
XLIX. 1981. 4.

37. If the offender has attained the age of fourteen but is under the age of eighteen years, the punishment applicable to the offence shall be diminished by one or two degrees.

38. *Repealed by: XVIII. 1980. 15.*

* **39.** (1) Deaf-mutes, who at the time of the offence have not attained the age of fourteen years, shall be exempted from any punishment established by law:

Provided that the provisions contained in article 35(3), (4) and (5) may be applied to such persons.

(2) Deaf-mutes, who at the time of the offence have attained the age of fourteen years and who have acted without a mis-chievous discretion, shall likewise be exempted from punishment:

Provided that the provisions contained in article 35(3), (4) and (5) may be applied to such persons.

40. The following rules shall be observed in the case of deaf-mutes who have acted with a mischievous discretion:

(a) if at the time of the offence they have attained the age of fourteen but not the age of eighteen years, the provisions contained in articles 36 and 37 shall apply;

(b) if at the time of the offence they have attained the

---

* The references, in this article, to subarticle (6) of article 35 and to "Industrial School" and "House of Correction" have been omitted in view of the repeal of the said subarticle (6) of article 35 and of article 38, by Act XVIII. 1980. 15.

age of eighteen years—

(i) in the case of a crime liable to the punishment of imprisonment for life, they shall be liable to imprisonment for a term not exceeding twenty years;

(ii) in the case of any other crime, they shall be liable to the punishment established by law diminished by one-third;

(iii) in the case of contraventions, they shall be liable to the punishments established for contraventions.

Title III
OF ATTEMPTED OFFENCE

Attempted crime.

41. (1) Whosoever with intent to commit a crime shall have manifested such intent by overt acts which are followed by a commencement of the execution of the crime, shall, save as otherwise expressly provided, be liable on conviction—

(a) if the crime was not completed in consequence of some accidental cause independent of the will of the offender, to the punishment established for the completed crime with a decrease of one or two degrees;

(b) if the crime was not completed in consequence of the voluntary determination of the offender not to complete the crime, to the punishment established for the acts committed, if such acts constitute a crime according to law.

Attempted contravention.

(2) An attempt to commit a contravention is not liable to punishment, except in the cases expressly provided for by law.

BOOK FIRST   PENAL LAWS

Title IV
OF ACCOMPLICES

Complicity in crime.
Amended by:
VIII. 1909. 4.

42. A person shall be deemed to be an accomplice in a crime if he—

(a) commands another to commit the crime; or

(b) instigates the commission of the crime by means of bribes, promises, threats, machinations, or culpable devices, or by abuse of authority or power, or gives instructions for the commission of the crime; or

(c) procures the weapons, instruments or other means used in the commission of the crime, knowing that they are to be so used; or

(d) not being one of the persons mentioned in paragraphs (a), (b) and (c), in any way whatsoever knowingly aids or abets the perpetrator or perpetrators of the crime in the acts by means of which the crime is prepared or completed; or

(e) incites or strengthens the determination of another to commit the crime, or promises to give assistance, aid or reward after the fact.

Punishment for complicity.

43. Unless otherwise provided by law, an accomplice in a crime shall be liable to the punishment established for the principal.

Personal circumstances not communicable.

44. Where two or more persons take part in the commission of a crime, the circumstances which refer solely to the person of any one of them individually, whether he be a principal or an accomplice, and which may exclude, aggravate, or mitigate the punishment in regard to him, shall not operate either in favour of, or against the other persons concerned in the same crime.

45. Where two or more persons take part in the commis-

Real circumstances when communicable.

sion of a crime, any act committed by any of such persons, whether he be a principal or an accomplice, which may aggravate the crime, shall only be imputable—

(a) to the person who commits the act;

(b) to the person with whose previous knowledge the act is committed; and

(c) to the person who, being aware of the act at the moment of its commission, and having the power to prevent it, does not do so.

Accomplice liable to punishment independently of the principal.

46. Where the actual commission of a crime is established, an accomplice shall be liable to be punished, independently of the principal, notwithstanding that such principal shall die or escape or be pardoned or otherwise delivered before conviction, or notwithstanding that the principal is not known.

Constraint to commit offence, etc.
Added by:
V. 1956. 13.

47. Any person who—

(a) constrains another person by an external force which such other person could not resist, to commit an offence; or

(b) participates by any of the acts specified in article 42 in an offence committed by any other person who is according to law exempt from criminal responsibility,

shall himself be guilty of that offence as a principal offender.

Complicity in contraventions.

48. The provisions contained in this Title shall also apply to contraventions.

Title IV BIS
OF CONSPIRACY

Added by:
III. 2002. 18.
Conspiracy.
Added by:
III. 2002. 18.

48A. (1) Whosoever in Malta conspires with one or more persons in Malta or outside Malta for the purpose of committing any crime in Malta liable to the punishment of imprisonment, not being a crime in Malta under the Press

BOOK FIRST   PENAL LAWS

Cap. 248.

Act, shall be guilty of the offence of conspiracy to commit that offence.

(2) The conspiracy referred to in subarticle (1) shall subsist from the moment in which any mode of action whatsoever is planned or agreed upon between such persons.

(3) Any person found guilty of conspiracy under this article shall be liable to the punishment for the completed offence object of the conspiracy with a decrease of two or three degrees.

(4) For the purposes of subarticle (3), in the determination of the punishment for the completed offence object of the conspiracy account shall be had of any circumstances aggravating that offence.

Title V
OF RECIDIVISTS

Definition of recidivist.
Amended by:
IV. 1856. 8;
XI. 1900. 14.

49. A person is deemed to be a recidivist, if, after being sentenced for any offence by a judgment which has become absolute, he commits another offence.

Effect of previous conviction for crime.
Amended by:
XI. 1900. 14.

50. Where a person sentenced for a crime shall, within ten years from the date of the expiration or remission of the punishment, if the term of such punishment be over five years, or within five years, in all other cases, commit another crime, he may be sentenced to a punishment higher by one degree than the punishment established for such other crime.

Solitary confinement in the case of relapsers serving a life sentence.
Amended by:
XI. 1900. 14.

51. Where, however, a person, while undergoing a punishment for life and restrictive of personal liberty, commits another crime subject to a lesser punishment, he shall be liable to one or more terms of solitary confinement.

Exceptions.
Amended by:
XI. 1900. 14.

52. For the purposes of the provisions contained in the foregoing articles of this Title, any sentence in respect of any crime committed through imprudence or negligence, or through unskilfulness in the exercise of any art or profession, or through non-observance of regulations, shall not be taken into account in awarding punishment for any other crime, and vice versa.

Effect of previous conviction for contravention.
Amended by:
XI. 1900.14;
IX. 1911.7;
XLIX. 1981.4.

53. Where a person sentenced for a contravention shall, within three months from the date of the expiration or remission of the punishment, commit another contravention, he may be sentenced to detention for a term not exceeding two months, or to a fine (*multa*), or to imprisonment for a term not exceeding one month.

Effect of pardon in respect of recidivists.
Amended by:
XI. 1900.14.

54. A person sentenced shall continue to be considered as such for the purpose of the provisions concerning recidivists notwithstanding any pardon commuting the punishment lawfully awarded to him.

PART II
OF CRIMES AND PUNISHMENTS

Title I
OF GENOCIDE, CRIMES AGAINST HUMANITY AND WAR CRIMES

General.
Added by:
XXIV. 2002.13.

54A. (1) It is a crime for a person to commit genocide, a crime against humanity or a war crime.

(2) In this Title—

"the ICC Treaty" means the Statute of the International Criminal Court, done at Rome on 17th July, 1988;

"the ICC" means the International Criminal Court established by the ICC Treaty;

"genocide" means an act of genocide as defined in article 54B;

"crime against humanity" means a crime against humanity as defined in article 54C;

"war crime" means a war crime as defined in article 54D;

"Minister" means the Minister responsible for Justice.

(3) In interpreting and applying the provisions of this Title the court shall take into account the original text of the ICC Treaty and of any treaty and convention referred to in the ICC Treaty.

(4) In interpreting and applying the provisions of articles 54B, 54C and 54D, hereinafter, in this Title, referred to as "the relevant articles", the court shall take into account—

(a) any relevant Elements of Crimes adopted in accordance with article 9 of the ICC Treaty, and (b) until such time as Elements of Crimes are adopted under that article, any relevant Elements of Crimes contained in the report of the Preparatory Commission for the International Criminal Court adopted on 30th June, 2000.

(5) The Minister may set out in regulations the text of the Elements of Crimes referred to in subarticle (2), as amended from time to time.

(6) The relevant articles shall for the purposes of this Title be construed subject to and in accordance with any relevant reservation or declaration made by Malta when ratifying any treaty or agreement relevant to the interpretation of those articles.

(7) The Minister may by regulations set out the terms of any reservation or declaration referred to in subarticle (5) and where any such reservation or declaration is withdrawn in whole or in part may revoke or amend any regulations as aforesaid which contain the terms of that reservation or decla-

ration.

(8) In interpreting and applying the provisions of the relevant articles the court shall take into account any relevant judgment or decision of the ICC and may also take into account any other relevant international jurisprudence.

Genocide.
Added by:
XXIV. 2002.13.

54B. (1) Genocide is committed where any of the following acts is committed with intent to destroy, in whole or in part, a national, ethnical, racial or religious group, as such—

(a) killing members of the group;

(b) causing serious bodily or mental harm to members of the group;

(c) deliberately inflicting on the group conditions of life calculated to bring about its physical destruction in whole or in part;

(d) imposing measures intended to prevent births within the group;

(e) forcibly transferring children of the group to another group.

(2) Whosoever directly and publicly incites others to commit genocide shall be guilty of a crime.

Crimes against humanity.
Added by:
XXIV. 2002.13.

54C. (1) A crime against humanity is committed where any of the following acts is committed as part of a widespread or systematic attack directed against any civilian population, with knowledge of the attack:

(a) murder;

(b) extermination;

(c) enslavement;

(d) deportation or forcible transfer of population;

(e) imprisonment or other severe deprivation of physical liberty in violation of fundamental rules of international law;

(f) torture;

(g) rape, sexual slavery, enforced prostitution, forced pregnancy, enforced sterilization, or any other form of sexual violence of comparable gravity;

(h) persecution against any identifiable group or collectivity on political, racial, national, ethnic, cultural, religious, gender as defined in subarticle (3), or other grounds that are universally recognized as impermissible under international law, in connection with any act referred to in this sub-article or any crime under article 54A;

(i) enforced disappearance of persons;

(j) the crime of apartheid;

(k) other inhumane acts of a similar character intentionally causing great suffering, or serious injury to body or to mental or physical health.

(2) For the purpose of subarticle (1) —

(a) "attack directed against any civilian population" means a course of conduct involving the multiple commission of acts referred to in subarticle (1) against any civilian population, pursuant to or in furtherance of a State or organizational policy to commit such attack;

(b) "extermination" includes the intentional infliction of conditions of life, *inter alia* the deprivation of access to food and medicine, calculated to bring about the destruction of part of a population;

(c) "enslavement" means the exercise of any or all of the powers attaching to the right of ownership over a person and includes the exercise of such power in the course of trafficking in persons, in particular women and children;

(d) "deportation or forcible transfer of population" means forced displacement of the persons concerned by expulsion or other coercive acts from the area in which they are lawfully present, without grounds permitted under international law;

(e) "torture" means the intentional infliction of severe pain or suffering, whether physical or mental, upon a person in the custody or under the control of the accused; except that torture shall not include pain or suffering arising only from, inherent in or incidental to, lawful sanctions;

(f) "forced pregnancy" means the unlawful confinement of a woman forcibly made pregnant, with the intent of affecting the ethnic composition of any population or carrying out other grave violations of international law. This definition shall not in any way be interpreted as affecting national laws relating to pregnancy;

(g) "persecution" means the intentional and severe deprivation of fundamental rights contrary to international law by reason of the identity of the group or collectivity;

(h) "the crime of apartheid" means inhumane acts of a character similar to those referred to in subarticle (1), committed in the context of an institutionalized regime of systematic oppression and domination by one racial group over any other racial group or groups and committed with the intention of maintaining that regime;

(i) "enforced disappearance of persons" means the arrest, detention or abduction of persons by, or with the authorization, support or acquiescence of, a State or a political organization, followed by a refusal to acknowledge that deprivation of freedom or to give information on the fate or whereabouts of those persons, with the intention of removing them from the protection of the law for a prolonged period of time.

(3) For the purpose of this Title, it is understood that the term "gender" refers to the two sexes, male and female, within the context of society. The term "gender" does not indicate any meaning different from the above.

War crimes.
Added by:
XXIV. 2002.13.

54D. A war crime is committed where any of the following acts is committed:

(a) grave breaches of the Geneva Conventions of 12 August 1949, namely, any of the following acts against persons or property protected under the provisions of the relevant Geneva Convention:

(i) wilful killing;

(ii) torture or inhuman treatment, including biological experiments;

(iii) wilfully causing great suffering, or serious injury to body or health;

(iv) extensive destruction and appropriation of property, not justified by military necessity and carried out unlawfully and wantonly;

(v) compelling a prisoner of war or other protected person to serve in the forces of a hostile Power;

(vi) wilfully depriving a prisoner of war or other protected person of the rights of fair and regular trial;

(vii) unlawful deportation or transfer or unlawful confinement;

(viii) taking of hostages;

(b) other serious violations of the laws and customs applicable in international armed conflict, within the established framework of international law, namely, any of the following acts:

(i) intentionally directing attacks against the civilian population as such or against individual civilians not taking direct part in hostilities;

(ii) intentionally directing attacks against civilian objects, that is, objects which are not military objectives;

(iii) intentionally directing attacks against personnel, installations, material, units or vehicles involved in a humanitarian assistance or peacekeeping mission in accordance with the Charter of the United Nations, as long as they are entitled to the protection given to civilians or civilian objects under the international law of armed conflict;

(iv) intentionally launching an attack in the knowledge that such attack will cause incidental loss of life or injury to civilians or damage to civilian objects or widespread, long-term and severe damage to the natural environment which would be clearly excessive in relation to the concrete and direct overall military advantage anticipated;

(v) attacking or bombarding, by whatever means, towns, villages, dwellings or buildings which are undefended and which are not military objectives;

(vi) killing or wounding a combatant who, having laid down his arms or having no longer means of defence, has surrendered at discretion;

(vii) making improper use of a flag of truce, of the flag or of the military insignia and uniform of the enemy or of the United Nations, as well as of the distinctive emblems of the Geneva Conventions, resulting in death or serious personal injury;

(viii) the transfer, directly or indirectly, by the Occupying Power of parts of its own civilian population into the territory it occupies, or the deportation or transfer of all or parts of the population of the occupied territory within or outside this territory;

(ix) intentionally directing attacks against buildings dedicated to religion, education, art, science or charitable purposes, historic monuments, hospitals and places where the sick and wounded are collected, provided they are not military objectives;

(x) subjecting persons who are in the power of an adverse party to physical mutilation or to medical or scientific experiments of any kind which are neither justified by the medical, dental or hospital treatment of the person concerned nor carried out in his or her interest, and which cause death to or seriously endanger the health of such person or persons;

(xi) killing or wounding treacherously individuals belonging to the hostile nation or army;

(xii) declaring that no quarter will be given;

(xiii) destroying or seizing the enemy's property unless such destruction or seizure be imperatively demanded by the necessities of war;

(xiv) declaring abolished, suspended or inadmissible in a court of law the rights and actions of the nationals of the hostile party;

(xv) compelling the nationals of the hostile party to take part in the operations of war directed against their own country, even if they were in the belligerent's service before the commencement of the war;

(xvi) pillaging a town or place, even when taken by assault;

(xvii) employing poison or poisoned weapons;

(xviii) employing asphyxiating, poisonous or other gases, and all analogous liquids, materials or devices;

(xix) employing bullets which expand or flatten easily in the human body, such as bullets with a hard envelope which does not entirely cover the core or is pierced with incisions;

...... *omissis* ....

(xxi) committing outrages upon personal dignity, in particular humiliating and degrading treatment;

(xxii) committing rape, sexual slavery, enforced prostitution, forced pregnancy, as defined in article 54C (2) (f), enforced sterilization, or any other form of sexual violence also constituting a grave breach of the Geneva Conventions;

(xxiii) utilizing the presence of a civilian or other protected person to render certain points, areas or military forces immune from military operations;

(xxiv) intentionally directing attacks against buildings, material, medical units and transport, and personnel using the distinctive emblems of the Geneva Conventions in conformity with international law;

(xxv) intentionally using starvation of civilians as a method of warfare by depriving them of objects indispensable to their survival, including wilfully impeding relief supplies as provided for under the Geneva Conventions;

(xxvi) conscripting or enlisting children under the age of fifteen years into the national armed forces or using them to participate actively in hostilities;

(c) in the case of an armed conflict not of an international character, serious violations of article 3 common to the four Geneva Conventions of 12 August 1949, namely, any of the following acts committed against persons taking no active part in the hostilities, including members of armed forces who have laid down their arms and those placed *hors de combat* by sickness, wounds, detention or any other cause:

(i) violence to life and person, in particular murder of all kind, mutilation, cruel treatment and torture;

(ii) committing outrages upon personal dignity, in particular humiliating and degrading treatment;

(iii) taking of hostages;

(iv) the passing of sentences and the carrying out of executions without previous judgement pronounced by a regularly constituted court, affording all judicial guarantees which are generally recognized as indispensable;

(d) paragraph (c) applies to armed conflicts not of an international character and thus does not apply to situations of internal disturbances and tensions, such as riots, isolated and sporadic acts of violence or other acts of a similar nature;

(e) other serious violations of the laws and customs applicable in armed conflicts not of an international character, within the established framework of international law, namely, any of the following acts:

(i) intentionally directing attacks against the civilian population as such or against individual civilians not taking direct part in hostilities;

(ii) intentionally directing attacks against buildings, material, medical units and transport, and personnel using the distinctive emblems of the Geneva Conventions in conformity with international law;

(iii) intentionally directing attacks against personnel, installations, material, units or vehicles involved in a humanitarian assistance or peacekeeping mission in accordance with the Charter of the United Nations, as long as they are entitled to the protection given to civilians or civilian objects under the international law of armed conflict;

(iv) intentionally directing attacks against buildings dedicated to religion, education, art, science or charitable purposes, historic monuments, hospitals and places where the sick and wounded are collected, provided they are not military objectives;

(v) pillaging a town or place, even when taken by assault;

(vi) committing rape, sexual slavery, enforced prostitution, forced pregnancy, as defined in article 54C(2)(f), enforced sterilization, and any other form of sexual violence also constituting a serious violation of article 3 common to the four Geneva Conventions;

(vii) conscripting or enlisting children under the age of fifteen years into armed forces or groups or using them to participate actively in hostilities;

(viii) ordering the displacement of the civilian population for reasons related to the conflict, unless the security of the civilians involved or imperative military reasons so demand;

(ix) killing or wounding treacherously a combatant adversary;

(x) declaring that no quarter will be given;

(xi) subjecting persons who are in the power of another party to the conflict to physical mutilation or to medical or scientific experiments of any kind which are neither justified by the medical, dental or hospital treatment of the person concerned nor carried out in his or her interest, and which cause death to or seriously endanger the health of such person or persons;

(xii) destroying or seizing the property of an adversary unless such destruction or seizure be imperatively demanded by the necessities of the conflict;

(f) paragraph (e) applies to armed conflicts not of an international character and thus does not apply to situations of internal disturbances and tensions, such as riots, isolated and sporadic acts of violence or other acts of a similar nature. It applies to armed conflicts that take place in the territory of a State when there is protracted armed conflict between governmental authorities and organized armed groups or between such groups.

Responsibility of commanders and other superiors.
Added by:
XXIV. 2002. 13.

54E. (1) This article applies in relation to offences under this Part.

(2) A military commander, or a person effectively acting as a military commander, is responsible for offences committed by forces under his effective command and control, or (as the case may be) his effective authority and control, as a result of his failure to exercise control properly over such forces where—

(a) he either knew, or owing to the circumstances at

the time, should have known that the forces were committing or about to commit such offences, and

(b) he failed to take all necessary and reasonable measures within his power to prevent or repress their commission or to submit the matter to the competent authorities for investigation and prosecution.

(3) With respect to superior and subordinate relationships not described in subarticle (2), a superior is responsible for offences committed by subordinates under his effective authority and control, as a result of his failure to exercise control properly over such subordinates where—

(a) he either knew, or consciously disregarded information which clearly indicated, that the subordinates were committing or about to commit such offences,

(b) the offences concerned activities that were within his effective responsibility and control, and

(c) he failed to take all necessary and reasonable measures within his power to prevent or repress their commission or to submit the matter to the competent authorities for investigation and prosecution.

(4) A person responsible under this article for an offence is regarded as an accomplice in the commission of the offence.

(5) In interpreting and applying the provisions of this article (which corresponds to article 28 of the ICC Treaty) the court shall take into account any relevant judgment or decision of the ICC and account may also be taken of any other relevant international jurisprudence.

(6) Nothing in this article shall be read as restricting or excluding—

(a) any liability of the commander or superior apart from this article, or

(b) the liability of persons other than the commander or

superior.

54F. (1) References in this Part to a person committing—

(a) genocide,

(b) a crime against humanity, or

(c) a war crime,

shall be construed in accordance with this article.

(2) Unless otherwise provided by—

(a) the articles mentioned in the definition in article 54A(1) of the crimes specified in subarticle (1)(a) to (c) of this article, or in any relevant Elements of Crimes referred to in article 54A(3),

(b) article 54E,

a person is regarded as committing a crime referred to in subarticle (1) only if the material elements of the crime are committed with intent and knowledge.

(3) For this purpose—

(a) a person has intent—

(i) in relation to conduct, where he means to engage in the conduct, and

(ii) in relation to a consequence, where he means to cause the consequence or is aware that it will occur in the ordinary course of events, and

(b) "knowledge" means awareness that a circumstance exists or a consequence will occur in the ordinary course of events.

(4) In interpreting and applying the provisions of this article (which corresponds to article 30 of the ICC Treaty) the court shall take into account any relevant judgment or decision of the ICC and may also take into account any other relevant international jurisprudence.

54G. Without prejudice to the provisions of article 5, a criminal action for an offence under this Title may also be

BOOK FIRST   PENAL LAWS

Cap. 220.

prosecuted in Malta—

(a) against any person subject to military law in terms of articles 178, 179 and 180 of the Malta Armed Forces Act even if the offence was committed outside Malta; or

(b) against any citizen of Malta or permanent resident in Malta who outside Malta conspires to commit any offence under this Title even if the offence is to be committed outside Malta.

Protection of victims and witnesses.
Added by:
XXIV. 2002. 13.

54H. The provisions of any law which make provision for the protection of victims and witnesses of certain offences shall apply *mutatis mutandis* to any victim or witness of an offence under this Title.

Supplementary provisions for offences under this Title.
Added by:
XXIV. 2002. 13.

54I. (1) The following provisions apply in relation to offences under this Title.

(2) Proceedings for an offence shall not be instituted except by or with the consent of the Attorney General.

(3) A person convicted of an offence involving murder shall be dealt with as for an offence consisting in the killing of a person in such circumstances as would, if committed in Malta, constitute wilful homicide.

(4) In any other case a person convicted of an offence is liable to imprisonment for a term not exceeding thirty years.

(5) The provisions of Title VI of Part III of Book Second of this Code do not apply.

Attempts against the President of Malta.
Amended by:
XXI. 1971. 8.
Substituted by:
XXVII. 1975. 3.
Amended by:
XLIX. 1981. 4.
Insurrection or
coup d' état.
Substituted by:
XXI. 1971. 9.
Amended by:
XXVII. 1975. 4;
XLIX. 1981. 4.

Title I Bis
OF CRIMES AGAINST THE SAFETY OF THE GOVERNMENT

55. Whosoever shall take away the life or the liberty of the President of Malta, or shall endanger his life by bodily harm, shall, on conviction, be liable to the punishment of imprisonment for life.

56. (1) Whosoever shall subvert or attempt to subvert the Government of Malta by committing any of the acts hereunder mentioned, shall, on conviction, be liable to the punishment of imprisonment for life:

(a) taking up arms against the Government of Malta for the purpose of subverting it;

(b) bearing arms in the service of any foreign Power against the Republic of Malta;

(c) aiding the enemies of the Republic of Malta in any other manner whatsoever against the said Republic;

(d) usurping or unlawfully assuming any of the executive powers of the Government of Malta, for the purpose of subverting it;

(e) taking up arms for the purpose of compelling the Government of Malta to change its measures or counsels, or of obstructing the exercise of its lawful authority.

Extenuating circumstances.

(2) The punishment, however, shall be diminished by one or two degrees, where the crime is not carried into effect, in consequence of the voluntary determination of the offender not to complete the crime.

Conspiracy against the State.
Amended by:
V. 1868. 4;
XLIX. 1981. 4.

57. (1) Whosoever shall take part in a conspiracy having for its object any of the crimes referred to in the last preceding two articles, shall, on conviction, be liable to imprisonment for a term from three to six years.

Aggravating circumstance.

(2) Where, besides the mere conspiracy, preparatory measures for carrying the crime into effect shall also have been taken, the punishment shall be of imprisonment for a term from five to nine years.

Commencement of conspiracy.

58. A conspiracy shall subsist from the moment in which any mode of action whatsoever is planned or agreed upon between two or more persons.

59. (1) Whosoever, by any speech delivered in any

BOOK FIRST   PENAL LAWS

Provocation to perpetrate crimes against the safety of the Government.

public place or at any public meeting, shall directly provoke the perpetration of any of the crimes referred to in this Title, shall, on conviction, be liable to the punishment for the crime provoked by him, diminished by one degree.

(2) If the provocation shall produce no effect, the punishment shall be decreased from one to three degrees.

Exemption from punishment.

60. In the crimes referred to in the preceding articles of this Title, any of the offenders who shall, before the commission of the crime or before any attempt to commit the crime, and prior to the commencement of any proceedings, give information thereof to the Government or to the authorities of the Government, shall be exempted from punishment.

Failure to disclose.

61. Whosoever, knowing that any of the crimes referred to in the preceding articles of this Title is about to be committed, shall not, within twenty-four hours, disclose to the Government or to the authorities of the Government, the circumstances which may have come to his knowledge, shall, for the mere omission, be liable, on conviction, to imprisonment for a term from nine to eighteen months.

Exemptions.

62. The provisions of the last preceding article shall not apply to the husband or wife, the ascendants or descendants, the brother or sister, the father-in-law or mother-in-law, the son-in-law or daughter-in-law, the uncle or aunt, the nephew or niece, and the brother-in-law or sister-in-law of a principal or an accomplice in the crime so not disclosed.

Title II
OF CRIMES AGAINST THE PUBLIC PEACE

When offence is deemed to be accompanied with public violence.
Amended by:
IX. 1859. 2.

63. Any offence committed by three or more persons assembled with intent to commit an offence, and two of whom carry arms proper, shall be deemed to be accompanied with public violence.

Definition of "arms proper" and "arms improper".
Amended by:
XI. 1900. 15.

64. (1) Arms proper are all fire-arms and all other weapons, instruments and utensils which are mainly intended for defensive or offensive purposes.

(2) All other weapons, instruments or utensils are not considered as arms, except when they are actually made use of for any offensive or defensive purpose, in which case they are called arms improper.

Punishment for offences accompanied with public violence.
Amended by:
IX. 1859. 3.

65. (1) The punishment for an offence accompanied with public violence, shall be higher by one degree than the punishment provided for the same offence when not accompanied with public violence.

(2) In no case shall the punishment be less than that provided in article 66.

Assembly under arms.
Amended by:
IX. 1859. 4.

66. The persons assembled as provided in article 63 shall, for the mere fact of having so assembled, be liable to imprisonment for a term from one to three months.

Conspiracy.

67. Any crime committed by any of the persons mentioned in article 63, shall, for the purposes of punishment, be considered as being accompanied with public violence if in the commission of the crime such persons shall have acted in pursuance of a common design.

Unlawful assembly.
Amended by:
IX. 1859. 5;
VIII. 1909. 5.

68. (1) Whosoever shall incite an assembly of persons, who when so incited shall be ten or more in number, for the purpose of committing an offence, shall, for the mere fact of the incitement, be liable, on conviction, to imprisonment for a term from one to three months or to a fine (*multa*).

(2) Whosoever shall take an active part in an assembly of ten or more persons for the purpose of committing an offence, although the said assembly may not have been incited by any one in particular, shall, on conviction, be liable to imprisonment for a term from three days to three months or to

BOOK FIRST   PENAL LAWS

a fine (*multa*).

(3) Where the offence which such assembly of persons intended to commit is committed, then, if the punishment established for the offence is less than the punishments aforesaid, these punishments shall be applied with an increase of one degree; if, however, the punishment established for the offence is greater than, or equal to, the punishments aforesaid, then that punishment shall be applied with an increase of one degree.

Instigation to commit an offence.
Amended by:
XLIX. 1981. 4.

69. Whosoever shall publicly instigate any other person to commit an offence, shall, for the mere fact of the instigation, be liable, on conviction, to—

(a) imprisonment for a term from two to five years, in the case of a crime liable to a punishment higher than the punishment of imprisonment for a term of three years; or

(b) imprisonment for a term not exceeding two years, in the case of a crime liable to the punishment of imprisonment for a term not exceeding three years; or

(c) a fine (*multa*) or detention, in the case of any other offence.

Incitement to disobey the law.

70. Whosoever shall publicly incite any other person to disobey the law, shall, on conviction, be liable to imprisonment for a term not exceeding three months or to a fine (*multa*), or, in minor cases, to detention or to a fine (*ammenda*).

Unlawful endeavour to compel Government to alter measures or counsels.
Amended by:
XXI. 1971. 10;
XXVII. 1975. 5.

71. Whosoever shall, by any unlawful means not amounting to the crime referred to in article 56, endeavour to compel the President of Malta or the Government of Malta, to change his or their measures or counsels, shall, on conviction, be liable to imprisonment for a term from six months to two years.

Contempt of the President.
Amended by:
XXVII. 1975. 6.

72. Whosoever shall use any defamatory, insulting, or disparaging words, acts or gestures in contempt of the person of the President of Malta, or shall censure or disrespectfully mention or represent the said President, by words, signs, or visible representations, or by any other means not provided for in the law relating to the Press, shall, on conviction, be liable to imprisonment for a term from one to three months or to a fine (*multa*).

Unlawful assembly with seditious intent.
Amended by:
XXI. 1971. 11;
XXVII. 1975. 7;
XLIX. 1981. 4.

73. If three or more persons shall unlawfully assemble, or being unlawfully assembled, shall continue so together, with intent, by public speeches, exhibition of flags, inscriptions, or other means or devices whatsoever, to excite hatred or contempt towards the person of the President of Malta or towards the Government of Malta, or to excite other persons to attempt to alter any matter established by law, otherwise than by lawful means, every person so offending shall, on conviction, be liable to imprisonment for a term from six to eighteen months.

Seditious conspiracy.
Amended by:
XXVII. 1975. 8;
XLIX. 1981. 4.

74. If two or more persons shall conspire to excite hatred or contempt towards the person of the President of Malta or towards the Government of Malta, or to incite other persons to attempt the alteration of any matter established by law, otherwise than by lawful means, every person so offending shall, on conviction, be liable to imprisonment for a term from six to eighteen months.

False imputation of misconduct in the administration of the Government.
Amended by:
XXVII. 1975. 9.

75. Whosoever, by speeches delivered in any public place or at any public meeting, shall falsely impute misconduct in administering the Government of Malta to a person employed or concerned in the administration of the Government of Malta, shall, on conviction, be liable to imprisonment for a term from one to three months or to a fine (*multa*).

Administering unlawful oath.

76. (1) Whosoever shall administer, or cause to be administered or taken, any oath or engagement intended to bind the person taking the same to engage in any mutinous or seditious purpose, or to disturb the public peace, or to be of any association, society or confederacy formed for any such purpose, shall, on conviction, be liable to imprisonment for a term from seven months to two years.

(2) The punishment established in subarticle (1) shall also apply, where the oath or engagement is intended to bind the person taking the same in any of the modes following:

(a) to obey the orders of any committee or body of men not lawfully constituted, or of any leader or other person not having authority by law for that purpose;

(b) not to inform or give evidence against any associate or other person, or not to reveal or discover any illegal act done, attempted, or intended to be done by such person or any other.

Person taking unlawful oath.
Amended by:
IX. 1982. 2.

77. The punishment established in the last preceding article shall apply to any person who shall take any such oath or engagement as provided in that article, unless he shall have been compelled thereto:

Provided that compulsion shall not justify or excuse any person taking such oath or engagement, unless he shall, within four days after such compulsion shall cease, report the fact to the public authorities.

Inciting to sedition or to mutiny.
Amended by:
XXVII. 1975. 10;
XLIX. 1981. 4.

78. Whosoever shall endeavour to seduce any person serving in the Armed Forces of Malta from his duty and allegiance to the Republic of Malta, or to incite or stir up any such person to commit any act of mutiny, or to make or endeavour to make any mutinous assembly, or to commit any traitorous or mutinous practice whatsoever, shall, on conviction, be liable to imprisonment for a term from nine months to three years.

Tumultuous assembly.
Amended by:
XXVII. 1975. 10;
XLIX. 1981. 4.

79. (1) If three or more persons shall assemble or shallcontinue together, for any purpose whatsoever, in such manner and under such circumstances of violence, threats, tumults, numbers, display of arms or otherwise, as are calculated to create terror and alarm among persons in Malta, every such assembly shall be deemed unlawful, and every person forming part of such assembly shall, on conviction, be liable to imprisonment for a term from four to twelve months.

Aggravating circumstance.

(2) Where the unlawful assembly shall proceed, either whollyor in part, to execute their common design, or shall attempt so to do, any person so assembling shall, on conviction, be liable to imprisonment for a term from six to eighteen months.

Disobedience of order for dispersal.

80. If twelve or more persons being unlawfully assembled together to the disturbance of the public peace, and being formally warned or required by any competent authority to disperse themselves and peaceably to depart to their habitations or to their lawful business, shall, to the number of twelve or more, unlawfully remain or continue together for the space of one hour after such public warning shall have been given, every such offender shall, on conviction, be liable to imprisonment for a term from nine months to three years.

Assembly when not unlawful.
Amended by:
XXVII. 1975. 12.

81. There shall not be deemed to be an unlawful assembly under the provisions of the preceding articles, where three or more persons shall assemble for the common purpose of assisting in the defence of the possession of the dwelling-house or other property of any one of them or in the defence of the person of any one of them although they may execute or endeavour to execute such purpose, or otherwise conduct themselves violently and tumultuously, or in such manner and under such circumstances as are calculated to create terror and alarm among persons in Malta.

Spreading of false news.
Added by:
VI. 1933. 2.

82. Whosoever shall maliciously spread false news which is likely to alarm public opinion or disturb public good

BOOK FIRST   PENAL LAWS

order or the public peace or to create a commotion among the public or among certain classes of the public, shall, on conviction, be liable to imprisonment for a term from one to three months.

Incitement to racial hatred, etc.
Added by:
III. 2002. 19.

82A. (1) Whosoever uses any threatening, abusive or insulting words or behaviour, or displays any written or printed material which is threatening, abusive or insulting, or otherwise conducts himself in such a manner, with intent thereby to stir up racial hatred or whereby racial hatred is likely, having regard to all the circumstances, to be stirred up shall, on conviction, be liable to imprisonment for a term from six to eighteen months.

(2) For the purposes of the foregoing subarticle "racial hatred" means hatred against a group of persons in Malta defined by reference to colour, race, nationality (including citizenship) or ethnic or national origins.

Promotion of political object by use or display of physical force.
Added by:
XV. 1959. 2.
Substituted by:
XV. 1973. 2.
Amended by:
XIII. 1983. 5.

83. Any person who establishes, maintains or belongs to any association of persons who are organised and trained or organised and equipped for the purpose of enabling them to be employed for the use or display of physical force in promoting any political object shall be guilty of an offence and liable, on conviction, to a fine (*multa*) not exceeding one hundred liri or to imprisonment for a term not exceeding six months, or to both such fine and imprisonment.

Promoting, etc., an organization of two or more persons with a view to commit criminal offences.
Added by:
III. 2002. 20.

83A. (1) Any person who promotes, constitutes, organises or finances an organisation of two or more persons with a view to commit criminal offences liable to the punishment of imprisonment for a term of four years or more shall be liable to the punishment of imprisonment for a term from three to seven years.

(2) Any person who belongs to an organisation referred to in subarticle (1) shall for that mere fact be liable to the punishment of imprisonment for a term from one to five

years.

(3) Where the number of persons in the organisation is ten or more the punishment in the preceding subarticles shall be increased form one to two degrees.

(4) Where the person found guilty of an offence under this title is the director, manager, secretary or other principal officer of a body corporate or is a person having a power of representation of such a body or having an authority to take decisions on behalf of that body or having authority to exercise control within that body and the offence of which that person was found guilty was committed for the benefit, in part or in whole, of that body corporate, the said person shall for the purposes of this title be deemed to be vested with the legal representation of the same body corporate which shall be liable as follows:

(a) where the offence of which the person was found guilty is the offence in subarticle (1), to the payment of a fine (*multa*) of not less than 15,000 liri and not more than 50,000 liri;

(b) where the offence of which the person was found guilty is the offence in subarticle (2), to the payment of a fine (*multa*) of not less than 10,000 liri and not more than 30,000 liri;

(c) where the offence of which the person was found guilty is punishable as provided in subarticle (3) of this article—

(i) where the offence is that provided in subarticle (1), to the punishment of a fine (*multa*) of not less than 20,000 liri and not more than 500,000 liri;

(ii) where the offence is that provided in subarticle (1), to the punishment of a fine (*multa*) of not less than 15,000 liri and not more than 50,000 liri.

(5) The criminal action for an offence against the provi-

sions of this article may be prosecuted in Malta notwithstanding that the organization of persons is based or pursues its criminal activities outside Malta.

Title III
OF CRIMES AGAINST THE ADMINISTRATION OF JUSTICE AND OTHER PUBLIC ADMINISTRATIONS

Sub-title I
OF THE USURPATION OF PUBLIC AUTHORITY AND OF THE POWERS THEREOF

§ OF THE USURPATION OF FUNCTIONS

Unlawful exercise of public functions.

84. Whosoever shall assume any public function, whether civil or military, without being entitled thereto, and shall perform any act thereof, shall, on conviction, be liable to imprisonment for a term from four months to one year.

§ OF THE UNLAWFUL ASSUMPTION BY PRIVATE PERSONS OF POWERS BELONGING TO PUBLIC AUTHORITY

Arbitrary exercise of pretended rights.

85. Whosoever, without intent to steal or to cause any wrongful damage, but only in the exercise of a pretended right, shall, of his own authority, compel another person to pay a debt, or to fulfil any obligation whatsoever, or shall disturb the possession of anything enjoyed by another person, or demolish buildings, or divert or take possession of any water-course, or in any other manner unlawfully interfere with the property of another person, shall, on conviction, be liable to imprisonment for a term from one to three months:

Provided that the court may, at its discretion, in lieu of

the above punishment, award a fine (*multa*).

86. Whosoever, without a lawful order from the competent authorities, and saving the cases where the law authorizes private individuals to apprehend offenders, arrests, detains or confines any person against the will of the same, or provides a place for carrying out such arrest, detention or confinement, shall, on conviction, be liable to imprisonment for a term from seven months to two years:

Illegal arrest, detention or confinement.
Amended by:
XLIX. 1981.4.

Provided that the court may, in minor cases, award imprisonment for a term from one to three months or a fine (*multa*).

87. (1) The punishment for the crime referred to in the last preceding article, shall be imprisonment for a term from thirteen months to three years in each of the following cases:

Aggravating circumstances.
Amended by:
XLIX. 1981.4;
IV. 1994.2;
XVII. 1996.19.

(a) if the detention or confinement continues for more than twenty days;

(b) if the arrest is effected with the unauthorized use of a uniform, or under an assumed name, or under a warrant falsely purporting to be issued by a public authority;

(c) if the individual arrested, detained or confined, is subjected to any bodily harm, or is threatened with death;

(d) if the detention or confinement is continued by the offender notwithstanding his knowledge that a writ or warrant for the release or delivery of the person detained or confined has been issued by the competent authority;

(e) if the crime is committed with the object of extorting money or effects, or of compelling any other person to agree to any transfer of property belonging to such person;

(f) if the crime is committed for the purpose of forcing another person to do or to omit an act, which, if voluntarily done or omitted, would be a crime;

(g) if the crime is committed as a means of compelling a person to do an act or to submit to treatment injurious to

BOOK FIRST PENAL LAWS

the modesty of that person's sex.

(2) Where a person who commits the crime referred to in the last preceding article threatens to kill, to injure or to continue to detain or confine the person arrested, detained or confined, with the object of compelling a state, an international governmental organisation or person to do or to abstain from doing an act he shall be liable to the punishment of imprisonment for life.

Punishment for illegal arrest, etc., accompanied with bodily harm.
Amended by:
XLIX. 1981.4.

88. Where the bodily harm referred to in paragraph (c) of the last preceding article is liable to a punishment higher than the punishment of imprisonment for a term of two years, or is committed or accompanied with any kind of torture, the punishment shall be imprisonment for a term from four to six years.

Extenuating circumstance.

89. The punishment for the illegal arrest, detention or confinement of a person, without the concurrence of any of the circumstances mentioned in article 87(b), (c), (d), (e), (f) and (g), and in the last preceding article, shall be imprisonment for a term from seven months to one year, where the offender, before the commencement of any proceedings at law, restores to liberty the person arrested, detained or confined, within twenty-four hours after the arrest, detention or confinement, provided that during this interval the offender has not attained the object for which such person has been arrested, detained or confined.

Unlawful removal of persons to a foreign country or unlawful confinement therein.
Amended by:
XXVII. 1975.13.

90. Whosoever unlawfully and forcibly removes any person to any other country, or wrongfully detains, arrests or confines any citizen of Malta in any other country, shall, on conviction, be liable to the punishment laid down in article 87.

Sub-title II
OF OUTRAGE AND VIOLENCE AGAINST PUBLIC OFFICERS

Violence and threats against public officers.

91. Whosoever by violence or threats compels a public officer to do or not to do any act appertaining to his office, shall, on conviction, be liable to imprisonment for a term from four months to three years.

Definition of "public officer".

92. The general expression "public officer", includes not only the constituted authorities, civil and military, but also all such persons as are lawfully appointed to administer any part of the executive power of the Government, or to perform any other public service imposed by law, whether it be judicial, administrative or mixed.

Reviling or threatening judge, Attorney General, magistrate or juror.
Amended by:
VI. 1871.6;
XI. 1900.16;
L. N. 46 of 1965;
LVIII. 1974.68.

93. (1) Whosoever reviles or threatens a judge, or the Attorney General, or a magistrate or a juror, while in the exercise of his functions or because of his having exercised his functions, or with intent to intimidate or unlawfully influence him in the exercise of his functions, shall, on conviction, be liable to imprisonment for a term from one to three months and to a fine (*multa*).

Aggravating circumstance.

(2) If the object of the vilification is that of damaging or diminishing the reputation of the person against whom it is directed, the punishment shall be imprisonment for a term from three months to one year.

(3) Where the threat is of a crime, the punishment shall be imprisonment for a term from seven to eighteen months, and if the threat be made by means of any writing, whether anonymous or signed in one's own name or in a fictitious name, the punishment shall be increased by one degree, and in either case, the offender may be required to enter into a recognizance as provided in articles 383, 384 and 385, with or without surety, according to circumstances.

BOOK FIRST PENAL LAWS

Bodily harm caused to judge, Attorney General, magistrate or juror.
Amended by:
IX. 1859. 6;
XI. 1900. 17;
XLIX. 1981. 4.

94. (1) Whosoever shall cause a bodily harm to any of the persons mentioned in the last preceding article, while in the exercise of his functions or because of his having exercised his functions, or with intent to intimidate or unduly influence him in the exercise of his functions, shall, on conviction, be liable to imprisonment for a term from two to five years.

(2) Where the bodily harm is of such a nature that, if caused to any person other than those mentioned in the last preceding article, it would render the offender liable to a higher punishment, such higher punishment shall be awarded, with an increase of one degree.

Vilification, threats or bodily harm against other public officers.
Amended by:
IV. 1856. 10;
XI. 1900. 18, 19;
XLIX. 1981. 4.

95. (1) Whosoever, in any other case not included in the last preceding two articles, shall revile, or threaten, or cause a bodily harm to any person lawfully charged with a public duty, while in the act of discharging his duty or because of his having discharged such duty, or with intent to intimidate or unduly influence him in the discharge of such duty, shall, on conviction, be liable to the punishment established for the vilification, threat, or bodily harm, when not accompanied with the circumstances mentioned in this article, increased by one degree.

(2) No increase, however, shall be made when the punishment is that established for contraventions.

(3) Nor shall an increase be made when the punishment is that of imprisonment for a term not exceeding three months: in such case, however, the court may, in addition, award a fine (*multa*).

Assault or resistance.
Amended by:
XLIX. 1981. 4.

96. Whosoever shall assault or resist by violence or active force not amounting to public violence, any person lawfully charged with a public duty when in the execution of the law or of a lawful order issued by a competent authority, shall, on conviction, be liable—

(a) where the assault or resistance is committed by one or two persons, to imprisonment for a term from four months to one year;

(b) where the assault or resistance is committed by three or more persons, to imprisonment for a term from seven months to two years.

97. If any of the offenders mentioned in the last preceding article shall use any arm proper in the act of the assault or resistance, or shall have previously provided himself with any such arm with the design of aiding such assault or resistance, and shall, on apprehension, be found in possession of any such arm, he shall be liable to imprisonment for a term from nine months to three years.

Aggravating circumstance.
Amended by:
IX. 1859.7;
V. 1956.14;
XLIX. 1981.4.

98. Where any of the crimes referred to in article 96 be accompanied with public violence, the punishment shall be imprisonment for a term from two to five years.

Assault or resistance accompanied with public violence.
Amended by:
XLIX. 1981.4.

99. No punishment shall be awarded for the mere act of the assault or resistance mentioned in articles 96 and 98 against any person who, although he shall have attempted to commence or shall have actually commenced to act, shall, at the first warning given by the person assaulted or to whom resistance is offered, or by any public authority, desist from the further commission of the crime.

Exemption from punishment in case of desistance.

Sub-title III
OF CALUMNIOUS ACCUSATIONS, OF PERJURY AND OF FALSE SWEARING

Amended by:
IV. 1856.11.

100. In this sub-title "criminal proceedings" includes the inquiry referred to in Sub-title II of Title II of Part I of Book Second of this Code and any proceedings under the Malta Armed Forces Act.

Interpretation.
Added by:
XXI. 1971.13.
Substituted by:
III. 2002.21.
Cap. 220.

101. (1) Whosoever, with intent to harm any person, shall accuse such person before a competent authority with an

Calumnious accusations.
Amended by:
IX. 1859.8;
V. 1956.15;
XLIX. 1981.4.

BOOK FIRST   PENAL LAWS

offence of which he knows such person to be innocent, shall, for the mere fact of having made the accusation, on conviction, be liable—

(a) to imprisonment for a term from thirteen to eighteen months, if the false accusation be in respect of a crime liable to a punishment higher than the punishment of imprisonment for a term of two years;

(b) to imprisonment for a term from six to nine months, if the false accusation be in respect of a crime liable to a punishment not higher than the punishment of imprisonment for a term of two years, but not liable to the punishments established for contraventions;

(c) to imprisonment for a term from three days to three months, if the false accusation be in respect of any other offence.

Aggravating circumstances. (2) Where the crime is committed with intent to extort money or other effects, the punishment shall be increased by one degree.

Subornation or attempted subornation of witness, referee or interpreter. Amended by: XI. 1900. 20; III. 2002. 22.
102. Whosoever, in any civil or criminal proceedings, suborns a witness, a referee, or an interpreter, to give false evidence or to make a false report or a false interpretation, shall, on conviction, be liable—

(a) where the false evidence, report or interpretation has been given or made, to the punishment to which a person giving false evidence would be liable;

(b) where there has only been an attempt of subornation of a witness, a referee, or an interpreter, to the same punishment decreased by one or two degrees.

Preparation or production of false documents.
103. Whosoever, in any civil or criminal proceedings, shall cause a false document to be prepared or shall knowingly produce a false document, shall be liable to the same punishment as the forger thereof.

104. (1) Whosoever shall give false evidence in any

Perjury in certain criminal trials.
Amended by:
VIII. 1909.6;
XXI. 1971.12;
XLIX. 1981.4;
XIV. 1983.2;
III. 2002.23.

criminal proceedings for a crime liable to a punishment higher than the punishment of imprisonment for a term of two years, either against or in favour of the person charged or accused, shall, on conviction, be liable to imprisonment for a term from two to five years.

(2) Where, however, the person accused shall have been sentenced to a punishment higher than that of imprisonment for a term of five years, the witness who shall have given false evidence against such person in the trial, or of whose evidence use shall have been made against such person in the trial, shall be liable to such higher punishment:

Provided that if such higher punishment is death, the false witness shall be liable to imprisonment for life.

Perjury in other criminal trials.
Amended by:
IX. 1859.9;
XLIX. 1981.4;
III. 2002.24.

105. Whosoever shall give false evidence in any criminal proceedings for an offence not referred to in the last preceding article, either against or in favour of the person charged or accused, shall, on conviction, be liable to imprisonment for a term from nine months to two years.

Perjury in civil proceedings.
Amended by:
XII. 1914.7;
XLIX. 1981.4;
III. 2002.25.

106. (1) Whosoever shall give false evidence in civil matters, shall, on conviction, be liable to imprisonment for a term from seven months to two years.

(2) The provisions of subarticle (1) shall apply to any person who, being a party to a civil action, shall make a false oath.

(3) Whosoever shall make a false affidavit, whether in Malta or outside Malta, knowing that such affidavit is required or intended for any civil proceedings in Malta, shall, on conviction, be liable to the punishment mentioned in subarticle (1).

Perjury by referee or interpreter.

107. (1) Any referee who, in any civil or criminal proceedings, shall knowingly certify false facts, or maliciously give a false opinion, shall, on conviction, be liable to the punishment to which a false witness is liable under the preceding articles of this sub-title.

(2) The same punishment shall apply to any person who, when acting as interpreter in any judicial proceedings and upon oath, shall knowingly make a false interpretation.

108. (1) Whosoever, in any other case not referred to in the preceding articles of this sub-title, shall make a false oath before a judge, magistrate or any other officer authorized by law to administer oaths, shall, on conviction, be liable—

<small>False swearing.
Amended by:
XI. 1900. 21,22;
XLIX. 1981. 4;
III. 2002. 26.</small>

(a) to imprisonment for a term from four months to one year, if the oath be required by law, or ordered by a judgment or decree of any court in Malta;

(b) to imprisonment for a term not exceeding three months, if the oath be not so required or ordered.

(2) The provisions of this article shall not apply to promissory oaths.

109. (1) The court shall, in passing sentence against the offender for any crime referred to in this sub-title, expressly award the punishment of general interdiction, as well as interdiction from acting as witness, except in a court of law, or from acting as referee in any case whatsoever.

<small>Interdiction in sentences for calumnious accusations, perjury and false swearing.</small>

(2) Such interdiction shall be for a term from five to ten years in the cases referred to in the last preceding article, and for a term from ten to twenty years in any other case referred to in the other preceding articles of this sub-title.

110. (1) Whosoever shall fraudulently cause any fact or circumstance to exist, or to appear to exist, in order that such fact or circumstance may afterwards be proved in evidence against another person, with intent to procure such other person to be unjustly charged with, or convicted of, any offence, shall, on conviction, be liable to the punishment established for a false witness, in terms of the preceding articles of this sub-title.

<small>Fabrication of false evidence.
Amended by:
IX. 1911. 9;
XLIX. 1981. 4.</small>

(2) Whosoever shall lay before the Executive Police an

Simulation of offence.

information regarding an offence knowing that such offence has not been committed, or shall falsely devise the traces of an offence in such a manner that criminal proceedings may be instituted for the ascertainment of such offence, shall, on conviction, be liable to imprisonment for a term not exceeding one year.

Hindering person from giving necessary information or evidence.
Amended by:
VIII. 1909.7;
XLIX. 1981.4;
XIII. 1983.5.

111. (1) Whosoever shall hinder any person from giving the necessary information or evidence in any civil or criminal proceedings, or to or before any competent authority, shall, on conviction, be liable to imprisonment for a term from four months to one year or to a fine (*multa*).

Suppression, destruction or alteration of traces of crime.

(2) Whosoever, in any case not otherwise provided for in this Code, shall knowingly suppress, or in any other manner destroy or alter the traces of, or any circumstantial evidence relating to an offence, shall, on conviction, be liable—

(a) if the offence is a crime liable to a punishment not less than that of imprisonment for a term of one year, to the punishment laid down in subarticle (1);

(b) in the case of any other offence, to imprisonment for a term not exceeding three months or to detention or to a fine (*ammenda*) of not less than one lira.

Sub-title IV
OF ABUSE OF PUBLIC AUTHORITY
§ OF UNLAWFUL EXACTION, OF EXTORTION AND OF BRIBERY

Unlawful exaction.
Amended by:
XLIX. 1981.4.

112. Any officer or person employed in any public administration, or any person employed by or under the Government, whether authorized or not to receive moneys or effects, either by way of salary for his own services, or on account of the Government, or of any public establishment, who shall, under colour of his office, exact that which is not

BOOK FIRST   PENAL LAWS

allowed by law, or more than is allowed by law, or before it is due according to law, shall, on conviction, be liable to imprisonment for a term from three months to one year.

Extortion.
Amended by:
XLIX. 1981. 4.

113. Where the unlawful exaction referred to in the last preceding article, is committed by means of threats or abuse of authority, it shall be deemed to be an extortion, and the offender shall, on conviction, be liable to imprisonment for a term from thirteen months to three years.

Aggravating circumstances.

114. Where the crimes referred to in the last two preceding articles are accompanied with circumstances which render such crimes liable also to other punishments, the higher punishment shall be applied with an increase of one degree.

Bribery.
Amended by:
XII. 1914. 8, 9;
IV. 1974. 2;
XLIX. 1981. 4;
III. 2002. 27.

115. Any public officer or servant who, in connection with his office or employment, requests, receives or accepts for himself or for any other person, any reward or promise or offer of any reward in money or other valuable consideration or of any other advantage to which he is not entitled, shall, on conviction, be liable to punishment as follows:

(a) where the object of the reward, promise or offer, be to induce the officer or servant to do what he is in duty bound to do, the punishment shall be imprisonment for a term from three to thirteen months;

(b) where the object be to induce the officer or servant to forbear from doing what he is in duty bound to do, the punishment shall, for the mere acceptance of the reward, promise or offer, be imprisonment for a term from four to eighteen months;

(c) where, besides accepting the reward, promise, or offer, the officer or servant actually fails to do what he is in duty bound to do, the punishment shall be imprisonment for a term from six months to three years.

116. (1) Where the crime referred to in paragraph (c)

of the last preceding article consists in sentencing a defendant or person accused, the punishment shall be imprisonment for a term from one year to four years:

Where failure of duty consists in passing sentence on defendant or person accused.
Amended by:
XXI. 1971.14;
IV. 1974.3;
XLIX. 1981.4;
X. 2000.11.

Provided that in no case shall the punishment be lower than that to which the defendant or person accused has been sentenced.

(2) Where the punishment to which the defendant or person accused is sentenced is higher than the punishment of imprisonment for four years, such higher punishment shall be applied.

117. Where the crime referred to in article 115(c) consists in the release of a person charged with an offence, or in the discharge of a defendant or person accused, the punishment shall be as follows:

Where failure of duty consists in releasing a person charged or in discharging a defendant or person accused.
Amended by:
IV. 1974.4;
XLIX. 1981.4.

(a) where the charge, complaint, or indictment be in respect of a crime liable to a punishment higher than that of imprisonment for a term of two years, the punishment shall be imprisonment for a term from eighteen months to three years;

(b) where it be in respect of an offence liable to a punishment not higher than that of imprisonment for a term of two years, but not falling in the class of contraventions, the punishment shall be imprisonment for a term from nine months to two years;

(c) where it be in respect of a contravention, the punishment shall be imprisonment for a term from four to twelve months.

Bribery of member of House of Representatives.
Added by:
IV. 1974.5.
Amended by:
XLIX. 1981.4;
XIII. 2002.10.

118. Any member of the House of Representatives who requests, receives or accepts, for himself or for any other person, any reward or promise or offer of any reward in money or other valuable consideration or of any other advantage given or made with the object of influencing him in his conduct as a member of the House shall, on conviction, be lia-

BOOK FIRST   PENAL LAWS

ble to imprisonment for a term from six months to three years.

Cases in which punishment of general interdiction is applied.
Amended by:
XLIX. 1981. 4.

119. The punishment of perpetual general interdiction shall be added to the punishments established in the preceding articles of this sub-title when the maximum of such punishments exceeds two years' imprisonment; when the maximum of the said punishments does not exceed two years' imprisonment, then the punishment of temporary general interdiction shall be added.

Punishment for persons bribing public officers or servants.
Added by:
I. 1903. 3.
Substituted by:
IV. 1974. 6.
Amended by:
XLIX. 1981. 4.

120. (1) In the cases referred to in articles 115, 116, 117 and 118, the person who bribes the public officer or servant or the member of the House of Representatives, as the case may be, shall be deemed to be an accomplice.

(2) Where the public officer or servant does not commit the crime, the person who attempts to induce such officer or servant to commit the crime shall, on conviction, be liable to imprisonment for a term from three to eighteen months.

(3) Where the member of the House of Representatives does not commit the crime, the person who attempts to induce such member to commit the crime shall, on conviction, be liable to imprisonment for a term from three months to two years.

Embracery and corruption of other persons.
Amended by:
VI. 1871. 7.
Substituted by:
IV. 1974. 7.
Amended by:
III. 2002. 28;
XIII. 2002. 10.

121. (1) The provisions of this sub-title shall apply to and in relation to any person who is entrusted with or has functions relating to the administration of a statutory or other corporate body having a distinct legal personality, or who is employed with such a body, as they apply to or in relation to an officer or person referred to in article 112 or a public officer or servant referred to in article 115.

(2) Articles 115 to 117, article 119 and article 120 (1) and (2) shall apply to and in relation to jurors as they apply to or in relation to a public officer or servant referred to in article 115.

(3) The provisions of this sub-title in relation to an officer or person referred to in article 112 or a public officer or servant referred to in article 115 shall also apply to and in relation to any employee or other person when directing or working in any capacity for or on behalf of a natural or legal person operating in the private sector who knowingly, in the course of his business activities, directly or through an intermediary and in breach of his duties, conducts himself in any manner provided for in those articles:

Provided that for the purposes of this subarticle the expression "breach of duty" includes any disloyal behaviour constituting a breach of a statutory duty, or, as the case may be, a breach of professional regulations or instructions, which apply within the business in question.

(4) The provisions of this sub-title shall also apply to any conduct falling within the descriptions set out in the provisions of this sub-title and in which is involved:

(a) a public officer or servant of any foreign State including any member of a domestic assembly of any foreign State which exercises legislative or administrative powers; or

(b) any officer or servant, or any other contracted employee, of any international or supranational organization or body or of any of its institutions or bodies, or any other person carrying out functions corresponding to those performed by any said officer, servant or contracted employee; or

(c) any member of a parliamentary assembly of any international or supranational organisation; or

(d) any holder of judicial office or any official of any international court; or

(e) any member, officer or servant of a Local Council; or

(f) any person mentioned in the preceding paragraphs and the offence was committed outside Malta by a Maltese

BOOK FIRST   PENAL LAWS

citizen or by a permanent resident in Malta;

For the purposes of this paragraph, the phrase "permanent resident" shall have the same meaning assigned to it by article 5(1)(d); or

(g) as the person who committed the offence, any person mentioned in paragraph (b) and the organisation, institution or body in question has its headquarters in Malta.

Trading in influence.
Added by:
III. 2002. 29.

121A. (1) Any person who promises, gives or offers, directly or indirectly, any undue advantage to any other person who asserts or confirms that he or she is able to exert an improper influence over the decision-making of any person referred to in the preceding articles of this sub-title, in order to induce such other person to exercise such influence, whether such undue advantage is for such other person or anyone else, shall on conviction be liable to the punishment of imprisonment for a term from three months to one year.

(2) Any person who receives or accepts any offer or promise of any undue advantage for himself or for anyone else with the object of exercising any improper influence as is referred to in subarticle (1) shall on conviction be liable to the punishment laid down in that subarticle.

(3) The offences referred to in subarticles (1) and (2) shall be complete whether or not the alleged ability to exert an improper influence existed, whether or not the influence is exerted and whether or not the supposed influence leads to the intended result.

Accounting offences.
Added by:
III. 2002. 29.

121B. Whosoever, with intent to commit, conceal or disguise any offence under the preceding articles of this sub-title, creates or uses an invoice or any other accounting document or record containing false or incomplete information or unlawfully omits to make a record of payment, shall on conviction be liable to the punishment of imprisonment from three months to one year without prejudice to any other punishment to which he may be liable under any other provision of this Code or of any other law.

121C. Without prejudice to the provisions of article 5, the Maltese courts shall also have jurisdiction over the offences laid down in this sub-title where:

(a) only part of the action giving execution to the offence took place in Malta; or

(b) the offender is a Maltese national or permanent resident in Malta, a public officer or servant of Malta or a member of the House of Representatives or of a Local Council; or

(c) the offence involves a public officer or servant of Malta or is a member of the House of Representatives or of a Local Council; or

(d) the offence involves any of those persons to whom reference is made in article 121(b), (c) or (d) and that person is at the same time a citizen or permanent resident in Malta within the meaning of article 5(1)(d).

121D. Where the person found guilty of an offence under this title is the director, manager, secretary or other principal officer of a body corporate or is a person having a power of representation of such a body or having an authority to take decisions on behalf of that body or having authority to exercise control within that body and the offence of which that person was found guilty was committed for the benefit, in part or in whole, of that body corporate, the said person shall for the purposes of this title be deemed to be vested with the legal representation of the same body corporate which shall be liable to the payment of a fine (*multa*) of not less than 500 liri and not more than 500,000 liri.

§ OF ABUSES COMMITTED BY
ADVOCATES AND LEGAL
PROCURATORS

122. Any advocate or legal procurator who, having al-

BOOK FIRST   PENAL LAWS

Prevarication by advocate or legal procurator.

ready commenced to act on behalf of one party, shall, in the same lawsuit, or in any other involving the same matter and interest, in opposition to such party or to any person claiming under him, change over, without the consent of such party or person, and act on behalf of the opposite party, shall, on conviction, be liable to a fine (*multa*), and to temporary interdiction from the exercise of his profession for a term from four months to one year.

Betrayal of interests of client.
Amended by:
XLIX. 1981. 4.

123. Any advocate or legal procurator who shall betray the interests of his client in such a manner that, in consequence of his betrayal or deceitful omission, the client shall lose the cause, or any right whatsoever shall be barred to his prejudice, shall, on conviction, be liable to imprisonment for a term from seven to eighteen months, and to perpetual interdiction from the exercise of his profession.

§ OF MALVERSATION BY PUBLIC OFFICERS AND SERVANTS

Private interest in adjudications, etc.

124. Any public officer or servant who shall overtly or covertly or through another person take any private interest in any adjudication, contract, or administration, whether he holds wholly or in part the direction or superintendence thereof, or held such direction or superintendence at the time when such adjudication, contract, or administration commenced, shall, on conviction, be liable to imprisonment for a term from one to six months and to perpetual interdiction from his public office or employment.

Private interest in the issuing of orders, etc.

125. Any public officer or servant who takes any private interest in any matter in respect of which he is entrusted with the issuing of orders, the winding up of accounts, the making of arrangements or payments of any sort, shall, on conviction, be liable to the punishments laid down in the last preceding article.

Aggravating circumstance.
Amended by:
XLIX. 1981. 4.

126. Whenever, in the cases referred to in the last two

preceding articles, any loss is fraudulently caused to the administration to which the matter belongs, the punishment shall be imprisonment for a term from eighteen months to three years, with interdiction as provided in those articles.

Embezzlement.
Amended by:
XLIX. 1981. 4.

127. Any public officer or servant who for his own private gain, misapplies or purloins any money, whether belonging to the Government or to private parties, credit securities or documents, bonds, instruments, or movable property, entrusted to him by virtue of his office or employment, shall, on conviction, be liable to imprisonment for a term from two to six years, and to perpetual general interdiction.

§ OF ABUSES RELATING TO PRISONS

Turnkey or gaoler taking person in custody without warrant.

128. Any turnkey or gaoler who shall take any prisoner in custody without a lawful warrant or order from a person authorized by law to issue such warrant or order, shall, on conviction, be liable to imprisonment for a term from one to three months.

Arbitrary acts or restrictions by turnkeys or gaolers.

129. (1) Any turnkey or gaoler who shall subject any person under his custody to any arbitrary act or restriction not allowed by the prison regulations, shall, on conviction, be liable to the punishment established in the last preceding article.

Aggravating circumstance.

(2) Where the restriction or arbitrary act aforesaid of itself constitutes a crime liable to an equal or a higher punishment, such punishment shall be applied with an increase of one degree.

Detention of persons under arrest in place other than a public prison.

130. Any public officer or servant who, without authority or necessity, detains or causes to be detained, any person under arrest, in any place other than a place appointed as a public prison, shall, on conviction, be liable to imprisonment for a term from one to three months or to a fine (*multa*).

BOOK FIRST   PENAL LAWS

§ OF THE REFUSAL OF A SERVICE LAWFULLY DUE

Refusal to perform a lawful duty.

131. Any public officer or servant who has under his orders the civil police force and who, on a lawful request made by any competent authority, fails to afford the assistance of such force, shall, on conviction, be liable to imprisonment for a term from four to six months.

Allegation of false excuse by juror, witness or referee.

132. Any juror, witness or referee who, with the object of not affording assistance to the competent authority lawfully requiring such assistance, or of explaining his non-appearance before such authority, alleges an excuse which is shown to be false, shall, in addition to the punishment established for his non-appearance, be liable, on conviction, to imprisonment for a term from one to three months.

§ OF ABUSE OF AUTHORITY, AND OF BREACH OF DUTIES PERTAINING TO A PUBLIC OFFICE

Amended by:
VI. 1899. 3.
Disclosing official secrets.
Added by:
VI. 1899. 4.
Amended by: I. 1903. 4.

133. Any public officer or servant who communicates or publishes any document or fact, entrusted or known to him by reason of his office, and which is to be kept secret, or who in any manner facilitates the knowledge thereof, shall, where the act does not constitute a more serious offence, be liable, on conviction, to imprisonment for a term not exceeding one year or to a fine (*multa*).

Unlawful continuance in office or employment.

134. Any public officer or servant who, having been dismissed, interdicted, or suspended, and having had due notice thereof, continues in the exercise of his office or employment, shall, on conviction, be liable to imprisonment for a term from one to six months.

Obstruction of execution of law by public functionaries.
Amended by:
XLIX. 1981. 4.

135. Any person vested with public authority who, by any unlawful measures devised with other persons, hinders the execution of the law, shall, on conviction, be liable to imprisonment for a term from eighteen months to three years.

马耳他刑事法典

Unlawful domiciliary entry by public officials.
Amended by:
VI. 1871. 8.

136. (1) Any public officer or servant who, under colour of his office, shall, in cases other than those allowed by law, or without the formalities prescribed by law, enter any house, or other building or enclosure belonging to any person, shall, on conviction, be liable to imprisonment for a term not exceeding three months or to a fine (*multa* or *ammenda*).

Aggravating circumstances.

(2) Where it is proved that the entry has taken place for an unlawful purpose or for a private advantage, the offender shall, on conviction, be liable to imprisonment for a term from one to twelve months.

Failure or refusal of magistrates or Police to perform certain duties.

137. Any magistrate who, in a matter within his powers, fails or refuses to attend to a lawful complaint touching an unlawful detention, and any officer of the Executive Police, who, on a similar complaint made to him, fails to prove that he reported the same to his superior authorities within twenty-four hours, shall, on conviction, be liable to imprisonment for a term from one to six months.

Malicious violation of official duties.
Amended by:
V. 1868. 5;
VI. 1871. 9;
I. 1903. 5.

138. Any public officer or servant who shall maliciously, in violation of his duty, do or omit to do any act not provided for in the preceding articles of this Title, to the oppression or injury of any other person, shall, on conviction, be liable to imprisonment for a term not exceeding three months or to a fine (*multa*):

Provided that the court may, in minor offences, award any of the punishments established for contraventions.

Aggravating circumstance.

139. Where the injurious or oppressive act is one of those mentioned in articles 86, 87, 88 and 89, the offender shall, on conviction, be liable to the punishment laid down in those articles respectively, increased by one degree.

Torture and other cruel, inhuman or degrading treatment or punishment.
Added by:
XXIX. 1990. 5.

139A. Any public officer or servant or any other person acting in an official capacity who intentionally inflicts on a person severe pain or suffering, whether physical or men-

BOOK FIRST PENAL LAWS

tal—

(a) for the purpose of obtaining from him or a third person information or a confession; or

(b) for the purpose of punishing him for an act he or a third person has committed or is suspected of having committed; or

(c) for the purpose of intimidating him or a third person or of coercing him or a third person to do, or to omit to do, any act; or

(d) for any reason based on discrimination of any kind, shall, on conviction, be liable to imprisonment for a term from five to nine years:

Provided that no offence is committed where pain or suffering arises only from, or is inherent in or incidental to, lawful sanctions or measures:

Provided further that nothing in this article shall affect the applicability of other provisions of this Code or of any other law providing for a higher punishment.

Additional punishment of interdiction. **140.** In the cases referred to in articles 133 to 139 inclusively, the court may, in addition to the punishment therein laid down, award the punishment of temporary or perpetual general interdiction.

§ GENERAL PROVISION APPLICABLE
TO PUBLIC OFFICERS

Substituted by:
III. 2002. 30.
General provision.
Amended by:
IX. 1859. 10.

141. Saving the cases where the law specifically prescribes the punishment to which offences committed by public officers or servants are subject, any public officer or servant who shall be guilty of any other offence over which it was his duty to watch or which by virtue of his office he was bound to repress, shall, on conviction, be liable to the punishment laid down for such offence, increased by one degree.

Sub-title V

OF THE VIOLATION OF PUBLIC ARCHIVES, PUBLIC OFFICES, PUBLIC PLACES OF CONFINEMENT, AND PUBLIC MONUMENTS

§ OF THE BREAKING OF SEALS, AND OF THE PURLOINING OF DOCUMENTS OR DEPOSITS FROM THE PUBLIC ARCHIVES OR OTHER PUBLIC OFFICES

Breaking of seals.

142. (1) Whosoever shall be guilty of breaking any seal affixed by order of a public authority, shall, on conviction, be liable to imprisonment for a term from one to three months.

Negligence of person in charge.

(2) Where there has been negligence on the part of the person in charge, such person shall, for the mere negligence, be liable to the same punishment laid down in subarticle (1).

(3) In either case, the court may, in lieu of the said punishment, award a fine (*multa*).

Theft aggravated by "breaking".

143. Every theft committed by means of the breaking of any seal affixed by order of a public authority shall be deemed to be a theft aggravated by "breaking".

Embezzlement, etc., of documents, etc., from places of public deposit.
Amended by:
XLIX. 1981. 4.

144. (1) In cases of embezzlement, destruction, mutilation or purloining of documents, records or other papers, registers, acts or any effects whatsoever existing in the public archives, or in any other public offices, or delivered to any public depositary or functionary whatsoever in virtue of his office, the offender shall, on conviction, be liable to imprisonment for a term from thirteen months to three years.

Negligence of functionaries.

(2) Where there has been negligence on the part of the archivist, registrar, recording officer, notary, or other func-

BOOK FIRST PENAL LAWS

tionary, such archivist, registrar, recording officer, notary or other functionary shall, for the mere negligence, be liable, on conviction, to imprisonment for a term from four to six months or to a fine (*multa*).

Aggravating circumstance of "violence".
Amended by:
XLIX. 1981. 4.

145. Where any of the crimes referred to in the preceding articles of this sub-title is committed with violence against the person, the offender shall, on conviction, be liable to imprisonment for a term from two to six years.

Fraudulent withdrawal of letters or packets.
Amended by:
XLIX. 1981. 4.

146. Repealed by: XVII. 1996. 19.

147. Repealed by: XVII. 1996. 19.

Fraudulent retention, etc., of postal packets or parcels.
Amended by:
V. 1868. 6;
XVI. 1900. 136;
XLIX. 1981. 4.

148. Repealed by: XVII. 1996. 19.

149. Repealed by: XVII. 1996. 19.

150. Saving the cases of negligence referred to in articles 142 and 144, any public officer or servant who shall, in the execution of his office, commits or connives at any of the crimes mentioned in the preceding articles of this sub-title, shall, on conviction, be liable to the punishment established for the crime, increased by one degree, and to the punishment of perpetual general interdiction.

Unlawful opening of letters, etc., by post office officials.
Amended by:
XLIX. 1981. 4.

Suppression of letters, etc., by post office officials.
Amended by:
XLIX. 1981. 4.

Aggravation of punishment in the case of public officers.

§ OF THE VIOLATION OF PUBLIC PLACES OF CONFINEMENT, OF THE ESCAPE OF PERSONS IN CUSTODY OR SUSPECTED OR SENTENCED, AND OF THE HARBOURING OF OFFENDERS

Simple escape of a person sentenced.
Substituted by:
VII. 1999. 6.

151. Any person under sentence and any other prisoner who shall be guilty of simple escape or who escapes from the custody of the person or persons charged with his custody, shall, on conviction, be liable to imprisonment for a term of not less than six months but not more than one year.

In this article "prisoner" means any person who is confined in prison and includes a prisoner while he is being moved to or from a prison or from one prison to another or while he is under treatment or observation in any hospital.

Prison breaking.
Substituted by:
VII. 1999. 6.

152. Any prisoner who shall be guilty of escape from any place of confinement or of punishment, or from a hospital where he is under treatment or observation, or from the custody of the person or persons charged with his custody, shall, when the escape has been effected by violence on the person, or with breaching the places mentioned, be liable, on conviction, to imprisonment for a term from two years to four years saving any other punishment to which he may be subject under any other provision of this Code or any other law.

In this article "prisoner" has the same meaning assigned to it in article 151.

Negligence or imprudence of person charged with the custody, etc., of person escaping.
Amended by:
XXI. 1971. 15;
XLIX. 1981. 4.

153. Where the escape of any person under arrest or sentence is effected in consequence of the negligence or imprudence of the person charged with his custody, care or conveyance, the person so charged shall, on conviction, be liable—

(a) if the party escaping is accused of, or sentenced for any crime liable to a punishment not exceeding two years' imprisonment, or if he is in lawful custody for any cause other than a crime, to imprisonment for a term from one to three months;

(b) if the party escaping is accused of, or sentenced for any crime liable to a punishment exceeding two years but not exceeding five years' imprisonment, to imprisonment for a term from four to six months;

(c) if the party escaping is accused of, or sentenced for any crime liable to a punishment exceeding five years' imprisonment, to imprisonment for a term from seven months to one year.

Connivance, etc., of person charged with the custody, etc., of person escaping.
Amended by:
XXI. 1971. 16;
XLIX. 1981. 4,

154. Where the escape of any person under arrest or sentence is effected with the connivance of or by bribing the person charged with his custody, care, or conveyance, the person so charged shall, in the cases referred to in paragraphs (a), (b) and (c) of the last preceding article, be liable, on conviction, to imprisonment for the term as respectively fixed in the said paragraphs, increased by one degree and to the punishment of perpetual general interdiction.

Aggravating circumstances.

155. The punishment laid down in the last two preceding articles shall be increased by one degree, where the escape is effected by any of the means mentioned in article 152, or by conveying into the place of confinement or of punishment any instrument or weapon to facilitate the escape.

Aiding and abetting on the part of person not charged with the custody, etc., of person escaping.
Amended by:
IX. 1982. 2.

156. Whosoever, not being charged with the custody, care, or conveyance of any person under arrest or sentence, shall facilitate or be an accomplice in the escape of such person, shall, on conviction, be liable to the punishment established for the person so charged and conniving, decreased by one degree:

Provided that in the cases referred to in the last preceding article, the offender shall be liable to the same punishment established for the person so charged and conniving.

Assisting criminals to escape from Malta.
Amended by:
XXI. 1971. 17;
II. 1973. 2;
XLIX. 1981. 4.

157. Whosoever shall knowingly provide the means for effecting an escape from Malta, whether of a person accused of a crime or of a person under arrest or sentence for a crime, or of a person under warrant of arrest for a crime, or of a person who has committed a crime although not yet sentenced nor under arrest or warrant of arrest, shall, on conviction, be liable—

(a) where the said crime as regards the fugitive is not liable to a punishment exceeding two years' imprisonment, to imprisonment for a term from one to three months;

(b) where the said crime as regards the fugitive is liable to a punishment exceeding two years' but not five years' imprisonment, to imprisonment for a term from four to six months;

(c) where the said crime as regards the fugitive is liable to a punishment exceeding five years' imprisonment, to imprisonment for a term from seven months to one year.

158. Whosoever shall knowingly harbour or cause to be harboured any person against whom there is a warrant of arrest for any offence liable to imprisonment for a term exceeding three months, or for whom the Executive Police is searching for the purpose of arresting him for any such offence, or who has escaped from arrest for any such offence, shall, on conviction, be liable to imprisonment for a term from three days to three months.

Harbouring of criminals.
Amended by:
VIII. 1857. 1;
XXI. 1971. 18;
XLIX. 1981. 4.

159. Nevertheless, the wife or husband, the ascendant or descendant, the brother or sister, the father-in-law, or mother-in-law, the son-in-law or daughter-in-law, the uncle or aunt, the nephew or niece and the brother-in-law or sister-in-law of any fugitive or person so harboured, shall be exempted from the punishments laid down in the last two preceding articles.

Exemptions.

160. The provisions of articles 151 to 159 inclusively shall apply in the case of escape of any person lawfully confined from any place appointed for his custody.

Escape from places of custody.
Added by:
I. 1903. 6.

§ OF THE VIOLATION OF PUBLIC MONUMENTS

161. Whosoever shall destroy, throw down, deface, or otherwise damage any monument, statue, or other object of art, destined for public utility or public embellishment, and erected by, or with the permission of the public authority, shall, on conviction, be liable to imprisonment for a term from one month to one year or to a fine (*multa*) not exceeding one thousand liri:

Damage to monuments, etc.
Amended by:
III. 2002. 31.

Provided that the court may, in minor cases, apply any of the punishments established for contraventions.

162. Whosoever shall violate any tomb or burial place,

BOOK FIRST   PENAL LAWS

Violation of tombs.
Amended by:
III. 2002. 32.

publicly acknowledged as such, shall, on conviction, be liable to imprisonment for a term from one to eighteen months or to a fine (*multa*) not exceeding five hundred liri.

Title IV
OF CRIMES AGAINST THE RELIGIOUS SENTIMENT

Added by:
XXVIII. 1933. 1.
Vilification of the Roman Catholic Apostolic Religion.
Added by:
XXVIII. 1933. 2.

163. Whosoever by words, gestures, written matter, whether printed or not, or pictures or by some other visible means, publicly vilifies the Roman Catholic Apostolic Religion which is the religion of Malta, or gives offence to the Roman Catholic Apostolic Religion by vilifying those who profess such religion or its ministers, or anything which forms the object of, or is consecrated to, or is necessarily destined for Roman Catholic worship, shall, on conviction, be liable to imprisonment for a term from one to six months.

Vilification of other cults tolerated by law.
Added by:
XXVIII. 1933. 2.

164. Whosoever commits any of the acts referred to in the last preceding article against any cult tolerated by law, shall, on conviction, be liable to imprisonment for a term from one to three months.

Obstruction of religious services.
Added by:
XXVIII. 1933. 2.

165. (1) Whosoever impedes or disturbs the performance of any function, ceremony or religious service of the Roman Catholic Apostolic Religion or of any other religion tolerated by law, which is carried out with the assistance of a minister of religion or in any place of worship or in any public place or place open to the public shall, on conviction, be liable to imprisonment for a term not exceeding one year.

(2) If any act amounting to threat or violence against the person is committed, the punishment shall be imprisonment for a term from six months to two years.

Title V
OF CRIMES AFFECTING PUBLIC TRUST

Sub-title I
OF FORGERY OF PAPERS, STAMPS AND SEALS

Forgery of Government debentures.
Amended by:
XII. 1913. 4;
XLIX. 1981. 4.

166. (1) Whosoever shall forge any Government debenture forsums advanced on loan to the Government, shall, on conviction, be liable to imprisonment for a term from three to five years, with or without solitary confinement.

(2) The same punishment shall apply where the forgery consists in opening a credit relative to such loan in the books of the Government Treasury.

(3) Where the forgery consists in the endorsement of a genuine Government debenture, the offender shall, on conviction, be liable to imprisonment for a term from thirteen months to four years, with or without solitary confinement.

Forgery of documents.
Amended by:
XII. 1913. 5;
XLIX. 1981. 4.

167. (1) Whosoever shall forge any schedule, ticket, order or other document whatsoever, upon the presentation of which any payment may be obtained, or any delivery of goods effected, or a deposit or pledge withdrawn from any public office or from any bank or other public institution established by the Government, or recognized by any public act of the Government, shall, on conviction, be liable to imprisonment for a term from thirteen months to four years, with or without solitary confinement.

(2) The same punishment shall apply where the crime consists in the forgery of any entry in the books of any such office, bank or other institution, relating to any such payment, goods, deposit, or pledge.

(3) Where the forgery consists only in the endorsement

of a genuine schedule, ticket, order, or document, the offender shall, on conviction, be liable to imprisonment for a term from nine months to three years, with or without solitary confinement.

Forgery of Government debentures and documents by public officers.
Amended by:
IV. 1882. 1.

168. (1) Any public officer or servant who, by abuse of his office or employment, becomes guilty of any of the crimes referred to in the last two preceding articles, shall, on conviction, be liable to the punishment therein prescribed for any such crime, increased by one degree.

(2) The same punishment shall apply to any public officer or servant who shall knowingly re-issue any order for payment of money or any of the documents mentioned in the last preceding article, after the payment or the delivery of the goods obtainable upon the presentation of such order or document has been effected.

Use of forged debentures or documents.

169. Whosoever shall knowingly make use of any of the instruments specified in articles 166, 167 and 168 shall, on conviction, be liable to the same punishment as the principal offender.

Forgery of Government, judicial or official acts.
Amended by:
XXVII. 1975. 14;
XLIX. 1981. 4.

170. (1) Whosoever shall forge any act containing an order or resolution of the Government of Malta, and whosoever shall forge any judgment, decree, or order of any court, judge, magistrate, or public officer, whereby any obligation is imposed or terminated, or any claim allowed or disallowed, or whereby any person is acquitted or convicted on any criminal charge, shall, on conviction, be liable to imprisonment for a term from two to four years, with or without solitary confinement.

Making use of forged acts.

(2) Whosoever shall knowingly make use of any such forged act, judgment, decree or order, shall, on conviction, be liable to the same punishment as the principal offender.

Forgery of acts or use of forged acts by public officer or servant.

(3) Where the person guilty of any of the crimes referred to in this article is a public officer or servant specially

charged with the drawing up, registration, or custody of any such act, judgment, decree or order, the punishment shall be increased by one degree.

171. Whosoever shall counterfeit the Public Seal of Malta, or shall knowingly make use of such counterfeited seal, shall, on conviction, be liable to imprisonment for a term from three to five years, with or without solitary confinement.

Counterfeiting the Public Seal of Malta.
Amended by:
XV. 1937.3;
XXVII. 1975.15;
XLIX. 1981.4.

172. (1) Whosoever, except in the cases referred to in the last preceding article, shall counterfeit any seal, stamp, or other mark, used for sealing, stamping, marking, authenticating or certifying, in the name of the Government or of any of the authorities thereof, documents or effects, whether public or private property, or which are under the public guarantee, shall, on conviction, be liable to imprisonment for a term from thirteen months to three years, with or without solitary confinement.

Counterfeiting of seals, stamps, or other Government marks.
Amended by:
XLIX. 1981.4;
III. 2002.33.

(2) Whosoever shall knowingly make use of any such seal, stamp, or mark and whosoever shall knowingly and without lawful authority be in possession of the said objects, shall be liable to the same punishment.

Making use of counterfeited seal, stamp, or mark.

173. Whosoever shall counterfeit postage stamps, or shall knowingly make use of counterfeited postage stamps, shall, on conviction, be liable to imprisonment for a term not exceeding two years, with or without solitary confinement.

Counterfeiting postage stamps, and making use of same.
Added by:
XVI. 1900.137.
Amended by:
XLIX. 1981.4.

174. (1) Whosoever, without the special permission of the Government, shall knowingly keep in his possession counterfeited postage stamps, dies, machines or instruments intended for the manufacture of postage stamps, shall, on conviction, be liable to the punishment established in the last preceding article.

Possessing counterfeited postage stamps, dies, etc.
Added by.
XVI. 1900.137.
Amended by:
XXVII. 1975.16.

(2) The provisions contained in this and in the last preceding article shall also apply in regard to any stamp deno-

BOOK FIRST PENAL LAWS

ting a rate of postage of any foreign country.

Purchasing or having in possession certain paper before it has been duly stamped and issued.
Added by:
XVI. 1900. 137.
Amended by:
VIII. 1909. 9.

175. The same punishment established in article 173 shall apply to any person who, without lawful authority or excuse, (the proof whereof shall lie on the person accused), knowingly purchases or receives, or takes or has in his custody or possession any paper exclusively manufactured or provided by or under the authority of the Government of Malta, for use as envelopes, wrappers or postage stamps, and for receiving the impression of stamp dies, plates or other instruments provided, made or used by or under the authority of the Government for postal purposes, before such paper has received such impression and has been issued for public use.

Act of counterfeiting Public Seal of Malta, stamps, etc., defined.

176. There shall be forgery within the meaning of articles 171 and 172, not only if a false instrument is made or affixed but also if the genuine instrument is fraudulently affixed.

Punishment for counterfeiting Public Seal of Malta, stamps, etc., when committed by public officers.

177. Where the person guilty of any of the crimes referred to in articles 171, 172 and 176 is a public officer or servant charged with the direction, custody, or proper application of the seals, stamps, or other instruments, the punishment shall be increased by one degree.

Exemption from punishment.
Substituted by:
IX. 1982. 2.

178. Any person guilty of any of the crimes referred to in articles 166 to 177 inclusively, shall be exempted from punishment if, before the completion of such crime and previously to any proceedings, he shall have given the first information thereof and revealed the offenders to the competent authorities.

Sub-title II
OF FORGERY OF OTHER PUBLIC OR PRIVATE WRITINGS

Forgery of acts by public officer.
Amended by:
XLIX. 1981. 4.

179. Saving the cases referred to in the preceding sub-title, any public officer or servant who shall, in the exercise of his functions, commit forgery by any false signature, or by the alteration of any act, writing, or signature, or by inserting the name of any supposititious person, or by any writing made or entered in any register or other public act, when already formed or completed, shall, on conviction, be liable to imprisonment for a term from two to four years, with or without solitary confinement.

Fraudulent alteration of acts by public officer.
Amended by:
XLIX. 1981. 4.

180. Any public officer or servant who, in drawing up any act within the scope of his duties, shall fraudulently alter the substance or the circumstances thereof, whether by inserting any stipulation different from that dictated or drawn up by the parties, or by declaring as true what is false, or as an acknowledged fact a fact which is not acknowledged as such, shall, on conviction, be liable to the punishment established in the last preceding article or to imprisonment for a term from eighteen months to three years, with or without solitary confinement.

Delivery of writings falsely purporting to be copies of public acts which do not exist.
Amended by:
XLIX. 1981. 4.

181. Any public officer or servant who shall give out any writing in a legal form, representing it to be a copy of a public act when such act does not exist, shall, on conviction, be liable to imprisonment for a term from thirteen months to two years, with or without solitary confinement.

Delivery of copies of acts differing from the original.

182. (1) The punishment laid down in the last preceding article shall be applied where the forgery is committed by the public officer or servant on a legal and authentic copy, by giving out the same in virtue of his office, in a manner contrary to or different from the original, without this being altered or suppressed.

Penalty in case of negligence.

(2) Where such copy is so given out by the mere negligence of the public officer or servant, he shall, on conviction, be liable to a fine (*multa*).

183. Any other person who shall commit forgery of any authentic and public instrument or of any commercial docu-

BOOK FIRST PENAL LAWS

Forgery of public, commercial or private bank documents by person not being a public officer.
Amended by:
VI. 1871.10;
XLIX. 1981.4.

ment or private bank document, by counterfeiting or altering the writing or signature, by feigning any fictitious agreement, disposition, obligation or discharge, or by the insertion of any such agreement, disposition, obligation or discharge in any of the said instruments or documents after the formation thereof, or by any addition to or alteration of any clause, declaration or fact which such instruments or documents were intended to contain or prove, shall, on conviction, be liable to imprisonment for a term from thirteen months to four years, with or without solitary confinement.

Malicious use of false documents.

184. Any person who shall knowingly make use of any of the false acts, writings, instruments or documents mentioned in the preceding articles of this sub-title, shall, on conviction, be liable to the punishment established for the forger.

Issue of false declarations or certificates.
Amended by:
VI. 1871.11;
XLIX. 1981.4.

185. (1) Saving the cases referred to in the preceding articles of this Title, where any public officer or servant who, by reason of his office, is bound to make or issue any declaration or certificate, shall falsely make or issue such declaration or certificate, he shall, on conviction, be liable to imprisonment for a term from nine months to three years.

(2) Where the falsification is committed by any person, other than a public officer or servant acting with abuse of authority, the punishment shall be imprisonment for a term from seven months to two years.

Malicious use of false declarations or certificates.

186. Whosoever shall knowingly make use of any of the documents mentioned in the last preceding article, shall, on conviction, be liable to the same punishment established for the author thereof.

Forgery of private writings.
Amended by:
XLIX. 1981.4.

187. (1) Whosoever shall, by any of the means specified in article 179, commit forgery of any private writing tending to cause injury to any person or to procure gain, shall, on conviction, be liable to imprisonment for a term from seven months to three years, with or without solitary confinement.

(2) Whosoever shall knowingly make use thereof, shall be liable to the same punishment.

Malicious use of forged private writings.

188. Whosoever, in order to gain any advantage or benefit for himself or others, shall, in any document intended for any public authority, knowingly make a false declaration or statement, or give false information, shall, on conviction, be liable to the punishment of imprisonment for a term not exceeding two years or to a fine (*multa*):

False declarations or information to a public authority.
Added by:
XIII. 1980. 4.

Provided that nothing in this article shall affect the applicability of any other law providing for a higher punishment.

§ GENERAL PROVISIONS APPLICABLE TO THIS TITLE

189. Whosoever shall commit any other kind of forgery, or shall knowingly make use of any other forged document, not provided for in the preceding articles of this Title, shall be liable to imprisonment for a term not exceeding six months, and if he is a public officer or servant acting with abuse of his office or employment, he shall be punishable with imprisonment for a term from seven months to one year.

Other kinds of forgery and use of forged documents.
Amended by:
IX. 1911. 10.
Substituted by:
V. 1956. 16.

189A. For the purposes of this Title, "document", "instrument", "writing" and "book" include any card, disc, tape, soundtrack or other device on or in which information is or may be recorded or stored by mechanical, electronic or other means.

Definition of document, etc.
Added by:
III. 2002. 34.

190. In all crimes of forgery when committed by public officers or servants, the punishment of perpetual general interdiction shall always be added to the punishment laid down for the crime.

Additional punishment of perpetual general interdiction.

BOOK FIRST PENAL LAWS

Title VI
OF CRIMES AGAINST PUBLIC TRADE

Amended by:
XI. 1900. 23.

§ OF BANKRUPTCY OFFENCES

Fraudulent bankruptcy.
Amended by:
IX. 1859. 12;
VI. 1871. 12;
XI. 1900. 23;
XLIX. 1981. 4.

191. A bankrupt trader shall be declared guilty of fraudulent bankruptcy and shall be punishable with imprisonment for a term from eighteen months to three years, in each of the cases following:

(a) if he conceals or falsifies his books;

(b) if he misapplies, conceals or dissembles any part of his assets;

(c) if he simulates fictitious debts;

(d) if in his books or in any public or private writing he fraudulently acknowledges himself debtor of any sum which is not due.

Circumstances which give rise to simple bankruptcy.
Amended by:
IX. 1859. 13;
VI. 1871. 12;
XI. 1900. 23.

192. A bankrupt trader shall be declared guilty of simple bankruptcy and shall be punishable with imprisonment for a term from seven months to one year, in each of the cases following:

(a) if his personal expenses or those of his family have been excessive, having regard to his means;

(b) if he has spent a considerable part of his estate in purely hazardous or obviously rash transactions;

(c) if, with the object of delaying his bankruptcy, he has purchased goods with the intention of re-selling them below the market value and has actually so re-sold them, or if he has had recourse to loans, to indorsement of mercantile documents or to other ruinous means for the purpose of obtaining funds;

(d) if, after having stopped payments, he has continued to carry on business;

(e) if, after having stopped payments, he has paid or given any undue preference to any creditor to the prejudice of the general body of creditors:

Provided that the court may, according to circumstances, decrease the punishment laid down in this article, from one to three degrees.

Bankruptcy of broker.
Amended by:
XI. 1900. 23.

193. Any broker who, in the course of the habitual exercise of his trade, becomes a bankrupt, shall be liable to the punishment laid down in the last preceding article.

Circumstances which may give rise to simple bankruptcy.
Amended by:
XI. 1900. 23.

194. A bankrupt trader can be declared guilty of simple bankruptcy and be liable to the punishment laid down in article 192, in each of the cases following:

(a) if he has not kept the books prescribed by law, or has irregularly kept such books, or if such books do not show his true financial position, (debit and credit);

(b) if, being lawfully summoned for examination before the competent authority and not being lawfully prevented, he fails to attend within the period fixed for his appearance.

Complicity in bankruptcy.
Amended by:
XI. 1900. 23.

195. Complicity in bankruptcy shall be restricted solely to those persons who collude with the bankrupt to defraud his creditors:

Provided that no charge of complicity shall lie against any person—

(a) who, having simulated claims against the bankrupt, shall not have made such claims in the bankruptcy proceedings, either in his own name or through an intermediary;

(b) who, having colluded with the bankrupt for misapplying, concealing, or dissembling any part of his assets, shall first disclose the fact to the competent authority and shall furnish or indicate the means by which the things misapplied, concealed, or dissembled may be recovered.

BOOK FIRST PENAL LAWS

Title VII
OF CRIMES AFFECTING THE GOOD ORDER OF FAMILIES

Sub-title I
OF CRIMES RELATING TO THE RECIPROCAL DUTIES OF THE MEMBERS OF A FAMILY

Bigamy.
Amended by:
XLIX. 1981. 4.

196. A husband or wife who, during the subsistence of a lawful marriage, contracts a second marriage, shall, on conviction, be liable to imprisonment for a term from thirteen months to four years.

Prostituting of descendant under age by ascendant.
Amended by:
VIII. 1909. 10;
XIV. 1918. 2;
XLVI. 1973. 108;
XLIX. 1981. 4;
IV. 1994. 3.

197. (1) Any ascendant by consanguinity or affinity who, by the use of violence or by threats, compels, or, by deceit, induces any descendant under age to prostitution, shall, on conviction, be liable to imprisonment for a term from three to six years, with or without solitary confinement.

Prostituting of spouse under age or of minor by husband or wife or tutor.

(2) The same punishment shall be applied to any husband or wife or tutor who, by the use of violence or by threats, compels, or, by deceit, induces to prostitution his or her spouse under age or the minor under his or her tutorship.

Prostituting of descendant or spouse of age, by ascendant or husband or wife.

(3) If the ascendant or the husband or wife, by the use of violence or by threats, compels, or, by deceit, induces the descendant or his or her spouse, of age, to prostitution, he or she shall, on conviction, be liable to imprisonment of a term from one to four years, with or without solitary confinement.

Consequences of conviction.

(4) A conviction under this article shall entail the forfeiture of every authority and right granted to the offender over the person or property of the husband or wife or of the de-

scendant to whose prejudice the offence shall have been committed, and, in the case of the tutor, his removal from the tutorship and his perpetual disability from holding the office of tutor.

Sub-title II

OF CRIMES AGAINST THE PEACE AND HONOUR OF FAMILIES, AND AGAINST MORALS

Amended by:
XI. 1900. 24.
Rape or carnal knowledge with violence.
Amended by:
XI. 1900. 26;
XLIX. 1981. 4.

198. Whosoever shall, by violence, have carnal knowledge of a person of either sex, shall, on conviction, be liable to imprisonment for a term from three to nine years, with or without solitary confinement.

Abduction.
Amended by:
XLIX. 1981. 4.

199. (1) Whosoever shall, by violence, abduct any person, with intent to abuse or marry such person, shall, on conviction, be liable, in the first case, to imprisonment for a term from eighteen months to three years, with or without solitary confinement, and, in the second case, to imprisonment for a term from nine to eighteen months.

(2) The punishments laid down in subarticle (1) shall apply to any person who shall, by fraud or seduction, abduct any person under the age of eighteen years, who is under the authority of a parent or tutor, or under the care of another person, or in an educational establishment.

Where offender restores person abducted.
Amended by:
VIII. 1909. 15;
IV. 1994. 4.

200. (1) If the offender under the last preceding article shall within twenty-four hours voluntarily release the person abducted without having abused such person, and shall restore such person to the family, or to his or her place of custody, or shall convey such person to any other place of safety, the punishment shall be imprisonment for a term from one to three months.

Where offender marries person abducted.

(2) In such case, if the offender, after abducting a person, shall marry such person, he shall not be liable to

prosecution, except on the complaint of the party whose consent, according to the civil laws, would be required for the marriage; and if the marriage takes place after the conviction, the penal consequences thereof shall cease and the party convicted shall, upon his application, be forthwith released by order of the court.

Presumption of violence in cases of carnal knowledge and indecent assault.
Amended by:
XI. 1900. 27.

201. Unlawful carnal knowledge and any other indecent assault, shall be presumed to be accompanied with violence—

(a) when it is committed on any person under twelve years of age;

(b) when the person abused was unable to offer resistance owing to physical or mental infirmity, or for any other cause independent of the act of the offender, or in consequence of any fraudulent device used by the offender.

Aggravating circumstances.
Amended by.
XI. 1900. 28.

202. The punishment prescribed for any of the crimes referred to in the preceding articles of this sub-title, shall be increased by one degree in each of the following cases:

(a) when the offender has availed himself of his capacity of public officer, or when the offender is a servant of the injured party, with salary or other remuneration;

(b) when the crime is committed by any ascendant, tutor, or institutor on any person under eighteen years of age;

(c) when the crime is committed on any prisoner by the person charged with the custody or conveyance of such prisoner;

(d) when the offender has, in the commission of the crime, been aided by one or more persons;

(e) when the offender has, in the commission of the crime, made use of any arms proper;

(f) when the person on whom the crime is committed, or any other person who has come to the assistance of that person, has sustained any bodily harm;

(g) when the person carnally known has not completed the age of nine years.

203. (1) Whosoever, by lewd acts, defiles a minor of either sex, shall, on conviction, be liable to imprisonment for a term not exceeding three years, with or without solitary confinement:

Defilement of minors.
Amended by:
III. 1885.1;
VIII. 1909.16;
XIV. 1918.3;
II. 1973.4;
XLIX. 1981.4;
IV. 1994.5.
Aggravating circumstances.

Provided that the offence shall be punishable with imprisonment for a term from three to six years, with or without solitary confinement, in each of the following cases:

(a) if the offence is committed on a person who has not completed the age of twelve years, or with violence;

(b) if the offence is committed by means of threats or deceit;

(c) if the offence is committed by any ascendant by consanguinity or affinity, or by the adoptive father or mother, or by the tutor of the minor, or by any other person charged, even though temporarily, with the care, education, instruction, control or custody of the minor.

Applicability of article 197 (4).

(2) The provisions of article 197(4) shall also apply in the case of an offence under this article, when the offence is committed by any ascendant or tutor.

Complaint of injured party.

(3) No proceedings shall be instituted in respect of any offence under this article except on the complaint of the injured party:

Inadmissibility of complaint.

Provided that where the offence is not accompanied by any of the circumstances as to fact or person mentioned in subarticle (1)(a), (b), and (c), the complaint shall not be admissible after the lapse of one year from the day on which the act was committed or knowledge thereof was obtained by the person entitled to lodge the complaint in lieu of the injured party:

Provided further that proceedings shall be instituted *ex officio*—

BOOK FIRST PENAL LAWS

Proceedings *ex officio*.

(a) in any of the cases referred to in the proviso to article 544;

(b) when the act is committed with abuse of parental authority or of tutorship.

Instigation, etc., of defilement of minors.
Added by:
III. 2002. 35.

203A. Whosoever, by any means other than those mentioned in article 203(1), instigates, encourages or facilitates the defilement of a minor of either sex, shall, on conviction be liable to imprisonment for a term not exceeding two years and the provisions of article 203(2) and (3) shall, *mutatis mutandis*, apply to an offence under this article:

Provided that the offence shall be punishable with imprisonment for a term not exceeding four years in any of the cases referred to in the proviso to article 203(1).

Inducing, etc., persons under age to prostitution.
Added by:
XIV. 1918. 4.
Amended by:
IX. 1935. 2;
XLIX. 1981. 4;
XXIX. 1990. 6;
IV. 1994. 6.

204. (1) Whosoever in order to gratify the lust of any other person induces a person under age to practise prostitution, or instigates the defilement of such person, or encourages or facilitates the prostitution or defilement of such person, shall, on conviction, be liable to imprisonment for a term from eighteen months to four years, with or without solitary confinement:

Aggravating circumstances.

Provided that the offence shall be punishable with imprisonment for a term from two to six years, with or without solitary confinement, in each of the following cases:

(a) if the offence is committed to the prejudice of a person who has not completed the age of twelve years;

(b) if the offence is committed by deceit;

(c) if the offence is committed by any ascendant by consanguinity or affinity, by the adoptive father or mother, by the husband or wife or tutor of the minor, or by any other person charged, even though temporarily, with the care, eduction, instruction, control or custody of the minor;

(d) if the offence is committed habitually or for gain.

(2) The provisions of article 197(4) shall also apply in

the case of any offence under this article, when the offence is committed by the husband or the wife, by an ascendant or by the tutor.

205. Whosoever in order to gratify the lust of any other person, by the use of violence, compels or, by deceit, induces a person of age, to practise prostitution, shall, where the act committed does not constitute a more serious offence, be liable, on conviction, to imprisonment for a term not exceeding two years, with or without solitary confinement:

Compelling or inducing person of age to prostitution.
Added by:
XIV. 1918. 4.
Amended by:
XLIX. 1981. 4.
Substituted by:
IV. 1994. 7.

Provided that the offence shall be punishable with imprisonment for a term from one to four years, if it is committed—

(a) with abuse of authority, of trust or of domestic relations; or

(b) habitually or for gain.

206. The crimes referred to in this Title to constitute which there must be a carnal connection shall be deemed to be complete by the commencement of the connection, and it shall not be necessary to prove any further acts.

Proof of carnal connection.
Substituted by:
II. 1973. 6.

207. Whosoever shall be guilty of any violent indecent assault which does not, in itself, constitute any of the crimes, either completed or attempted, referred to in the preceding articles of this sub-title, shall, on conviction, be liable to imprisonment for a term from three months to one year:

Violent indecent assault.
Amended by:
VI. 1871. 13;
XI. 1900. 30;
VIII. 1909. 17;
XLIX. 1981. 4.

Provided that in the cases referred to in article 202, the punishment shall be increased by one degree.

208. (1) Whosoever, for gain, or for distribution, or for display in a public place or in a place accessible to the public, manufactures, prints or otherwise makes, or introduces into Malta, or acquires, keeps, puts in circulation or exports, any pornographic or obscene print, painting, photograph, film, book, card or writing, or any other pornograph-

Offences relating to pornographic or obscene articles.
Added by:
XXVII. 1975. 17.
Amended by:
XIII. 1983. 5.

ic or obscene article whatsoever, whether similar to the above or not, shall, on conviction, be liable to imprisonment for a term not exceeding six months or to a fine (*multa*) not exceeding two hundred liri, or to both such imprisonment and fine.

(2) Whosoever trades in any article mentioned in subarticle (1), even if such trade is clandestine, or distributes any such article or displays any such article in public or in a place accessible to the public, shall, on conviction, be liable to the punishment prescribed in subarticle (1).

(3) For the purposes of this article an article shall be regarded as pornographic or obscene if it is so described or defined by regulations made under subarticle (4) or is otherwise to be so regarded in accordance with any regulation made as aforesaid.

(4) The Minister responsible for justice shall, in consultation with the committee established under subarticle (5), make regulations for the purpose of describing or defining or otherwise establishing what is to be regarded as pornographic or obscene for the purposes of this article and may by such regulations make provision regarding the criteria to be followed for that purpose and may make different provision for different circumstances and different purposes.

(5) There shall be a committee whose functions shall be to advise the Minister responsible for justice in making regulations under this article. The committee shall consist of the said Minister, who shall be the chairman, and four members of the House of Representatives appointed by the Prime Minister after he has consulted the Leader of the Opposition.

(6) Without prejudice to any other right competent to him, any member of the committee may request that any regulation made under this article with which he disagrees be discussed in the House of Representatives; and upon receipt

of any such request in writing, the Minister responsible for justice shall ensure that the matter is discussed in the House as early as practicable.

Indecent photo-graphs, films, etc., of persons under age.
Added by:
III. 2002.36.

208A. (1) Any citizen or permanent resident of Malta, whether in Malta or outside Malta, as well as any person in Malta, who takes or permits to be taken any indecent photograph, film, video recording or electronic image of a minor, or distributes or shows such indecent photograph, film, video recording or electronic image, or is in possession of such indecent photograph, film, or video recording or electronic image, shall, on conviction, be liable to imprisonment for a term not exceeding six months or to a fine (*multa*) not exceeding two hundred liri, or to both such imprisonment and fine:

Provided that for the purposes of this article the expression "permanent resident" shall have the same meaning assigned to it by article 5(1)(d).

(2) A photograph, film, video recording or electronic image shall, if it shows a person under age and is indecent, be treated for all purposes of this article as an indecent photograph, film, video recording or electronic image.

(3) Where the offence referred to in subarticle (1) is committed by any ascendant by consanguinity or affinity, or by the adoptive father or mother, or by the tutor, or by any other person charged, even though temporarily, with the care, education, instruction, control or custody of the person under age shown in the photograph, film, video recording or electronic image, or where such person under age has not completed the age of nine years, the punishment shall be of imprisonment for a term from seven months to one year, with or without solitary confinement, and the provisions of article 197(4) shall also apply.

(4) Where a person is charged with distributing or

showing, or with being in possession of, any indecent photograph, film, video recording or electronic image under sub-article (1), it shall be a defence for him to prove that he had a legitimate reason for distributing or showing, or for having in his possession, such photograph, film, video recording or electronic image, or that he had not himself seen the photograph, film, video recording or electronic image, and neither knew nor had any reason to suspect them to be indecent.

(5) For the purposes of article 635(1)(a), the person under age shown in any such photograph, film, video recording or electronic image shall be deemed to be the person against whom the offence is committed.

(6) In this article references to a photograph includes the negative as well as the positive version.

Offences against decency or morals committed in public.

209. Whosoever, except in the cases referred to in the preceding articles of this sub-title or in any other provision of law, shall commit an offence against decency or morals, by any act committed in a public place or in a place exposed to the public, shall, on conviction, be liable to imprisonment for a term not exceeding three months and to a fine (*multa*).

Sub-title III

OF CRIMES TENDING TO PREVENT OR DESTROY THE PROOF OF THE STATUS OF A CHILD

Kidnapping or concealing an infant, etc.
Amended by:
XLIX. 1981. 4.

210. Any person found guilty of kidnapping, or concealing, an infant, or of suppressing its birth, or of substituting one infant for another, or of supposititiously representing an infant to have been born of a woman who had not been delivered of a child, shall, on conviction, be liable to imprisonment for a term from eighteen months to three years.

马耳他刑事法典

Title VIII
OF CRIMES AGAINST THE PERSON

Sub-title I
OF WILFUL HOMICIDE

Wilful homicide.
Amended by:
V. 1868.7;
XXI. 1971.19;
XLIX. 1981.4.
Definition of "wilful homicide".

211. (1) Whosoever shall be guilty of wilful homicide shall be punished with imprisonment for life.

(2) A person shall be guilty of wilful homicide if, maliciously, with intent to kill another person or to put the life of such other person in manifest jeopardy, he causes the death of such other person.

Death outside the jurisdiction, of a person stricken within the jurisdiction.

(3) Where the offender gives cause to the death of a person within the limits of the territorial jurisdiction of Malta, the homicide shall be deemed to be wholly completed within the limits of the said jurisdiction, notwithstanding that the death of such person occurs outside such limits.

Where the offender did not intend to cause the death of any person in particular, or where the offender kills a person other than the intended victim.

212. The provisions contained in the last preceding article shall also apply even though the offender did not intend to cause the death of any particular person, or, by mistake or accident, shall have killed some person other than the person whom he intended to kill.

Inciting or helping others to commit suicide.
Added by:
XI. 1900.31.
Amended by:
XLIX. 1981.4.

213. Whosoever shall prevail on any person to commit suicide or shall give him any assistance, shall, if the suicide takes place, be liable, on conviction, to imprisonment for a term not exceeding twelve years.

Sub-title II
OF WILFUL OFFENCES AGAINST THE PERSON

Bodily harm.
Amended by:
XI. 1900.32.

214. Whosoever, without intent to kill or to put the life of any person in manifest jeopardy, shall cause harm to the

BOOK FIRST PENAL LAWS

body or health of another person, or shall cause to such other person a mental derangement, shall be guilty of bodily harm.

Grievous or slight bodily harm.

215. A bodily harm may be either grievous or slight.

216. (1) A bodily harm is deemed to be grievous and is punishable with imprisonment for a term from three months to three years—

Grievous bodily harm.
Amended by:
V. 1868. 8;
VI. 1871. 14;
XI. 1900. 32;
XLIX. 1981. 4.

(a) if it can give rise to danger of—

(i) loss of life; or

(ii) any permanent debility of the health or permanent functional debility of any organ of the body; or

(iii) any permanent defect in any part of the physical structure of the body; or

(iv) any permanent mental infirmity;

(b) if it causes any deformity or disfigurement in the face, neck, or either of the hands of the person injured;

(c) if it is caused by any wound which penetrates into one of the cavities of the body, without producing any of the effects mentioned in article 218;

(d) if it causes any mental or physical infirmity lasting for a period of thirty days or more; or if the party injured is incapacitated, for a like period, from attending to his occupation;

(e) if, being committed on a woman with child, it hastens delivery.

(2) Where the person injured shall have recovered without ever having been, during the illness, in actual danger of life or of the effects mentioned in subarticle (1) (a), it shall be deemed that the harm could have given rise to such danger only where the danger was probable in view of the nature or the natural consequences of the harm.

Grievous bodily harm with arms proper, etc.
Amended by:
VIII. 1857. 2;
VI. 1871. 14;
XI. 1900. 32;
XLIX. 1981. 4;
XIV. 1983. 3.
Cap. 446.

217. A grievous bodily harm is punishable with imprisonment for a term from five months to four years if it is committed with arms proper, or with a cutting or pointed instru-

ment, or by means of any explosive, or any burning or corrosive fluid or substance:

Provided that where the offence is committed by means of any explosive fluid or substance the minimum punishment shall be imprisonment for two years and the provisions of the Probation Act shall not be applicable.

Other cases of grievous bodily harm.
Amended by:
IX. 1859.14;
V. 1868.9;
XI. 1900.32;
XLIX. 1981.4;
XIV. 1983.4.

218. (1) A grievous bodily harm is punishable with imprisonment for a term from nine months to nine years—

(a) if it causes any permanent debility of the health or any permanent functional debility of any organ of the body, or any permanent defect in any part of the physical structure of the body, or any permanent mental infirmity;

(b) if it causes any serious and permanent disfigurement of the face, neck, or either of the hands of the person injured;

(c) if, being committed on a woman with child, it causes miscarriage.

(2) Any debility of the health or any functional debility of any organ of the body, and any mental infirmity, serious disfigurement, or defect shall be deemed to be permanent even when it is probably so.

(3) The punishment for the offences referred to in sub-article (1) shall be that established in article 312(2) if the bodily harm is committed by means of any explosive fluid or substance.

Decrease of punishment in case of supervening accidental cause.
Amended by:
V. 1868.10;
XI. 1900.32.

219. The punishments laid down in articles 216 and 218 shall be decreased by one or two degrees if a supervening accidental cause has contributed to produce the effects mentioned in the said articles.

Grievous bodily harm from which death ensues.
Amended by:
V. 1868.11; XI. 1900.32;
XLIX. 1981.4.

220. (1) Whosoever shall be guilty of a grievous bodily harm from which death shall ensue solely as a result of the nature or the natural consequences of the harm and not of any supervening accidental cause, shall be liable—

BOOK FIRST   PENAL LAWS

(a) to imprisonment for a term from six to twenty years, if death shall ensue within forty days to be reckoned from the midnight immediately preceding the crime;

(b) to imprisonment for a term from four to twelve years, if death shall ensue after the said forty days, but within one year to be reckoned as above.

(2) If death shall ensue as a result of a supervening accidental cause and not solely as a result of the nature or the natural consequences of the harm, the offender shall, on conviction, be liable to imprisonment for a term from three to nine years.

(3) If the bodily harm is inflicted within the limits of the territorial jurisdiction of Malta, the crime shall be held to have been completed within those limits, even if the death of the person injured shall occur outside those limits.

Slight bodily harm.
Amended by:
VIII. 1857. 3, 5;
VI. 1871. 15;
II. 1886. 8;
XI. 1900. 32;
I. 1903. 7;
VIII. 1909. 19;
IX. 1911. 12.

221. (1) A bodily harm which does not produce any of the effects referred to in the preceding articles of this sub-title, shall be deemed to be slight, and shall be punishable with imprisonment for a term not exceeding three months, or with a fine (*multa*).

(2) Where the offence is committed by any of the means referred to in article 217, it shall be punishable with imprisonment for a term from two months to one year.

Where effect of bodily harm is of small consequence.

(3) Where the effect, considered both physically and morally, is of small consequence to the injured party, the offender shall, on conviction, be liable to—

(a) imprisonment for a term not exceeding three months or a fine (*multa*), if the offence is committed by any of the means referred to in article 217, or is committed on any of the persons mentioned in article 222(1)(a) and (b);

(b) the punishments established for contraventions, in any other case.

(4) In the cases referred to in subarticles (1) and

Complaint by injured party.	(3), proceedings may not be taken except on the complaint of the injured party, unless the offence is committed on any of the persons mentioned in article 222(1)(b).
Aggravating circumstances. Amended by: VIII. 1857.4; XXXII. 1986.2; III. 2002.37.	**222.** (1) The punishments established in articles 216, 217, 218 and 220, and in subarticles (1) and (2) of the last preceding article shall be increased by one degree when the harm is committed—

(a) on the person of the father, mother, or any other legitimate and natural ascendant, or on the person of a legitimate and natural brother or sister, or on the person of the husband or wife, or on the person of the natural father or mother;

(b) on the person of any witness or referee who shall have given evidence or an opinion in any suit, and on account of such evidence or opinion, or on the person of a child under nine years of age;

(c) on the person of whosoever was a public officer or was lawfully charged with a public duty or is or was an officer or employee of a body corporate established by law and the offence was committed because of that person having exercised his functions.

No increase of punishment in case of mistake or accident.	(2) Nevertheless, no increase of punishment shall take place where the offender, without intent to cause harm to any particular person, or with intent to cause harm to some other person, shall, by mistake or accident, cause harm to any of the persons referred to in subarticle (1)(a) and (b).
Increase of punishment in certain cases. Added by: XXIX. 1990.7. Amended by: III. 2002.38.	**222A.** The punishments established in the foregoing provisions of this sub-title shall be increased by one or two degrees when the harm is committed on a person who has attained the age of sixty years or on a person suffering from a degree of physical or mental infirmity in consequence of which he is unable to defend himself adequately.

BOOK FIRST   PENAL LAWS

Sub-title III
OF JUSTIFIABLE HOMICIDE OR BODILY HARM

Justifiable homicide or bodily harm.

223. No offence is committed when a homicide or a bodily harm is ordered or permitted by law or by a lawful authority, or is imposed by actual necessity either in lawful self-defence or in the lawful defence of another person.

Cases of lawful defence.

224. Cases of actual necessity of lawful defence shall include the following:

(a) where the homicide or bodily harm is committed in the act of repelling, during the night-time, the scaling or breaking of enclosures, walls, or the entrance doors of any house or inhabited apartment, or of the appurtenances thereof having a direct or an indirect communication with such house or apartment;

(b) where the homicide or bodily harm is committed in the act of defence against any person committing theft or plunder, with violence, or attempting to commit such theft or plunder;

(c) where the homicide or bodily harm is imposed by the actual necessity of the defence of one's own chastity or of the chastity of another person.

Sub-title IV
OF INVOLUNTARY HOMICIDE OR BODILY HARM

Involuntary homicide.
Amended by:
IX. 1859. 15;
VI. 1871. 16;
XI. 1900. 33;
III. 1971. 4;
XIII. 1980. 5;
XIII. 1983. 5;
III. 2002. 39.

225. Whosoever, through imprudence, carelessness, unskilfulness in his art or profession, or non-observance of regulations, causes the death of any person, shall, on conviction, be liable to imprisonment for a term not exceeding four years or to a fine (*multa*) not exceeding five thousand liri.

马耳他刑事法典

Involuntary bodily harm.
Amended by:
VI. 1871. 17;
XI. 1900. 33;
VIII. 1909. 20;
III. 1971. 5;
XIII. 1980. 6;
XIII. 1983. 5;
III. 2002. 40.

226. (1) Where from any of the causes referred to in the last preceding article a bodily harm shall ensue, the offender shall, on conviction, be liable—

(a) if the harm is grievous and produces the effects mentioned in article 218, to imprisonment for a term not exceeding one year or to a fine (*multa*) not exceeding two thousand liri;

(b) if the harm is grievous without the effects mentioned in article 218, to imprisonment for a term not exceeding six months or to a fine (*multa*) not exceeding one thousand liri;

(c) if the harm is slight, to the punishments established for contraventions.

(2) In the cases referred to in subarticle (1)(c), proceedings may only be taken on the complaint of the injured party.

Involuntary homicide or involuntary bodily harm in the course of theft or attempted theft.
Added by:
XXIX. 1990. 8.

226A. Where a person gives cause to a death or bodily harm mentioned in the foregoing provisions of this sub-title in the course of the execution by him of a theft or in the course of an attempted theft, or immediately after the commission of such theft or such attempt while he is fleeing from the place where the theft was committed or attempted, he shall, without prejudice to any liability incurred by him in relation to the theft or attempted theft and saving the provisions of article 17, on conviction, be liable—

(a) in the case of death, to the punishment of imprisonment from four to nine years;

(b) in the case of bodily harm, to the punishments mentioned in article 226 which shall be increased by one or two degrees.

Sub-title V
OF EXCUSES FOR THE CRIMES REFERRED TO IN THE FOREGOING SUB-TITLES OF THIS TITLE

Cases of excusable wilful homicide.
Amended by:
V. 1868.12;
VIII. 1909.21;
XLIX. 1981.4;
III. 2002.41.

227. Wilful homicide shall be excusable—

(a) where it is provoked by a grievous bodily harm, or by any crime whatsoever against the person, punishable with more than one year's imprisonment;

(b) where it is committed in repelling, during the daytime, the scaling or breaking of enclosures, walls, or the entrance of any house or inhabited apartment, or the appurtenances thereof having a direct or an indirect communication with such house or apartment;

(c) where it is committed by any person acting under the first transport of a sudden passion or mental excitement in consequence of which he is, in the act of committing the crime, incapable of reflecting;

the offender shall be deemed to be incapable of reflecting whenever the homicide be in fact attributable to heat of blood and not to a deliberate intention to kill or to cause a serious injury to the person, and the cause be such as would, in persons of ordinary temperament, commonly produce the effect of rendering them incapable of reflecting on the consequences of the crime;

(d) where it is committed by any person who, acting under the circumstances mentioned in article 223, shall have exceeded the limits imposed by law, by the authority, or by necessity:

Provided, moreover, that any such excess shall not be liable to punishment if it is due to the person being taken unawares, or to fear or fright.

228. (1) In the case of wilful homicide excusable in

Punishment for excusable wilful homicide. Amended by: V. 1868. 13; VIII. 1909. 22; III. 2002. 42.	terms of paragraph (a) or (b) of the last preceding article, the offender shall, on conviction, be liable to imprisonment for a term not exceeding two years.

(2) In the case of wilful homicide excusable in terms of paragraph (c) of the last preceding article, the offender shall, on conviction, be liable to imprisonment for a term from five to twenty years.

(3) In the case of wilful homicide excusable in terms of paragraph (d) of the last preceding article, the offender shall, on conviction, be liable to imprisonment for a term not exceeding twelve years.

Cases of inadmissibility of excuse.	**229.** The excuse referred to in article 227(c), shall not be admissible—

(a) where the passion is provoked by the lawful correction of the person accused;

(b) where the passion is provoked by the lawful performance of duty by a public officer;

(c) where the offender has either sought provocation as a pretext to kill or to cause a serious injury to the person, or endeavoured to kill or to cause such serious injury before any provocation shall have taken place.

	230. The crime of wilful bodily harm shall be excusable—
Excusable bodily harm. Amended by: V. 1868. 14; VIII. 1909. 23.	(a) in the cases mentioned as excuses for wilful homicide in article 227(a) and (b);

(b) in the cases mentioned as excuses for wilful homicide in article 227(c);

(c) if it is provoked by any crime whatsoever against the person;

Punishment for excusable bodily harm referred to in paragraph (a) of s. 230. Amended by: V. 1868. 15; XI. 1900. 34; XIII. 1980. 7.	(d) in the cases mentioned as excuses for wilful homicide in article 227(d). **231.** (1) In the cases referred to in paragraph (a) of the last preceding article, the offender shall, on conviction,

BOOK FIRST   PENAL LAWS

be liable—

(a) if death has ensued—

(i) solely as a result of the nature or the natural consequences of the harm and not of any supervening accidental cause, to imprisonment for a term not exceeding one year;

(ii) as a result of a supervening accidental cause and not solely as a result of the nature or natural consequences of the harm, to imprisonment for a term not exceeding six months;

(b) if the harm is grievous and produces the effects mentioned in article 218, to imprisonment for a term not exceeding six months;

(c) if the harm is grievous without the effects mentioned in article 218, to imprisonment for a term not exceeding three months;

(d) if the harm shall have become grievous owing to a supervening accidental cause—

(i) to imprisonment for a term not exceeding three months, in the case referred to in paragraph (b);

(ii) to the punishments established for contrav-entions, in the case referred to in paragraph (c).

(2) In the cases referred to in subarticle (1), if the harm is slight, no proceedings shall be instituted.

232. In the cases referred to in article 230(b) and (c) the offender shall, on conviction, be liable—

(a) if the harm is grievous, to imprisonment for a term not exceeding two-thirds of that established for the crime when not excusable;

(b) if the harm is slight and is committed by any of the means referred to in article 217, or on any of the persons mentioned in article 222(a) and (b), or on any of the persons mentioned in article 222A, to imprisonment for a term not exceeding three months;

in paragraphs (b) and (c) of s. 230.
Amended by:
VIII. 1857. 6, 7;
V. 1868. 15;
XI. 1900. 34;
I. 1903. 8;
XIII. 1983. 5;
XXIX. 1990. 9.

(c) if the harm is slight, without the aggravating circum-stances referred to in the last preceding paragraph, to imprisonment for a term not exceeding one month or to a fine (*multa*) or to the punishments established for contraventions:

Provided that if the punishment established for the crime when not excusable be that established for contraventions, the period of detention shall not exceed twenty days and the amount of the fine (*ammenda*) shall not exceed three liri.

in paragraph (d) of s. 230.
Added by:
VIII. 1909. 24.

233. (1) In the cases referred to in article 230(d), the offender shall, on conviction, be liable—

(a) in the case of grievous bodily harm, to imprisonment for a term not exceeding one-third of that established for the crime when not excusable;

(b) in the case of slight bodily harm committed by any of the means referred to in article 217, to imprisonment for a term not exceeding two months.

(2) In the cases referred to in subarticle (1) if the harm is slight and is not committed by any of the means referred to in article 217, no punishment shall be awarded.

Admissibility of excuse in case of homicide or bodily harm caused to person other than the intended victim.
Amended by: XI. 1900. 34.

234. Whosoever shall, by mistake or accident, commit a homicide or cause a bodily harm on a person other than that against whom the act was intended, shall have the benefit of any excuse which would decrease the punishment for the crime if it were committed to the prejudice of the person against whom the act was intended.

When provocation may be pleaded.
Amended by:
V. 1868. 14.

235. The provocations referred to in articles 227 and 230 shall not benefit the offender, unless they shall have taken place at the time of the act in excuse whereof they are pleaded.

Homicide or bodily harm caused by husband on adulterous wife and adulterer.

236. *Repealed by*: XXIX. 1990. 10.

237. Where in an accidental affray a homicide or bodily harm is committed and it is not known who is the author

BOOK FIRST   PENAL LAWS

Homicide or bodily harm in accidental affray.
Amended by:
VIII. 1857. 8;
VI. 1871. 18;
III. 1885. 2;
XI. 1900. 35;
XLIX. 1981. 4.

thereof, each person who shall have taken an active part against the deceased or the person injured shall, on conviction, be liable—

(a) in the case of homicide, to imprisonment for a term not exceeding three years;

(b) in the case of a grievous bodily harm producing the effects mentioned in article 218, to imprisonment for a term not exceeding one year;

(c) in the case of a grievous bodily harm without the effects mentioned in article 218, to imprisonment for a term not exceeding three months;

(d) in the case of a slight bodily harm, to the punishments established for contraventions:

Provided that, in the case of homicide, the person or persons who shall have inflicted on the party killed a bodily harm from which death might have ensued, shall, on conviction, be liable to imprisonment for a term from five to twelve years.

Provoking tumult or affray for the purpose of committing homicide or causing a bodily harm.
Added by:
XI. 1900. 35.

238. Whosoever shall provoke a tumult or an affray for the purpose of committing a homicide or of causing a bodily harm, shall, on conviction, be liable—

(a) if any person is killed, to the punishment established for wilful homicide;

(b) if any person suffers a bodily harm, to the punishment established for such bodily harm increased by one degree.

Sub-title VI

OF THE CONCEALMENT OF HOMICIDE OR BODILY HARM, AND OF THE CONCEALMENT OF DEAD BODIES

239. Whosoever shall knowingly conceal the body of a

Concealing body of person killed.

person whose death has been caused by a crime, shall, on conviction, be liable to imprisonment for a term from four to six months.

Concealing birth of child.
Amended by:
IV. 1994. 8.

240. Any person who, immediately after the delivery of a child, shall, by secretly burying or otherwise disposing of the dead body of the child, endeavour to conceal the birth thereof, shall, on conviction, be liable to imprisonment for a term from four months to one year.

Sub-title VII

OF ABORTION, OF THE ADMINISTRATION OR SUPPLYING OF SUBSTANCES POISONOUS OR INJURIOUS TO HEALTH, AND OF THE SPREADING OF DISEASE

Substituted by:
III. 2002. 43.
Procuring miscarriage.
Amended by:
XLIX. 1981. 4.

241. (1) Whosoever, by any food, drink, medicine, or by violence, or by any other means whatsoever, shall cause the miscarriage of any woman with child, whether the woman be consenting or not, shall, on conviction, be liable to imprisonment for a term from eighteen months to three years.

(2) The same punishment shall be awarded against any woman who shall procure her own miscarriage, or who shall have consented to the use of the means by which the miscarriage is procured.

Death or grievous bodily harm caused by means used for miscarriage.
Amended by:
III. 2002. 44.

242. If the means used shall cause the death of the woman, or shall cause a serious injury to her person, whether the miscarriage has taken place or not, the offender shall, on conviction, be liable to the punishment applicable to wilful homicide or wilful bodily harm, diminished by one to three degrees.

Where physician, etc., prescribes or administers means for causing miscarriage.
Amended by:
XLIX. 1981. 4.

243. Any physician, surgeon, obstetrician, or apothecary, who shall have knowingly prescribed or administered the means whereby the miscarriage is procured, shall, on conviction, be liable to imprisonment for a term from eighteen months to four years, and to perpetual interdiction from the exercise of his profession.

Culpable miscarriage.
Added by:
III. 2002. 45.

243A. Whosoever, through imprudence, carelessness, unskilfulness in his art or profession, or non-observance of regulations, causes the miscarriage of a woman with child, shall, on conviction, be liable to imprisonment for a term not exceeding six months or to a fine (*multa*) not exceeding one thousand liri.

Administering or causing others to take substances injurious to health.
Amended by:
XLIX. 1981. 4.

244. Whosoever shall, in any manner, maliciously administer to, or cause to be taken by another person any poisonous or noxious substance capable of causing any harm or injury to health, shall, on conviction, be liable to imprisonment for a term from thirteen months to two years, provided the offence does not in itself constitute the offence of homicide, completed or attempted, or a serious injury to the person.

Transmission, communication. etc., of disease.
Added by:
III. 2002. 46.

244A. (1) Any person who, knowing that he suffers from, or is afflicted by, any disease or condition as may be specified in accordance with subarticle (3), in any manner knowingly transmits, communicates or passes on such disease or condition to any other person not otherwise suffering from it or afflicted by it, shall, on conviction, be liable to imprisonment for a term from four year to nine years:

Provided that where the other person dies as a result of such disease or condition, the offender shall be liable to the punishment established in article 211(1).

(2) Where any such disease or condition as is referred to in subarticle (1) is transmitted, communicated or passed on through imprudence, carelessness or through non-observance of any regulation by the person who knew or should have known that he suffers there from or is afflicted thereby

that person shall on conviction be liable to imprisonment for a term not exceeding six months or to a fine (*multa*) not exceeding one thousand liri:

Provided that where the other person dies as a result of such disease or condition, the offender shall be liable to the punishments established in article 225.

(3) The Minister responsible for justice shall, by notice in the Gazette, specify diseases or conditions to which this article applies.

Sub-title VIII
OF INFANTICIDE AND OF THE ABANDONMENT, EXPOSURE AND ILL-TREATMENT OF CHILDREN

Amended by:
VI. 1947. 8.
Substituted by:
III. 2002. 47.

Infanticide.
Added by:
VI. 1947. 9.

245. Where a woman by any wilful act or omission causes the death of her child, being a child under the age of twelve months, but at the time of the act or omission the balance of her mind was disturbed by reason of her not having fully recovered from the effects of giving birth to the child or by reason of the effects of lactation consequent upon the birth of the child, then, notwithstanding that the circumstances were such that but for this article the offence would have amounted to wilful homicide, she shall be guilty of infanticide and shall be liable to the punishment of imprisonment for a term not exceeding twenty years.

Abandoning or exposing child under seven years.
Amended by:
XLIX. 1981. 4.

246. Whosoever shall be guilty of abandoning or exposing any child under the age of seven years shall be liable to imprisonment for a term from seven months to one year.

If child dies or sustains injury.
Amended by:
IX. 1859. 16;
V. 1868. 16;
VI. 1947. 10;
III. 2002. 48.

247. (1) Saving the provisions of article 245, where, in consequence of the abandonment or exposure of the child, such child dies or sustains a bodily injury, the offender shall be deemed, in the first case, to be guilty of wilful homicide, and, in the second case, to be guilty of wilful bodily harm,

BOOK FIRST   PENAL LAWS

and shall be subject to the provisions relating to homicide and bodily harm respectively; but the punishment shall be diminished by one degree.

Abandoning or exposing child without danger to life or limb.

(2) Where the abandonment or the exposure of a child as provided in this article shall not have taken place under circumstances of manifest danger either to the life or to the person of the child so abandoned or exposed, the punishment shall be diminished by two degrees:

Provided that where the punishment prescribed in subarticles (1) and (2), be not heavier than the punishment prescribed in the last preceding article, the offender shall, on conviction, be liable to the punishment prescribed in the latter article, increased by one degree.

Ill-treatment or neglect of child under twelve years.
Added by:
III. 2002. 49.

247A. (1) Whosoever, having the responsibility of any child under twelve years of age, by means of persistent acts of commission or omission ill-treats the child or causes or allows the ill-treatment by similar means of the child shall, unless the fact constitutes a more serious offence under any other provision of this Code, be liable on conviction to imprisonment for a term not exceeding two years.

(2) For the purposes of subarticle (1), ill-treatment includes neglecting the child's need for adequate nutrition, clothing, shelter, and protection from harm, persistently offending the child's dignity and self-esteem in a serious manner and persistently imposing upon the child age-inappropriate tasks or hard physical labour.

(3) The provisions of article 197(4) shall also apply in the case of an offence under this article, when the offence is committed by any ascendant or tutor.

Failure to take care of foundling or to make report thereof.

248. Whosoever, having found a newly born child, shall fail to provide for its immediate safety, or, having assumed the care thereof, shall not, within twenty-four hours, deliver the same, or give information thereof, to the Executive Police, shall, on conviction, be liable, in the first case, to imprisonment for a term from four to six months, and, in the second case, to imprisonment for a term from one to three months:

Provided that in either case, the court may, in its discretion, award a fine (*multa* or *ammenda*) in lieu of imprisonment.

Sub-title VIII BIS
OF THE TRAFFIC OF PERSONS

Added by:
III. 2002. 50.
Traffic of a person of age for the purpose of exploitation in the production of goods or provision of services.
Added by:
III. 2002. 50.

248A. (1) Whosoever, by any means mentioned in subarticle (2), trafficks a person of age for the purpose of exploiting that person in the production of goods or provision of services shall, on conviction, be liable to the punishment of imprisonment for a term from two to nine years.

For the purposes of this subarticle exploitation includes requiring a person to produce goods and provide services under conditions and in circumstances which infringe labour standards governing working conditions, salaries and health and safety.

(2) The means referred to in subarticle (1) are the following:

(a) violence or threats, including abduction;

(b) deceit or fraud;

(c) misuse of authority, influence or pressure;

(d) the giving or receiving of payments or benefits to achieve the consent of the person having control over another person.

Traffic of a person of age for the purpose of exploitation in prostitution, etc.
Added by:
III. 2002. 50.

248B. Whosoever, by any means mentioned in article 248A(2), trafficks a person of age for the purpose of exploiting that person in prostitution or in pornographic performances or in the production of pornographic material shall, on conviction, be liable to the punishment laid down in article

248A(1).

248C. Whosoever, by any means mentioned in article 248A(2), trafficks a person of age for the purpose of exploiting that person in the removal of any organ of the body shall on conviction be liable to the punishment of imprisonment for a term from four to twelve years.

Traffic of a person of age for the purpose of exploitation in the removal of organs.
Added by:
III. 2002. 50.

248D. Whosoever trafficks a minor for any of the purposes mentioned in articles 248A to 248C, both inclusive, shall, on conviction be liable to the same punishment laid down in those articles, as the case may be, even if none of the means mentioned in article 248A(2) has been used:

Traffic of a minor for any of the purposes mentioned in articles 248A to 248C.
Added by:
III. 2002. 50.

Provided that where any of the means mentioned in article 248A(2) has been used in the commission of the offence under this article the punishment for the offence shall be increased by one degree.

248E. (1) In this sub-title, the phrase "trafficks a person" or "trafficks a minor" means the recruitment, transportation or transfer of a person, or of a minor, as the case may be, including harbouring and subsequent reception and exchange of control over that person, or minor, and includes any behaviour which facilitates the entry into, transit through, residence in or exit from the territory of any country for any of the purposes mentioned in the preceding articles of this sub-title, as the case may be.

General provisions applicable to this sub-title.
Added by:
III. 2002. 50.

(2) Where any of the offences in articles 248A to 248D, both inclusive—

(a) is accompanied by grievous bodily harm; or

(b) generates proceeds exceeding five thousand liri; or

(c) is committed with the involvement of a criminal organisation within the meaning of article 83A(1),

the punishment otherwise due shall be increased by one degree.

(3) The provisions of article 121D shall apply *mutatis*

mutandis to the offences under this sub-title, so however that the punishment to which the body corporate shall be liable under this subarticle shall be the payment of a fine (*multa*) of not less than five thousand liri and not more than eight hundred thousand liri.

(4) Where the person found guilty of any of the offences under this sub-title—

(a) was at the time of the commission of the offence an employee or otherwise in the service of a body corporate, and

(b) the commission of the offence was for the benefit, in part or in whole, of that body corporate, and

(c) the commission of the offence was rendered possible because of the lack of supervision or control by a person referred to in article 121D,

the person found guilty as aforesaid shall be deemed to be vested with the legal representation of the same body corporate which shall be liable to the payment of a fine (*multa*) of not less than two thousand liri and not more than five hundred thousand liri.

(5) Without prejudice to the provisions of article 5, the Maltese courts shall also have jurisdiction over the offences laid down in this sub-title where:

(a) only part of the action giving execution to the offence took place in Malta; or

(b) the offender is a Maltese national or permanent resident in Malta.

Sub-title IX

OF THREATS AND OF PRIVATE VIOLENCE

Amended by:
VIII. 1909. 25.

Threats by means of writings.
Amended by:
IX. 1859. 17;
XIV. 1983. 5;
III. 2002. 51.

249. (1) Whosoever by means of any writing, whether anonymous or signed in his own or in a fictitious name, shall threaten the commission of any crime whatsoever, shall, on conviction, be liable to imprisonment for a term from one to six months:

Provided that where the threat concerns the use of nuclear material to cause death or serious injury to any person or substantial damage to property or the commission of an offence of theft of nuclear material in order to compel a natural or legal person, international organization or State to do or to refrain from doing any act the punishment for the offence shall be increased by three degrees; the expression "nuclear material" shall have the same meaning assigned to it by article 314B(4).

(2) Where the threat, be it even verbal, contains an order, or imposes a condition, the offender shall, on conviction, be liable to the punishment prescribed in subarticle (1) and to a fine (*multa*).

(3) Moreover the offender shall be required to find a surety, or to enter into a recognizance as provided in articles 383, 384 and 385.

Blackmail.
Amended by:
IX. 1859. 18;
VIII. 1909. 26;
XLIX. 1981. 4;
III. 2002. 52.

250. (1) Whosoever, with intent to extort money or any other thing, or to make any gain, or with intent to induce another person to execute, destroy, alter, or change any will, or written obligation, title or security, or to do or omit from doing any thing, shall threaten to accuse or to make a complaint against, or to defame, that or another person, shall, on conviction, be liable to imprisonment for a term from five to eighteen months.

(2) Where by such threat the offender shall have attained his end, he shall be liable to imprisonment for a term from seven months to three years.

Private violence.

251. (1) Whosoever shall use violence in order to compel another person to do, suffer or omit anything shall, on conviction, be liable to the punishment laid down in subarticle (1) of the last preceding article.

(2) Where the offender shall have attained his end, he shall be liable to the punishment laid down in subarticle (2) of the last preceding article.

Sub-title X
OF DEFAMATION, AND OF THE DISCLOSING OF SECRET MATTERS

Defamation.
Amended by:
XI. 1900. 36;
IV. 1916. 2.

252. (1) Whosoever, with the object of destroying or damaging the reputation of any person, shall offend such person by words, gestures, or by any writing or drawing, or in any other manner, shall, on conviction, be liable to imprisonment for a term not exceeding three months, or to a fine (*multa*).

(2) Where the defamation consists in vague expressions or indeterminate reproaches, or in words or acts which are merely indecent, the offender shall be liable to the punishments established for contraventions.

(3) Where the defamation is committed by means of writings, effigies or drawings, divulged or exhibited to the public, the offender shall be liable to imprisonment for a term not exceeding one year.

(4) Where the defamation is directed against an ascendant, and the offence is punishable with imprisonment, the offender shall also be liable to a fine (*multa*).

Evidence of truth inadmissible.
Amended by:
XI. 1900. 36;
IV. 1916. 3.

253. (1) The party charged with the offence referred to in the last preceding article shall not be allowed to produce, in his defence, evidence of the truth or of the notoriety of the fact attributed to the person aggrieved.

Exceptions.

(2) Evidence of the truth is, however, admitted—

(a) if the person aggrieved is a public officer or employee, and the fact attributed to him refers to the exercise of his functions, and the defendant, in the preliminary stage of the cause, assumes responsibility for the defamation and de-

BOOK FIRST PENAL LAWS

clares in his defence that he wishes to prove the truth of the fact attributed by him to the aggrieved party:

Provided that this provision shall not apply in the case of the offences referred to in articles 93 and 95;

(b) if the complainant formally requests that the proceedings shall include an inquiry into the truth or the falsity of the fact attributed to him.

(3) If the truth of the fact be proved, the defendant shall be exempted from punishment, whenever the court is satisfied that the proof of the truth has been in the public interest, and the means used, having regard to the circumstances of time, place and person, do not in themselves constitute a defamation or any other offence independently of the proof of the truth of the fact attributed to the complainant.

(4) Where the defendant, in the case in which he is allowed to prove the truth of the fact attributed to the complainant, fails in proof of such truth, the court may, if the defamation is proved, increase the punishment by one or two degrees, having regard to all the circumstances of the case.

Extenuating circumstances. Discretionary power of court.
Amended by:
XI. 1900. 36.

254. Where there are extenuating circumstances, the court may award a punishment lesser than those hereinbefore laid down or apply the provisions of article 378, according to the circumstances of the case.

No proceedings without complaint of aggrieved party.
Where party aggrieved dies before complaint or where the offence is against the memory of deceased persons. Amended by:
XI. 1900. 36.

255. No proceedings shall be instituted for defamation except on the complaint of the party aggrieved:

Provided that where the party aggrieved dies before having made the complaint, or where the offence is committed against the memory of a deceased person, it shall be lawful for the husband or wife, the ascendants, descendants, brothers and sisters, and for the immediate heirs, to make the complaint.

Libel.
Amended by:
XIV. 1889. 44;
XI. 1900. 36;
XXII. 1976. 4.
Cap. 248.

256. (1) In cases of defamation committed by means of printed matter, the provisions contained in the Press Act

shall apply.

(2) Where, according to the said Act, proceedings may only be instituted on the complaint of the party aggrieved, the provisions contained in the proviso to the last preceding article shall also apply.

Disclosing of professional secrets.
Substituted by:
XXIV. 1994. 15.
Amended by:
II. 1998. 7.

257. If any person, who by reason of his calling, profession or office, becomes the depositary of any secret confided in him, shall, except when compelled by law to give information to a public authority, disclose such secret, he shall on conviction be liable to a fine (*multa*) not exceeding twenty thousand liri or to imprisonment for a term not exceeding two years or to both such fine and imprisonment:

Provided that, notwithstanding the provisions of any other law, it shall be a defence to show that the disclosure was made to a competent public authority in Malta or outside Malta investigating any act or omission committed in Malta and which constitutes, or if committed outside Malta would in corresponding circumstances constitute—

Cap. 101.
Cap. 31.
Cap. 373.

(a) any of the offences referred to in article 22(2)(a)(1) of the Dangerous Drugs Ordinance; or

(b) any of the offences referred to in article 120A(2)(a)(1) of the Medical and Kindred Professions Ordinance; or

(c) any offence of money laundering within the meaning of the Prevention of Money Laundering Act:

Provided further that the provisions of the first proviso of this article shall not apply to a person who is a member of the legal or the medical profession.

BOOK FIRST   PENAL LAWS

Title IX
OF CRIMES AGAINST PROPERTY AND PUBLIC SAFETY

Amended by:
XVI. 1901. 1;
I. 1903. 11.

Sub-title I
OF THEFT

§ OF AGGRAVATED THEFT

Theft. Aggravating circumstances.

261. The crime of theft may be aggravated—

(a) by "violence";

(b) by "means";

(c) by "amount";

(d) by "person";

(e) by "place";

(f) by "time";

(g) by "the nature of the thing stolen".

262. (1) A theft is aggravated by "violence"—

Theft aggravated by "violence".

(a) where it is accompanied with homicide, bodily harm, or confinement of the person, or with a written or verbal threat to kill, or to inflict a bodily harm, or to cause damage to property;

(b) where the thief presents himself armed, or where the thieves though unarmed present themselves in a number of more than two;

(c) where any person scouring the country-side and carrying arms proper, or forming part of an assembly in terms of article 63, shall, by a written or verbal request, made either directly or through another person, cause to be delivered to him the property of another, although the request be not accompanied with any threat.

(2) In order that an act of violence may be deemed to aggravate the theft, it shall be sufficient that such act be

committed previously to, at the time of, or immediately after the crime, with the object of facilitating the completion thereof, or of screening the offender from punishment or from arrest or from the hue and cry raised by the injured party or by others, or of preventing the recovery of the stolen property or by way of revenge because of impediment placed or attempted to be placed in the way of the theft, or because of the recovery of the stolen property or of the discovery of the thief.

Theft aggravated by "means".

263. Theft is aggravated by "means"—

(a) when it is committed with internal or external breaking, with false keys, or by scaling;

(b) when the thief makes use of any painting, mask, or other covering of the face, or any other disguise of garment or appearance, or when, in order to commit the theft, he takes the designation or puts on the dress of any civil or military officer, or alleges a fictitious order purporting to be issued by any public authority, even though such devices shall not have ultimately contributed to facilitate the theft, or to conceal the perpetrator thereof.

Definition of "breaking".
Amended by:
IX. 1859. 19;
XVI. 1921. 3, 4;
XXXII. 1986. 3.

264. (1) "Breaking" shall include the throwing down, breaking, demolishing, burning, wrenching, twisting, or forcing of any wall, not being a rubble wall enclosing a field, roof, bolt, padlock, door, or other similar contrivances intended to prevent entrance into any dwelling-house or other place or enclosure, or to lock up or secure wares or other articles in boxes, trunks, cupboards, or other receptacles, and the breaking of any box, trunk, or other receptacle even though such breaking may not have taken place on the spot where the theft is committed.

Saving the provisions of article 326, any breaking, twisting, wrenching, or forcing of the pipes of the public water service or of the gas service, or of the wires or cables of the electricity service, or of the meters thereof, or of any seal of

BOOK FIRST PENAL LAWS

any meter, made for the purpose of effecting an unlawful communication with such pipes, wires, or cables, or the existence of artificial means as are mentioned in subarticle (2), shall also be deemed to be "breaking".

Presumptive evidence in the case of breaking of pipes, etc.

(2) In the case of breaking of pipes of the public water service or of the gas service, or of the wires or cables of the electricity service, or of the metres thereof, or of any seal of any meter, or in the case of the existence of artificial means capable of effecting the unlawful use or consumption of water, gas or electric current, or capable of preventing or altering the measurement or registration on the meter of the quantity used or consumed, shall, until the contrary is proved, be taken as evidence of the knowledge on the part of the person occupying or having the control of the tenement in which such breaking or artificial means are found, of the said use or consumption of water, gas or electric current, as the case may be.

Definition of "false key".

265. Any hook, picklock, skeleton-key, or any key imitated, counterfeited, or adapted, and any genuine key when procured by means of theft, fraud or any kind of artifice, and, generally, any other instrument adapted for opening or removing fastenings of any kind whatsoever, whether internal or external, shall be deemed a false key.

Definition of "scaling".

266. (1) The entry into any of the places mentioned in article 264 by any way other than by the doors ordinarily intended for the purpose, whether the entry is effected by means of a ladder or rope or by any other means whatsoever, or by the bodily assistance of any other person or by clambering in any way whatsoever in order to mount or descend, as well as the entry by any subterraneous aperture other than that established as an entrance, shall be deemed "scaling".

(2) For the purposes of punishment, there shall also be deemed to be "scaling" when the offender, although he shall

have entered into any of the places aforesaid by any way ordinarily destined for the purpose, shall get out of the same by any of the means aforesaid.

267. Theft is aggravated by "amount", when the value of the thing stolen exceeds one hundred liri.

268. Theft is aggravated by "person"—

(a) when it is committed in any place by a servant to the prejudice of his master, or to the prejudice of a third party, if his capacity as servant, whether real or fictitious, shall have afforded him facilities in the commission of the theft;

the term "servant" shall include every person employed at a salary or other remuneration in the service of another, whether such person lives with his master or not;

(b) when it is committed by a guest or by any person of his family, in the house where he is receiving hospitality, or, under similar circumstances, by the host or by any person of his family, to the prejudice of the guest or his family;

(c) when it is committed by any hotel-keeper, innkeeper, driver of a vehicle, boatman, or by any of their agents, servants or employees, in the hotel, inn, vehicle or boat wherein such hotel-keeper, innkeeper, driver or boatman carries on or causes to be carried on any such trade or calling, or performs or causes to be performed any such service; and also when it is committed in any of the above-mentioned places, by any individual who has taken lodgings or a place, or has entrusted his property therein;

(d) when it is committed by any apprentice, fellow workman, journey-man, professor, artist, soldier, seaman, or any other employee, in the house, shop, workshop, quarters, ship, or any other place, to which the offender has access by reason of his trade, profession, or employment.

269. Theft is aggravated by "place", when it is committed—

BOOK FIRST   PENAL LAWS

Theft aggravated by "place".

(a) in any public place destined for divine worship;

(b) in the hall where the court sits and during the sitting of the court;

(c) on any public road in the country-side outside inhabited areas;

(d) in any store or arsenal of the Government, or in any other place for the deposit of goods or pledges, destined for the convenience of the public;

(e) on any ship or vessel lying at anchor;

(f) in any prison, or other place of custody or punishment;

(g) in any dwelling-house or appurtenance thereof.

Theft aggravated by "time".

270. Theft is aggravated by "time", when it is committed in the night, that is to say, between sunset and sunrise.

271. Theft is aggravated by "the nature of the thing stolen" —

Theft aggravated by "the nature of the thing stolen".
Amended by:
XIII. 1983. 5;
XXXII. 1986. 4;
III. 2002. 53.

(a) when it is committed upon things exposed to danger, whether by their being cast away or removed for safety, or by their being abandoned on account of urgent personal danger arising from fire, the falling of a building, or from any shipwreck, flood, invasion by an enemy, or any other grave calamity;

(b) when it is committed on beehives;

(c) when it is committed on any kind of cattle, large or small, in any pasture-ground, farmhouse or stable, provided the value be not less than one lira;

(d) when it is committed on any cordage, or other things essentially required for the navigation or for the safety of ships or vessels;

(e) when it is committed on any net or other tackle cast in the sea, for the purpose of fishing;

(f) when it is committed on any article of ornament or clothing which is at the time on the person of any child under nine years of age;

(g) when it is committed on any vehicle in a public place or in a place accessible to the public, or on any part or accessory of, or anything inside, such vehicle;

(h) when it is committed on nuclear material as defined in article 314B(4).

Punishment for theft accompanied with wilful homicide.
Amended by:
XXI. 1971. 20;
XLIX. 1981. 4.

272. Whosoever shall be guilty of theft accompanied with wilful homicide shall be liable to the punishment of imprisonment for life.

Punishment for theft accompanied with attempted homicide.
Amended by:
IV. 1856. 13;
VI. 1871. 19;
XI. 1900. 38;
XLIX. 1981. 4.

273. Whosoever shall be guilty of theft accompanied with attempted homicide shall be liable to imprisonment for a term from six to twenty years.

Punishment for theft accompanied with bodily harm.
Amended by:
XI. 1900. 38;
XLIX. 1981. 4.

274. Whosoever shall be guilty of theft accompanied with bodily harm shall be liable—

(a) if the harm is grievous and produces the effects mentioned in article 218, to imprisonment for a term from four to twelve years;

(b) if the harm is grievous without the effects mentioned in article 218, to imprisonment for a term from three to nine years;

(c) if the harm is slight, to imprisonment for a term from two to five years;

(d) if the harm is slight and of small consequence, and is not committed by any of the means mentioned in article 217, to imprisonment for a term from eighteen months to three years.

Punishment for theft accompanied with confinement of person.
Amended by:
V. 1868. 17;
XLIX. 1981. 4.

275. Whosoever shall be guilty of theft accompanied with confinement of the person shall be liable to imprisonment for a term from one to four years.

Punishment for theft aggravated by "violence" not accompanied with wilful or attempted homicide or with bodily harm or confinement of person.
Amended by:
V. 1868. 17;
XLIX. 1981. 4.

276. Whosoever shall be guilty of theft aggravated by "violence", but not accompanied with any of the circumstances mentioned in articles 272, 273, 274 and 275, shall be liable to imprisonment for a term from nine months to

BOOK FIRST   PENAL LAWS

three years.

Punishment when "violence" is directed against certain persons.
Added by:
XXIX. 1990. 12.
Amended by:
III. 2002. 54.

276A. The punishment established in articles 273, 274, 275 and 276 shall be increased by one or two degrees when the "violence" therein mentioned is directed against a person who is under the age of twelve years or over the age of sixty years or against a person who is suffering from a degree of physical or mental infirmity in consequence of which he is unable to offer adequate resistance.

Punishment for theft aggravated by "violence" accompanied with other aggravating circumstances.
Amended by:
XXIX. 1990. 13.

277. When the theft aggravated by "violence" in terms of article 274, 275 or 276, is accompanied with any of the other aggravating circumstances specified in article 261, the offender shall, on conviction, be liable—

(a) where the theft is accompanied with one or more of such other aggravating circumstances, with the exception of that of "means", to the punishment established in article 274, 275, 276 or 276A, which shall not be awarded in its minimum;

(b) where the theft is accompanied with the aggravating circumstance of "means", whether with or without other aggravating circumstances, to the punishment established in article 274, 275, 276 or 276A, increased by one or two degrees.

Punishment for theft aggravated by "means" only or by "means" and other aggravating circumstances.
Amended by:
VI. 1871. 20;
XI. 1900. 39;
I. 1903. 12;
XII. 1913. 6;
III. 1971. 7;
XIII. 1980. 9;
XLIX. 1981. 4;
XIII. 1983. 5.

278. (1) Whosoever shall be guilty of theft aggravated by "means" only shall be liable to imprisonment for a term from five months to three years.

(2) Where the theft, besides being accompanied with the aggravating circumstance of "means", is also accompanied with one of the other aggravating circumstances, with the exception of that of "violence", the said punishment shall not be awarded in its minimum.

(3) Where the theft, besides being accompanied with the aggravating circumstance of "means", is also accompanied with two or more of the other aggravating circumstances,

with the exception of that of "violence", the said punishment shall be increased by one degree and shall not be awarded in its minimum. Powers of court.

(4) Where, however, the value of the thing stolen does not exceed ten liri, the court may, without prejudice to the operation of article 371(2)(c), apply in each case the punishment of imprisonment for a term from five to nine months.

Punishment for theft aggravated by "amount".
Amended by:
XI. 1900. 39;
XII. 1913. 7;
III. 1971. 8;
XIII. 1980. 10;
XLIX. 1981. 4;
XIII. 1983. 5.

279. Whosoever shall be guilty of theft aggravated by "amount" only shall be liable—

(a) if the value of the thing stolen does not exceed one thousand liri, to imprisonment for a term from five months to three years;

(b) if the value of the thing stolen exceeds one thousand liri, to imprisonment for a term from thirteen months to seven years.

Punishment for theft aggravated by "amount" accompanied with other aggravating circumstances.
Amended by:
XI. 1900. 39;
XII. 1913. 8;
XXIX. 1990. 14.

280. (1) Where the theft aggravated by "amount" is accompanied with one or more of the other aggravating circumstances, with the exception of that of "violence" or "means", the offender shall be liable, as the case may be, to the punishments established in the last preceding article, which shall not, however, be awarded in their minimum.

(2) Where the theft, besides being accompanied with the aggravating circumstance of "amount", is also accompanied with the aggravating circumstance of "violence", or with that of "means", or with both, the punishment applicable to theft when accompanied with such aggravating circumstances shall be applied:

Provided that, if such punishment be lower than the punishments laid down in the last preceding article, the latter punishments shall be applied with an increase of one degree.

(3) For the purposes of the foregoing subarticle, where the "violence" is directed against any of the persons men-

tioned in article 276A, the punishment applicable to theft when accompanied with the aggravating circumstance of "violence" shall be the punishment as increased by that article.

Punishment for theft aggravated by "person", "place", "time" or "nature of thing stolen".
Amended by:
XLIX. 1981. 4.

281. Whosoever shall be guilty of theft aggravated only by "person", "place", "time", or "the nature of the thing stolen", shall be liable—

(a) where the theft is accompanied with one only of these four aggravating circumstances, to imprisonment for a term from seven months to two years;

(b) where the theft is accompanied with two of such aggravating circumstances, to the same punishment, which, however, shall in no case be awarded in its minimum;

(c) where the theft is accompanied with more than two of such aggravating circumstances, to the said punishment, which may, however, be increased to any term not exceeding three years.

Punishment for aggravated theft when the value of the thing stolen does not exceed Lm10.
Amended by:
IV. 1856. 14;
V. 1868. 18;
VI. 1871. 21;
XI. 1900. 40;
I. 1903. 14;
III. 1971. 9;
XLIX. 1981. 4;
XIII. 1983. 5.
Theft of water, gas or electric current.
Added by:
XVI. 1921. 5.
Amended by:
XIII. 1983. 5.
When deemed to be completed.
Punishment when value of water, etc., does not exceed Lm 10.

282. Where in cases of theft accompanied with one or more of the aggravating circumstances mentioned in article 261, with the exception of that of "violence" or "means", the value of the thing stolen does not exceed ten liri, the offender shall, on conviction, be liable to imprisonment for a term not exceeding three months.

283. In the cases set forth in the second paragraph of article 264(1), the theft aggravated by "means" shall be deemed to be completed when the communication therein mentioned is effected, and the offender shall be liable to the punishment laid down in article 278(4), unless it is proved that the value of the water, gas or electric current stolen exceeds ten liri.

§ OF SIMPLE T HEFT

Simple theft.

284. Theft, when not accompanied with any of the aggravating circumstances specified in article 261, is simple theft.

BOOK FIRST   PENAL LAWS

285. Whosoever shall be guilty of simple theft shall be liable to imprisonment for a term from one to six months:

Provided that if the value of the thing stolen does not exceed ten liri, the offender shall, on conviction, be liable to imprisonment for a term not exceeding three months.

Punishment.
Amended by:
III. 1971.10;
XLIX. 1981.4;
XIII. 1983.5.

286. The punishment established for simple theft according to the value of the thing stolen shall be applied against any person who, having been convicted in Malta for theft, or for receiving stolen articles, is found to have in his possession any stolen article the lawful possession of which he does not satisfactorily account for.

Possession of stolen articles by person previously convicted of theft or of receiving stolen articles.
Amended by:
XI. 1900.41;
I. 1903.15.

287. Whosoever, having been convicted in Malta for theft, or for receiving stolen articles, is found to have in his possession fruits, plants, or other field or garden produce or money or other articles, not in keeping with his condition, the lawful possession of which he does not satisfactorily account for, or is found to have in his possession any adapted or counterfeit keys, or any implements capable of opening or forcing open any lock, or to have in his possession any impression of locks, the actual lawful destination of which he does not satisfactorily account for, shall, on conviction, be liable to imprisonment for a term not exceeding three months.

Unjustified possession of moneys, articles, etc., by person previously convicted of theft, etc.
Added by:
XI. 1900.41.

288. The offender shall be liable to the punishments established for contraventions, when, in any case of simple theft, the gain contemplated by the offender is the mere use of the thing, with intent to restore the same immediately.

Theft for mere use of thing stolen.
Amended by:
IV. 1856.15;
VI. 1871.22;
XI. 1900.42.

GENERAL PROVISION APPLICABLE TO THIS SUB-TITLE

289. (1) In the case of a second or subsequent conviction for any offence referred to in this sub-title, the punishment may be increased, in the case of a second conviction, by one or two degrees, and, in the case of a third or subse-

Punishment in case of second or subsequent conviction for theft.

BOOK FIRST   PENAL LAWS

quent conviction, by one to three degrees.

(2) When the increase of punishment cannot otherwise take place than by the application of solitary confinement, such punishment may be awarded to the extent of eighteen periods.

Sub-title II

OF OTHER OFFENCES RELATING TO UNLAWFUL ACQUISITION AND POSSESSION OF PROPERTY

Unlawful possession of property of the Republic of Malta.
Amended by:
IV. 1856. 16;
XXVI. 1931. 3;
XXVII. 1975. 19.

290. Whosoever shall purchase or otherwise receive from any other person or shall be found to have in his possession any article bearing any mark or sign denoting such article to be the property of the Republic of Malta, or any article which the possessor knows to be the property of the Republic of Malta, for the disposal of which no written permission shall have been given by the competent authority, and shall fail to give a satisfactory account as to how he came by the article or thing found in his possession, shall, on conviction, be liable to a fine (*multa*) or imprisonment for a term not exceeding one month.

Destroying or obliterating marks denoting property of the Republic of Malta.
Amended by:
XXII. 1931. 3;
XXVII. 1975. 20;
XLIX. 1981. 4.

291. Whosoever, with intent to conceal any property of the Republic of Malta, shall destroy or obliterate, in any of the articles or things mentioned in the last two preceding articles, for the disposal of which no permission shall have been given, any mark or sign denoting such article or thing to be the property of the Republic of Malta, shall, on conviction, be liable to imprisonment for a term from one to six months.

Unlawful dealings in or possession of marine or ship's stores.

292. Whosoever, without a licence from the Government, shall keep for sale or deal in any articles which are by common repute considered to come under the denomination of marine or ship's stores, and whosoever, without such licence, shall be found in possession of such articles, without being able to give a satisfactory account as to how he came by the articles so found, shall, on conviction, be liable to a fine (*multa*) and to the forfeiture of the said articles.

Sub-title III
OF FRAUD

Misappropriation.
Amended by:
IV. 1874.3;
VIII. 1909.28;
XLIX. 1981.4;
III. 2002.55.

293. Whosoever misapplies, converting to his own benefit or to the benefit of any other person, anything which has been entrusted or delivered to him under a title which implies an obligation to return such thing or to make use thereof for a specific purpose, shall be liable, on conviction, to imprisonment for a term from three to eighteen months:

Provided that no criminal proceedings shall be instituted for such offence, except on the complaint of the injured party.

Aggravating circumstances.
Amended by:
VIII. 1909.29;
XLIX. 1981.4;
III. 2002.56.

294. Nevertheless, where the offence referred to in the last preceding article is committed on things entrusted or delivered to the offender by reason of his profession, trade, business, management, office or service or in consequence of a necessary deposit, criminal proceedings shall be instituted *ex officio* and the punishment shall be of imprisonment for a term from seven months to two years.

Fraud relating to insurance.
Amended by:
VIII. 1857.9;
IV. 1874.4;
VIII. 1909.30;
XLIX. 1981.4;
III. 2002.57.

295. Whosoever, with intent to obtain for himself or for any other person the payment of any money due under any insurance against risks, or any other undue benefit, destroys, disperses or deteriorates, by any means whatsoever, things belonging to him, shall, on conviction, be liable to imprisonment for a term from seven months to two years, and, where he succeeds in his intent, from nine months to three years.

Barratry.
Amended by:
IV. 1874.5;
XLIX. 1981.4;
III. 2002.58.

296. (1) Any master, *padrone* or boatman or any person entrusted with the command, use or custody of any lighter, boat, skiff, caique or other vessel, even if intended to navigate once only within the limits of Malta, who, for purposes of gain—

(a) abandons or damages the vessel or causes the vessel to sink;

(b) steals or damages any goods or other things which are on the vessel;

(c) falsely represents the loss of or damage to the vessel, goods or other things;

(d) sells or otherwise disposes of the vessel against the will and to the prejudice of the owner,

shall, on conviction, be liable to imprisonment for a term from five months to two years.

(2) The said punishment shall also be applied where the offender is a part-owner of the vessel, goods or things.

Fraudulent breach of trust in respect of papers signed in blank or otherwise.
Amended by:
XLIX. 1981. 4;
III. 2002. 59.

297. Whosoever, making an improper use of any paper signed in blank entrusted to him, shall, for the purpose of gain, write thereon anything to the prejudice of another person, or shall, for the like purpose, add upon any paper not in blank, entrusted to him, any writing or clause, shall, on conviction, be liable to imprisonment for a term from nine months to three years.

Commercial or industrial fraud.
Amended by:
XI. 1899. 106;
XLIX. 1981. 4.

298. (1) Whosoever—

(a) forges or alters, without the consent of the owner, the name, mark or any other distinctive device of any intellectual work or any industrial product, or knowingly makes use of any such name, mark or device forged or altered, without the consent of the owner, even though by others;

(b) forges or alters, without the consent of the owner, any design or model of manufacture, or knowingly makes use of any such design or model forged or altered, without the consent of the owner, even though by others;

(c) knowingly makes use of any mark, device, signboard or emblem bearing an indication calculated to deceive a purchaser as to the nature of the goods, or sells any goods with any such mark, device or emblem;

(d) puts on the market any goods in respect of which a distinctive trade mark has been registered, after removing the trade mark without the consent of the owner thereof;

(e) applies a false trade description to any goods, that is to say, applies to goods any forged or altered figure, word or mark which according to the custom of the trade is taken to indicate—

(i) the number, quantity, measure, gauge or weight of the goods,

(ii) the place or country in which the goods are made or produced,

(iii) the mode of manufacturing or producing the goods,

(iv) that the goods are the subject of an existing patent, privilege or industrial copyright;

(f) knowingly puts into circulation, sells or keeps for sale or imports for any purpose of trade, any goods bearing a fraudulent imitation of any mark, device or emblem;

(g) knowingly makes, keeps or transfers to any person, any die, block, machine or other instrument for the purpose of forging, or of being used for forging, a trade mark,

shall, on conviction, be liable to imprisonment for a term from four months to one year.

(2) For the purposes of subarticle (1)(e), any figure, word or mark which, according to the custom of the trade, is commonly taken to indicate any of the matters therein referred to, shall be deemed to be a trade description thereof.

Fraudulent access to telecommunications systems.
Added by:
XII. 1991. 41.

298A. Whoever shall construct, alter, make, be in possession of, sell or purchase any device whereby such person may unlawfully connect with any telecommunication system shall, on conviction, be liable—

(a) where the offence is committed for gain or by way of trade, to imprisonment for a term not exceeding one year or to a fine (*multa*) of not more than two thousand liri or to both such fine and imprisonment; and

(b) in all other cases, to a fine (*multa*) of not more than one thousand liri.

298B. (1) Whosoever, for gain, or by way of trade prints, manufactures, duplicates or otherwise reproduces or copies, or sells, distributes or otherwise offers for sale or distribution, any article or other thing in violation of the rights of copyright enjoyed by any other person and protected by or under Maltese law, shall, on conviction, be liable to imprisonment for a term not exceeding one year or to a fine (*multa*) not exceeding five thousand liri or to both such fine and imprisonment.

Violation of copyright.
Added by:
XII. 1991. 41.
Amended by:
XIX. 1992. 2.

(2) Proceedings under this article may not be taken except on the complaint of the injured party.

298C. (1) Whosoever receives from another person or obtains from another person a promise to give, to himself or to others, in consideration of a loan, interests or any other gain under any form whatsoever in excess of what is allowed by law shall, on conviction, be liable to imprisonment for a term not exceeding eighteen months and to the payment of a fine (*multa*) from one thousand liri to fifteen thousand liri.

Usury.
Added by:
III. 2002. 60.

(2) The same punishment laid down in subarticle (1) shall apply to whosoever receives from another person or obtains from another person a promise to give, to himself or to others, in consideration of a service consisting in any other benefit of any kind, interests or any other gain under any form whatsoever in excess of what is allowed by law or otherwise grossly disproportionate to the service given.

(3) The same punishment laid down in subarticle (1)

shall also apply to whosoever, not being an accomplice in the offence in the same subarticle, intervenes to procure for another person a sum of money or any other benefit by having a person give or promise to give, to himself or to others, in respect of the intervention, a grossly disproportionate compensation.

(4) For the purposes of subarticles (1), (2) and (3), in the determination of whether the interests are, or any gain or compensation is, grossly disproportionate account shall be had of all the circumstances of the fact and of the average rates usually applicable to operations similar to the one in question.

(5) Where, in the course of criminal proceedings for an offence under this article, it is proved before the court that the accused has received from another person an amount of interest, or a consideration of an amount, in excess of what is allowed by law or otherwise grossly disproportionate to the service given, the court shall order the accused to pay to the said other person such amount as may be determined by the court as being the excess received by the accused as aforesaid. The said order of the court shall be without prejudice to any right of such other person to recover by any other means any greater amount due to him and the order shall constitute an executive title enforceable as if it were a final judgement given in a civil action between the offender and the person to whom payment is ordered.

(6) The punishment for an offence under this article shall be decreased by one degree where the accused, before final judgement, reimburses excess amount received by him to the person from whom such amount was received.

Tampering, removal, etc., of chassis or engine number.
Added by:
III. 2002.61.

298D. Any person who, without the prior approval in writing of the Commissioner of Police, in any manner whatsoever, tampers, removes, alters or makes a chassis or en-

BOOK FIRST   PENAL LAWS

gine identification number of, or on, any motor vehicle shall, on conviction be liable to imprisonment for a term not exceeding one year or to a fine (*multa*) of not less than three hundred liri and not more than one thousand liri or to both such imprisonment and fine.

Presumption of malice.
Added by:
XI. 1899. 106.
Amended by:
XII. 1991. 41.

299. In the cases referred to in article 298 (1) (a), (b), (c) and (d), criminal intent shall be presumed, unless the accused proves that he has acted without such intent.

Burden of proof.
Added by:
XI. 1899. 106.

300. In the cases referred to in the last part of article 298 (1) (a) and in (b) and (d), the burden of proof of the consent of the owner shall lie on the accused.

False trade description.
Added by:
XI. 1899. 106.

301. In the cases referred to in article 298 (1) (e), the fact that a trade description is a trade mark or part of a trade mark shall not prevent such trade description being a false trade description within the meaning of the said paragraph.

How presumption of malice may be rebutted in certain cases.
Added by:
XI. 1899. 106.

302. In the cases referred to in article 298 (1) (f), criminal intent shall be presumed, unless the accused proves—

(a) that, having taken all necessary precaution against committing the offence referred to in the said paragraph, he had, at the time of the commission of the alleged offence, no reason to suspect the genuineness of the mark or sign; and

(b) that, on demand made by any member of the Police, he gave all the information in his power with respect to the persons from whom he obtained the goods in question; and

(c) that otherwise he had acted innocently.

Exemption from punishment.
Added by:
XI. 1899. 106.

303. In the cases referred to in article 298 (1) (g), no punishment shall be awarded if the accused proves—

(a) that, in the ordinary course of his business he is employed, on behalf of other persons, to make dies, blocks, machines or other instruments for making or being used in making trade marks, or, as the case may be, to apply marks, devices or emblems to goods; and

(b) that, in the case which is the subject of the charge, he was so employed by some person resident in Malta, and was not in any manner whatsoever interested in the goods by way of profit dependent on the sale of the goods to which any such mark, device or emblem might have been applied.

Cases in which a trade mark, device or description is deemed to have been applied.
Added by:
XI. 1899.106.

304. For the purposes of the preceding articles, every person is deemed to apply a trade mark or distinctive device or trade description to goods, who—

(a) actually applies it to the goods themselves; or

(b) applies it to any covering, label, reel or other thing in or with which the goods are sold or exposed or had in possession for any purpose of sale, trade or manufacture; or

(c) places, encloses or annexes any goods which are sold or exposed or had in possession for any purpose of sale, in, with or to any covering, label, reel or other thing, in respect of which a trade mark has been registered or to which a trade description has been applied; or

(d) uses a trade mark, device or trade description in any manner calculated to lead to the belief that the goods in connection with which it is used are truly designated by that trade mark, device or trade description.

Definition of "covering" and "label".
Added by:
XI. 1899.106.

305. For the purposes of the foregoing articles, the expression "covering" includes any stopper, cask, bottle, vessel, box, cover, capsule, case or wrapper; and the expression "label" includes any band or ticket indicative of the thing to which it is applied.

Words or marks on watch cases.
Added by:
XI. 1899.106.

306. For the purposes of article 298(1)(d), where a watch case has thereon any words or marks which constitute, or are by common repute considered as constituting a description of the country in which the watch was made, and

BOOK FIRST   PENAL LAWS

the watch bears no such description on any of its parts, those words or marks shall, until the contrary is proved, be deemed to be a description of that country.

Use of false weights or measures.
Added by:
XI. 1900. 43.
Amended by:
XLIX. 1981. 4.

307. Whosoever, by the use of false weights or measures, shall deceive others in respect of the quantity of goods given for valuable consideration, shall, on conviction, be liable to imprisonment for a term not exceeding one year.

Obtaining money or property by false pretences.
Amended by:
XLIX. 1981. 4;
III. 2002. 62.

308. Whosoever, by means of any unlawful practice, or by the use of any fictitious name, or the assumption of any false designation, or by means of any other deceit, device or pretence calculated to lead to the belief in the existence of any fictitious enterprise or of any imaginary power, influence or credit, or to create the expectation or apprehension of any chimerical event, shall make any gain to the prejudice of another person, shall, on conviction, be liable to imprisonment for a term from seven months to two years.

Other cases of fraudulent gain.
Amended by:
XLIX. 1981. 4;
III. 2002. 63.

309. Whosoever shall make, to the prejudice of any other person, any other fraudulent gain not specified in the preceding articles of this sub-title, shall, on conviction, be liable to imprisonment for a term from one to six months or to a fine (*multa*).

Scale of punishment according to the amount of the damage.
Amended by:
VI. 1871. 23;
IV. 1874. 6;
XI. 1900. 44;
I. 1903. 16;
III. 1971. 11;
XLIX. 1981. 4;
XIII. 1983. 5;
III. 2002. 64.

310. (1) In the cases referred to in this sub-title—

(a) when the amount of the damage caused by the offender exceeds one thousand liri the punishment shall be that of imprisonment from thirteen months to seven years;

(b) when the amount of the damage caused by the offender exceeds one hundred liri but does not exceed one thousand liri, the punishment shall be that of imprisonment from five months to three years:

Provided that if the punishment laid down for the relevant offence in the preceding articles of this sub-title is higher than the punishment laid down in this paragraph the former punishment shall apply increased by one degree and in the case of the offence under article 294 the punishment so increased shall not be awarded in its minimum;

(c) when the amount of the damage caused by the offender does not exceed ten liri, the offender shall be liable to imprisonment for a term not exceeding three months;

(d) when the amount of the damage caused by the offender does not exceed five liri, the offender shall be liable to imprisonment for a term not exceeding twenty days or to a fine (*multa*) or to the punishments established for contraventions.

(2) The provisions of subarticle (1)(c) and (d) shall not apply in the case of any of the crimes referred to in articles 296 and 298.

Corporate liability for offences under this sub-title.
Added by:
III. 2002. 65.

310A. The provisions of article 121D shall apply to offences under this sub-title.

Jurisdiction.
Added by:
III. 2002. 65.

310B. The offences under this sub-title shall be deemed to be offences even when committed outside Malta and, without prejudice to the provisions of article 5, the criminal action therefor may also be prosecuted in Malta according to the laws thereof against any person who commits or participates in the offence as provided in this Code—

(a) when the offence took place, even if only in part, in Malta or on the sea in any place within the territorial jurisdiction of Malta; or

(b) when the gain to the prejudice of another person has been received in Malta; or

(c) when a person in Malta knowingly assisted or induced another person to commit the offence; or

(d) when the offender is a Maltese citizen or a permanent resident in Malta and the fact also constitutes an offence according to the laws of the country where it took place:

Provided that for the purposes of this paragraph "permanent resident" shall have the same meaning assigned to it by

BOOK FIRST   PENAL LAWS

article 5(1)(d).

Sub-title IV
OF CRIMES AGAINST PUBLIC SAFETY, AND OF INJURY TO PROPERTY

Amended by:
XVI. 1901. 2.

Causing explosion likely to endanger life or property.
Added by:
XVI. 1901. 3.
Amended by:
XLIX. 1981. 4;
XIV. 1983. 6.

311. Any person who maliciously causes, by an explosive substance, an explosion of a nature likely to endanger the life or to cause serious injury to the property of any other person, shall be liable, on conviction, to imprisonment for a term from three to fourteen years, even though no injury to such person or property has been actually caused.

Where death or grievous bodily harm is caused by the explosion.
Added by:
XVI. 1901. 3.
Amended by: XXI.
1971. 21;
XLIX. 1981. 4;
XIV. 1983. 7.

312. (1) If as a result of the offence referred to in the last preceding article, any person shall perish, the offender shall be liable to the punishment of imprisonment for life.

(2) If as a result of the offence referred to in the last preceding article, a grievous bodily harm is caused to any person, the offender shall be liable to imprisonment for a term from four to twenty years.

(3) If as a result of the offence referred to in the last preceding article, any serious spoil, damage or injury to or upon any movable or immovable property belonging to any person is caused, the punishment therein mentioned shall not be awarded in its minimum.

Unlawful making or possession of explosives.
Added by:
XVI. 1901. 3.
Amended by:
XLIX. 1981. 9.
Substituted by:
XIV. 1983. 8.
Amended by:
III. 2002. 66.
Cap. 446.

313. Any person who makes or knowingly has in his possession or under his control any explosive substance, under such circumstances as to give rise to a reasonable suspicion that he is making it or has it in his possession or under his control for an unlawful object, shall, on conviction, be liable to imprisonment for a term from eighteen months to nine years, and the provisions of the Probation Act and of article 21 of this Code shall not be applicable.

Definition of "explosive substance".
Added by:
XVI. 1901. 3.

314. For the purposes of the last preceding three articles, the expression 'explosive substance' shall be deemed to include any materials for making any explosive substance; also any apparatus, machine, implement, or materials used, or intended to be used, or adapted, for causing, or aiding in causing, any explosion of or with any explosive substance; also any part of any such apparatus, machine or implement.

Discharge, etc., of lethal device.
Added by:
III. 2002.67.

314A. (1) Whosoever, maliciously, delivers, places, discharges or detonates a lethal device likely to endanger the life or to cause serious injury to the property of any other person, shall be liable, on conviction, to the punishment laid down in article 311, even though no injury to such person or property has been actually caused.

(2) If as a result of the offence referred to in subarticle (1) any person shall perish, or a grievous bodily harm is caused to any person, or any serious spoil, damage or injury to or upon any movable or immovable property belonging to any person is caused, the offender shall be liable to the punishments laid down in article 312 as the case may be.

(3) Where the offence takes place in, or is directed at, a public place, a state or government facility, an infrastructural facility or a public transportation system the punishment for the offence shall be increased by one degree.

(4) In this article:

"lethal device" includes any thing that is designed, or has the capability, to cause death, serious bodily injury or substantial material damage through the release, dissemination or impact of toxic chemicals, biological agents or toxins or similar substances or radiation or radioactive material;

"state or government facility" includes any permanent or temporary facility or conveyance that is used or occupied by representatives of a State, members of Government, the legislature or the judiciary or by officials or employees of a State or any other public authority or entity or by employees or officials of an intergovernmental organization in connection

BOOK FIRST   PENAL LAWS

with their official duties;

"infrastructure facility" means any publicly or privately owned facility providing or distributing services for the benefit of the public, such as water, sewage, energy, fuel or communications;

"public transportation system" means all facilities, conveyances and instrumentalities, whether publicly or privately owned, that are used in or for publicly available services for the transportation of persons or cargo.

Possession, use, etc., of nuclear material.
Added by:
III. 2002. 67.

314B. (1) Whosoever, maliciously, is in possession or makes use of, transfers, alters, disposes of or disperses nuclear material which is likely to cause death or serious injury to any person or substantial damage to property shall be liable, on conviction, to the same punishment laid down in article 311, even though no injury to such person or property has been caused.

(2) The provision of article 314A(2) shall apply to an offence under this article.

(3) The provisions of article 313 shall apply to whosoever keeps or is in possession of or has under his control any nuclear material under the same circumstances mentioned in that article.

(4) In this article:

"nuclear material" means plutonium except that with isotopic concentration exceeding 80% in plutonium-238; uranium enriched in the isotopes 235 and 233; uranium containing the mixture of isotopes as occuring in nature other than in the form of ore or ore-residue; any material containing one or more of the foregoing;

"uranium enriched in the isotope 235 or 233" means uranium containing the isotopes 235 or 233 or both in an amount such that the abundance ratio of the sum of these isotopes to the isotope 238 is greater than the ratio of the isotope

235 to the isotope 238 occurring in nature.

315. Whosoever shall wilfully set on fire or otherwise destroy any arsenal, vessel of war, whether such vessel be on float or building, powder magazine, public dock or artillery park, shall, on conviction, be liable to the punishment of imprisonment for life.

Setting on fire of arsenals, etc.
Amended by:
XXI. 1971. 22;
XLIX. 1981. 4.

316. Whosoever shall wilfully set fire to any house, warehouse, shop, dwelling-house, vessel, dock or any building, shed or other place whatsoever, any person being therein at the time of the setting on fire, shall, on conviction, be liable to the punishment of imprisonment for life:

Arson endangering life.
Amended by:
XXI. 1971;23;
XLIX. 1981. 4.

Provided that if no person shall perish, the offender shall be liable—

(a) if he could have foreseen that any person was actually in the place, to imprisonment for a term from nine to twelve years;

(b) otherwise, to imprisonment for a term from five to nine years.

317. Whosoever shall wilfully set fire to any building, shed or other place mentioned in the last preceding article, no person being therein at the time of the setting on fire, or whosoever shall wilfully set fire to any combustible substance, and such building, shed or other place or such substance is so situated that the fire would communicate to any other building, shed or place, any person being therein at the time, shall, on conviction, be liable—

Arson to the common danger.
Amended by:
XXI. 1971. 24;
XLIX. 1981. 4.

(a) where the fire had actually communicated, to the punishment of imprisonment for life:

Provided that if no person shall perish, the offender shall be liable—

(i) if he could have foreseen that any person was actually in the building, shed or place to which the fire had communicated, to imprisonment for a term from five to nine

BOOK FIRST   PENAL LAWS

years;

(ii) otherwise, to imprisonment for a term from three to six years;

(b) where the fire had not communicated to any other building, shed or place, to imprisonment for a term from three to five years.

Arson without danger of life.
Amended by:
XLIX. 1981. 4.

318. Whosoever shall wilfully set fire to any building, shed or other place mentioned in article 316, no person being therein at the time, and such building, shed or other place being so situated that the fire would not communicate to any other building, shed or place in which there is a person at the time, shall, on conviction, be liable to imprisonment for a term from two to four years.

Arson of vineyards, etc.
Amended by:
XLIX. 1981. 4.

319. Whosoever shall wilfully set fire to any vineyard, plantation of trees, stack or heap of corn, cotton or other useful produce or any other matter whatsoever, whether uprooted or cut down or still growing, and so situated that the fire would not communicate to any building, shed or other place mentioned in article 316, any person being therein at the time, shall, on conviction, be liable to imprisonment for a term from two to four years.

320. For the purposes of punishment, the destruction of any such matter or thing as in the last five preceding articles mentioned, by the springing of a mine, shall be deemed to constitute the offence therein mentioned.

Destruction by the springing of a mine.

Exhibition of false lights, etc., with danger to navigation.
Amended by:
IV. 1874. 7;
XI. 1900. 45;
III. 1971. 12;
XXI. 1971. 25;
XLIX. 1981. 4;
XIII. 1983. 5.

321. (1) Whosoever shall exhibit any false light or signal or any other thing tending to summon ships, vessels or boats, or to regulate their navigation, with intent to cause the loss or stranding of any ship, vessel or boat, or shall with the like intent extinguish or remove any light, signal or other thing intended by the Government for the guidance of seamen, shall, on conviction, be liable to imprisonment for a term from three to five years, even though no accident has occurred.

(2) Where an accident has occurred, the offender shall, on conviction, be liable—

(a) if the damage is to a ship, vessel or boat or to the gear or appurtenances thereof or to the cargo or to any other thing which is on board, to imprisonment for a term from five to nine years, if the amount of the damage exceeds fifty liri, or, to imprisonment for a term from four to six years, if the amount of the damage does not exceed fifty liri;

(b) if, with or without any damage as aforesaid, any individual suffers a grievous bodily harm with any of the effects mentioned in article 218, to imprisonment for a term from five to twenty years, or, if the bodily harm is grievous but without the effects mentioned in the said article, to imprisonment for a term from four to twelve years, or, if the bodily harm is slight, to imprisonment for a term from two to six years;

(c) if any person shall perish, to the punishment of imprisonment for life.

Cutting away chains, etc.
Amended by:
IV. 1874.7.

322. (1) Whosoever shall cut away, unfasten or otherwise remove any chain, cable or other rope by which any public buoy intended for the purpose of navigation is fastened, shall, on conviction, be liable to imprisonment for a term from three to nine months.

(2) Whosoever shall cut away, unfasten or otherwise remove any chain, cable or other rope by which any ship or vessel is moored, anchored or otherwise fastened, or any rope by which the buoy of a ship's anchor is fastened, shall, on conviction, be liable to the punishment laid down in subarticle (1).

Aggravating circumstances.
Amended by:
IV. 1874.7.

323. If, in consequence of any of the offences referred to in the last preceding article, any damage is caused to a ship or a bodily harm to a person, the punishment laid down

BOOK FIRST   PENAL LAWS

in that article shall be awarded together with the punishment laid down in this Code for wilful damage or for wilful bodily harm, according to the extent of the damage or the nature of the bodily harm; and if at the same time both damage to a ship and a bodily harm to a person are caused, the higher punishment between that laid down for the damage and that laid down for the bodily harm shall be applied, in addition to the punishment laid down in the last preceding article.

<small>Setting on fire of one's own property.
Amended by:
IV. 1874. 7.</small>

324. In the cases referred to in articles 316, 317 and 318, the offender shall be liable to the punishments therein mentioned, even though he be the owner of the property in respect of which the offence is committed.

<small>Spoil, damage or injury in general.
Amended by:
IX. 1859. 20;
V. 1868. 19;
VI. 1871. 24;
XI. 1900. 47;
V. 1956. 17;
III. 1971. 13;
XLIX. 1981. 4;
XIII. 1983. 5;
XIV. 1983. 9;
III. 2002. 68.</small>

325. (1) Whosoever, by any means other than those referred to in the preceding articles of this sub-title, shall wilfully commit any spoil, damage or injury to or upon any movable or immovable property belonging to any other person, shall, on conviction, be liable—

(a) if the amount of the damage exceeds five hundred liri, to imprisonment for a term from thirteen months to four years;

(b) if the amount of the damage does not exceed five hundred liri but exceeds fifty liri, to imprisonment for a term from five months to one year;

(c) if the amount of the damage does not exceed fifty liri but exceeds ten liri, to imprisonment for a term not exceeding six months;

(d) if the amount of the damage does not exceed ten liri, to imprisonment for a term not exceeding three months or to the punishments established for contraventions:

Provided that if the crime be excusable by reason of an unjust provocation, the offender shall, in the cases referred to in paragraphs (a), (b) and (c), be liable to imprisonment for a term not exceeding two-thirds of the period therein mentioned; and in the case referred to in paragraph (d), to the punishments established for contraventions.

In considering the excuse, regard shall be had to the rule laid down in article 235:

Provided further that in the cases referred to in paragraphs (c) and (d), except where the damage is caused to public property proceedings may be instituted only on the complaint of the injured party:

Provided further that in the case of damage to public property, the punishment shall be increased by one or two degrees, and the offender shall be ordered to pay by way of fine (*multa*) the amount of the damage caused.

(2) Where because of the geological, palaeontological, archeological, architechtonic, artistic or historical nature or importance of the property spoiled, damaged or injured it is not possible to estimate the damage according to the rule laid down, in article 335, the damage shall be deemed to exceed five hundred liri.

Damage to water pipes, etc.
Amended by:
XVI. 1901. 4;
I. 1904. 51;
L. N. 4 of 1963;
XXVII. 1975. 21;
XII. 1991. 41.

326. (1) Whosoever shall wilfully—

(a) break or block the pipes or conduits of any public aqueduct, or in any other manner impede or divert the course of the waters or otherwise damage any part of such aqueduct;

(b) break any public cistern, well or aqueduct, or foul the water thereof;

(c) damage any electric machinery or cable, or cause the loss of electric current;

(d) damage any conduit or part of the public sewer;

(e) cut, break, throw down, destroy, damage or remove any battery, machinery, wire, cable, post or other matter, or thing whatsoever, being part of or being used or employed in or about any electric or magnetic telegraph, with or without wires, or in the working thereof, or do anything which prevents or obstructs in any manner whatsoever the

BOOK FIRST   PENAL LAWS

conveyance of any message;

(f) damages or breaks any part of any energy meter, or the seals thereof, or any part of any apparatus or cables used for the supply of electricity, or the seals thereof;

(g) cut, break, throw down, destroy, damage, remove, tamper or connect with, any part of any apparatus, duct, pole, cabinet, wire, cable or other matter or thing whatsoever, being part of or being used or employed in the cable television network or in the working thereof or for the supply of the cable television service,

shall, saving any higher punishment to which he may be subject under the last preceding article, be liable, on conviction, to imprisonment for a term not exceeding two years.

(2) Whosoever shall, even without any malicious intent—

(a) touch any telegraph wire or place or throw anything upon any battery, machinery, wire, cable or other matter or thing mentioned in subarticle (1)(e), or do anything in proximity to such telegraph wire in such manner as might damage such wire, or prevent or obstruct the conveyance or delivery of any message; or

(b) fish in any place in which the Minister responsible for electricity, with a view to preventing damage to any submarine telegraph cable, shall have declared fishing to be absolutely prohibited, or fish with any net or other implement, the use of which shall have been for the same purpose prohibited by the Minister responsible for electricity; or

(c) do anything described in subarticle (1)(g),

shall, on conviction, be liable to the punishments established for contraventions.

Unlawful entry into subways used for public service.
Amended by:
XVI. 1901. 4.

327. Whosoever, without any just cause, the proof whereof shall lie on the person accused, shall enter into any subway wherein there is any electric cable or any main con-

duit of the public sewer, shall, on conviction, be liable—

(a) to imprisonment for a term from one to three months, where the circumstances show that the object of the offender was to damage the cables or conduits above mentioned;

(b) to imprisonment for a term not exceeding one month, in any other case.

Involuntary fire or damage.
Amended by:
IV. 1856.17;
XI. 1900.48;
V. 1956.18;
XIII. 1980.11;
XIII. 1983.5.

328. Whosoever, through imprudence, negligence or unskilfulness in his trade or profession, or through non-observance of any regulation, shall cause any fire or any damage, spoil or injury as mentioned in this sub-title, shall, on conviction, be liable—

(a) if the death of any person is caused thereby, to the punishments established in article 225;

(b) if any grievous bodily harm with any of the effects mentioned in article 218 is caused thereby, to imprisonment for a term not exceeding six months or to a fine (*multa*) not exceeding one thousand liri;

(c) if any grievous bodily harm without any of the effects aforesaid is caused thereby, to imprisonment for a term not exceeding three months or to a fine (*multa*) not exceeding five hundred liri;

(d) in any other case, to imprisonment for a term not exceeding three months or to a fine (*multa*) or to the punishments established for contraventions:

Provided that in the cases referred to in paragraph (d), except where damage is caused to public property, proceedings may be instituted only on the complaint of the injured party.

GENERAL PROVISIONS APPLICABLE TO THIS TITLE

Punishment in respect of offences against property accompanied with offences against the person.

329. The punishments established in the respective articles of this Title for any offence against property accompa-

BOOK FIRST   PENAL LAWS

nied with homicide, bodily harm, or confinement of the person, shall always be applied if the act of violence has been completed, even though the offence against the property was merely attempted.

330. In the case of any entry into any house or other place or enclosure by any of the means mentioned in articles 264, 265 and 266, although there is no evidence of any act constituting an attempt to commit another offence, the offender shall, for the mere entry as aforesaid, on conviction, be liable—

Unlawful entry into houses, etc.
Added by:
IX. 1859. 21.
Amended by:
VI. 1871. 25;
XLIX. 1981. 4;
III. 2002. 69.

(a) if the circumstances show that the object of the offender was to commit theft or damage to property or any offence against the person as defined in article 5(1)(d), or if it is proved that the offender was previously convicted of any such offence or of any of the offences referred to in article 338(i) and (w), to imprisonment for a term from five to eighteen months;

(b) in any other case, to imprisonment for a term not exceeding three months or to a fine (*multa*).

331. Except in the cases referred to in articles 316, 317 and 318, no criminal action shall lie for offences committed against the property of any descendant or relative by affinity in the descending line, or of the husband or wife, unless such offences be accompanied with homicide, bodily harm or confinement of the person.

No criminal action for offences against the property of descendants, etc.
Amended by:
XI. 1900. 49.

332. Except in the cases referred to in articles 316, 317 and 318, no criminal proceedings may be instituted except on the complaint of the injured party for offences committed against the property of any ascendant or relative by affinity in the ascending line, or of a brother or sister or of any relative by affinity in the same degree, unless such offences be accompanied with homicide, bodily harm, other than a slight bodily harm of small consequence, or with confinement

Criminal action for offences against the property of ascendants, etc., to be instituted on complaint of injured party.
Amended by:
XI. 1900. 49.

of the person.

333. The limitations mentioned in the last two preceding articles shall not operate in favour of such other persons as may have taken part in the commission of the offence.

Outsiders excepted.
Amended by:
XI. 1900. 49.

334. Whosoever shall in Malta knowingly receive or purchase any property which has been stolen, misapplied or obtained by means of any offence, whether committed in Malta or abroad, or shall knowingly take part, in any manner whatsoever, in the sale or disposal of the same, shall, on conviction, be liable—

Receiving stolen property.
Amended by:
XI. 1900. 50;
XXIX. 1990. 16.

(a) if the property has been obtained by theft, to the punishment established for theft, according to the value of the property;

(b) if the property has been obtained by means of any of the various offences relative to unlawful acquisition and possession of property, to the punishment established for such unlawful acquisition or possession;

(c) if the property has been obtained by fraud, to the punishment established for the particular fraud by which the property was obtained:

Exemption from punishment.

Provided that the offender shall be exempted from any punishment in respect of any of the offences referred to in this article, if, before any criminal proceedings are instituted against him and within three days after receiving, purchasing, or taking part in the purchase, sale or disposal as aforesaid, he shall deliver to the competent authority the property received, purchased, sold or disposed of, and shall make known the perpetrators of the offence:

Provided further that for the purpose of this article such property shall only be deemed to have been stolen, misapplied or obtained by means of any offence committed abroad if it has been obtained by any act of commission or omission which, if committed in Malta, would have amounted to any

BOOK FIRST   PENAL LAWS

of the offences mentioned in paragraphs (a), (b) and (c).

Failure to inform about stolen, etc., property.
Added by:
III. 2002.70.

334A. Whosoever, on becoming aware that any property in his possession is stolen property or property misapplied or obtained by means of any offence, fails to give notice thereof to the Executive Police within a week of becoming so aware, shall, on conviction, be liable to imprisonment for a term not exceeding three months or to a fine (*multa*).

Rule as to estimation of damage.

335. In any offence the punishment whereof varies according to the amount of the damage caused, such amount shall not be estimated by the gain made by the offender nor shall it include any interest accruing thereon, but it shall only be represented by the actual damage suffered by the injured party at the time of the offence.

Estimation of damage caused both to relative and outsider.

336. Where by the same offence the offender shall injure the property of any of the persons referred to in article 331 and also the property of any other person, and the punishment varies according to the amount of the damage caused, such amount shall be represented solely by the amount of the damage caused to the property of such other person.

Decrease of punishment.
Substituted by:
III. 2002.71.

337. (1) In cases of fraud, the prescribed punishment shall be diminished by one or two degrees if, previously to the commencement of any criminal proceedings against the offender, the damage caused by the offence shall have been fully made good.

(2) In cases of theft, whether simple or aggravated, as well as any offence of voluntary damage to property committed in the course of the execution of the offence of theft, the prescribed punishment shall be diminished by two degrees if, prior to his arraignment in court in connection with that theft:

(a) the offender discloses to the competent authority any person who may have received or purchased from him, or who may have taken part in the sale or disposal of, the stolen property, and

(b) (i) either he delivers to the competent authority all the property stolen by him, making good to the injured party any damage that may have been caused to the property, or

(ii) where the property has not been recovered, he pays to the injured party the full value of the property so stolen; and

(c) fully makes good to the injured party any damage, to other moveable or immoveable property, caused by, or in the course of the execution of, the offence of theft.

(3) The prescribed punishment in the case of the offences mentioned in subarticle (2) may be diminished by one degree if the offender complies with the provisions of that subarticle after his arraignment in court as aforesaid.

(4) The provisions of subarticles (2) and (3) shall not apply—

(a) in the case of theft aggravated by violence consisting in wilful homicide, attempted homicide, wilful bodily harm or confinement of the person;

(b) in the case of theft aggravated by violence directed against any of the persons mentioned in article 276A;

(c) in the case of theft in the course of the execution of which a death or bodily harm ensues as provided in article 226A.

(5) The circumstances mentioned in subarticles (1) and (2) shall not be considered as special or exceptional reasons for the purpose of article 21.

Traffic in persons to enter or leave Malta illegally.
Added by:
III. 2002. 72.

337A. Any person who with the intent to make any gain whatsoever aids, assists, counsels or procures any other person to enter or to attempt to enter or to leave or attempt to leave, Malta in contravention of the laws thereof or who, in Malta or outside Malta, conspires to that effect with any other

BOOK FIRST   PENAL LAWS

person shall, without prejudice to any other punishment under this Code or under any other law, be liable to the punishment of imprisonment from six months to five years or to a fine (*multa*) of ten thousand liri or to both such fine and imprisonment and the provisions of articles 21 and 28A and those of the Probation Act shall not apply:

Cap. 446.

Provided that where the persons aided, assisted, counselled, procured or the object of the conspiracy as aforesaid number more than three the punishment shall be increased by one to three degrees.

Sub-title V
OF COMPUTER MISUSE

Added by:
III. 2001. 27.

Interpretation.
Added by:
III. 2001. 27.

337B. (1) For the purposes of this Sub-title the following definitions, unless the context otherwise requires, shall apply:

"computer" means an electronic device that performs logical, arithmetic and memory functions by manipulating electronic or magnetic impulses, and includes all input, output, processing, storage, software and communication facilities that are connected or related to a computer in a computer system or computer network;

"computer network" means the interconnection of communication lines and circuits with a computer through a remote device or a complex consisting of two or more interconnected computers;

"computer output" or "output" means a statement or a representation of data whether in written, printed, pictorial, screen display, photographic or other film, graphical, acoustic or other form produced by a computer;

"computer software" or "software" means a computer program, procedure or associated documentation used in the operation of a computer system;

"computer supplies" means punched cards, paper tape, magnetic tape, disk packs, diskettes, CD-roms, computer output, including paper and microform and any storage media, electronic or otherwise;

"computer system" means a set of related computer equipment, hardware or software;

"function" includes logic, control, arithmetic, deletion, storage, retrieval and communication of data or telecommunication to, from or within a computer;

"supporting documentation" means any documentation used in the computer system in the construction, clarification, implementation, use or modification of the software or data.

(2) A reference in this Sub-title to software includes a reference to a part of the software.

(3) A reference in this Sub-title to a computer includes a reference to a computer network.

(4) A reference in this Sub-title to data, software or supporting documentation held in a computer or computer system includes a reference to data, software or supporting documentation being transmitted through a computer network.

(5) For the purposes of this Sub-title, a person uses software if the function he causes the computer to perform:

(a) causes the software to be executed; or

(b) is itself a function of the software.

(6) A reference in this Sub-title to any software or data held in a computer includes a reference to any software or data held in any removable storage medium which is for the time being in the computer.

Ulawful access to, or use of, information.
Added by:
III. 2001.27.

337C. (1) A person who without authorisation does any of the following acts shall be guilty of an offence against this article—

(a) uses a computer or any other device or equipment

BOOK FIRST   PENAL LAWS

to access any data, software or supporting documentation held in that computer or on any other computer, or uses, copies or modifies any such data, software or supporting documentation;

(b) outputs any data, software or supporting documentation from the computer in which it is held, whether by having it displayed or in any other manner whatsoever;

(c) copies any data, software or supporting documentation to any storage medium other than that in which it is held or to a different location in the storage medium in which it is held;

(d) prevents or hinders access to any data, software or supporting documentation;

(e) impairs the operation of any system, software or the integrity or reliability of any data;

(f) takes possession of or makes use of any data, software or supporting documentation;

(g) installs, moves, alters, erases, destroys, varies or adds to any data, software or supporting documentation;

(h) discloses a password or any other means of access, access code or other access information to any unauthorised person;

(i) uses another person's access code, password, user name, electronic mail address or other means of access or identification information in a computer;

(j) discloses any data, software or supporting documentation unless this is required in the course of his duties or by any other law.

(2) For the purposes of this Sub-title:

(a) a person shall be deemed to act without authorisation if he is not duly authorised by an entitled person;

(b) a person shall be deemed to be an entitled person if the person himself is entitled to control the activities defined in subarticle (1)(a) to (j) or in article 4(a) and

(b) of this Sub-title.

(3) For the purposes of subarticle (1):

(a) a person shall be deemed to have committed an offence irrespective of whether in the case of any modification, such modification is intended to be permanent or temporary;

(b) the form in which any software or data is output and in particular whether or not it represents a form in which, in the case of software, it is capable of being executed or, in the case of data, it is capable of being processed by a computer, is immaterial.

(4) For the purposes of subarticle (1)(f), a person who for the fact that he has in his custody or under his control any data, computer software or supporting documentation which he is not authorised to have, shall be deemed to have taken possession of it.

337D. Any person who without authorisation does any of the following acts shall be guilty of an offence against this article—

(a) modifies computer equipment or supplies that are used or intended to be used in a computer, computer system or computer network;

(b) takes possession of, damages or destroys a computer, computer system, computer network, or computer supplies used or intended to be used in a computer, computer system or computer network or impairs the operation of any of the aforesaid.

337E. If any act is committed outside Malta which, had it been committed in Malta, would have constituted an offence against the provisions of this Sub-title, it shall, if the commission affects any computer, software, data or supporting documentation which is situated in Malta or is in any way linked or connected to a computer in Malta, be deemed to have been committed in Malta.

Misuse of hardware.
Added by:
III. 2001. 27.

Commission of an offence outside Malta.
Added by:
III. 2001. 27.

BOOK FIRST PENAL LAWS

Offences and penalties.
Added by:
III. 2001.27.

337F. (1) Without prejudice to any other penalty established under this Sub-title, any person who contravenes any of the provisions of this Sub-title shall be guilty of an offence and shall be liable on conviction to a fine (*multa*) not exceeding ten thousand liri or to imprisonment for a term not exceeding four years, or to both such fine and imprisonment.

(2) Where any such offence constitutes an act which is in any way detrimental to any function or activity of Government, or hampers, impairs or interrupts in any manner whatsoever the provision of any public service or utility, whether or not such service or utility is provided or operated by any Government entity, the penalty shall be increased to a fine (*multa*) of not less than one hundred liri and not exceeding fifty thousand liri or to imprisonment for a term from three months to ten years, or to both such fine and imprisonment:

Provided that where a person is found guilty of an offence against this subarticle for a second or subsequent time, the minimum of the penalty for such an offence shall not be less than five hundred liri.

(3) The penalties established under subarticle (2) shall also apply in the case of any offence against any of the provisions of this Sub-title—

(a) where the offence is committed in any place by an employee to the prejudice of his employer or to the prejudice of a third party, if his capacity, real or fictitious, as employee, shall have afforded him facilities in the commission of the offence; and

(b) with the exception of subarticle (2), where the offence committed by a person is the second or subsequent offence against any of the provisions of this Sub-title.

(4) A person who produces any material or does any other act preparatory to or in furtherance of the commission of any offence under this Sub-title shall be guilty of that offence

and shall on conviction be liable to the same punishment provided for the offence.

(5) Any person who is an accomplice in the commission of an offence against this Sub-title or who in any way aids or abets such commission shall be liable to the same penalties contemplated for such an offence.

(6) It shall not be necessary for the prosecution to negative by evidence any authorisation required under this Sub-title and the burden of proving any such authorisation shall lie with the person alleging such authorisation:

Provided that this burden shall not be considered to have been discharged with the mere uncorroborated testimony of the person charged.

337G. The Minister may, for the purposes of this Sub-title, by regulations prescribe:

Search and seizure.
Added by:
III. 2001. 27.

(a) the manner in which the Police may search computers, computer systems or computer supplies and seize data or software stored therein;

(b) procedures and methods for handling evidence that is in an electronic form.

PART III
OF CONTRAVENTIONS AND PUNISHMENTS

Title I
OF CONTRAVENTIONS

Sub-title I
OF CONTRAVENTIONS AFFECTING PUBLIC ORDER

338. Every person is guilty of a contravention against

BOOK FIRST   PENAL LAWS

Contraventions affecting public order.

public order, who—

(a) without permission, cuts any grass in or about any fortification;

(b) throws any building material or rubbish in any ditch or in the vicinity of any fortification;

Amended by:
IV. 1856. 18;
XII. 1904. 48;
XII. 1913. 9.

(c) not being one of the persons referred to in article 62, in case of a tumult or other calamity, or in the case of any flagrant offence or of a hue and cry, refuses, without reasonable excuse, to give help, or refuses, when so required, to give information thereof, or gives false information or particulars, to any person entrusted with a public service in the actual exercise of his duties;

(d) allows any insane person under his custody, whether furious or otherwise, to go about at large;

(e) not being one of the persons referred to in article 62, is present at any attempt against the life or property of any person and fails to give information thereof to the Executive Police;

(f) without permission keeps a public school;

Amended by:
IV. 1856. 19;
XII. 1913. 9.

(g) refuses to give, or untruthfully gives to any public officer or any other person entrusted with a public service in the actual exercise of his duties, his name, surname, address and other particulars;

Amended by:
XII. 1914. 10;
XXXII. 1986. 5.
Amended by:
VIII. 1909. 31.

(h) *Repealed by*: X. 1998. 52.

(i) not possessing property of any kind, and having no other means of subsistence, fails to show that he has habitually endeavoured to engage in or exercise some art, trade or other occupation;

(j) without being duly licensed, opens or keeps any place for public divine worship;

(k) refuses to receive at the established value, any money lawfully current;

(l) taking advantage of the credulity of others, for the

purpose of gain, pretends to be a diviner, fortune-teller or an interpreter of dreams;

(m) at night time, disturbs the repose of the inhabitants by rowdiness or bawling, or in any other manner;

(n) in any public place, wears any mask, or disguises himself, except at the time and in the manner allowed by law;

Amended by:
XV. 1937. 5.

(o) without permission, or against the prohibition of the respective authorities, wears any civil, naval, military or air force uniform, or any ecclesiastical habits or vestments;

(p) leaves exposed in any street, open space, field, or other public place, any ladder, iron bar, weapon, or other instrument, of which an improper use might be made by thieves or other wrong-doers, or which might cause any injury;

Amended by:
XLI. 1933. 1.

(q) in the harbours, on the seashore or in any other public place, exposes himself naked or is indecently dressed;

(r) in any street, or open space, quarrels or fights, although jestingly, to the annoyance or injury of passers-by;

Amended by:
IV. 1856. 20;
XI. 1905. 15.

(s) drives animals (whether of burden or riding animals) over a drawbridge, with or without a vehicle, otherwise than at an amble;

(t) engages in any conspiracy with persons of the same profession or business with the object of raising or lowering the price of any article, or the wages of labour, or of imposing conditions to the prejudice of the public, in matters relating to such profession or business;

Amended by:
XXVI. 1927. 1.

(u) unlawfully tears or pulls down any public notice affixed by the authorities, or any poster or placard affixed in any public place or on any private property with the previous consent, express or implied, of the owner, during election time, by any political party or person, containing the names

BOOK FIRST   PENAL LAWS

of the candidates and appealing to citizens to vote for such candidates, or covers up, wholly or in part, such poster or placard with any other poster or placard, or in any other manner covers up the print of such poster or placard:

Provided that in any such public place no party or independent candidate may make use of a larger space than that made use of by any other party or independent candidate, having regard to the space available in such public place and to the number of such parties or independent candidates, and for such purpose the Police shall, by regulations to be published in the Gazette, fix the space to be thus made use of by any party or independent candidate and shall remove any poster or placard which may have been affixed in contravention of the said regulations by encroaching upon the space assigned to others;

(v) causes any physician, surgeon, obstetrician, or clergyman, to attend on or visit any person whom he falsely represents to be sick;

(w) leads an idle and vagrant life;

Amended by:
XIII. 1899. 1;
XIII. 1918. 11.

(x) in any public place importunes any person to beg alms;

Added by:
XLIII. 1966. 2.
Substituted by:
XXI. 1993. 86.

(y) being a parent or a spouse, leaves his children or spouse in want, whether in consequence of his or her disorderly living or indolence;

(z) when so ordered by a court or so bound by contract fails to give to his or her spouse the sum fixed by that court or laid down in the contract as maintenance for the spouse and, or, the children, within fifteen days from the day on which, according to such order or contract, such sum should be paid;

Added by:
XIV. 1983. 10.
Substituted by:
XXXII. 1986. 5;
III. 2002. 73.

Added by:
IX. 1859. 22.

(aa) leaves his parents in want in consequence of his disorderly living or his indolence;

(bb) even though in a state of intoxication, publicly

Amended by:	
IX. 1911. 13.	
Substituted by:	
XXVII. 1975. 22.	utters any obscene or indecent words, or makes obscene acts or gestures, or in any other manner not otherwise provided for in this Code, offends against public morality, propriety or decency;

(cc) runs violently in any street or open space, with the risk of running into and injuring other persons;

(dd) in any manner not otherwise provided for in this Code, wilfully disturbs the public good order or the public peace;

Added by:
IV. 1856. 21.
Amended by:
XII. 1913. 9.

(ee) disobeys the lawful orders of any authority or of any person entrusted with a public service, or hinders or obstructs such person in the exercise of his duties, or otherwise unduly interferes with the exercise of such duties, either by preventing other persons from doing what they are lawfully enjoined or allowed to do, or frustrating or undoing what has been lawfully done by other persons, or in any other manner whatsoever, unless such disobedience or interference falls under any other provision of this Code or of any other law;

Added by:
III. 1885. 5.
Amended by:
IV. 1888. 1;
XI. 1905. 15;
VIII. 1909. 31.

(ff) in any public place or place open to the public, is found drunk and incapable of taking care of himself; or in any public place or place open to the public, being in charge of a child under the age of seven years, or of any horse, mule or ox, or steam engine, or of any vehicle, is manifestly in a state of intoxication, or, being in such a state, causes any annoyance or disturbance, or is in possession of firearms, or refuses to quit any wine and spirit shop, inn, tavern or lodging-house, or attempts to enter any passenger boat or vessel or other vehicle, or refuses to quit such boat, vessel or other vehicle notwithstanding the warning of the person in charge thereof not to enter into or to quit such boat, vessel or other vehicle;

Added by:
I. 1903. 17.
Amended by:
VIII. 1909. 31;
L. N. 4 of 1963.

(gg) except in the cases specially provided for in this Code or in any other law, performs any act without a licence

BOOK FIRST   PENAL LAWS

from the competent authority, when such licence is required by any law or by any regulation made by the competent authority thereunder;

Added by:
XII. 1913. 9.

(hh) in any case not otherwise provided for in this Code or in any other law, with intent to mislead the authorities, lays before such authorities any genuine act, affidavit or certificate, falsely representing the same as referring to himself, or to any other person;

Added by:
XII. 1913. 9.

(ii) except as is allowed by law, and unless any other law provides for a higher punishment for the offence, makes or attempts to make or is in any way concerned in the making of any bet or wager including a bet or wager connected with any game, sport or event occurring in Malta or elsewhere; or who is present in any place while such betting or wagering is taking place;

Added by:
XXXII. 1986. 5.

(jj) in any place, importunes any person to advertise, or to make such person acquire, any service, product, property or property rights whatsoever;

Added by:
II. 1967. 2.

(kk) being a person over fifteen years of age, uses at any children's playground open to the public any playing equipment or similar facilities therein;

Added by:
XXI. 1993. 86.
Amended by:
III. 2002. 73.

(ll) when ordered by a court or bound by contract to allow access to a child in his or her custody, refuses without just cause to give such access.

Sub-title II
OF CONTRAVENTIONS AGAINST THE PERSON

Contraventions against the person.

339. (1) Every person is guilty of a contravention against the person who—

(a) challenges another to fight with stones;

(b) without inflicting any wound or blow, threatens others with stones or other hard substances, or throws the same, or takes up any other weapon against any person;

(c) throws stones or other hard substances at the terraces, roofs, windows, doors, courtyards, lamps or walls of houses of other persons, or of any other building; or knocks at the door, or rings the bell of any other person's house or building;

(d) attempts to use force against any person with intent to insult, annoy or hurt such person or others, unless the fact constitutes some other offence under any other provision of this Code;

(e) utters insults or threats not otherwise provided for in this Code, or being provoked, carries his insult beyond the limit warranted by the provocation;

(f) through carelessness or want of caution throws water, or other liquid, or filth upon any person;

(g) sets his dog at another person, or does not endeavour to restrain the same, when molesting any person;

(h) being authorized to correct any other person, exceeds the bounds of moderation;

(i) frightens or terrifies any other person, in a manner that might cause harm to such person although it be done in jest;

(j) being in duty bound to take care of children, or of other persons incapable of taking care of themselves, neglects to take the necessary care of such children or persons;

(k) meeting in the street any abandoned or stray child, does not convey such child or immediately report the fact to the Executive Police, or does not otherwise provide for the safety of the child;

(l) pushes against any person in the street with the object of hurting or insulting such person;

(m) throws any dirt or filth at the door or against the wall of the house of any other person;

BOOK FIRST   PENAL LAWS

(n) annoys, vexes or scoffs at any imbecile, aged, crippled, feeble or deformed person;

Added by:
IV. 1856.22.

(o) even though without the intent of committing another offence, enters into the dwelling-house of another person, against the express warning of such person, or without his knowledge, or under false pretences or by any other deceit.

Added by:
XI. 1900.51.
Amended by:
I. 1903.18;
VIII. 1909.32, 33.

(2) In the cases referred to in subarticle (1) (d), (e), (1) and (o), no proceedings shall be instituted except on the complaint of the injured party.

Sub-title III
OF CONTRAVENTIONS AGAINST PROPERTY

Contraventions against property.

340. Every person is guilty of a contravention against property who—

(a) shoots doves or pigeons, other than wild doves or pigeons, belonging to any other person;

(b) in any field belonging to any other person, plucks or eats the fruit or other produce of such field;

(c) on finding any property mislaid or lost by any other person, fails, within three days, to give information thereof to the Executive Police;

(d) commits any other violation of another person's property, to the prejudice of the owner or holder thereof, not specified in the preceding paragraphs of this article, nor otherwise provided for in this Code.

Amended by:
XI. 1900.52.
Discretion of court in the application of the punishments for contraventions.
Amended by:
XI. 1900.58;
IX. 1911.14.

Title II
OF THE PUNISHMENTS FOR CONTRAVENTIONS

341. In any case in which the punishments established for contraventions are to be applied, the court may, according to circumstances, apply such punishments, either severally or cumulatively.

Minimum punishment for blasphemous words.
Added by:
X. 1949. 2.
Amended by:
XIII. 1983. 5.

342. In respect of the contravention under article 338 (bb), where the act consists in uttering blasphemous words or expressions, the minimum punishment to be awarded shall in no case be less than a fine (*ammenda*) of five liri and the maximum punishment may be imprisonment for a term of three months—saving always the provisions of Title IV of Part II of Book First.

Disqualification on conviction under article 340 (a).
Added by:
XVI. 1963. 2.

343. On conviction for a contravention under article 340 (a), the court shall, besides awarding punishment, order the offender to be disqualified from holding or obtaining a licence to carry a firearm of the class or description used in the commission of the contravention (including any airgun) for a period of twelve months.

344. It shall be lawful to seize and confiscate—

(a) Repealed by: X. 1998. 52.

Forfeiture of articles in certain contraventions.
Amended by:
VIII. 1857. 10;
III. 1885. 6;
IV. 1888. 3;
XXI. 1944. 2;
IX. 1982. 2;
XXXII. 1986. 6;
X. 1998. 52.

(b) the ladders, iron bars, weapons and instruments mentioned in article 338 (p);

(c) any money found on any person committing an offence under article 338(ii).

§ GENERAL PROVISION

Particular laws and regulations.

345. In any matter not provided for in this Code, and which forms the subject of any particular law or regulation, such particular law or regulation shall apply.

BOOK SECOND
LAWS OF CRIMINAL PROCEDURE

PART I
OF THE AUTHORITIES TO WHICH THE ADMINISTRATION OF CRIMINAL JUSTICE IS ENTRUSTED

Title I
OF THE POWERS AND DUTIES OF THE EXECUTIVE POLICE IN RESPECT OF CRIMINAL PROSECUTIONS GENERAL

Duties of the Police.
Amended by:
IV. 1856. 23;
VIII. 1990. 3.
Substituted by:
III. 2002. 74.

346. (1) It is the duty of the Police to preserve public order and peace, to prevent and to detect and investigate offences, to collect evidence, whether against or in favour of the person suspected of having committed that offence, and to bring the offenders, whether principals or accomplices, before the judicial authorities.

(2) Notwithstanding the generality of subarticle (1), where authorised by law and in the manner so provided, the Police may delay its immediate intervention for the prevention of the commission of an offence.

Complaint by the injured party.
Amended by:
XIV. 1889. 45;
XXX. 1934. 2;
XXI. 1971. 26;
XXII. 1976. 4;
XLIX. 1981. 4.
Substituted by:
III. 2002. 74.

347. The Police shall not institute criminal proceedings, except on the complaint of the injured party, in cases where the law does not allow criminal proceedings to be instituted without such complaint.

Tendering of assistance when required by head of household.
Amended by:
XXII. 1976. 4.
Substituted by:
III. 2002. 74.

348. Where the head of any household requires an officer of the Police to proceed to such house in order to ascertain any offence which has been committed or to secure the evidence relating thereto, the officer shall proceed thither with all convenient speed taking with him witnesses where practicable.

Powers according to law.
Substituted by:
III. 2002. 74.

349. (1) A police officer shall only have such powers as are vested in him by law and to the extent authorised by law and in this provision the word law has the same meaning assigned to it in article 124 of the Constitution.

Omission of precaution, formality or requirement not a bar to admissibility of evidence.

(2) The omission of any precaution, formality or requirement prescribed under this Title shall be no bar to proving, at the trial, in any manner allowed by law, the facts to which such precaution, formality or requirement relates.

Definitions.
Amended by:
XI. 1900. 54.
Substituted by:
III. 2002. 74.

350. (1) In this Title, and subject to the provisions of subarticle (2):

"appropriate consent" means—

(a) in relation to a person who has attained the age of eighteen years, the consent of that person;

(b) in relation to a person who has not attained the age of eighteen years but has attained the age of fourteen years, the consent of that person and the consent of his parent or guardian;

(c) in relation to a person who has not attained the age of fourteen years, the consent of his parent or guardian;

"designated police station" means a police station designated by the Minister responsible for the Police by a notice published in the Gazette;

"excluded material" means:

(a) personal records acquired or created by a person in the course of any trade, business, profession or other occupation, or for purposes of any paid or unpaid office and which he holds in confidence;

(b) human tissue or tissue fluid which has been taken for the purpose of diagnosis or medical treatment and which a person holds in confidence;

(c) journalistic material which a person holds in confidence;

"intimate sample" means a sample of blood, semen or any other tissue fluid, or pubic hair, and includes a swab taken from a person's body orifice other than the mouth;

"intimate search" means a search which consists of the physical examination of a person's body orifices other than the mouth;

"items subject to legal privilege" means any communication between a professional legal adviser and his client or any person representing his client and any document or record enclosed with or referred to in such communication and made in connection with the giving of legal advice or in connection with or in contemplation of legal proceedings and for the purposes of such proceedings, but the expression does not include items held with the intention of furthering a criminal purpose;

"journalistic material" means material in the possession of a person who acquired or created it for the purposes of journalism and a person who receives material from someone who intends that the recipient shall use it for the purposes of journalism is to be taken to have acquired it for those purposes;

"non-intimate sample" means—

(a) a sample of hair other than pubic hair;

(b) a sample taken from a nail or from under a nail;

(c) a swab taken from any part of a person's body including the mouth but not any other body orifice;

(d) urine or saliva;

(e) a footprint or a similar impression of any part of a person's body other than a part of his hand;

"personal records" means documentary and other records concerning an individual (whether living or dead) who can be identified from them and relating—

(a) to his physical or mental health; or

(b) to spiritual counselling or assistance given or to be given to him; or

(c) to counselling or assistance given or to be given to him, for the purposes of his personal welfare, by any voluntary organisation or by any individual who by reason of his office or occupation has responsibilities for his personal welfare or by reason of an order of a court has responsibilities for his supervision.

(2) For the purpose of this article:

(a) a person holds journalistic material in confidence if—

(i) he holds it subject to such an undertaking, restriction or obligation; and

(ii) it has been continuously held (by one or more persons) subject to such an undertaking, restriction or obligation since it was first acquired or created for the purposes of journalism;

(b) a person holds material other than journalistic material in confidence if he holds it subject—

(i) to an express or implied undertaking to hold it in

BOOK SECOND   LAWS OF CRIMINAL PROCEDURE

confidence; or

(ii) to a restriction on disclosure or an obligation of secrecy contained in this Code or in any other law.

Sub-title I
POWER TO STOP AND SEARCH

Power to stop and search.
Amended by:
III. 1937. 2;
XX. 1959. 4;
XXVII. 1975. 23.
Substituted by:
III. 2002. 74.

351. (1) A police officer may, in a public place, or in any place to which the public is admitted, even against payment of an entrance fee, search any person or vehicle, if he has a reasonable suspicion that the search will discover the possession of things, which are prohibited, stolen or acquired as the result of any offence whatsoever, or which may be used or may have been used in the commission of an offence or which may serve in the investigation of an offence.

(2) For the purposes of subarticle (1), the Police may stop a person or a vehicle until the search is performed and shall seize any thing discovered during the search and the possession of which is prohibited or which may be connected with an offence.

Warrant.
Substituted by:
IV. 1994. 9;
III. 2002. 74.

352. Where the search to be performed is required in an unattended vehicle and it is not possible to obtain the attendance of its registered owner, then a police officer may only carry out the search if he has a warrant from a superior officer not below the rank of an inspector.

Limitation as to search, etc.
Amended by:
XI. 1900. 55;
L. N. 46 of 1965;
VIII. 1990. 3.
Substituted by:
III. 2002. 74.

353. Except in urgent cases and when a person is apprehended *in flagrante delicto* nothing in this Title authorises the search of a person by a police officer of the opposite sex, or that a search be conducted by a police officer not in uniform unless clearly identified by the production of a police identity card.

Report on search.
Substituted by:
III. 2002. 74.

354. Anything seized as a result of a search under the preceding articles of this title shall be preserved and the Police carrying out the search shall draw up a report stating all the particulars of the search and including a detailed list of the things so seized.

Sub-title II
ROAD CHECKS

Conditions for road checks.
Amended by:
VIII. 1857. 11;
V. 1868. 20.
Substituted by:
III. 2002. 74.

Cap. 248.

355. The Police may organise a road check where there are reasonable grounds for believing that a check on vehicles in or passing through a locality may lead to—

(a) the arrest of a person who has committed or is reasonably suspected of having committed or of being about to commit a serious crime, not being a crime punishable under the Press Act; or

(b) the discovery of anything the possession of which is prohibited or restricted by law or which is connected in any way whatsoever with the commission of a serious crime or which is evidence of any such crime; or

(c) the arrest of any person whose arrest has been ordered by a court or any other lawful authority or who is otherwise unlawfully at large; or

(d) the ascertainment that a person is not abiding by a condition lawfully imposed on him by a court; or

(e) the ascertainment of violations of any law regarding motor vehicles or traffic regulation:

Provided that for the purposes of this article "serious crime" means any crime liable to the punishment of imprisonment.

Exercise of road check.
Added by:
III. 2002. 74.

355A. (1) For the duration of the road check the Police may stop all or any vehicles passing through or in the locality where the road check is being organised.

(2) Where a vehicle has been stopped in pursuance of the provisions of this sub-title that vehicle may be searched by the Police.

355B. A road check under this sub-title may only be

BOOK SECOND   LAWS OF CRIMINAL PROCEDURE

Authorisation.
Added by:
III. 2002. 74.

organised upon an authorisation in writing by a police officer not below the rank of Inspector unless the matter admits of no delay in which case such authorisation may be given orally by a police officer not below the rank of sergeant and reduced to writing as soon as practicable.

Evidence of other offences.
Added by:
III. 2002. 74.

355C. Notwithstanding anything contained in the preceding articles of this sub-title, where in the course of a road check, evidence is found of the commission of an offence other than that in respect of which the road check was organised, the Police shall also be entitled to investigate such offence and where appropriate to institute proceedings for that offence.

Saving of other laws.
Added by:
III. 2002. 74.

355D. The provisions of this sub-title shall be without prejudice to any power vested in the Police by any other law to stop vehicles for purposes other than those mentioned in this sub-title.

Sub-title III

POWERS OF ENTRY, SEARCH AND SEIZURE UNDER WARRANT

Conditions for search of premises, etc.
Added by:
III. 2002. 74.

355E. (1) Saving the cases where the law provides otherwise, no police officer shall, without a warrant from a Magistrate, enter any premises, house, building or enclosure for the purpose of effecting any search therein or arresting any person who has committed or is reasonably suspected of having committed or of being about to commit any offence unless—

Cap. 248.

(a) the offence is a crime other than a crime punishable under the Press Act and there is imminent danger that the said person may escape or that the corpus dialect or the means of proving the offence will be suppressed; or

Cap. 248.

(b) the person is detected in the very act of committing a crime other than a crime punishable under the Press

Act; or

(c) the intervention of the Police is necessary in order to prevent the commission of a crime other than a crime punishable under the Press Act; or

(d) the entry is necessary for the execution of any warrant or order issued by any other competent authority in the cases prescribed by law; or

(e) the arrest is for the purpose of apprehending a person who is unlawfully at large after escaping from lawful arrest or detention.

(2) The expression "enclosure" does not include any plot of land enclosed by rubble walls.

Subsidiary powers of Police in execution of warrants.
Added by:
III. 2002. 74.

355F. In cases where a police officer is empowered to enter into any of the places mentioned in the last preceding article, it shall be lawful for such officer to open or break any door or window, if, after giving notice of his office and object, he cannot otherwise obtain entry.

Scope of search and of search warrant.
Added by:
III. 2002. 74.

355G. (1) Any entry and search warrant issued under this Sub-title and any search or seizure made under the provisions of this Sub-title shall not extend to legal privilege or to any excluded material.

(2) An entry and search warrant issued under this Subtitle shall be deemed to have been granted to the police officer or officers executing it.

(3) Without prejudice to the right of obtaining a new warrant for the same purpose, an entry and search warrant may not be executed after the lapse of one month from the date of issue.

Times for execution of warrant.
Added by:
III. 2002. 74.

355H. No warrant of entry and search may be executed after sunset unless the Magistrate has otherwise authorised in the warrant, or unless the executing Police officer has reasonable cause to believe that the purpose of the entry and search will be frustrated if the execution of the warrant is de-

BOOK SECOND   LAWS OF CRIMINAL PROCEDURE

layed.

Copy of warrant to person.
Added by:
III. 2002. 74.

355I. The executing officer shall hand over a copy of the warrant to the person occupying and present at the place searched or to any other person who appears to the said officer to be in charge of the same place and who happens to be present during the search. If there is no person present who appears to the executing officer to be in charge of the premises the copy of the warrant shall be left in an easily visible place on the premises.

Limitation.
Added by:
III. 2002. 74.

355J. A search under a warrant may only be a search to the extent required for the purpose for which the warrant was issued:

Provided that if, in the course of the search, offences other than the offence or offences mentioned in the warrant are discovered, the search may extend to the extent required for the purposes of such other offences.

Sub-title IV

POWERS OF ENTRY AND SEARCH WITHOUT WARRANT

Cases admitting of no delay.
Added by:
III. 2002. 74.

355K. Any police officer may enter and search without a warrant any premises, house, building or enclosure in the circumstances laid down in article 355E(1)(a) to (e).

Entry and search after arrest.
Added by:
III. 2002. 74.

355L. (1) The Police have the power to enter and search any premises, house, building or enclosure used, occupied or controlled, even temporarily, by a person who is under arrest, if they have reasonable grounds for suspecting that there is evidence, other than items subject to legal privilege, that relates to the offence or a connected offence, and such search shall be limited to the extent that is reasonably necessary for discovering such evidence:

Provided that if offences other than the offence or offences for which the person was arrested are discovered in the course of the search then the search may extend to the extent required for the purposes of such other offences.

(2) Without prejudice to the provisions of Sub-title V, the Police may in the course of a search carried out in pursuance of the provisions of subarticle (1) seize and retain anything not subject to legal privilege and which constitutes relevant evidence for the purpose of any offence mentioned in the same subarticle.

Limitation.
Added by:
III. 2002.74.

355M. (1) The powers mentioned in article 355L may be exercised by a police officer not below the rank of inspector or by officers of a lower rank if so authorised in writing by an officer not below the rank of inspector.

(2) Where the police officers on the scene are all below the rank of inspector and the matter admits of no delay and the person occupying or in control of the premises is present and his presence is necessary for the effective investigation of the offence, the said police officers may proceed to enter and search the premises without the authorisation in writing referred to in subarticle (1).

Report by officer.
Added by:
III. 2002.74.

355N. A police officer who has exercised any of the powers mentioned in articles 355K and 355L shall, as soon as practicable, draw up a report of the entry and search without warrant, stating the grounds for which it was exercised, and describing the results of the search.

Connection of offences.
Added by:
III. 2002.74.

355O. For the purposes of this Sub-title there is connection between offences when—

(a) the facts of the offences are substantially the same; or

(b) an offence has served as a means for the commission of another offence; or

(c) the proof of an offence or of a circumstance thereof has a bearing on the proof of another offence or of a circumstance thereof.

BOOK SECOND   LAWS OF CRIMINAL PROCEDURE

Sub-title V
SEIZURE AND RETENTION

General rules of seizure.
Added by:
III. 2002. 74.

355P. The Police, when lawfully on any premises, may seize anything which is on the premises if they have reasonable grounds for believing that it has been obtained in consequence of the commission of an offence or that it is evidence in relation to an offence and that it is necessary to seize it to prevent it being concealed, lost, damaged, altered or destroyed.

Computer data.
Added by:
III. 2002. 74.

355Q. The Police may, in addition to the power of seizing a computer machine, require any information which is contained in a computer to be delivered in a form in which it can be taken away and in which it is visible and legible.

Receipt for thing seized.
Added by:
III. 2002. 74.

355R. The Police shall always issue to the person on the premises or in control of the thing seized a receipt for anything seized and on request by any such person, the Police shall, against payment and within a reasonable time, supply to him photographs, or a film, video recording or electronic image or copies of the thing seized, unless the investigating officer has reasonable grounds for believing that this would be prejudicial to the investigation or to any criminal proceedings that may be instituted as a result thereof.

Retention.
Added by:
III. 2002. 74.

355S. (1) Anything which has been lawfully seized by the Police may be retained so long as is necessary in all the circumstances.

(2) Without prejudice to the generality of the aforesaid, anything lawfully seized by the Police under this Code may be retained for use as evidence at the trial or for forensic examination or any other aspect of the investigation, or in order to establish the thing's lawful owner.

(3) The Commissioner shall provide for the proper custody of anything seized.

Restitution to owner.
Added by:
III. 2002.74.

355T. A person who is the rightful owner of a thing seized and retained may, unless criminal proceedings in the course of which the thing seized has been exhibited or is to be exhibited are pending before any court, make an application to a Magistrate for its restitution, and the Magistrate may, after hearing the Police, by a decree order its release either unconditionally, or under such conditions as may be necessary to preserve the evidential aspects of the thing.

Photographs.
Added by:
III. 2002.74.

355U. Unless a thing is liable to forfeiture, nothing shall be retained if a photograph, film, video recording or electronic image or a copy of the thing would be sufficient:

Provided that before releasing the thing the Police may, where they deem so necessary, apply to a Magistrate for a repertus to be drawn up and the provisions of Title II of Part II of Book Second of this Code shall apply.

Sub-title VI
POWERS OF ARREST AND DETENTION

Arrest under warrant.
Added by:
III. 2002.74.

355V. Where there are lawful grounds for the arrest of a person, the Police may request a warrant of arrest from a Magistrate, unless in accordance with any provision of law the arrest in question may be made without a warrant.

Arrest by private persons.
Added by:
III. 2002.74.

355W. (1) Any person not being a police officer may arrest without warrant anyone who is in the act of committing or has just committed any crime concerning the peace and honour of families and morals, any crime of wilful homicide or bodily harm, or any crime of theft or of wilful unlawful entry or damage to property.

(2) The person making any arrest under subarticle (1) shall without delay inform the Police of the fact of the arrest and shall exercise such power only until it is strictly necessary for the Police to take over the person arrested.

355X. (1) Any police officer may arrest without war-

BOOK SECOND   LAWS OF CRIMINAL PROCEDURE

Arrest by police without warrant.
Added by:
III. 2002.74.

rant anyone who is in the act of committing or has just committed a crime punishable with imprisonment, or whom he reasonably suspects to be about to commit or of having just committed such a crime.

(2) Any police officer may also proceed to the arrest of any person who knowingly, or after due warning, obstructs or disturbs him in the execution of his duties, or disobeys his lawful orders.

(3) The powers mentioned in subarticles (1) and (2) shall only be exercised until it is strictly necessary for the police officer to convey the person arrested to a police station and deliver him to a superior officer not below the rank of sergeant.

(4) The provisions of this article shall not apply to any crime punishable under the Press Act.

Cap. 248.

Arrest for minor offences.
Added by:
III. 2002.74.
Cap. 248.

355Y. (1) In the case of contraventions, or of crimes not subject to the punishment of imprisonment, excepting always the crimes punishable under the Press Act, it shall be lawful for the Police to proceed to the arrest of any person without a warrant, provided that —

(a) the person be detected in the very act of committing the offence; or

(b) the arrest be necessary to prevent the commission of an offence in respect of which the Police may institute criminal proceedings without the complaint of the injured party; and

(c) in either of the cases mentioned in paragraphs (a) or (b) one of the conditions mentioned in article 355Z is satisfied.

(2) A person shall be deemed to be detected in the very act of committing an offence, if he is caught, either in the act of committing the offence, or while being pursued by the injured party or by the public hue and cry.

General arrest conditions.
Added by:
III. 2002. 74.

355Z. The general arrest conditions are—

(a) that the identity of the person is unknown or cannot be readily ascertained by the police officer; or

(b) there is a doubt whether the particulars furnished by the person are true; or

(c) that the person has not furnished a satisfactory address for service, or there are doubts about whether the address provided is satisfactory for service, or that at least some other person may according to law receive service on his behalf at the address given; or

(d) that the arrest is necessary to prevent the person—

(i) causing physical harm to himself or to any other person; or

(ii) suffering physical injury; or

(iii) causing loss or damage to property; or

(iv) committing an offence against public decency; or

(v) causing an unlawful obstruction on any public road; or

(e) that the police officer has reasonable grounds for believing that the arrest is necessary to protect a child or any other vulnerable person.

Conduct towards person arrested.
Added by:
III. 2002. 74.

355AB. The officer or any other person authorised by law making an arrest shall not use any harshness, bond or other means of restraint unless indispensably required to secure, or rendered necessary by the insubordination of the person arrested.

Information to be given on arrest.
Added by:
III. 2002. 74.

355AC. (1) When a person is arrested, the arrest is not lawful unless the person arrested is informed that he is under arrest, even though the arrest may be obvious.

(2) The arrest is not lawful unless the person arrested is informed at the time of his arrest or detention, in a language that he understands, of the reasons for his arrest or detention;

BOOK SECOND   LAWS OF CRIMINAL PROCEDURE

Provided that if an interpreter is necessary and is not readily available or if it is otherwise impracticable to comply with the provisions of this sub-article at the time of the person's arrest or detention, such provisions shall be complied with as soon as practicable;

Provided further that, in any case, where the arrest is made by a private person under the provisions of article 355V the giving of the information may be delayed until the person arrested is taken over by the Police.

Attendance at a police station or office.
Added by:
III. 2002. 74.

355AD. (1) Where, in the course of an investigation, a person attends voluntarily at, or accompanies a police officer to, a police station or office, that person shall be free to leave at any time, unless and until he is informed that he is under arrest.

(2) Where an inspector of Police has a reasonable suspicion that the person who attended voluntarily at the police station or office may have committed an offence subject to imprisonment, he may arrest such person forthwith without warrant and inform him accordingly. The time of the arrest shall be immediately recorded and immediate notice thereof shall be given to a Magistrate.

(3) The Police may, orally or by a notice in writing, require any person to attend at the police station or other place indicated by them to give such information and to produce such documents as the Police may require and if that person so attends at the police station or place indicated to him he shall be deemed to have attended that police station or other place voluntarily. The written notice referred to in this subarticle shall contain a warning of the consequences of failure to comply, as are mentioned in subarticle (5).

(4) Any person who is considered by the police to be in possession of any information or document relevant to any investigation has a legal obligation to comply with a request

from the police to attend at a police station to give as required any such information or document:

Provided that no person is bound to supply any information or document which tends to incriminate him.

(5) A person who fails to comply with a notice in writing as is referred to in subarticle (3) or who fails, upon being so requested, even if only orally, to accompany voluntarily a police officer to a police station or other place indicated by the police officer for any purpose mentioned in the said subarticle (3) shall be guilty of a contravention punishable with detention and shall be liable to be arrested immediately under warrant.

(6) The notice mentioned in subarticle (3) may be served with urgency in cases where the interests of justice so require.

(7) A person who attends voluntarily as mentioned in subarticle (3) may be kept apart from any other person, but shall not be kept in any place normally used for the detention of arrested persons.

Arrest outside police stations or offices.
Added by:
III. 2002. 74.

355AE. (1) When a police officer arrests a person at a place other than a police station the arrested person shall be taken to the nearest police station and where the arresting officer is an officer below the rank of inspector he shall forthwith report the arrest to an officer not below the rank of inspector. In any case the inspector or officer in charge of that police station shall also be informed.

(2) Where there are grounds for the continuation of the arrest the person arrested shall be taken to a designated police station as soon as practicable and in no case later than six hours from the time of the arrest.

(3) The taking of an arrested person to a police station in accordance with the foregoing provisions of this article may be delayed if that person's presence is required elsewhere

BOOK SECOND   LAWS OF CRIMINAL PROCEDURE

for the purpose of any investigation which may be necessary.

(4) Where a person is released following arrest the police officer ordering release shall record in writing the fact stating reasons.

Search on arrested person.
Added by:
III. 2002. 74.

355AF. (1) A police officer may immediately search the person arrested:

(a) if the police officer has reasonable grounds for believing that the arrested person may present a danger to himself or others; or

(b) for anything which the arrested person might use to assist him to escape from custody; or

(c) for anything which might be evidence related to an offence.

(2) The provisions of article 353 of this Code shall apply to searches under this article.

Sub-title VII
WARRANTS

Police to execute warrants of arrest or search.
Added by:
III. 2002. 74.

355AG. (1) Saving the provisions of article 666, it is the duty of the Police to execute any warrant or order of arrest or search that may, in the cases prescribed by law, be issued or given by any other competent authority.

(2) Any such warrant or order shall set forth the nature of the offence, the name of the person, if known, by whom the offence is alleged to have been committed and, in the case of a search warrant, it shall indicate the place where the search is to be carried out.

(3) Once a warrant or order of arrest or search has been issued any police officer may execute the warrant or order.

Procedure for warrants.
Added by:
III. 2002. 74.

355AH. (1) Whenever according to law the carrying out of an act by the police requires the issue of a warrant by a Magistrate a police officer may apply in person to a Magistrate requesting the issue of the appropriate warrant stating the grounds for the request and giving the Magistrate all such information that will enable the Magistrate to decide on the request. Before deciding whether to issue the warrant the Magistrate may require the police officer to confirm on oath the information supplied by him and the warrant shall only be issued upon the Magistrate being satisfied that sufficient grounds for the issue of the warrant exist.

(2) In cases of urgency, the request for the issue of the warrant and the warrant may be communicated even by facsimile:

Provided that, as soon as practicable, the original warrant shall be delivered for record purposes.

(3) Any warrant issued by a Magistrate shall be issued in favour of the Commissioner of Police and may be executed by any police officer.

(4) Whenever a police officer requests the issue of a warrant of arrest or search from a Magistrate in accordance with the provisions of this Code and the Magistrate refuses to issue the warrant the Police may request the issue of the same warrant from a Judge who ordinarily sits in the Criminal Court.

Copies of warrants.
Added by:
III. 2002.74.

355AI. Except in the case of a warrant transmitted by facsimile, any warrant shall be drawn upon in three signed copies one of which shall be retained by the Magistrate while the others shall be delivered to the police officer who shall retain one copy for his records and shall cause the other one to be served on the person entitled to be served with it:

Provided that where a police officer comes upon a person against whom a warrant of arrest has been issued and, although not in possession of a copy of the warrant, the police officer knows that the warrant has been so issued, the officer shall arrest that person and shall serve him with the copy of

BOOK SECOND   LAWS OF CRIMINAL PROCEDURE

the warrant at the first opportunity.

Report of arrest.
Added by:
III. 2002. 74.

355AJ. (1) Where any person is arrested, whether with or without a warrant, the arresting police officer or his superior shall, as soon as practicable and unless the person arrested has been released within six hours from arrest, inform a Magistrate, giving all details as to time and place where the person is being held.

(2) The Magistrate may order that the person arrested be transferred to another place with immediate effect.

(3) Any person arrested in pursuance of any provision of this Code and who has not been brought before a court within forty-eight hours of his arrest shall be released.

Immediate orders.
Added by:
III. 2002. 74.

355AK. Any order of a competent authority touching on the rights of the individual arising from the provisions of this sub-title shall be carried out without delay, and for such purpose may be communicated even by facsimile or telephone, under such conditions as to guarantee its authenticity.

Sub-title VIII
DETENTION

Right to release.
Added by:
III. 2002. 74.

355AL. (1) It shall be duty of the custody officer to order the immediate release from custody of any person in police detention in the circumstances mentioned in article 355AJ(3) or where the custody officer becomes aware that the grounds for the detention of that person have ceased to apply and there are no other lawful grounds on which the continued detention of that person could be justified.

(2) Before ordering the release from custody of a person under subarticle (1) the custody officer shall inform the investigating officer and a Magistrate and the final decision shall be taken by the Magistrate.

(3) A person whose release is ordered under the provisions of subarticle (1) shall be released unconditionally un-

less it appears to the custody officer—

(a) that there is need for further investigation of any matter in connection with which he was detained at any time during the period of his detention; or

(b) that proceedings may be taken against him in respect of such matter,

and if it so appears, he shall be released subject to the conditions, reduced to writing and signed by the person to be released, that he will not attempt or do anything to leave Malta without the authority of the investigating officer under whose authority he was arrested and that he will attend at such police station at such time as the custody officer may appoint and, or that he will attend before the Court of Magistrates at such time and such place as the court may appoint.

(4) Where a custody officer has granted bail to a person subject to a duty not to attempt or do anything to leave Malta without authority or to appear at a police station, the custody officer may give notice in writing to that person that the condition not to attempt or do anything to leave Malta without authority no longer applied or that his attendance at the police station is not required.

(5) Any person who fails to comply with any condition imposed upon him upon his release as provided in subarticle (3) shall be guilty of a contravention.

(6) A police officer may arrest without a warrant any person who, having been conditionally released under subarticle (3) subject to a duty not to attempt or do anything to leave Malta without authority or to attend a police station or subject to a duty to appear before the Court of Magistrates, attempts or does anything to leave Malta without authority or fails to attend at that police station or before the Court of Magistrates at the time appointed for him to do so.

(7) For the purposes of this sub-title a person who re-

turns to a police station to answer to bail or is arrested under subarticle (6) shall be treated as arrested for the offence under subarticle (5) and for the offence in connection with which he was granted bail and the provisions of this article shall apply to such person.

(8) The conditions made under subarticle (3) shall not remain in force for more than three months from the date on which they were imposed unless they are renewed by a Magistrate for further periods of three months each period upon an application by the Police which shall be served for his reply upon the person on whom the conditions were imposed.

(9) At any time during which the conditions made under subarticle (3) are in force the person on whom those conditions were imposed may by an application to be served on the Police for a reply request a Magistrate that those conditions be removed or modified.

(10) The Minister may issue guidelines to be followed by custody officers in the exercise of their discretion to impose conditions under subarticle (3).

Requirement of custody officer.
Added by:
III. 2002. 74.

355AM. (1) At every designated place of detention the Commissioner shall appoint one or more custody officers not below the rank of sergeant who, in matters of detention, shall comply with any orders of a Magistrate.

(2) Any officer of any rank may perform the functions of a custody officer at a designated place of detention if a custody officer is not readily available to perform them.

(3) Where the custody officer who is called upon to carry out any of his functions with respect to a person in police detention is, at the time when the function falls to be performed, involved in the investigation of an offence for which the person is in police detention such function shall be carried out by another custody officer or, if no such other custody officer is available, by the next most senior police of-

ficer who happens to be available at the time.

(4) In this article and elsewhere in this sub-title "designated place of detention" means such place designated by the Minister where a person may be detained for more than six hours.

Functions of custody officer.
Added by:
III. 2002. 74.

355AN. The custody officer shall perform such functions as may be assigned to him by this Code or by any other law.

Functions of custody officer at a place other than a designated place of detention.
Added by:
III. 2002. 74.

355AO. Where an arrested person is taken to a police station which is not a designated place of detention the functions in relation to him which would otherwise fall to be performed by a custody officer shall be performed:

(a) by an officer not below the rank of sergeant who is not involved in the investigation of an offence for which the arrested person is in detention, if such an officer is readily available; and

(b) if no such officer is readily available, by the officer who took the arrested person to the police station or by the most senior police officer at the police station at the time.

Intimate searches of the person detained.
Added by:
III. 2002. 74.

355AP. Where the arresting officer or the custody officer has a reasonable suspicion that the person arrested may have concealed on his person any drug the unlawful possession of which would constitute a criminal offence or any other item which a custody officer is authorised by this Code or by any other law to seize from the possession of an arrested person, the said officer may request a Magistrate to order an intimate search of the person arrested.

Experts to be appointed.
Added by:
III. 2002. 74.

355AQ. (1) Upon a request for an order under article 355AP the Magistrate shall appoint an expert to carry out the search under such safeguards as he may consider necessary for the purpose of decency and to report to him on his findings. A copy of the report shall be communicated without delay to the arresting or custody officer as the case may be.

BOOK SECOND   LAWS OF CRIMINAL PROCEDURE

(2) A person shall not be appointed an expert for the purpose of carrying out an intimate search on a person of the opposite sex unless the expert is a medical practitioner and the person to be searched consents thereto in writing.

Seizure.
Added by:
III. 2002. 74.

355AR. Anything found as a result of an intimate search under the foregoing articles may be temporarily retained by the expert and may subsequently be seized by order of the Magistrate, and a receipt therefore shall be given to the detained person. The Magistrate may authorise the delivery against receipt of anything so seized to the police officer investigating the person intimately searched.

Sub-title IX
RIGHTS OF PERSONS DETAINED

Right to inform friends and to medical assistance.
Added by:
III. 2002. 74.

355AS. (1) It shall be the duty of the Police to inform without undue delay the person arrested or detained of his right to request that a relative or friend be informed of the fact of his arrest and of his whereabouts unless such relative or friend is reasonably suspected of being involved in the offence being investigated. If the person arrested avails himself of such right the relative or friend shall without undue delay be informed accordingly and a record as provided in subarticles (2) and (3) shall be kept of the way the Police discharged their duty under this subarticle.

(2) In all cases the following information shall be entered in the detention record of the person detained:

(a) the day and time in which the detained person was informed of his right under this article;

(b) whether the detained person chose to avail himself of that right or not;

(c) if the detained person chose to avail himself of that right, the details of the relative or friend informed of the detained person's arrest and whereabouts together with the day and time in which the information was given; if such relative or friend was not so informed the reasons for this.

(3) The arrested or detained person shall be requested to sign the record referred to in subarticle (2) and should he refuse to do so an entry shall be entered in the record to this effect.

(4) Notwithstanding the provisions of subarticle (1), the investigating officer may by application to a Magistrate request that he be authorised to delay informing a relative or friend of the detained person if there are reasonable grounds for suspecting that the giving of such information may be prejudicial to the investigation or to the recovery of things, or that it may alert other persons who are connected with the offence and are still not in Police custody. Such a delay shall not be later than six hours from the time when the arrest was effected.

(5) An arrested person shall, at his request, be allowed to consult a medical adviser of his choice provided that such medical adviser is readily available.

(6) The application referred to in subarticle (4) may be communicated to the Magistrate by facsimile:

Provided that, as soon as practicable, the original application shall be delivered for record purposes.

Right to legal advice.
Added by:
III. 2002.74.

355AT. *(1) Subject to the provisions of subarticle (3), a person arrested and held in police custody at a police station or other authorised place of detention shall, if he so requests, be allowed as soon as practicable to consult privately with a lawyer or legal procurator, in person or by telephone, for a period not exceeding one hour. As early as practical before being questioned the person in custody shall be informed by the Police of his rights under this subarticle.

---

* this article is not yet in force.

BOOK SECOND   LAWS OF CRIMINAL PROCEDURE

(2) A request made under subarticle (1) shall be recorded in the custody record together with the time that it was made unless the request is made at a time when the person who makes it is at court after being charged with an offence in which case the request need not be so recorded.

(3) Subject to the provisions of subarticle (7), compliance with a request under subarticle (1) may be delayed if the person making the request is in police detention for a crime and if an officer not below the rank of superintendent authorises such delay.

(4) An authorisation under subarticle (3) may be given orally or in writing but if it is given orally it shall be confirmed in writing as soon as it is practicable.

(5) An officer may only authorise delay where he has reasonable grounds for believing that the exercise of the right conferred by subarticle (1) at the time when the person detained desires to exercise it—

(a) will lead to interference with or harm to evidence connected with the offence being investigated or interference with or physical injury to other persons; or

(b) will lead to the alerting of other persons suspected of having committed such an offence but not yet arrested for it; or

(c) will hinder the recovery of any property obtained as a result of such an offence; or

(d) in the case of a person detained for an offence of drug trafficking, bribery, or money laundering, will hinder the recovery of the value of that person's proceeds from the offence.

(6) Where delay has been authorised as provided in subarticle (5) the Police may immediately proceed to question the detained person.

(7) The delay mentioned in subarticle (3) shall in no

case exceed thirty-six hours from the time of the arrest.

(8) Any police officer who tries to indicate to a person detained the advocate or legal procurator who should be engaged during the detention of such person, shall be guilty of an offence and shall be punishable with a fine (*ammenda*) and this without prejudice to any disciplinary proceedings that may be taken against him.

(9) Where the person detained chooses not to seek legal assistance the investigating officer shall record this fact in writing in the presence of two witnesses and thereupon questioning may proceed immediately.

Inferences from failure to mention facts.
Added by:
III. 2002. 74.

355AU. *(1) Where in any proceedings against a person for an offence, evidence is given that the accused—

(a) at any time before he was charged with the offence, on being questioned by the police trying to discover whether or by whom the offence had been committed, failed to mention any fact relied on in his defence in those proceedings; or

(b) on being charged with the offence or officially informed that he might be prosecuted for it, failed to mention any such fact,

being a fact which in the circumstances existing at the time the accused could reasonably have been expected to mention when so questioned, charged or informed, as the case may be, subarticle (2) shall apply if it is shown that the accused had received legal advice before being questioned, charged or informed as aforesaid.

(2) Where this subarticle applies—

(a) a Court of Magistrates as court of criminal inquiry in making a decision under article 401(2);

(b) the court or jury, in determining whether the person charged or accused is guilty of the offence charged,

---

* this article is not yet in force.

may draw such inferences from the failure as appear proper, which inferences may not by themselves be considered as evidence of guilt but may be considered as amounting to corroboration of any evidence of guilt of the person charged or accused.

(3) In criminal proceedings against any person for an offence the prosecution shall not, without the permission of the court for reasons which it considers just, comment on the fact that that person did not request the assistance of a lawyer or a legal procurator in the course of police investigations before those proceedings.

Sub-title X
TAKING OF SAMPLES, FINGERPRINTING AND OTHER INVESTIGATIVE PROCEDURES

Samples under authorisation.
Added by:
III. 2002. 74.

355AV. The investigating officer may in person, by application or by facsimile, request a Magistrate to authorise the necessary procedure—

(a) where he has reasonable grounds to require the taking of intimate samples from the person arrested; or

(b) to take photographs, a film, video recording or electronic image of intimate parts of the body of the person arrested; or

(c) where the person arrested withholds his consent for any procedure which the investigating officer may carry out according to law with the consent of the person arrested:

Provided that where the request falls under paragraph (a), the provisions of article 355AW shall apply and, if the request falls under paragraph (b), the provisions of article 355AP shall *mutatis mutandis* apply.

Intimate samples by consent.
Added by:
III. 2002. 74.

355AW. Subject to the provisions of articles 355AV and 355AX, an intimate sample may be taken from a person arrested only if his appropriate consent is given.

When consent for intimate sample is refused.
Added by:
III. 2002.74.

355AX. (1) Upon a request under article 355AV(a), the Magistrate shall obtain all such information from the investigating officer to enable him to decide on whether the request is justified or not.

(2) Where the Magistrate decides that the request is justified he shall visit the person arrested to request his consent and before asking for his consent he shall explain to him:

(a) the nature of the request and the reasons thereof;

(b)* the consequences of giving his consent and of refusing consent as provided in article 355AZ; and

(c)** that he is entitled to consult a lawyer or legal procurator before deciding whether or not to give his consent.

(3)*** Where the person arrested requests to consult a lawyer or legal procurator under subarticle (2) the magistrate shall make a record of the fact, date and time of the request and, subject to the provisions of subarticle (4) shall allow the person arrested to consult with a lawyer or legal procurator for such time as the magistrate may deem appropriate in the circumstances of the case.

(4)**** The magistrate may, on a justified objection by the Police, delay any communication with an advocate or legal procurator if the interests of justice so require or when any of the events mentioned in article 355AT(5) is likely to occur if such communication is allowed immediately:

Provided that where the person arrested has requested to consult a lawyer or legal procurator his consent can only be requested after such consultation has taken place.

---

* this paragraph is not yet in force.
** this paragraph is not yet in force.
*** this subarticle is not yet in force.
**** this subarticle is not yet in force.

BOOK SECOND   LAWS OF CRIMINAL PROCEDURE

Applicable procedure for samples.
Added by:
III. 2002. 74.

355AY. Where an intimate sample is to be taken under these articles the provisions of article 355AP shall apply.

Inferences from refusal.
Added by:
III. 2002. 74.

355AZ. * Where the appropriate consent to the taking of an intimate sample from a person was refused without a good cause, in any proceedings against the person for an offence, those who have to judge of the facts may draw such inferences from the refusal as appear proper and the refusal may, on the basis of such inferences, be treated as, or as capable of amounting to corroboration of any evidence against the person in relation to which the refusal is material.

Samples with the consent or at the request of the person arrested.
Added by:
III. 2002. 74.

355BA. (1) The investigating officer may, with the appropriate consent in writing of the person arrested, cause to be taken:

(a) fingerprints, palm-prints from the person arrested;

(b) photographs of the person arrested or of non-intimate parts of his body;

(c) non-intimate samples from the person arrested.

(2) The person arrested may request in writing that:

(a) his fingerprints, palm-prints or other prints;

(b) photographs of his person or of non-intimate parts of his body;

(c) non-intimate samples from his person,

be taken and any such request shall be complied with by the investigating officer with the assistance of any competent person as may be necessary.

(3) The person arrested may also request in writing the investigating officer to carry out any of the procedures mentioned in article 355AV(a) and (b), and any such request shall be referred without delay to a Magistrate. The Magistrate shall authorise the procedure requested after verifying the request made by the person arrested and the provisions of

---

* this article is not yet in force.

article 355AP shall apply where appropriate.

Samples from persons other than arrested persons.
Added by:
III. 2002. 74.

355BB. Samples from a person other than a person arrested may only be taken with that person's prior consent in writing:

Provided that for the taking of an intimate sample a Magistrate's authorisation must also be obtained upon application.

Samples at the request of persons other than arrested persons.
Added by:
III. 2002. 74.

355BC. The provisions of article 355BA shall *mutatis mutandis* apply to any person, not being an arrested person, who makes a request for the carrying out in his respect of any procedure referred to in that article provided the request is made in writing and contains a declaration that the person making the request has reason to believe that there is the likelihood that the failure to carry out the requested procedure is likely to result in his being arrested or detained.

Added by:
III. 2002. 75.

Sub-title XI
POWERS AND DUTIES OF THE POLICE IN RESPECT OF COURT PROCEEDINGS

Production of evidence before court.
Amended by:
L. N. 46 of 1965;
LVIII. 1974. 68;
VIII. 1990. 3;
III. 2002. 76.

356. (1) It is the duty of the Executive Police to bring as soon as possible before the court, and, where practicable, together with the offender, all the evidence that may have been collected in respect of the offence.

(2) It is the duty of police prosecuting officers to disclose to the defence such evidence which may appear to favour the person charged and which the police, for any reason, might not have the intention to produce before the court as evidence for the prosecution.

Collection of further evidence and its production before court.

(3) The Executive Police shall, even after the accused has been brought before the court, continue to collect and furnish to the Court of Magistrates or, after his committal for trial, to the Attorney General, any further information that can be obtained in respect of the offence.

BOOK SECOND LAWS OF CRIMINAL PROCEDURE

Preservation of articles connected with the offence.
Amended by:
VIII. 1990. 3.

357. Where an officer of the Executive Police discovers any weapon, document, trace or vestige or any other thing relating to an offence, he shall take steps to establish and ensure the existence and the preservation thereof in the state in which it was found until he shall have reported the matter to the Court of Magistrates, and, if unable to establish and ensure such existence or preservation, he shall observe the same procedure provided for the drawing up of a *"repertus"*.

Duties of the Police in respect of criminal proceedings.
Substituted by:
III. 2002. 77.

358. (1) It is the duty of the Police to issue and to serve citations summoning persons to appear before the Court of Magistrates, in matters within the jurisdiction of such court.

(2) In summary proceedings for offences within the jurisdiction of the Court of Criminal Judicature, it shall not be the duty of the Police to serve on the person charged notice of the date of hearing apart from the first sitting of the proceedings.

Executive Police to execute warrants of arrest or search.
Amended by:
IV. 1994. 10.

359. (1) Saving the provisions of article 666, it is the duty of the Executive Police to execute any warrant or order of arrest or search that may, in the cases prescribed by law, be issued or given by any other competent authority.

Contents of warrant.

(2) Any such warrant or order shall set forth the nature of the offence and the name of the person, if known, by whom the offence is alleged to have been committed.

Summoning of person accused when not arrested.
Amended by:
IX. 1911. 15;
VIII. 1990. 3.

360. (1) Where there are not sufficient grounds according to law for the arrest of any person charged with an offence, the Executive Police shall, by an order in writing, summon such person to appear before the Court of Magistrates.

Contents of summons.

(2) The summons shall contain a clear designation of the person summoned and a brief statement of the facts of the charge together with such particulars as to time and place as it may be necessary or practicable to give. It shall also con-

tain an intimation that, in default of appearance, the person summoned shall be arrested by warrant of the court and arraigned on such day as may be stated in the warrant.

Service of affidavits together with summons.
Added by:
III. 2002. 78.

360A. (1) In summary proceedings for offences within the jurisdiction of the Court of Magistrates as a court of criminal judicature under article 370(1) the police may, together with the summons or at any time thereafter, serve upon the accused copies of any affidavits made by a public officer or by an employee or officer of a body corporate established by law and who is to be produced as a witness for the prosecution in those proceedings as well as any document to be produced in evidence in the same proceedings and if the accused desires to cross-examine any person whose affidavit has been served upon him as aforesaid he shall, not later than fifteen days before the first sitting following the service of the affidavit, give notice thereof to the Commissioner of Police by registered letter whereupon the person to be cross-examined shall be summoned to give evidence in the proceedings;

Provided that for the purposes of this subarticle the word "document" shall have the same meaning assigned to it by article 558(2);

Provided further that where it results that it was not possible for the accused to give notice to the Commissioner of Police within the time provided aforesaid such notice of the desire to cross-examine may be given during the first sitting immediately after the service of the affidavit in which case the person to be cross-examined shall be summoned to give evidence in the following sitting.

(2) The person whose affidavit was served on the accused as provided in subarticle (1) shall not be summoned to testify in the proceedings if the accused fails to give notice of the intention to cross-examine that person as provided in that subarticle and the said affidavit shall be admissible in

BOOK SECOND   LAWS OF CRIMINAL PROCEDURE

evidence as proof of its contents in those proceedings in the same way as if it had been testimony given *viva voce* in the presence of the accused.

Term for service of summons.
Amended by:
VI. 1871. 26;
II. 1886. 9;
IX. 1911. 16.

361. Except in urgent cases, the summons shall be served on the person summoned at least two working days previous to the day fixed for his appearance.

Mode of effecting service.
Amended by:
III. 2002. 79.

362. (1) The summons shall be delivered to the person whose appearance is required, and if such person cannot conveniently be met with, the summons shall be delivered at his usual place of abode. In either case, the officer serving the same shall make a report thereof to the court.

(2) The Minister responsible for justice after consulting with the Minister responsible for the police may make regulations providing, in summary proceedings as those mentioned in article 360A(1), for the service of the summons and of any accompanying documents, and of any other act of the proceedings, by post or in any other manner as may be provided in the regulations.

(3) Where the person to whom a summons or other act of the proceedings is addressed in accordance with any regulations made under subarticle (2) refuses to receive it the court may by means of a decree upon an application by the Police and after examining the certificate of service declare that person to have been duly served with the summons or with that other act and make an order for his arrest.

(4) Where any person, other than the person to whom a summons or other act of the proceedings is addressed, refuses to receive the summons or that other act personally the court may, upon an application by the Police and after examining the certificate of service and satisfying itself that that person is a person in whose hands the summons or that other act may be lawfullly served, sentence that person to a fine (*ammenda*):

Provided that the Court may, at any time, on just cause being shown, remit the fine (*ammenda*).

Time and place for service of summons.
Amended by:
XXX. 1934. 3;
XIX. 1965. 18.

363. No summons may be served between seven o' clock in the evening and seven o' clock in the morning or on Sundays or public holidays or in churches during religious service, except where the urgency of the case does not admit of any delay.

Urgent cases.

364. Where the urgency of the case does not admit of any delay, the person may be summoned to appear forthwith or at a given time during the same day. If the person fails to appear, he may, upon a warrant of the court, be arrested and brought before it.

Subpoenaing of witnesses.
Amended by:
IV. 1874. 8;
XI. 1900. 56;
XII. 1913. 10;
XXXII. 1986. 7;
VIII. 1990. 3.

365. (1) The Executive Police shall summon, in writing, the witnesses whose attendance is required before the Court of Magistrates, whether for the prosecution or for the accused.

(2) The provisions contained in the last preceding three articles shall apply to the subpoenas of witnesses.

(3) The subpoenas referred to in this article and the summons referred to in article 360 shall be signed by an officer of the Executive Police not below the rank of sub-inspector or be stamped with a *facsimile* of such a signature.

Judgment, etc., to be carried out by Executive Police.
Fines to be levied by registrar.
Amended by:
VIII. 1990. 3.

366. It is the duty of the Executive Police to carry out, besides the warrants or orders referred to in article 359, every judgment or order of the Court of Magistrates:

Provided that fines (*multa* and *ammenda*) shall be levied by the registrar of that court.

Amended by:
VIII. 1990. 3.

Title II
OF THE COURT OF MAGISTRATES

367. (1) Every Court of Magistrates shall consist of a magistrate and shall have a twofold jurisdiction, namely, as

BOOK SECOND   LAWS OF CRIMINAL PROCEDURE

Constitution of Court of Magistrates. Jurisdiction.
Amended by:
XI. 1900. 57;
VIII. 1990. 3;
III. 2002. 80.

a court of criminal judicature for the trial of offences which fall within its jurisdiction, and as a court of inquiry in respect of offences which fall within the jurisdiction of a higher tribunal.

Number of Courts of Magistrates.

(2) There shall be two Courts of Magistrates, one for the Island of Malta and one for the Islands of Gozo and Comino to be styled Court of Magistrates (Malta) and Court of Magistrates (Gozo) respectively.

When abstention or challenge of magistrate may take place.
Amended by:
VI. 1871. 27;
I. 1903. 19;
I. 1924. 2;
XXX. 1934. 4;
L. N. 46 of 1965;
XLVI. 1973. 108;
LVIII. 1974. 68.
Cap. 12.

368. (1) No magistrate may be challenged or may abstain from taking cognizance of any cause, except immediately after the report or complaint and for any of the reasons set out in paragraphs (a), (b), (c) and (e) and, so far as applicable, article 734(d) of the Code of Organization and Civil Procedure or on the ground that he has given or is to give evidence as a witness in the cause, or on the ground that the cause is in respect of an offence committed to his prejudice or to the prejudice of his spouse or of any other person related to him by consanguinity or affinity in any of the degrees mentioned in paragraphs (a) and (b) of the said article.

(2) Nor may any magistrate be challenged or abstain from taking cognizance of any cause in the cases mentioned in article 403 and article 433(5) notwithstanding that during the inquiry the magistrate may have conferred with the Police or with any member thereof or with the Attorney General in connection with the collection of evidence.

(3) If upon hearing the report or complaint, the magistrate is of opinion that there exists in his respect any of the reasons aforesaid, he shall make a statement thereof before proceeding further with the cause.

(4) None of the above reasons shall debar any magistrate from issuing any warrant or performing any act in connection with any inquiry relating to the "*in genere*", or any

inquest or "*repertus*" held in accordance with the provisions of this Code.

369. In the Court of Magistrates, the functions of registrar may be performed by any officer mentioned in article 57 (2)(a) of the Code of Organization and Civil Procedure as may be assigned for the purpose by the Registrar.

Duties of registrar.
Added by:
VI. 1871. 28.
Amended by:
XI. 1900. 58;
VIII. 1990. 3.
Substituted by:
XXIV. 1995. 360.
Cap. 12.
Amended by:
VIII. 1990. 3.

Sub-title I
OF THE COURT OF MAGISTRATES AS COURT OF CRIMINAL JUDICATURE

370. (1) The Court of Magistrates shall be competent to try—

(a) all contraventions referred to in this Code;

(b) all crimes referred to in this Code which are liable to the punishments established for contraventions, to a fine (*multa*) or to imprisonment for a term not exceeding six months with or without the addition of a fine (*multa*) or interdiction;

(c) all offences referred to in any other law which are liable to the punishments established in the preceding paragraph, unless the law provides otherwise.

(2) The offences referred to in subarticle (1) shall still be cognizable by the said court notwithstanding that, in view of concurrent offences and punishments, of any previous conviction or of the application of the provisions of article 18, a punishment higher than any of the punishments mentioned in the said subarticle shall be applicable.

(3) (a) Notwithstanding the provisions of subarticle (1)(b), the Attorney General may send for trial by the said court any person charged with a crime punishable with imprisonment for a term exceeding six months but not exceeding ten years if there is no objection on the part of such person;

Offences cognizable by the Court of Magistrates as court of criminal judicature.
Amended by:
IV. 1856. 24;
VI. 1871. 29;
XIV. 1889. 46;
XI. 1900. 59;
XXIX. 1940. 2;
XXIII. 1963. 2;
L. N. 46 of 1965;
LVIII. 1974. 68;
XLIX. 1981. 4;
XIII. 1987. 2;
VIII. 1990. 3;
XXIX. 1990. 17;
III. 2002. 81;
IX. 2003. 128.

BOOK SECOND   LAWS OF CRIMINAL PROCEDURE

(b) On the record being returned to the court to try such crime, the court shall ask the accused whether he objects to his case being dealt with summarily; the court shall, in its discretion, give a reasonable time to the accused to reply to this question;

(c) If, within the said time, the accused replies that there is no objection on his part to the case being tried summarily, the court shall note the reply in the records of the proceedings and thereupon the court shall become competent to try the accused and shall proceed to give judgment forthwith, as provided in article 377;

(d) If the accused makes objection to the case being dealt with summarily, the court shall order the record of the case to be transmitted to the Attorney General, within the term fixed in article 401 (3), to be dealt with according to law. In such case the term fixed in article 432 for the filing of the indictment shall run from the day on which the Attorney General shall have received the record of the case;

(e) Where the number of the accused sent for trial by the Court of Magistrates under the provisions of paragraph (a) is two or more, the provisions of the last foregoing paragraph shall apply only in respect of any one or more of the accused who makes objection to the case being dealt with summarily, and in such case the term fixed in article 432 for the filing of the indictment shall run from the day on which the Attorney General shall have received the record of the case after the decision in each of the cases dealt with summarily shall have become *res judicata*;

(f) Before asking the accused whether he objects to his case being dealt with summarily, as provided in paragraph (b), the court shall hear such further evidence as may be indicated by the Attorney General in the same note by which he sends the person charged for trial by the said court in accordance with paragraph (a).

(4) (a) Notwithstanding the provisions of subarticle (1)(b), if the crime with which the accused is charged is punishable with imprisonment for a term exceeding six months but not exceeding four years, the court shall, during the examination of the accused under article 392 but before he is examined under subarticle (1)(b) of that article, ask the accused whether he objects to his case being dealt with summarily; and shall give him a reasonable time to reply to this question;

(b) If, within the said time, the accused replies that there is no objection on his part to the case being dealt with summarily, the court shall ask the prosecuting officer whether the Attorney General has given his consent in writing to the case being dealt with summarily, and if no objection is raised, the court shall note this fact in the records of the proceedings and thereupon the court shall become competent to try the accused and shall proceed accordingly:

Provided that nothing in this subarticle shall be construed as precluding the court from proceeding with the necessary inquiry if from the evidence it appears that a graver crime which it has no jurisdiction to try has been committed.

(5) The provisions of subarticle (2) shall apply, *mutatis mutandis*, to the crimes referred to in subarticles (3) and (4).

(6) The court shall also be competent to pass sentence on the party accused in the circumstances and as provided in article 392A.

How jurisdiction is determined.
Amended by:
IV. 1856. 25;
XI. 1900. 60;
XII. 1913. 11;
XXIII. 1963. 3;
L. N. 46 of 1965;
III. 1971. 14;
LVIII. 1974. 68;
XLIX. 1981. 4;
XIII. 1983. 5;
VIII. 1990. 3.

371. (1) In determining the jurisdiction, regard shall be had to the alleged offence and not to any extenuating circumstances, even though, by reason of any such extenuating circumstances, the accused shall not be liable to punishment or there may be a descent from a higher to a lesser punishment. In such case the provisions contained in article 389 and following articles shall apply.

(2) Nevertheless, the Court of Magistrates shall be competent to try—

(a) any crime committed by any person under eighteen years of age or by any deaf-mute where the punishment awardable according to law does not exceed the jurisdiction of such court;

(b) any crime excusable according to law where, in the opinion of the Attorney General, the grounds for the excuse appear from the record of the inquiry and the punishment awardable according to law does not exceed the jurisdiction of such court:

Provided, in either case, that no other person is simultaneously charged with the crime, whether as principal or accomplice, or that the crime is not otherwise connected with any other crime outside the jurisdiction of such court;

(c) any theft aggravated by "means", but not also by "violence", or by "person" or by "the nature of the thing stolen", when the value of the thing stolen does not exceed five liri and, in the opinion of the Attorney General, the crime would be adequately punished with imprisonment for a term not exceeding six months with or without a fine (*multa*).

372. (1) The jurisdiction as between the Courts of Magistrates shall be determined—

How jurisdiction between the Courts of Magistrates is determined.
Added by:
XI. 1900. 61.
Amended by:
XII. 1913. 12;
VIII. 1990. 3.

(a) by the place where the offence has been committed; or

(b) if there is only one accused person or if, there being two or more accused persons, they all reside in Malta, or all reside in Gozo or Comino, by the place of his or their residence.

(2) If a person is charged with two or more offences

committed in different Islands, such person shall be tried by the court within the territorial jurisdiction of which the graver offence or, if the offences are of equal gravity, the greater number of offences has been committed.

(3) If the place where the offence was committed is unknown and the accused is one, or the accused are two or more, residing, however, within the limits of the jurisdiction of the same court, the jurisdiction shall be solely determined by the place of his or their residence; or if the persons accused reside in different Islands, the jurisdiction as between the courts shall be determined by the place of residence of the majority of the persons accused; or if the number of the accused residing in Malta and the number of the accused residing in Gozo or Comino be the same, either court shall be competent to try all the accused.

Waiver of plea to the jurisdiction.

(4) The plea to the jurisdiction by reason of the place where the offence has been committed or of the place of residence of the offender may be waived, and, if not raised immediately after the statement of the facts constituting the offence, it shall be deemed to be abandoned.

Proceedings on complaint of injured party.
Amended by:
XI. 1900. 62;
I. 1903. 20, 21;
VIII. 1909. 35;
VIII. 1990. 3;
III. 2002. 82.
Exceptions.

373. As regards offences referred to in article 370(1), the prosecution shall lie with the injured party or with the persons mentioned in article 542 on behalf of such party, where proceedings cannot be instituted except on the complaint of the injured party:

Provided that if the offence in respect of which no prosecution may be instituted except on the complaint of the injured party, is aggravated by public violence or is accompanied with any other offence affecting public order, or if, in the absence of any such circumstances, the injured party shall fail to institute proceedings and shall not have expressly waived the right to prosecute within four days from the commission of the offence, it shall be lawful for the Executive

BOOK SECOND   LAWS OF CRIMINAL PROCEDURE

Police ex officio to institute proceedings in respect of the offence.

374. In proceedings instituted on the complaint of the injured party, the following provisions shall apply:

(a) the complainant and the defendant shall appear personally on the day appointed for the hearing of the complaint. They may, however, be assisted by advocates or legal procurators;

(b) in the case of contraventions, it shall be lawful for the court, upon good cause being shown, to exempt either of the parties from appearing personally and to permit the husband or wife or a near relative, by blood or affinity, of such party, or any other person having the charge of such party or authorized in writing by such party, to appear instead;

(c) if neither of the parties shall appear, the cause shall be struck off the list;

(d) if the complainant does not appear and the defendant alone appears, the latter may demand his discharge;

(e) nevertheless, upon an application by the complainant within four days from the day on which the cause was struck off the list or the defendant was discharged, accompanied by a declaration of the complainant himself sworn before the registrar, to the effect that he was, on account of illness or for any other reason independent of his will, to be expressly stated in the application, prevented from appearing, the court shall appoint another day for the hearing of the cause on the same acts;

(f) a written notice of the day appointed for the hearing of the cause shall be given to the parties and to the witnesses within the time prescribed in article 361 and in article 441 (1);

(g) in the absence of an application as aforesaid, the right of action shall lapse;

Trial.
Amended by:
IV. 1856. 26;
XI. 1900. 62.
Parties to appear personally.

Exemptions.

Non-appearance of parties.

Non-appearance of complainant.

Court may appoint another day for hearing of cause.

Notice of day of hearing to be given to parties and witnesses.

Lapse of action.

Non-appearance of defendant.
Hearing of cause.

(h) if the defendant does not appear, the second part of article 364 shall apply;

(i) if both parties appear, the proceedings shall be conducted summarily and viva voce in the following order:

(i) the complainant or his advocate or legal procurator shall state the facts constituting the offence and shall produce his evidence;

(ii) the defendant or his advocate or legal procurator shall submit his defence and shall produce his evidence;

(iii) the complainant or his advocate or legal procurator may reply, and the defendant or his advocate or legal procurator is entitled to a rejoinder:

Provided that it shall be lawful for the court, on good grounds, to vary the order of the proceedings;

Confirmation of complaint on oath.

(j) it shall be lawful for the court to require that the complaint be made or confirmed on oath.

Proceedings by Executive Police *ex officio*.
Amended by:
VI. 1871.30;
III. 1880.2;
XI. 1900.62.
Accused to appear personally.
Exemption.

375. In proceedings instituted by the Executive Police, the following provisions shall apply:

(a) the accused shall appear personally. He may, however, be assisted by advocates or legal procurators;

(b) in the case of contraventions, the provisions of paragraph (b) of the last preceding article shall apply as regards the accused;

Hearing of cause.

(c) the officer of the Executive Police in charge of the prosecution and the accused or his advocate or legal procurator shall be heard in the order set out in paragraph (i) of the last preceding article;

Confirmation of report on oath.

(d) it shall be lawful for the court to require that the report made by the officer of the Executive Police be confirmed on oath;

Cross-examination of prosecuting officer by accused.

(e) the accused may cross-examine the said officer.

376. (1) The magistrate shall take down or cause the registrar to take down—

BOOK SECOND   LAWS OF CRIMINAL PROCEDURE

Noting down of pleas raised by accused, and of substance of evidence of witnesses.
Added by:
XI. 1900. 62.
Amended by:
XII. 1913. 13.

(a) any plea to the jurisdiction of the court, or of inadmissibility or extinguishment of action, or of inadmissibility of any evidence as well as any order rejecting such evidence; and

(b) where the court shall deem it expedient so to do, or where a request is made by any of the parties and the court shall see fit to accede to such request, the substance of the evidence given by the witnesses, recording any expression having a direct bearing on the merits of the case.

Reading over of deposition to witnesses.

(2) The notes of the depositions taken down as aforesaid, if any, shall in the presence of the parties be read over to the witnesses and a mention of such fact shall be entered in the record.

Non-observance of provisions of subarticles (1) and (2) not to affect validity of proceedings. Production of other evidence. Recalling witnesses.

(3) The non-observance of any of the provisions of subarticles (1) and (2) shall not affect the validity of the proceedings; nor shall such non-observance be a bar to the production, where necessary, at any part or stage of the proceedings, of evidence to prove, in the manner prescribed by law, the facts to which the said provisions refer, or to the recalling of the said witnesses.

Judgment.
Amended by:
XI. 1900. 62;
I. 1903. 22;
VIII. 1909. 36;
XII. 1913. 14;
XXXIII. 1972. 5;
XIII. 1983. 5;
III. 2002. 83.
Applicability of s. 403(2).
Court may order offender to abate nuisance.

377. (1) When the hearing is concluded, the court shall, on the same day, if conveniently practicable, deliver judgment either discharging or sentencing the accused.

(2) Where the offence established by the evidence is one in respect of which the prosecution lies with the injured party, the provision contained in article 403(2) shall apply.

(3) The court may, notwithstanding any punishment to which it may sentence the offender, order him to remove any nuisance or inconvenience to which the offence relates, or, according to circumstances, to conform with the law, within a time, sufficient for the purpose but in any case not exceeding three months from the date of the judgment, to be fixed by the court; and, if the offender fails to comply with any

马耳他刑事法典

such order within the time so fixed, he shall be guilty of an offence and shall, on conviction, be liable to a fine (*ammenda*) of not less than two liri and not more than ten liri for every day during which the default continues after the expiration of the said time.

Extension of time-limit.

(4) The court shall not grant any application for the extension of the time fixed under the last preceding subarticle if such time and the time of the extension exceed in the aggregate three months and the Police oppose such extension.

Abatement of nuisance by Police at the expense of offender.

(5) The court shall, upon an application to that effect by the Police at any time after that a person has been found guilty of an offence, in the event of a supervening cause or, in any other case, after the expiry of the time-limit granted by the court under subarticle (3) or (4) hereof, authorise the Police to remove any nuisance or inconvenience to which the offence relates at the expense of the offender, in which case the offender may be made to refund the expense under a warrant issued by the said court.

Court may allow offender to retract his words or apologize.

378. In the case of contraventions, where the offence is in respect of any insult, defamation or threat, the court may, in passing sentence, allow the offender, in order that he may be exempted from the whole or part of the punishment, to retract his words or to apologize to the complainant in open court according to the nature of the offence.

Presumptive evidence of gaming.
Added by:
XII. 1913. 15.
Amended by:
XII. 1914. 11;
XI. 1977. 2.

379. (1) In the case of the contravention contemplated in article 338(h), any moneys, effects, instruments or other means of gaming referred to in article 344(a) which may have been found and seized by the Police on the occasion of any search effected in any place suspected to be used in contravention of the said article 338(h), may, until the contrary is proved, be taken as sufficient evidence that such place was actually used for the playing of gamesof chance for money or money's worth and that the persons found therein at

BOOK SECOND   LAWS OF CRIMINAL PROCEDURE

the time of the search were playing at a game of chance for money or money's worth, although no play was actually going on in the presence of the Police officers entering the same.

(2) Where any Police officer lawfully authorized to enter any place suspected to be used for the commission of the contravention contemplated in article 338(h) is wilfully prevented from, or obstructed or delayed in entering the same or any part thereof, or where any external or internal door of, or means of access to any such place, shall be found to be fitted or provided with any bolt or bar or any means or contrivance for the purpose of preventing, delaying or obstructing the entry into the same or any part thereof, of any Police officer authorized as aforesaid, or for giving an alarm in case of such entry, or if any such place is found fitted or provided with any means or contrivance for unlawful gaming, or for concealing, removing or destroying any instruments of gaming, it shall be evidence, until the contrary is made to appear, that such place is used for the playing of games of chance for money or money's worth, and that the persons found therein were playing at a game of chance for money or money's worth.

Award of costs in proceedings instituted on complaint of injured party.
Amended by:
XI. 1900. 63;
VIII. 1909. 37, 38.

380. (1) In the case of proceedings instituted on the complaint of the injured or aggrieved party, including the cases referred to in article 374(c) and (d), the court shall also decide as to the costs and, where the persons sentenced are two or more, the court shall direct whether such costs are to be borne by them jointly or severally.

Fees of advocates or legal procurators.

(2) The fees of the advocate or legal procurator for either party shall be taxed by the court in the judgment itself at a rate ranging from twenty-five to sixty cents for every sitting.

(3) The provision of subarticle (2) shall apply also in

the cases referred to in article 374(c) and (d), as well as in the case where the complainant waives the action, if the advocates or legal procurators of the parties have appeared at the trial.

Successful party may only recover fees of one advocate or legal procurator.

(4) If more than one advocate or legal procurator appear on behalf of any of the parties, such party may only recover from the unsuccessful party the fee of one advocate or legal procurator.

Frivolous or vexatious complaint.

(5) Where the complaint is evidently frivolous or vexatious, it shall be lawful for the court, at the request of the defendant, to sentence the complainant to a fine (*ammenda*), and in default of payment of such fine (*ammenda*), the provisions contained in article 13(2) shall apply.

Taxation and recovery of registry fees.

(6) The registry fees shall be taxed and levied in accordance with the scale in Schedules A and B annexed to this Code.

How payment of costs may be enforced.
Amended by:
XI. 1900. 63;
VIII. 1909. 39.

381. The payment of costs, including the fees due to the advocates or legal procurators, taxed in accordance with the last preceding article, may be enforced by the same court at the suit of the creditor in the same manner and by the same means as a judgment of an inferior court in a civil action may be enforced.

Requisites of judgment.

382. The court, in delivering judgment against the accused, shall state the facts of which he has been found guilty, shall award punishment and shall quote the article of this Code or of any other law creating the offence.

Power of court to bind over parties.
Amended by:
XI. 1900. 64;
XII. 1913. 16;
XXII. 1976. 4;
XIII. 1983. 5;
XXIX. 1990. 18.

383. (1) The court may, where it deems it expedient, in order to provide for the safety of individuals or for the keeping of the public peace, in addition to, or in lieu of the punishment applicable to the offence, require the offender to enter into his own recognizance in a sum of money to be fixed by the court.

(2) Such sum shall not be less than five liri nor more

BOOK SECOND   LAWS OF CRIMINAL PROCEDURE

Amount and term of recognizance.

than one hundred liri according to the means of the party entering into a recognizance, and the term of the recognizance shall not exceed twelve months.

Commencement of term of recognizance.

(3) Where the offender entering into a recognizance is, in respect of the same offence, sentenced to a punishment restrictive of personal liberty, the term of the recognizance shall commence to run from the day on which the said punishment is served or condoned.

Recognizance with surety.
Amended by:
IV. 1856.27;
V. 1868.21.

384. Where, however, there are reasonable grounds to believe that, for providing for the safety of individuals or for the keeping of the public peace, the recognizance referred to in the last preceding article is not sufficient, the court may moreover require the offender to find a sufficient surety, and the court may further require that such recognizance, with or without surety, be entered into for an indefinite period, that is to say, until such time as the court shall be of opinion that there is good cause for the termination of the said recognizance.

Detention in default of recognizance.
Amended by:
VIII. 1857.12;
V. 1868.21;
IV. 1874.9;
XII. 1913.17;
XII. 1957.17;
III. 2002.84.

385. (1) If, in the cases referred to in articles 35, 36 and 383, any person refuses to enter into his own recognizance, or if, in the case referred to in the last preceding article, any person refuses or is unable to comply with the requirements of the said article, the court may order such person to be detained until he carries out what is required of him or, where the court ordered him to find a surety, until such time as the court, on the application of the person detained, shall declare that the reasons for which he was ordered to find a surety have ceased.

Term of detention.

(2) The term of detention shall not exceed twelve months.

(3) The provisions of article 12(1) shall, *mutatis mutandis*, apply to a person detained under this article.

Maintenance of person under detention.

(4) On satisfying what is required of him, the person

Discharge of person bound over.

detained may at any time obtain his discharge.

Form of recognizance. Security may consist in deposit of sum of money or pledge.
Amended by:
VIII. 1857. 13;
III. 1899. 11;
XII. 1913. 18;
XII. 1957. 17.

386. The party bound over under articles 35, 36 and 383, and the sureties, if any, shall bind themselves in writing, either jointly and severally or otherwise, as the court shall direct. The security may, where the court shall so think fit, be effected by the deposit of the amount or of an equivalent pledge.

Default of observance of conditions of recognizance.
Amended by:
VIII. 1857. 13;
XI. 1900. 65;
XXVII. 1975. 24.

387. (1) Where the person bound over as in the preceding articles mentioned is found guilty by a competent court of having failed to observe any of the conditions of his recognizance, the sum for which he has been bound over shall be forfeited to the Government of Malta.

(2) Payment may be enforced against the said person and his sureties in accordance with the provisions of article 585.

(3) The provisions of article 586 shall also apply.

(4) The recovery or payment of the said sum or the detention under article 586(1) shall not exempt the person who has made default in observing the conditions of his recognizance from punishment for the offence committed by such default.

Access to person under detention.

388. Access to any person under detention shall always be allowed during the proper hours.

Amended by:
VIII. 1990. 3.

Sub-title II
OF THE COURT OF MAGISTRATES AS COURT OF CRIMINAL INQUIRY

The Court of Magistrates as court of criminal inquiry.
Amended by:
VIII. 1990. 3.
Mode of procedure in preliminary inquiries.
Amended by:
VI. 1871. 31;
XIII. 1980. 13.

389. In respect of offences liable to a punishment exceeding the jurisdiction of the Court of Magistrates as court of criminal judicature, the Court of Magistrates shall proceed to the necessary inquiry.

390. (1) The court shall hear the report of the Police officer on oath, shall examine, without oath, the party ac-

BOOK SECOND   LAWS OF CRIMINAL PROCEDURE

cused, and shall hear the evidence in support of the report. Everything shall be reduced to writing.

Taking down of evidence on behalf of accused.

(2) The court shall examine and reduce to writing the evidence adduced on behalf of the accused.

Accused may request the production of the complaint.

(3) In cases where no proceedings can be instituted except on the complaint of the injured party, the accused may, even before he is examined, demand the production of the complaint, if the complaint was made in writing, or of other evidence of the complaint, if it was made orally.

(4) The attendance of the complainant shall not be necessary to prove the complaint, if from other evidence it appears to the satisfaction of the court that the complaint was made.

Presumptive evidence of complaint.

(5) If, in the course of the inquiry, the accused shall not have demanded nor the court *ex officio* shall have ordered the production of evidence of the complaint, the complaint shall be presumed to have been made according to law.

(6) The court may, having regard to the circumstances of the case, *ex officio*, order that the answers given by the witness, or the substance thereof, be taken down in shorthand by means of stenographers appointed for the purpose or be recorded by electromagnetic means. Shorthand notes shall be taken down in indelible ink and signed on each page by the stenographers and shall, together with the transcript, be inserted in original in the record. The electromagnetic recording shall be transcribed under the direction of the registrar and the transcript shall be inserted in the record. In either case, the transcript may be handwritten or typewritten and shall be read over to the witness, during or after the sitting, by the registrar who shall make a note of such reading at the foot of the transcript.

Examination of witnesses.
Amended by:
V. 1868. 22;
I. 1903. 23;
XXX. 1934. 5;
VIII. 1944. 2;
XXXII. 1965. 8;
IV. 1994. 11.
Cap. 258.

391. (1) The witnesses shall be examined by the court. The name and surname of the witness, the name of his father and, if the witness is a person to whom article 3 of the Identity Card Act applies, the number, if known to the witness, of his identity card issued under the said Act, as well as the place of birth and abode of the witness and the language in which he shall have deposed, shall be noted down at the head of every deposition:

Provided that the court may, in exceptional circumstances and to provide for the safety of the witness, omit the above particulars, other than the name and surname of the witness and the language in which he shall have deposed, making a note to that effect in the record of the proceedings.

Employment of interpreter.

(2) If the magistrate is conversant with the language spoken by the witness, he may himself translate the deposition into the language in which the written proceedings are conducted; otherwise, or at the request of the accused, a sworn interpreter shall be employed.

Examination of accused.
Amended by:
IV. 1856.28;
IV. 1874.10;
XIII. 1980.14;
IV. 1994.12.

392. (1) The examination of the accused referred to in article 390(1), shall, without threat or promise, and without oath, be made in the following manner:

(a) the court shall ask him his name and surname, his age, his place of birth and abode, his trade, profession or calling, the name and surname of his father and whether his father is alive or dead;

(b) the court shall ask the accused if and what he wishes to reply to the charge.

Caution to accused.

(2) Before asking any of the above questions, the court shall explain to the accused the nature of the charge preferred against him and shall inform him that he is not obliged to answer any question nor to incriminate himself; that he may, if he so desires, be assisted by advocates or legal procurators and that whatever he says may be received in evidence against him.

(3) The court shall note down at the head of the exami-

BOOK SECOND LAWS OF CRIMINAL PROCEDURE

nation that the requirements of the last preceding subarticle have been complied with.

Taking down of answers.

(4) The answers shall be taken down by the magistrate in the manner provided in article 391, stating the language in which they are given.

Accused standing mute.

(5) If the accused stands mute, the court shall note down the circumstance and shall proceed with the case as if the accused had pleaded not guilty.

Admission of guilt by the accused during the examination.
Added by:
III. 2002. 85.
Amended by:
IX. 2003. 128.

392A. (1) If the accused, in answer to the question in article 392 (1) (b), states that he is guilty of the offence charged and the said offence is liable to a punishment not exceeding ten years imprisonment, the provisions of article 453 (1) shall *mutatis mutandis* apply subject to the following provisions of this article.

(2) Saving the provisions of subarticle (3) and notwithstanding any other provision of this Code or of any other law, if the accused persists in his statement that he is guilty of the offence charged the Court as a court of criminal judicature shall proceed to pass on the accused such sentence as would according to law be passed on an accused convicted of the offence and shall order that the record, together with a copy of the judgment, be transmitted to the Attorney General within six working days.

(3) Nevertheless, if there is good reason to doubt whether the offence has really taken place at all, or whether the accused is guilty of the offence, the court shall, notwithstanding the confession of the accused, order that the inquiry be proceeded with as if the accused had not pleaded guilty.

(4) The provisions of article 370(2) and of article 371 shall *mutatis mutandis* apply to proceedings under this article in respect of an offence to which subarticle (1) applies.

(5) The provisions of article 453A shall apply *mutatis mutandis* before the accused replies to the question in article

392(1)(b) provided that for the purpose the Attorney General shall appear for the prosecution, and a note made jointly by the Attorney General and the person charged, and which contains the agreement reached as provided in the said article 453A, shall be sufficient for this purpose.

Cross-examination by the accused.
Amended by:
III. 1880. 3.

393. The accused may cross-examine the witnesses, and his questions, together with the answers, shall be taken down at the end of the examination-in-chief.

Noting down of points of fact submitted by accused.

394. Any point of fact which, upon the examination of any witness or in the course of the inquiry, is submitted by the accused, shall be noted down by the court in the corresponding part of the record.

Depositions of witnesses and examination of accused to be signed by magistrate.
Amended by:
Order-in-Council of 1899.

395. The depositions of the witnesses and the examination of the accused shall be signed by the magistrate.

Counter-signing of exhibits.

396. Every document produced in the course of the inquiry shall be counter-signed by the magistrate, and a record of such production shall be entered on the document itself by the registrar or the officer acting in his behalf.

Powers of magistrate during inquiry.
Amended by:
IX. 1859. 23;
V. 1868. 23;
XIII. 1931. 2;
L. N. 4 of 1963;
XXXI. 1966. 2.

397. (1) The court may order the attendance of any witness and the production of any evidence which it may deem necessary, as well as the issue of any summons or warrant of arrest against any other principal or accomplice whom the court may discover. The court may likewise order any inquest, search, experiment or any other thing necessary for the fullest investigation of the case.

Examination of body.

(2) The court may also, under such safeguards as it may consider necessary for the purpose of decency, examine or order to be examined by experts any part of the body of the accused or of the party on whom or with whom the offence is alleged to have been committed, if the court is of opinion that from such examination a proof might result either against or in favour of the accused.

(3) The court may, moreover, at the request of the Po-

BOOK SECOND   LAWS OF CRIMINAL PROCEDURE

Photographs, measurements and finger-print impressions.

lice, order that any accused person be photographed or measured or that his finger-prints be taken:

Provided that when an accused person, who has not been previously convicted of crime, is acquitted, all photographs (both negatives and prints), finger-print impressions, and records of measurements so taken, shall be destroyed or handed over to the person acquitted.

(4) The photographs, finger-print impressions and measure-ments referred to in the last preceding subarticle shall be taken in accordance with such regulations as may from time to time be made by the Minister responsible for justice.

Arrest of accused not in custody.

(5) The court may also order the arrest of the accused not already in custody.

How and where alterations, corrections, or additions may be made.

398. (1) Where, previously to the signing of any act, it is necessary to make thereon any alteration, correction or addition, the same shall be made by means of a note at the foot of the act itself and before the act is signed. Any alteration, correction or addition required to be made after the act is signed shall be made by means of a note in the margin.

No erasures may be made.

(2) No erasure may be made in any act, nor may any blank space be left therein unless it be lined, and if it is necessary to make any cancellation, the same shall be made in such a manner as to leave the word cancelled distinctly legible.

Magistrate to sign notes, etc.

(3) The magistrate shall sign any such notes or cancellation.

Evidence by commission.
Added by:
XI. 1900. 66.

399. (1) Where the examination of any witness or any other process of the inquiry by an authority outside Malta is indispensably necessary, an application for the purpose shall be made, upon an order of the magistrate, in the manner provided in articles 618 and 619 of the Code of Organization and Civil Procedure.

Cap. 12.

Accused may appoint person to represent him.	(2) The accused may, within the term of four working days from any such order, appoint some person to represent him at the examination or process. Such term may, upon good cause being shown, be extended.
Accused may be assisted by advocate or legal procurator.	**400.** The accused may, in the course of the inquiry, be assisted by advocates or legal procurators.
Term for conclusion of inquiry. Amended by: VIII. 1857.14; XI. 1900.67; L.N. 46 of 1965; III. 1973.2; LVIII. 1974.68; XXVII. 1975.40; XIII. 1980.15; III. 2002.86.	**401.** (1) The inquiry shall be concluded within the term of one month which may, upon good cause being shown, be extended by the President of Malta for further periods each of one month, each such extension being made upon a demand in writing by the court: Provided that the said term shall not in the aggregate be so extended to more than three months; Provided further that unless bail has been granted, the accused shall be brought before the court at least once every fifteen days in order that the court may decide whether he should again be remanded in custody.
Committal or discharge of accused.	(2) On the conclusion of the inquiry, the court shall decide whether there are or not sufficient grounds for committing the accused for trial on indictment. In the first case, the court shall commit the accused for trial by the Criminal Court, and, in the second case, it shall order his discharge.
Record to be transmitted to Attorney General.	(3) In either case, the court shall order the record of the inquiry, together with all the exhibits in the case, to be, within three working days, transmitted to the Attorney General.
Suspension of term for inquiry, Added by: IV. 1856.29. Amended by: XI. 1900.67; L.N. 46 of 1965; XXV. 1967.2; LVIII. 1974.68; XXVII. 1975.40; XXIX. 1990.19. in case of insanity of accused.	(4) In deciding whether there are or not sufficient grounds for committing the accused for trial on indictment the court shall not consider any question of prescription or any plea as is mentioned in article 449(1)(d). **402.** (1) The terms referred to in the last preceding article, in article 407 and in article 432(3) shall be held in abeyance—

BOOK SECOND LAWS OF CRIMINAL PROCEDURE

(a) if it is alleged or if there is reason to believe that the accused was insane at the time of the offence or that he is insane at the time of the inquiry;

in case of illness of accused,

(b) if the accused owing to illness or for any other cause, is unable to appear;

in case of the taking of evidence by commission,

(c) if there has been any order for the examination of any witness or for any other process of the inquiry under article 399.

(2) Such terms may also be held in abeyance—

in case of illness of witnesses,

(a) if any witness is so infirm as to be unable to give evidence even in his place of abode;

in case where accused cannot be found.

(b) if the accused cannot be found and there is reason to believe that he has absconded or left Malta.

Appointment of experts.

(3) In the case referred to in subarticle (1)(a), the court shall appoint one or more experts to examine the accused and the facts relating to the alleged insanity.

Insanity at the time of the offence.

(4) If from the report of the experts, it appears that the accused was insane at the time of the commission of the offence, the court shall order that the record of the inquiry be transmitted to the Attorney General within the term prescribed in subarticle (3) of the last preceding article and shall make an order as provided in article 623.

Contestation of insanity by Attorney General.

(5) If, upon receipt of the record, the Attorney General decides to contest the finding of the experts that the accused was insane, he may, within the term prescribed in article 432(1), either send back the record to the court of criminal inquiry with a written request that the inquiry into the merits of the case be proceeded with, or file an application before the Criminal Court submitting the issue to that court, so that action may be taken as provided in articles 620, 627 and 628:

Provided that the Attorney General shall file such application if the accused by application to the court of criminal inquiry makes a request to that effect before the record is transmitted to the Attorney General in terms of the last preceding subarticle.

Insanity at the time of the inquiry.

(6) If from the report of the experts, it appears that the accused was insane at the time of the inquiry, the court shall proceed with the inquiry into the merits of the charge.

Inquiry may be continued in the absence of the accused.

(7) In the cases referred to in subarticles (5) and (6), the inquiry may be continued in the absence of the accused, and if he is not assisted by an advocate or legal procurator, the provisions of article 519 shall apply.

When court is of opinion that offence is triable by the Court of Magistrates as court of criminal judicature.
Added by:
XI. 1900. 76.
Amended by:
I. 1903. 24;
VIII. 1909. 40;
L. N. 46 of 1965;
 LVIII. 1974. 68;
 XXVII. 1975. 40;
 VIII. 1990. 3.

403. (1) If, on the conclusion of the inquiry, it appears to the court that the offence is not one within the jurisdiction of the Criminal Court but is one within the jurisdiction of the Court of Magistrates as court of criminal judicature and for the prosecution of which the complaint of the injured party is not required, the court conducting the inquiry shall give judgment as provided in article 377 and shall order that the record, together with a copy of the judgment, be transmitted to the Attorney General, as provided in article 401(3).

(2) The provisions of subarticle (1) shall apply also in the case where the offence is one triable on the complaint of the injured party and such party does not appear to waive the complaint.

Duty of Executive Police to continue investigation after discharge of accused for want of evidence.
Amended by:
VIII. 1990. 3.
Re-examination of witnesses or examination of new witnesses upon demand of Attorney General.
Amended by:
IV. 1856. 30;
III. 1880. 4;
VIII. 1909. 41;
L. N. 46 of 1965;
LVIII. 1974. 68.

404. In every case where the Court of Magistrates discharges an accused for want of evidence, it shall be the duty of the Executive Police to continue to make further and fuller investigation into the case.

405. (1) After the committal of the accused for trial, and before the filing of the indictment, the court shall, upon the demand in writing of the Attorney General, further examine any witness previously heard or examine any new witness.

(2) The Attorney General shall, for such purpose,

BOOK SECOND   LAWS OF CRIMINAL PROCEDURE

Attorney General to forward record of inquiry together with demand.

transmit to the court the record of inquiry together with the demand, stating therein the subject on which the examination or re-examination is to take place.

Examination of witnesses in presence of accused.

(3) The witnesses shall be examined or re-examined in the presence of the accused in order that he may have the opportunity of cross-examining them, and, for such purpose, the court shall o der the accused, if in custody, to be brought up, and, if not in custody, to be summoned to appear before it.

Failure of accused to appear to the summons.

(4) If the accused fails to appear to the summons, the witness shall be examined and his deposition shall be considered as if it had been taken in the presence of the accused.

Re-examination of witnesses or examination of new witnesses upon the demand of accused. Transmission of record to court by Attorney General. Commissioner of Police to be notified.

(5) The provisions of the preceding subarticles of this article shall apply in the case of witnesses whom the accused may wish to examine or re-examine. In such case, the demand shall be communicated to the Attorney General who, not later than the day following, shall forward to the court the record of inquiry. The court shall then cause the Commissioner of Police to be notified of the day appointed for the hearing of the witnesses in order that he or any other Police officer may, if he so desires, appear and cross-examine the witnesses.

Sending back record to Attorney General.

(6) The depositions of the witnesses taken under this article shall, without delay, be transmitted to the Attorney General.

Commencement of term for indictment where demand for re-examination of witnesses or examination of new witnesses is made by accused.

(7) When the demand for the examination of witnesses is made by the accused, the term for the filing of the indictment shall commence to run from the day on which the record of the inquiry, including the depositions of the witnesses so examined, is sent back to the Attorney General.

406. (1) Where the indictment has already been filed, the demand of the Attorney General or of the accused, referred to in the last preceding article, shall be made by an

<small>Application for the re-examination of witnesses or the examination of new witnesses made after the filing of the indictment.
Amended by:
III. 1880. 5;
L. N. 46 of 1965;
LVIII. 1974. 68;
XXVII. 1975. 40;
IX. 1982. 2;
VIII. 1990. 3.</small>

application to the Criminal Court. Such application shall contain a list of the proposed witnesses and a clear indication of the subject on which they are to be examined. The court, if it allows the application, shall order the hearing of the witnesses, and shall, for this purpose, direct that the application be transmitted to the Court of Magistrates as a court of criminal inquiry, and the latter court shall proceed in accordance with the provisions of the said article.

(2) Where the record of inquiry has already been lodged in the registry of the Criminal Court, it shall be forwarded by the registrar to the Court of Magistrates together with the said application; and where the record is still with the Attorney General, it shall be by him forwarded to the Court of Magistrates not later than the day following that on which the last mentioned court shall have communicated to him the order of the Criminal Court for the hearing of the witnesses as demanded by him or by the accused.

(3) The Court of Magistrates shall send back the record, together with the depositions taken, to the Criminal Court, if the record shall have been forwarded by that court, or, otherwise, to the Attorney General.

<small>Application to be allowed only in certain cases. Depositions taken after expiration of period prescribed for list of witnesses, admissible at trial only with leave of court.</small>

(4) The demand for the hearing of witnesses in the cases referred to in this article shall not be granted, unless the court is satisfied that the witnesses are about to leave Malta or are in danger of life or are in such a condition as to be probably unable to attend in court on the day appointed for the trial; and if the hearing of the witnesses takes place after the lapse of the term fixed in article 438 for the filing of the list of the witnesses to be produced at the trial, their depositions shall not be admissible except with the leave of the Criminal Court to be granted only if the said court, having regard to the circumstances of the case, is of opinion that the evidence resulting therefrom is relevant.

BOOK SECOND LAWS OF CRIMINAL PROCEDURE

Term within which to conclude inquiry, in case of contestation by Attorney General of insanity of accused and in case of fresh evidence.
Amended by:
XI. 1900. 68.

407. In the cases referred to in the first part of article 402(5) and in the last preceding two articles, the inquiry shall be concluded within the term mentioned in article 401 (1) to be reckoned from the day on which the record is received by the court.

Access to accused during inquiry.
Amended by:
XI. 1900. 68;
L. N. 46 of 1965;
LVIII. 1974. 68.

408. (1) During the inquiry and until the record is transmitted to the Attorney General, no access to the party accused, when in custody, shall be allowed except with the permission of the inquiring magistrate.

(2) Such permission shall not be granted if the magistrate deems it prejudicial to the ends of justice.

When inquiry may be held with closed doors.
Added by:
XI. 1900. 69.

409. (1) It shall be lawful for the court to order the proceedings to be conducted with closed doors, if it appears to it that the ends of justice would be prejudiced if the inquiry were conducted in open court.

(2) In any such case, the officials attached to the court and taking part in the inquiry shall be bound not to disclose the proceedings thereof under the penalty provided in article 257.

Application by person in custody alleging unlawful detention.
Added by:
III. 2002. 87.

409A. (1) Any person who alleges he is being unlawfully detained under the authority of the Police or of any other public authority not in connection with any offence with which he is charged or accused before a court may at any time apply to the Court of Magistrates, which shall have the same powers which that court has as a court of criminal inquiry, demanding his release from custody. Any such application shall be appointed for hearing with urgency and the application together with the date of the hearing shall be served on the same day of the application on the applicant and on the Commissioner of Police or on the public authority under whose authority the applicant is allegedly being unlawfully detained. The Commissioner of Police or public authority, as the case may be, may file a reply by not later than the day of the hearing.

(2) On the day appointed for the hearing of the application the court shall summarily hear the applicant and the respondents and any relevant evidence produced by them in support of their submissions and on the reasons and circumstances militating in favour or against the lawfulness of the continued detention of the applicant.

(3) If, having heard the evidence produced and the submissions made by the applicant and respondents, the court finds that the continued detention of the applicant is not founded on any provision of this Code or of any other law which authorises the arrest and detention of the applicant it shall allow the application. Otherwise the court shall refuse the application.

(4) Where the court decides to allow the application the record of the proceedings including a copy of the court's decision shall be transmitted to the Attorney General by not later than the next working day and the Attorney General may, within two working days from the receipt of the record and if he is of the opinion that the arrest and continued detention of the person released from custody was founded on any provision of this Code or of any other law, apply to the Criminal Court to obtain the re-arrest and continued detention of the person so released from custody. The record of the proceedings and the court's decision transmitted to the Attorney General under the provisions of this subarticle shall be filed together with the application by the Attorney General to the Criminal Court.

Amended by:
VIII. 1990. 3.

GENERAL PROVISIONS APPLICABLE TO THE COURT OF MAGISTRATES WHETHER AS COURT OF CRIMINAL JUDICATURE OR AS COURT OF CRIMINAL INQUIRY

410. (1) In any proceedings instituted by the Execu-

BOOK SECOND   LAWS OF CRIMINAL PROCEDURE

Right of complainant or his advocate or legal procurator to be present at the proceedings.
Added by:
VIII. 1909. 42.
Amended by:
VI. 1930. 2;
III. 2002. 88.

tive Police on the complaint of the injured party, it shall be lawful for the complainant to be present at the proceedings, to engage an advocate or a legal procurator to assist him, to examine or cross-examine witnesses and to produce, in support of the charge, such other evidence as the court may consider admissible.

Examination on oath of complainant.

(2) Where the complainant is to be heard on oath, his evidence shall be taken before that of any other witness of the prosecution, saving the case where, in the opinion of the court, his evidence becomes necessary even at a later stage of the proceedings, or where the accused applies for such evidence at any stage of the proceedings, or where the court sees fit to vary the course of the taking of the evidence.

Police and party injured may be assisted by advocate or legal procurator.

(3) In any proceedings instituted by the Executive Police ex officio, it shall be lawful for the Police and for the party injured to engage an advocate or a legal procurator to assist them; such advocate or legal procurator may examine or cross-examine witnesses, produce evidence or make, in support of the charge, any other submission which the court may consider admissible.

Injured party may be present in court during sittings.

(4) Without prejudice to the provisions of subarticle (3) and subject to the provisions of subarticle (6), any party injured having an interest in being present during any proceedings instituted by the Executive Police shall have the right to communicate that interest to the police giving his or her particulars and residential address whereupon that injured party shall be served with a notice of the date, place and time of the first hearing in those proceedings and shall have the right to be present in court during that and all subsequent hearings even if he is a witness.

(5) Without prejudice to the provisions of subarticle (3) and subject to the provisions of subarticle (6), any person not served with the notice referred to in subarticle (4)

and claiming to be an injured party may apply to the court to be admitted into the proceedings as an injured party and if his claim that he is an injured party is allowed by the court that person shall thereupon have the right to be present at all subsequent hearings even if he is a witness.

(6) The failure to serve the injured party with the notice of the date of the first hearing after an attempt has been made to that effect or the absence for any reason of the injured party at any sitting shall not preclude the court from proceeding with the trial or inquiry until its conclusion.

Taxation of fees of advocate or legal procurator in proceedings instituted by the Police.
Added by:
XVI. 1921.6.
Cap. 12.

411. (1) In the case of proceedings instituted by the Executive Police, the fees of the advocate or legal procurator shall be taxed in accordance with the scale in Schedule C annexed to this Code. The taxed bill of such fees may be impugned and shall be enforceable in the same manner as the taxed bills of judicial costs referred to in article 253(c) of the Code of Organization and Civil Procedure.

(2) The registrar may, in connection with the taxation of any fee, consult the magistrate by whom the offence was tried, with regard to the importance of the charge, the duration of the proceedings and other circumstances. The advocate or legal procurator may also apply to the said magistrate for the re-taxing of any fee within the scale in Schedule C annexed to this Code.

Days on which the Court of Magistrates may hold sittings.
Amended by:
XII. 1922.2;
XXX. 1934.6;
L.N. 4 of 1963;
XXXI. 1966.2;
XXVII. 1975.25;
VIII. 1990.3;
III. 2002.89.
Cap. 252.
Exceptions.

412. (1) The Court of Magistrates shall hold its ordinary sittings every day, except Saturdays, public holidays as provided in the National Day and other Public Holidays Act, and Wednesday and Thursday of Holy Week.

(2) Nevertheless, where the matter relates to the binding over of the offender under articles 383 and 384, or to the performance of any act in connection with any inquest or other inquiry referred to in this Code or to any bail or to the issue of any urgent summons or to the examination of any wit-

BOOK SECOND   LAWS OF CRIMINAL PROCEDURE

ness who is about to leave Malta or is in danger of life, it shall be lawful for the magistrate to sit for the despatch of business on the days mentioned in subarticle (1) and in any place where it may be necessary.

Place of sittings.

(3) The Court of Magistrates (Malta) shall hold its sittings in Valletta and the Court of Magistrates (Gozo) shall hold its sittings in Victoria:

Provided that it shall be lawful for the Minister responsible for justice, by notice, to fix any other place where the said courts, as courts of criminal judicature, may hold their sittings;

Sec. 3 of Ordinance II of 1867 incorporated.

Provided further that the Court of Magistrates, even as a court of criminal judicature, may hold its sittings at the Lazaretto or in any other place that it may deem proper, if the accused or any witness is performing quarantine, and the court itself shall not deem it expedient to adjourn the cause until the expiration of the period of quarantine.

Conditions on person charged or accused not in custody.
Added by:
III. 2002. 90.

412A. (1) When the person charged or accused brought before the Court of Magistrates, whether as a court of criminal judicature or as a court of criminal inquiry, is not in custody the Police may thereupon or at any stage of the proceedings thereafter request the court to impose conditions upon the person charged or accused in order to ensure the appearance of that person at the proceedings on the appointed time and place or to otherwise ensure that that person will not in any way unlawfully interfere in the correct administration of justice in those proceedings.

(2) The court may require the giving of sufficient security by the person charged or accused by the mere recognizance of the same person charged or accused in order to ensure that he abides by the conditions imposed upon him by the court and the provisions of articles 576 and 584, shall apply to the security given under this subarticle.

(3) The sum given by way of security shall be forfeited to the Government of Malta and a warrant of arrest shall be issued against the person charged or accused where that person fails to observe any of the conditions imposed by the court in pursuance of the provisions of this article and in any of the other circumstances mentioned in article 579 provided that the provisions of this subarticle shall not apply where the court considers that the infringement of the condition imposed by the court is not of serious consequence.

Application by person in custody pending criminal proceedings alleging unlawful detention.
Added by:
III. 2002. 90.

412B. (1) Any person in custody for an offence for which he is charged or accused before the Court of Magistrates and who, at any stage other than that to which article 574A applies, alleges that his continued detention is not in accordance with the law may at any time apply to the court demanding his release from custody. Any such application shall be appointed for hearing with urgency and together with the date of the hearing shall be served on the same day of the application on the Commissioner of Police or, as the case may be, on the Commissioner of Police and the Attorney General, who may file a reply thereto by not later than the day of the hearing.

(2) The provisions of article 574A(2) and (3) shall *mutatis mutandis* apply to an application under this article.

(3) Where the application is filed in connection with proceedings pending before the Court of Magistrates as a court of criminal inquiry before a bill of indictment has been filed and the record of the inquiry is with the Attorney General in connection with any act of the proceedings the application shall be filed in the Criminal Court and the aforegoing provisions of this article shall *mutatis mutandis* apply thereto.

(4) The provisions of article 355A(4) shall apply to a decision of the Court of Magistrates under this article.

BOOK SECOND LAWS OF CRIMINAL PROCEDURE

Sub-title III

OF APPEALS FROM JUDGMENTS OF THE COURT OF MAGISTRATES AS COURT OF CRIMINAL JUDICATURE

Added by:
XI. 1900. 70.
Amended by:
VIII. 1990. 3.

Appeals from judgments of the Court of Magistrates as court of criminal judicature.
Added by:
XI. 1900. 70.
Amended by:
I. 1903. 25;
VIII. 1909. 43;
IV. 1916. 4;
XVI. 1921. 7;
L. N. 46 of 1965;
LVIII. 1974. 68;
XXXII. 1986. 8;
VIII. 1990. 3;
III. 2002. 91;
IX. 2003. 127.

413. (1) Any judgment of the Court of Magistrates may be appealed against—

(a) by the party convicted;

(b) in cases relating to summary proceedings for offences within the jurisdiction of the Court of Magistrates as a Court of Criminal Judicature under article 370(1), by the Attorney General, and, in the cases mentioned in article 373, by the complainant where:

(i) the inferior court rules that it has no jurisdiction to take cognizance of the offence;

(ii) the fact of which the party accused has been convicted is liable to a punishment exceeding the jurisdiction of that court as a court of criminal judicature;

(iii) the punishment awarded by the inferior court, is, by reason of its quality or quantity, different from that prescribed by law for the offence for which the party convicted has been sentenced;

(iv) the accused or defendant is acquitted on the ground—

(i) that the fact does not contain the ingredients of an offence,

(ii) of extinguishment of action,

(iii) of a previous conviction or acquittal;

(v) the defendant, in a case in which he has been allowed to prove the truth of the fact attributed to the complainant in accordance with the provisions of article 253, is declared to be exempt from punishment;

(vi) the Police, or, as the case may be, the complainant has not been allowed at the trial to produce, in support of the charge, some indispensable evidence which was admissible according to law;

(vii) the party accused was released from any of the obligations referred to in article 321 of the Code of Police Laws or in article 377 of this Code, or from the observance of any of the prohibitions made, or from the observance or execution of any of the prohibitions or orders made or given, by the Police or by any other public officer, under the Code of Police Laws or any other law;

(c) in all other cases by the Attorney General.

(2) In the case of any judgment under article 81 of the Code of Police Laws the appeal may be made either by the owner or by the driver of the vehicle.

(3) Where the accused or defendant is acquitted on any of the grounds laid down in subarticle (1)(b)(iv), (v) and (vi), the court shall clearly state such ground in the judgment, in default whereof the decision shall be null, and such nullity shall constitute a ground for appeal by the Attorney General, and, in the cases referred to in article 373, by the complainant.

Demand of Police for transmission of record of proceedings to Attorney General.
Added by:
XI. 1900. 70.
Amended by:
VIII. 1909. 44;
XII. 1913. 19;
VI. 1947. 11;
L. N. 46 of 1965;
LVIII. 1974. 68;
III. 2002. 92.

414. (1) Where the proceedings have been instituted by the Police, the court by which the judgment has been delivered shall, on a demand in writing by the Police or by the injured party served with the notice of first hearing or admitted into the proceedings as provided in article 410(4) and (5), to be made not later than four working days from the delivery of such judgment, transmit, through the registrar, within three working days from such demand, a copy of the judgment, together with the record of the proceedings and the notes of the depositions, if any, to the Attorney General.

(2) In the case of judgments by the Court of Magistrates (Gozo), the copy of the judgment, together with the

BOOK SECOND   LAWS OF CRIMINAL PROCEDURE

record of the proceedings and the notes of the depositions, if any, may be sent by post.

Appeal from interlocutory decrees.
Added by:
XI. 1900. 70.

415. (1) An appeal from an interlocutory decree which does not bar the continuation of the cause, may be entered only after the definitive judgment and together with an appeal from such judgment.

(2) If no appeal lies from the definitive judgment, no appeal from any interlocutory decree shall be allowed.

(3) The voluntary execution of an interlocutory decree shall not operate as to bar an appeal therefrom.

(4) An appeal from the merits shall include an appeal from the interlocutory decrees, even though such decrees may not have been specifically indicated.

Stay of execution of judgment on appeal by party convicted when not in custody.
Added by:
XI. 1900. 70.
Amended by:
XII. 1914. 12;
XXX. 1934. 7;
L. N. 46 of 1965;
LVIII. 1974. 68;
III. 2002. 93.

416. (1) The party convicted who is not in custody for the offence of which he has been convicted may, on making, even orally, a declaration that he desires to enter an appeal against the judgment, obtain from the inferior court a stay of execution of the judgment, provided he gives sufficient security in terms of article 577(1) to appear at the proceedings before the superior court when called upon by such court; and in such case the provisions contained in articles 579, 581, 583, 585, 586 and 587 shall apply.

(1A) Where the party convicted who is not in custody for the offence of which that party has been convicted is sentenced to imprisonment or detention and immediately prior to conviction that party was on bail as provided in Title IV of Part II of Book Second of this Code the conditions attaching to that bail, including the mode of security and the sum or equivalent pledge, if any, specified in the bail bond, shall continue to apply in addition to the security required under subarticle (1) upon obtaining a stay of execution of the judgement as provided in that subarticle either until the lapse of the time for the filing of the appeal if no appeal is filed or if otherwise until the determination of the appeal.

Security.

(2) The amount of the security shall be fixed by the inferior court, in accordance with the rules set out in articles 576 and 584:

Provided that where only a pecuniary penalty has been awarded, the amount of the security shall be equal to the amount of the penalty, and in such case the court may require that the security shall be either in the form of a deposit of a sum equal to the said amount or in the form of a bank guarantee, made out to its satisfaction, for the said amount; but the security shall not be required except on the demand of the prosecution and on good cause being shown to the satisfaction of the court. In any such case, the security shall be ordered by the inferior court, during the time allowed for entering the appeal, or by the superior court after the entering thereof.

Appeal by party convicted when in custody.

(3) A declaration of appeal shall stay the execution of the judgment in regard to the party convicted who is in custody, and such party may obtain, during the time allowed for entering the appeal and during the hearing of the appeal, his temporary release in cases where bail may be granted under the provisions contained in Title IV of Part II of Book Second of this Code.

Appeal by Attorney General or complainant not to stay execution of judgment.

(4) In no case shall the appeal entered by the Attorney General or by the complainant operate as a stay of execution of the judgment.

Default of party appealing to give security.

(5) If the party convicted, after making the declaration that he desires to enter an appeal, fails to give security as provided in the preceding subarticles of this article, he shall be kept in custody until he gives security, or, otherwise, until the determination of the appeal.

417. (1) The appeal shall be brought before the Court of Criminal Appeal by an application to be filed within eight

BOOK SECOND   LAWS OF CRIMINAL PROCEDURE

Form of and time for entering appeal.
Added by:
XI. 1900. 70.
Amended by:
I. 1903. 26;
VIII. 1909. 45;
VI. 1947. 12;
XII. 1957. 17;
L. N. 46 of 1965;
XXV. 1967. 3;
LVIII. 1974. 68;
XXVII. 1975. 40;
VIII. 1990. 3;
VI. 2001. 2.

working days, and, in the case of an appeal from a judgment of the Court of Magistrates (Gozo), within twelve working days, to run, for the person convicted and for the complainant, from the day on which the definitive judgment is delivered, and, for the Attorney General, from the day on which he receives the record:

Provided that in the case of an appeal from a judgment of the Court of Magistrates (Gozo) the application of appeal may be filed in the registry of that Court and transmitted through the registrar to the registry of the Court of Criminal Appeal together with a copy of the judgment, the record of the proceedings and the notes of the depositions, if any, unless these have already been so transmitted in pursuance of the provisions of subarticle (2) of article 414; and provided also that in any case of an appeal from such a judgment as aforesaid, all acts subsequent to the application of appeal, whether such application was filed as aforesaid or in the registry of the Court of Criminal Appeal, may also be filed in the Court of Magistrates (Gozo) and transmitted to the registry of the Court of Criminal Appeal as aforesaid.

(2) A person who has been discharged either absolutely or conditionally or in whose case a probation order has been made by the Court of Magistrates may appeal from his conviction, within the time prescribed in subarticle (1), to run from the day on which the order for discharge or the probation order is made. On any such appeal, the Court of Criminal Appeal shall have, in addition to the powers under this sub-title, the power of amending, altering or cancelling any of the conditions or requirements of the order for discharge or the probation order.

Constitution of Court of Criminal Appeal for appeals from judgments of the Court of Magistrates.
Added by:
XI. 1900. 70.
Substituted by:
XXV. 1967. 4.
Amended by:
XXVII. 1975. 40;
VIII. 1990. 3
XXXII. 1997. 3.

418. (1) One of the judges ordinarily sitting in the Court of Criminal Appeal or ordinarily sitting in the Criminal Court shall sit without a jury in the Court of Criminal Appeal for the hearing and determination of appeals from judgments of the Court of Magistrates.

(2) For the hearing of appeals from decisions of the Court of Magistrates (Gozo) as court of criminal judicature the Court of Criminal Appeal shall hold its sittings in Gozo.

Contents of application for appeal.
Added by:
XI. 1900.70.
Amended by:
XII. 1913.20;
L. N. 46 of 1965;
LVIII. 1974.68;
I. 1984.2;
XXIV. 1995.362;
III. 2002.94.

419. (1) Besides the indications common to judicial acts, the application shall, under pain of nullity, contain—

(a) a brief statement of the facts;

(b) the grounds of the appeal;

(c) a demand that the judgment of the inferior court be reversed or varied.

(2) If the appeal is made by the Attorney General, the application shall, under pain of nullity, be signed by him, and shall be filed directly in the superior court together with the record of the proceedings:

Provided that it shall not be a requirement for the registrar to note down the filing of the record of the proceedings.

(3) Where the appellant is not the Attorney General, the application shall be signed, under pain of nullity, by an advocate, and shall be filed in the registry of the court which shall have pronounced the judgment appealed from. The registrar shall, within two working days from the receipt of the application, transmit the same to the superior court, together with a copy of the judgment, the notes of the depositions, if any, and the record of the proceedings.

Free legal aid.
Added by:
XI. 1900.70.
Amended by:
XXI. 1971.27;
XXIV. 1995.362.
Substituted by:
III. 2002.95.

(4) In case of appeals from the Court of Magistrates (Gozo), the application, the copy of the judgment, the notes of the depositions, if any, and the record of the proceedings, may be sent by post.

420. The appellant as well as the respondent may be assisted by the Advocate for Legal Aid and the provisions of article 570 shall apply.

Notice of day appointed for hearing of appeal.
Added by:
XI. 1900.70.
Amended by:
L. N. 46 of 1965;
LVIII. 1974.68;
XXIV. 1995.362;
III. 2002.96.

421. (1) Notice of the day appointed by the superior

BOOK SECOND   LAWS OF CRIMINAL PROCEDURE

court for the hearing of the appeal shall be given to the parties and to the injured party served with the notice of first hearing or admitted into the proceedings as provided in article 410(4) and (5) by means of a written order signed by the Registrar of Courts:

Provided that the failure to serve the injured party with the notice of the date of the first hearing after an attempt has been made to that effect or the absence of the injured party for any reason at any sitting shall not preclude the court from proceeding with the appeal until final judgment.

(2) Where the appellant is not the Attorney General, and the proceedings before the inferior court have been instituted by the Police, the said notice shall be given to the Attorney General for the respondent.

(3) The injured party served with the notice of first hearing or admitted into the proceedings as provided in article 410(4) and (5) may be present at any appeal hearing and may engage an advocate to assist him although he might not have been served with the notice referred to in subarticle (1) and although he may be a witness in the proceedings; any advocate engaged by the injured party may examine or cross-examine witnesses and make any other submission which the court may consider admissible.

(4) Notice in writing, as provided in subarticle (1), shall also be given to the party in whose absence the appeal shall have been put off.

422. (1) If, on any day appointed for the hearing of the appeal, the appellant fails to appear, his appeal shall be taken to have been abandoned and the judgment appealed from shall be carried into effect; but on an application by the appellant, filed within four days from the day above-mentioned, together with a declaration sworn before the registrar by the appellant to the effect that he was, on account of ill-

Non-appearance of appellant.
Added by:
XI. 1900. 70.
Amended by:
III. 2002. 97;
XIII. 2002. 9.

ness or for any other reason independent of his will, to be expressly stated in the application, unable to attend on the day appointed as aforesaid, the court shall appoint another day for the hearing of the appeal, in which case the provisions of subarticles (1) and (2) of the last preceding article shall apply.

Non-appearance of respondent.

(2) If the respondent fails to appear, the court shall hear the appellant, and shall deliver judgment according to law.

(3) Where the appellant was on bail as provided in article 416(1A) and (3) prior to the abandonment of the appeal, his request for temporary release from custody may be made in the same application mentioned in subarticle (1).

Appearance of appellant when in custody.
Added by:
XI. 1900. 70.

423. If, on the day appointed for the hearing of the appeal, the appellant is in custody, the provision contained in article 443(1) shall apply.

When new witnesses are admissible.
Added by:
XI. 1900. 70.

424. No new witnesses may be produced before the superior court, except—

(a) when it is proved by oath or other evidence that the party requesting the production of the new witnesses had no knowledge of them, or could not, with the means provided by law, have produced them before the inferior court;

(b) when the evidence shall have been tendered before the inferior court, and such court shall have wrongly rejected it.

Adjournment of cause on account of non-appearance of witnesses.
Added by:
XI. 1900. 70.
Amended by:
VIII. 1909. 46;
III. 2002. 98.

425. If any witness duly summoned fails to appear, and the court deems it necessary to hear such witness, the court may adjourn the hearing of the appeal to another day, and the provisions of article 441, in so far as applicable, shall apply. Unless the court orders otherwise, witnesses shall be summoned by the Police in the manner provided for in article 365.

426. Where, in the cases referred to in article 420, the

BOOK SECOND   LAWS OF CRIMINAL PROCEDURE

Expenses for summoning witnesses on behalf of party having free legal aid.
Added by:
XI. 1900. 70.
Amended by:
XXI. 1971. 27.

party is assisted by the Advocate for Legal Aid, or by another advocate assigned by the court in his stead, the expenses for the summoning of witnesses shall provisionally be defrayed by the Police.

Order of hearing of cause.
Added by:
XI. 1900. 70.

427. Saving the provision of article 422(2), the court shall hear the appellant and the respondent, in the order which it shall deem most convenient, regard being had to the circumstances of the case.

Powers of appellate court.
Added by:
XI. 1900. 70.
Amended by:
XII. 1913. 21;
I. 1938. 2;
VIII. 1990. 3;
XXIV. 1995. 362;
III. 2002. 99.

428. (1) If the superior court finds that the fact attributed to the offender constitutes an offence liable to a punishment exceeding the jurisdiction of the Court of Magistrates as court of criminal judicature, it shall quash the judgment, and shall transmit the record to the Court of Magistrates to proceed according to law.

(2) If the court finds that the offence attributed to the offender was not within the jurisdiction of the inferior court by which it was tried, but that it was within the jurisdiction of another inferior court, the superior court shall quash the judgment and refer the case to the competent court. But in this case the plea to the jurisdiction of the court shall not be allowed—

(a) if it was not raised before the inferior court;

(b) if, having been raised, it was expressly or tacitly waived.

(3) If the superior court finds that the inferior court, being competent to deal with the case, declared that it was not so competent, it shall quash the judgment, and shall proceed to determine the merits of the case. The same procedure shall be followed where the superior court finds that a breach or an omission of any of the formalities prescribed by the law under pain of nullity, or otherwise substantial, has taken place.

(4) If the superior court finds that an appeal entered

solely on the ground of want of jurisdiction or of any breach or omission of formalities, is groundless, it shall make a pronouncement to that effect, and shall refer the case to the inferior court.

(5) If the appeal is entered on the ground of want of jurisdiction or of any breach or omission of formalities, and also on the ground of a wrong judgment on the merits, the superior court, if it finds that the appeal, in so far as it is entered on the ground of want of jurisdiction or of any breach or omission of formalities, is without foundation, shall make a pronouncement to that effect and shall decide on the merits in accordance with the following subarticle.

(6) If the appeal refers only to the merits, the superior court shall pronounce judgment either affirming or varying or reversing the judgment appealed from.

(7) If the appeal is made only by the party convicted, the punishment may not be increased.

Registrar to transmit to inferior court copy of judgment of appellate court.

(8) The Registrar of Courts shall, within twelve working days, transmit to the inferior court, a copy of the judgment affirming, varying or reversing the judgment appealed from.

(9) Where the inferior court is the Court of Magistrates (Gozo), the copy of the judgment may be sent by post.

Decision as to costs by appellate court.
Added by:
XI. 1900. 70.
Amended by:
VIII. 1909. 47;
XXIV. 1995. 362;
III. 2002. 100.

429. (1) Where, under the provisions of article 380, an order as to costs is to be made, the superior court shall also state the party by whom the costs, both of the first court and of appeal, are to be borne, and shall fix the fees due to the advocate for either party in the appeal in the manner provided in subarticle (2) of the said article in a sum varying from twenty-five to sixty cents for every sitting. The payment of the said costs may be enforced before the inferior court in the same manner as provided in article 381.

Frivolous appeals.

(2) In all cases it shall be lawful for the superior

BOOK SECOND   LAWS OF CRIMINAL PROCEDURE

court, if it considers the appeal to be frivolous, to sentence the appellant besides to the payment of costs, where applicable, to the payment of a fine (*ammenda*) not exceeding one hundred liri.

(3) In default of payment of the fine (*ammenda*) referred to in subarticle (2), the provision contained in article 13(2) shall apply.

(4) The fees payable in respect of appeals in cases of proceedings where the prosecution lies with the injured party or with the persons mentioned in article 542, as provided in article 373, shall be taxed in accordance with the scales in Schedules A and B annexed to this Code, and shall in all cases be levied by the Registrar of Courts.

Title III
OF THE ATTORNEY GENERAL

Duties of Attorney General.
Amended by:
L. N. 46 of 1965;
LVIII. 1974. 68;
XXVII. 1975. 26, 40.

430. (1) The Attorney General shall be the prosecutor before the Criminal Court.

(2) The Attorney General shall indict in the name of the Republic of Malta, and shall proceed *ex officio* independently of any complaint of the injured party, except in cases where, according to law, no prosecution may be instituted without the complaint of the injured party.

Commencement of functions of Attorney General.
Amended by:
XII. 1913. 22;
L. N. 46 of 1965;
LVIII. 1974. 68;
VIII. 1990. 3;
III. 2002. 101.
Access to accused.

431. (1) Unless otherwise provided in this Code or in any other law, the functions of the Attorney General commence from the day on which he receives the record of the inquiry made by the Court of Magistrates.

(2) From the day referred to in subarticle (1) and until the indictment is filed, access to the person accused, if in custody, may only take place with the permission of the Attorney General. The provisions of article 408(2) shall apply to such permission.

马耳他刑事法典

Term for filing indictment.
Amended by:
IV. 1856. 31;
XI. 1900. 71;
L. N. 46 of 1965;
LVIII. 1974. 68;
XIII. 1980. 16;
XXIX. 1990. 20.
Enlargement of term.

432. (1) The Attorney General shall be allowed the term of one month for the filing of the indictment, to run from the day of the receipt of the record referred to in the last preceding article. The said term shall, on the demand of the Attorney General, be extended by the court to an additional period of fifteen days, and, on the expiration of this other period, by the President of Malta to a further additional period of fifteen days, and, where the matter is such that the determination of the true nature of the offence necessarily depends upon the lapse of a longer period of time, to such longer period:

Provided, however, that where such longer period extends beyond forty days, the accused shall have the right to be released on bail.

Power of Attorney General to send back record of inquiry.

(2) If the record of inquiry is found to be defective through the non-observance of any of the provisions of this Code or of any other law relating to such inquiry, the Attorney General may send back the record to the court from which it was received, together with a demand in writing that the court proceed afresh with the inquiry or that the record be rectified, according to circumstances, pointing out the defect and the relative provisions of this Code or of such other law.

Term for completing fresh inquiry or for rectifying record of inquiry.

(3) The court shall, within the term of five working days to run from the day on which the record was sent back as aforesaid (which term may, upon a demand in writing by the court and on a just cause being shown, be extended by the President of Malta to a further period of five working days), conclude the fresh inquiry or rectify the record, and shall send the same to the Attorney General; and in such case the term for filing the indictment shall commence to run from the day on which the Attorney General shall have received the record of the fresh inquiry or the record as rectified.

BOOK SECOND   LAWS OF CRIMINAL PROCEDURE

Power of Attorney General to discharge person accused,
Amended by:
IV. 1856. 32;
L. N. 46 of 1965;
XXV. 1967. 5;
LVIII. 1974. 68;
XXVII. 1975. 40;
XIII. 1980. 17;
VIII. 1990. 3.
to withdraw indictment,

to arrest person discharged by the Court of Magistrates.

Power of Attorney General, in cases where he is of opinion that the offence is triable by the Court of Magistrates.

Power of court to hear further evidence.

433. (1) If the Attorney General is of opinion that there are not sufficient grounds for the filing of an indictment against the accused, he may, within the terms prescribed in the last preceding article, by warrant under his signature, order the discharge of the accused, filing a declaration to that effect in the Criminal Court.

(2) The Attorney General may also withdraw an indictment already filed, by making in court a declaration to that effect.

(3) Finally, the Attorney General may, within one month from the day on which the record of inquiry shall have been transmitted to him, issue a warrant under his signature for the arrest of any person discharged by the Court of Magistrates, if he and one of the judges, other than a judge ordinarily sitting in the Court of Criminal Appeal or a judge ordinarily sitting in the Criminal Court, shall be of the opinion that there are sufficient grounds for an indictment to be filed against such person; and in such case, the term for filing the indictment shall commence to run from the day of the arrest.

(4) In all cases referred to in the preceding subarticles of this article, the Attorney General shall make a report to the President of Malta stating the reasons for his action.

(5) Nevertheless, if, on account of the absence of circumstances constituting an offence within the jurisdiction of the Criminal Court, the Attorney General decides not to file an indictment against the accused, but is of opinion that from the inquiry there might result an offence within the jurisdiction of the Court of Magistrates, he shall not discharge the accused, but shall send back the record of inquiry to that court, and that court shall decide upon the charge of such offence, independently of all other circumstances.

(6) Before convicting or acquitting the accused or before giving any other direction within its jurisdiction as court

of criminal judicature, the court shall have power, on the charge of such offence, to hear further evidence whether against or on behalf of the accused.

Liability to further proceedings on fresh evidence.
Amended by:
L. N. 46 of 1965;
LVIII. 1974. 68;
VIII. 1990. 3.

434. Every accused person, whose arrest has not been ordered by the Attorney General under the provision of subarticle (3) of the last preceding article, or who has been discharged for want of presentation of an indictment, shall always remain liable to fresh proceedings, to be regularly commenced before the Court of Magistrates, whenever fresh evidence becomes available.

Definition of "fresh evidence".

The expression "fresh evidence" means evidence which at the time of the discharge of the accused, did not exist, or was not known to those who were entitled to prosecute.

Power of Attorney General on collection of further evidence.
Amended by:
IV. 1856. 33;
L. N. 46 of 1965;
LVIII. 1974. 68;
VIII. 1990. 3.

435. (1) It shall be lawful for the Attorney General to collect and produce further evidence besides that resulting from the inquiry:

Provided that he may not include in the indictment any charge for any offence, not founded on the said inquiry.

(2) Where as a result of such further evidence collected as aforesaid, the Attorney General becomes aware of some other offence not included in the inquiry, he shall send back the whole record to the Court of Magistrates, and such court shall continue the inquiry and shall proceed in respect of such other offence. In any such case the terms for the conclusion of the inquiry, the transmission of the record and the filing of the indictment shall commence to run anew, the first term commencing from the day on which the record is sent back to the Court of Magistrates.

(3) Where such other offence not included in the inquiry as aforesaid shall be altogether separate and distinct from the offence or offences included in the inquiry, a new and separate inquiry shall, on the demand of the Attorney General, be held in regard to such other offence.

BOOK SECOND   LAWS OF CRIMINAL PROCEDURE

(4) Any demand of the Attorney General under the provisions of this article shall be made in writing.

Special powers of investigation.
Added by:
III. 2002. 102.

435A. (1) The provisions of article 4 of the Act shall apply *mutatis mutandis* where the Attorney General has reasonable cause to suspect that a person is guilty of a relevant offence and the provisions of the said article 4 shall apply to any investigation order or attachment order applied for or issued by virtue of this subarticle as if it were an investigation order or attachment order applied for or issued under the same article 4 of the Act and in particular, the provisions of subarticles (12) and (13) of the said article 4 shall also apply to any investigation for a relevant offence by virtue of this subarticle.

(2) The provisions of article 5 of the Act shall apply *mutatis mutandis* where any person is charged with a relevant offence and the provisions of article 6 of the Act shall apply to any order issued by virtue of this subarticle as if it were an order issued under the said article 5.

(3) In this article the expressions "the Act" and "relevant offence" shall have the meaning assigned to them respectively by article 23A(1).

Powers of investigation in connection with offences cognizable by courts outside Malta.
Added by:
III. 2002. 102.
Cap. 101.

435B. (1) Where the Attorney General receives a request made by a judicial or prosecuting authority of any place outside Malta for investigations to take place in Malta in respect of a person (hereinafter in this article referred to as "the suspect") suspected by that authority of a relevant offence, the Attorney General may apply to the Criminal Court for an investigation order or an attachment order or for both and the provisions of article 24A of the Dangerous Drugs Ordinance, hereinafter in this title referred to as "the Ordinance", shall *mutatis mutandis* apply to that application and to the suspect and to any investigation order or attachment order made by the court as a result of that application.

(2) The phrase "investigation order" in subarticles (2) and (5) of the same article 24A of the Ordinance shall be read and construed as including an investigation order made under the provisions of this article.

(3) The phrase "attachment order" in article 24A (6A) of the Ordinance shall be read and construed as including an attachment order under the provisions of this article.

Freezing of property of person accused with offences cognizable by courts outside Malta.
Added by:
III. 2002.102.

435C. (1) Where the Attorney General receives a request made by a judicial or prosecuting authority of any place outside Malta for the temporary seizure of all or any or the moneys or property, movable or immovable, of a person (hereinafter in this article referred to as "the accused") charged or accused in proceedings before the courts of that place of a relevant offence, the Attorney General may apply to the Criminal Court for an order (hereinafter in this title referred to as a "freezing order") having the same effect as an order as is referred to in article 22A(1) of the Ordinance, and the provision of the said article 22A shall, subject to the provisions of subarticle (2) of this article, apply *mutandis mutandis* to that order.

(2) The provisions of article 24C(2) to (5) of the Ordinance shall apply to an order made under this article as if it were an order made under the said article 24C.

(3) Article 22B of the Ordinance shall also apply to any person who acts in contravention of a freezing order under this article.

Enforcement of confiscation orders made by courts outside Malta following conviction for offences cognizable by those courts.
Added by:
III. 2002.102.

435D. (1) A confiscation order made by a court outside Malta providing or purporting to provide for the confiscation or forfeiture of any property of or in the possession or under the control of any person convicted of a relevant offence shall be enforceable in Malta in accordance with the provisions of article 24D(2) to (11) of the Ordinance.

(2) For the purposes of this article "confiscation or-

BOOK SECOND   LAWS OF CRIMINAL PROCEDURE

der" includes any judgement, decision, declaration, or other order made by a court whether of criminal or civil jurisdiction providing or purporting to provide for the confiscation or forfeiture of property as is described in subarticle (1).

(3) For the purposes of this article and of articles 435B and 435C:

"the Act" and "the Ordinances" shall have the same meaning assigned to them respectively by article 23A(1);

"relevant offence" means an offence consisting of any act or omission which if committed in these Islands, or in corresponding circumstances, would constitute a crime, other than a crime under the Ordinances or under the Act, liable to the punishment of imprisonment for a term of more than one year.

Controlled deliveries and joint investigations with the competent authorities of other countries.
Added by:
IX. 2003.128.

435E. (1) Notwithstanding anything contained in any other law it shall be lawful for the Attorney General to authorise the Executive Police and, where appropriate, the Customs authorities to allow a controlled delivery to take place with a view to identifying persons involved in the commission of any criminal offence under the laws of Malta or under the laws of another country.

Cap. 101.

For the purposes of this subarticle a "controlled delivery" shall *mutatis mutandis* have the same meaning assigned to it by article 30B(2) of the Dangerous Drugs Ordinance so however that the illicit or suspect consignment referred to in that subarticle may for the purposes of this subarticle consist of anything whatsoever and that the consignment may be intercepted and allowed to continue with the original contents intact or removed or replaced in whole or in part.

(2) With the same objective of identifying persons involved in the commissions of a criminal offence under the laws of Malta or under the laws of another country, it shall also be lawful for the Attorney General to authorise the Exec-

utive Police or a person under the supervision or direction of the Executive Police, to acquire or procure an illicit or suspect consignment of anything from any person or place.

(3) Pursuant to any arrangement, including any treaty, convention, agreement or understanding, to which Malta is a party or which is otherwise applicable to Malta, the Attorney General may authorise the competent authorities of another country to conduct in Malta, jointly with or under the supervision or direction of the Executive Police, investigations into criminal investigations by officers acting under covert or false identity, provided that the Attorney General is satisfied of the true identity and official capacity of the officers in question and is fully informed of the nature of any documents which purport to guarantee, certify or authenticate the false identity assumed by any such officers. Notwithstanding the provisions of any other law the making or use of such documents by the said competent authorities or by such officers for the purpose or in the course of such investigations authorised as aforesaid shall be deemed to be lawful and shall not entail any liability, civil, criminal or otherwise, on the part of such authorities or officers.

(4) Any official from another country taking part in any of the operations referred to in subarticles (1) to (3), both inclusive, shall, for the purpose of any criminal liability incurred under this Code or any other law by that official or by others for conduct against that official, be deemed to be a public officer.

Amended by:
XXVII. 1975. 40.

Title IV
OF THE CRIMINAL COURT

436. (1) The Criminal Court shall consist of one of the judges sitting with a jury for the trial of every offence which

BOOK SECOND   LAWS OF CRIMINAL PROCEDURE

Constitution of Criminal Court.
Amended by:
IX. 1857. 1;
V. 1868. 24;
Order-in-Council of 1899, s. 3;
XI. 1900. 72, 73;
I. 1903. 27;
II. 1914. 3;
XVI. 1929. 3;
XVI. 1932. 2;
XV. 1937. 6;
XXV. 1967. 6;
XXVII. 1975. 40;
XIII. 1987. 4.

Attributions of jury and of court.

Further powers of court.

may be prosecuted according to law in Malta saving the provisions of article 370.

(2) The jury shall decide on any matter touching the issue as to whether the accused is guilty or not guilty and on any collateral issue referred to in Title VII of Part II of Book Second of this Code; and the court shall decide on the application of the law to the fact as declared by the jury, as well as on all other points of law or of fact relative to the proceedings.

(3) It shall also appertain to the court—

(a) to maintain good order during the sitting;

(b) to conduct the hearing;

(c) to do, in matters which are not prohibited or prescribed by law under pain of nullity, whatever it may, in its discretion, deem necessary for the discovery of the truth.

(4) The court shall also be competent to try and determine offences which, although of an inferior jurisdiction, are brought before the court either because they are connected with a graver offence preferred in the indictment or because they are committed by the same person indicted for such graver offence.

(5) The court shall also be competent generally to try and determine any offence of an inferior jurisdiction and to apply the measures referred to in articles 377, 378, 383, 384 and 385 if, upon trial, the accused is convicted of any minor offence whether preferred or comprised or involved in the indictment, or if such measures become necessary.

(6) Notwithstanding any other provision of this Code and subject to the provisions of the following subarticles of this article, the accused may, not later than ten days after the date of service of the notice referred to in article 438(6) or of the order referred to in article 620(4), file a note in the registry of the court opting that a jury be not impanelled

for the trial or for the decision of any collateral issue under Title VII of Part II of Book Second of this Code, and an official copy of such note shall be served on the Attorney General:

Provided that this subarticle shall not apply for the trial of the offence where the punishment demanded in the indictment is of imprisonment for life.

(7) The provisions of subarticle (6) shall not apply to the accused who has made the objection mentioned in article 370(3)(d).

(8) Where charges against two or more persons are joined in the same indictment and not all the accused have filed the note referred to in subarticle (6), the trial of the accused who has opted that a jury be not impanelled for his trial shall take place after that the trial of the cause of the other accused who has not filed such note has become *res judicata*.

(9) Where the option is exercised as provided in subarticle (6) the court shall consist of one of the judges sitting without a jury, and the provisions of this Title and of Sub-title I of Title II and of Title V of Part I of Book Second of this Code shall *mutatis mutandis* apply.

Access to accused.
Amended by:
V. 1868. 25;
L. N. 46 of 1965;
LVIII. 1974. 68;
IX. 1982. 2.

437. (1) After the filing of the indictment, access to the accused shall not be allowed, except with the permission of the court, or with the consent of the Attorney General.

(2) The court, before granting the permission applied for, shall hear the Attorney General in the absence of the accused and with closed doors. The court shall not grant permission unless it is satisfied that such access will not be prejudicial to the ends of justice.

Service of indictment on accused.
Amended by:
L. N. 46 of 1965;
LVIII. 1974. 68;
III. 1976. 2.
Substituted by:
LIII. 1981. 2.
Amended by:
IX. 1982. 2;
XIII. 1987. 5;
III. 2002. 103.

438. (1) An official copy of the indictment and of the list referred to in article 590(2) shall be served on the accused.

(2) The accused shall, by means of a note to be filed in the registry of the court not later than fifteen working days from the date of such service—

(i) give notice of any pleas referred to in article 449 and any plea regarding the admissibility of evidence which he intends to raise, and

(ii) indicate the witnesses and produce the documents and other exhibits which he intends to use at the trial,

and an official copy of such note shall be served on the Attorney General.

(3) The Attorney General shall, by means of a note filed in the registry of the court not later than five days from the date of service of the note filed by the accused, give notice of any plea regarding the admissibility of evidence which he intends to raise.

(4) On the expiration of the time referred to in the preceding subarticle, the court shall appoint a day for the hearing of all the pleas and shall on that day direct the registrar to read out the indictment, and shall then proceed to determine such pleas before the accused pleads to the general issue of guilty or not guilty:

Provided that the court may *ex officio* or on the application of the Attorney General or the accused request that the proof intended to be established by the witnesses, documents or exhibits be stated.

(5) If no pleas have been raised as provided in subarticles (2) and (3), or after the determination of such pleas, the court shall appoint a day for the hearing of the trial.

(6) The accused shall be served with a notice of such date allowing a term of at least twenty days to prepare his defence. The court may, on good cause being shown, and after hearing the Attorney General, extend such term to any further period as it may deem fit.

(7) If, on the day appointed for the hearing of the trial according to subarticle (5), or on any other day thereafter appointed for the same purpose, the trial is adjourned to another day on account of the fact that the accused, without just cause, and notwithstanding that he had been given notice according to law of the day appointed, fails to appear, or on account of the fact that although he appears, the trial cannot be heard for some cause attributable to the accused and which the Court determines not to be a just cause, all the expenses incurred shall be charged to the accused, and it shall be lawful for the court, at the request of the Attorney General, to compel the accused to pay the same.

(8) The accused may waive his right to such term.

439. Causes shall be tried in rotation, according to the date of the filing of the indictment:

Provided that it shall be lawful for the court, if it sees good reason for so doing, to postpone the trial of a cause which is next in rotation, and proceed to try another cause.

Order of hearing of causes.

440. (1) The record of the inquiry, documents and exhibits filed in the registry of the court by the Attorney General or the accused shall be accessible to the Attorney General and to the accused or his advocate or legal procurator.

(2) The registrar shall take the necessary precautions for the preservation of all the documents, exhibits, and record in the state in which they are at the moment in which they are filed.

Accessibility of record of inquiry, etc.
Amended by:
IX. 1857. 2;
III. 1880. 6;
XI. 1900. 74;
L. N. 46 of 1965;
LVIII. 1974. 68;
LIII. 1981. 3.
Preservation of documents, etc., by registrar.

(3) No witness, document or exhibit, which is not indicated in the lists or filed as provided in article 438, may be produced at the trial, without special leave of the court.

Inadmissibility of witnesses, etc., without leave of court.

(4) Leave shall only be granted if the evidence is considered to be relevant, and the Attorney General or the party accused shall not have been prejudiced by the omission from the said list or by the default of filing within the term speci-

When leave is granted.

fied in article 438.

Powers of court.

(5) Nevertheless, if in the course of the trial, the necessity or utility shall arise of examining any witness or of having for actual inspection any document or exhibit not indicated in the list of any of the parties, the court may *ex officio* cause such witness to be called and examined, or cause the document or exhibit which was not indicated in the list, to be produced.

441. (1) Witnesses shall be summoned by means of a subpoena which shall be served on each witness not later than the day preceding the trial:

Summoning of witnesses.
Amended by:
IX. 1859. 24;
V. 1868. 26;
XI. 1900. 75;
L. N. 46 of 1965;
LVIII. 1974. 68;
VIII. 1990. 3;
XXIV. 1995. 362;
III. 2002. 104.

Provided that in the case referred to in subarticle (5) of the last preceding article, a witness may be summoned to appear forthwith or at a given time during the same day.

Service of subpoena.

(2) A subpoena is served by the delivery of a copy thereof to the witness, or if he cannot conveniently be met with, then by leaving such copy at his usual place of abode.

(3) If the place of abode of the witness is in the Island of Gozo or of Comino, the Registrar of Courts may send, even by post, the copy of the subpoena to the officer in charge of the Court of Magistrates (Gozo), for service on the witness; and the officer effecting service, shall deliver a certificate of such service, duly sworn, to the officer in charge of the Court of Magistrates (Gozo), who shall transmit it, even by post, to the Registrar of Courts.

Non-appearance, etc., of witnesses.

(4) Whosoever being duly subpoenaed to give evidence or to give his opinion as an expert shall fail to appear in court at the time fixed in the subpoena, or, having appeared, shall leave before he is dismissed, shall be liable to be sentenced by the court to a fine (*ammenda*) and shall be liable to be compelled to appear to give evidence by means of a warrant of escort or of arrest.

(5) If, on account of the non-appearance of a witness,

the trial is adjourned to another day, all the expenses incurred shall be charged to the witness, and it shall be lawful for the court, at the request of the Attorney General or the accused, to compel such witness to pay the same:

Provided that it shall be in the power of the court, at any time, on just cause being shown, to remit the fine (*ammenda*) and also the expenses.

Power of court to discharge jury.

(6) It shall be in the power of the court, if it is of opinion that the evidence of the witness, who left before he had been dismissed, is important for the ends of justice, to discharge the jury and adjourn the trial to another day.

Allowances to witnesses on behalf of accused admitted to free legal aid.
Amended by:
XXI. 1971. 27.

442. Where the defence of the accused has been conducted by the Advocate for Legal Aid, the allowances due to the witnesses actually produced on behalf of the accused shall be paid by the Government at the same rates fixed for witnesses for the prosecution, provided the Advocate for Legal Aid shall affirm on oath that, in his opinion, the evidence of the said witnesses was relevant for the defence, and provided also that, in view of his poverty, the accused has not the means of paying such allowances.

Trial. Place of the accused in Court.
Amended by:
IV. 1856. 34;
IV. 1894. 1, 2;
XXX. 1934. 8;
XV. 1937. 7.

443. (1) On the day and at the time appointed for the hearing of the cause or of any question incidental thereto, the accused shall be put, without any restraint, in the place appointed for the purpose.

Summons to accused when not in custody.

(2) If the accused is not in custody, he shall be required to appear by means of a summons, and, in case of his non-appearance, an order shall be made for his arrest; if he is in custody, he shall be brought to the said place in such manner as may be necessary in order to prevent his escape.

Misbehaviour of accused.

(3) If the accused attempts acts of violence, all necessary measures shall be taken to prevent such acts.

444. During the trial, the witnesses shall be kept in a

BOOK SECOND   LAWS OF CRIMINAL PROCEDURE

Place of witnesses during the trial.
Amended by:
V. 1868. 27;
L. N. 46 of 1965;
LVIII. 1974. 68;
III. 2002. 105.

separate place where the discussion cannot be heard. Witnesses shall not be allowed to return to that place after their examination; but when it will probably be necessary to re-examine them on some particular circumstance, they shall be kept apart from the other witnesses not yet examined:

Powers of court.

Provided that the court may, with the consent of the Attorney General and the accused, permit any witness to remain in court during the trial;

Provided further that the court may, notwithstanding the objection of either party, grant such permission to witnesses giving professional or expert evidence, if the court itself deems it expedient for the ends of justice that such witnesses should hear the depositions of other witnesses.

If accused appears without counsel.

445. If the accused appears without counsel, the court shall inform him that he has the right to be assisted by counsel.

Challenge of judge. Plea to be raised and determined before the reading out of indictment.
Amended by:
IV. 1856. 35;
IX. 1857. 3;
Order-in-Council of 1899, sec. 4;
XVI. 1929. 4;
XVI. 1932. 3;
L. N. 46 of 1965;
XXV. 1967. 7;
LVIII. 1974. 68;
LIII. 1981. 4;
IX. 1982. 2;
III. 2002. 106
Grounds of objection to or of abstention by judge.
Cap. 12.

446. (1) Any objection to the judge shall be raised, and the decision of the court shall be given thereon, before the reading out of the indictment, when the accused has been placed at the bar, on the day appointed for the hearing of the preliminary pleas, or, if no such pleas have been raised, on the day appointed for the trial.

(2) The judge may not be objected to by the Attorney General or by the accused, nor may he abstain from sitting in any case, except for any of the causes referred to in article 734 of the Code of Organization and Civil Procedure, or on the ground that the offence was committed against himself, his spouse, or any person related to him by consanguinity or affinity in any of the degrees referred to in paragraphs (a) and (b) of the said article.

Form of declaration of abstention.

(3) The judge who, previously to the reading out of the indictment, is aware of the existence in his respect of any of the causes for which he might be objected to or might abstain

from sitting, shall make a declaration of his abstention stating the cause.

Declaration may be made in writing before day of hearing.

(4) The said declaration may be made in writing previously to the day appointed for the hearing of the cause, in which case notice thereof shall be given to the Attorney General and to the accused, and the abstention shall be deemed to be by them accepted, if, within two days from the said notice, neither of them shall make a declaration, by means of a note, to the effect that he intends to oppose the same.

or orally on day of hearing.

(5) The said declaration may also be made orally on the day of the hearing, in which case any objection thereto shall be raised immediately after such declaration.

Issue to be decided before the reading out of indictment.

(6) Upon any challenge, or objection to abstention, as aforesaid the court shall decide the issue previously to the reading out of the indictment.

No challenge or abstention may be allowed after the reading out of indictment.

(7) After the reading out of the indictment, the judge may not be challenged, nor may he abstain from sitting, except where the cause for objection or abstention becomes known after the reading of the said indictment.

Power of judge notwithstanding challenge or abstention.

(8) The judge, notwithstanding the existence in his respect of any cause for objection, or notwithstanding his abstention, shall nevertheless be competent, like the judge surrogated in his stead, to issue and sign any summons or writ, and to give any decree or order which may be required, previously to the reading out of the indictment, or after judgment is delivered.

Surrogation in the person of a judge.
Amended by:
IV. 1856. 36;
XIII. 1964. 26;
L. N. 46 of 1965;
LVIII. 1974. 68;
XXVII. 1975. 40.

447. (1) Where the judge has been objected to, or has abstained from sitting, another judge shall be surrogated by the President of Malta in his stead.

(2) If every one of the judges is, for any of the causes referred to in the last preceding article, precluded from sitting, it shall be lawful for the President of Malta to surrogate acting judges.

BOOK SECOND   LAWS OF CRIMINAL PROCEDURE

Oath of office by judge surrogate.
Cap. 12.

(3) An acting judge shall, on being surrogated, take the oaths prescribed in article 10 of the Code of Organization and Civil Procedure.

Grounds of challenge to apply to judge surrogate.

(4) A judge surrogate may also be objected to for any of the said causes.

Reading out of indictment to accused.
Substituted by:
LIII. 1981. 5.

448. Where no pleas have been raised as provided in article 438, the court shall direct the registrar to read out the indictment.

Pleas to be raised and determined after the reading out of indictment.
Amended by:
IV. 1856. 37;
IX. 1857. 4;
V. 1868. 28;
VI. 1871. 32, 33;
XI. 1900. 76;
L. N. 46 of 1965;
XXV. 1967. 8;
XXVII. 1975. 40;
III. 1976. 3;
XIV. 1976. 2;
LIII. 1981. 6;
III. 2002. 107.

449. (1) The following pleas, that is to say:

(a) plea to the jurisdiction of the court;

(b) plea of nullity of or defect in the indictment;

(c) plea of extinguishment of action;

(d) plea of "*autrefois convict*" or "*autrefois acquit*";

(e) plea of insanity of the accused at the time of the trial;

(f) plea of insanity at the time of the offence or any plea relating to any other point of fact which excludes the imputability of the accused or in consequence of which the trial should not take place at the time, or at any future time; and

(g) saving the provisions of article 446(1), any other preliminary plea,

may only be raised if notice thereof has been given as provided in article 438(2):

Provided that the court may authorise such pleas to be raised for a reason which arises after the time within which the note referred to in article 438(2) is to be filed in the registry of the court.

(2) *Deleted by III. 2002. 107.*

(3) Nevertheless, the pleas mentioned in subarticle (1), with the exception of the plea of challenge of the judge or the plea of defect in the indictment, may be raised after the verdict of the jury and before judgment, if the necessity arises from any fact or circumstance of fact expressly found

by the jury.

(4) Any point of fact which, without excluding the imputability of the accused or without excluding his capacity to plead, is a bar to his undergoing punishment, may be raised even after the verdict of the jury.

Want of jurisdiction and nullity of indictment may be raised by court ex officio.

(5) The want of jurisdiction of the court and the nullity of the indictment may also be raised by the court *ex officio*, either before the accused answers to the charge, or after the verdict of the jury:

Provided, however, that, after the verdict of the jury, the indictment may only be annulled in either of the following cases:

(a) if the indictment does not contain, in substance, a statement or description of the offence as stated or described in the law;

(b) if the fact stated in the indictment does not constitute, in substance, the offence stated or described in such indictment.

(6) Where it is decided that the court has no jurisdiction or that the indictment is null, the accused shall be placed again in the condition in which he stood previously to the filing of the indictment. But where the plea of extinguishment of action or the plea of "*autrefois convict*" or "*autrefois acquit*" is allowed, the accused shall be acquitted.

Question to accused on general issue.

450. When the preliminary pleas have been determined, or if no such pleas have been raised, the accused shall be asked whether he is guilty of the offence charged in the indictment.

Rules respecting deaf-mutes, etc. Amended by: VIII. 1857. 15; XXX. 1934. 9.

451. (1) If the accused is a deaf-mute and is able to write, the contents of the indictment shall be explained, and the question prescribed under the last preceding article shall be made to the accused in writing, and he shall answer in writing; and in this case, the explanation, the question and

BOOK SECOND LAWS OF CRIMINAL PROCEDURE

the answer thereto, shall be publicly read out by the registrar and laid before the court and the jury, and then preserved in the records of the court.

(2) If the accused is a deaf-mute and is unable to write, the court shall *ex officio* appoint as interpreter some person familiar with him, or some other person able to understand him.

(3) If the accused is dumb, but not deaf, the explanation and question shall be made to him in the same manner as to any other accused. If he is able to write, he shall answer in writing; but if he is unable to write, an interpreter shall be assigned to him.

(4) It shall be lawful for the court, whenever it shall deem it expedient, to apply the said provisions, respecting deaf-mutes, to an accused who is deaf only.

Appointment of interpreter.
Amended by:
V. 1868. 29;
XVI. 1932. 5;
L. N. 46 of 1965;
LVIII. 1974. 68.

452. (1) Save as otherwise expressly provided, an interpreter shall not be chosen from among the jurors, counsel for the accused, witnesses, referees, or other persons employed in the service of the court or of the Attorney General, with the exception of the official interpreter. It shall, however, be lawful for any of the parties to take objection against the official interpreter or any other person appointed to act as interpreter, before the same enters upon his duties, and any such objection shall be determined by the court.

(2) Nevertheless, it shall be lawful for the court to appoint any person employed in the service of the court to act as interpreter, if it appears to its satisfaction that sufficient inquiries have been made and that no other person suitable to act as interpreter could be found.

(3) The person appointed to act as interpreter, if he is not in the building in which the court is sitting, shall be summoned by means of a subpoena.

(4) Any person residing in Malta, who, being appoint-

ed to act as interpreter, shall, without a just cause, fail to appear at the time and place appointed by the court, or shall refuse to act as interpreter, or shall leave the court before he is dismissed, may be dealt with as a witness who fails to appear to give evidence, or who, having appeared, refuses to give evidence, or leaves the court before he is discharged.

(5) The provision contained in article 633(2) shall apply if the interpreter is the husband or wife of the accused, or is related to the accused by consanguinity in any of the degrees mentioned in that article, or if other particular circumstances occur.

(6) The interpreter appointed by the court, if he is not a person employed in the service of the Government, shall be entitled to a remuneration to be fixed by the court according to circumstances.

Admission of guilt by accused.
Amended by:
VIII. 1909. 48.

453. (1) If the accused, in answer to the question prescribed under article 450, states that he is guilty of the offence, the court shall in the most solemn manner warn him of the legal consequences of such statement, and shall allow him a short time to retract it; but if the accused persists in his statement, such statement shall be recorded and the court shall proceed to pass on the accused such sentence as would according to law be passed on an accused convicted of the offence.

Duties of the court.

(2) Nevertheless, if there is good reason to doubt whether the offence has really taken place at all, or whether the accused is guilty of the offence, the court shall, notwithstanding the confession of the accused, order the trial of the cause to be proceeded with as if the accused had not pleaded guilty.

Sentence at the request of the parties.
Added by:
III. 2002. 108.
Amended by:
XIII. 2002. 9.

453A. (1) Before the accused pleads to the general issue as provided in article 453, the accused and the Attorney General may request the court, in the eventuality of a plea of guilty, to apply a sanction or measure or, where provided for by law, a combination of sanctions or measures, of the kind and quantity agreed between them and to which the accused can be sentenced upon conviction for the offence or offences with which he is accused.

(2) If the court is satisfied that the sanction or measure, or combination of sanctions and measures, requested as provided in subarticle (1) is one which it would have been lawful for it to impose upon conviction for the offence to which the accused has pleaded guilty and does not have cause to order the trial of the cause to be proceeded with for a reason referred to in article 453(2) or for any other reason to reject the request, and after explaining to the accused in clear terms the consequences of his request, the court shall, upon a plea of guilty by the accused, proceed to pass the sentence indicated to it by the parties declaring in its judgement that the sentence being awarded is being so awarded at the request of the parties.

(3) Where the Attorney General and the accused agree that the sentence to be imposed shall consist of a period of imprisonment which is to be suspended in accordance with the provisions of article 28A and the agreement is not rejected by the court as provided in subarticle (2) such agreement shall not in any way affect the court's power to make an order under article 28G or 28H or both.

Cap. 446.

(4) Where the Attorney General and the accused agree that a measure provided for under the Probation Act is to be applied and the agreement is not rejected by the court as provided in subarticle (2) such agreement shall not in any way affect the court's power to make an order under article 11 of the said Act.

(5) A sentence imposed at the request of the parties as provided in this article shall not affect any matter referred to

Cap. 446.

Recording of plea of "not guilty".
Amended by:
IX. 1857.5;
III. 1880.7;
Order-in-Council of 1899, sec. 7;
XVI. 1932.6;
XXX. 1934.10;
XX. 1936.2;
XXXII. 1965.8;
L. N. 46 of 1965;
XXV. 1967.9;
LVIII. 1974.68;
LIII. 1981.7;
IX. 1982.2.
Where proceedings are to be conducted in the English language.
Cap. 189.
Impanelling of jury.

Accused making answer other than " guilty " or guilty.

Accused not to be questioned on facts with which he is charged.

Reading out of indictment to jury.
Amended by:
V. 1868.30.

Trial of two or more causes on the same day.

Address by the prosecution.
Amended by:
L. N. 46 of 1965;
LVIII. 1974.68.

in article 25(3)(a) to (h) of the Probation Act.

454. (1) If the accused pleads not guilty, such plea shall be recorded.

(2) Where, under the provisions of the Judicial Proceedings (Use of English Language) Act, the proceedings are to be conducted in the English language, the court shall, if no pleas have been raised as provided in article 438, or after the determination of such pleas, appoint the day on which the cause shall be tried before a special jury impanelled from the persons included in the list of special jurors for the trial of English-speaking persons as provided in article 605.

(3) On the day fixed for the trial the court shall impanel the jury and shall then proceed with the trial.

(4) Where the accused does not simply answer that he is guilty, any other answer, or his silence, shall be taken as a plea of not standing mute.

(5) It shall not be lawful for the court, the Attorney General or the jury, during the trial, to put any other question to the accused with regard to the facts with which he is charged.

455. (1) As soon as the jury have been sworn, the registrar shall read out the indictment, of which a copy shall be given to the jury; and he shall also read out to the jury whatever shall have been recorded with reference to the question prescribed under article 450.

(2) Where the court deems it expedient that two or more causes be successively tried on the same day by the same jury, the jury shall be sworn in the presence of all the accused whose trial is to take place as aforesaid, previously to the commencement of the trial which is to take place first.

456. The Attorney General shall then address the jury on the facts constituting the offence preferred in the indictment; he shall state the evidence which he proposes to pro-

BOOK SECOND   LAWS OF CRIMINAL PROCEDURE

duce in support of those facts; and after making such submissions as he may think necessary in order to make the case clear, he shall conclude by demanding a declaration of guilt against the accused.

Production of evidence for the prosecution.
Amended by:
L. N. 46 of 1965;
LVIII. 1974. 68.

457. After making the address referred to in the last preceding article, the Attorney General shall call his witnesses examining them viva voce, and shall produce any other evidence he may have to offer.

Defence of accused.
Amended by:
IX. 1859. 25.

458. (1) When the case for the prosecution is concluded, the accused shall be asked what he has to state in his defence. He shall have the right to make his defence, either personally or by an advocate, and to call and examine his witnesses in the manner provided in the last preceding article, and to produce any other evidence he may have to offer.

Where accused is assisted by more than one advocate.

(2) If the accused is assisted by more than one advocate, such advocates may divide the duties between them in such a manner that one will make the defence and the other will make the rejoinder, when this is allowed, or, that one will make the defence and rejoinder and the other will examine the witnesses; but neither of them may address the court or the jury after the defence or rejoinder has been made by the other; and the provisions of this subarticle shall apply to every other stage of the proceedings in which the accused is assisted by more than one advocate.

Accused may make his own defence.

(3) It shall also be lawful for the accused either to make his own defence and leave to his advocate the rejoinder, when this is allowed, or to make the rejoinder notwithstanding that his defence was made by his advocate.

Applicability of article 458.

458A. The provisions of article 458(2) shall apply *mutatis mutandis* where the conduct of the prosecution is delegated by the Attorney General to more than one counsel.

Order of examination of witnesses.

459. The order to be followed in the examination of witnesses shall be as hereunder:

The party calling the witness proceeds to examine him; then the opposite party may, if he so desires, cross-examine him; any juror may then put any question which he may deem necessary; and the court, besides the questions which it may deem proper to put in the course of the examination or cross-examination, may finally put any other question which it shall deem necessary.

Where accused takes stand to testify.
Added by:
III. 2002.110.
Amended by:
XIII. 2002.10.

459A. (1) The accused who takes the stand to testify shall not be asked, and if asked shall not be required to answer, any question tending to show that he has committed or been convicted of or been charged with any offence other than the one with which he is accused, or is of bad character, unless—

(a) the proof that he has committed or been convicted of such other offence is admissible evidence to show that he is guilty of an offence with which he is accused; or

(b) he has personally or by his advocate asked questions of the witnesses for the prosecution with a view to establish his own good character, or has given evidence of his good character, or the nature or conduct of the defence is such as to involve imputations on the character of the prosecutor or the witnesses for the prosecution, or the deceased victim of the alleged crime; or

(c) he has given evidence which involves in the commission of the offence with which he is being accused, any other person accused in the same proceedings.

(2) In any of the cirmumstances mentioned in paragraphs (a) to (c) above any record showing any previous convictions of the person charged or accused may be produced in evidence.

Further questions after cross-examination only to be made through court.

460. After the cross-examination of the witness, it shall not be lawful for the parties to put any question directly to the witness. They may, however, submit to the court any

BOOK SECOND   LAWS OF CRIMINAL PROCEDURE

further question they may desire to put to the witness, and any such question, if considered by the court to be material to the case, shall be put to the witness by the court itself.

Rules as to the admissibility of evidence.
Amended by:
IX. 1857. 6;
L. N. 46 of 1965;
LVIII. 1974. 68.

461. (1) If the Attorney General or the accused desires to prove facts upon the existence or non-existence of which depends the admissibility of evidence for the production of which the permission of the court has been obtained under the provisions of article 440, he may adduce evidence of such facts at the stage of the trial at which such permission has been obtained.

(2) The same shall apply with regard to evidence as to the existence of the circumstances required under article 646 for the admissibility of any of the depositions therein referred to, when the request for the production of any such deposition is made during the trial.

Brief notes of depositions to be taken by court.
Amended by:
IX. 1857. 7.

462. Notes of the evidence of the witnesses shall be taken down in brief by the court.

Shorthand notes of proceedings at trial.
Added by:
VI. 1947. 13.
Amended by:
L. N. 46 of 1965;
XXV. 1967. 10;
LVIII. 1974. 68;
XXVII. 1975. 40.

* **463.** (1) Shorthand notes shall be taken of the proceedings at the trial on indictment of any person before the Criminal Court. A transcript of the notes or any part thereof shall be made whenever the Criminal Court or the Court of Criminal Appeal so directs:

Provided that subject to the provisions of article 518, a transcript shall be furnished to any party having an interest in the proceedings upon the payment of such charges as may be fixed by tariff.

(2) The Attorney General may also, if he thinks fit, in any case, direct a transcript of the shorthand notes to be made and furnished to him for his use.

(3) The cost of taking any such shorthand notes, and

---

* Article 463 has not yet come into force. Vide article 13(2) of Ordinance No. VI of 1947.

of any transcript, where a transcript is directed to be made by the court or by the Attorney General, shall be defrayed, in accordance with scales of payment to be fixed from time to time, out of money provided by the Government. Rules may be made by the Board appointed under article 516(3), for securing the accuracy of the notes to be taken and for the verification of the transcript.

Reply and rejoinder.
Amended by:
L. N. 46 of 1965;
LVIII. 1974. 68.

464. After the close of the defence, the Attorney General shall be allowed to reply, if he so desires; but, in such case, the accused shall have the right to a rejoinder:

Provided that no fresh evidence may be produced, without the special permission of the court, either in the reply or in the rejoinder.

Summing-up by judge.
Amended by:
IX. 1857. 8;
IX. 1859. 26;
V. 1868. 31;
XXV. 1967. 11.

465. After the conclusion of the case for the prosecution and for the defence, the judge shall address the jury, explaining to them the nature and the ingredients of the offence preferred in the indictment, as well as any other point of law which in the particular case may be connected with the functions of the jury, summing up, in such manner as he may think necessary, the evidence of the witnesses and other concurrent evidence, acquainting them with the powers which the jury may exercise in the particular case, and making all such other remarks as may tend to direct and instruct the jury for the proper discharge of their duties.

Deliberation by the jury.

466. On the conclusion of the address by the court, the jury shall consider their verdict.

Functions of the jury and rules connected therewith.
Amended by:
IV. 1856. 38;
III. 2002. 111.

467. (1) The jury shall in their deliberations consider, in the first place, whether the accused is guilty of the offence charged against him in the indictment, with all the aggravating circumstances, if any, therein specified; and, if the jury shall be of opinion that such guilt is proved, they shall, in the manner provided in articles 468 and 469, find the accused "*guilty*".

(2) Where there is no proof that the accused, or any one of the accused, was the principal or one of the principals in the offence charged in the indictment, but there is proof that he was an accomplice or of being guilty of conspiracy to commit that offence, it shall be lawful for the jury to find him guilty of complicity in, or of conspiracy to commit, such offence; conversely, where a person is accused, in the indictment, of being an accomplice in an offence it shall be lawful for the jury to find him guilty of conspiracy to commit that offence or of being the principal, or one of the principals, in that offence and if he is accused of conspiracy to commit an offence he may be found guilty of being an accomplice in that offence or of being a principal, or one of the principals, in that offence, completed or attempted, if there is proof to that effect:

Provided that where a person accused in the indictment of conspiracy to commit an offence is found guilty as aforesaid of being a principal, or one of the principals, in the offence, completed or attempted, the punishment shall not be more severe than the punishment demanded in the bill of indictment.

(3) Where two or more individuals are indicted as principals in an offence and there is proof that such offence was committed by one or more of them, but there is no proof as to which one of them or which of them committed the offence, it shall be lawful for the jury to find all the accused guilty as accomplices in the offence, if it is proved that all of them took in the offence a part sufficient to render them accomplices.

(4) Where the offence is not proved in the terms in which it was specified in the indictment, but it shall appear at the trial that either the same offence but of a less aggravated character, or a lesser offence, or an attempted offence

only has been committed, provided the same be included or involved in any part of the indictment, the jury may either exclude the aggravating circumstances or add those circumstances which make the offence of a less aggravated character, or find the accused guilty of such lesser offence or of an attempted offence, or of the facts constituting such lesser offence or attempted offence, as the case may be. The jury may enter their verdict by saying "*guilty, but without the circumstance or circumstances of* ... ," specifying the circumstance or circumstances which they want to exclude; or, "*guilty, but with the circumstance or circumstances of* ... ," specifying the circumstance or circumstances which make the offence of a less aggravated character; or, "*guilty, but only of* ... ," specifying the offence or the attempted offence (or the facts constituting such offence or attempted offence) of which the jury may find the accused guilty as aforesaid.

(5) If the jury are of opinion that the accused is not guilty in any form as aforesaid, they shall find the accused "*not guilty*".

Number of votes required for a legal verdict.

468. For every verdict of the jury, whether in favour of, or against the accused, there shall be necessary the concurrence of at least six votes.

Duties of foreman of jury.

469. The foreman of the jury shall collect the votes of the other jurors in respect of each verdict, noting down against the name of each juror respectively the vote given by such juror, and shall finally add his own vote; and after counting the votes, and ascertaining the concurrence of at least six votes, he shall write down the verdict to be returned, which he shall lay before the other jurors.

Explanations required by jury from court.

470. (1) The jury may apply to the court for any elucidation or explanation they may require for the discharge of their duties. And every such elucidation or explanation shall be given in open court.

BOOK SECOND   LAWS OF CRIMINAL PROCEDURE

Place for deliberating.

(2) The jury may, for the purpose of considering their verdict, withdraw to the place appointed for that purpose.

Means of communication between jury and court.

(3) When the jury shall have retired to deliberate, the registrar shall be the means of communication between the jury and the court.

Jurors not to absent themselves or communicate with unauthorized persons.
Amended by:
XXVII. 1975. 27.

471. (1) A juror once impanelled must not, until the recording of the verdict of the jury, absent himself or communicate with any one except with the court, the other jurors, or the officer authorized to communicate with the jurors, save, in some special case, with leave of the court.

(2) When a trial does not come to an end on the same day in which the names of the persons to serve as jurors have been drawn, the court may, unless it deems it prejudicial in the interests of justice, allow the jurors to return to their respective home on condition that they present themselves in court on the day and time to which the trial has been adjourned, and on such other conditions that the judge may deem fit to impose in the interests of justice.

No food or drink to be given to jurors after they retire for deliberation and until their verdict is recorded, without leave of court.

472. After the jury shall have retired for their deliberation and until their verdict is recorded, they shall not be allowed to have food or drink without leave of the court.

Jury to inform court as soon as they are ready to return verdict.

473. As soon as the jury are ready to return their verdict, they shall cause the court to be informed, in order that it may hear the delivery thereof in open court.

Reading out of verdict by the jury.

474. The court shall, through the registrar, ask the jury, "*whether the accused is guilty of what is adduced against him in the indictment*", and the foreman, in the presence of all the other jurors, shall read out in open court the verdict returned by the jury, and such verdict shall be given to the registrar to be by him recorded.

Additional declaration by jury relative to facts amounting to an excuse.

475. If, after the accused has been in any form found guilty, the court is of opinion that, upon the submissions made by the defence or as a result of the facts proved at the trial, there should be a further declaration on the part of the jury as to whether some fact, which the law expressly specifies as an excuse and of which no mention was made in the indictment, has or has not been proved in the case, the court shall refer the question for the determination of the jury who shall answer affirmatively or negatively, as they shall adjudge:

Provided that nothing in this article shall prevent the jury, when finding the accused guilty in any form as provided in article 467, if so satisfied from the evidence, from declaring on their own initiative and without waiting for any question by the court to that effect, that some particular fact, which the law expressly specifies as an excuse, has been proved; in which case, the jury shall find the accused guilty, and also that the facts constituting the excuse specified in the law have been proved.

Verdict by jury in case of infanticide.
Amended by:
VI. 1947.14;
III. 2002.112.

476. (1) If a woman tried for the murder of her child or for infanticide is acquitted thereof, it shall be lawful for the jury, by whose verdict such woman is acquitted, to find, in case it shall so satisfactorily appear in evidence, that such woman had given birth to a child and that, by secretly burying or otherwise disposing of the dead body of such child, she endeavoured to conceal the birth thereof.

Verdict in the case of theft, misappropriation or receiving stolen property.

(2) If a person tried for the theft, whether simple or aggravated, of any object is found not guilty of that charge, it shall be lawful for the jury to find him guilty of misappropriation of that object or of the offence contemplated in article 334 with regard to that object, if there is proof to that effect; and, conversely, a person tried for misappropriation or for the offence contemplated in article 334 may be found guilty of theft, whether simple or aggravated, of the object concerned if there is proof to that effect:

Provided that in no case shall the punishment be more

BOOK SECOND   LAWS OF CRIMINAL PROCEDURE

severe than that demanded in the indictment.

477. It shall be in the power of the court to require the jury to consider any question upon which they are empowered to enter a verdict according to the provisions of article 467, and also to consider whether any material circumstance which will serve to complete or explain the first verdict, has or has not been proved.

Powers of court in case of incomplete or ambiguous verdict.

478. Any other question which the court may deem necessary to put to the jury in consequence of their first verdict, shall be made, and the relative answer received, in the manner provided in article 474.

Riders on supplementary questions.

479. In all cases where a further deliberation by the jury is required in order to render their verdict complete, the court shall order that the verdict be not recorded until it is complete.

Verdict not to be recorded before it is complete.

480. (1) It shall be lawful for the court, in order to assist the jury in the discharge of their functions, to give to the jury, through the registrar, one or more written questions, which shall be by the registrar signed and read out in open court, respecting the matters upon which, in the various cases referred to in articles 467, 475, 477 and 488, the jury are empowered or bound to enter a verdict.

*Questions to jury.
Amended by:
IV. 1856. 39;
IX. 1857. 9;
L. N. 46 of 1965;
XXV. 1967. 12;
LVIII. 1974. 68.*

(2) It shall be lawful for the court to make, where necessary, the said questions, either orally or in writing, even after the jury, in answer to the question whether the accused is guilty of the offence as stated in the indictment, have found the accused not guilty of such offence or have found him guilty but not in terms of the indictment.

(3) If any doubt arises on any question of law upon the determination of which might depend the finding of the jury as to whether the accused is guilty of the offence stated in the indictment, or of any other offence as provided in article 467, or whether the facts adduced in the defence constitute

Power of jury to refer to court the decision on points of law.

an excuse according to law, it shall be in the power of the jury, if they so desire, instead of finding the accused guilty or not guilty, or that an excuse has or has not been proved, to find only, upon written questions given to them by the court for the purpose, that the facts or some of the facts adduced either against or in favour of the accused have or have not been proved, and to leave to the court to determine whether the facts found by the jury constitute the offence stated in the indictment or any other offence under the provisions of the said article 467 or an excuse according to law.

(4) The court shall pronounce judgment on any question so referred to it by the jury on the same day or on any other day after hearing the Attorney General and the accused or his advocate in the manner provided in article 490.

Separate verdict in respect of each offence and of each accused.

481. If more offences are charged in the same indictment or if the accused on trial are more than one, the jury shall give a separate verdict in respect of each offence and of each accused.

Number of votes to be stated in every verdict.

482. Every verdict of the jury shall state the number of votes which concurred in such verdict.

Further deliberation in default of legal number of votes.

483. Where, on the reading out in court of any verdict, the absence of the concurrence of at least six votes in support of such verdict is made to appear to the court by a number of jurors sufficient to show such defect, the court shall require the jury to retire for further deliberation under the direction of the foreman of the jury or of any other juror whom the court shall appoint for that purpose in order that a true verdict may be returned; and no verdict shall be recorded so long as there is not the number of votes required by law for a true verdict.

Recommendation of accused to mercy of court.
Amended by:
L. N. 46 of 1965;
LVIII. 1974. 68.

484. Any juror may recommend to the mercy of the court the accused person found guilty, stating the reason for so doing; and the court may take into consideration any such

BOOK SECOND   LAWS OF CRIMINAL PROCEDURE

recommendation, either in applying the law, or by communicating the same to the President of Malta in a report made for the purpose, or in any of the reports referred to in articles 493 and 494.

Trial to go on without interruption.
Amended by:
XXX. 1934. 11;
III. 1976. 4.

485. Once the jury has been impanelled, the trial of the cause shall be continued without interruption up to the recording of the verdict of the jury inclusively; and it shall not be adjourned, except for such intervals as the court may think necessary for the rest of the court itself, of the jurors, witnesses, or parties accused, or if a Saturday, a Sunday or other public holiday intervenes:

Provided that the court may, if it deems it expedient so to do, continue the trial of the cause on any Saturday, Sunday or other public holiday.

Death or other impediment of juror.
Amended by:
X. 1896. 1.

486. If, before the verdict of the jury is returned, a juror dies, or becomes unable to discharge his duties, the court, where no supplementary jurors as provided in article 610(2) have been appointed, shall proceed to the appointment of a new juror, if this can conveniently be done on the same day; otherwise it shall adjourn the cause to another day to be tried by a new jury; and in either case all proceedings which may have taken place before the jury up to that time shall take place anew.

Acquittal and discharge of accused if declared not guilty.
Amended by:
XI. 1900. 77.

487. If the jury find the accused not guilty in terms of article 467(5), the court shall acquit him, and shall order that he be set at liberty, unless he is in custody for some other reason.

Insanity and want of discretion as grounds for acquittal to be stated in verdict.
Amended by:
XI. 1900. 78;
I. 1903. 28, 29.

488. (1) If the accused is found not guilty on the ground of his insanity at the time of the offence, or if the accused, being under fourteen years of age or a deaf-mute, is found not guilty on the ground of want of discretion, such ground shall be stated in the verdict of the jury.

(2) If such ground is not stated in the verdict, the

court shall put to the jurors a specific question on that point, and the jurors shall answer affirmatively or negatively as they shall have adjudged.

(3) If the majority of the jurors shall answer affirmatively, the provisions of article 35(3) and (4), or of article 39(2), or of article 623(1), as the case may be, shall apply.

Previous conviction not to be disclosed to jury.
Amended by:
L. N. 46 of 1965;
LVIII. 1974. 68.

489. Where the law by reason of any previous conviction prescribes an increase of punishment for a subsequent offence, the trial shall proceed as if the previous conviction and sentence of the accused had not been alleged in the indictment; and the allegation of any such previous conviction and sentence shall not be submitted to the jury until after and if the jury shall have declared the accused guilty of such subsequent offence:

Exception.

Provided, however, that, if upon the trial in respect of such subsequent offence or relapse, evidence is adduced as to the good character of the accused, it shall be lawful for the Attorney General, in answer thereto, to read out the indictment and to prove the conviction of, and sentence passed on, the accused for the previous offence, even before the jury shall have found the accused guilty.

Question by court to accused as to applicability of punishment.
Amended by:
IX. 1857. 11;
L. N. 46 of 1965;
XXV. 1967. 14;
LVIII. 1974. 68;
III. 2002. 113.

490. (1) The fact of the guilt of the accused having been established, the court shall ask him if he has to say anything in regard to the applicability of the punishment demanded by the Attorney General. If no opposition is made, the court, if it is satisfied that the punishment demanded is that prescribed by law, shall pronounce sentence; but, in case of opposition, or of a doubt expressed by the court itself, the court shall hear the Attorney General, and, in answer, the accused or his advocate. After the answer, the Attorney General may reply, and after the reply, the accused or his advocate may put in a rejoinder.

BOOK SECOND   LAWS OF CRIMINAL PROCEDURE

Issue to be determined by court.

(2) After the submissions of the Attorney General and of the accused or his advocate, the court shall decide whether the punishment demanded is that which ought to be applied according to law and, if it decides that it is not, it shall determine the punishment applicable to the case, stating the reasons for its decision.

Submissions by injured party on sentence.

(3) An injured party may, by application, request the Criminal Court to be allowed, personally or through legal counsel, to make submissions on the appropriate sentence to be passed on the accused and if the court allows the application the injured party or his legal counsel shall be given the opportunity to make such submissions at the stage referred to in subarticle (1) and before the court asks the accused if he has to say anything in regard to the applicability of the punishment demanded by the Attorney General:

Provided that the failure, for any reason, of the injured party to make submissions on sentence as aforesaid shall not preclude the court from proceeding with any hearing or from pronouncing judgment as provided in article 491.

491. The court shall pronounce judgment as soon as possible.

Judgment.
Amended by:
IX. 1857. 12.
Substituted by:
XXV. 1967. 15.
Court may award a lesser punishment when jury are not unanimous.
Substituted by:
XXI. 1971. 28.
Amended by:
XLIX. 1981. 4;
III. 2002. 114.

492. (1) Where at any time before the constitution of the jury the accused declares himself guilty and for the fact admitted by the accused there is established the punishment of imprisonment for life, the court may, instead of the said punishment, impose the punishment of imprisonment for a term from eighteen to thirty years.

(2) It shall be lawful for the court to award a sentence of imprisonment for a term of not less than twelve years in lieu of the punishment of imprisonment for life if, in establishing a fact involving the latter punishment, the jury shall not have been unanimous.

493. After sentencing any person to imprisonment for

Court's recommendation on passing sentence of imprisonment for life.
Added by:
XXI. 1971.29.
Amended by:
XLIX. 1981.4.

life, the court may recommend in writing to the Prime Minister within twenty-four hours the minimum period which in its view should elapse before the prisoner is released from prison. Such recommendation shall be made available to the person sentenced, and a copy thereof shall be kept by the registrar.

Recommendation by judge for pardon or mitigation of punishment.
Amended by:
IX. 1857.14;
L.N. 46 of 1965;
LVIII. 1974.68.

494. It shall be lawful for any judge, who sat in a trial, to recommend to the President of Malta, for pardon or mitigation of punishment any person sentenced by making for this purpose a report in writing stating the reason for such recommendation.

Death or illness of judge, Attorney General or accused or his advocate.
Amended by:
IV. 1856.40;
IX. 1857.15, 16;
L.N. 46 of 1965;
XXV. 1967.17;
LVIII. 1974.68;
III. 2002.115.

495. (1) If, during the trial, or after the jury have returned a verdict of guilty, the sitting judge dies or becomes ill, another judge shall be surrogated as provided by law, and all proceedings which shall have taken place subsequently to the recording of the answer given by the accused, shall take place anew, if the court shall so deem fit.

(2) Whatever shall be the verdict of the jury after the proceedings shall have taken place anew, it shall not be lawful to award a punishment higher than that to which the offence previously found by the jury was liable.

(3) The proceedings which shall have already taken place shall not take place anew if the accused had been found not guilty.

(4) The proceedings shall take place anew, if the Attorney General or prosecuting counsel dies, or becomes ill, before he has discharged the duties set out in articles 456, 457 and 464, or if the advocate for the accused dies or becomes ill, or if the accused himself becomes ill, before the defence as provided in article 458 is terminated.

Functions of registrar in the Criminal Court.
Second part of sec. 30 of Ord. VI of 1980 incorporated.
Amended by:
XXVII. 1975.40.
Substituted by:
XXIV. 1995.360.
Cap. 12.

496. (1) The functions of the registrar in the Criminal Court may be performed by any officer mentioned in article 57(2)(a) of the Code of Organization and Civil Procedure.

BOOK SECOND   LAWS OF CRIMINAL PROCEDURE

(2) The functions of a marshal may in the Criminal Court be performed by any of the executive officers of the courts mentioned in article 57(1) of the Code of Organization and Civil Procedure.

Title V
THE COURT OF CRIMINAL APPEAL

Added by:
XXV. 1967. 18.
Amended by:
XXVII. 1975. 40.

497. In this Title, unless the context otherwise requires,—

Interpretation.
Added by:
XXV. 1967. 18.

the expression "appellant" includes a person who has been convicted and desires to appeal under this Title; and

the expression "sentence" includes any order of the court made on conviction with reference to the person convicted and the power of the Court of Criminal Appeal to pass a sentence includes a power to make any such order.

498. (1) There shall be a Court of Criminal Appeal which shall have jurisdiction to hear and determine appeals under this Title and appeals from judgments of the Court of Magistrates as well as to deal with other proceedings under this Title.

The Court of Criminal Appeal.
Added by:
XXV. 1967. 18.
Amended by:
XXI. 1971. 30;
LVIII. 1974. 68;
XXVII. 1975. 28, 40;
VIII. 1990. 3.

(2) Saving the provision of article 418 in regard to the constitution of the said court for the hearing of appeals from judgments of the Court of Magistrates, the Court of Criminal Appeal shall consist of the Chief Justice, who shall be the President of the Court and two other of the judges appointed by the President of Malta:

Provided that, in the case of absence or lawful impediment of any of the members of the court, the President of Malta shall appoint another or others of the judges to sit instead.

(3) The determination of any question before the Court

of Criminal Appeal shall be according to the opinion of the majority of the members of the court hearing the case and one judgment shall be delivered as the judgment of the whole court.

(4) The Court of Criminal Appeal shall for the purposes of and subject to the provisions of this Title have full power to determine, in accordance with this Title, any questions necessary to be determined for the purpose of doing justice in the case before the court.

(5) The provisions contained in this Title shall not apply to appeals from judgments of the Court of Magistrates.

Appeal at the instance of Attorney General or of accused.
Added by:
XXV. 1967. 18.
Amended by:
LVIII. 1974. 68;
LIII. 1981. 8.

499. (1) An appeal shall lie to the Court of Criminal Appeal at the instance of the Attorney General or of the accused from any decision given, after the reading out of the indictment and before the accused pleads to the general issue of guilty or not guilty, on any of the pleas referred to in article 449(1)(a), (b) and (g) and from any decision regarding the admissibility of evidence.

(2) An appeal shall also lie at the instance of the accused from any decision given, on an application of the Attorney General, under article 402(5) or from any decision given, after the reading out of the indictment and before the accused pleads to the general issue of guilty or not guilty, on any of the pleas referred to in article 449(1)(c), (d), (e) and (f).

(3) Where the Attorney General or, as the case may be, the accused desires to enter an appeal under subarticle (1) or (2) he must give notice of appeal by means of a note immediately after the decision of the court is pronounced and thereupon the court, if the case so requires, shall stay further proceedings until the expiration of the time allowed as hereinafter provided for the appeal or, if an appeal is entered, until the determination thereof by the Court of Crimi-

BOOK SECOND   LAWS OF CRIMINAL PROCEDURE

nal Appeal.

(4) An appeal under subarticle (1) or (2) shall be made by application filed in the Court of Criminal Appeal within three working days from the date of the decision appealed from.

(5) Any appeal made under this article by the Attorney General shall not stay the execution of the decision appealed from.

(6) On any appeal under this article, the Court of Criminal Appeal shall, if it allows the appeal, set aside the decision appealed from and make such order for the discharge of the accused or the further prosecution of the proceedings or make such other orders including orders for the re-arrest or custody of the person accused or give such other directions as the case may require.

(7) The default of the accused to make an appeal under this article shall not preclude him from raising the question which he could have raised by any such appeal in any appeal which he may make under the next following article.

500. (1) A person convicted on indictment may appeal to the Court of Criminal Appeal against his conviction in all cases or against the sentence passed on his conviction unless the sentence is one fixed by law.

Appeals against conviction or sentence.
Added by:
XXV. 1967. 18.
Amended by:
III. 2002. 116.

(2) Notwithstanding the provisions of article 281(2) and of the Probation Act, if it appears to him that the sentence was unduly lenient the Attorney General may also appeal from any judgment convicting a person for an offence liable to imprisonment for a term exceeding two years if the sentence has applied the provisions of article 21 or of articles 28A to 28H or the provisions of the Probation Act.

Appeals by Attorney General against sentence.
Cap. 446.

500A. On any appeal against sentence an injured party may, by application, request the Court of Criminal Appeal to be allowed, personally or through legal counsel, to make

Submissions by injured party to Court of Criminal Appeal on sentence.
Added by:
III. 2002. 117.

submissions on the appropriate sentence to be passed on the accused and if the court allows the application the injured party or his legal counsel shall be given the opportunity to make such submissions after the court has heard the appellant's submissions in support of the appeal; the person convicted and the Attorney General shall be given the opportunity to respond to the submissions by the injured party or his legal counsel:

Provided that the failure, for any reason, of the injured party or his legal counsel to make submissions on sentence as aforesaid on the appointed day shall not preclude the court from proceeding with any hearing or from pronouncing judgement.

References by the Attorney General.
Added by:
III. 2002. 117.

500B. (1) Where a person tried on indictment has been acquitted (whether in respect of the whole or part of the indictment) the Attorney General may, if he desires the opinion of the Court of Criminal Appeal on a point of law which has arisen in the case and within the time laid down in article 504, refer that point to the court, and the court shall, in accordance with this article, consider the point and give their opinion on it.

(2) For the purpose of their consideration of a point referred to them under this article the Court of Criminal Appeal shall hear argument—

(a) by the Attorney General; and

(b) either by counsel for the defence, if the acquitted person desires to present any argument to the court or, in default, by the Advocate for Legal Aid.

(3) A reference under this article shall not affect the trial in relation to which the reference is made or any acquittal in that trial.

(4) The Board referred to under article 516(3) may make rules to regulate the form and contents of the reference

BOOK SECOND   LAWS OF CRIMINAL PROCEDURE

by the Attorney General under this article and to provide for all other matters connected therewith or ancillary thereto.

Determination of appeals in ordinary cases.
Added by:
XXV. 1967. 18.
Amended by:
XXVII. 1975. 29;
III. 2002. 118.

501. (1) On any appeal against conviction by the person convicted, the Court of Criminal Appeal shall allow the appeal—

(a) if it thinks that the appellant has been wrongly convicted on the facts of the case; or

(b) if it thinks that there has been an irregularity during the proceedings, or a wrong interpretation or application of the law, which could have had a bearing on the verdict:

Provided that the court may, notwithstanding that it is of opinion that the point raised in the appeal under paragraph (b) might be decided in favour of the appellant, dismiss the appeal if it considers that no miscarriage of justice has actually occurred.

(2) Subject to the provisions of the next following article and of article 508 (1), the Court of Criminal Appeal shall, if it allows an appeal against conviction, quash the conviction and direct a judgment and verdict of acquittal to be entered.

(3) On an appeal against sentence by the person convicted, the Court of Criminal Appeal shall, if it thinks that a different sentence should have been passed, quash the sentence passed at the trial, and pass such other sentence warranted in law by the verdict (not being a sentence of greater severity) in substitution therefor as it thinks ought to have been passed, and in any other case shall dismiss the appeal.

(4) On an appeal against sentence by the Attorney General, the Court of Criminal Appeal shall, if it thinks that a sentence of greater severity should have been passed, quash the sentence passed at the trial and pass such sentence of greater severity warranted in law in substitution therefore as it thinks ought to have been passed, and in any other case

Powers of Court of Criminal Appeal in special cases.
Added by:
XXV. 1967. 18.
Amended by:
XXVII. 1975. 30.

shall dismiss the appeal.

502. (1) If it appears to the Court of Criminal Appeal that an appellant, though not properly convicted on some count or part of the indictment, has been properly convicted on some other count or part of the indictment, the court may either affirm the sentence passed on the appellant at the trial or pass such sentence in substitution therefor as it thinks proper and as may be warranted in law by the verdict on the count or part of the indictment on which the court considers that the appellant has been properly convicted:

Provided that such other sentence shall not be of greater severity than the sentence passed at the trial taken as a whole, whether or not the last mentioned sentence was expressed to be passed on that part of the indictment.

(2) Where an appellant has been convicted of an offence and the jury could on the indictment have found him guilty of some other offence, and on the finding of the jury it appears to the Court of Criminal Appeal that the jury must have been satisfied of facts which proved him guilty of that other offence, the court may, instead of allowing or dismissing the appeal, substitute for the verdict found by the jury a verdict of guilty of that other offence, and pass such sentence in substitution for the sentence passed at the trial as may be warranted in law for that other offence, not being a sentence of greater severity.

(3) Where on conviction of the appellant the jury have found a verdict falling within the provisions of article 480 (3), and the Court of Criminal Appeal considers that a wrong conclusion has been arrived at by the Criminal Court on the effect of that verdict, the Court of Criminal Appeal may, instead of allowing the appeal, order such conclusion to be recorded as appears to the court to be in law required by the verdict, and pass such sentence (not being a sentence

BOOK SECOND LAWS OF CRIMINAL PROCEDURE

of greater severity) in substitution for the sentence passed at the trial as may be warranted in law.

(4) Where on an appeal against conviction the Court of Criminal Appeal is of opinion that although the appellant committed the act or made the omission charged against him he was insane at the time the act was done or omission made so as not to be responsible according to law for his actions, the court may quash the sentence passed at the trial and order the appellant to be kept in custody in Mount Carmel Hospital in which case the provisions of article 623 (1), (2) and (3) shall apply.

Appeal against verdict of not guilty on the ground of insanity.
Added by:
XXV. 1967. 18.

503. (1) A person in whose case a verdict of not guilty on the ground of his insanity at the time of the act or omission charged is returned, may appeal against the verdict and on any such appeal the same provision as contained in article 501 (1) shall *mutatis mutandis*, subject as hereinafter provided, apply.

(2) Where apart from this article—

(a) an appeal against a verdict such as is mentioned in subarticle (1) would fall to be allowed, and

(b) none of the grounds for allowing it relates to the question of the insanity of the accused,

the Court of Criminal Appeal may dismiss the appeal if of opinion that, but for the insanity of the accused, the proper verdict would have been that he was guilty of an offence other than the offence charged.

(3) In the case of an appeal under subarticle (1) the appeal may be heard and determined in the absence of the appellant and, if he is not assisted by an advocate, the provisions of article 519 shall apply.

(4) Where in accordance with subarticle (1) an appeal is allowed—

(a) if the ground, or one of the grounds, for allowing

the appeal is that the finding of the jury as to the insanity of the accused ought not to stand and the Court of Criminal Appeal is of opinion that he was guilty of an offence (whether the offence charged or any other offence of which the jury could have found him guilty), the court shall substitute for the verdict of not guilty on the ground of insanity a verdict of guilty of that offence, and shall have the like powers of punishing or otherwise dealing with the accused as the court before which he was tried would have had if the jury had come to the substituted verdict;

(b) in any other case, the Court of Criminal Appeal shall substitute for the verdict of the jury a verdict of acquittal:

Provided that where the offence mentioned in paragraph (a) is one for which the sentence is fixed by law, the sentence shall (whatever the circumstances) be one of imprisonment for life or for a term not less than twelve years.

(5) The term of any sentence passed by the Court of Criminal Appeal in the exercise of the powers conferred by subarticle (4)(a) shall, unless the court otherwise directs, begin to run from the time when it would have begun to run if passed in the proceedings in the Criminal Court.

Form and time for entering appeal.
Added by:
XXV. 1967.18.

504. Any appeal under this Title shall be brought before the Court of Criminal Appeal by an application to be filed in that court, except where otherwise provided, within fifteen working days from the date of the decision appealed from.

Contents of application of appeal.
Added by:
XXV. 1967.18.
Amended by:
I.VIII. 1974.68;
XXIV. 1995.362.

505. (1) Besides the indications common to judicial acts, the application shall contain a brief but clear statement of the facts of the case, the grounds of the appeal and the relief sought by the appellant.

(2) The application shall, on pain of nullity, be signed by an advocate or by the appellant himself.

(3) The record of the proceedings of the Criminal Court

BOOK SECOND   LAWS OF CRIMINAL PROCEDURE

shall be lodged by the Registrar of Courts before the Court of Criminal Appeal within two working days from the day when the application is filed.

(4) A copy of the application shall be served on the Attorney General or on the accused, as the case may require, at least eight working days before the day appointed for the hearing of the appeal, unless the court shall in any case of urgency direct service with a shorter notice.

Supplemental powers of the Court of Criminal Appeal.
Added by:
XXV. 1967. 18.

506. The Court of Criminal Appeal may, if it thinks it necessary or expedient in the interests of justice—

(a) order the production of any document, exhibit or other thing connected with the proceedings, the production of which appears to it necessary for the determination of the case; and

(b) if it thinks fit order any witnesses who would have been compellable witnesses at the trial to attend for examination and be examined before the court, whether they were or were not called at the trial, or order the examination of any such witnesses to be conducted in any manner provided by law; and

(c) if it thinks fit receive the evidence, if tendered, of any witness (including the appellant) who is a competent but not compellable witness, and, if the appellant makes an application for the purpose, of the husband or wife of the appellant, in cases where the evidence of the husband or wife could not have been given at the trial except on such application, subject to the provisions of article 635.

Duty to admit evidence.
Added by:
XXV. 1967. 18.

507. Without prejudice to the generality of the last preceding article, where evidence is tendered to the court under that article, the court shall, unless it is satisfied that the evidence if received would not afford any ground for allowing the appeal, exercise its power under that article of receiving it if—

(a) it appears to it that the evidence is likely to be

credible and would have been admissible at the trial on an issue which is the subject of the appeal; and

(b) it is satisfied that it was not adduced at the trial, but that there is a reasonable explanation for the failure so to adduce it.

Power of Court of Criminal Appeal to order new trial.
Added by:
XXV. 1967.18.
Amended by:
XXVII. 1975.30, 31.

508. (1) Where an appeal against conviction is allowed by reason only of evidence received or available to be received by the Court of Criminal Appeal under articles 506 and 507 or by reason of a point raised under article 501(1)(b) and in each case it appears to the court that the interests of justice so require, the court may, instead of directing the entry of a judgment and verdict of acquittal as provided by article 501(2) or by article 503(4)(b), order the appellant to be retried.

(2) An appellant shall not be retried by virtue of this article for any offence other than—

(a) the offence of which he was convicted at the original trial and in respect of which his appeal is allowed as aforesaid;

(b) any offence of which he could have been convicted at the original trial on an indictment for the first-mentioned offence; or

(c) any offence charged in an alternative count of the indictment in respect of which the jury were discharged from giving a verdict in consequence of convicting him of the first-mentioned offence.

(3) An appellant who is to be retried for an offence in pursuance of an order under subarticle (1) shall be tried upon a fresh indictment.

(4) The Court of Criminal Appeal may, upon ordering a retrial under subarticle (1), make such orders as appear to the court to be necessary or expedient for the custody or admission to bail of the appellant pending the retrial.

BOOK SECOND LAWS OF CRIMINAL PROCEDURE

(5) Where a new trial is ordered under subarticle (1) in the case of a person who, immediately before the determination of his appeal, was liable to be detained in Mount Carmel Hospital in pursuance of an order of the Criminal Court, the order shall continue in force pending the retrial as if the appeal had not been allowed and any order made by the Court of Criminal Appeal under the last preceding subarticle of this article for his custody or admission to bail shall have effect subject to the said order.

(6) On a retrial ordered under subarticle (1) a transcript of the notes, in shorthand or otherwise, of the evidence given by any witness at the original trial may, with the leave of the judge, be read as evidence—

(a) by agreement between the prosecution and the defence; or

(b) if the judge is satisfied that the witness is dead or unfit to give evidence or to attend for that purpose, or that all reasonable efforts to find him or to secure his attendance have been made without success.

(7) Where a person ordered to be retried under subarticle (1) is again convicted on the retrial, the Criminal Court may pass in respect of the offence any sentence authorized by law, not being a sentence of greater severity than that passed on the original conviction.

(8) Where the person convicted on retrial is sentenced to imprisonment or detention, the sentence shall begin to run from the time when a like sentence passed at the original trial would have begun to run, but in computing the term of his sentence or the period for which he may be detained thereunder, as the case may be, there shall be disregarded any time during which he was at large after being admitted to bail under subarticle (4).

509. (1) The Court of Criminal Appeal may, if it

Stay of execution of judgment.
Added by:
XXV. 1967.18.
Amended by:
XXIX. 1989.4;
III. 2002.119.

deems fit, on the application of the appellant admit the appellant to bail pending the determination of his appeal made under article 499 or 500.

(2) The power of the Court of Criminal Appeal under subarticle (1) to admit an appellant to bail, may be exercised by any judge of the court in the same manner as it may be exercised by the court and subject to the same provisions; but, if the judge refuses an application on the part of the appellant, the appellant shall be entitled to have the application determined by the Court of Criminal Appeal.

(3) The provisions of Title IV of Part II of Book Second of this Code shall *mutatis mutandis* apply.

(4) The time during which an appellant, pending the determina-tion of his appeal, is admitted to bail shall not count as part of any term of imprisonment or detention under his sentence.

Challenge or abstention of judge.
Added by:
XXV. 1967.18.
Amended by:
III. 2002.120.

510. (1) Any objection to any judge sitting in the Court of Criminal Appeal shall be raised, and the decision of the court thereon shall be given, before the appellant begins to make his submissions to the court on the merits of the appeal.

(2) The provisions of article 446(2), (3), (4), (5), (6), (7) and (8) and the provisions of article 447 shall apply in any proceedings before the Court of Criminal Appeal, so, however, that, for the purpose of such proceedings, any reference in those provisions to the reading out of the indictment shall be construed as a reference to the commencement of the submissions by the appellant on the merits of the appeal, the reference in the said subarticles (2) and (4) to the accused shall be construed as including the person convicted on indictment who has appealed and any person appealing in terms of article 503(1), and the reference in the said subarticle (4) to the hearing of the cause shall be

BOOK SECOND   LAWS OF CRIMINAL PROCEDURE

construed as a reference to the hearing of the appeal.

511. (1) If, during the hearing of the appeal, any of the sitting judges dies or becomes ill, another judge shall be surrogated as provided under article 498 and all proceedings shall take place anew if the court, in the interests of justice, shall so deem fit or if the accused makes a demand to that effect:

Provided that the proceedings shall in any case take place anew where the surrogated judges are two or more;

Provided further that it shall not be lawful to raise again any objection to a judge sitting in the court which has been already decided or any question on which the court has already given judgment before the surrogation of the judge or judges has taken place.

(2) If the Attorney General or counsel delegated by him dies or becomes ill or if the advocate for the appellant dies or becomes ill or if the appellant himself becomes ill, during the hearing of the appeal, it shall be within the discretion of the court as the interests of justice may require to order that all proceeding shall take place anew:

Provided that in the case of the death of the advocate for the appellant or in the case of illness of such advocate and substitution by another advocate, all proceedings shall always take place anew if the appellant makes a demand to that effect.

512. (1) The provisions of article 420, article 421 (1), articles 422, 423, 425, 427, 441, 442, 444 and 452 shall apply in any proceedings before the Court of Criminal Appeal:

Provided that, for the purpose of such proceedings, any reference in those provisions to the superior court and to the inferior court shall be construed as being a reference respectively to the Court of Criminal Appeal and to the Criminal Court.

Side notes:

Death or illness of judge, Attorney General, or accused or his advocate.
Added by:
XXV. 1967. 18.
Amended by:
LVIII. 1974. 68;
III. 2002. 121.

Provisions as to proceedings before Court of Criminal Appeal.
Added by:
XXV. 1967. 18.
Amended by:
XXI. 1971. 27;
XXVII. 1975. 32;
XIII. 1983. 5;
III. 2002. 122.

(2) Notwithstanding the provisions of article 420, where the appellant who has made the declaration on oath referred to in that article, cannot be assisted by the Advocate for Legal Aid for the reason stated in paragraph (a) of the same article and where he was assisted before the Criminal Court by an advocate appointed in terms of article 571, the Court of Criminal Appeal shall, in so far as possible, appoint the same advocate to assist the appellant in the proceedings of appeal, and the provisions of articles 571, 572 and 573 shall apply in respect of such appointment.

(3) The Court of Criminal Appeal may, if it considers an appeal to be frivolous, sentence the appellant to a fine (*multa*) not exceeding one hundred liri.

Recommendation by judge sitting in the Court of Criminal Appeal.
Added by:
XXV. 1967. 18.

513. Any judge may exercise, in relation to any matter which has been dealt with by the Court of Criminal Appeal while he was sitting therein, the power of recommendation mentioned in article 494 in like manner as such power may be exercised by a judge sitting in the Criminal Court.

Functions of registrar in the Court of Criminal Appeal.
Added by:
XXV. 1967. 18.
Substituted by:
XXIV. 1995. 360.
Cap. 12.

514. (1) The functions of the registrar in the Court of Criminal Appeal may be performed by any officer mentioned in article 57(2)(a) of the Code of Organization and Civil Procedure.

(2) The functions of a marshal may in the Court of Criminal Appeal be performed by any of the executive officers of the courts mentioned in article 67(1) of the Code of Organization and Civil Procedure.

Prerogative of mercy.
Added by:
XXV. 1967. 18.

515. (1) Nothing in this Title shall affect the prerogative of mercy, but the Prime Minister on an application made to him by a person convicted on indictment or without any such application may, if he thinks fit, at any time either—

(a) refer the whole case to the Court of Criminal Appeal and the case shall then be treated for all purposes as an appeal to that court by the person convicted; or

BOOK SEGOND LAWS OF CRIMINAL PROCEDURE

(b) if he desires the assistance of the Court of Criminal Appeal on any point arising in the case, refer that point to that court for its opinion thereon, and the court shall consider the point so referred and furnish the Prime Minister with its opinion thereon accordingly.

(2) The power of the Court of Criminal Appeal to exercise its functions under this article may be exercised notwithstanding that the person concerned is for any reason not present.

PROVISIONS APPLICABLE TO THE COURTS OF CRIMINAL JUSTICE

Substituted by:
XXV. 1967. 19.

Language of the courts.
Added by:
XVI. 1932. 7.
Amended by:
XXX. 1934. 12;
XX. 1936. 3;
XIII. 1964. 26.
Substituted by:
XXXII. 1965. 8.
Amended by:
LVIII. 1974. 68;
XXVII. 1975. 33, 40;
IV. 1994. 13.
Cap. 189.

516. (1) The Maltese language shall be the language of the courts and, subject to the provisions of the Judicial Proceedings (Use of English Language) Act, all the proceedings shall be conducted in that language.

(2) Where any person charged does not understand the language in which the proceedings are conducted or any evidence is adduced, such proceedings or evidence shall be interpreted to him either by the court or by a sworn interpreter.

(3) There shall be a Board composed of the Chief Justice, a judge appointed by the President of Malta from among the judges ordinarily sitting in the Criminal Court, the Attorney General, a magistrate appointed by the Minister of Justice, and the president of the Chamber of Advocates with power to make rules to be called Rules of Court for any of the purposes referred to in article 29 of the Code of Organization and Civil Procedure, in so far as applicable, the reference to that Code in that article being construed as a reference to this Code:

Cap. 12.

Provided that nothing contained in such rules shall be inconsistent with, or repugnant to, the provisions of this Code or any other law.

(4) The Board may act notwithstanding any vacancy in

its membership but shall not act unless at least the Chief Justice and two other members are present.

(5) Any rules made by the Board shall be subject to the approval of the President of Malta and shall be published in the Gazette.

Prohibition of publication of proceedings.
Amended by:
IX. 1859. 27;
III. 1880. 8, 9;
L. N. 46 of 1965;
XXV. 1967. 20;
LVIII. 1974. 68;
XXVII. 1975. 40;
VIII. 1990. 3;
III. 2002. 123.
Punishment.

517. (1) Every court of criminal justice may, by an order to be signed by the registrar and posted up at the door of the building in which the court sits, prohibit the publication, before the termination of the proceedings, of any writing, whether printed or not, in respect of the offence to which the proceedings refer, or of the party charged or accused; and any person who fails to comply with the order, shall, for the mere default, be guilty of contempt of the authority of the court, and be liable to punishment as provided in article 686, saving always any other punishment to which the offender may be liable according to law, in respect of any other offence arising from the said writing or from its publication:

Provided that in respect of such other offence separate proceedings must be instituted, according to law.

Duration of prohibition.

(2) If any such order is made by the Court of Magistrates as court of criminal inquiry, and is not repealed by such court before the termination of the inquiry, it shall remain in force until it is repealed by the Criminal Court, after the expiration of the term allowed for the filing of the indictment by the Attorney General, by another order signed by the registrar and affixed in the same place where the first order was posted up.

Duties of Police.

(3) If the Police become aware of the publication of any writing in contravention of this article, they shall inform the court by which the order of prohibition was made and shall carry out such directions as the court shall give, orally or in writing, for proceedings to be taken before the court against the offender, either by summons or by arrest.

BOOK SECOND   LAWS OF CRIMINAL PROCEDURE

Court by which breach of order is cognizable.

(4) The Criminal Court or Court of Criminal Appeal may delegate to the Court of Magistrates (Malta) or the Court of Magistrates (Gozo), as court bof criminal judicature, the cognizance of the offence, in which case the latter court shall proceed as if the order to which the offence relates had been made by itself.

Inadmissibility of objection to judge or magistrate making the order.

(5) No objection may be taken against any judge or magistrate on the ground that he was the sitting judge or magistrate when the order, to which the offence relates, was made.

Publication of certain particulars permissible.

(6) Nevertheless, the publisher of any writing containing only a true copy of the charge or of the indictment, or a mere indication of the day appointed for the hearing of the cause, shall not be liable to punishment, provided that nothing be thereto added, implying an expression of opinion on the said cause, whether in regard to the offence in general or in regard to the individual who committed the offence.

Accessibility of acts and documents of courts of criminal justice.
Amended by:
VIII. 1909. 49;
XIII. 1980. 18;
XXIX. 1990. 21;
IV. 1994. 14;
III. 2002. 124.

518. The acts and documents of the courts of criminal justice shall not be open to inspection, nor shall copies thereof be given, without the special permission of the court, except by or to the Attorney General, by or to the parties concerned or by or to any advocate or legal procurator authorized by such parties; but any act, which is pronounced in open court, shall be open to inspection by any person, and copies thereof may be given on payment of the usual fee:

Provided that a *procès-verbal* and any depositions and documents filed therewith shall be open to inspection, and copies thereof shall be given, only at the discretion of the Attorney General and on payment of such fees as may be prescribed by the Minister responsible for justice as provided in article 695.

Duty of court to provide for adequate defence of accused.

519. It shall be the duty of the courts of criminal justice to see to the adequate defence of the parties charged or accused; and it shall not be necessary to appoint a curator in cases where the party charged or accused has not attained his majority.

Applicability of certain provisions of Code of Organization and Civil Procedure to courts of criminal justice.
Amended by:
IV. 1856. 41;
VIII. 1857. 16;
IX. 1859. 28;
XIII. 1964. 26;
L. N. 46 of 1965;
LVIII. 1974. 68;
III. 1976. 5;
VIII. 1990. 3;
XXIV. 1995. 360;
XXXI. 2002. 203.
Cap. 12.

520. (1) Saving any other provisions of this Code, the following provisions of the Code of Organization and Civil Procedure shall, except in so far as it is otherwise provided in this Code, apply to the courts of criminal justice:

(a) articles 8, 10 to 12, 16 and 17, 23 to 30, 57 to 61, and 65 to 76 regarding the organisation of the courts;

(b) articles 98 to 106, 108 to 110, 113 and 114, 119A and 123 regarding judicial times;

(c) article 205;

(d) articles 558 to 662 relating to evidence in general; and

(e) articles 627 to 633, and articles 635 to 637 relating to documentary evidence and the production of documents which are in the possession of other persons.

Power of court in respect of superfluous evidence.

(2) It shall be in the power of the said courts to exclude from the evidence or pleadings, or from the defence, all matter which, in the opinion of the court, may cause unnecessary delay, or which may be irrelevant or extraneous to the nature of the case.

Registry and registrar.
First part of sec. 30 of Ord. VI of 1880, incorporated.
Cap. 12.

521. The registry and the registrar mentioned in this Code shall be the same as those established or appointed by or under the Code of Organization and Civil Procedure in respect of the courts of civil jurisdiction.

Power of court in case of prevaricating witnesses.
Amended by:
III. 2002. 125.

522. (1) The court may in its discretion guide back to the truth any witness, who shall prevaricate in his evidence, by warning him, or by keeping him apart, or even by ordering his arrest.

(2) Any witness who refuses to be sworn or to depose when so required by the court shall, on conviction, be liable to the punishment of imprisonment not exceeding three

BOOK SECOND   LAWS OF CRIMINAL PROCEDURE

months.

(3) The court before whom a witness refuses to be sworn or to depose shall order the arrest of the witness and shall order the Police to bring the witness before the competent court within forty-eight hours from arrest charged with an offence under subarticle (2).

(4) Where the witness charged as mentioned in subarticle (3), at any time before final judgement is given in his regard, gives his deposition under oath before the court before whom it is required and at a stage when it may still be received by the court, that witness shall not be liable to the punishment of imprisonment but shall be liable to the punishment of a fine (*multa*) not exceeding five hundred liri.

(5) Any criminal proceedings in pursuance of an order of the court under subarticle (3) shall be conducted with urgency.

523. When there is a reasonable suspicion of any falsity of evidence, the court may order the arrest of the person suspected to be guilty thereof; if this takes place before the Criminal Court or Court of Criminal Appeal, the court shall order such person to be brought before the Court of Magistrates for the necessary inquiry; and if it takes place before the Court of Magistrates, such court shall proceed thereon *ex officio*.

Where false evidence is suspected.
Amended by:
XXV. 1967. 21;
XXVII. 1975. 40;
VIII. 1990. 3.

524. If before any of the courts of criminal jurisdiction, the party charged or accused shall so behave himself as to disturb the good order of the sitting, and, after being admonished by the court, shall persist in or repeat such behaviour, the court may order him to be removed from the place of trial or, if he be in custody, to be taken back to his place of custody, and may commence or continue the trial with the assistance only of his advocate or legal procurator, or, if he has no advocate or legal procurator, with the assistance of the

Misbehaviour of person charged or accused.
Added by:
XV. 1937. 8.
Amended by:
XXVII. 1975. 34.

Advocate for Legal Aid or of any other advocate or legal procurator appointed by the court.

525. (1) The following provisions shall also apply to the Court of Magistrates:

<small>Applicability of certain provisions to other courts of criminal justice.
Amended by:
IV. 1856. 42;
V. 1868. 32;
XI. 1900. 79;
VIII. 1909. 50;
XXX. 1934. 14;
XV. 1937. 9;
VIII. 1944. 3, 4;
XXXII. 1965. 8;
XXV. 1967. 22;
XXVII. 1975. 40;
VIII. 1990. 3;
III. 2002. 126.</small>

(a) article 441:

Provided that it shall be lawful for the court to proceed *ex officio* without the instance of any party;

(b) articles 443, 444 and 445;

(c) article 451, in so far as it relates to the mode of communicating with deaf-mutes, or dumb but not deaf persons, or persons deaf only; and article 452.

(2) The provisions of articles 362, 363, 364, 383 to 387, inclusively, and of article 397(5) shall also apply to the Criminal Court and to the Court of Criminal Appeal; and the provisions of article 452 shall also apply to the Court of Criminal Appeal in the hearing of appeals from judgments of the Court of Magistrates.

(2A) The provisions of article 412B(1) and (2) shall also apply *mutatis mutandis* to the Criminal Court with respect to a person in custody for an offence for which a bill of indictment has been filed as well as to the Court of Criminal Appeal with respect to a person in custody who is a party to appeal proceedings before that court:

Provided that with respect to the Criminal Court the relevant decision shall in all cases be taken by the Court sitting without a jury.

(3) The provisions of article 397(5) and of article 623 shall also be applied by the Court of Magistrates in cases falling within its jurisdiction as court of criminal judicature.

<small>Service of subpoena on witnesses.
Added by:
III. 1971. 15.</small>

526. The subpoena on witnesses summoned to appear before any court of criminal jurisdiction may be served by an officer of the Executive Police and the provisions of articles 441 and 442 shall apply to any person so summoned.

BOOK SECOND   LAWS OF CRIMINAL PROCEDURE

Person cannot be tried more than once for the same fact.

527. Where in a trial, judgment is given acquitting the person charged or accused, it shall not be lawful to subject such person to another trial for the same fact.

Power of court to order proceedings against calumniators, etc., where absolute innocence of accused is established.

528. Where the absolute innocence of a person accused is established, it shall be lawful for the court, if there are grounds for so doing, to order proceedings for calumnious accusation or false evidence to be instituted against any informer, complainant, witness, or other person responsible, observing the provisions contained in article 523.

Language in which register is to be kept. Its value as evidence of proceedings.
Amended by:
XV. 1937. 10.

529. The registrar shall keep a register recording therein the proceedings of the court in the language in which such proceedings are conducted, and such register shall constitute authentic evidence of such proceedings.

Places in hall for accused and witnesses.
Amended by:
IV. 1994. 15.

530. (1) The accused shall be placed at the bar provided for the purpose in the hall where the court sits.

(2) The witnesses, during their examination, shall be placed in the witness-box:

Provided that this shall not apply in the case—

(a) of a witness of tender age who, if placed in the witness box, might, from shyness or otherwise, become confused or frightened in giving evidence and thereby prejudice the ends of justice;

(b) of a witness who, by reason of old age, infirmity or physical condition, would suffer great inconvenience if he were to be placed in the witness-box.

Sittings to be held in open court. Exceptions.
Amended by:
XXV. 1967. 23;
XXVII. 1975. 40;
III. 2002. 127.

531. (1) The court shall hold its sittings with open doors. Nevertheless, the court may hold its sittings with closed doors in cases where it is of opinion that the proceedings, if conducted in public, might be offensive to modesty, or might cause scandal; in any such case, the court shall previously make an order to that effect stating the reasons for so doing.

(2) Where the sittings are held with closed doors, it

shall not be lawful to publish any report of the proceedings under the penalties established for contempt of the authority of the court.

Power of court to regulate conduct and despatch of business, etc.
Substituted by:
IV. 1994.16.

532. Subject to the provisions of article 516(3), (4) and (5), the court shall have power to give directions for the conduct and despatch of business and for the enforcement and maintenance of good order during its sittings, provided that nothing contained in such directions shall be contrary to law.

Power of court to sentence accused to the payment of costs incurred in the employment of experts.
Added by:
XXX. 1934.15.
Amended by:
XXIX. 1990.22.

533. (1) In the case of proceedings instituted by the Police *ex officio* and if a request to that effect is made by the prosecutor, thecourt shall, in pronouncing judgment or in any subsequent order, sentence the person convicted or the persons convicted, jointly or severally, to the payment, wholly or in part, to the registrar, of the costs incurred in connection with the employment in the proceedings of any expert or referee, within such period and in such amount as shall be determined in the judgment or order.

Procedure in default of payment.

(2) In default of payment of the costs as determined by the court, the court shall, on the application of the registrar, issue a warrant of arrest against the person sentenced ordering the appearance of such person, and the court, upon ascertaining the identity of such person, shall convert the amount so determined into imprisonment at the rate of one day for every five liri or fraction thereof and shall commit the person convicted to imprisonment accordingly:

Provided that a person committed to imprisonment for non-payment of such costs may acquit himself of the substituted punishment by paying the costs determined by the court with the deduction of such amount thereof as corresponds to the part of the punishment undergone at the rate laid down in this article.

(3) Nevertheless, it shall be lawful for the registrar to

BOOK SECOND LAWS OF CRIMINAL PROCEDURE

Power of prosecutor to recover costs as a civil debt.

recover the costs aforesaid as a civil debt by making a declaration to that effect in the record of the case at any time until the costs have been converted into imprisonment; and, on such declaration being made, the provisions of subarticle (2) shall cease to apply.

Mode of recovery.

Cap. 12.

(4) The recovery of the costs as a civil debt shall be obtained by an application to the same court for the enforcement of the sentence or order, in the manner laid down in the Code of Organization and Civil Procedure.

Recovery of costs from owner of vehicle although he is not the person convicted.
Added by:
XXX. 1934. 15.
Amended by:
XXIX. 1990. 23.

534. (1) In the case of an offence against the regulations relating to motorcars or against any law or regulation relating to the traffic of vehicles, the costs may, in the event of the declaration referred to in subarticle (3) of the last preceding article, be recovered as a civil debt from the owner of the vehicle although he is not the person convicted:

Provided that where the person convicted is not the owner of the vehicle, the liability of the latter for the costs shall not exceed the value of the vehicle.

Procedure.

(2) Where the owner of the vehicle was not a party to the proceedings, the court shall, on the application of the registrar, order the owner to appear and to show cause why he should not be condemned to pay the said costs; and the court shall order that the costs be paid by the owner unless the latter shall prove, to the satisfaction of the court, that the vehicle was, at the time of the offence, driven by or in the custody of the person guilty of the offence, without his knowledge or consent, whether express or implied.

Exemption of owner from liability.

Definition of "vehicle" and "owner".
Cap. 10.

(3) For the purposes of this article—

the expression "vehicle" has the same meaning as in article 2 of the Code of Police Laws;

the expression "owner" means the person in whose name the licence in respect of the vehicle has been issued.

PART II
OF MATTERS RELATING TO CERTAIN MODES OF PROCEDURE AND TO CERTAIN TRIALS

Title I
OF REPORTS, INFORMATIONS AND COMPLAINTS

Information. Report.
Amended by:
IX. 1911. 17.

535. (1) Any person may give information to any officer of the Executive Police of any offence liable to prosecution by the Police *ex officio*, of which such person may have in any manner become aware.

Duty of Police.

(2) Nevertheless, no action shall be taken by the Police upon any anonymous report or information, except in the case of a flagrant offence or where the report or information refers to some fact of a permanent nature. In any such case, it shall be lawful for the Police to proceed on such report or information, after ascertaining the flagrancy of the offence or the permanent fact.

Contents of information.
Amended by:
IX. 1911. 17.

536. The informer shall clearly state the fact with all its circumstances and shall, as far as possible, furnish all such particulars as may be requisite to ascertain the offence, to establish the nature thereof as well as to make known the principals and the accomplices.

Form of information.
Added by:
IX. 1911. 17.

537. An information may be laid either verbally or in writing:

Provided that where an information is laid verbally, it shall, except in cases which admit of no delay, be reduced to writing forthwith and shall be signed by the informer, or, if he is unable to write, by the Police officer by whom it is

BOOK SECOND   LAWS OF CRIMINAL PROCEDURE

reduced to writing.

Complaint.
Amended by:
VI. 1871. 34;
III. 1880. 10;
IX. 1911. 18.

538. Every person who feels himself aggrieved by any offence and desires to lodge a complaint for the punishment of the offender, if known, or, if not known, in case he should be discovered, may make such complaint to any Police officer, even by letter.

Articles 536 and 537 to apply to complaints.
Added by:
IX. 1911. 19.

539. Articles 536 and 537 shall apply also to complaints.

Duty of Police on receipt of report, information or complaint.
Amended by:
VIII. 1990. 3;
III. 2002. 128.

540. Upon the receipt of any report, information or complaint requiring proceedings to be taken, the Executive Police shall as soon as possible inform the Court of Magistrates (Malta), or the Court of Magistrates (Gozo), or a magistrate, as the case may be, in order to receive the necessary directions for such proceedings:

Provided that if upon the report, information or complaint the party concerned has been summoned or, in any case where the Executive Police is authorized to proceed forthwith to the arrest of the party concerned, such party has been actually arrested, it shall be lawful for the Police to inform the court of such report, information or complaint at the moment that the party summoned or arrested is brought before it.

Procedure in cases where Executive Police refuses to take proceedings on report, information or complaint.
Added by:
VIII. 1909. 51.
Amended by:
VIII. 1990. 3;
III. 2002. 129.

541. (1) If, in cases where the exercise of the criminal action is vested in the Executive Police, the Executive Police shall, upon any information, report or complaint in regard to the commission of a crime, refuse to institute proceedings, it shall be lawful for the person who laid the information, or made the report or complaint, to make an application to the Court of Magistrates for an order to the Police to institute proceedings; and if, after hearing, where necessary, the evidence tendered by the applicant, and the Commissioner of Police, the court is satisfied that the information, report or complaint is *prima facie* justified, it shall allow the application and shall, through the registrar, notify the Commissioner of Police of the order given thereon:

Provided that, before any action is taken on any such application, the applicant shall confirm on oath the information, report or complaint, and shall enter into a recognizance in a sum to be fixed by the court, to give his evidence at the trial, if so required, or to furnish any such evidence at his disposal as may lead to the conviction of the party accused;

Provided further that where the Attorney General by a note declares that agreement has been reached with the competent authorities of another country that the courts of that country shall exercise jurisdiction over the crime the Court of Magistrates shall consider such declaration conclusive and shall forthwith dismiss the application.

(2) The provisions of article 383(2), articles 386 and 387 shall, in so far as applicable, apply to any recognizance under subarticle (1).

(3) Any decision of the Court of Magistrates allowing, in whole or in part, an application under subarticle (1) shall be served on the Attorney General within two working days from the date of the decision and the Attorney General may within seven working days from the date of service make an application to the Criminal Court for the reversal or variation of the decision. The applicant may also make a similar application to the Criminal Court within seven working days from the date of the decision of the Court of Magistrates disallowing, in whole or in part, the application. An application to the Criminal Court under this subarticle shall operate as a stay of execution of the decision of the Court of Magistrates.

Persons by whom complaint may be made.
Amended by:
XI. 1900. 81;
XLVI. 1973. 108.

542. The complaint may be made by a spouse on behalf of the other spouse, by an ascendant on behalf of a descendant, by a descendant on behalf of an ascendant, by a brother on behalf of his sister or *vice versa*, by any person on behalf

BOOK SECOND   LAWS OF CRIMINAL PROCEDURE

of another person under his tutorship or care, by any administrator or representative of any pious institution or other body corporate recognized by law, for any offence committed to the prejudice of such institution or body corporate, and by the immediate heirs for any offence committed against the person under whom they claim.

Cases in which Police may proceed *ex officio*.
Amended by:
IV. 1856. 43;
V. 1868. 33.

543. It shall be lawful for the Police to institute proceedings even without the complaint of the private party in any of the following cases:

(a) in the case of crimes for which the law does not expressly provide that the complaint of the private party is requisite;

(b) in the case of any offence consisting in the carrying of prohibited weapons, or in the case of any offence against any law relating to fishing, vehicles, or boats, or to any art or trade;

(c) in the case of any offence committed against a person who, by reason of physical or mental infirmity, is incapable of instituting criminal proceedings, even though such offence be one in respect of which, if committed against any other person, the complaint of the private party would be requisite;

(d) in the case of any offence affecting public order or the community in general.

Cases in which complaint of private party is requisite.
Amended by:
II. 1886. 10;
VIII. 1909. 52;
II. 1973. 7.

544. Criminal proceedings shall not be instituted except on the complaint of the private party in any of the following cases:

(a) carnal knowledge accompanied with violence;

(b) abduction;

(c) violent indecent assault:

Exception.

Provided that where any of such crimes is accompanied with public violence, or with any other offence affecting public order, criminal action shall be taken independently of the complaint of the private party.

Waiver of complaint.
Amended by:
II. 1886. 11;
XIV. 1889. 47;
XI. 1900. 82;
VIII. 1909. 53.

545. (1) When proceedings cannot be instituted except on the complaint of the private party, the complainant may, at any time before final judgment is delivered, waive his complaint.

Non-acceptance of waiver.

(2) The party charged or accused may object to any such waiver, in which case the trial shall be proceeded with as if the complaint had not been waived.

Frivolous or vexatious complaint.

(3) If the complaint is waived after the opening of the trial and it appears that the complaint is frivolous or vexatious, or made with the object of extorting money or other effects, or of making any other gain, the court may, notwithstanding the waiver, proceed to deliver judgment, acquitting the person charged or accused and directing that proceedings be instituted against the complainant, in accordance with the provisions of article 528:

Provided that if the complaint does not amount to any of the offences specified in the said article, it shall be lawful for the court to sentence the complainant to detention or to a fine (*multa* or *ammenda*), according to the gravity of the case.

Title II
OF INQUIRIES RELATING TO THE "IN GENERE", INQUESTS AND "REPERTI"

Investigation relating to the "in genere".
Substituted by:
III. 1971. 16.
Amended by:
XIII. 1980. 19;
XIII. 1983. 5;
XXIX. 1990. 24;
III. 2002. 130.

546. (1) Saving the provisions of the next following subarticles, upon the receipt of any report, information or complaint in regard to any offence liable to the punishment of imprisonment exceeding three years, and if the subject-matter of the offence still exists, the state thereof, with each and every particular, shall be described, and the instrument, as well as the manner in which such instrument may have produced the effect, shall be indicated. For the purpose of any such investigation, an inquest on the spot shall be held:

Provided that where it results that the fact in respect of which an investigation was not held under this subarticle constituted an offence liable to the punishment mentioned in this subarticle the failure to hold an investigation under this subarticle shall not, for that reason alone, prejudice in any way whatsoever the institution or continuation of criminal proceedings for that offence or the admissibility of any evidence of that offence in those proceedings.

(2) The holding of an inquest may be dispensed with by the magistrate to whom the report, information or complaint referred to in the last preceding subarticle is made, if the fact to be investigated is breaking for the purpose of article 263(a) as defined in the first paragraph of article 264(1) and if the theft to which the breaking relates or may relate, is in respect of things whose value does not exceed ten liri, although it may be aggravated as mentioned in article 261(a), (b), (d), (e), (f) and (g), or any amongst them, even if the fact is likely to constitute an offence liable to the punishment of imprisonment exceeding three years:

Provided that the decision of a magistrate not to hold an inquest under this subarticle shall not preclude, in respect of the fact or facts in relation to which such decision was taken, the institution or continuation of criminal proceedings for an offence which is more serious, either owing to its nature or to the amount involved or for any reason whatsoever, than the offences referred to in this subarticle.

(3) Where the offence to be investigated is theft, other than theft with violence against the person, the magistrate may, instead of holding in person an inquest on the spot, direct a Police officer not below the rank of inspector to establish the relevant facts, and the officer so appointed and any

photographer or other expert assisting him shall give evidence at the inquiry on the facts investigated and established by them and shall produce all photographs taken and all other articles or documents relevant to their investigation.

(4) The report, the information or the complaint referred to in subarticle (1) and in article 551(1) may be laid verbally before the magistrate but in every case the same report, information or complaint shall be laid in writing before the magistrate within the period of two working days from the day on which they were laid verbally:

Provided that the magistrate may, when he deems it proper so to do, proceed in accordance with the provisions of this Title notwithstanding that the report, the information, or the complaint are not laid in writing within the said period.

(5) A copy of the report, information or complaint referred to in subarticle (1) and article 551(1) shall be transmitted by the magistrate to the Attorney General within the period of three working days from when the magistrate shall have received such report, information or complaint in writing.

(6) The decision not to hold an inquest in terms of subarticle (2) shall likewise be notified to the Attorney General within the period of three working days from such decision.

Inquest to be held by magistrate,
Amended by:
IX. 1859. 29;
VII. 1880. 6;
VI. 1939. 2;
L. N. 4 of 1963;
L. N. 46 of 1965;
XXXI. 1966. 2;
LVIII. 1974. 68;
VIII. 1990. 3;
III. 2002. 131.
or, in certain cases before the Court of Magistrates (Gozo), by registrar of that court.

547. (1) The inquest shall be held by a magistrate.

(2) Whenever the magistrate assigned to the Court of Magistrates (Gozo) is temporarily absent from Gozo with the permission of the Minister responsible for justice, or is, through a lawful impediment, precluded from performing his duties, the inquest and all proceedings connected therewith may, with the consent of the Attorney General, be held by the registrar who shall for such purpose have all the powers and duties conferred by this Title upon a magistrate.

548. The necessary experts shall be employed for the

BOOK SECOND   LAWS OF CRIMINAL PROCEDURE

Procès-verbal of inquest.
Amended by:
XIII. 1980. 20;
XXXII. 1986. 9;
XXIX. 1990. 25.

purposes of the inquest, and a *procès-verbal* thereof shall be drawn up:

Provided that the magistrate may, where he deems it to be so expedient, empower the experts to receive documents and to examine witnesses on oath and to take down their depositions in writing and the provisions of article 650(5) and of article 653(3) shall, *mutatis mutandis*, apply;

Provided further, however, that the "*in genere*" shall be examined only by persons of the competent profession, whenever it appears to be so expedient for reasons of decency;

Provided further that, without prejudice to the provisions of article 552(2), no expert shall be appointed solely for the purpose of examining witnesses on oath and taking down their depositions in writing and establishing the relevant facts.

Signatures to *procès-verbal*.
Amended by:
X. 1858. 1;
XIII. 1980. 21.
Report of experts and depositions of witnesses to be annexed to *procès-verbal*.

549. (1) The *procès-verbal* shall be signed by the magistrate or officer holding the inquest.

(2) If the experts employed shall express their opinion in a written report duly confirmed on oath, such report shall be annexed to the *procès-verbal* and shall be deemed to form part thereof.

(3) The depositions of witnesses examined at the inquest shall also be annexed to the *procès-verbal*.

Mode of taking deposition of witnesses.

(4) Such depositions shall be taken in the manner provided for the examination of witnesses by the court of criminal inquiry, and shall have the like effect.

Probatory force of *procès-verbal*.
Amended by:
X. 1858. 2;
L. N. 46 of 1965;
LVIII. 1974. 68;
XXVII. 1975. 40;
XIII. 1980. 22.

550. (1) The *procès-verbal*, if regularly drawn up, shall be received as evidence in the trial of the cause, and it shall not be necessary to examine the witnesses, experts or other persons who took part in the inquest.

(2) Nevertheless it shall be lawful for either of the parties to produce the persons mentioned in the *procès-verbal* in

order that they may be heard *viva voce*.

Duty of Attorney General to include in his list of witnesses, the experts and witnesses examined at the inquest.

(3) The court shall also, for the like effect, have power to order the production of any expert or other witness who shall appear from the *procès-verbal* to have been examined at the inquest; and for such purpose any such expert or witness shall, in all cases within the jurisdiction of the Criminal Court, be included in the list of the witnesses of the Attorney General, to be, if necessary, examined.

Production at trial of documents and articles exhibited at inquest.

(4) All documents, however, and any other material object, in respect of which a *procès-verbal* has been drawn up, and which can be preserved and conveniently exhibited, shall always be produced at the trial, together with the *procès-verbal*.

(5) The *procès-verbal* shall be deemed to have been regularly drawn up if it contains a short summary of the report, information or complaint, a list of the witnesses heard and evidence collected, and a final paragraph containing the findings of the inquiring magistrate.

Magistrate to inform Attorney General of delay.
Added by:
XXIX. 1990. 26.

550A. (1) Where the *procès-verbal* is not drawn up within sixty days from the report, information or complaint referred to in article 546(1) or in article 551(1), or where the "*repertus*" referred to in article 558(1) is not drawn up within sixty days from the discovery of the document, the magistrate shall draw up a report stating the reason for the delay, and this report shall be transmitted by the magistrate to the Attorney General not later than three working days from the lapse of the sixty days.

(2) At the end of every month after the first report shall have been drawn up, the magistrate shall draw up another report stating again the reason for the delay, and every such subsequent report shall be transmitted by the magistrate to the Attorney General not later than three working days from the lapse of the month.

BOOK SECOND   LAWS OF CRIMINAL PROCEDURE

Inquest on body in cases of sudden death, etc.
Amended by:
XXX. 1934. 16;
VI. 1939. 3;
X. 1960. 2;
L. N. 4 of 1963;
L. N. 46 of 1965;
XXXI. 1966. 2;
III. 1971. 17;
LVIII. 1974. 68;
XXII. 1976. 4;
XIII. 1980. 23;
VIII. 1990. 3;
III. 2002. 132.
Cap. 260.

551. (1) In cases of sudden or violent or suspicious death or of death whereof the cause is unknown, a report thereof shall be made by the Executive Police to a magistrate; the magistrate shall hold an inquest on the body for the purpose of ascertaining the cause of death and shall, for that object, take all such evidence as may be possible for him to procure; after taking all the evidence, the magistrate shall draw up and sign a *procès-verbal* stating his finding as to the cause of death.

(2) Whenever a person dies while he is imprisoned or detained in any place of confinement contemplated in the Prisons Act, or while he is in Police custody, an inquest shall be held and a *procès-verbal* shall be drawn up for the purposes of and in accordance with the provisions of subarticle (1).

(3) The provision of the last preceding subarticle shall also apply whenever a person dies in Mount Carmel Hospital while he is kept there under an order of a court made pursuant to subarticle (3) of article 525 or to article 623(1) or for the purpose of his being examined by experts appointed by the court to report on the plea of insanity.

(4) Notwithstanding the provisions of subarticle (1), in cases of sudden death or of death the cause whereof is unknown, the magistrate may, instead of holding in person an inquest on the body, and without prejudice to his powers under article 552, act as provided in article 546(3), and where he so acts the provisions of that subarticle shall, *mutatis mutandis*, apply.

(5) The provisions of article 547(2) shall apply to inquests held for the purpose of this article.

Autopsy.
Substituted by:
XIII. 1980. 24.

552. (1) The magistrate may, where necessary, order the disarticle and the internal examination of the body.

(2) For the purposes of this article and of article 551

(1), the magistrate may appoint a medical expert or experts and he may also empower such expert or experts to hear evidence on oath for establishing the identity of the body and to ascertain the cause of death.

553. If the body has been buried, it shall be lawful for the magistrate to order the disinterment thereof with all due precautions, if such disinterment can be effected without prejudice to the public health.

Exhumation of body.

554. (1) It shall be lawful for the magistrate to order the arrest of any person whom, at any inquest, he discovers to be guilty, or against whom there is sufficient circumstantial evidence, as well as to order the seizure of any papers, effects, and other objects generally, which he may think necessary for the discovery of the truth. It shall also be lawful for the magistrate to order any search into any house, building or enclosure, although belonging to any other person, if he shall have collected evidence leading him to believe that any of the above objects may be found therein.

Powers of magistrate holding inquest. Amended by: XXIX. 1990.27; III. 2002.133.

(2) It shall also be lawful for the magistrate to order that any suspect be photographed or measured or that his fingerprints be taken or that any part of his body or clothing be examined by experts appointed by him for the purpose:

Provided that where the magistrate is of the opinion that such photographs (negatives and prints), fingerprint impressions, records of measurements and any other thing obtained from the body or clothing as aforesaid are no longer required for the purpose of the inquiry relating to the "*in genere*", he shall order their destruction or shall order that they be handed over to the person to whom they refer.

(3) In any proceedings under this Title the magistrate shall have the same powers and privileges of a magistrate presiding the Court of Magistrates as court of criminal inquiry.

555. If the subject-matter of the offence no longer ex-

BOOK SECOND   LAWS OF CRIMINAL PROCEDURE

Procedure to be followed in cases where material object no longer exists, etc.

ists, or for some cause cannot be viewed, or if the nature of the offence is such that it could not leave any permanent traces, or if the traces shall have been in any manner destroyed, then there shall be ascertained in the inquiry, the actual state of the object, and, as far as possible, the state in which it was before it became the subject-matter of the offence; and any evidence on these points shall be taken down in writing and shall form part of the inquiry:

Provided that where the traces shall have been destroyed, there shall also be ascertained, as far as practicable, the mode and the cause of their disappearance, and all evidence, tending to prove that the offence was actually committed, shall also be collected.

Formalities to be observed at inquiry into forgery of writings.
Amended by:
III. 1971. 18.

556. (1) In every inquiry into cases of forgery of writings, the document averred to be false, shall, as soon as it is produced, be numbered on every page, and there shall be drawn up a *procès-verbal* of the material state of such document and of its production.

(2) The *procès-verbal* shall describe every cancellation, addition or interlineation contained in any such document, and any other circumstance which may point to the alteration of the document.

(3) The document averred to be false as well as the *procès-verbal* when it has been drawn up, shall be signed, and on every page countersigned by the inquiring magistrate, by the registrar, and also, where practicable, by the witnesses and experts employed at the inquiry.

(4) The inquiring magistrate may, instead of drawing up the *procès-verbal* referred to in this article, order that a photostatic copy of the document averred to be false be made by a person appointed by him for such purpose which copy shall be kept in the custody of the registrar. The registrar shall produce such copy whenever requested by any court of

criminal justice.

Procedure to be followed in connection with the production of the document averred to be false.

557. (1) When the document averred to be false is deposited in any public office or with any private person, the inquiring magistrate shall order such document to be produced in court without delay.

(2) The person with whom the document is deposited is bound, under pain of arrest, to produce it, and in default of production, it shall be lawful to effect a search for the document and to detain such person until he produces the document, or until such document is seized, or until such time as the court may think proper, regard being had to his disobedience and to the importance of the case.

(3) Nevertheless, any private person, who is in possession of any private writing averred to be false, may not be compelled to produce such writing, unless he shall have been previously summoned to produce it before the court or to state the reason for his refusal to do so.

(4) If the reason for the refusal is not accepted, the court shall order that the said person be compelled to produce the private writing, even by arrest or search, and by detaining such person until he produces the private writing, or until the private writing is seized, or until such time as the court may think proper, regard being had to his disobedience and to the importance of the case.

"Repertus".

558. (1) On the discovery of any document relating to any offence, steps shall be taken to secure the existence and preservation thereof, and a *procès-verbal*, to be known as "*repertus*", shall be drawn up.

Definition of "document".

(2) The expression "document" includes any paper and any material object which may furnish information, explanation, or other evidence about the offence, or about the guilt or innocence of the accused.

559. For the purpose of any inquiry relating to the "*in*

BOOK SECOND   LAWS OF CRIMINAL PROCEDURE

Procedure in investigations relating to the "*in genere*" or in the drawing up of a "*repertus*".

genere" or in the case of any "*repertus*", there shall be brought or summoned to attend on the spot qualified persons in any art or trade who may be competent to ascertain the traces left by the offence, the condition and particulars of the permanent fact, the material means by which probably the offence was committed, the effects produced by the offence, the further effects which the offence might produce, and their probable duration.

Employment of experts.

560. For the purpose of any "*repertus*" relating to any weapon or other thing which appears to have served for the commission of the offence or to have been intended for use in the commission of the offence or to be the result of the offence, or relating to any paper or other document which may be useful for the discovery of the truth, there shall be brought or summoned to attend on the spot persons qualified in the particular art or trade, in order to establish the nature, the condition or use of the thing forming the subject-matter of the "*repertus*".

Opinion of experts.

561. The experts shall, in connection with any thing forming the subject-matter of the "*repertus*", make all such observations and experiments as their art or trade may suggest. They shall state the facts on which their observations are based and shall give their opinion as provided in the last two preceding articles.

Time allowed to experts to prepare opinion.
Amended by:
I. 1903. 31.

562. If the expert is unable to give his opinion on the spot, or if the matter requires some chemical experiment or other scientific process, he shall be allowed a short time for preparing his statement or report, care being always taken to secure the proof of the identity of the things.

Ascertainment of circumstances relating to permanent fact.
Amended by:
VI. 1871. 35.

563. In the case of any permanent fact, every circumstance constituting the "*in genere*" shall be ascertained by one or more experts. Any such circumstance may, however, be ascertained by other witnesses, if their examination be sufficient to discover and establish the permanent fact the proof whereof it is necessary to secure.

Opinion of experts to be confirmed on oath.
Amended by:
VIII. 1857. 17;
XXX. 1934. 17.

564. (1) Every statement of the experts shall be made or confirmed on oath to be taken before the inquiring magistrate.

Appointment of experts.

(2) Subject to the provisions of article 650, the experts shall in all cases be appointed by the inquiring magistrate.

Rules regarding the "*repertus*".
Amended by:
XXIX. 1990. 28.

565. (1) Saving the provisions relating to the statements made by the experts, the following rules shall be observed in connection with any "*repertus*":

(a) if the thing is by its nature liable to alteration or decay, the requisite surveys and the most accurate descriptions thereof shall be made in terms of the preceding articles of this Title; such part of the thing as may be preserved, shall be kept;

(b) if the thing or part of the thing kept, is such that it can be written upon, it shall be marked with the name of the officer and all other persons taking part in the proceedings, and it shall be then wrapped up in a paper or cloth;

(c) if the thing is not such as can be written upon, it shall be placed into a proper receptacle, or into a room, and then made secure in the presence of all the persons taking part in the proceedings;

(d) the wrapper, receptacle, or door of the room, shall be made secure with strips of paper or cloth, which shall be sealed and then signed by the officer and all other persons taking part in the proceedings;

(e) if it becomes necessary, for the ends of justice, to reopen the wrapper, receptacle, or room, it shall be reopened, where possible, in the presence of the persons who had previously taken part in the proceedings, and be again made secure in the presence of the same, or, where this cannot be conveniently done, in the presence of other persons,

BOOK SECOND   LAWS OF CRIMINAL PROCEDURE

steps being taken to secure it as far as practicable in its former condition.

(2) In all cases, a *procès-verbal* shall be drawn up.

Powers of magistrate during the collection of evidence relating to the "*in genere*" or "*repertus*".

566. In collecting evidence in connection with any inquiry relating to the "*in genere*" or with any "*repertus*", it shall be lawful for the magistrate to order, if he deems it expedient so to do, that no person shall leave the place where the investigation is being held.

Court may order closed doors to be forced open.

567. If the door of the place where any inquiry relating to the "*in genere*" or any "*repertus*" is to take place, is found closed, and no one shall appear to open it, it shall be lawful for the magistrate to order the said door to be forced open.

Discretion of investigating officer in certain cases.

568. (1) When any of the precautions and formalities prescribed under this Title for ascertaining or establishing any fact, cannot be conveniently taken or observed, it shall be left to the discretion of the officer charged therewith to take any other measures which he considers best in the circumstances.

(2) Nevertheless, the omission of any such precaution or formality shall be no bar to proving, at the trial, in any manner allowed by law, the facts to which such precaution or formality relates.

Transmission of record of investigation to Attorney General.
Amended by:
VII. 1880. 6;
III. 1896. 5;
XI. 1900. 83;
L. N. 46 of 1965;
LVIII. 1974. 68;
VIII. 1990. 3;
XXIX. 1990. 29;
III. 2002. 134.

569. (1) The record of any proceedings under this Title shall, where no criminal inquiry has taken place thereon, be transmitted by the magistrate to the Attorney General within the period of three working days.

(2) The Attorney General shall return any such record to the magistrate or to the inquiring magistrate when any further investigation is to be held.

(3) Where such record is returned to the magistrate, the provisions of article 550A shall, *mutatis mutandis*, apply.

(4) For the purpose of subarticle (2), such record shall be returned by means of a note filed in the Court of Magistrates, and, notwithstanding anything contained in this Code, the Attorney General shall not be subpoenaed to exhibit such record.

(5) Where in the *proces-verbal* the magistrate shall have ordered that a person be arraigned in court on any one or more charges, the magistrate shall order that a copy of the same proces-verbal shall be transmitted by the registrar to the Commissioner of Police who, saving the provisions of subarticle (6), shall proceed accordingly.

(6) Notwithstanding the provisions of subarticle (5), in case of doubt the Commissioner of Police may consult with the Attorney General who may direct that no proceedings are to be taken or that the proceedings to be taken are to be for a charge or for charges different from those specified by the magistrate in the proces-*verbal*, *without prejudice to the right of the Attorney General to* direct otherwise whenever fresh evidence becomes available:

Provided that where the Attorney General shall have directed that no proceedings are to be taken, he shall make a report to the President of Malta stating the reasons for his action.

Title III
OF COUNSEL FOR THE ACCUSED

Duties of Advocate for Legal Aid.
Amended by:
XXI. 1971. 27.
Substituted by:
III. 2002. 135.

570. (1) The Advocate for Legal Aid shall gratuitously undertake the defence of any accused who has briefed no other advocate or who has been admitted to sue or defend with the benefit of legal aid in any court mentioned in this Code.

(2) The request for the assistance of the Advocate for

BOOK SECOND LAWS OF CRIMINAL PROCEDURE

Legal Aid or for the benefit of legal aid shall be made either by application or orally to the Advocate for Legal Aid.

(3) Article 911(4), (5) and (6) of the Code of Organization and Civil Procedure shall *mutatis mutandis* apply to the Advocate for Legal Aid.

(4) Where any court is informed by the accused that he has been unable to brief any advocate or that he wishes to avail himself of the benefit of legal aid that court shall cause the declaration made by the accused to be registered in the records of the case and shall order that such declaration, together with the details of the accused, be served on the Advocate for Legal Aid who within two working days shall file a reply indicating if the request of the accused has been accepted and if so the name of the Advocate for Legal Aid who will be representing the accused:

Provided that in the case of summary proceedings before the Court of Magistrates acting as a Court of Criminal Judicature the Court shall appoint the advocate whose turn it is from the panel of advocates mentioned in article 91 of the Code of Organization and Civil Procedure to assist the accused in those proceedings as well as in any appeal from any decision given in those proceedings provided that before filing any such appeal he shall consult the Advocate for Legal Aid who may, at any time, decide to take over the appeal.

(5) The Advocate for Legal Aid may only decline his aid on any ground which, in the opinion of the court, prima face justifies the refusal of his aid. In such event the Court shall order that the accused be represented by another advocate, who is not himself excusable, to be appointed by the Court on the recommendation of the Advocate for Legal Aid from the panel of advocates mentioned in article 91 of the Code of Organization and Civil Procedure provided that the court may in exceptional circumstances to be stated in its de-

cree order any other advocate to take up the defence of the accused.

(6) The advocate appointed by the court in the exceptional circumstances referred to in subarticle (5) shall render his services gratuitously.

Incompatibility of defence of more than one accused. Amended by: XXI. 1971.27; III. 2002.136.

571. (1) If an advocate who has undertaken the defence of more than one accused finds that the defence of one or more of the accused is incompatible with the interests of one or more of the other accused, he shall be bound to give up forthwith the defence of that or those accused which may be incompatible with the defence of that or those of the other accused which he intends to retain.

(2) The provisions of subarticle (1) shall apply in the case where the Advocate for Legal Aid, by reason of any lawful impediment, is unable to undertake, or to undertake alone, the necessary defence.

Communication of appointment to advocate concerned. Amended by: III. 2002.137.

572. Any appointment made in terms of article 570 (4), shall be communicated to the advocate concerned by the registrar. The appointment must be accepted or declined in writing; in the latter case, the reasons for the refusal must be stated.

Where advocate declines appointment.

573. (1) If the advocate appointed by the court declines to accept the appointment, the court shall examine the reasons of the refusal and, if found sufficient, shall proceed to the appointment of another advocate; otherwise, it shall declare that there are no grounds for the refusal.

Penalties.

(2) If the advocate persists in his refusal, the court shall, according to circumstances, by way of a disciplinary measure, either admonish him with closed doors, or reprimand him in open court, or suspend him from the exercise of his profession for a period not exceeding one month. It shall also be in the power of the court to inflict the said disciplinary penalties cumulatively.

BOOK SECOND   LAWS OF CRIMINAL PROCEDURE

Title IV
OF BAIL

Bail.
Amended by:
IV. 1897.1;
XVI. 1921.8;
L. N. 46 of 1965;
LVIII. 1974.68;
III. 2002.138.

574. (1) Any person charged or accused who is in custody for any crime or contravention may, on application or as provided in article 574A, be granted temporary release from custody, upon giving sufficient security to appear at the proceedings at the appointed time and place under such conditions as the court may consider proper to impose in the decree granting bail which decree shall in each case be served on the person charged or accused.

Power of President of Malta in special cases.

(2) It shall also be lawful for the President of Malta, in special cases, to grant temporary release to any accused person who is in custody for any crime or contravention, subject to such conditions as the President of Malta may think fit to impose. In default of observance by the accused of any of such conditions he shall be liable to be re-arrested forthwith.

Proceedings where a person is first brought before the Court of Magistrates.
Added by:
III. 2002.139.

574A. *(1) When the person charged or accused who is in custody is first brought before the Court of Magistrates, whether as a court of criminal judicature or as a court of criminal inquiry, the Court shall have the charges read out to the person charged or accused and, after examining the person charged as provided in article 392 as the proceedings may require, shall summarily hear the prosecuting or arraigning officer and any evidence produced by that officer on the reasons supporting the charges and on the reasons and circumstances, if any, militating against the release of the person charged or accused.

(2) After hearing the prosecuting or arraigning police officer and any evidence produced as provided in subarticle

---

* in force as from 1st January, 2004.

(1) the court shall inform the person charged or accused that he may be temporarily released from custody on bail by the court under conditions to be determined by it and shall ask him what he has to say with respect to his arrest and his continued detention and with respect to the reasons and the circumstances militating in favour of his release.

(3) Where any of the offences charged consists in any of the offences mentioned in article 575(2) the court shall, after hearing the person charged or accused as provided in subarticle (2) of this article, ask the prosecuting or arraigning officer whether he has any submissions to make on the question of temporary release from custody on bail of the person charged or accused and the latter shall be allowed to respond.

(4) Where none of the offences charged consists in any of the offences mentioned in article 575(2) the court shall, after hearing the person charged or accused as provided in subarticle (2) of this article, ask the prosecuting or arraigning officer whether he and the Attorney General have any submissions, in writing or otherwise, to make on the question of the temporary release from custody of the person charged or accused and the latter shall be allowed to respond.

(5) At the end of submissions as provided in the preceding subarticles of this article the court shall review the circumstances militating for or against detention.

(6) If the court finds that the continued detention of the person charged or accused is not founded on any provision of this Code or of any other law which authorises the arrest and detention of the person in custody it shall unconditionally release that person from custody.

(7) If the court does not find cause to release unconditionally the person charged or accused under the provisions of

BOOK SECOND   LAWS OF CRIMINAL PROCEDURE

subarticle (6) it may nevertheless, saving the provisions of article 575(1) and unless release is prohibited by any provision of law, release that person from custody on bail subject to such conditions as it may deem appropriate.

(8) If the court does not find cause to release unconditionally the person charged or accused and refuses to grant that person bail the court shall remand that person into custody and the provisions of article 575(11) shall apply.

(9) Where the court orders the release from custody of the person charged or accused, whether unconditionally or on bail subject to conditions, under any of the provisions of this article the decision of the court to that effect shall be served on the Attorney General by not later than the next working day and the Attorney General may apply to the Criminal Court to obtain the re-arrest and continued detention of the person so released or to amend the conditions, including the amount of bail, that may have been determined by the Court of Magistrates.

Crimes in respect of which bail is not granted.
Amended by:
IV. 1897. 1;
I. 1903. 32;
XVI. 1921. 9;
VI. 1947. 15;
L. N. 46 of 1965;
XXI. 1971. 32;
LVIII. 1974. 68;
XLIX. 1981. 4;
XXIX. 1989. 2;
VIII. 1990. 3;
III. 2002. 140.

575. (1) Saving the provisions of article 574(2), in the case of—

(i) a person accused of any crime against the safety of the Government, or

(ii) a person accused of any crime liable to the punishment of imprisonment for life,

the court may grant bail, only if, after taking into consideration all the circumstances of the case, the nature and seriousness of the offence, the character, antecedents, associations and community ties of the accused, as well as any other matter which appears to be relevant, it is satisfied that there is no danger that the accused if released on bail—

(a) will not appear when ordered by the authority specified in the bail bond; or

(b) will abscond or leave Malta; or

(c) will not observe any of the conditions which the court would consider proper to impose in its decree granting bail; or

(d) will interfere or attempt to interfere with witnesses or otherwise obstruct or attempt to obstruct the course of justice in relation to himself or to any other person; or

(e) will commit any other offence.

Application for bail.

(2) At any stage other than that referred to in article 574A, the demand for bail or any demand for the variation of the conditions of bail after bail has been granted, shall shall be made by an application, a copy whereof shall be communicated to the Attorney General on the same day, whenever it is made by—

(a) persons accused of fraudulent bankruptcy;

(b) persons accused of any crime under Sub-title III of Title III of Part II of Book First of this Code, if such crime is punishable with more than one year's imprisonment;

(c) persons accused of any crime punishable with more than three years' imprisonment.

Objection by Attorney General.

(3) The Attorney General may, within the next working day, by a note, oppose the application, stating the reasons for his opposition.

When bail may not be refused.

(4) Bail shall always be granted in the case referred to in the proviso to article 432(1).

(4A) Where the Court of Magistrates, whether as a court of criminal judicature or as a court of criminal inquiry, grants bail to the person in custody or subsequently amends the bail conditions, the decision of the court to that effect shall be served on the Attorney General by not later than the next working day and the Attorney General may apply to the Criminal Court to obtain the re-arrest and continued detention of the person so released or to amend the conditions, including the amount of bail, that may have been determined by the Court of Magistrates.

(5) Where in the case of a person accused of a crime in respect of which the Court of Magistrates has proceeded to the necessary inquiry, the Attorney General has not either—

(a) filed the indictment, or

(b) sent the accused to be tried by the Court of Magistrates as provided in paragraph of article 370(3)(a) or in article 433(5) or in similar provisions in any other law within the terms specified in subarticle (6), to run from the day on which the person accused is brought before the said court, or from the day on which he is arrested as provided in article 397(5), that person shall be granted bail.

(6) (a) The terms referred to in the preceding subarticle are:

(i) twelve months in the case of a crime liable to the punishment of imprisonment of less than four years;

(ii) sixteen months in the case of a crime liable to the punishment of imprisonment of four years or more but less than nine years; and

(iii) twenty months in the case of a crime liable to the punishment of imprisonment of nine years or more.

(b) The terms mentioned in paragraph (a) shall be held in abeyance for the corresponding period during which the terms referred to in articles 401, 407 and in article 432 (3) are held in abeyance for any of the reasons mentioned in article 402(1) and (2), as well as for such period during which the court is unable to proceed with the inquiry except after the determination of any issue before any other court.

(c) The terms mentioned in paragraph (a) shall also be held in abeyance for the corresponding period during which the record of the inquiry is with the Court of Magistrates for the examination of witnesses as provided in article 405(5).

(7) Bail shall also always be granted to a person accused of an offence unless, within the terms specified in subarticle (9), to run as provided in subarticle (8), there has been a final judgment acquitting, convicting or sentencing the person so accused.

(8) The terms specified in subarticle (9) shall run:

(a) where no inquiry has taken place, from the day when the person accused has been brought before the Court of Magistrates or from the day on which he has been arrested as provided in article 397(5);

(b) where there has been an inquiry, from the day that the Attorney General sends the accused to be tried by the Court of Magistrates as provided in article 370(3)(a) or in article 433(5) or in similar provisions in any other law, or from the day of the filing of the indictment:

Provided that where the accused makes objection to the case being dealt with summarily as provided in article 370(3)(d), the term shall commence to run from the date of the filing of the indictment.

(9) (a) The terms referred to in subarticles (7) and (8) are:

(i) four months in the case of a contravention or of a crime liable to the punishments established for contraventions or to imprisonment for a term not exceeding six months;

(ii) eight months in the case of a crime liable to the punishment of imprisonment for a term exceeding six months but not exceeding four years;

(iii) twelve months in the case of a crime liable to the punishment of imprisonment for a term exceeding four years but not exceeding ten years;

(iv) twenty-four months in the case of a crime liable to the punishment of imprisonment for a term exceeding ten years but not exceeding fifteen years;

(v) thirty months in the case of a crime liable to the punishment of imprisonment for a term exceeding fifteen years.

(b) The terms mentioned in paragraph (a) shall be held in abeyance—

(i) for such period during which the court is unable to proceed with the hearing of the cause except after the determination of any issue before any other court of for any of the reasons mentioned in article 402(1) and (2);

(ii) for the corresponding period during which the record of the inquiry is with the Court of Magistrates for the examination of witnesses demanded by the accused as provided in article 406;

(iii) for such period as the case is before the Court of Criminal Appeal on an appeal entered by the accused from an interlocutory decree or on an appeal entered by the accused or by the Attorney General as provided in article 499;

(iv) where the cause has been adjourned at the request of the accused or his counsel, for the period from the date of the request to the date of the next hearing.

(10) The provisions of subarticles (5) and (7) shall not apply if at the time the request for bail is made or within a week thereafter the indictment shall have been filed, or when a warrant of arrest against the person accused has been issued as provided in article 579, whether in the same or in any other cause still pending against him before any court of criminal justice.

Court to state reasons.

(11) In refusing to grant bail the court shall state the reasons for such refusal in its decree refusing bail which decree shall be served on the person accused.

Amount of security.
Amended by:
IV. 1897. 2.

576. The amount of the security shall be fixed within the limits established by law, regard being had to the condition of the accused person, the nature and quality of the offence, and the term of the punishment to which it is liable.

Different modes of security.
Amended by:
IV. 1897.3;
L.N. 46 of 1965;
LVIII. 1974.68;
VIII. 1990.3;
III. 2002.141.

577. (1) Security for bail is given by the production of a sufficient surety who shall enter into a written recognizance in the sum fixed.

(2) It may also be given, whenever the court shall deem it proper, by the mere deposit of the sum or of an equivalent pledge, or by the mere recognizance of the person accused.

(3) Nevertheless, in cases of contraventions or of crimes within the jurisdiction of the Court of Magistrates as court of criminal judicature in terms of article 370(1) and article 371(2), it shall be lawful for the court, if it deems it expedient so to do, to exempt the accused, while the case is pending, from any of the modes of security mentioned in this article.

(4) Persons accused of any crime outside the jurisdiction of the Court of Magistrates as court of criminal judicature may, in the absence of opposition on the part of the Attorney General, be exempted from any of the modes of security mentioned in this article, where it appears from a certificate under the hand of the Commissioner of Police that they are poor and of good moral character.

Effect of security.
Amended by:
XII. 1914.13;
L.N. 46 of 1965;
LVIII. 1974.68.

578. The effect of the security for bail shall be the temporary release from custody of the person charged or accused:

Provided that it shall be lawful for the court, at any subsequent stage of the proceedings, on the demand of the Police or the Attorney General, as the case may be, on good cause being shown, and after hearing the person charged or accused, to deprive him of the benefit of such temporary release, and to order his re-arrest.

Consequences of default of appearance of person admitted to bail, etc.
Amended by:
XXII. 1976.4.
Substituted by:
XXIX. 1989.3.
Amended by:
XXIX. 1990.30;
III. 2002.142.

579. If the person charged or accused fails to appear when ordered by the authority specified in the bail bond, or fails to observe any of the conditions imposed by the court in its decree granting bail, or absconds or leaves Malta, or while on bail commits any crime not being one of an involuntary nature, or interferes or attempts to interfere with witnesses or otherwise obstructs or attempts to obstruct the course of justice whether in relation to himself or any other person, the sum stated in the bail bond shall be forfeited to the Government of Malta, and, moreover, a warrant of arrest shall be issued against him:

Provided that this article shall not apply where the court considers that the infringement of the condition imposed in the decree granting bail is not of serious consequence.

Court by which bail is granted.
Amended by:
VI. 1871.36;
L. N. 46 of 1965;
XXV. 1967.24;
LVIII. 1974.68;
XXVII. 1975.40;
VIII. 1990.3;
III. 2002.143.
When bail may be applied for.

580. (1) The person charged or accused shall be admitted to bail by the Court of Magistrates or by the Criminal Court, under the authority of which, as the case may be, he is or is to be detained.

(2) The demand for bail may be made at any stage of the proceedings subsequent to the taking down in writing of the complaint or report and the examination referred to in article 390, and any such demand may be made not only during the inquiry, but also to the judge sitting in the Criminal Court after the accused has been committed for trial or after the filing of the indictment, even though bail had not been granted to him by the Court of Magistrates.

Mode of applying for bail before the Criminal Court,

(3) The demand for bail before the Criminal Court shall be made by an application whereupon the court shall, if the application, is opposed by the Attorney General, appoint a day for hearing the applicant and the Attorney General, causing them to be served with a copy of the decree.

before Court of Magistrates.

(4) Except as provided in article 575(2), the demand for bail before the Court of Magistrates shall be made orally.

Party bailed arrested for default, not to be re-admitted to bail.

581. In the case referred to in article 579, the party arrested shall not be admitted to bail a second time in the same cause.

Bail not to be granted by the court *ex officio*.

582. (1) The court may not *ex officio* grant bail, unless it is applied for by the person charged or accused.

Court may require previous notice of proposed surety.

(2) The court may require a previous notice of twenty-four hours of the proposed surety.

Power of court to extend time for appearance of accused.

(3) It shall be lawful for the court, on just cause being shown, to extend the time originally appointed for the appearance of the person charged or accused.

Right of surety to be released from his recognizance in certain cases.

583. If a surety has reason to suspect that the person charged or accused is about to escape, he may, on showing to the Executive Police sufficient grounds for his suspicion, cause the person charged or accused to be again arrested, and thereby release himself from his bond:

Provided that the person charged or accused may again be bailed, if he gives new security.

Mode of regulating the amount of bail.
Amended by:
IV. 1897. 4;
II. 1973. 8;
XXXVIII. 1973. 4;
XLIX. 1981. 4;
XIII. 1983. 5.

584. The amount of the security shall be regulated as follows: In the case of contraventions, other than the contravention referred to in article 338(t), the amount of the security shall be from two to four liri; in the case of the contravention referred to in article 338(t) or of any crime punishable with detention, or with less than one year's imprisonment, the amount of the security shall be from twenty to ten thousand liri; and in any other case the amount of the security shall be such sum, being not less than fifty liri, as the court shall deem, in the circumstances, sufficient to ensure as far as possible that the person charged or accused will appear as provided by law.

Recovery of bail.
Amended by:
VIII. 1857. 18.

585. (1) For the recovery of the sum fixed in the bail bond in the case referred to in article 579, the court before which the person charged or accused was bound to appear, shall, as the case may be, either issue and enforce a warrant of seizure or of arrest against the surety until payment is effected, or declare the deposit to be forfeited in favour of the

BOOK SECOND   LAWS OF CRIMINAL PROCEDURE

Government of Malta, or, in case of pledge, order the sale thereof.

(2) The provisions of subarticle (1) shall also apply to the party charged or accused if such party was bound together with his surety, whether jointly and severally or otherwise, or if the recognizance was entered into by the party charged or accused alone, notwithstanding that such party was arrested, sentenced, or acquitted in respect of the offence for which he had been bailed.

Detention for non-payment of sum of recognizance.
Amended by:
IV. 1874. 11;
XXIX. 1990. 31.

586. (1) Any person who is arrested for non-payment of the sum in which he bound himself, shall be detained for a period not exceeding one day for every five liri of that sum, whether such person is the person charged or accused or the surety.

(2) If the person so detained has no means of his own with which to maintain himself, he shall be maintained by the Government, in which case he may be compelled to work like other prisoners subjected to work, and may be kept in any prison.

Substitution of surety in certain cases.
Amended by:
III. 2002. 144.

587. If the surety dies or leaves Malta, even temporarily, or becomes bankrupt, the person charged or accused must find a new and sufficient surety. In default, he shall be arrested.

Form of indictment.
Amended by:
Order-in-Council of 1899, s. 7;
XVI. 1932. 9;
L. N. 46 of 1965;
LVIII. 1974. 68;
XXVII. 1975. 40.

Contents of indictment.
Amended by:
XIV. 1889. 48;
XI. 1900. 84,85;
XXX. 1934. 18;
L. N. 46 of 1965;
LVIII. 1974. 68;
XXVII. 1975. 35;
XXII. 1976. 4.

Title V
OF THE INDICTMENT

588. In the case of offences within the jurisdiction of the Criminal Court, the indictment shall be drawn up in writing and signed by the Attorney General.

589. The indictment shall be made in the name of the Republic of Malta and shall—

(a) specify the court before which it is preferred;

(b) contain a clear indication of the person accused;

(c) state the facts constituting the offence with such particulars as can be given relating to the time and place in which the facts took place and to the person against whom the offence was committed, together with all such circumstances as, according to law and in the opinion of the Attorney General, may increase or diminish the punishment for the offence; and

(d) end with a summary in which the accused shall be charged with the offence as specified or described by the law, and with the demand that the accused be proceeded against according to law, and that he be sentenced to the punishment prescribed by law (quoting the article of the law creating the offence) or to any other punishment applicable according to law to the declaration of guilty of the accused:

Cap. 248.

Provided that, in the case of offences against the Press Act, consisting in abuses in the publication of printed matter, the Attorney General may, instead of inserting in the indictment the words of the printed matter constituting the offence, make a reference to the printed matter or to the part of the printed matter constituting the offence, but, in any such case, a copy of the printed matter shall be annexed to the indictment, unless it exists in the record of the inquiry.

Filing of indictment.
Amended by:
LIII. 1981. 9.

590. (1) The indictment shall be filed in the registry of the court, and the registrar shall note down at the foot thereof the day on which it is filed.

(2) With the indictment the Attorney General shall also file the record of the inquiry together with a list of the witnesses, documents and other exhibits which he intends to produce at the trial.

Joinder of charges in the same indictment.

591. Charges against two or more persons as principals or accomplices in the same offence or as guilty of divers offences connected with each other, may be joined in the same

BOOK SECOND   LAWS OF CRIMINAL PROCEDURE

indictment and tried at the same trial, even though some one of such offences is of an inferior jurisdiction.

592. Offences are said to be connected—

When offences are said to be connected.

(a) if they are committed at the same time by several persons together;

(b) if they are committed at different times, in different places, and by divers persons, in pursuance of a pre-concerted plan;

(c) if an offence is committed with the object of procuring the means for the commission of another offence;

(d) if an offence is committed with the object of facilitating the commission or completion of another offence, or of ensuring impunity for another offence.

One indictment against the same person for more offences although not connected.
Amended by:
XI. 1900. 86;
L. N. 46 of 1965;
LVIII. 1974. 68.

593. (1) Several offences committed by the same person, although not connected with each other, may be joined in the same indictment and tried at the same trial, even if some one of such offences is of an inferior jurisdiction; in any such case, the indictment shall be divided in different counts, in respect of each of which the provisions contained in article 589 shall be observed.

Court may order separate trial.

(2) Nevertheless the court may, upon the demand of the Attorney General, order that such offences be tried separately.

Other cases where court may order separate trial.
Amended by:
XI. 1900. 86;
L. N. 46 of 1965;
LVIII. 1974. 68;
III. 1976. 6.

594. The court may also, upon the demand of the Attorney General, order a separate trial for each accused, when two or more are joined in the same indictment.

Court may order joinder of indictments.
Amended by:
XI. 1900. 86;
L. N. 46 of 1965;
LVIII. 1974. 68.

595. In the cases referred to in articles 591 and 593, if two or more indictments have been filed at the same time or at different times, the court may, upon the demand of the Attorney General, direct that they be joined with a view to their being taken together.

596. Where, by reason of any excuse, the decrease of punishment is to be made within a latitude including two or

Attorney General may include excuse in the indictment.
Amended by:
L.N. 46 of 1965;
LVIII. 1974. 68.

more degrees, it shall be lawful for the Attorney General in the indictment to demand any of the lesser punishments within such latitude, which, according to the evidence before him, he may deem applicable to the offence; and in any such case, the Attorney General shall also specify in the indictment the excuse, and no higher punishment than that demanded in the indictment may be awarded by the court.

Amendment of indictment by court *ex officio* or upon plea of accused,
Amended by:
V. 1868. 34;
VI. 1871. 37;
III. 1896. 6;
XII. 1913. 23;
L.N. 46 of 1965;
LVIII. 1974. 68;
III. 2002. 145.
or upon demand of Attorney General.

597. (1) It shall be in the power of the court, either *ex officio*, or upon the plea of the accused, to make an order for the amendment of the indictment, provided this is done before the accused pleads to the general issue of guilty or not guilty: but nothing shall be added which might render the offence of a graver character.

(2) Any such order may also be made upon the demand of the Attorney General in the case of any error or defect in the indictment, even though, on the ground of such error or defect, the accused has set up the plea, or the court *ex officio* has raised the question, of the nullity of the indictment.

Accused may demand adjournment of trial.

(3) Where an amendment of the indictment has been ordered by the court either *ex officio* or upon the demand of the Attorney General, it shall be lawful for the accused to demand the adjournment of the trial in order that he may prepare his defence.

Defects in inquiry constituting grounds for impugning indictment.

(4) The indictment cannot be impugned on the ground of any defect in the record of inquiry, nor can the accused demand that, on the ground of any such defect, the trial on the said indictment be not proceeded with, unless such defect consists in the total absence of the report of the Police officer or of the examination of the accused or of the order committing the accused for trial, or in the refusal of the court of criminal inquiry, without just cause, to hear the evidence produced by the accused; saving always the right of the accused and the Attorney General to oppose the production, at

the trial, of any act tendered in evidence which is not according to law.

Want of jurisdiction of court of inquiry ratione loci not to constitute ground for impugning indictment.

(5) Nor can an indictment be impugned for want of jurisdiction of the court which held the inquiry, on the ground that the inquiry should have been held by the Court of Magistrates (Malta) and not by the Court of Magistrates (Gozo) or by the Court of Magistrates (Gozo) and not by the Court of Magistrates (Malta).

Correction of error in name of accused.

598. (1) It shall be lawful, by leave of the court, to correct any error in the name of or other particulars relating to the person accused.

(2) If the accused shall not take exception to any such error before pleading to the general issue of guilty or not guilty, the trial shall be proceeded with as if the name and particulars stated in the indictment were truly those of the accused:

Provided that the court shall have power to make, at any subsequent stage, the addition of the real name or the true particulars, should these become known; in which case, the fact shall be noted down in the proceedings.

Correction of errors in indictment resulting from evidence produced at trial. Amended by: IV. 1856.44; IX. 1857.17; V. 1868.35; L.N. 46 of 1965; LVIII. 1974.68.

599. (1) Any error which from the evidence produced at the trial appears to have been made in the indictment as to the circumstances of time, place and person, when, where, and against whom the offence was committed, or as to the indication or description of the things on which the offence was committed, may be ordered by the court to be corrected at any stage of the proceedings up to the time of the verdict of the jury:

Aggravation of offence resulting from correction of errors not to be taken into account. Powers of Court.

Provided that, in such case, no account shall be taken of any aggravation of the offence which might result from such correction unless such aggravation was expressly stated in the indictment; and the court, if it is satisfied that such correction might have prejudiced the accused in his defence, may, upon his demand, discharge the jury, and adjourn the cause to another day, for the purpose of giving him time to prepare his defence on the indictment as amended, provided the accused makes his demand at any stage previous to the summing-up referred to in article 465 or, if the amendment of the indictment is made after the said summing-up, before the verdict of the jury.

Error in the quotation of the law.

(2) Any error in the reference to the article of this Code or of any other law prescribing the punishment the application of which is demanded in the indictment, may be corrected at any stage up to the delivery of the judgment.

By whom defect or error may be pointed out.

(3) Any defect or error referred to in this article may be pointed out by the Attorney General or by the accused or his advocate or by the court *ex officio*.

Withdrawal of indictment, Amended by:
L.N. 46 of 1965;
LVIII. 1974. 68.

600. (1) It shall be lawful for the Attorney General to withdraw any indictment which he may have filed, provided this is done before the accused pleads to the general issue of guilty or not guilty, and in any such case all further proceedings shall be stayed, and the accused shall be discharged; but when the accused shall have pleaded to the general issue of guilty or not guilty, the indictment may not be withdrawn without the consent of the accused.

not to operate so as to bar new proceedings on fresh evidence.

(2) In either case, the withdrawal of the indictment shall not operate so as to bar the taking of entirely new proceedings against the accused, on the discovery of fresh evidence.

Accused may not be found guilty of offence not charged in the indictment.

601. No person accused may be found guilty of an offence which is not expressly stated in the indictment, or which is not comprised or involved in the indictment in terms of article 467.

Default of filing indictment within prescribed time.
Amended by:
V. 1868. 36;
L.N. 46 of 1965;
LVIII. 1974. 68;
III. 2002. 146.

602. Where the indictment is not filed within the prescribed time, the court may, at the request of the accused, and after hearing the Attorney General, order the discharge

BOOK SECOND   LAWS OF CRIMINAL PROCEDURE

of the accused, and the provisions of article 434 shall, *mutatis mutandis*, apply:

Provided that this provision shall not apply if at the time the request is made the indictment shall have been filed.

Title VI
OF JURORS

Qualifications to serve as juror.
Amended by:
X. 1858.3;
X. 1896.2;
XXX. 1934.19;
L.N. 46 of 1965;
XXXIII. 1972.6;
XLIX. 1981.4.
Disqualifications.

603. (1) Every person of the age of twenty-one years or upwards, residing in Malta and being a citizen of Malta, shall be qualified to serve as a juror provided such person has an adequate knowledge of the Maltese language, is of good character and is competent to serve as a juror.

(2) Nevertheless no person who has been found guilty by any competent court in Malta of any crime liable to the punishment of death or to imprisonment for a term exceeding one year, or of any of the crimes affecting the peace and honour of families referred to in Sub-title II of Title VII of Part II of Book First of this Code shall be qualified to serve as a juror:

Provided that this provision shall not apply to any such person who has obtained a free pardon or to any person convicted of involuntary homicide or of any other crime against the person, excusable on any of the grounds referred to in article 227, and in article 230(a) and (b).

(3) The provisions of subarticle (2) shall apply to any person who has been found guilty by a competent court of any other country of any of the crimes mentioned in the said subarticle or of any crime which, however described in the law of that country, falls within the description of any of the said crimes.

Disabilities.

(4) The following persons shall not be competent to serve as jurors:

(a) persons who are interdicted or incapacitated;

(b) undischarged bankrupts;

(c) persons who, owing to any notorious physical or mental defect, are reputed to be unfit to serve as jurors;

(d) persons who are under trial for any crime, until the trial has terminated.

Exemptions.
Amended by:
X. 1858. 4;
X. 1896. 3;
VIII. 1909. 54;
X. 1960. 3;
XXV. 1962. 5;
L. N. 46 of 1965;
XXVII. 1970. 186;
XXVII. 1975. 36, 40;
IV. 1994. 17;
XXIV. 1995. 360, 362;
III. 2002. 147.

604. (1) The following persons are exempt from serving as jurors:

Members of the House of Representatives, judges, honorary consuls, clergymen, members of the Armed Forces of Malta, persons holding the office of Head of a Government Department and their deputies, the magistrates, the Registrar of Courts, officers of the Executive Police, professors and full-time teachers of the University, teachers of the secondary, primary and technical schools, District Medical Officers, health inspectors, the Principal Probation Officer and Probation Officers.

(2) Moreover the court may, on an application to that effect, exempt from serving as a juror, any apothecary of a village and any physician, surgeon or obstetrician actually practising his profession, and, in general, any person who has completed the sixtieth year of his age, unless, in some particular case, the court deems otherwise for the ends of justice.

Compilation of lists of jurors.
Amended by:
X. 1858. 5;
X. 1896. 4, 5, 6, 7;
Order-in-Council of 1899,
s. 8 (a), (b), (c);
VIII. 1909. 55;
XVI. 1932. 10;
XXX. 1934. 20;
XX. 1936. 5;
XXXIII. 1972. 7;
XLVI. 1973. 108;
XXVII. 1975. 40;
IV. 1994. 18;
XXIV. 1995. 362.

(3) A person who has the care of a family or of a person who suffers from any physical or mental infirmity shall also be exempt from serving as a juror.

605. (1) The Commissioner of Police, together with two magistrates and the Registrar of Courts, shall, in the month of August of each year, draw up to the best of their knowledge—

(a) a list of persons duly qualified and sufficiently competent to serve as jurors for the trial of Maltese-speaking per-

BOOK SECOND LAWS OF CRIMINAL PROCEDURE

sons;

(b) a list of persons who, being duly qualified to serve as jurors in all respects other than a competent knowledge of the Maltese language, are competently versed in the English language so as to be able to understand and follow the proceedings conducted in that language.

(2) The lists shall be called the "List of Jurors for the trial of Maltese-speaking persons" and the "List of Special Jurors for the trial of English-speaking persons" respectively. The lists shall be drawn up in alphabetical order of surnames and shall contain the name, surname, profession and residence of each juror.

(3) From the entire number of persons shown on the said lists a further list shall be drawn up containing the names of persons competent to serve as foremen. The number of foremen shall not exceed one-sixth of the entire number in each list.

(4) The foremen shall possess the further qualification of having actually served on a jury in the Criminal Court.

(5) The lists shall be published in the Gazette in the month of August of each year.

(6) Within fifteen days from the publication of the lists, any person who, possessing the qualifications required by law to serve as a juror or special juror, may desire to be registered, or who, not possessing the qualifications required by law to serve as a juror or special juror, may desire to be struck off the list, shall make an application to that effect to the Criminal Court.

(7) The court shall proceed summarily on the application.

(8) The registrar shall note on the lists any corrections which the court may order.

(9) Within the first fifteen days in the month of Novem-

ber of each year, the amended lists of jurors and of special jurors liable to serve in the following year, shall be published in the Gazette:

Provided, however, that it shall be lawful for the officials referred to in subarticle (1) at any time to add to the said lists the name of any other qualified juror or special juror, and, in any such case, any name so added shall be published in the Gazette and the provisions of subarticles (6), (7) and (8) shall apply.

(10) Supplementary amended lists of jurors and of special jurors with such corrections as may be ordered by the court shall be published in the Gazette.

(11) Upon the publication of the lists referred to in subarticles (9) and (10), the names of the persons entered on the lists shall be written on separate ballots of parchment or paper as nearly as may be equal in shape and size. The names of the jurors and of the foremen of jurors shall be put in two separate boxes and the names of the special jurors and of the special foremen of jurors shall be put in two other separate boxes.

(12) The boxes shall be kept by the registrar under lock and key and shall be opened in the presence of the judge or judges in open court.

(13) It shall be lawful for the judges of the Criminal Court or for any two of such judges to cause the names of the persons whom the said judges shall deem to be incompetent to serve as jurors to be struck off the lists.

Monthly drawing of ballots.
Amended by:
IV. 1856.45;
X. 1896.8;
III. 1976.7;
XIV. 1976.3.

606. (1) Every month, the registrar shall open the boxes and draw ten ballots from the box containing the names of the foremen and forty ballots from the box containing the names of the common jurors.

(2) The ballots drawn shall be kept by the registrar and the boxes shall be again closed and sealed.

BOOK SECOND   LAWS OF CRIMINAL PROCEDURE

(3) If, before the end of the year, in each of the boxes there shall not remain a number of ballots corresponding to one-sixth part of the registered jurors, the registrar shall replace in the boxes the ballots drawn during the year, bearing the names of the jurors who did not serve during that year.

(4) In the drawing of the ballots, the names of those who have died or are under any of the disqualifications or disabilities referred to in article 603(2), (3) and (4) or are exempt under article 604, shall not be taken into account and shall be considered as if they had not been drawn. The ballots referring to such persons shall be taken away from the boxes.

Publication of names in Gazette.

(5) The registrar shall cause the list of names so drawn to be published in the Gazette.

(6) Whenever two or more judges are appointed to sit separately in the court, or whenever the registrar is for any other reason so authorised by the court, the registrar may draw and publish two or more separate lists of names of persons who are to serve as jurors, each list being drawn and published in accordance with the foregoing provisions of this article, and all the provisions of the law shall apply to each and every one of such lists separately.

(7) Whenever in the opinion of the court the number of foremen or of common jurors, or of both, to be drawn in any month or for the purpose of any particular trial (including a trial that has been adjourned for any of the reasons referred to in article 613) should be greater than the number prescribed in subarticle (1) or in article 618, the court may order such number of ballots to be drawn from the boxes containing the names of the foremen or of the common jurors, or of both, as it may deem appropriate.

Application for exemption from serving as juror.
Amended by:
IV. 1856. 46;
IV. 1994. 19.

607. (1) Any person who is not qualified or liable to serve as a juror, or who may have special reasons for asking to be exempted from serving as a juror, may bring the matter before the court, by means of an application to be filed within four days after the service of the writ mentioned in the next following article.

Court to examine application.

(2) The court shall examine the application and, if it deems the reason alleged to be good, shall order the registrar to cancel the name of such person, and to substitute therefor the name of another person.

Substitution of jurors.

(3) Any other person who, on account of absence or for any other reason, cannot be summoned shall be substituted by another.

Posting up of list of substituted jurors.

(4) A list containing the names of the substituted persons shall be posted up at the door of the hall in which the court sits at least twenty-four hours before the trial for which such persons shall have been summoned, either as foremen or as common jurors.

Application for exemption by substituted jurors.

(5) Any application by any such substituted person who is not qualified or liable to serve as juror or has a good reason to be exempted from serving as a juror shall be determined by the court on the day of the hearing of the cause before the reading out of the indictment.

(6) In the case of a person referred to in article 604, a request not to serve as a juror may be made by means of a letter addressed to the registrar, and such letter shall be deemed to be an application for all purposes of this article.

(7) Before exempting a person from serving as a juror as provided in subarticles (2) and (5) and in article 611 (5), the court may require to hear on oath the person requesting such exemption.

Summoning of jurors.
Amended by:
IV. 1856. 47;
V. 1868. 37;
XII. 1913. 24;
III. 2002. 148.

608. (1) Every person whose name is drawn in the manner provided in article 606, shall be summoned by means of a writ, to be delivered to the person himself, or, if he cannot conveniently be met with, left at his usual place of

BOOK SECOND   LAWS OF CRIMINAL PROCEDURE

abode at least four days before the day of the trial.

(2) Any person substituted in accordance with the provisions of the last preceding article shall be summoned in the same manner as provided in subarticle (1) at least two days before the day of the trial.

(3) The provisions contained in article 441(3) shall apply to the summoning of jurors.

(4) Regulations made under article 362(2) for service by post shall also apply to the service of the writ referred to in subarticle (1) of this article and the provisions of subarticles (3) and (4) of the said article 362 shall *mutatis mutandis* apply to the service of a writ under this article. A person served with the said writ as provided in the said regulations or as provided in this subarticle shall be deemed to have been summoned in the manner provided in this article.

Non-appearance of jurors.
Substituted by:
XIV. 1976. 4.
Penalty.

609. Any person summoned in the manner provided in the last preceding article who, without good cause to the satisfaction of the court, fails to appear at the time stated in the writ, or who, having appeared, withdraws before he is dismissed by the court, shall be forthwith sentenced by the court to a fine (*multa*), and shall be liable to be compelled to appear to serve as juror by means of a warrant of escort or of arrest:

Power of court to remit penalty.

Provided that the court may, on an application to that effect, remit the fine, if it is satisfied that there was good cause for the non-appearance or withdrawal.

Constitution of jury.
Amended by:
X. 1896. 9;
XIV. 1976. 5.
Supplementary jurors.

610. (1) The jury shall be composed of a foreman and eight common jurors.

(2) Nevertheless, if the cause should appear to be of such nature as to require a long hearing, the court may, before the ballot of the jurors, order the drawing of not more than six other names, and the jurors whose names shall be drawn after the names of the first eight common jurors have

been drawn, shall be supplementary jurors, and shall attend at the trial of the cause.

(3) All the provisions of the law relating to the jury and to the jurors forming the jury, shall apply to such supplementary jurors, but such supplementary jurors shall not be present at nor take part in any deliberation, save in the case of death or any impediment of any of the other jurors.

(4) The court shall decide as to the lawfulness of the impediment, and any substitution shall be made in the same order in which the names of the supplementary jurors shall have been drawn.

Death or impediment of foreman of jury.

(5) In the case of death or impediment of the foreman, his duties shall be discharged by one of the other jurors to be appointed by the court.

Formation of jury.
Amended by:
IV. 1856. 48;
IX. 1859. 30;
V. 1868. 38;
X. 1896. 9,10;
VIII. 1909. 56;
L. N. 46 of 1965;
LVIII. 1974. 68;
XIV. 1976. 6.

611. (1) The jury shall be formed in the following manner: The names of the persons summoned to serve as jurors shall be written on separate ballots of parchment or paper, as nearly as may be equal in shape and size. The registrar shall read aloud in court first the ballots bearing the names of the foremen and shall put them into a box, then those bearing the names of the common jurors, which he shall put into another box. Afterwards, having shaken the box containing the ballots with the names of the foremen, he shall draw one ballot and shall read aloud the name written thereon. The person whose name is so drawn, shall come forward, and the registrar shall ask first the Attorney General and then the party accused whether they intend to challenge such person.

Challenge of jurors. Peremptory or for cause.

(2) Challenges may be either peremptory or for cause. Challenges are peremptory when made without reason assigned, and their effect shall be that the person challenged shall be excluded from serving as a juror at the trial. Challenges are for cause when made by assigning a reason, and their effect shall be that, if such reason is approved by the

court, the challenge shall be allowed and the person shall be excluded; but if the reason assigned is not so approved, the challenge shall be disallowed and the person admitted.

Number of peremptory challenges allowed.

(3) The number of peremptory challenges allowed to the Attorney General and to each of the accused is three; but, where the accused in one cause are more than three, each of them has a right to two peremptory challenges only.

Challenge made by one accused to have effect in respect of other accused.

(4) A challenge made by one accused shall have effect also in respect of the other accused that are to be either contemporaneously or successively tried by the same jury, notwithstanding that such other accused may not wish to make such challenge.

Power of court to exempt juror from serving.

(5) Any person may, on good cause being shown, either before or after his name is drawn, be exempted by the court from serving as a juror.

Drawing of other names where persons drawn fail to appear, etc.

(6) If any person whose name is drawn does not appear or, having appeared, is challenged or exempted from serving, other names shall be drawn in the same order, until a foreman is approved.

Drawing of common jurors.

(7) The drawing of the ballots from the box containing the names of the common jurors shall then take place in the same manner provided for the drawing of the foreman until eight common jurors and, if the court shall have so ordered, the number of supplementary jurors ordered by the court are approved.

Constitution of jury.

(8) The nine jurors whose names shall have been thus drawn and approved shall constitute the jury.

Form of oath of jurors.
Amended by:
XXVII. 1975. 37.

612. In the swearing in of the jury the following form shall be observed:

The registrar, addressing himself to the jury, shall say:

You do swear and promise before God and man that you will examine with the most scrupulous attention the charges which shall be brought against A. B. ; that you will not be-

tray either the interests of the accused or those of the Republic of Malta in whose name he stands accused; that you will not hold communication, without leave of the Court, with any person until your verdict shall be given; that you will not give way either to hatred or malice, or to fear or affection; that you will decide, upon the charges and the defence, according to your conscience and intimate conviction, with the impartiality and firmness that become honest and free men. So help you God. Whereupon each of the jurors shall take the oath.

Where panel of foremen of jurors or panel of common jurors is exhausted.
Amended by:
VIII. 1909. 57;
XIV. 1976. 7.

613. (1) Where, owing to default of attendance, or by reason of challenges or exemptions, the whole panel of foremen of jurors is exhausted, it shall be lawful for the court either to adjourn the trial or to order that a ballot be drawn from the box containing the names of common jurors, in addition to the number prescribed in article 610(1) and (2), and to depute one of the jurors whose names are drawn to perform the duties of foreman of the jury.

(2) Where, for any of the reasons stated in subarticle (1), the panel of common jurors is exhausted, it shall be lawful for the court either to adjourn the trial or to appoint to act as juror any other person who may be present in the hall and whom the court considers qualified to act as juror; and such person may only be challenged for cause. The duties of foreman of the jury may also, if necessary, be delegated to any person so appointed.

Power of court to allow withdrawal of peremptory challenges.

(3) Nevertheless in any of the cases referred to in subarticles (1) and (2), it shall be lawful for the court, for the purpose of completing the jury and with a view to avoiding the adjournment of the trial, to permit the parties to withdraw one or more of the peremptory challenges made by them.

Objection to juror for want of qualifications.
Amended by:
L. N. 46 of 1965;
LVIII. 1974. 68.

614. The absence in any person of the necessary qualifications to serve as a juror, must be raised by the Attorney

BOOK SECOND   LAWS OF CRIMINAL PROCEDURE

General or by the accused. It may also be submitted by the person himself or, if it is notorious, declared by the court. If, however, the absence of such qualifications is not so raised, submitted or declared, and the person is approved as fit to be sworn, no opposition can afterwards be made on account of his want of qualifications.

Benefit of exemption may not be claimed if not alleged before approval of juror.

615. Any person exempt by law from serving as a juror who, being summoned, fails to declare that he desires to avail himself of such exemption before he is approved as a fit person to be sworn, may not, after such approval, claim the benefit of such exemption.

Maintenance of jury.
Amended by:
X. 1896. 11;
XXVII. 1975. 38.

616. (1) The expense for the maintenance of the jurors while performing their duties and during the time in which they are permitted to have food and drink, shall be defrayed by the Government.

Payment of travelling expenses.

(2) Jurors are entitled to all travelling expenses, in the same cases and in the same manner as witnesses.

(3) The Minister responsible for justice may by regulations provide for the payment of fees to jurors for their service.

Exemption of juror from arrest for debt.
Amended by:
IX. 1859. 31;
III. 2002. 149.

617. (1) It shall not be lawful to arrest for debt any person summoned to serve as a juror, while he is proceeding directly to court from his own abode, or returning directly from court to his own abode.

Communication with jurors.

(2) Whosoever shall, in any manner whatsoever, knowingly communicate or attempt to communicate with any person whose name has been drawn to serve as a juror and published as provided in article 606(5) and in article 607 (4), with intent to influence such person, whether in favour of or against the accused, shall be guilty of an offence and shall, on conviction, be liable to imprisonment for a term from three to nine months:

Provided that when such crime is committed by a public

officer whose duty is to prevent such communication, the applicable punishment shall be increased by one degree.

(3) The foregoing provisions of this article shall, *mutatis mutandis*, apply in relation to the members of the empanelled jury as they apply in relation to the persons summoned to serve as jurors or whose name has been published as mentioned in subarticle (2).

Drawing of special jurors.
Added by:
Order-in-Council of 1899, s. 9.
Amended by:
XXX. 1934.21;
XX. 1936.6.

618. Where, in accordance with the provisions of article 516, the proceedings in any cause are to be conducted in the English language, the registrar shall without delay open the boxes containing the names of the special jurors and draw ten ballots from the box containing the names of the foremen and forty ballots from the box containing the names of common jurors, to serve at the trial of such case.

Applicability to special jury of provisions relating to jury.
Added by:
Order-in-Council of 1899, s. 9.

619. All the provisions of the law relating to the jury shall be applicable to the special jury.

Title VII
ALLEGATION OF INSANITY AND OTHER COLLATERAL ISSUES BEFORE THE CRIMINAL COURT

Allegation of insanity or other points of fact.
Amended by:
IV. 1856.49;
L.N. 46 of 1965;
LVIII. 1974.68;
XXVII. 1975.40.

620. (1) Any allegation of insanity, or of any point of fact, by reason of which, if true, the person accused would not, at the time or at any future time, be called upon to plead to the indictment, or be put on trial, or made to undergo punishment, shall first be determined by a jury.

Violation of condition of pardon.

(2) Where any person after having obtained a conditional commutation of his sentence is, by the Executive Police, on account of the violation of the condition for the commutation of such sentence, again taken to prison or placed in the same state in which he was prior to such commutation, in order to undergo or continue to undergo his sentence, any al-

BOOK SECOND LAWS OF CRIMINAL PROCEDURE

legation of fact made by such person by reason of which, if true, the said condition as literally expressed in the act of pardon would not be deemed to be broken, shall also be determined by a jury.

Procedure.

(3) Any allegation referred to in this article shall be brought before the Criminal Court by an application.

(4) On any such application, the court shall make an order, appointing a day for hearing the applicant and the Attorney General, causing them to be served with a copy of such order.

Contestation by Attorney General to be made in writing.
Amended by:
L. N. 46 of 1965;
LVIII. 1974. 68.
Power of court to refer determination of allegation to the trial jury.

621. Where the Attorney General intends to contest any allegation made under the last preceding article, he shall do so in writing.

622. The court may refer the determination of any such allegation to the jury already impanelled for the trial of the offence.

Place of custody of insane person.
Amended by:
VIII. 1909. 58;
XII. 1914. 14;
XXVII. 1975. 30;
XVIII. 1976. 52;
VIII. 1990. 3.
Cap. 262.

623. (1) Where, upon the allegation referred to in subarticle (1) of article 620, the accused is found to be insane, the court shall order the accused to be kept in custody in Mount Carmel Hospital there to remain in custody and detained according to the provisions of Part IV of the Mental Health Act, or any other provision of law or enactment applicable to the case, and those provisions shall apply to the accused accordingly.

Expense for maintenance.

(2) The expense for the maintenance and care of such insane person shall be defrayed by the Government, saving the right of the Government to recover such expense from the property belonging to such person, or, in default, from any person liable for the maintenance of such insane person.

How charged.

(3) The said expense shall be charged at the rates laid down in the regulations for Mount Carmel Hospital, for the time being in force.

(4) The provisions of subarticles (2) and (3) shall

Applicability of subarticles (2) and (3) to the Court of Magistrates.

likewise apply in the case of accused persons remitted to Mount Carmel Hospital on an order of the Court of Magistrates, under the provisions of articles 402 and 525.

Powers of court with regard to conditions of pardon.
Added by:
IV. 1856. 50.

624. If any fact is found by the jury whereby the condition attached to a pardon should not be deemed to have been broken, the court shall give the necessary directions in order to prevent the violation of the said condition after such finding; and it shall be lawful for the court for such purpose to order that the individual who had been granted the pardon be kept in custody in any of the public prisons where he can conveniently be detained.

Non-contestation of allegation by Attorney General.
Amended by:
L. N. 46 of 1965;
LVIII. 1974. 68.

625. Where the Attorney General does not contest any allegation under this Title, the court shall proceed as if the truth of the allegation had been proved.

Resumption of trial on cessation of impediment.

626. In all cases where, upon any allegation under this Title being proved, the trial cannot take place or is interrupted or the execution of the sentence is stayed, the trial shall be resumed or the sentence carried into effect, as soon as the impediment shall cease.

Jury to be impanelled according to general rules.

627. In all cases where it shall be necessary to impanel a new jury for the determination of any allegation referred to in the preceding articles of this Title, such jury shall be impanelled and shall proceed according to the rules established in this Code relating to juries.

Jury to decide by majority of votes.
S. 3(3) of Ord. XXXVII of 1934 so far as it provides that the decision of the jury shall be taken by a majority of votes, incorporated.

628. In all cases referred to in the preceding articles of this Title, any allegation shall be determined by the jury by a majority of votes.

BOOK SECOND   LAWS OF CRIMINAL PROCEDURE

Title VIII
OF MUTUAL ASSISTANCE IN CRIMINAL MATTERS

Added by:
IX. 2003. 128.

Regulations.
Added by:
IX. 2003. 128.

628A. (1) The Minister responsible for justice may make regulations to give effect to any arrangement, including any treaty, convention, agreement or understanding, to which Malta is a party or is otherwise applicable to Malta and which makes provision for mutual assistance in criminal matters.

(2) Regulations made under this article may make provision as the Minister may deem appropriate in the circumstances, including the application, with any appropriate modifications, of any of the provisions of this Code or of any other law.

Conditions and procedures for the execution of request for assist-ance.
Added by:
IX. 2003. 128.

628B. (1) Without prejudice to the generality of the power conferred on the Minister by article 628A the Minister may, in particular, make regulations designating the competent person, body corporate or unincorporated, authority or agency for the purpose of providing the assistance that may be requested under any arrangement referred to in article 628A(1) and prescribing the conditions and procedures for the execution of any request for such assistance for all or any of the following purposes —

(a) the questioning of persons being investigated or prosecuted for a criminal offence;

(b) the taking or production of evidence;

(c) the service of any document or act;

(d) the interception of communications;

(e) the temporary transfer of a prisoner for the purposes of identification or for obtaining testimony or other assistance;

(f) the entry into and search of any premises and the seizure of any item;

(g) the taking of fingerprints or of intimate or non-intimate samples;

(h) the exhumation of any body;

(i) the provision of records and documents;

(j) the investigation of proceeds of criminal offences;

(k) the monitoring, freezing or seizing of assets of any kind including bank accounts;

(l) the verification of any evidence or other material.

(2) Any regulations made under this article and article 628A shall contain a reference to the arrangement which those regulations are meant to implement.

PART III
OF MATTERS APPLICABLE TO ALL CRIMINAL TRIALS

Title I
OF WITNESSES AND EXPERTS

Sub-title I
OF WITNESSES

Amended by:
XI. 1900. 87.

Competency of witnesses.
Amended by:
IX. 1859. 32;
III. 1880. 11.
Explanation to witness on obligation of oath.

629. (1) Every person of sound mind is admissible as witness, unless there are objections to his competency.

(2) The court shall explain to the witness the obligation of the oath if, on account of his age or for other reasons, it appears doubtful whether he understands such obligation; and if, notwithstanding such explanation, the court shall deem it necessary that the witness, before giving evidence, be further instructed as to the consequences of false testimony, the court may, if it considers the deposition of such wit-

BOOK SECOND   LAWS OF CRIMINAL PROCEDURE

ness to be important for the ends of justice, adjourn the trial to another day, and, should the case be before the Criminal Court, discharge the jury.

No particular age required for competency of witness.

630. No person shall be excluded from giving testimony for want of any particular age; it shall be sufficient that the court be satisfied that the witness, though not of age, understands that it is wrong to give false testimony.

Swearing in of witness.
Amended by:
V. 1868. 39.

631. (1) A witness professing the Roman Catholic faith shall be sworn according to the custom of those who belong to that faith; and a witness not professing that faith shall be sworn in the manner which he considers most binding on his conscience.

(2) The provisions of this article shall apply in all cases in which an oath is administered.

Form of oath.

632. The form of oath to be administered to witnesses shall be the following:

You A. B. do swear (or do solemnly affirm) that the evidence which you shall give, shall be the truth, the whole truth, and nothing but the truth. So help you God.

Interest of witness.
Amended by:
VIII. 1909. 59.

633. (1) No objection to the competency of any witness shall be admitted on the ground that he was the party who laid the information or made the complaint, or that he was the party who made the report or the application in consequence of which proceedings were instituted, or that he is, by consanguinity or affinity, or by reason of any contract, employment or otherwise, in any manner related to or connected with the party above referred to, or with the person charged or accused; but in every such case, the witness shall be heard, and those who have to judge of the facts, being fully persuaded and convinced of the veracity of the testimony, shall act upon such testimony in the same full and ample manner, as if such facts had been proved by an extraneous person not related or connected as aforesaid.

马耳他刑事法典

Reluctance to give evidence on grounds of consanguinity, etc.

(2) Nevertheless, it shall lie in the discretion of the court, regard being had to the degree of consanguinity, the reluctance to give evidence against the husband or wife, against an ascendant or a descendant, or against a brother, sister, uncle, or nephew, and to other particular circumstances of the case, not to compel a witness to give evidence if he be unwilling to depose against a person related to him in any of the said degrees.

Party accused may give evidence.
Added by:
VIII. 1909. 60.
Amended by:
IX. 1911. 20.

634. (1) The party charged or accused shall, at his own request, be admitted to give evidence on oath immediately after the close of the prosecution, saving the case where the necessity of his evidence shall arise also at a subsequent stage, or the court sees fit to vary the order of the evidence; and such party may be cross-examined by the prosecution, notwithstanding that such cross-examination would tend to incriminate him as to the offence charged:

No adverse comment by prosecutor on failure of accused to give evidence.

Provided that the failure of the party charged or accused to give evidence shall not be made the subject of adverse comment by the prosecution.

Provisions relating to witnesses applicable to accused. Exception.

(2) The provisions of the law relating to witnesses shall apply to the accused who gives evidence on oath.

(3) The provisions of subarticle (1) shall not apply to cases on appeal.

When husband or wife of accused may give evidence.
Amended by:
II. 1886. 12;
VIII. 1909. 61;
XXXVIII. 1973. 5.

Cap. 63.

635. (1) Notwithstanding the provisions of article 633, the wife or husband of the party charged or accused cannot be admitted to give evidence either in favour of or against such party, except—

(a) in the case of offences committed against the witness, or against his or her ascendants or descendants;

(b) in the case of offences against the provisions of the White Slave Traffic (Suppression) Ordinance, where the spouse of the party charged or accused is a person on whom or in respect of whom the offence is committed or is a person

BOOK SECOND   LAWS OF CRIMINAL PROCEDURE

on the earnings of whose prostitution the party charged or accused has lived;

(c) at the request of the party charged or accused for the evidence of his wife or her husband, if such party is himself or herself admitted to give evidence on oath according to the provisions of the last preceding article.

(2) The provisions of this article shall also apply where the husband or wife of the party charged or accused is a witness for or against any other person who is tried jointly with such party.

No objection to competency of witness on ground of previous conviction, etc.

636. No objection to the competence of any witness shall be admitted on the ground—

(a) that from his own confession or otherwise it appears that he has been guilty of an offence or that he has been in any manner convicted, sentenced, censured or punished by any court or other authority; or

(b) that he was charged with the same offence in respect of which his deposition is required, when impunity was promised or granted to him by the Government for the purpose of such deposition; or

(c) that he is interested either in the issue in regard to which his deposition is required or in the event of the suit.

Objections affecting the credibility of witness.

637. Any objection from any of the causes referred to in articles 630, 633 and 636, shall affect only the credibility of the witness, as to which the decision shall lie in the discretion of those who have to judge of the facts, regard being had to the demeanour, conduct, and character of the witness, to the probability, consistency, and other features of his statement, to the corroboration which may be forthcoming from other testimony, and to all the circumstances of the case.

Production of fullest evidence available.

638. (1) In general, care must be taken to produce the fullest and most satisfactory proof available, and not to omit the production of any important witness.

Single witness sufficient.

(2) Nevertheless, in all cases, the testimony of one witness if believed by those who have to judge of the fact shall be sufficient to constitute proof thereof, in as full and ample a manner as if the fact had been proved by two or more witnesses.

When a single witness is not sufficient.
Amended by:
XXIV. 1946.2;
IX. 1950.2;
XXII. 1988.20.

639. (1) Notwithstanding the provisions of the last preceding article, a person may not be convicted of calumnious accusation, perjury or false swearing, solely upon the evidence of one witness contradicting the fact previously stated on oath by the person charged or accused; but such person charged or accused may be convicted on the evidence of a single witness, when such evidence is corroborated in some circumstance which is material to establish the alleged crime by any other proof duly adduced.

(2) Nor may a person be convicted of a crime against the safety of the Government, other than a crime under article 55, solely upon the evidence of one witness; but in such case it shall be sufficient if one witness proves one fact and another witness proves another fact, both such facts being material to establish the crime.

Evidence by accomplice.

(3) When the only witness against the accused in any proceeding for any offence other than those under articles 112 to 118, 120, 121, 124 to 126, and 138, is an accomplice whose evidence is not sufficiently corroborated by other circumstances, the evidence of such single witness shall not be sufficient for the conviction of the accused.

Examination of deaf and dumb, deaf or dumb witness.

640. In the examination of a witness who is deaf and dumb, or deaf only, or dumb only, the rules established in article 451 as to the manner of communicating with an accused person who is deaf and dumb, or dumb only, or deaf only, shall be observed.

Person present in court not to be produced as witness.

641. In general, no person who has been present in court during the hearing of a cause may be produced as a

BOOK SECOND   LAWS OF CRIMINAL PROCEDURE

witness in such cause:

Provided the court may in its discretion dispense with this rule in particular cases, if it sees sufficient reason for so doing.

Discretionary power of court.

Professional secret.

642. (1) Advocates and legal procurators may not be compelled to depose with regard to circumstances knowledge whereof is derived from the professional confidence which the parties themselves shall have placed in their assistance or advice.

(2) The same rule shall apply in regard to those persons who are by law bound to secrecy respecting circumstances on which evidence is required.

643. No witness may be compelled to answer any question which tends to expose him to any criminal prosecution:

Incriminating questions.
Amended by:
XIII. 1973. 25.

Provided that, in the case of a prosecution under article 338(h), on a charge of providing the place for the playing of games of chance for money or money's worth, or of abetting such games, any person who had taken part in or had been a partner of any player at any such game, whose evidence is required in support of such charge as aforesaid, shall be compellable to answer any question respecting that charge, notwithstanding that the answer thereto will expose him to criminal prosecution; but in any such event, any person who shall have given evidence in respect of such charge, and who shall have made a true and faithful statement touching such charge, to the best of his knowledge, shall thereupon obtain from the court a certificate to that effect, and he shall, in consequence, be exempted from all punishments in respect of his participation in the games forming the subject-matter of the charge upon which he gave evidence as witness.

Degrading questions.

644. It is left to the discretion of the court to determine, in each particular case, whether a witness is bound or not to answer some particular question, on the ground that the answer to such question might tend to expose his own degradation.

Applicability of certain provisions of Code of Organization and Civil Procedure.
Amended by:
IV. 1856. 51;
III. 2002. 150.
Cap. 12.

645. The provisions of articles 570, 574, 578, 579, 580, 583, 584, 585, 586, 590, 592, 398, 599, article 602(1) and article 605 of the Code of Organization and Civil Procedure shall also apply to the courts of criminal justice and the said articles 570, 574, 583, 590, and 592 shall moreover apply to any proceedings under Title II of Part II of Book Second of this Code.

Examination of witnesses to take place in court and viva voce.
Amended by:
IV. 1856. 52;
V. 1868. 40;
VI. 1871. 38;
XI. 1900. 88;
XII. 1913. 26;
L. N. 46 of 1965;
LVIII. 1974. 68;
XXXII. 1997. 3.
Exceptions.

646. (1) Subject to the ensuing provisions of this article, witnesses shall always be examined in court and viva voce.

(2) The deposition of witnesses, whether against or in favour of the person charged or accused, if taken on oath in the course of the inquiry according to law, shall be admissible as evidence:

Provided that the witness is also produced in Court to be examined viva voce as provided in subarticle (1) unless the witness is dead, absent from Malta or cannot be found and saving the provisions of subarticle (8).

(3) Any declaration shall be admissible as evidence whenever the same is made by any person who is about to die and who is conscious of the nearness of death, except where the declarant dies under a sentence of the law.

(4) Any *procès-verbal* may be produced as evidence in terms of article 550.

(5) The deposition of any parish priest or of any other clergyman acting in his stead, or of any other witness examined in the course of the inquiry, as to the authenticity of parochial acts or registers made or kept by such parish priest or clergyman, and relating to births, marriages, or deaths, or as to the authenticity of copies of such acts or registers, or of extracts therefrom, or as to the fact that the accused is the

BOOK SECOND   LAWS OF CRIMINAL PROCEDURE

person mentioned in such acts, registers, copies or extracts, may also be produced as evidence.

(6) The deposition of any notary in Malta or of any other witness examined in the course of the inquiry, as to the authenticity of the acts or registers made or kept by such notary, or as to the authenticity of copies of such acts or registers or extracts therefrom, or as to the fact that the accused is the person mentioned in such acts, registers, copies or extracts, is also admissible as evidence.

(7) Notwithstanding the provisions of this Code or of any other law, a certificate purporting to be issued by a registered medical practitioner or registered dental surgeon concerning his examination of any person, whether alive or dead, or concerning any bodily harm suffered by, or any physical or mental infirmity afflicting, any person, shall be admissible as evidence and shall, until the contrary is proved, be evidence of its contents, provided the certificate bears the clearly legible stamp of the medical practitioner or registered dental surgeon issuing it showing his name, professional qualifications, expertise and address and provided that such certificate is confirmed by the affidavit of the medical practitioner or the dental surgeon, as the case may be: provided further that it shall be lawful for either of the parties to produce the said medical practitioner or the said dental surgeon, as the case may be, for the purpose of examining him in court and viva voce, as well as for the court *ex officio* to require such examination.

(8) The deposition of any registered medical practitioner or registered dental surgeon annexed to a *proces-verbal*, or of any such medical practitioner or dental surgeon examined in the course of the inquiry, in relation to his examination of any person, whether alive or dead, or in relation to any bodily harm suffered by, or any physical or mental infirmity af-

flicting, any person, shall be admissible as evidence without the need of producing the said medical practitioner or dental surgeon in court as provided in the proviso to subarticle (2): provided that, unless the witness is dead, absent from Malta or cannot be found, it shall be lawful for either of the parties to demand, or for the court *ex officio* to require, that such witness be again examined in court and viva voce.

(9) The validity of the said acts and their admissibility may not be impugned on the ground that it does not appear from the acts themselves that they have been made or received on oath or with any other formality prescribed by law, if the taking of any such oath or the observance of any such formality be proved in some other manner.

(10) It shall be lawful for the Attorney General, as well as for the accused, to demand that a ruling be given by the court, before the hearing of the case commences, as to whether the deposition of any witness is to be admitted, in terms of the provisions of subarticle (2).

(11) Where it is alleged that a witness is dead, absent or cannot be found, it shall be lawful for the court to consider the allegation proved by the sworn report of the marshal or other executive officer to the effect that he has ascertained that such witness is dead or absent, or that he has made the necessary inquiries and has been unable to find him.

Examination of infirm or aged witness in his place of abode.
Added by:
XI. 1900. 89.
Amended by:
VI. 1939. 4;
L. N. 4 of 1963;
XIII. 1964. 26;
L. N. 46 of 1965;
XXXI. 1966. 2;
XXV. 1967. 26;
LVIII. 1974. 68;
XXVII. 1975. 40;
III. 1976. 8;
VIII. 1990. 3;
III. 2002. 151;
XXXI. 2002. 205.
Cap. 12.

647. (1) If it shall be necessary to examine any person who either through infirmity or old age is unable to appear in court, such person shall be examined by the court, or, if the court so orders, by a member of the court, in the place of his or her abode:

Provided that the court may delegate the taking of the evidence of any such witness to one of the magistrates for the Island in which the witness resides, or to a judicial assistant.

(2) When the evidence required is that of a person who

BOOK SECOND   LAWS OF CRIMINAL PROCEDURE

does not reside in the Island in which the proceedings are taking place and it is represented to the court that such person is about to leave Malta, the court may delegate the taking of the evidence to one of the persons to whom the taking of evidence may be delegated under subarticle (1); and in the case of a witness who is to be examined in Gozo or Comino, the court may also, if the circumstances so warrant and the Attorney General does not object, authorise the registrar to take such evidence and administer the necessary oath.

Right of accused to be present.

(3) The party charged or accused is entitled to be present at the examination.

Reading out of evidence in court.

(4) The evidence taken in accordance with the provisions of this article shall be read out in court, and a note to that effect shall be entered in the record.

Audio-recording or video-recording of evidence.
Added by:
XXXI. 2002. 206.

647A. Without prejudice to the provisions of articles 646 and 647, the court may, if it deems it proper so to act, allow for the audio-recording or for the video-recording of any evidence required from a witness as aforesaid, in accordance with such codes of practice as the Minister responsible for justice may, by regulations, prescribe.

Identification of person or object.

648. In order to identify any person whose identity is required to be proved, or in order to identify any object to be produced in evidence, it shall not, as a rule, be necessary that the witness should recognize such person from among other persons, or pick out such object from among other similar objects, unless the court, in some particular case, shall deem it expedient to adopt such course for the ends of justice.

Examination of witnesses in connection with offences cognizable by courts outside Malta.
Articles 1 and 2 of Ord. IV of 1872 incorporated.
Amended by:
L. N. 4 of 1963;
VIII. 1990. 3.
Substituted by:
III. 2002. 152.
Amended by:
XIII. 2002. 9;
IX. 2003. 127.

649. (1) Where the Attorney General communicates to a magistrate a request made by the judicial, prosecuting or administrative authority of any place outside Malta for the examination of any witness present in Malta, or for any investigation, search or/and seizure, the magistrate shall examine

on oath the said witness on the interrogatories forwarded by the said authority or otherwise, and shall take down the testimony in writing, or shall conduct the requested investigation, or order the search or/and seizure as requested, as the case may be. The order for search or/and seizure shall be executed by the Police. The magistrate shall comply with the formalities and procedures indicated in the request of the foreign authority unless these are contrary to the public policy or the internal public law of Malta.

(2) The provisions of subarticle (1) shall only apply where the request by the foreign judicial, prosecuting or administrative authority is made pursuant to, and in accordance with, any treaty, convention, agreement or understanding between Malta and the country from which the request emanates or which applies to both such countries or to which both such countries are a party. A declaration made by or under the authority of the Attorney General confirming that the request is made pursuant to, and in accordance with, such treaty, convention, agreement or understanding which makes provision for mutual assistance in criminal matters shall be conclusive evidence of the matters contained in that certificate. In the absence of such treaty, convention, agreement or understanding the provisions of subarticle (3) shall be applicable.

(3) Where the Minister responsible for justice communicates to a magistrate a request made by the judicial authority of any place outside Malta for the examination of any witness present in Malta, touching an offence cognizable by the courts of that place, the magistrate shall examine on oath the said witness on the interrogatories forwarded by the said authority or otherwise, notwithstanding that the accused be not present, and shall take down such testimony in writing.

(4) The magistrate shall transmit the deposition so

BOOK SECOND   LAWS OF CRIMINAL PROCEDURE

taken, or the result of the investigation conducted, or the documents or things found or seized in execution of any ordes for search or/and seizure, to the Attorney General.

(5) For the purposes of subarticles (1) and (3) the magistrate shall comply with the formalities and procedures indicated by the requesting foreign authority unless they are contrary to the fundamental principles of Maltese law and shall have the same powers, or as nearly as may be, as are by law vested in the Court of Magistrates as court of criminal inquiry, as well as the powers, or as nearly as may be, as are by law conferred upon him in connection with an inquiry relating to the "*in genere*": provided that a magistrate may not arrest any person, for the purpose of giving effect to an order made or given under article 554(2), or upon reasonable suspicion that such person has committed an offence, unless the facts amounting to the offence which such person is accused or suspected to have committed amount also to an offence which may be prosecuted in Malta.

(6) Where the request of the foreign authority is for the hearing of a witness or expert by videoconference, the provisions of subarticles (7) to (12), both inclusive, shall apply.

(7) The magistrate shall summon the person to be heard to appear at the time and place equipped with videoconference facilities appointed for the purpose by the magistrate. The magistrate shall give effect to any measures for the protection of the person to be heard which the Attorney General may declare to have been agreed upon with the requesting foreign authority.

(8) The magistrate shall conduct the hearing and where necessary the magistrate shall appoint an itnerpreter to assit during the hearing. The magistrate present shall ensure that the person to be heard is identified and that the proceedings

take place and continue at all times in conformity with the fundamental principles of the law of Malta.

(9) The person to be heard may claim the right not to testify which would accrue to him or her under the law of Malta or under the law of the country of the requesting foreign authority.

(10) Subject to any measures for the protection of the person to be heard referred to in subarticle (7), the magistrate shall on the conclusion of the hearing draw up minutes indicating the date and place of the hearing, the identity of the person heard, the identities and functions of all other persons participating in the hearing, any oaths taken and the technical conditions under which the hearing took place. The document containing the record of the minutes shall be transmitted to the Attorney General to be forwarded to the requesting foreign authority.

(11) The following shall *mutatis mutandis* apply to the person to be heard under the provisions of subarticle (6):

(a) the provisions of article 522, where the person to be heard refuses to testify when required to do so by the magistrate;

(b) the provisions of articles 104, 105, 107, 108 and 109, as the case may be, where the person to be heard does not testify to the truth, for this purpose the proceedings before the foreign authority shall be deemed to be proceedings taking place in Malta and the person to be heard shall be deemed to be a person testifying in those proceedings. For the purpose of determining the applicable punishment as may be necessary in proceedings for perjury under this subarticle the criminal fact being inquired into or adjudicated by the requesting foreign authority shall be deemed to be liable to the punishment to which it would have been liable had the same fact taken place in Malta or within the jurisdiction of the

BOOK SECOND   LAWS OF CRIMINAL PROCEDURE

same Maltese criminal courts.

(12) The provisions of subarticles (6) to (11), both inclusive, shall apply where the person to be heard is a person accused in the country of the requesting foreign authority provided that the hearing shall only take place with the consent of the person to be heard and that all the rules of evidence and procedure which would apply to the testimony of a person accused in criminal proceedings in Malta would also apply to the testimony of the person accused to be heard under this article.

(13) The provisions of this article shall also apply mutatis *mutandis where the request of the foreign authority is for the* hearing of a witness or expert by telephone conference. provided that the witness or expert consents to the hearing.

Sub-title II
OF EXPERTS

Added by: XI. 1900. 90.

650. (1) In all cases where for the examination of any person or thing special knowledge or skill is required, a reference to experts shall be ordered.

Reference to experts.
Added by:
XI. 1900. 90.
Amended by:
XXX. 1934. 22;
L. N. 4 of 1963;
XXXI. 1966. 2;
III. 1971. 19;
VIII. 1990. 3;
XXXII. 1997. 3.
Choice of experts.
Appointment of official experts.

(2) The experts shall be chosen by the court:

Provided that the Minister responsible for justice may appoint one or more persons as official experts for the purpose of reporting on matters requiring special technical knowledge and, upon the appointment of any such persons, the court shall choose the experts from among such persons: This notwithstanding it shall be lawful for the court, when the official experts are precluded from serving or for other special reasons to be stated in the order, to appoint another expert or experts in addition to or in substitution for those appointed by the Minister responsible for justice.

Taxation of fees of official experts.

(3) For the purposes of article 533, the fees of the official experts for services rendered in any particular case shall

be taxed by the registrar in the same manner provided for the taxation of the fees due to other experts.

Number of experts.

(4) As a rule the experts shall be appointed in an uneven number.

Directions to experts.

(5) The court shall, whenever it is expedient, give to the experts the necessary directions, and allow them a time within which to make their report.

The Court of Magistrates, whether sitting as a court of criminal judicature or as a court of inquiry, may moreover empower the expert or the experts, if more than one expert have been appointed, to receive documents and to examine witnesses on oath in the presence of the accused and, in any such case, the court shall not require further evidence in respect of the documents so produced or further examine the witnesses so examined, unless the court deems it necessary or unless the accused makes a request to that effect. Where more than one expert have been appointed, the court shall designate the expert who is empowered to administer the oath.

(6) The Court's decision to appoint experts shall be reduced to writing and shall be served on the experts so appointed.

Challenge of experts.
Added by:
XI. 1900. 90.
Cap. 12.

651. (1) The experts may be challenged only on the same grounds on which a judge may be challenged.

(2) The challenge shall be made in the manner and within the terms laid down in the Code of Organization and Civil Procedure for the challenge of experts in civil causes.

Summoning and oath of experts.
Added by:
XI. 1900. 90.

652. The experts shall be summoned in the manner provided for the summoning of witnesses. They shall swear to perform faithfully and honestly the duties assigned to them.

Report.
Added by:
XI. 1900. 90.
Amended by:
III. 1971. 20;
VIII. 1990. 3.

653. (1) On terminating the work and the experiments which their profession or art may suggest, the experts shall make their report, either orally or in writing, according to

BOOK SECOND   LAWS OF CRIMINAL PROCEDURE

the directions of the court.

(2) The report shall in every case state the facts and the circumstances on which the conclusions of the experts are based.

(3) If in the course of their work, the experts shall obtain from any person information on circumstances of fact, such person shall be mentioned in the report, and shall be examined in court in the same manner as any other witness:

Provided that the above provision of this subarticle shall not apply in regard to any person whom the experts will have examined on oath under article 650(5), saving, however, the re-examination of any such person by the court as provided for in the said subarticle.

(4) In matters within the jurisdiction of the Court of Magistrates, any such person may be examined on oath by the court, even in the course of the work of the experts.

(5) If the report is made orally, it shall be reduced into writing by the registrar or by the person acting in his stead.

654. In cases within the jurisdiction of the Court of Magistrates as court of criminal judicature, the expert may be called upon by the court to be present at the hearing of the cause in order to advise the court, provided that the advice is given in the presence of the accused.

655. The parties, the court, and, in cases within the jurisdiction of the Criminal Court, the jurors, may require the experts to give further elucidations on their report as well as on any other point which they may consider useful in order to make the opinion of the experts clearer.

656. Those who are to judge are not bound to abide by the conclusions of the experts against their own conviction.

657. The provisions of article 452(4) and (5) shall apply to experts.

Contents.

Examination in court of witnesses heard by experts.

Report, if verbal, to be reduced into writing.

Official expert may advise the court during the sitting.
Added by:
XXX. 1934. 23.
Substituted by:
III. 1971. 21.
Amended by:
VIII. 1990. 3.
Further elucidations by experts.
Added by:
XI. 1900. 90.
Amended by:
XXVII. 1975. 40.
Those who are to judge not bound by conclusions of experts.
Added by:
XI. 1900. 90.
Applicability of certain provisions to experts.
Added by:
XI. 1900. 90.

Title II
OF CONFESSIONS

Confession by accused.

658. Any confession made by the person charged or accused, whether in writing or orally, may be received in evidence against the person who made it, provided it appears that such confession was made voluntarily, and not extorted or obtained by means of threats or intimidation, or of any promise or suggestion of favour.

Production of written confession.

659. (1) If a confession is reduced to writing at the time it is made, the writing shall be produced; and only if it is proved that the writing has been destroyed or lost, may oral evidence, in lieu of such writing, be admitted for the purpose of proving the substance of such confession.

(2) Nothing in this article shall operate as a bar to the admissibility in evidence of any other confession verbally made before or after.

Right of accused to have entire writing or oral statement read or given in evidence.

660. When only a part of a writing or of an oral statement is read or given in evidence against the accused, he shall have the right to insist that the whole of the writing or oral statement be read or given in evidence; but credit may be given to that part only of such writing or oral statement as may be considered worthy of credit.

Confession not to prejudice third parties.

661. A confession shall not be evidence except against the person making the same, and shall not operate to the prejudice of any other person.

Title III
OF DECISIONS AND THEIR EXECUTION

662. (1) The general expression "decision" includes

BOOK SECOND LAWS OF CRIMINAL PROCEDURE

Definition of "decision".
Amended by:
IX. 1857.18;
XXX. 1934.24;
XXV. 1967.27;
III. 2002.153.

every verdict of the jury on the facts, every judgment of a court acquitting, convicting or sentencing the person charged or accused, every *procès-verbal* drawn up in connection with any inquest or other inquiry held under the provisions of this Code (other than an inquest for the purpose of an inquiry relating to the "*in genere*"), and, in general, every decree or other definitive order of a court.

Reasons.

(2) Any decision of the Court of Criminal Appeal and of the Criminal Court by which any question of law is determined shall be preceded by the reasons which led the court to the decision:

Provided that as regards the Court of Criminal Appeal, the court may, if the appellant is in custody and it is of opinion that the appeal should be allowed and the appellant discharged, pronounce forthwith its decision discharging the appellant and reserve to give its reasons at a later date even in the absence of the person concerned.

663. (1) Every decision of the court shall be delivered by the judge or magistrate in open court: provided that a decision granting or refusing bail may be given in camera.

Delivery of decision in open court.
Amended by:
IX. 1857.19;
XII. 1913.27;
XXX. 1934.25;
VIII. 1990.3;
III. 2002.154.
Applicability of articles 474 and 478 to verdict of jury on facts.
Recording of decisions of Criminal Court.

(2) With regard to any verdict of the jury on the facts, the provisions of articles 474 and 478 shall apply.

(3) Every decision of the Criminal Court shall be recorded by the registrar, and such record shall constitute the authentic proof of such decision.

Registration of reasons.

(4) The reasons referred to in subarticle (2) of the last preceding article shall be recorded together with the decision.

Decisions of the Court of Magistrates.
Summary in special register.
Probatory force of same.
Contents of summary.

(5) The decisions of the Court of Magistrates, if reduced to writing by the sitting magistrate, shall be kept in their original, and the provisions of article 518 shall be applicable thereto. In every case, a summary of the decision shall be recorded in a special register, and such summary

shall constitute authentic proof of such decision in the same manner as a certified copy thereof. Such summary shall indicate the court by which the decision was delivered, the names of the parties, the date of the decision, and the particulars referred to in article 382, or, in the case of any decree, the substance of the order contained therein.

Delivery of decision with closed doors. Exceptions.

* **664.** Decisions may be delivered with closed doors only in the cases referred to in articles 409 and 531:

Provided that the order referred to in article 531, the decisions referred to in article 620, the verdict on the facts, the judgment acquitting, convicting or sentencing the person charged or accused, and the decision as to whether there are or not sufficient grounds to commit the accused for trial, shall be delivered in open court.

Execution of decisions.
Amended by:
XII. 1914. 15;
XXX. 1934. 26;
IV. 1951. 2;
XXV. 1967. 28;
XXI. 1971. 34;
XXIX. 1990. 32.

665. Subject to the provisions of article 28A and the provisions of this Code relating to the payment of pecuniary penalties, every decision shall be enforceable as soon as delivered.

Decisions of Criminal Court to be enforced by marshal.
Amended by:
I. 1939. 3;
L. N. 4 of 1963;
XXXI. 1966. 2;
XXV. 1967. 29;
VIII. 1990. 3.

666. (1) The decisions of the Criminal Court and of the Court of Criminal Appeal shall be carried into effect by the marshal or by any other person authorized by the Minister responsible for justice in that behalf.

(2) For the purposes of this article, a decision of the Court of Magistrates or of the Criminal Court shall be deemed to be a decision of the Court of Criminal Appeal, if an appeal is entered against such decision and such appeal is subsequently waived or declared null and void or taken to be abandoned under article 422.

---

* See also s. 24 of the Official Secrets Act (Cap. 50).

BOOK SECOND   LAWS OF CRIMINAL PROCEDURE

Title IV
OF PROPERTY BELONGING TO THE PERSON CHARGED OR ACCUSED OR TO OTHER PERSONS AND CONNECTED WITH CRIMINAL PROCEEDINGS

Property to be held by registrar.
Amended by:
XXV. 1967.30.
Substituted by:
III. 2002.155.

667. Any property connected with criminal proceedings shall, subject to the following provisions of this Title, be held by the registrar until the conclusion of such proceedings including any proceedings of appeal.

Record of prop-erty.
Substituted by:
III. 2002.155.

668. (1) All property connected with criminal proceedings shall be delivered by the court to the registrar and shall, subject to the following provisions of this Title, remain in the custody of the registrar except when required by the court for the hearing of such proceedings.

(2) The Minister responsible for justice may make regulations providing for the registration and preservation of any property connected with criminal proceedings and for the manner in which a record is to be kept of the movements of any such property.

Preservation of property.
Substituted by:
III. 2002.155.

669. (1) The registrar shall ensure that all property delivered to him is properly catalogued, stored and preserved and kept in a secure place to be determined by the registrar.

(2) For the purposes of this article, the registrar may, with the approval of the Minister responsible for justice, appoint other persons to hold property or classes of property on his behalf under such terms and conditions as the Minister may think fit provided that the names of such persons shall be published in the Gazette.

Procès verbal to be drawn up when property is released.
Substituted by:
III. 2002.155.

670. (1) Any property which is to be released by the registrar to any person or which is to be destroyed or otherwise disposed of in accordance with the provisions of this Title shall only be released, destroyed or otherwise disposed of following the drawing up of a *procès verbal* containing an accurate description of the property released, the quantity and quality thereof and any photographs, video recordings and computer images of such property as the magistrate or the registrar may deem fit should be taken.

(2) The *proces-verbal* shall be signed by the registrar and if the property is to be released, destroyed or disposed of during *in genere* proceedings or during the inquiry it shall also be signed by the magistrate. In every case where the property is to be released in favour of any person in the course of criminal proceedings which have not been finally determined that property shall only be so released after the person to whom the property is to be released gives an undertaking in writing to produce again such property on the order of a court.

(3) Notwithstanding any other provision of this Code or of any other law, any *process-verbal* drawn up in accordance with the provisions of this article including any photographs, video recordings and computer images shall be admissible in evidence in any criminal proceedings as if it were the property itself described in the *procès verbal*.

(4) The provisions of this Title shall also *mutatis mutandis* apply to any property exhibited in the course of any proceedings under the provisions of Title II of Part II of Book Second of this Code even during such period that the relative *proces-verbal* is with the Attorney General.

(5) The provisions of this article shall *mutatis mutandis* apply to property disposed of in accordance with the provisions of articles 671, 672 and 673.

Prohibited property.
Substituted by:
III. 2002. 155.

671. (1) Saving the provisions of subarticle (2), where the Comptroller of Customs certifies that any property

BOOK SECOND   LAWS OF CRIMINAL PROCEDURE

in the custody of the registrar is property which may not be imported into Malta the registrar shall apply to the competent criminal court and request it to order the disposal of the said property. The court shall allow the application where it is satisfied that the property in question is in Malta in contravention of the law.

(2) Where the property certified by the Comptroller of Customs as provided in subarticle (1) is property which has been exhibited as evidence in the course of criminal proceedings which have not been finally determined, the application by the registrar shall be served on the party charged or accused and on the Attorney General or the Commissioner of Police as the case may be for their submissions and the court shall not allow the application unless it is satisfied that the property itself is not or is no longer necessary as evidence in the proceedings.

(3) Where the court has ordered the disposal of the property in accordance with the provisions of this article the registrar shall dispose of such property by destroying it provided that the Minister responsible for justice may order that the property is to be disposed of in any other manner whatsoever for special reasons to be expressly stated in the order.

Property exhibited in certain proceedings.
Substituted by:
III. 2002.155.
Cap. 37.
Cap. 233.

672. Notwithstanding any other provision of this Code or of any other law, where the property has been exhibited in court in the course of proceedings for an offence against the Customs Ordinance or against the Exchange Control Act and the property has been forfeited in favour of the Government by virtue of the operation of any provision of this Code or of any other law such property shall be released in favour of the Comptroller of Customs. In any other case the property exhibited as aforesaid shall not be released, except in execution of a final judgment of the competent civil court, if the Comptroller of Customs objects to such release.

Disposal of property connected with criminal proceedings.
Substituted by:
III. 2002.155.

673. (1) Notwithstanding the foregoing provisions of this Title and subject to the provisions of article 671 the court shall, on the application of the Attorney General made at any time of the proceedings or, where the author of the crime is absent or unknown, before any proceedings are commenced, order the registrar to dispose of any property connected with criminal proceedings or with a crime, whether such property is liable to forfeiture or not, in any of the following cases:

(a) where, owing to the nature, quantity or dimensions of such property, considerable space is necessary to keep it;

(b) where such property is subject to deterioration or depreciation or the cost of its upkeep is out of proportion to its value;

(c) where it is not practicable or convenient for any other reason to keep such property in custody;

(d) where, owing to the absence of the party accused, the trial is not concluded within two years from the day on which such property was first brought before the court;

(e) in any other case where the court deems it so proper.

(2) The application for an order as is referred to in subarticle (1) and in the same circumstances mentioned in that subarticle may also be made by the registrar in which case the application shall be served on the Attorney General for his reply within such time, being not less than two working days, as may be determined by the court and the application shall not be allowed where the Attorney General objects to the application.

(3) The provisions of subarticles (1) and (2) shall apply notwithstanding that the property is attached by a garnishee order.

(4) Where the court allows an application made under

BOOK SECOND   LAWS OF CRIMINAL PROCEDURE

this article the order of the court shall be served on all the persons identified by the registrar to have an interest in the property, if their whereabouts are known, sohowever that the order of the court shall not be subject to revocation or modification except on the demand of the Attorney General.

(5) If the property is sold the proceeds shall be deposited in court and shall be disposed of on the conclusion of the proceedings in the same manner as if they were the property of which they are the proceeds.

(6) If the property is not sold the property may be disposed of as the registrar may deem fit subject to the payment of such indemnity as may be due to the owner of the property disposed of.

Release of property in the course of proceedings.
Substituted by:
Ill. 2002. 155.

674. (1) Notwithstanding the foregoing provisions of this Title and subject to the provisions of article 671, the Court may, in the course of criminal proceedings, order the release of any property exhibited in court to the person to whom it belongs.

(2) The order referred to in subarticle (1) may be given by the Court either on its own motion or following an application by the person claiming the property. Where the Court acts upon its own motion it shall announce its intention to make such an order by means of a decree. Any such decree or any application made by the person claiming the property in terms of this subarticle shall be served on the Attorney General or on the Commissioner of Police, as the case may be, and on the person charged or accused, each of whom shall be allowed five working days for a reply.

(3) Subject to the provisions of subarticle (4), if the property belongs to the party charged or accused and is in no manner connected with the offence or in any way required for the purpose of any criminal proceedings the court shall, after hearing the Attorney General or the Commissioner of Police,

as the case may be, restore the property to the person charged or accused to whom the property belongs or deliver it to the person appointed by him in that behalf or to his lawful representative.

(4) Notwithstanding the provisions of subarticle (3), the court may abstain from ordering the restoration of the property to the person charged or accused—

(a) when the value of the thing is considerable and the person charged or accused is poor or of dubious means; or

(b) when the person charged or accused is tried for forgery with intent to misappropriate the property of another person, or for theft, or for any other offence against property:

Provided that the provisions of this subarticle shall not apply where the accused shall give sufficient security.

Disposal of property on conclusion of proceedings. Substituted by: III. 2002.155.

675. (1) Saving the provisions of article 671 and of the following subarticles of this article, where the court on the conclusion of any criminal proceedings has not provided how property exhibited during the proceedings is to be disposed of according to law, any property so exhibited shall be preserved by the registrar.

(2) Where the Court of Magistrates as court of criminal inquiry discharges the person charged as provided in article 401(2) and the Court decides how the property exhibited before it is to be disposed of such decision shall not be given effect to before the lapse of the period of one month referred to in article 433(3) and if the Attorney General, within that period, issues a warrant for the arrest of the person discharged the said decision shall remain without effect.

(3) Where the Court of Magistrates as court of criminal inquiry discharges the person charged but does not decide how the property exhibited in the proceedings is to be disposed of, and the Attorney General does not issue a warrant for the arrest of the person discharged, such property shall be

BOOK SECOND   LAWS OF CRIMINAL PROCEDURE

preserved by the registrar and if within one year from the date of discharge no fresh proceedings are instituted as provided in article 434 and the property has not been released in accordance with the provisions of this title the registrar may apply to the court for an order authorising the return of the property to the person to whom it belongs, if known, or declaring the property forfeited in favour of the Government of Malta where the person to whom the property belongs is not known.

(4) Where in any final judgment of any court of criminal jurisdiction no provision is made for the disposal of any property exhibited in the proceedings and no claim is made for the release of such property within one month from the date of such judgment such property, unless forfeited by virtue of the provisions of article 18 or any other provision of this Code or of any other law, shall be forfeited and the court shall, on the application of the registrar and subject to the provisions of subarticle (5), order the release of such property in favour of the Government of Malta.

(5) Any person who immediately before the forfeiture had a legal title to the property forfeited as aforesaid, or the lawful heirs thereof, shall be entitled to compensation for the property forfeited provided that where the property has been sold such compensation shall not exceed the amount realised by the Government from the sale of the property and provided also that compensation is demanded by an application to the competent court within six months from the date of the order mentioned in subarticle (2).

Forfeited property.
Substituted by:
III. 2002. 155.

676. Any property forfeited in favour of the Government in terms of the provisions of this Code may be disposed of immediately by the registrar unless the property has been exhibited in the course of a criminal prosecution in which case that property shall not be disposed of before final judgment and not without the prior consent of the Commissioner of Police or of the Attorney General as the case may be.

When property is to be returned by order of the court in its final judgment.
Substituted by:
III. 2002. 155.

677. (1) Any property which is to be returned to any person in pursuance of an order made by the court in its final judgment shall be retained by the registrar for a period of six months within which period it shall be incumbent on that person, or his lawful heirs, to claim from the registrar the said property. Within the same period the registrar shall be under an obligation to make all efforts to trace and notify with the court's order the person to whom the property is to be returned.

(2) Where the person to whom the property is to be returned, or his lawful heirs, either spontaneously or after being notified with the court's order, fails to claim the property within the period laid down in subarticle (1) or where the registrar within the same period fails to trace that person, or his lawful heirs, and no claim as aforesaid is spontaneously made for the property, that property shall be forfeited in favour of the Government.

(3) In the event that the property is owned by co-owners the registrar shall be deemed to have complied with his obligations according to law if he delivers the property to any one of the owners.

(4) The registrar shall by application refer to the court which delivered judgment any dispute regarding the title to the property. The application shall be served on all the parties who shall be allowed a period of five working days within which to reply and after the lapse of the said period the court shall appoint the application for hearing and after hearing the parties shall decide on the disposal of the property. No appeal shall lie from the decision of the court.

(5) If the person to whom the property is to be returned, or his lawful heirs, claim the property within the period mentioned in subarticle (1) such property shall, in the

BOOK SECOND   LAWS OF CRIMINAL PROCEDURE

absence of a lawful obstacle, be returned by the registrar free of charge.

(6) If the property has been forfeited in terms of this article and was subsequently sold by auction following the publication of advertisements, the person to whom the property was to be returned in accordance with the order of the court, or his lawful heirs, may claim the amount realised from the sale after subtracting any costs and fees incurred by the registrar provided that such claim is made within two years of the property having been disposed of.

When owner is unknown. When property is to be returned by order of the court in its final judgment.
Substituted by:
III. 2002.155.

678. (1) Where the court in its final judgment has ordered that any property is to be returned but does not name the person to whom the property is to be so returned and the identity of that person is unknown that property shall be retained by the registrar for a period of six months within which period any person claiming to have a legal title to the property may come forward and claim the property.

(2) Where the person having a legal title to the property fails to claim the property within the period specified in subarticle (1), or where the claims made in that period have been rejected by the court, the property shall be forfeited in favour of the Government.

Rules to be observed in the disposal of forfeited property.
When property is to be returned by order of the court in its final judgment.
Amended by:
XXV. 1967.31.
Substituted by:
, III. 2002.155.

(3) Any claim under subarticle (1) shall be made by application to the court before which the property was exhibited and shall be served on the registrar and on the Commissioner of Police or on the Attorney General, as the case may be, who shall have ten working days within which to file a reply. On the lapse of the time for the filing of a reply the court shall give its decision on the application and no appeal shall lie from that decision.

(4) If the court allows the application the property shall be delivered to the claimant free of charge.

679. In disposing of property forfeited in favour of the

Government in terms of this Code the registrar shall observe the following rules:

(a) property which is of no or of little value may be disposed of at the discretion of the registrar provided that proper record of such disposal is kept;

(b) firearms, ammunition, explosives or other dangerous substances shall be consigned to the proper authorities designated by the Minister responsible for justice for disposal by them;

(c) other property which is of value shall be sold by auction by the registrar following the publication of at least three advertisements in a daily newspaper and any moneys deriving therefrom shall accrue to the Government.

680. *Deleted by:* III. 2002. 155.

681. *Deleted by:* III. 2002. 155.

682. *Deleted by:* III. 2002. 155.

683. *Deleted by:* III. 2002. 155.

683A. *Deleted by:* III. 2002. 155.

684. *Deleted by:* III. 2002. 155.

685. *Deleted by:* III. 2002. 155.

Title V

OF THE RESPECT DUE TO THE COURT

686. The provisions of the Code of Organization and Civil Procedure relating to the respect due to the court, are applicable to the courts of criminal jurisdiction.

Title VI

OF PRESCRIPTION

687. (1) Sentences awarding punishment shall not be

BOOK SECOND   LAWS OF CRIMINAL PROCEDURE

Sentences not barred by prescription.
Amended by:
XI. 1900. 92;
III. 2002. 156.

barred by prescription notwithstanding the lapse of any time.

(2) The period of prescription in respect of all criminal offences shall be suspended from the moment a charge and, or bill of indictment is served on the person charged or accused until such time as a final and definitive judgment is delivered in the proceedings which commenced as a result of such charge or bill of indictment.

688. Save as otherwise provided by law, criminal action is barred—

Prescription barring criminal actions.
Amended by:
XI. 1900. 92;
VIII. 1909. 62;
XXI. 1971. 36;
XLIX. 1981. 4.

(a) by the lapse of twenty years in respect of crimes liable to the punishment of imprisonment for a term of not less than twenty years;

(b) by the lapse of fifteen years in respect of crimes liable to imprisonment for a term of less than twenty but not less than nine years;

(c) by the lapse of ten years in respect of crimes liable to imprisonment for a term of less than nine but not less than four years;

(d) by the lapse of five years in respect of crimes liable to imprisonment for a term of less than four years but not less than one year;

(e) by the lapse of two years in respect of crimes liable to imprisonment for a term of less than one year, or to a fine (*multa*) or to the punishments established for contraventions;

(f) by the lapse of three months in respect of contraventions, or of verbal insults liable to the punishments established for contraventions.

Extenuating circumstances and previous conviction not to be taken into account in reckoning period for prescription.
Amended by:
XI. 1900. 92.

689. For the purposes of prescription, regard shall be had to the punishment to which the offence is ordinarily liable, independently of any excuse or other particular circumstance by reason of which the offence is, according to law, liable to a lesser punishment; nor shall any regard be had to any increase of punishment by reason of any previous conviction.

Reckoning of time according to calendar.
Amended by:
XI. 1900. 92.

690. In computing the period established for prescription, the months and years shall be reckoned according to the ordinary calendar.

Commencement of prescription.
Amended by:
XI. 1900. 92.

691. (1) With regard to a completed offence, the period of prescription shall run from the day on which the offence was completed; with regard to an attempted offence, from the day on which the last act of execution was committed; with regard to a continuous offence, from the day on which the last violation took place; and with regard to a continuing offence from the day on which the continuance ceased.

Suspension of prescription.

(2) Where the criminal action cannot be instituted or proceeded with except on a special authorization, or after the determination of any issue upon separate proceedings, the period of prescription shall be suspended, and shall continue from the day on which the authorization is granted or the issue is determined.

Prescription not to run when offender is unknown.
Amended by:
XI. 1900. 92.

692. The period of prescription in respect of crimes shall not commence to run when the offender is unknown.

Interruption of prescription.
Amended by:
XI. 1900. 92.

693. (1) The period of prescription is interrupted by any act of the proceedings served on the party charged or accused in respect of the fact with which he is charged.

(2) The period of prescription is also interrupted by the warrant of arrest or, where there are no grounds for the arrest, by the summons, although the warrant of arrest or the summons shall have had no effect on account of the fact that the party charged or accused had absconded or left Malta.

(3) Where the period of prescription has been interrupted, it shall recommence to run from the day of the interruption.

(4) The interruption of prescription shall operate in re-

gard to all persons who took part in the offence, even though the act of interruption takes place against one person only.

Application of prescription ex officio.
Amended by:
XI. 1900. 92.

694. Prescription shall be applied *ex officio*, and it shall not be lawful for the party charged or accused to waive prescription.

Title VII
OF FEES

Added by:
XXX. 1934. 27.
Power of Minister responsible for justice to fix fees.
Added by:
XXX. 1934. 27.
Amended by:
L. N. 4 of 1963;
XXXI. 1966. 2.

695. (1) The Minister responsible for justice shall have power to amend or add to the scales of fees in the Schedules annexed to this Code and to fix other fees in substitution for those in the said Schedules.

(2) Any such amendment, addition or substitution shall come into force on the day of its publication in the Gazette.

Title VIII
GENERAL PROVISIONS

Added by:
VIII. 1974. 2.
Amended by:
XXXI. 2002. 207.

696. In this Code the phrase "working days" does not include Saturdays.

Interpretation.
Added by:
VIII. 1974. 2.

697. The Minister responsible for justice may make regulations for the implementation of the provisions of this Code and, in general, to bring the provisions of this Code into effect.

Regulations.
Added by:
XXXI. 2002. 208.

SCHEDULES

SCHEDULE A
[Articles 380 (6), 429 (4) & 695]]

Added by:
XI. 1900. 93.
Amended by:
Gov. Not. No. 124
of 1941;
XIII. 1983. 4.

FEES PAYABLE TO THE EXECUTIVE POLICE IN CASES INSTITUTED ON THE COMPLAINT OF PRIVATE PARTIES

		Lm	c	m
1.	For every service of a summons on the defendant ...	0	5	0
2.	For every intimation to the complainant ...	0	5	0
3.	For every service of a subpoena on witnesses ...	0	5	0
4.	For every service of a taxed bill of costs ...	0	8	8
5.	For every notice of a cause again set down for hearing ...	0	5	0
	The following transport fees are added to the above:			
	If the person on whom the act is to be served resides in the same place of the Head Quarters of the Police Division from which the act is issued ...	0	3	7
	If in any other place, but within the limits of such Division ...	0	7	5

SCHEDULES

	Lm	c	m
If outside the limits of such Division or at sea in any place within the territorial jurisdiction of Malta ...	0	15	0

SCHEDULE B
[Articles 380 (6), 429 (4) & 695]

Added by:
XI. 1900. 93.
Amended by:
Gov. Not. No.
248 of 1941;
XIII. 1983. 4.

FEES PAYABLE IN THE REGISTRY IN CASES INSTITUTED ON THE COMPLAINT OF PRIVATE PARTIES

	Lm	c	m
1. For every decree or judgment ...	0	25	0
2. For the filing of any application or note ...	0	10	0
3. For copies, for every one hundred words or part thereof ...	0	3	3
4. For the issue of any taxed bill of costs ...	0	2	5

*The following fees are also in practice levied in the Criminal Court

	Lm	c	m
1. For every decree ...	0	21	2
2. For copies of acts, for every page of one hundred words ...	0	2	9
3. For taxing costs, for each page of the account of costs ...	0	1	7
4. For every application or note ...	0	5	0
5. For every certificate under article 174 of the Malta Armed Forces Act ...	0	15	0

*NOTE:-It would appear that the fees in Nos. 1 and 2 are levied in accordance with Table XII referred to in Proclamation XXI of the 11th October, 1825; the fee in No. 3 in accordance with the thirteenth item in Table XIII referred to in the said Proclamation; the fee in No. 4 in accordance with a comparable item (Item No. 2) in Schedule B.

SCHEDULE C
[Articles 411 & 695]

Added by:
XVI. 1921. 10.
Amended by:
XIII. 1983. 4;
VIII. 1990. 3.

FEES PAYABLE TO LEGAL PRACTITIONERS BEFORE THE COURT OF MAGISTRATES— CRIMINAL JURISDICTION

	Lm	c	m
1. For the drawing up of any complaint to the Police for the institution of criminal proceedings against an individual ...	0	20	0
2. For the filing of any application ...	0	20	0
3. Professional aid:			
In any cause within the jurisdiction of the Court of Magis-trates—Criminal Jurisdiction, for each sitting from ...	0250 to 0750		
In any criminal inquiry, for each sitting from ...	0250 to 0600		

NOTE:-For attendance at sittings in faciem loci in connection with any charge, the fee of 25c shall be added to the above fees.

4. Travelling expenses shall be taxed separately.

后　记

　　任何一部刑事化法典，无不为其文化传统、法制环境等诸多因素之折射，《马耳他刑事法典》也概莫能外。位于欧、亚、非三大陆交界处的马耳他，以其重要的战略地位而成为历代兵家必争之地，这一地理优势，却也成为了马耳他千百年来不断受到他国侵略的罪魁祸首。诚所谓"成也萧何、败也萧何"，这一复杂的历史背景，同时也为马耳他刑事法律的发展提供了借鉴他国先进立法的宝贵资源。然而，对于要将这一立法技术完善、内容庞大精深的刑事法典介绍给中国广大刑法学人的译者而言，其难度可想而知。承蒙中国人民大学教授、博士生导师谢望原老师信任，将这一国内尚无中文译本的法典翻译任务委托于我。虽然以前曾从事过不少论文、著作的翻译工作，但真要独担重任，完整地翻译出一部法典，考虑到自己尚嫌单薄的专业功底与英语驾驭能力，考虑到译本面世后因可能存在的疏漏与谬误而将导致的种种遗憾与不安，实有举鼎绝膑之感。

　　自2005年6月份着手准备，至10月末定稿，在长达5个月的时间里，每日所思所想，无不与之有关。由于文化传统等差异，貌似简单的某一术语表达，往往很难在中文里找到与之相对应的较为贴切的词汇。而法律的简洁性又绝对排除了以大量篇幅将意会中的法律原意表述出来的可能，为此，长时间的冥思苦想后，只得将自认为较为准确的中文通过键盘敲击在显示屏上，而惶惶之心，即便数日之后，也难于释怀，如老牛反刍，经再三的斟酌与比较后，方可稍慰于心。及至在定稿后的今日，当时所经历的种种身心交瘁之感，仍能清晰地触及。

　　法典翻译，难在对其本国文化的理解上、对法典整体精神的把握上、对具体条文进行语言转换的准确上以及对术语背后所隐藏的精奥之义的表述上。为此，在翻译过程中，译者进行了大量的关于马耳他的历史、人文、地理、法律等方面的资料收集工作，以期能较为准确地把握原立法意图并尽可能原汁原味地将之呈现于读者面前。然而，由于两地文化传统的差异性、语言表述的不完全对应性以及法典本身所固有的特质性，即便译者殚精竭虑、穷其所思,也未必能至所期望之境界,对这一应然与实然之差距,除扼腕叹息外,还望学界同仁能不吝赐教,对译文中的诸多不足甚至是谬误之处多加批评指正。

在《马耳他刑事法典》的翻译过程中,谢望原教授作为"外国刑法典译丛"的总编译,对之进行了大量的指导工作,并亲自对译稿进行了审校;中国人民大学刑法教研室主任、我的导师韩玉胜教授为翻译工作提供了诸多便利;我的家人也为本译稿的完成付出了艰辛的努力。为此,值本书付梓出版之际,我必须由衷地向他们表示我最为真挚的谢意!

李凤梅

2006 年 10 月 30 日

于中国人民大学品园四楼